T0166801

Langenscheidt
Diccionario Universal

Alemán

**Español – Alemán
Alemán – Español**

Langenscheidt

Coordinación Editorial: Barbara Epple
Equipo de Redacción: Dr. Roberto Arías, Dr. Patricia de
  Crignis, Barbara Epple, Anne Mählmann
Versión original: Gisela Haberkamp de Antón

Con la nueva ortografía alemana.

Primera edición 2023 (1,01 - 2023)
© PONS Langenscheidt GmbH,
Stöckachstraße 11, 70190 Stuttgart 2017
Todos los derechos reservados

www.langenscheidt.com

Impresión: Druckerei C. H. Beck, Nördlingen
Impreso en Alemania

ISBN 978-3-12-514587-0

Índice

Indicaciones de uso

La tilde ~ sustituye a la entrada, p. ej.

cerca [θ-] ADV nahe; ~ de (nahe)
bei; ungefähr

El género gramatical se indica tras la entrada y en las traducciones (sólo si no coincide con el genero de la entrada):

artista M/F Künstler(in)
asa F Henkel m, Griff m
Film M película f, film(e); FOTO
carrete

Los números arábigos separan categorías gramaticales diferentes:

dicho [-tʃo] 1 ADJ genannt, besagt; pperf → decir 2 M Ausspruch

Ejemplos y frases en negrilla:

Ferne F distancia; in der ~ a lo
lejos

Notas explicativas en letra cursiva:

Knick M codo; im Papier dobladura f

Definiciones en letra cursiva:

AOK F (Allgemeine Ortskrankenkasse) caja local de enfermedad

Campos especializados en versalitas:

> **intervalo** $\overline{\text{M}}$ Zwischenzeit *f*; MUS
> Intervall *n*

Indicaciones de estilo y de uso en letra cursiva (*umg* = lenguaje familiar, Umgangssprache; *sl* = lenguaje popular, Slang):

> **geil** *umg* (*toll*) genial, cachondo
> **krass** *Fehler* craso; *Irrtum, Wider-*
> *spruch* flagrante; *sl* **voll** ~ incre-
> íble, fuerte

La pronunciación del Alemán

Vocales

El alemán posee vocales breves y largas (estas últimas se marcan con dos puntos [:] en la transcripción fonética). Las vocales breves son siempre abiertas, las vocales largas son siempre cerradas: **Rock** [rɔk], **Hose** ['hoːzə]; **setzen** ['zɛtsən], **Weg** [veːk].

Las vocales son breves

- cuando preceden a consonantes dobles como *nn, ss, tt, ck* (en lugar de *kk*):
  Kuss [kus], **Rock** [rɔk], **rennen** ['rɛnən];
- en general, cuando preceden a dos o más consonantes:
  oft [ɔft], **Lampe** ['lampə], **Strumpf** [ʃtrumpf].

Las vocales son largas

- en sílabas abiertas y acentuadas: **Ware** ['vaːrə], **sagen** ['zaːgən] (si la vocal es larga en el infinitivo de los verbos débiles, conserva también ese carácter en las demás formas: **sagte** ['zaːktə], **gesagt** [gə'zaːkt]);
- cuando figuran duplicadas: **Paar** [paːr], **Seele** ['zeːlə];
- cuando van seguidas de *h* muda o de una sola consonante:
  Bahn [baːn], **Tal** [taːl], **Beleg** [bə'leːk].

Las excepciones más importantes con vocal breve son las siguientes palabras monosílabas: **ab, an, bin, bis, das, es, in, man, mit, ob, um, von, was, weg, zum**; así como los prefijos **un-, ver-, zer-**.

En algunos casos, la e breve se pronuncia como una especie de vocal mixta poco definida [ə]:

- al final de una palabra y precedente a -*l*, -*ln*, -*lst*, -*m*, -*n*, -*nd*, -*nt*, -*r*, -*rm*, -*rn*, -*rst*, -*s* en sufijos:
  fangen ['faŋən], **Wasser** ['vasəʳ]
- en los prefijos *be*- y *ge*-: **bekannt** [bəˈkant].

Diptongos: El alemán tiene tres diptongos:
  au [au], **ai, ei, ey** [ai], **äu, eu** [ɔy].
La primera vocal del diptongo es más fuerte que la segunda.

Las vocales **ä, ö, ü** (Umlaute): Existen tres vocales adicionales del alemán, todas en versión breve y larga:

- **ä** se pronuncia en general como la **e** abierta [ɛ],
- **ö** [ø] y **ü** [y] se parecen respectivamente a las vocales francesas en **cœur, heureux** y en **sûr, vu**.

Las vocales nasales sólo se hallan en palabras de origen francés, pero habitualmente son sustituidas por la correspondiente vocal y [ŋ]:
  Balkon [balˈkɔŋ], **Orange** [oˈraŋʒə].

Una vocal tónica inicial de una palabra va precedida de una especie de sonido gutural [ʔ] que nunca se indica en la ortografía.

Consonantes

Las oclusivas sordas **p, t, k** son aspiradas:
- al comienzo y al final de una palabra:
  Pech [pʰɛç], **Quelle** [ˈkʰvɛlə], **Rock** [rɔkʰ].
- en la sílaba acentuada o en ciertas palabras extranjeras en el interior de una palabra:
  Beton [beˈtʰɔŋ], **Kokos-** [ˈkʰoːkʰɔs-].

Cuando a una oclusiva sorda le sigue otra sonora situada al comienzo de la sílaba siguiente o viceversa, no se produce asimilación alguna:
  Abgang [ˈapɡaŋ], **Aussaat** [ˈauszaːt].

Las oclusivas sonoras **b, d, g** se pronuncian en general como en **embargo, soldar, gracias**.

Se transforman en sordas al final de una palabra:
  Betrug [bəˈtruːkʰ], **Rad** [raːtʰ], **Jagd** [jaːktʰ].

La **h** se aspira en alemán:
- cuando es inicial de palabra: **hinein** [hiˈnain];
- cuando precede a una vocal tónica: **Erhalt** [ɛrˈhalt];
- delante de vocales que forman parte de una sílaba radical:
  aufheben [ˈaufheːbən];
- en algunas palabras de origen extranjero:
  Alkohol [ˈalkohoːl].

En los restantes casos la **h** es muda:
  sehen [ˈzeːən], **hohl** [hoːl].

La **ch** se pronuncia aproximadamente como la *j* española cuando sigue a las vocales *a, o, u*, pero es más clara (palatal) cuando sigue a las demás vocales o a una consonante:

    machen ['maxən], pero

    Licht [liçt], **Mädchen** ['mɛːtçən].

La **ch** se pronuncia como *k* cuando va seguida de una *s*:

    Achse ['aksə], **sechs** [zɛks].

En palabras de origen extranjero se puede pronunciar también como *k* o como la *ch* francesa:

    Chor [koːʳ], **Chef** [ʃɛf].

La **j** se pronuncia aproximadamente como la *y* en a**y**uda:

    jeder ['jeːdəʳ], **Boje** ['boːjə].

La **r** se pronuncia en general como la *r* francesa:

    rollen ['rɔlən], **Ware** ['vaːrə], **Krug** [kruːk].

En sílaba final átona, la *r* siempre aparece fuertemente vocalizada:

    Wasser ['vasə], **für** [fyːʳ].

La **s** es sonora al principio de una palabra o de una sílaba y entre vocales; en los demás casos es sorda:

    Sonne ['zɔnə], **lose** ['loːzə], pero

    aus [aus], **finster** ['finstəʳ].

La **ss** y la **ß** son siempre sordas:

    Wasser ['vasəʳ], **reißen** ['raisən].

La w se pronuncia como la *v* francesa: **was** [vas].

La v se pronuncia en palabras de origen germánico como *f*;
en palabras de origen extranjero, como la *v* francesa:
Vater ['faːtəʳ], pero: **Vase** ['vaːzə].

La z (o **tz**, **zz**) se pronuncia como *t* y *s* juntas:
zornig ['tsɔrniç], **Katze** ['katsə].

Las demás consonantes (f, l, m, n) se pronuncian más o menos como
en español.

Cuando se encuentran dos o tres consonantes iguales, p. ej. en **Wolle**,
Herr, **rennen**, **Bett**, **Betttuch**, **Schifffahrt**, se pronuncian como una
sola.

Abreviaturas y signos

a.	auch	también
a/c	etwas	alguna cosa, algo
ADJ	Adjektiv, adjektivisch	adjetivo
ADV	Adverb, adverbial	adverbio
akk	Akkusativ	acusativo
alg	jemand	alguien
allg	allgemein	generalmente
Am	Amerikanisches Spanisch, Amerikanismus	América, americanismo
ANAT	Anatomie	anatomía
ARCH	Architektur	arquitectura
art	Artikel	artículo
ASTROL	Astrologie	astrología
AUTO	Auto, Verkehr	automovilismo
BAHN	Bahn	ferrocarriles
bes	besonders	especialmente
BIOL	Biologie	biología
BOT	Botanik	botánica
CHEM	Chemie	química
COMPUT	Computer	ordenador, computadora
dat	Dativ	dativo
e-e	eine	
ELEK	Elektrotechnik und Elektrizität	electrotecnia y electricidad
e-m	einem	
e-n	einen	
e-r	einer	

12

e-s	eines	
etc	etc., und so weiter	etcétera
etw	etwas	alguna cosa, algo
$\overline{F}$, *f*	Femininum	femenino
fig	figurativ, in übertragenem Sinn	en sentido figurado
FLUG	Flug	aviación
FOTO	Fotografie	fotografía
$\overline{FPL}$, *fpl*	Femininum Plural	femenino plural
GASTR	Kochkunst und Gastronomie	cocina y gastronomía
gen	Genitiv	genitivo
GEOG	Geografie	geografía
GRAM	Grammatik	gramática
HANDEL	Handel	comercio
hist	historisch	histórico
in zssgn	in Zusammensetzungen	en palabras compuestas
inf	Infinitiv	infinitivo
IT	Informatik, Computer und Informationstechnologie	informática
j-d	jemand	alguien
j-m	jemandem	a alguien (*dat*)
j-n	jemanden	(a) alguien (*acus*)
j-s	jemandes	de alguien (*gen*)
JUR	Rechtswesen	derecho, jurisprudencia
$\overline{KONJ}$	Konjunktion	conjunción
LIT	Literatur	literatura
mst	meist	generalmente
$\overline{M}$, *m*	Maskulinum	masculino

M(F), m(f)	Maskulinum mit Feminin-endung in Klammern	masculino con feme-nino entre paréntesis
M/F, m/f	Maskulinum und Femininum	masculino y femenino
M/F(M), m/f(m)	Maskulinum und Femininum mit zusätzlicher Maskulin-endung in Klammern	masculino y femenino (con segunda desi-nencia masculina en-tre paréntesis)
M/N, m/n	Maskulinum und Neutrum	masculino y neutro
MAL	Malerei	pintura
MATH	Mathematik	matemáticas
MED	Medizin	medicina
MIL	Militär, militärisch	terminología militar
MPL, mpl	Maskulinum Plural	masculino plural
MUS	Musik	música
N, n	Neutrum	neutro
neg!	wird oft als beleidigend empfunden	suele considerarse ofensivo
N/M, n/m	Neutrum und Maskulinum	neutro y masculino
NPL, npl	Neutrum Plural	neutro plural
od	oder	o, u
Österr	österreichische Variante	Austria, alemán de Austria
pej	pejorativ	despectivo
PHYS	Physik	física
PL, Pl	Plural	plural
POL	Politik	política
PRÄP, Präp	Präposition	preposición
PRON, Pron	Pronomen	pronombre
®	eingetragene Marke	marca registrada
RADIO	Radio, Rundfunk	radio

REL	Religion	religión
SCHIFF	Nautik, Schifffahrt	marina, navegación
Schweiz	Schweizerische Variante	Suiza, alemán de Suiza
s-e	seine	su, sus
S̄G, Sg	Singular	singular
sl	Slang	lenguaje popular
s-m	seinem	a su (*dat*)
s-n	seinen	su (*acus*)
sp	Spanisch	español
SPORT	Sport	deporte
s-r	seiner	de su (*gen*), a su (*dat*)
s-s	seines	de su (*gen*)
STIERK	Stierkampf	tauromaquia
SUBST	Substantiv	sustantivo
TECH	Technik	tecnología
TEL	Telekommunikation	telecomunicaciones
THEAT	Theater	teatro
TV	Fernsehen	televisión
u.	und	y, e
umg	umgangssprachlich	uso familiar
V̄/i	intransitives Verb	verbo intransitivo
V̄/T & V/I	transitives und intransitives Verb	verbo transitivo y intransitivo
V̄/T	transitives Verb	verbo transitivo
vulg	vulgär	vulgar
WIRTSCH	Wirtschaft	economía
z. B.	zum Beispiel	por ejemplo
ZOOL	Zoologie	zoología
→	siehe	véase

Español – Alemán

A

a in, an, auf, nach, zu; **a las tres** um drei Uhr; **a casa** nach Hause; **a los diez años** mit zehn Jahren; **¿a qué precio?** zu welchem Preis?; **voy a comer** ich gehe essen

abad M̲ Abt **abadesa** F̲ Äbtissin **abadía** F̲ Abtei

abajo [-xo] unten; hinunter, herunter; **hacia ~** abwärts, nach unten

abalanzarse sich stürzen (**sobre** auf *akk*)

abandonar verlassen; aufgeben **abandono** M̲ Aufgabe f, Verzicht

abanicar fächeln **abanico** M̲ Fächer

abaratar verbilligen

abarcar umfassen, umschließen

abarrotado *umg* gerammelt voll **abarrote** M̲ **tienda** f **de ~s** *Am* Lebensmittelgeschäft n

abastecer [-θ-] versorgen, beliefern (**de** mit) **abastecimiento** M̲ Versorgung f

abatible zusammenklappbar **abatimiento** M̲ fig Niedergeschlagenheit f **abatir** niederreißen; *Baum* fällen

abdicación [-θ-] F̲ Abdankung **abdicar** abdanken

abdominales M̲P̲L̲ **hacer ~** die

Bauchmuskeln trainieren

abecé [-θe] M̲ Alphabet n, Abc n

abedul M̲ Birke f

abeja [-xa] F̲ Biene **abejorro** M̲ Hummel f; Maikäfer

abertura F̲ Öffnung

abeto M̲ Tanne f

abierto offen

abismo M̲ Abgrund m; fig

ablandar weich machen; fig besänftigen

abnegación [-θ-] F̲ Selbstlosigkeit **abnegado** selbstlos

abofetear ohrfeigen

abogada F̲ Anwältin **abogado** M̲ Anwalt **abogar** fig eintreten (**por** für)

abolición [-θ-] F̲ Abschaffung **abolir** abschaffen

abollado [-ʎ-] ver-, zerbeult **abolladura** F̲ Beule

abominable abscheulich **abominar**: **~ de** verabscheuen

abonable zahlbar; fällig **abonado** M̲, **abonada** F̲, Abonnent(in); TEL Teilnehmer(in) **abonar** *Boden* düngen; **~ en cuenta** gutschreiben **abonarse**: **~ a** abonnieren **abono** M̲ **1** THEAT Abonnement n; *Verkehr* Zeitkarte f; **abono anual/mensual** Jahres-/Monatskarte f **2** AGR Dünger

abordar j-n ansprechen; *Thema* anschneiden; *Problem* anpacken

aborigen [-x-] M̲/F̲ Ureinwohner(in)

aborrecer [-θ-] verabscheuen **aborrecimiento** M̲ Abneigung f; Abscheu

abortar abtreiben **aborto** M̲ Fehlgeburt f; ~ **(provocado)** Abtreibung f

abotonar zuknöpfen

abracadabrante verblüffend, verwirrend

abrasar versengen

abrazar [-θ-] umarmen **abrazo** [-θ-] M̲ Umarmung f; **un ~** Briefschluss: ≈ herzlichst

abrebotellas [-/-] M̲ Flaschenöffner **abrecartas** M̲ Brieföffner **abrelatas** M̲ Dosen-, Büchsenöffner

abreviar abkürzen, verkürzen **abreviatura** f Abkürzung

abridor M̲ Flaschenöffner

abrigar schützen; fig Hoffnung etc hegen **abrigarse** sich zudecken; sich warm anziehen

abrigo M̲ Mantel; fig Schutz; **al ~ de** geschützt vor (dat)

abril M̲ April

abrir öffnen, aufmachen; eröffnen

abrochar [-tʃ-] zuknöpfen, zuhaken; **~se el cinturón** AUTO, FLUG sich anschnallen

abrumar bedrücken; fig überhäufen **(con, de mit)**

abrupto steil; fig abrupt

absceso [-ʃθ-] M̲ MED Abszess

absolución [-θ-] f REL Absolution; JUR Freispruch m **absolutamente** absolut, durchaus

absoluto absolut, unbedingt; **en ~** keineswegs, überhaupt nicht; **nada en ~** überhaupt nichts

absolver JUR freisprechen; REL lossprechen

absorber absorbieren **absorberse** sich vertiefen **(en in** akk**) absorción** [-θ-] f Absorption

abstemio abstinent **abstención** [-θ-] f Enthaltung; POL Stimmenthaltung **abstenerse** sich enthalten **(de** gen**)**

abstinencia f Enthaltsamkeit **abstinente** enthaltsam

abstracción [-γθ-] f Abstraktion **abstracto** abstrakt

abstraer abstrahieren **abstraído** gedankenvoll, entrückt

absuelto freigesprochen

absurdo unsinnig, absurd

abuela f Großmutter **abuelo** M̲ Großvater **abuelos** MPL Großeltern

abultar sperrig sein, viel Platz brauchen

abundancia [-θ-] f Überfluss m **abundante** reichlich **abundar** reichlich vorhanden sein

aburrido langweilig **aburrimiento** M̲ Langeweile f; Überdruss m **aburrir(se)** (sich) langweilen

abusar de missbrauchen **abuso** M̲ Missbrauch; ~ **sexual** sexueller Missbrauch

acá hier(her); **de ~ para allá** hin

und her

acabado 1 ADJ fertig, vollendet; erledigt (a. fig) **2** M (End-)Verarbeitung f, Finishing n

acabar (be)enden; fertigstellen; ~ **de hacer** soeben getan haben; ~ **con** Schluss machen mit **acabarse** zu Ende gehen, aufhören

acacia [-θ-] F̲ Akazie

academia F̲ Akademie; Fachschule; Privatschule

acallar [-ʎ-] zum Schweigen bringen; beschwichtigen

acalorado erhitzt; fig hitzig **acalorar** erhitzen; fig erregen

acampada F̲ Lagern n, Zelten n **acampar** kampieren, zelten

acantilado M̲ Steilküste f

acaparar hamstern, horten; fig an sich reißen

acariciar [-θ-] liebkosen, streicheln; fig hegen

ácaro M̲ Milbe f

acarrear transportieren, befördern; fig nach sich ziehen **acarreo** M̲ Transport; Anlieferung f

acaso ADV vielleicht; **por si ~** für alle Fälle

acatamiento M̲ Beachtung f **acatar** beachten, befolgen

acatarrarse sich erkälten

acaudalado vermögend

acaudillar [-ʎ-] befehligen, anführen

acceder [-γθ-] zustimmen (a dat) **accesible** zugänglich **acceso** M̲ Zutritt, Zugang; Zu-

---

fahrt f; MED Anfall m; ~ **a Internet** Internetzugang; ~ **de fiebre** Fieberanfall; ~ **de rabia** Wutanfall **accesorio** nebensächlich, Neben...; ~**s** mpl Zubehör n; Mode Accessoires npl

accidentado [-γθ-] verunglückt; Gelände uneben, hügelig **accidental** zufällig **accidente** M̲ Unglück n; ~ **aéreo** Flugzeugunglück n; ~ **de trabajo** Arbeitsunfall; ~ **de tráfico** Verkehrsunfall; **sufrir un ~** e-n Unfall haben

acción [-γθ-] F̲ Handlung, Tat; JUR Klage; HANDEL Aktie; **entrar en ~** losschlagen, in Aktion treten; **poner en ~** aktivieren, in Betrieb setzen

accionamiento [-γθ-] M̲ TECH Antrieb **accionar** betätigen, antreiben **accionista** M̲/F̲ Aktionär(in)

acechar [aθetʃ-] auflauern (dat) **acecho** M̲ **al ~** auf der Lauer

aceite [aθ-] M̲ Öl n; ~ **bronceador** (od solar) Sonnenöl n; ~ **de oliva** Olivenöl n **aceitera** F̲ Ölkanne **aceituna** F̲ Olive

aceleración [aθeleraθ-] F̲ Beschleunigung **acelerador** M̲ Gaspedal n **acelerar** beschleunigen; ~ **el paso** schneller gehen

acelgas [aθ-] FPL Mangold m

acento [aθ-] M̲ Akzent, Betonung f **acentuar** betonen, hervorheben

aceptable [aθ-] annehmbar
aceptación [-θ-] F̱ Annahme;
Anerkennung **aceptar** annehmen; akzeptieren
acequia [aθek-] F̱ Bewässerungsgraben m
acera [aθ-] F̱ Bürgersteig m
acerbo [aθ-] herb
acerca [aθ-] ~ **de** bezüglich;
über **acercar** näher heranbringen; **acércame el pan** reich
mir das Brot **acercarse** sich
nähern
acero [aθ-] M̱ Stahl **de ~** aus
Stahl
acertado [aθ-] richtig; treffend
acertante M̱F̱ Lotterie etc Gewinner(in) **acertar** richtig treffen; erraten; ~ **al blanco** (od **en
la diana**) ins Schwarze treffen
acertijo [-xo] M̱ Rätsel n
achacar [atʃ-] ~ **la culpa a** j-m
die Schuld zuschieben
achaque [atʃake] M̱ Gebrechen
n; ~**s de la edad** Altersbeschwerden fpl
acidez [aθiδeθ] F̱ Säure(gehalt
m); ~ **de estómago** Sodbrennen n
ácido [aθ-] **1** ADJ sauer **2** M̱
Säure f; ~ **cítrico/fólico/gástrico** Zitronen-/Fol-/Magensäure
acierto [aθ-] M̱ Lotterie Treffer;
Geschicklichkeit f
aclamación [-θ-] F̱ Beifall m
aclamar applaudieren
aclarar (auf)klären; erläutern;
Wäsche spülen; Farbe aufhellen
aclararse sich aufklären (a.

Wetter)
aclimatarse sich akklimatisieren; sich eingewöhnen
acné F̱ MED Akne
acobardar einschüchtern
acobardarse verzagen
acogedor [-x-] gastfreundlich;
gemütlich **acoger** aufnehmen
acogerse: ~ **a** sich an j-n halten **acogida** F̱ Aufnahme,
Empfang m; **centro de ~** Aufnahmezentrum n
acolchar [-tʃ-] polstern; wattieren
acometer angreifen; fig in Angriff nehmen **acometida** F̱
Angriff m; TECH Anschluss m
acomodado wohlhabend
acomodador (a) M̱F̱ Platzanweiser(in); Logenschließer(in)
acomodar anpassen; unterbringen
acompañamiento [-p-] M̱
Begleitung f (a. MUS) **acompañante** M̱F̱ Begleiter(in); AUTO
Beifahrer(in) **acompañar** begleiten; beilegen (im Brief)
acondicionador [-θ-] M̱
(Haar)Spülung f; Pflegespülung
f; ~ **de aire** Klimaanlage f
acondicionar herrichten,
gestalten
acongojar [-x-] bedrücken;
bekümmern
aconsejable [-x-] ratsam
aconsejar j-m raten, j-n beraten **aconsejarse**: ~ **de** (od
con) sich Rat holen bei
acontecer [-θ-] sich ereignen

acontecimiento [-θ-] M Ereignis n, Begebenheit f

acoplar zusammenfügen; TECH kuppeln, ankoppeln

acorazado [-θ-] **1** ADJ gepanzert **2** M Panzerkreuzer **acorazar** panzern

acordar beschließen, vereinbaren **acordarse** sich erinnern (**de** an *akk*) **acorde** **1** ADJ übereinstimmend **2** M MUS Akkord

acordeón M Akkordeon n

acordonar abriegeln, absperren

acortar ab-, verkürzen

acosar hetzen; *fig* bedrängen **acoso** M **~ sexual** sexuelle Belästigung f; **~ moral** Mobbing n

acostar zu Bett bringen **acostarse** ins Bett gehen, schlafen gehen; sich hinlegen; **estar acostado** im Bett sein

acostumbrado gewohnt; **estar ~ a** gewöhnt sein an (*akk*); gewohnt sein zu **acostumbrar: ~** *inf* pflegen zu **acostumbrarse** sich gewöhnen (**a** an *akk*)

acotar abgrenzen

acrecentar [-θ-] steigern

acreditado geachtet, angesehen **acreditar** Ansehen verleihen; POL akkreditieren **acreditarse** sich bewähren

acreedor **1** ADJ anspruchsberechtigt **2** M, **acreedora** F Gläubiger(in)

acróbata M/F Akrobat(in)

acta F Akte; Protokoll n

actitud F Haltung, Einstellung

activar beleben; beschleunigen; IT aktivieren; TEL freischalten **actividad** F Tätigkeit **activista** M/F Aktivist(in) **activo** tätig, aktiv

acto M Handlung f, Tat f; Feier f; THEAT Akt; **~ punible** strafbare Handlung f; **en el ~** sofort

actor M Schauspieler; **~ de cine** Filmschauspieler

actriz [-θ-] F Schauspielerin; **~ de cine** Filmschauspielerin

actuación [-θ-] F Wirken n; Handeln n; Amtsführung; Auftreten n (*a.* THEAT)

actual gegenwärtig, aktuell **actualidad** F Gegenwart; Aktualität **actualización** [-θaθ-] F Aktualisierung; IT Update n **actualizar** [-θ-] aktualisieren, auf den neuesten Stand bringen

actuar tätig sein; wirken; handeln; THEAT spielen, auftreten

acuarela F Aquarell n

acuario M Aquarium n **Acuario** M ASTROL Wassermann

acuático Wasser...

acuchillar [-tʃiʎ-] erstechen, niederstechen

acudir herbeieilen; **~ a** teilnehmen an (*dat*); **~ al trabajo** zur Arbeit gehen

acueducto M Aquädukt n

acuerdo[1] M Abkommen n; Beschluss; Vereinbarung f; **¡de ~!** einverstanden!; **estar de ~**

con einverstanden sein mit; **ponerse de ~** sich einigen

acuerdo² PPERF → acordar(se)

acúfenos MPL Ohrgeräusche npl, Tinnitus m

acumulador M Akkumulator **acumular** anhäufen **acumularse** sich ansammeln

acuñar [-ɲ-] Münzen prägen

acuoso wässerig; saftig

acupuntura F Akupunktur

acusación [-θ-] F Anklage; Beschuldigung **acusado** M, **acusada** F Angeklagte(r) m/f(m) **acusar** anklagen; beschuldigen; **~ recibo** den Empfang bestätigen **acuse** M **~ de recibo** Empfangsbestätigung f

acústico akustisch

adaptación [-θ-] F Anpassung; Bearbeitung **adaptador** M ELEK Adapter **adaptar** bearbeiten **adaptarse** sich anpassen (**a** an akk)

adecuado angemessen; passend

adelantado fortgeschritten; vorzeitig; **por ~** im Voraus; **ir ~** Uhr vorgehen **adelantamiento** M AUTO Überholen n **adelantar** vorrücken; Geld vorschießen; Uhr vorgehen; AUTO überholen **adelantarse: ~ a** j-m zuvorkommen **adelante** vor(an), vorwärts; **i~!** herein!; los!; **más ~** weiter vorn; zeitlich später **adelanto** M Vorsprung; HANDEL Vorschuss

adelfa F Oleander m

adelgazar [-θ-] dünner werden, abnehmen

ademán M Geste f; Gebärde f

además außerdem; **~ de** außer

adentro hinein

aderezar [-θ-] herrichten; zubereiten **aderezo** [-θo-] M Zubereitung f

adeudado verschuldet **adeudar** schulden **adeudarse** Schulden machen

adherir (an)haften **adherirse** sich anschließen; beitreten **adhesión** F Anschluss m, Beitritt m **adhesivo** M Klebstoff; Aufkleber

adicción [-γθ-] F MED Sucht

adición [-θ-] F Zusatz m; MATH Addition **adicional** zusätzlich **adicionar** MATH addieren

adicto ergeben; MED süchtig

adiestrar dressieren

adiós auf Wiedersehen!

aditivo M Zusatz(stoff)

adivinar (er)raten; wahrsagen **adivino** M, **adivina** F Wahrsager(in)

adjetivo [-x-] M Adjektiv n

adjudicar [-x-] zuerkennen

adjunto [-x-] 1 ADJ beiliegend 2 M, **-a** Assistent(in)

administración [-θ-] F Verwaltung; **~ municipal** Stadtverwaltung **administrador(a)** M(F) Verwalter(in) **administrar** verwalten **administrativo** 1 ADJ Verwaltungs... 2 M, **-a** F Verwaltungsangestellte(r) *m/f(m)*

admirable bewundernswert **admiración** [-θ-] f̲ Bewunderung; GRAM Ausrufezeichen *n* **admirador(a)** M̲/F̲ Bewunderer(in), Verehrer(in) **admirar** bewundern **admirarse** sich wundern

admisible zulässig **admisión** f̲ Zulassung **admitir** zulassen; zugeben

adobado GASTR mariniert **adobar** marinieren

adobe M̲ *bes Am* Luftziegel

adolescencia [-θenθ-] f̲ Jugend **adolescente** M̲/F̲ Jugendliche(r) *m/f(m)*

adonde wohin; **¿adónde?** wohin?

adopción [-θ-] f̲ Adoption **adoptar** adoptieren; annehmen **adoptivo** Adoptiv...

adoquín [-k-] M̲ Pflasterstein

adorable *fig* entzückend **adorar** anbeten; verehren

adormecedor [-θ-] einschläfernd **adormecerse** einschlafen **adormidera** f̲ Schlafmohn *m*

adornar schmücken, verzieren **adorno** M̲ Schmuck; Verzierung f̲

adosar: ~ a/c a alg j-m etw andrehen

adquirir [-ki-] erwerben; anschaffen **adquisición** [-θ-] f̲ Erwerb *m*, Anschaffung **adquisitivo: poder** *m* ~ Kaufkraft f̲

adrede absichtlich

Adriático M̲ Adria f̲

aduana f̲ Zoll *m* **aduanero** ◼ ADJ̲ Zoll... ◼ M̲, -a f̲ Zollbeamte(r) *m*, -beamtin f̲

aducir [-θ-] Beweise *etc* beibringen, vorlegen

adueñarse [-ɲ-] ~ **de** sich bemächtigen *(gen)*

adulación [-θ-] f̲ Schmeichelei **adulador(a)** M̲/F̲ Schmeichler(in) **adular** schmeicheln

adulterar (ver)fälschen **adulterio** M̲ Ehebruch **adúltero(a)** M̲/F̲ Ehebrecher(in)

adulto ◼ ADJ̲ erwachsen ◼ M̲, -a f̲ Erwachsene(r) *m/f(m)*

adverbio M̲ Adverb *n*

adversario,-a M̲/F̲ Gegner(in) **adversidad** f̲ Missgeschick *n* **adverso** widrig; feindlich

advertencia [-θ-] f̲ Hinweis *m*; Warnung **advertir** bemerken; aufmerksam machen auf *(akk)*; warnen

adviento M̲ Advent

adyacente [-θ-] angrenzend

aéreo Luft...

aerodeslizador [-θ-] M̲ Luftkissenboot *n* **aerodinámico** stromlinienförmig

aeródromo M̲ Flugplatz

aerolínea f̲ Fluglinie; Airline; ~ **de bajo coste** Billigfluglinie; *umg* Billigflieger *m*

aeromoza [-θa] f̲ *Am* FLUG Stewardess **aeromozo** [-θo] M̲ *Am* Steward

aeronáutica F̲ Luftfahrt **aeronave** F̲ Luftschiff n **aeropuerto** M̲ Flughafen **aerosol** M̲ Aerosol n; Spray n ~ **nasal** Nasenspray n **aerotaxi** M̲ Lufttaxi n

afable freundlich

afamado berühmt

afán M̲ Eifer

afanarse sich abmühen

afear verunstalten; ~ **a/c a alg** j-m etw vorwerfen

afección [-γθ-] F̲ Zuneigung; MED Leiden n

afectación [-θ-] F̲ Affektiertheit **afectado** affektiert; betroffen **afectar** betreffen; MED reagieren

afecto ① ADJ geneigt, zugetan ② M̲ Affekt; Zuneigung f **afectuoso** herzlich, zärtlich

afeitado M̲ Rasur f **afeitadora** F̲ Elektrorasierer m **afeitarse** sich rasieren

afeminado weibisch

aferrado verrannt (**a** in akk)

Afganistán M̲ Afghanistan n

afición [-θ-] F̲ Zuneigung; Hobby n; Begeisterung (**por** für)

aficionado M̲ [-θ-], **-a** F̲ Fan m, Liebhaber(in); Amateur(in)

aficionarse [-θ-] ~ **a** sich begeistern für

afilado scharf; spitz **afilar** schleifen; (an)spitzen

afiliación [-θ-] F̲ Beitritt m (**a** zu); Mitgliedschaft (**a** bei) **afiliado** M̲, **-a** F̲ Mitglied n **afiliarse**: ~ **a** beitreten

afinar verfeinern; MUS stimmen **afinidad** F̲ Affinität; fig Verwandtschaft (a. fig)

afirmación [-θ-] F̲ Behauptung; Bestätigung **afirmar** bejahen; behaupten **afirmativo** bejahend

aflicción [-γθ-] F̲ Betrübnis, Kummer m **afligir** [-x-] betrüben; bedrücken

aflojar [-x-] lockern; nachlassen, erschlaffen

afluencia [-θ-] F̲ Zustrom m, Andrang m **afluente** M̲ Nebenfluss m **afluir** einmünden; (herbei)strömen

afonía F̲ Heiserkeit

afónico (stock)heiser

afortunadamente glücklicherweise, zum Glück **afortunado** glücklich

afrenta F̲ Beschimpfung; Beleidigung **afrentar** beschimpfen

África F̲ Afrika n; ~ **del Sur** Südafrika n **africano** ① ADJ afrikanisch ② M̲, **-a** F̲ Afrikaner(in)

afrontar gegenüberstellen; ~ **el peligro** der Gefahr ins Auge sehen

afuera (dr)außen; hinaus **afueras** FPL Umgebung f

agacharse [-tʃ-] sich bücken

agalla [-ʎ-] F̲ ZOOL Kieme

agarradero M̲ Griff; Henkel **agarrado** umg knauserig **agarrar** ergreifen, packen **agarrarse** sich klammern (**a** an akk)

agasajar [-x-] ehren; bewirten

agencia [axenθ-] F̱ Agentur; ~ **inmobiliaria** Maklerbüro m; ~ **de publicidad** Werbeagentur; ~ **de transportes** Speditionsfirma; ~ **de viajes** Reisebüro n; Spanien **Agencia Tributaria** Finanzamt n

agenda [ax-] F̱ Terminkalender m; Notizbuch n

agente [ax-] M̱F̱ Agent(in); ~ **de cambio y bolsa** Börsenmakler(in); ~ **comercial** Handelsvertreter(in); ~ **(de policía)** Polizist(in); ~ **de la propiedad inmobiliaria** Immobilienmakler(in); ~ **de tráfico** Verkehrspolizist(in); ~ **de transportes** Spediteur(in)

ágil [ax-] behände, flink; beweglich **agilidad** F̱ Behändigkeit

agitación [axitaθ-] F̱ Auf-, Erregung; POL Unruhe **agitar** schwenken; schütteln

aglomeración [-θ-] F̱ Anhäufung; Gedränge n

agobiado überhäuft (mit Arbeit), überlastet **agobiante** drückend, lastend

agolparse sich drängen

agonía F̱ Todeskampf m, Agonie **agonizar** [-θ-] im Sterben liegen

agosto M̱ August

agotado erschöpft; Ware ausverkauft; vergriffen **agotamiento** M̱ Erschöpfung f **agotar** erschöpfen; aufbrauchen

agraciado [-θ-] anmutig; **salir**

~ Los etc gewinnen

agradable angenehm **agradar** gefallen, zusagen

agradecer [-θ-] danken (a/c a alg j-m für etw) **agradecido** dankbar **agradecimiento** M̱ Dank; Dankbarkeit f

agrado M̱ Anmut f

agrandar vergrößern, erweitern

agrario Agrar..., landwirtschaftlich

agravante erschwerend **agravar** erschweren, verschärfen **agravarse** sich verschlimmern

agraviar beleidigen **agravio** M̱ Beleidigung f; Kränkung f

agregado M̱ POL Attaché **agregar** beigeben, hinzufügen

agresión F̱ Angriff m; Aggression **agresivo** aggressiv **agresor(a)** M̱F̱ Angreifer(in); ~ **sexual** Sexualtäter, Triebtäter

agriarse sauer werden

agrícola landwirtschaftlich **agricultor(a)** M̱F̱ Landwirt(in) **agricultura** F̱ Landwirtschaft

agridulce [-θe] süßsauer

agrietarse rissig werden

agrio sauer **agrios** M̱PL Zitrusfrüchte fpl

agrónomo,-a M̱,F̱ Agronom(in); **ingeniero** m ~ Diplomlandwirt

agroturismo M̱ Ferien fpl auf dem Bauernhof

agrupar gruppieren

agua F̱ Wasser n; **~ bendita** Weihwasser n; **~ dentífrica** Mundwasser n; **~ mineral** Mineralwasser n; **~ potable** Trinkwasser n; **~ sin/con gas** Wasser mit/ohne Kohlensäure; **~s** pl residuales Abwässer npl

aguacate M̱ Avocado f **aguacero** [-θ-] M̱ Regenguss, Wolkenbruch **aguafiestas** M̱ Spielverderber **aguafuerte** M̱ Radierung f **aguamarina** F̱ Aquamarin m

aguantar ertragen, aushalten; festhalten **aguantarse** sich beherrschen **aguante** M̱ Ausdauer f, Geduld f

aguar verwässern

aguardar (er-, ab)warten

aguardiente M̱ Branntwein, Schnaps

aguarrás M̱ Terpentin n

agudeza [-θa] F̱ Schärfe; Scharfsinn m **agudo** spitz; scharf; MED akut; Ton hoch; fig scharfsinnig **aguijón** [ayix-] M̱ Stachel; fig Ansporn

águila [-xa] F̱ Adler m

aguja [-xa] F̱ Nadel; Uhrzeiger m; BAHN Weiche; **~ de coser** Nähnadel; **~ de (hacer) media** Stricknadel

agujerear [-x-] durchlöchern **agujero** [-x-] M̱ Loch n, Öffnung f; **~ de ozono** Ozonloch n **agujetas** FPL Muskelkater m **aguzar** [-θ-] schärfen (a. fig); **~ el oído** die Ohren spitzen

ahí da, dort(hin); **de ~ que** dar-

um, deshalb; **por ~** dort (herum); (so) ungefähr

ahijado [-x-] M̱, **ahijada** F̱ Patenkind n

ahínco M̱ Nachdruck, Eifer

ahogado dumpf; Schrei unterdrückt **ahogar** ersticken; ertränken **ahogarse** ersticken; ertrinken **ahogo** M̱ Ersticken; Atemnot f; fig Bedrängnis f

ahora jetzt, nun; gleich; **~ mismo** sofort; soeben; gleich (jetzt); **~ bien** also; **por ~** vorläufig; **desde ~ (en adelante)** von nun an; **¿y ~ qué?** (und) was jetzt?

ahorcar (auf)hängen **ahorcarse** sich erhängen

ahorrador 1 ADJ sparsam 2 M̱, -a F̱ Sparer(in) **ahorrar** sparen; a. fig ersparen **ahorro** M̱ Sparen n; Ersparnis f

ahumado geräuchert **ahumar** räuchern

airado zornig, aufgebracht

airbag [-θa] F̱ Airbag; **~ lateral** Seitenairbag **airbus** M̱ Airbus

aire M̱ Luft f; Wind; MUS Weise f, Melodie f; fig Aussehen n; **~ acondicionado** Klimaanlage f; **~ comprimido** Pressluft f; **al libre** im Freien **airear** lüften

airoso: salir **~ de** gut abschneiden bei

aislado isoliert, vereinzelt **aislador** M̱ Isolator **aislamiento** M̱ Isolierung f (a. TECH); **~ acústico/térmico** Schall-/Wärmedämmung f **aislar** isolieren;

absondern

ajado [ax-] welk, verblüht

ajedrea [ax-] $\overline{F}$ Bohnenkraut n

ajedrez [axeðreθ] $\overline{M}$ Schach (spiel) n

ajeno [ax-] fremd

ajetrearse [ax-] sich plagen

ajetreo $\overline{M}$ Plackerei f; Hetze f

ajo [axo] $\overline{M}$ Knoblauch; **estar en el ~** s-e Hände im Spiel haben, umg mitmischen

ajustable [ax-] regulierbar

ajustado [ax-] passend; knapp; *Kleidung* eng anliegend **ajustar** anpassen; einstellen **ajuste** $\overline{M}$ Anpassung f; TECH Einstellung f; **~ de cuentas** Abrechnung f (a. fig)

ajusticiar [-θ-] hinrichten

al dem; den

ala $\overline{F}$ Flügel m

alabanza [-θa] $\overline{F}$ Lob n **alabar** loben; rühmen

alabastro $\overline{M}$ Alabaster

alacena [-θ-] $\overline{F}$ Küchenschrank m **alacrán** $\overline{M}$ Skorpion

alado geflügelt, beflügelt

alambrado $\overline{M}$ Drahtgeflecht n; Drahtzaun **alambre** $\overline{M}$ Draht; **~ de púas** Stacheldraht

alameda $\overline{F}$ Allee

álamo $\overline{M}$ Pappel f

alarde $\overline{M}$ **hacer ~ de** prahlen mit

alargar verlängern; *Hand* ausstrecken **alargarse** fig sich in die Länge ziehen

alarido $\overline{M}$ Geschrei n

alarma $\overline{F}$ Alarm m; fig Beunru-

higung; **falsa ~** blinder Alarm m; **dispositivo m de ~** Alarmanlage f; **señal m de ~** Alarmsignal n **alarmar** alarmieren **alarmarse** sich beunruhigen

alba $\overline{F}$ Morgendämmerung

albahaca $\overline{F}$ Basilikum n

Albania $\overline{F}$ Albanien n

albañil [-ɲ-] $\overline{M}$ Maurer

albarán $\overline{M}$ Lieferschein

albaricoque [-ke] $\overline{M}$ Aprikose f **albaricoquero** $\overline{M}$ Aprikosenbaum

albergue [-ɣe] $\overline{M}$ Herberge f; **~ juvenil** Jugendherberge f; **~ de carreteras** Rasthaus n

albóndiga $\overline{F}$ Fleischbällchen n, (Fleisch-)Klößchen n; Knödel m

albornoz [-θ] $\overline{M}$ Bademantel

alborotador $\overline{M}$ Aufwiegler; Ruhestörer **alborotar** randalieren **alboroto** $\overline{M}$ Lärm; Aufruhr

albufera $\overline{F}$ (Salz)Lagune

álbum $\overline{M}$ Album n

alcachofa [-tʃ-] $\overline{F}$ Artischocke

alcalde(sa) $\overline{M(F)}$ Bürgermeister(in) **alcaldía** $\overline{F}$ Bürgermeisteramt n

alcance [-θe] $\overline{M}$ Reichweite f; fig Tragweite f; **al ~** erreichbar, zugänglich für

alcantarillado [-ʎ-] $\overline{M}$ Kanalisation f

alcanzar [-θ-] einholen, erreichen; treffen

alcaparras $\overline{FPL}$ Kapern

alcazaba [-θ-] $\overline{F}$ *maurische*

Festung **alcázar** [-θ-] M *maurische* Burg f
alcoba F Schlafzimmer n
alcohol M Alkohol; **~ de quemar** Brennspiritus **alcoholemia** F Blutalkohol(spiegel) m; **prueba f de ~** Alkoholtest m
alcohólico 1 ADJ alkoholisch 2 M, -a F Alkoholiker(in) **alcoholismo** M Alkoholismus
alcornoque [-ke] M Korkeiche f
aldaba F Türklopfer m
aldea F Dorf n; INTERNET **~ global** globales Dorf n
aleación [-θ-] F Legierung
alegar *als Beweis anführen* **alegato** M JUR Plädoyer m (a. fig)
alegrar erfreuen **alegrarse** sich freuen (**de** über) **alegre** fröhlich; *fig* angeheitert **alegría** F Freude; **~ de vivir** Lebensfreude
alejamiento [-x-] M Entfernung f; *fig* Entfremdung f **alejar(se)** (sich) entfernen; **alejado de la realidad** realitätsfern
alemán 1 ADJ deutsch 2 M, **alemana** F Deutsche(r) m/f(m)
Alemania F Deutschland n
alentar ermutigen
alérgeno [-x-] M Allergen
alergia [-x-] F Allergie **alérgico** [-x-] F allergisch (**a** gegen) 2 M, -a F Allergiker(in)
alerta 1 ADJ wachsam; aufmerksam 2 F Alarm m
aleta F Flosse; **~s** fpl SPORT Schwimmflossen **aletear** flat-

tern
alevosía F Hinterlist; Heimtücke
alfabético alphabetisch; **por orden ~** in alphabetischer Reihenfolge **alfabeto** M Alphabet n
alfarería F Töpferei **alfarero,-a** M,F Töpfer(in)
alférez [-θ] M Leutnant; SCHIFF Fähnrich
alfil M *Schach* Läufer
alfiler M Stecknadel f
alfombra F Teppich m **alfombrado** M *Am* Teppichboden **alfombrilla** [-θ-] F **~ de ratón** Mausteppich m, Mousepad m
alga F Alge; Tang m; **algas** pl **marinas** *auch* Seetang m
algarroba F Johannisbrot n **algarrobo** M Johannisbrotbaum
álgebra [-x-] F Algebra
álgido [-x-] **punto ~** Gefrierpunkt; *fig* Höhepunkt
algo etwas;; **¿quieres tomar ~?** möchtest du etwas trinken? **estoy ~ cansado,-a** ich bin ein bisschen müde
algodón M Baumwolle f; Watte f
alguacil [-θ-] M Gerichts-, Amtsdiener
alguien [-γï-] jemand
alguno (*vor* SUBST SG M **algún**) jemand; mancher; (irgend)ein(er); **~s** einige, ein paar; **algún día** e-s Tages
alhaja [-xa] F Schmuckstück n

a. fig Juwel *n*

Alhambra F̲ berühmter maurischer Palast in Granada

aliado 1 ADJ verbündet 2 M̲, **-a** F̲ Verbündete(r) *m/f(m)*; E hering *m* **aliarse** sich verbünden

alias alias

alicatado M̲ Fliesenbelag; Kachelung *f* **alicates** MPL Flachzange *f*

aliciente [-θ-] M̲ Lockmittel *n*; Anreiz

aliento M̲ Atem, Hauch; *fig* Mut; **mal ~** Mundgeruch; **tomar ~** Atem schöpfen; **sin ~** atemlos; außer Atem

aligerar [-x-] erleichtern; *Schritt* beschleunigen

alijo [-x-] M̲ Schmuggelware *f*

alimentación [-θ-] F̲ Ernährung, Verpflegung; TECH Zufuhr **alimentar** ernähren **alimentario, alimenticio** [-θ-] Nähr..., Nahrungs... **alimento** M̲ Nahrungsmittel *n*; **~s** *pl* Nahrung *f*; JUR Unterhalt *m*

alinear aufstellen

aliñar [-ɲ-] GASTR würzen, anmachen

alisar glätten; polieren

aliso M̲ Erle *f*

alistar einschreiben; auflisten; MIL anwerben; erfassen **alistarse** sich (freiwillig) melden; *Am* sich fertig machen

aliviar erleichtern, lindern **ali-**

vio M̲ Erleichterung *f*

aljibe [-x-] M̲ Zisterne *f*

allá [aʎa] dort; dahin; **más ~** weiter (dort); **~ él** das ist s-e Sache

allanar [aʎ-] ebnen

allegado [aʎ-] 1 ADJ nahestehend, verwandt 2 M̲, **-a** F̲ Angehörige(r) *m/f(m)*

allí [aʎi] da, dort; **de ~** daher; **por ~** ungefähr dort

alma F̲ Seele; Gemüt *n*

almacén M̲ Lager *n*; **grandes almacenes** *mpl* Kaufhaus *n* **almacenar** (ein)lagern, speichern; IT (ab)speichern (**en memoria USB** auf USB-Stick)

almeja [-xa] F̲ Venusmuschel

almendra F̲ Mandel **almendro** M̲ Mandelbaum

almíbar M̲ Sirup; **peras** *fpl* **en ~** Birnenkompott *n*

almidón [-θ-] *a.* GASTR Stärke *f* **almidonar** *Wäsche* stärken

alminar M̲ Minarett *n*

almirante M̲ Admiral

almohada F̲ (Kopf)Kissen *n*; **neumática** Luftkissen *n*; **consultar a/c con la ~** etw überschlafen **almohadilla** [-ʎa] F̲ (kleines) Kissen *n*; **~ eléctrica** Heizkissen *n*

almorranas FPL MED Hämorr(ho)iden

almorzar [-θ-] zu Mittag essen; *regional* frühstücken

almuerzo[1] [-θo] M̲ Mittagessen *n*; *regional* Frühstück *n*; **~ de trabajo** Arbeitsessen *n*

almuerzo² [-θo] `PPERF` → almorzar

alojamiento [-x-] M̲ Unterkunft f **alojar** unterbringen **alojarse** absteigen (**en** in akk)

Alpes MPL Alpen pl

alpinismo M̲ Bergsteigen n **alpinista** M̲/F̲ Bergsteiger(in)

Al Qaeda M̲ Al Kaida f (islamistische Terrorgruppe)

alquilar [-ki-] (ver)mieten **alquiler** M̲ Miete f; Verleih; **de ~ Miet...;** ~ **de coches** Autovermietung

alquitrán [-ki-] M̲ Teer

alrededor [-r-] ringsherum; ~ **de** ungefähr; ~**es** mpl Umgebung f

Alsacia F̲ Elsass n

alta F̲ Anmeldung; MED Entlassungsschein m; **dar de ~** anmelden; MED gesundschreiben; **darse de ~** sich anmelden; (als Mitglied) eintreten

altanería F̲ Hochmut m **altanero** hochmütig, stolz

altar M̲ Altar; ~ **mayor** Hochaltar

altavoz [-θ] M̲ Lautsprecher

alteración [-θ-] F̲ Veränderung; Störung **alterado** verstört; ~ **genéticamente** genetisch verändert **alterar** verändern **alterarse** sich aufregen

altercado M̲ Wortwechsel; Streit

altermundialista ADJ **movimiento** m ~ Bewegung f der Globalisierungskritiker

alternar abwechseln **alternativa** F̲ Alternative **alternativo** alternativ **alterne** umg M̲ Anmache f **alterno** abwechselnd

altiplanicie [-θ-] F̲, **altiplano** M̲ Hochebene f **altisonante** hochtrabend **altitud** F̲ Höhe **altivo** stolz, hochmütig

alto hoch; groß; **en voz alta** laut; ¡~! halt! **altoparlante** M̲ Am Lautsprecher

altramuz [-θ-] M̲ Lupine f

altura F̲ Höhe; **a estas ~s** so, wie die Dinge stehen

alubia F̲ weiße Bohne

alud M̲ Lawine f (a. fig)

aludir anspielen (**a** auf akk)

alumbrado M̲ Beleuchtung f **alumbramiento** M̲ Beleuchtung f; MED Entbindung f **alumbrar** er-, beleuchten

aluminio M̲ Aluminium n; **papel** m **de ~** Alufolie f

alumno M̲, **alumna** F̲ Schüler(in)

alunizar [-θ-] auf dem Mond landen

alusión F̲ Anspielung

alza [-θa-] F̲ Erhöhung; Steigerung **alzamiento** M̲ Aufstand **alzar** aufheben; erheben

ama F̲ Herrin; ~ **de casa** Hausfrau; ~ **de cría** Amme; ~ **de llaves** Haushälterin, Wirtschafterin

amabilidad F̲ Liebenswürdigkeit **amable** liebenswürdig,

freundlich
amaestrar abrichten, dressieren
amago M̄ Anflug; Anzeichen n
amainar Wind sich legen
amamantar säugen; stillen
amanecer [-θ-] **1** V̄/I tagen, Tag werden **2** M̄ Tagesanbruch
amansar zähmen
amante M̄/F̄ Liebhaber(in), Geliebte(r) m/f(m)
amapola F̄ Mohn m
amar lieben
amarar FLUG wassern
amargar fig verbittern **amargo** bitter **amargura** F̄, **amargor** M̄ Bitterkeit (a. fig)
amarillento [-ʎ-] gelblich
amarillo [-ʎ-] gelb
amarra F̄ Tau n, Trosse amarrar festbinden; SCHIFF vertäuen **amarre** M̄ Verankerung f; SCHIFF Liegeplatz
amasar Teig kneten
amazona [-θ-] F̄ Reiterin
Amazonia, Amazonía [-θ-] F̄ Amazonasgebiet
ámbar M̄ Bernstein
ambición [-θ-] F̄ Ehrgeiz m
ambicioso ehrgeizig
ambientador M̄ Raumspray **ambiental** Umwelt... **ambiente** M̄ Umwelt f; Milieu n; fig Atmosphäre f; **crear ~** Stimmung machen
ambiguo kaltes Büfett n **ambigüedad** [-yüe-] F̄ Zweideutigkeit **ambiguo** zweideutig, doppelsinnig

ámbito M̄ Bereich; **de ~ mundial** weltweit
ambos beide
ambulancia [-θ-] F̄ Krankenwagen m **ambulante** umherziehend, Wander... **ambulatorio** MED **1** ADJ ambulant **2** M̄ Ambulanz f
amén M̄ Amen n; **en un decir ~** im Nu; **~ de** außer
amenaza [-θ-] F̄ Drohung; **~ de bomba** Bombendrohung **amenazador, amenazante** drohend, bedrohlich **amenazar** drohen
ameno angenehm; unterhaltsam
América F̄ Amerika n; **~ Central** Mittelamerika n; **~ Latina** Lateinamerika n; **~ del Norte** Nordamerika n; **~ del Sur** Südamerika n
americana F̄ Jackett n, Sakko m/n **americano** **1** ADJ amerikanisch **2** M̄, **-a** F̄ Amerikaner(in)
ametralladora [-λ-] F̄ Maschinengewehr n
amianto M̄ Asbest
amiga F̄ Freundin **amigable** freundschaftlich
amígdala F̄ ANAT Mandel
amigdalitis F̄ Mandelentzündung
amigo M̄ Freund; **hacerse ~s** sich anfreunden; **somos muy ~s** wir sind gut befreundet
aminorar vermindern
amistad F̄ Freundschaft **amis-**

toso freundschaftlich

amniótico: **líquido** m ~
Fruchtwasser n; **bolsa** f -a
Fruchtblase

amnistía F Amnestie

amo M Herr; Eigentümer

amoldar formen **amoldarse**
sich anpassen, sich einfügen

amonestaciones [-θ-] FPL
(Heirats)Aufgebot n **amonestar** (er)mahnen; verwarnen

amoníaco M Ammoniak n; Salmiakgeist

amontonar anhäufen, stapeln
amontonarse sich häufen

amor M Liebe f; ~ **propio**
Selbstwertgefühl n; **hacer el ~
con alg** mit j-m schlafen **amoroso** liebevoll

amortiguador M Stoßdämpfer **amortiguar** abschwächen, dämpfen

amortización [-θaθ-] F Tilgung, Abschreibung **amortizar** tilgen, abschreiben

amoscarse umg einschnappen

amparar schützen **amparo** M
Schutz

amperio M Ampere n

ampliación [-θ-] F Vergrößerung (a. FOTO); Erweiterung;
de capital Kapitalerhöhung; ~
al este POL Osterweiterung
ampliar erweitern; a. FOTO
vergrößern

amplificación [-θ-] F Erweiterung; Ton Verstärkung **amplificador** M MUS Verstärker
amplificar erweitern, aus-

dehnen; verstärken

amplio weit(läufig); geräumig
amplitud F Ausdehnung,
Weite

ampolla [-ʎa-] F MED Blase; Gefäß Ampulle

amputar amputieren

amueblado möbliert **amueblar** möblieren

amuleto M Amulett n

analfabeto M, **analfabeta** F
Analphabet(in)

analgésico [-x-] M schmerzstillendes Mittel n

análisis M Analyse f, Untersuchung f

análogo analog, entsprechend

ananás S) M Am Ananas f

anaquel [-ke-] M Schrankbrett
n; Regal(brett) n

anarquía [-ki-] F Anarchie

anatomía F Anatomie

anca F Hinterbacke; **~s** pl **de rana** Froschschenkel mpl

ancho [-tʃo] ① ADJ breit; weit
② M Breite f; BAHN **~ de vía**
Spurweite f

anchoa [-tʃ-] F Anchovis; Sardelle

anchura [-tʃ-] F Breite, Weite

anciana [-θ-] F Greisin **ancianidad** F hohes Alter n **anciano** ① ADJ alt, betagt ② M Greis

ancla F Anker m; **echar ~s**
Anker werfen; **levar ~s** die Anker
lichten **anclar** ankern

andador M Gehhilfe f, Rollator
m

Andalucía F Andalusien n

andaluz andalusisch
andamio M̲ (Bau)Gerüst n
andar 1 gehen 2 M̲ Gang(art f)
m
andén M̲ Bahnsteig; Am Gehsteig
Andes M̲P̲L̲ Anden pl
andrajo [-xo] M̲ Lumpen andrajoso zerlumpt
anduve → andar
anécdota F̲ Anekdote
anejo [-xo] → anexo
anestesia F̲ Betäubung; ~ general Vollnarkose; ~ local örtliche Betäubung
anexión F̲ Einverleibung, An-
gliederung anex(ion)ar ein-
verleiben, annektieren anexo
1 ADJ beiliegend 2 M̲ Nebengebäude n, Anbau; HANDEL
Anlage f
anfiteatro M̲ Amphitheater n;
THEAT Rang
anfitrión M̲ anfitriona F̲
Gastgeber(in)
ánfora F̲ Amphore; Am Wahlur-
ne
ángel [-x-] M̲ Engel
angina [-x-] F̲ Angina; ~ de pecho Angina pectoris
Angola F̲ Angola (n)
angosto eng, knapp angos-
tura F̲ Enge, Verengung
anguila [-γi-] F̲ Aal m angula
F̲ Glasaal m
angular eckig, wink(e)lig
ángulo M̲ Winkel; Ecke f
anguloso wink(e)lig
angustia F̲ Angst; Beklem-

mung angustiar ängstigen,
quälen
anhelar ersehnen anhelo M̲
Sehnen n, Verlangen n anhe-
loso sehnsüchtig
anidar nisten
anilla [-λa] F̲ TECH Ring m; ~s
pl SPORT Ringe mpl anillo M̲
Ring; ~ de boda Ehering
ánima F̲ LIT Seele
animación [-θ-] F̲ Belebung;
Lebhaftigkeit; Betrieb m; IT, TV
Animation animado lebhaft;
angeregt animador(a) M̲(F̲)
Animateur(in)
animal 1 ADJ tierisch, Tier... 2
M̲ Tier n; sl fig brutaler Kerl
animar beleben; aufmuntern
animarse Mut fassen; sich
aufraffen ánimo M̲ Gemüt n;
Mut; estado m de ~ Gemüts-
verfassung f; ¡~! Kopf hoch!
animosidad F̲ Groll m ani-
moso mutig; tatkräftig
aniquilar [-ki-] vernichten
anís M̲ Anis; Getränk Anislikör
aniversario M̲ Jahrestag
ano M̲ After
anoche [-tʃe] gestern Abend
anochecer [-θ-] 1 Nacht
werden 2 M̲ Dunkelwerden n;
al ~ bei Einbruch der Dunkelheit
anomalía F̲ Anomalie
anómalo abnorm, anormal
anónimo 1 ADJ anonym 2 M̲
anonymer Brief
anorak M̲ Anorak
anorexia F̲ Magersucht ano-

34 | anoréxico

réxico magersüchtig
anormal anormal
anotar notieren
ansia F̲ Begierde; Sehnsucht
ansiar ersehnen ansiedad F̲
Angst; Unruhe ansioso begierig
Antártida F̲ Antarktis
ante ① vor; angesichts ② M̲
Wildleder n; ~ todo vor allem
anteanoche [-tʃe] vorgestern
Abend anteayer vorgestern
antebrazo [-θo] M̲ Unterarm
antecedente [-θ-] ① ADJ vorhergehend ② ~s mpl Vorleben
n; ~s penales Vorstrafen fpl
anteceder vorhergehen antecesor(a) M̲F̲ Vorgänger(in)
antelación [-θ-] con ~ im Voraus antemano: de ~ im Voraus
antena F̲ Antenne; ZOOL Fühler m; ~ colectiva Gemeinschaftsantenne; ~ parabólica
Parabolantenne
anteojo [-xo] M̲ Fernrohr n; ~s
pl Fernglas n antepasados
MPL Vorfahren antepecho
[-tʃo] M̲ Brüstung f; Fensterbrett n anteponer voranstellen
anterior vorhergehend, früher
anterioridad F̲ con ~ früher, vorher
antes vorher; früher; ~ de vor; ~ (de) que bevor, ehe; poco ~
kurz vorher; el día ~ tags zuvor
antesala F̲ Vorzimmer n
antibalas kugelsicher anti-

biótico M̲ Antibiotikum n antibloqueo: sistema m ~ de
frenos Antiblockiersystem n
anticiclón [-θ-] M̲ Hoch n
anticipación [-θipaθ-] F̲ Vorwegnahme; con ~ im Voraus
anticipado vorzeitig; Wahlen
etc vorgezogen; por ~ im Voraus anticipar vorwegnehmen; zuvorkommen; Geld vorschießen anticipo M̲ Vorschuss; Anzahlung f
anticonceptivo [-θ-] M̲ Empfängnisverhütungsmittel n anticongelante [-x-] M̲ Frostschutzmittel n
anticopia ADJ: protección f ~
Kopierschutz m
anticuado veraltet anticuario,-a M̲F̲ Antiquitätenhändler(in)
antideslizante [-θ-] ① ADJ
rutschfest ② M̲ Gleitschutz
antídoto M̲ Gegengift n; fig Gegenmittel n
antifaz [-θ] M̲ Gesichtsmaske f,
Schlafmaske f
antigüedad [-yüe-] F̲ Altertum n; ~es pl Antiquitäten antiguo alt, antik; ehemalig
Antillas FPL Antillen pl
antipatía F̲ Antipathie, Abneigung antipático unsympathisch antipirético fiebersenkend antirrobo M̲ Diebstahlschutz; AUTO Lenkradschloss n antiséptico antiseptisch antisolar ADJ Sonnenschutz... antiterrorista·

lucha f ~ Terroristenbekämpfung **antivirus: programa** m ~ Antivirenprogramm n

antojarse [-x-] **se me antoja** ich habe Lust zu **antojo** M Gelüst n; Laune f

antorcha [-tʃa] F Fackel

anual jährlich **anualidad** F Jahresbetrag m

anuario M Jahrbuch n

anublarse sich bewölken

anudar verknoten; (an)knüpfen

anular 🔢 V/T annullieren; absagen; streichen 🔢 ADJ ringförmig 🔢 M **(dedo)** ~ Ringfinger

anunciar [-θ-] anzeigen, ankündigen; annoncieren, inserieren **anuncio** M Anzeige f, Inserat n, Annonce f; Bekanntmachung f

anverso M Bildseite f (der Münze); Vorderseite f

anzuelo [-θ-] M Angelhaken

añadidura [aɲ-] F Zusatz m **añadir** hinzufügen; als Kontakt adden

añejo [aɲexo] alt (bes Wein)

año [aɲo] M Jahr n; ~ **civil** Kalenderjahr n; **Año Nuevo** Neujahr n; **¡feliz Año Nuevo!** ein gutes neues Jahr!; el ~ **pasado/que viene** letztes/nächstes Jahr

añoranza [aɲoranθa] F Sehnsucht **añorar** sich sehnen nach

apacible [-θ-] mild; ruhig, friedlich **apaciguar** besänftigen

apadrinar Pate sein bei; fig fördern

apagado erloschen; Farben, Töne gedämpft **apagar** löschen; TV, Licht ausmachen; fig dämpfen **apagarse** ausgehen, erlöschen **apagón** M Stromausfall

apalear (ver)prügeln

apañado [-ɲ-] **estar** ~ umg aufgeschmissen sein **apañarse** zurechtkommen

aparador M Anrichte f, Sideboard n

aparato M Apparat, Gerät n **aparatoso** prunkhaft; aufsehenerregend

aparcamiento M Parkplatz; ~ **subterráneo** Tiefgarage f **aparcar** (ein)parken; ~ **en batería/en línea** quer/längs parken; ~ **en doble fila** in zweiter Reihe parken

aparecer [-θ-] erscheinen

aparejador [-x-] M Bauleiter, -führer **aparejar** [-x-] SCHIFF auftakeln **aparejo** [-x-] M Flaschenzug; ~s mpl Gerätschaften fpl

aparentar vorspiegeln, vorgeben **aparente** scheinbar

aparición [-θ-] F Erscheinung, Erscheinen n **apariencia** [-θ-] F Aussehen n, Erscheinung; Schein m

apartado 🔢 abgelegen, entfernt 🔢 M ~ **(de correos)** Postfach n **apartamento** M Appartement n; Am Wohnung f **apartar** entfernen; trennen apartarse ausweichen

aparte **1** beiseite; ~ **(de ello)** außerdem **2** M̲ Absatz

apasionado leidenschaftlich; ~ **por** begeistert für apasionar(se) (sich) begeistern

apatía F̲ Teilnahmslosigkeit, Apathie apático teilnahmslos, apathisch

apearse ab-, aussteigen

apedrear mit Steinen bewerfen; steinigen

apego M̲ Anhänglichkeit f

apelación [-θ-] F̲ JUR Berufung

apelar appellieren (a an akk); JUR Berufung einlegen

apellido [-ʎ-] M̲ Familienname

apenar bekümmern

apenas kaum

apéndice [-θe] M̲ Anhang; ANAT Wurmfortsatz apendicitis [-θ-] F̲ Blinddarmentzündung

aperitivo M̲ Aperitif

apertura F̲ (Er)Öffnung

apestar V̲T̲ verpesten; V̲I̲ stinken

apetecer [-θ-] **me apetece ...** ich habe Lust auf ... (akk) apetecible wünschenswert

apetito M̲ Appetit; Verlangen n apetitoso appetitlich

ápice [-θe] M̲ Spitze f, Gipfel

apilar aufschichten, stapeln

apio M̲ Sellerie m/f

apisonadora F̲ Dampf-, Straßenwalze **apisonar** feststampfen

aplacar besänftigen

aplanar planieren, ebnen

aplastar platt drücken

aplaudir (Beifall) klatschen, applaudieren **aplauso** M̲ Beifall

aplazar [-θ-] vertagen, auf-, verschieben

aplicable anwendbar aplicación [-θ-] F̲ a. IT Anwendung; TEL App aplicar anwenden

apoderado M̲, -a F̲ Prokurist; Bevollmächtigte(r) m/f(m) apoderar bevollmächtigen apoderarse: ~ **de** sich bemächtigen (gen)

apodo M̲ Spitzname

apoplejía [-x-] F̲ Schlaganfall m

aportar beisteuern, beitragen

apostar wetten; setzen (**por** auf akk)

apóstol M̲ Apostel

apoyar stützen; unterstützen; ~**se** sich stützen (**en** auf akk) **apoyo** M̲ Stütze f; Unterstützung f

apreciable [-θ-] fig beachtlich apreciación [-θ-] F̲ (Wert)Schätzung apreciado angesehen, geachtet apreciar schätzen (a. fig), taxieren aprecio M̲ Achtung f, Hochschätzung f

apremio M̲ Zwang; Druck; Mahnung f

aprender lernen aprendiz(a) [-θ] M̲/F̲ Lehrling m, Auszubildende(r) m/f(m); **estar de ~** in der Lehre sein aprendizaje [-θaxe] M̲ Lehrzeit f; Lehre f; **puesto** m **de ~** Lehrstelle f arbitrar ‖ 37

aprestar zubereiten; appretieren aprestarse sich anschicken (a zu)
apresurar drängen, antreiben apresurarse sich beeilen
apretado eng, knapp; gedrängt apretar drücken; zusammenpressen; Schraube anziehen
aprieto M Notlage f
aprisa schnell
aprisionar gefangen nehmen
aprobación [-θ-] F Billigung, Zustimmung aprobado bewährt; Examen bestanden aprobar billigen, gutheißen; Examen bestehen
apropiación [-θ-] F Aneignung apropiado geeignet apropiarse sich aneignen
aprovechable [-tʃ-] verwertbar aprovechado ▮ ADJ berechnend ▮ M Profitjäger aprovechamiento M (Aus-)Nutzung f aprovechar (aus)nutzen; gebrauchen; ¡que aproveche! guten Appetit!
aprovisionamiento M Versorgung f aprovisionar versorgen
aproximación [-θ-] F Annäherung aproximadamente ungefähr, etwa aproximar(se) (sich) nähern aproximativo annähernd
apruebo → aprobar
aptitud F Eignung, Fähigkeit
apto fähig, geeignet
apuesta F Wette; Einsatz m

apuntado spitz apuntador(a) M/F Souffleur(-euse)
apuntalar abstützen apuntar notieren; Waffe richten auf (akk); zielen; THEAT soufflieren apunte M Notiz f
apuñalar [-ɲ-] erstechen
apurado eng, erschöpft; arm; ~ de dinero knapp bei Kasse; umg estoy ~ ich bin in Eile apurar aufbrauchen; leeren; fig drängen apurarse sich grämen; Am sich beeilen apuro M Notlage f; Am Eile f; estar en un ~ in der Klemme sein
aquagym [-'jim] M Aquagym f, Wassergymnastik f
aquel [-ke-], aquella [-ʎa], aquello [-ʎo] jener, jene, jenes
aquí [aki] hier; de ~ a ... heute in ...; por ~ hier(her); ¡ven ~! komm (hier)her!
Aquisgrán M Aachen n
árabe ▮ ADJ arabisch ▮ M, -a F Araber(in) Arabia F Arabien n; ~ Saudí Saudi-Arabien n
arado M Pflug
Aragón M Aragonien n aragonés aus Aragonien
arancel [-θ-] M Zolltarif
arándano M Blau-, Heidelbeere f; ~ rojo Preiselbeere f
araña [-ɲa] F Spinne; Lampe Kronleuchter m arañar kratzen arañazo M Kratzer
arar pflügen
arbitraje [-xe] M Schiedsspruch arbitrar schlichten;

SPORT Schiedsrichter sein **arbitrario** willkürlich

árbitro M/F Schiedsrichter(in)

árbol M̲ Baum; TECH Welle f

arbusto M̲ Strauch, Busch

arca F̲ Kasten m, Truhe; **~ de Noé** Arche Noah

arcada F̲ Arkade

arcaico altertümlich; veraltet

arcángel [-x-] M̲ Erzengel

arce [-θe] M̲ Ahorn

arcén [-θ-] M̲ Verkehr Rand-, Seitenstreifen

archiduque [-tʃiðuke] M̲ Erzherzog **archipiélago** M̲ Archipel

archivador M̲ (Akten)Ordner

archivar archivieren; Akten ablegen **archivo** M̲ Archiv n; Ablage f; tı Datei f

arcilla [-λa] F̲ Ton(erde) m

arco M̲ Bogen (a. MUS)

arder brennen **ardid** M̲ List f, Trick f **ardiente** heiß, brennend; fig feurig

ardilla [-λa] F̲ Eichhörnchen n

ardor M̲ Glut f; fig Eifer; **~ de estómago** Sodbrennen n

arduo schwierig, mühselig

área F̲ Fläche; Gebiet n; **~ de castigo** SPORT Strafraum; **~ de descanso** Rastplatz m; **~ de embarque** FLUG Abflugbereich; **~ de no fumar** Nichtraucherzone; **~ de servicio** Verkehr Raststätte

arena F̲ Sand m; Arena f **arenoso** sandig

arenque [-ke] M̲ Hering

Argel M̲ Algier n **Argelia** F̲ Algerien n

argelino algerisch

Argentina F̲ Argentinien n

argentino 1 ADJ argentinisch 2 M̲, **-a** f Argentinier(in)

argolla [-λa] F̲ (Metall)Ring m; Am Ehering m

argucia [-θ-] F̲ Spitzfindigkeit

argüir [-yüir] folgern; argumentieren

argumentación [-θ-] F̲ Argumentation **argumentar** argumentieren **argumentario** M̲ Argumentesammlung f **argumento** M̲ Argument n; Film etc Handlung f

aria F̲ Arie

aridez [-θ] F̲ Trockenheit

árido dürr; trocken

Aries M̲ ASTROL Widder

arisco schroff

arista F̲ Kante

aristocracia [-θ-] F̲ Aristokratie **aristocrático** aristokratisch

arma F̲ Waffe; **~ de fuego** Schusswaffe; **~s** pl Wappen n; **~s nucleares** Atomwaffen

armada F̲ Kriegsflotte **armador** M̲ Reeder **armadura** F̲ Rüstung; TECH Armatur **armamento** M̲ Bewaffnung f; Rüstung f

armar bewaffnen; ausrüsten

armario M̲ Schrank; **~ empotrado** Einbauschrank **armazón** [-θ-] F̲ Gerüst n; Rahmen m

Armenia F̲ Armenien n

armería F̲ Waffenhandlung

armiño [-ɲo] M̲ Hermelin n

armisticio [-θ-] M̲ Waffenstillstand

armonía F̲ Harmonie (a. fig)

armónica F̲ Mundharmonika **armónico** harmonisch

aro M̲ Ring; Reif(en); **pasar por el** ~ umg zu Kreuze kriechen

aroma M̲ Aroma n **aromático** aromatisch

arpa F̲ Harfe **arpista** M̲/F̲ Harfenist(in) **arpón** M̲ Harpune f

arquear [-ke-] wölben **arqueo** M̲ HANDEL Kassensturz **arqueología** [-x-] F̲ Archäologie

arquitecto,-a [-ki-] M̲,F̲ Architekt(in) **arquitectura** F̲ Architektur

arrabal M̲ Vorort, Vorstadt f

arraigado verwurzelt (a. fig)

arrancadero M̲ SPORT Start (platz) **arrancar** V̲/T̲ aus-, entreißen; V̲/I̲ TECH anlaufen; anfahren, starten; Motor anspringen **arranque** [-ke] M̲ Ausreißen n; TECH Anlauf; Start (a. IT); AUTO Anlasser

arrastrar entreißen, schleppen **arrastrarse** kriechen

arrebatado ungestüm, jäh **arrebatador** hinreißend, entzückend **arrebatar** entreißen; mitreißen **arrebatarse** außer sich geraten **arrebato** M̲ Anwandlung f; Anfall

arrecife [-θ-] M̲ Riff n

arredrarse zurückweichen; Angst bekommen

arreglado ordentlich; geregelt

arreglar regeln; arrangieren (a. MUS); in Ordnung bringen **arreglarse** sich zurechtmachen **arreglárselas** zurechtkommen **arreglo** M̲ Regelung f; Abmachung f; JUR Vergleich; MUS Arrangement n

arrendamiento M̲ Verpachtung f; Vermietung f **arrendar** (ver)pachten; (ver)mieten **arrendatario,-a** M̲,F̲ Pächter(in); Mieter(in)

arrepentirse: ~ **de** bereuen

arrestar verhaften **arresto** M̲ Verhaftung f; Arrest; ~ **domiciliario** Hausarrest

arriba oben; **de** ~ **abajo** von oben bis unten; **hacia** ~ aufwärts, nach oben; **véase** ~ siehe oben

arribada F̲ SCHIFF Einlaufen n **arribar** SCHIFF einlaufen; Am a. ankommen

arribista M̲ Emporkömmling

arriesgar wagen, riskieren

arrimar heranrücken; anlehnen **arrinconar** fig vernachlässigen; in die Enge treiben

arroba F̲ @-Zeichen n; umg Klammeraffe m

arrodillarse [-ʎ-] niederknien

arrogancia [-θ-] F̲ Arroganz **arrogante** anmaßend, arrogant, überheblich

arrojar [-x-] werfen, schleudern; Gewinn abwerfen arro-

jarse sich stürzen (**a** auf, **in** *akk*)

arrojo [-xo] M̲ Verwegenheit *f*

arrollador [-ʎ-] überwältigend; umwerfend **arrollar** aufrollen; *Verkehr* überfahren (*a. fig*)

arropar bedecken, zudecken

arroyo M̲ Bach; Gosse *f*

arroz [-θ] M̲ Reis; ~ **con leche** Milchreis

arruga F̲ Falte **arrugar** runzeln; zerknittern

arruinar ruinieren (*a. fig*)

arsenal M̲ Arsenal *n*

arsénico M̲ Arsen *n*

arte M̲(PL F̲) Kunst *f*; Kunstfertigkeit *f* **artefacto** M̲ Gerät *n*, Apparat

artemis(i)a F̲ BOT Beifuß *m*

arteria F̲ Arterie, Schlagader **arteriosclerosis** F̲ Arterienverkalkung

artesa F̲ Trog *m* **artesanía** F̲ (Kunst)Handwerk *n* **artesano,-a** M̲,F̲ (Kunst)Handwerker(in)

Ártico M̲ Arktis *f*

articulación [-θ-] F̲ ANAT, TECH Gelenk *n* **articulado** gegliedert **articular** ❶ VI̲T & VI̲ artikulieren ❷ ADJ Gelenk...

artículo M̲ Artikel; ~ **de fondo** Leitartikel; ~ **de gran consumo** Massenartikel; ~ **de lujo/de marca** Luxus-/Markenartikel

artífice [-θe] M̲ Künstler; *fig* Urheber **artificial** [-θ-] künstlich **artificio** M̲ Kunstgriff **artificioso** gekünstelt

artillería [-ʎ-] F̲ Artillerie

artista M̲,F̲ Künstler(in)

artisteo M̲ *umg* Kunstszene *f* **artístico** künstlerisch

artritis F̲ Arthritis **artrosis** F̲ Arthrose

arveja [-xa] F̲ Wicke; *Am* Erbse

arzobispo [-θ-] M̲ Erzbischof

as M̲ Ass *n*; *fig* Kanone *f*

asado ❶ M̲ Braten ❷ ADJ gebraten **asador** M̲ Bratspieß

asalariado M̲,-a F̲ Lohn-, Gehaltsempfänger(in)

asaltante M̲,F̲ Angreifer(in)

asaltar angreifen, überfallen **asalto** M̲ Angriff, Überfall; *Boxen* Runde *f*

asamblea F̲ Versammlung

asar braten

ascendente [-θ-] (auf)steigend **ascender** VI̲T im Amt befördern; VI̲ (auf)steigen; ~ **a** sich belaufen auf (*akk*) **ascendiente** M̲ Einfluss **ascensión** F̲ ❶ Aufstieg *m* ❷ **Ascensión** Himmelfahrt **ascenso** M̲ *fig* Beförderung *f*

ascensor [-θ-] M̲ Aufzug, Lift **ascensorista** M̲ Liftboy

asco M̲ Ekel

ascua F̲ Glut

asediar belagern; *fig* mit Fragen *etc* bestürmen

asegurado M̲,-a F̲ Versicherte(r) *m/f(m)* **aseguradora** F̲ Versicherung(sgesellschaft)

asegurar versichern; zusichern **asegurarse** sich vergewissern

asemejarse [-x-] sich ähneln, ähnlich sein (*dat a*)

asentimiento M̲ Zustimmung *f* asentir beipflichten

aseo M̲ Sauberkeit *f*; Toilette *f*; Dusch-, Waschraum

asequible [-ki-] erreichbar, erschwinglich

asesinar ermorden asesinato M̲ Mord asesino M̲, asesina F̲ Mörder(in)

asesor(a) M̲|F̲| Berater(in); ~ **fiscal/de empresa/de inversiones** Steuer-/Unternehmens-/Anlageberater(in) asesoramiento M̲ Beratung *f* asesoría F̲ Beratung(sfirma) *f*

asfalto M̲ Asphalt

asfixia F̲ Ersticken *n* asfixiar(se) ersticken

así so; ~ **como** ~ ohne weiteres; ~ **y todo** immerhin; ~ **que** also; **una cosa** ~ so etwas

Asia F̲ Asien *n*; ~ **Menor** Kleinasien *n* asiático **1** A̲D̲J̲ asiatisch **2** M̲, -a F̲ Asiat(in)

asiduidad F̲ Fleiß *m*, Eifer *m*; **con** ~ häufig; regelmäßig häufig asiduo **1** A̲D̲J̲ eifrig; häufig **2** M̲ Stammgast

asiento¹ M̲ Sitz, Platz; HANDEL Buchung *f*; ~ **trasero** Rücksitz, Rückbank *f*; ~ **del conductor/del acompañante** Fahrer-/Beifahrersitz; ~ **de ventanilla** Fensterplatz

asiento², asintió → asentir

asignar zuweisen, anweisen

asignatura F̲ (Lehr)Fach *n*

asilado M̲, -a F̲ Asylant(in) asilarse Asyl suchen asilo M̲ Asyl *n* (*a.* POL) Heim *n*; **solicitar** ~ Asyl beantragen; **solicitante** *m*/*f* **de** ~ Asylbewerber(in)

asimilar verarbeiten; assimilieren

asimismo ebenso, ebenfalls

asistencia F̲ Anwesenheit; Hilfe, Beistand *m* asistenta F̲ *neg!* Putzfrau asistente M̲|F̲| Assistent(in); Teilnehmer(in), Anwesende(r) *m*/*f*(*m*); ~ **social** Sozialarbeiter(in) asistido **por ordenador** computergestützt asistir beistehen; betreuen; ~ **a** teilnehmen an (*dat*)

asma F̲ Asthma *n*

asno M̲ Esel

asociación [-θiaθ-] F̲ Vereinigung; Verein *m*, Verband *m* asociar verbinden, vereinigen

asomarse hinausschauen; sich hinauslehnen

asombrar erstaunen asombro M̲ Erstaunen *n* asombroso erstaunlich

asomo M̲ Anzeichen *n*; Anflug; **ni por** ~ nicht die Spur

aspecto M̲ Anblick; Aussehen *n*; *fig* Aspekt

aspereza [-θa] F̲ Rauheit; Herbheit áspero rau; herb

áspid M̲ Natter *f*

aspiración [-θ-] F̲ Einatmen *n*, Atemholen *n*; *fig* Streben *n* aspirador(a) M̲|F̲| Staubsauger *m*; **pasar la ~a** Staub saugen

aspirante M|F Anwärter(in)

aspirar einatmen; TECH an-, einsaugen; **~ a** streben nach, anstreben

aspirina® F Aspirin® *n*

asquear [-ke-] anwidern, (an)ekeln **asqueroso** ekelhaft, widerlich (*a. fig*)

asta F Fahnenstange; ZOOL Horn *n*; **a media ~** halbmast

astilla [-λa] F Splitter *m*, Span *m* **astillero** M (Schiffs)Werft f

astro M Gestirn *n*, Stern **astrología** F Astrologie **astrólogo, -a** M|F Astrologe, Astrologin

astronauta M|F Astronaut(in) **astronave** F Raumschiff *n* **astronomía** F Astronomie **astucia** [-θ-] F Schlauheit; List **asturiano** asturisch **Asturias** [-θ-] F|PL Asturien *n* **astuto** schlau; (hinter)listig

asumir übernehmen; auf sich nehmen

Asunción [-θ-] F Mariä Himmelfahrt

asunto M Angelegenheit f; Sache f; Thema *n*

asustar erschrecken

atacar angreifen; MED befallen **atajar** [-x-] Weg abschneiden; *fig* eindämmen; stoppen **atajo** [-x-] M Abkürzung(-sweg) *m* f

ataque [-ke] M Angriff; MED Anfall; **~ de risa/de tos** Lach-/Hustenanfall; **~ de pánico** Panikattacke f; **~ de angustia**

Angstattacke *f*

atar (an-, fest-, zu)binden

atardecer [-θ-] dämmern; **al ~** gegen Abend

atareado viel beschäftigt

atasco M Verkehr Stau; **~ de papel** Papierstau

ataúd M Sarg

Atenas F Athen *n*

atención [-θ-] F Aufmerksamkeit; **¡~!** Achtung! **atender** beachten; betreuen; bedienen **atenerse: ~ a** sich halten an (*akk*) **atentado** M Attentat, Anschlag **atento** aufmerksam

atenuante mildernd **atenuar** mildern; abschwächen

ateo atheistisch

aterrizaje [-θaxe] M FLUG Landung f; **~ forzoso** Notlandung f **aterrizar** landen

aterrorizar [-θ-] terrorisieren

atestado 1 ADJ gedrängt voll 2 M Bescheinigung f; Attest *n* **atestiguar** bezeugen

ático M Dachgeschoss *n*

atiendo → atender

atizar [-θ-] schüren (*a. fig*)

Atlántico M Atlantik

atleta M|F Athlet(in) **atletismo** M (Leicht)Athletik f

atmósfera F Atmosphäre (*a. fig*)

atómico Atom...

átomo M Atom *n*

atónito verblüfft, sprachlos

atontado benommen; dumm

atormentar foltern; quälen

atornillar [-ʎ-] an-, festschrauben

atosigar *fig* (be)drängen

atracadero M̲ Anlegeplatz

atracar V̲/̲I̲ SCHIFF anlegen;
V̲/̲T̲ überfallen

atracción [-γθ-] F̲ Anziehung
(-skraft); Attraktion **atraco** M̲
(Raub)Überfall **atractivo** 🔢
A̲D̲J̲ attraktiv, anziehend 🔢
Reiz, Charme

atraer anziehen, anlocken

atrapar fangen, *umg* erwischen

atrás hinten; zurück; **por** ~ von
hinten; **hacia** ~ rückwärts; nach
hinten; **sentarse** ~ hinten sitzen; sich nach hinten setzen

atrasado rückständig **atrasar**
V̲/̲T̲ verzögern; zurückstellen; V̲/̲I̲
Uhr nachgehen **atrasarse** sich
verspäten **atraso** M̲ Rück-
stand; Rückständigkeit f; ~s *pl*
HANDEL Rückstände

atravesar durch-, überqueren;
fig durchmachen

atreverse (es) wagen (**a** zu)

atrevido kühn; verwegen

atribuir zuschreiben; zuerkennen **atributo** M̲ Eigenschaft f

atril M̲ Notenständer; Pult m

atrocidad [-θ-] F̲ Gräuel m;
Scheußlichkeit

atropear überfahren; umren-
nen **atropellado** [-ʎ-] überstürzt **atropeo** 🔢 Zusammenstoß; *umg* Pöbelei f

atroz [-θ-] gräßlich, schrecklich

ATS F̲A̲B̲K̲ (ayudante técnico-sa-
nitaria) ≈ MTA f (medizinisch-
technische Assistentin)

atún M̲ T(h)unfisch

aturdido verwirrt; benommen

audacia [-θ-] F̲ Kühnheit **au-
daz** [-θ] kühn; verwegen

audible hörbar **audición** [-θ-]
F̲ (An-, Ab)Hören n; Vorspielen
n **audiencia** [-θ-] F̲ Audienz;
JUR Gerichtshof m; TV, RADIO
Zuhörer *mpl*, Zuschauer *mpl*

audífono M̲ Hörgerät n

audioguía F̲ Audioguide m
audiovisual audiovisuell
auditivo Hör..., Gehör... **au-
ditor(a)** M̲F̲ Rechnungsprü-
fer(in) **auditorio** M̲ Konzertsaal; Zuhörer(schaft f) m/pl

aula F̲ Hörsaal m; Klassenzimmer n

aumentar V̲/̲T̲ vermehren, vergrößern; erhöhen; V̲/̲I̲ zunehmen; *Preise* steigen **aumento**
M̲ Zunahme f, Anstieg; Erhöhung f

aun sogar

aún noch, noch immer; **ni** ~
nicht einmal **aunque** [-ke] obwohl, wenn auch

aureola F̲ Heiligenschein m

auriculares M̲P̲L̲ Kopfhörer
mpl; *bes* Ohrhörer *mpl*

auscultar MED abhorchen

ausencia [-θ-] F̲ Abwesenheit;
Fehlen n **ausentarse** sich entfernen **ausente** abwesend

austeridad F̲ Strenge; POL
Sparsamkeit **austero** streng;
nüchtern

austral südlich

Australia F̲ Australien n

44 | australiano

australiano ☐ ADJ australisch
② M̲, -a F̲ Australier(in)
Austria F̲ Österreich n
austríaco ☐ ADJ österreichisch
② M̲, -a F̲ Österreicher(in)
auténtico echt, authentisch
autentificación [-θ-] F̲ ~ **de usuario** User-Authentifizierung f
auto M̲ Auto n **autoadhesivo** selbstklebend **autobús** M̲ Autobus; ~ **interurbano/de línea** Fern-/Linienbus **autocar** M̲ Reisebus **autocaravana** F̲ Wohnmobil n **autocine** M̲ Autokino n **autocompletar** autovervollständigen **autodisparador** F̲ FOTO Selbstauslöser **autoedición** F̲ IT Desktop-Publishing n **autoescuela** F̲ Fahrschule **autoexpreso** M̲ Autoreisezug **autofoto** F̲ Selfie n
autógrafo M̲ Autogramm n
autoinicio [-θ-] M̲ IT Autostart
autoinmune ADJ autoimmun, Autoimmun...
automático automatisch
automóvil M̲ Kraftfahrzeug n; Auto n **automovilismo** M̲ Autosport **automovilista** M̲F̲ Autofahrer(in)
autonomía F̲ Autonomie **autopista** F̲ Autobahn; ~ **de peaje** gebührenpflichtige Autobahn
autor(a) M̲F̲ Verfasser(in), Autor(in); JUR Urheber(in); **e-s Verbrechens** Täter(in)

autoridad F̲ Autorität; Behörde **autorización** [-θaθ-] F̲ Genehmigung **autorizado** [-θ-] befugt; **no** ~ unbefugt; ~ **a firmar** unterschriftsberechtigt **autorizar** [-θ-] berechtigen; ermächtigen
autorradio F̲ Autoradio n **autoservicio** [-θ-] M̲ Selbstbedienung f **autostop** M̲ Trampen n **autostopista** M̲F̲ Anhalter(in) **autotrén** M̲ Autoreisezug **autovía** F̲ Schnellstraße
auxiliar ☐ V̲I̲ helfen ② ADJ Hilfs... ③ M̲F̲ Hilfskraft f, Assistent(in) **auxilio** M̲ Hilfe f; Beistand; ~ **en carretera** Pannenhilfe f; **primeros ~s** Erste Hilfe f
aval M̲ Bürgschaft f
avalancha [-t∫a] F̲ Lawine
avance [-θe] M̲ Vorrücken n; Fortschritt; Film Vorschau f **avanzar** [-θ-] vorrücken; vorwärtskommen
avaricia [-θ-] F̲ Geiz m **avaro** ☐ ADJ geizig ② M̲ Geizhals
avatar M̲ Internet Avatar
Avda A̲B̲K̲(Avenida) ~ Allee
ave F̲ Vogel m; **~s** pl **de corral** Geflügel n
AVE M̲A̲B̲K̲(Alta Velocidad Española) spanischer Hochgeschwindigkeitszug
avellana [-ʎ-] F̲ Haselnuss
avena F̲ Hafer m
avenida F̲ Allee
aventura F̲ Abenteuer n **aventurar** wagen aventu-

rero ① ADJ abenteuerlich ② M̲, -a F̲ Abenteurer(in)

avergonzar [-θ-] beschämen **avergonzarse** sich schämen

avería F̲ SCHIFF Havarie; AUTO Panne; TECH Schaden m **averiado** beschädigt

averiguar untersuchen; ermitteln; ergründen

aversión F̲ Abneigung

avestruz [-θ] M̲ ZOOL Strauß

aviación [-θ-] F̲ Luftfahrt, Flugwesen n **aviador(a)** M̲(F̲) Flieger(in), Pilot(in)

avidez [-θ] F̲ Gier

ávido gierig

avión M̲ Flugzeug n; **~ a reacción** Düsenflugzeug n, Jet m; **~ chárter/de línea** Charter-/Linienflugzeug n; **por ~** mit Luftpost; **ir en ~** fliegen

avioneta F̲ Sportflugzeug n

avisador M̲: **~ de incendios/movimientos** Feuer-/Bewegungsmelder **avisar** benachrichtigen; **sin ~** unangemeldet

aviso M̲ Nachricht f; Bescheid; Warnung f; Am Inserat n

avispa F̲ Wespe **avispado** aufgeweckt; clever

axila F̲ Achsel(höhle)

¡ay! ach!, oh!; au!

ayer gestern

ayuda F̲ Hilfe; **~ financiera** Finanzhilfe; **ayuda en línea** Onlinehilfe **ayudante** M̲F̲ Gehilfe, -in, Assistent(in) **ayudar**: **~ a alg** j-m helfen; **¿le ayudo?** kann ich Ihnen helfen?

ayunar fasten **ayunas**: **en ~** nüchtern

ayuntamiento M̲ Rathaus n; Gemeinderat

azafata [aθ-] F̲ Stewardess; **~ (de congresos)** Hostess

azafrán [aθ-] M̲ Safran

azahar [aθ-] M̲ Orangenblüte f

Azores M̲P̲L̲ Azoren pl

azotea [aθ-] F̲ Dachterrasse

azúcar [aθ-] M̲ Zucker; **~ en terrones** Würfelzucker

azufre [aθ-] M̲ Schwefel

azul [aθ-] blau **azulejo** [-xo] M̲ Kachel f, Fliese f

B

babero M̲ Lätzchen n

babor M̲ SCHIFF Backbord n

baca F̲ AUTO Dachgepäckträger m

bacalao M̲ Kabeljau; **~ (seco)** Stockfisch

bache [-t͡ʃe] M̲ Schlagloch n; FLUG Luftloch n; fig Tiefpunkt

bachiller(a) [-t͡ʃiʎ-] M̲F̲ Abiturient(in) **bachillerato** M̲ Abitur n

bacteria F̲ Bakterie

bagatela F̲ Bagatelle

bahía F̲ Bucht, Bai

bailador(a) M̲F̲ Tänzer(in) **bailar** tanzen **bailarín** M̲, **bailarina** F̲ (Ballett)Tänzer(in)

baile M̄ Tanz; Ball

baja [-xa] F̄ Fallen n; Sinken n (a. HANDEL); Abmeldung, Austritt m; MED Krankmeldung; **dar de ~** abmelden; Karte schreiben; **darse de ~** sich abmelden, austreten **bajada** F̄ Abstieg m

bajar V̄/T herunternehmen; senken (a. Preis); INTERNET herunterladen; downloaden; V̄/I (hin)absteigen; aussteigen; sinken; fallen

bajeza [-xeθa] F̄ Gemeinheit

bajo [-xo] 1 ADJ niedrig; tief (a. Ton); Stimme leise 2 PRÄP unter 3 M̄ MUS Bass(ist) **bajón** M̄ plötzliches Nachlassen; fig Tief n

bakalao M̄ MUS Spanien: Techno

bala F̄ Kugel

balance [-θe] M̄ Bilanz f **balancear** [-θe-] schaukeln; schwanken; SCHIFF schlingern; AUTO Am auswuchten **balancín** [-θe-] M̄ Gartenschaukel f **balanza** [-θa] F̄ Waage; **~ comercial** Handelsbilanz

balbucear [-θe-] stammeln, stottern

Balcanes MPL Balkan m

balcón M̄ Balkon

balde M̄ SCHIFF, Am Eimer; **de ~** unentgeltlich; **en ~** umsonst, vergebens

baldío brach; unbebaut

baldosa F̄ Fliese

Baleares FPL Balearen

baliza F̄ [-θa] Bake, Boje

ballena [-ʎ-] F̄ Wal m

ballet [-l-] M̄ Ballett n

balneario M̄ Bade-, Kurort

balón M̄ Ball

baloncesto [-θ-] M̄ Basketball **balonmano** M̄ Handball **balonvolea** M̄ Volleyball

balsa F̄ Floß n

balsámico M̄ Balsam..., balsamisch **bálsamo** M̄ Balsam **bálsamo labial** Lippenbalsam

báltico M̄ baltisch **Báltico** M̄ Ostsee f

bambú M̄ Bambus

banal banal

banana F̄ Am Banane

banca F̄ Bank; Bankwesen n; **~ electrónica** Electronic Banking n; **~ en línea** Internetbanking n **banco** M̄ 1 (Sitz)Bank f; **~ de arena/niebla** Sand-/Nebelbank f 2 FIN Bank f; **~ en casa** Homebanking n; **~ de datos** Datenbank f; **~ de genes** Genbank f; **Banco Central Europeo** Europäische Zentralbank f; **Banco Mundial** Weltbank f

banda F̄ Band n; (Gruppe) Bande; MUS Blaskapelle; **~ sonora** TV, Kino Soundtrack m

bandeja [-xa] F̄ Tablett n

bandera F̄ Fahne, Flagge; **~ azul** blaue Flagge (Zeichen für gute Strandqualität) **banderilla** [-ʎa] F̄ STIERK Banderilla **banderola** F̄ Wimpel m

bandido M̄, **bandolero** M̄ Räuber, Bandit

banner M̲ (Werbe)Banner n

banquero [-ke-] M̲, banquera F̲ Bankier m, Banker(in)

banqueta F̲ Schemel m

banquete M̲ Bankett n, Festessen n

banquillo [-kiʎo] M̲ JUR Anklagebank f; SPORT Reservebank f

bañador [-ɲ-] M̲ Badeanzug m; Badehose f bañar baden

bañera [-ɲ-] F̲ Badewanne; ~ de hidromasaje Whirlpool m

bañero M̲ Bademeister

bañista [-ɲ-] MF̲ Badegast m; Kurgast m Bad n [-ɲ-] M̲ Bad n; bes Am Toilette f, WC n; ~ María GASTR Wasserbad n; ~ de sol Sonnenbad n; ~ termal Thermalbad n

baqueta [-ke-] F̲ Gerte; MUS Trommelstock m

bar M̲ Imbissstube f, Café n

baraja [-xa] F̲ Spiel n Karten barajar Karten mischen; fig erwägen

baranda F̲, barandilla [-ʎa] F̲ Geländer n

baratear verschleudern baratija [-xa] F̲ Ramsch m, Schund m baratillo [-ʎo] M̲ Trödelmarkt barato billig, preiswert

barba F̲ Bart m

barbacoa F̲ (Garten)Grill m; Grillfest n, Barbecue n

barbaridad F̲ Barbarei; umg Unmenge; umg ¡qué ~! unglaublich! bárbaro ❶ barbarisch ❷ M̲, -a F̲ Barbar(in)

barbero M̲ Herrenfriseur bar-

billa [-ʎa] F̲ Kinn n barbudo bärtig

barca F̲ Boot n; Kahn m; ~ de remos Ruderboot n; dar un paseo en ~ e-e Bootsfahrt machen

Barça [-sa] M̲ umg FC Barcelona

barcaza [-θa] F̲ Barkasse barco M̲ Schiff n; ~ de vela Segelschiff n

barítono M̲ Bariton

barman M̲ Barkeeper

barniz [-θ] M̲ Firnis; Lack; Glasur f barnizar firnissen; lackieren; glasieren

barómetro M̲ Barometer

barquero [-ke-] M̲ Fährmann barquillo [-ʎo] M̲ Waffel f

barra F̲ Stange; Theke, Bar; en la ~ an der Theke; ~ adhesiva Klebestift m; ~ americana (Nacht)Bar; ~ de comandos/ de menús IT Befehls-/Menüleiste; ~ de equilibrios SPORT Schwebebalken m; ~ fija SPORT Reck n; ~ de labios Lippenstift m; ~s pl paralelas SPORT Barren m; ~ de protección lateral Seitenaufprallschutz m

barraca F̲ Baracke

barranco M̲ Schlucht f barranquismo [-ki-] M̲ Canyoning n

barredera F̲ Straßenkehrmaschine barrena F̲ Bohrer m barrendero M̲ Straßenkehrer barrer kehren, fegen barrera F̲ Schranke; Sperre; Barriere (a.

fig); ~ **del sonido** Schallmauer

barricada F̲ Barrikade

barriga *umg* F̲ Bauch *m*

barril M̲ Fass *n*

barrio M̲ Stadtviertel *n;* ~ **bajo** Armenviertel *n;* ~ **portuario** Hafenviertel *n;* ~ **chino** *umg* Rotlichtviertel *n*

barro M̲ Schlamm; Lehm; Töpfererde *f*

barroco ⊡ A̲D̲J̲ barock ⊡ M̲ Barock *m/n*

barullo [-ʎo] M̲ Wirrwarr; Krach

basar gründen, stützen (**en, sobre** auf *akk*)

báscula F̲ Waage

base F̲ Grundlage, Basis; CHEM Base; MIL Stützpunkt *m;* ~ **de datos** Datenbank

Basilea F̲ Basel *n*

basílica F̲ Basilika

bastante ausreichend, genug; ziemlich **bastar** genügen;; **¡basta!** genug!, Schluss!

bastidor M̲ Rahmen; THEAT Kulisse **bastón** M̲ Stock

basura F̲ Müll *m,* Abfall *m;* ~ **orgánica** Biomüll *m;* **comida** ~ Junk-Food *n* **basurero** M̲ Müllfahrer; Müll-, Abfallhaufen

bata F̲ Morgen-, Schlafrock *m;* Kittel *m*

batalla F̲ Schlacht

batería F̲ Batterie; MUS Schlagzeug *n;* ~ **de cocina** Küchengeschirr *n*

batida F̲ Treibjagd; Razzia **batido** ⊡ A̲D̲J̲ *Weg* gebahnt ⊡ M̲

~ **(de leche)** Milchshake *m;* ~ **de fruta** Smoothie **batidor** M̲ Schneebesen **batidora** F̲ Mixer *m* **batir** schlagen; *Rekord* brechen

batuta F̲ Taktstock *m;* **llevar la** ~ *fig* den Ton angeben

baúl M̲ großer Koffer; Truhe *f;* AUTO *Am* Kofferraum

bautismo M̲ Taufe *f* **bautizar** [-θ-] taufen; *Wein* panschen **bautizo** [-θo] M̲ Taufe *f*

bávaro ⊡ A̲D̲J̲ bayrisch ⊡ M̲, -a F̲ Bayer(in) **Baviera** F̲ Bayern *n*

baya F̲ Beere

bayeta F̲ Scheuerlappen *m,* Wischtuch *n*

baza [-θa] F̲ *Kartenspiel* Stich *m,* *fig* Trumpf *m*

bazar [-θ-] M̲ Basar

bazo [-θo] M̲ Milz *f*

BCE M̲ A̲B̲K̲ (Banco Central Europeo) Europäische Zentralbank *f*

beato selig; fromm

bebé M̲ Baby *n;* ~ **a la carta** Designerbaby *m;* ~**-probeta** Retortenbaby *n*

bebedor M̲, **bebedora** F̲ Trinker(in) **beber** trinken

bebida F̲ Getränk *n;* ~ **energética** Energiedrink *m*

beca F̲ Stipendium **becario, -a** M̲.F̲ Stipendiat(in)

bechamel [-s-] F̲ Bechamelsoße

beige [bes] beige

béisbol M̲ Baseball

bejuco [-x-] M̲ Liane *f*

belén M̲ (Weihnachts)Krippe *f*

Belén M̲ Bethlehem n

belga 1 A̲D̲J̲ belgisch 2 M̲/F̲ Belgier(in)

Bélgica F̲ Belgien n

Belgrado M̲ Belgrad n

bélico kriegerisch

belicoso kriegerisch, streitbar

belleza [-ʎeθa] F̲ Schönheit

bello schön; las bellas artes die schönen Künste

bellota [-ʎ-] F̲ Eichel

bemol M̲ M̲U̲S̲ Erniedrigungszeichen n, b n

bencina [-θ-] F̲ (Wasch)Benzin n

bendecir [-θ-] segnen

beneficencia [-θenθ-] F̲ Wohltätigkeit beneficiar zustattenkommen beneficiarse Nutzen ziehen (de aus) beneficio M̲ Nutzen; Gewinn; a ~ de zugunsten von beneficioso vorteilhaft

benéfico wohltätig benévolo wohlwollend

benigno gütig; Klima mild; M̲E̲D̲ gutartig

berberecho [-tʃo] F̲ Herzmuschel f

berenjena [-x-] F̲ Aubergine

Berlín M̲ Berlin n

bermuda(s) M̲(P̲L̲) Bermudashorts pl

Berna F̲ Bern n

berro M̲ Kresse f

berza [-θa] F̲ Kohl m

besar küssen beso M̲ Kuss

bestia F̲ Tier n, Vieh n bestial bestialisch; umg toll bestiali-

dad F̲ Bestialität; Gemeinheit

besugo M̲ Seebrasse f

besuquear [-ke-] (ab)knutschen

betún M̲ Schuhcreme f; Teer

biberón M̲ (Baby)Fläschchen n

Biblia F̲ Bibel

biblioteca F̲ Bibliothek bibliotecario,-a M̲/F̲ Bibliothekar(in)

bicho [-tʃo] M̲ Tier n bichos P̲L̲ Ungeziefer n

bicicleta [-θ-] F̲, umg bici F̲ Fahrrad n; ~ eléctrica E-Bike n, Elektrofahrrad n; ~ de montaña Mountainbike n

bidé M̲ Bidet n

bidón M̲ Kanister

Bielorrusia F̲ Weißrussland n

bien 1 A̲D̲V̲ gut, wohl; recht; sehr; si ~ obschon; más ~ eher, vielmehr; ¡está ~! gut!; in Ordnung! 2 M̲ Gute(s) n; Wohl n

bienal zweijährlich

bienaventurado R̲E̲L̲ selig

bienes P̲L̲ Vermögen n; Habe f bienestar M̲ Wohlbefinden n; Wohlstand; Wellness f

bienvenida F̲ dar la ~ a willkommen heißen bienvenido willkommen

bife M̲ Am, biftec M̲ Beefsteak n

bifurcarse sich gabeln; abzweigen

bigote M̲ Schnurrbart

bilateral zweiseitig, bilateral

bilingüe zweisprachig

bilis F̲ Galle

billar [-ʎ-] M̱ Billard(spiel) n

billete [-ʎ-] M̱ Fahrkarte f; **~ de banco** Banknote f, Geldschein; **~ electrónico** E-Ticket n; **~ de ida y vuelta** Rückfahrkarte f; **~ de lotería** Lotterielos n **billetero** M̱ Brieftasche f

billón [-ʎ-] M̱ Billion f

bimotor zweimotorig

biocombustible M̱ Biosprit **biodegradable** biologisch abbaubar **biodiversidad** F̱ Artenvielfalt f **biografía** F̱ Biografie f **biográfico** biografisch **biología** [-x-] F̱ Biologie **biológico** [-x-] biologisch

biombo M̱ spanische Wand f

biopsia F̱ Biopsie

biosfera F̱ Biosphäre; **reserva f de (la) ~** Biosphärenreservat n **biotecnología** [-x-] F̱ Biotechnologie **biótopo** M̱ Biotop m/n

birria F̱ umg Plunder m, Mist m

bis M̱ MUS Zugabe f

bisabuela F̱, **bisabuelo** M̱ Urgroßmutter, -vater

bisagra F̱ Scharnier n

bisiesto: año ~ M̱ Schaltjahr n

bisnieto M̱, **bisnieta** F̱ Urenkel(in)

bisté, bistec M̱ Beefsteak n

bisturí M̱ Skalpell n

bisutería F̱ Modeschmuck m

bitácora F̱ MAR (**cuaderno de**) **~** Logbuch n; IT Blog m

bizco [-θ-] schielend

bizcocho [-tʃo] M̱ Zwieback; Biskuit m/n

blanca F̱ MUS halbe Note

blanco 1 ADJ weiß 2 M̱ Ziel n; Zielscheibe f; **dar en el ~** (ins Ziel) treffen (a. fig) **blancura** F̱ Weiße

blando weich **blandura** F̱ Weichheit; Weichlichkeit

blanquear [-ke-] weißen; bleichen; tünchen; Geld waschen

blasfemar lästern, fluchen **blasfemia** F̱ Gotteslästerung, Blasphemie

blasón M̱ Wappen n

blindado gepanzert **blindaje** [-xe] M̱ Panzerung f

bloc M̱ (Schreib)Block

blog M̱ IT Blog **bloguear** [-ɣ-] bloggen **blogueo** [-ɣeo] M̱ Bloggen n **bloguero** [-ɣ-] M̱, **-a** M̱/F̱ Blogger(in)

bloque [-ke] M̱ Block; Klotz **bloquear** blockieren, sperren **bloqueo** M̱ Blockade f, Sperre f

blusa F̱ Bluse; Kittel m

boa F̱ ZOOL Boa

boato M̱ Prunk, Pomp

boba F̱ Närrin **bobada** F̱ Dummheit

bobina F̱ Spule, Rolle

bobo 1 ADJ dumm, albern 2 M̱ Narr

boca F̱ Mund m; Maul n; Mündung; Öffnung; **~ de riego** Hydrant m; **~ abajo/arriba** auf dem Bauch/Rücken **bocacalle** [-ʎe] F̱ Straßeneinmündung

bocadillo [-ʎo] M̱ belegtes Brötchen n, Sandwich n **boca-**

do M̲ Bissen, Happen **bocajarro: a ~** aus nächster Nähe **bocazas** M̲ umg Großmaul n

boceto [-θ-] M̲ Skizze f; Entwurf

bochorno [-tʃ-] M̲ Schwüle f; fig Scham(röte) f **bochornoso** schwül; fig beschämend; peinlich

bocina [-θ-] F̲ Hupe; **tocar la ~** hupen

boda F̲ Hochzeit

bodega F̲ Weinkeller m; Weinhandlung; SCHIFF Laderaum m **bodegón** M̲ MAL Stillleben n

bofetada F̲ Ohrfeige

boga F̲ Rudern n; **estar en ~** in Mode sein

bogavante M̲ Hummer

Bohemia F̲ Böhmen n

boicot M̲ Boykott **boicotear** boykottieren

boina F̲ Baskenmütze

boj [bɔx] M̲ Buchsbaum

bola F̲ Kugel; umg Schwindel m

bolera F̲ Kegelbahn **bolero** M̲ Bolero

boletín M̲ Bericht, Bulletin n; **~ meteorológico** Wetterbericht; **~ digital** Newsletter f; **~ oficial** Amtsblatt n

boleto M̲ Los n; Tippzettel; Am Fahrkarte f, Ticket n

bolígrafo M̲, umg **boli** M̲ Kugelschreiber

Bolivia F̲ Bolivien n **boliviano** ⚊ bolivianisch ⚋ M̲, -a F̲ Bolivianer(in)

bollería [-ʎ-] F̲ Feinbäckerei

bollo [-ʎ-] M̲ Milchbrötchen n; (trockene) Gebäckstück n

bolo M̲ Kegel; **jugar a los ~s** kegeln

bolsa F̲ Beutel m; Tüte; HANDEL Börse; **~ de agua caliente** Wärmflasche; **~ de aseo** Kulturbeutel m; **~ de la basura** Mülltüte; **~ de deporte/de viaje** Sport-/Reisetasche

bolsillo [-ʎo] M̲ Tasche f; **de ~** Taschen… **bolso** M̲ Handtasche f; **~ (en) bandolera** Umhängetasche f

bomba F̲ Pumpe; Bombe

bombardear bombardieren **bombardeo** M̲ Bombenangriff m, Bombardierung f **bombardero** M̲ Bomber

bombear pumpen **bombero** M̲ Feuerwehrmann; **~s** pl Feuerwehr f

bombilla [-ʎa] F̲ Glühbirne

bombo M̲ MUS große Trommel f; Pauke f; **~ publicitario** umg (Medien-)Hype **bombón** M̲ Praline f **bombona** F̲ Korb-, Ballonflasche; **~ de gas** Gasflasche

bonachón [-tʃ-] gutmütig

bondad F̲ Güte **bondadoso** gütig

boniato M̲ Süßkartoffel f

bonificación [-θ-] F̲ Vergütung **bonificar** vergüten

bonito ⚊ ADJ hübsch; nett ⚋ M̲ Bonito (Art Thunfisch)

bono M̲ Bon, Gutschein; Bonus; **~ del Tesoro** Schatzanweisung f

bonobús Ⓜ Mehrfahrtenkarte f *(für Bus)* **bonometro** Ⓜ Mehrfahrtenkarte f *(für U-Bahn)*

boquerón [-ke-] Ⓜ Sardelle f

boquiabierto [-ki-] mit offenem Mund; sprachlos; **quedarse ~** sprachlos sein **boquilla** [-ʎa] Ⓕ Zigarettenspitze; TECH Düse; MUS Mundstück n

borda Ⓕ Reling **bordado** Ⓜ Stickerei f **bordar** (be)sticken

borde Ⓜ Rand; Kante f **bordillo** [-ʎo] Ⓜ Rand-, Bordstein **bordo** Ⓜ Bord; **(subir) a ~** an Bord (gehen)

borla Ⓕ Quaste

borne Ⓜ TECH Klemme f

borrachera [-tʃ-] Ⓕ Rausch m **borracheras** MPL GASTR in Likör getränktes Gebäck

borracho [-tʃ-] 1️⃣ ADJ betrunken; **medio ~** angetrunken 2️⃣ Ⓜ, **-a** Ⓕ Trunkenbold m; Betrunkene(r) m/f(m)

borrador Ⓜ Entwurf; *Am* Radiergummi

borraja [-xa] Ⓕ Borretsch m

borrar streichen; löschen (*a.* IT)

borrasca Ⓕ Sturm m; Unwetter n; Sturmtief n

borrón Ⓜ Klecks **borroso** verschwommen, unscharf

Bósforo Ⓜ Bosporus

Bosnia(-Herzegovina) [-θ-] Ⓕ Bosnien(-Herzegowina) n **bosnio** 1️⃣ bosnisch 2️⃣ Ⓜ, Ⓕ Bosnier(in)

bosque [-ke] Ⓜ Wald **bosque-**

jar [-x-] skizzieren; entwerfen **bosquejo** [-xo] Ⓜ Entwurf; Skizze f

bostezar gähnen

bota Ⓕ Stiefel m; Lederflasche **bota de agua** *od* **de goma** Gummistiefel m

botánica Ⓕ Botanik **botánico** 1️⃣ ADJ botanisch 2️⃣ Ⓜ, **-a** Ⓕ Botaniker(in)

botar V⁄T SCHIFF vom Stapel lassen; *Am* wegwerfen; V⁄I Ball springen, abprallen

bote Ⓜ Boot n; **~ neumático/ salvavidas** Schlauch-/Rettungsboot n

botella [-ʎa] Ⓕ Flasche; **~ retornable** Pfandflasche; **~ de vino** Weinflasche **botellero** Ⓜ Flaschenkorb, -gestell n **botellín** Ⓜ kleine Flasche f

botica Ⓕ umg Apotheke **boticario,-a** Ⓜ⁄Ⓕ umg Apotheker(in) **botijo** [-xo] Ⓜ Wasserkrug *(aus Ton)*

botín Ⓜ Halbstiefel m; (Diebes-, Kriegs)Beute f

botiquín [-ki-] Ⓜ Reise-, Hausapotheke f; Verbandskasten

botón Ⓜ Knopf; Knospe f; **~ de presión** Druckknopf

botones Ⓜ Page, Hotelboy; Laufbursche

bóveda Ⓕ Gewölbe n

bovino Rind(er)...

boxeador Ⓜ Boxer **boxear** boxen **boxeo** Ⓜ Boxen n

boya Ⓕ Boje; Kork Schwimmer m

bozal [-θ-] Ⓜ Maulkorb

bragas FPL Schlüpfer m, Höschen n **bragueta** [-ɣe-] F Hosenschlitz m

bramar brüllen **bramido** M Brüllen n; Gebrüll n

brandy M Weinbrand

branquia [-kĭa-] F Kieme

brasa [-θa] F Kohlenglut; **a la ~** GASTR vom Rost **brasero** M Kohlenbecken n

Brasil M Brasilien n

brasileño [-ɲo] **1** ADJ brasilianisch **2** M, **-a** F Brasilianer(in)

bravo tapfer; wild **bravura** F Tapferkeit; Wildheit

braza M SPORT Brustschwimmen n **brazalete** M Armband n

brazo [-θo] M Arm; ZOOL Vorderbein n; **~ de gitano** Biskuitrolle f mit Creme

brea F Teer m, Pech n

brecha [-tʃa] F Bresche

brega F Kampf m; fig Schufterei **bregar** sich abplagen, schuften

Bretaña F Bretagne; **Gran ~** Großbritannien n

breve kurz; **en ~** bald, in Kürze **brevedad** F Kürze

bribón M Taugenichts

bricolaje [-xe-] M Basteln n, Heimwerken n

brida F Zaum m; Zügel m

brillante [-ʎ-] **1** ADJ glänzend (a. fig), strahlend **2** M Brillant **brillantez** [-θ] F Glanz m

brillar [-ʎ-] glänzen, funkeln; scheinen **brillo** M Glanz,

Schein; **~ de labios** Lipgloss; **sacar ~ a** polieren

brincar springen, hüpfen **brinco** M Sprung, Satz

brindar VT (an)bieten; VI anstoßen, trinken (**por** auf akk) **brindis** M Trinkspruch, Toast

brío M Schwung, Elan

brisa F Brise

británico **1** ADJ britisch **2** M, **-a** F Brite m, Britin f

brocado M Brokat

brocha [-tʃa] F Pinsel m; **~ (de afeitar)** Rasierpinsel m

broche [-tʃe] M Haken und Öse f; Brosche f; **~ de oro** fig Krönung f **brocheta** F GASTR (Fleisch)Spieß m

broma F Spaß m, Scherz m; **en (od de) ~** zum Spaß; **estoy de ~** ich machen (nur) Spaß **bromear** scherzen, Spaß machen **bromista** MF Spaßmacher(in)

bronca F umg Zank m, Krach m; Rüffel m

bronce [-θe] M Bronze f **bronceado** **1** bronzefarben; braun gebrannt **2** M (Sonnen)Bräune f **bronceador** M Sonnenschutzmittel n **broncear(se)** (sich) bräunen

bronco fig schroff, barsch

bronquial [-kĭ-] Bronchial...

bronquios MPL Bronchien fpl **bronquitis** F Bronchitis

brotar keimen, sprießen; hervorquellen **brote** M Knospe f; Spross, Trieb

bruja [-xa] F Hexe **brujería** F

Hexerei, Zauberei

brújula [-x-] F̲ Kompass m

bruma F̲ Dunst m **brumoso** dunstig

brusco plötzlich, jäh; fig barsch, brüsk

Bruselas F̲ Brüssel n

brutal brutal **brutalidad** F̲ Brutalität

bruto HANDEL brutto, Brutto...; TECH roh, Roh...; fig dumm; grob

bucal Mund...

buceador [-θ-] M̲, -a F̲ Taucher(in) **bucear** tauchen

bucle M̲ Locke f

budín M̲ Pudding

budismo M̲ Buddhismus

buenaventura F̲ Glück n; **decir la ~** wahrsagen

buenismo M̲ Gutmenschentum n

bueno (vor subst sg m **buen**) gut; Kind brav; fig gutmütig

buey M̲ Ochse

búfalo M̲ Büffel

bufanda F̲ Schal m

bufete M̲ Anwaltskanzlei f

buffet M̲ GASTR **~ (libre)** Büfett n; **~ desayuno** Frühstücksbüfett n

bufón ◆1◆ ADJ närrisch ◆2◆ M̲ Spaßmacher; Hofnarr

buhardilla [-λa] F̲ Dachkammer; Dachluke

búho M̲ Uhu

buitre M̲ Geier

bujía [-x-] F̲ Zündkerze

bulbo M̲ (Blumen)Zwiebel f,

Knolle f

Bulgaria F̲ Bulgarien n

búlgaro ◆1◆ ADJ bulgarisch ◆2◆ M̲, -a F̲ Bulgare m, -in f

bullicio [-λiθ-] M̲ Tumult, Lärm **bullir** sieden

bulo M̲ Falschmeldung f, umg Ente f

bulto M̲ Bündel n; Gepäckstück n; MED Beule f, Schwellung f

buñuelo [-ɲ-] M̲ Ölgebäck n; **~ de viento** Windbeutel

buque [-ke] M̲ Schiff n

burbuja [-xa] F̲ (Wasser-, Luft)Blase; (Sekt)Perle

burdel M̲ Bordell n

Burdeos F̲ Bordeaux n

burdo grob; plump

burgués [-yes] ◆1◆ ADJ bürgerlich ◆2◆ M̲, -esa F̲ Bürger(in) **burguesía** F̲ Bürgertum n, Bourgeoisie

burka M̲ Burka f

burla F̲ Spott m **burlar** verspotten; täuschen **burlarse** sich lustig machen (**de** über) **burlesco** scherzhaft **burlón** spöttisch

burnout [-aut] M̲ Burn-out f

burocracia [-θ-] F̲ Bürokratie

burro M̲ Esel (a. fig)

bus M̲ Bus

busca F̲ Suche; **en ~ de** auf der Suche nach **buscador** F̲ INTERNET Suchmaschine f **buscar** suchen; **ir a ~** holen

buso M̲ Am Pullover m, umg Pulli m

búsqueda [-ke-] F̲ Suche; **~**

automática TV Suchlauf *m*; **motor** *m* **de** ~ INTERNET Suchmaschine *f*

busto M̲ Büste *f*

butaca F̲ Sessel *m*; THEAT Parkettplatz *m*

butano M̲ Butan(gas) *n*

butifarra F̲ *katalanische* Bratwurst

buzo [-θo] M̲ Taucher

buzón [-θ-] M̲ Briefkasten; **~ de voz** TEL Voicebox *f*; **~ electrónico** *Inform* Mailbox *f* **buzoneo** M̲ Mailing *n*

bypass M̲ MED Bypass

C

C/, c/ (calle) Str. (Straße)

cabalgar reiten **cabalgata** F̲ Umzug *m*

caballa [-ʎa] F̲ Makrele

caballería [-ʎ-] F̲ Kavallerie **caballero** M̲ Ritter; Kavalier; Herr **caballete** M̲ Staffelei *f*

caballo [-ʎo] M̲ Pferd *n*; *Schach* Springer; *umg* Heroin *n*; **a ~ zu** Pferd

cabaña [-ɲa] F̲ Hütte; Herde

cabaret M̲ Nachtklub; Kabarett *n*

cabecear [-θ-] V/I mit dem Kopf nicken; (ein)nicken; *Schiff* stampfen; V/T *Ball* köpfen **cabecera** F̲ Kopfende *n*; *Fluss*

Oberlauf *m*

cabellera [-ʎe-] F̲ (Kopf)Haar *n*; Mähne **cabello** M̲ Haar *n*; **~ de ángel** Kürbiskonfitüre *f* **cabelludo** langhaarig; behaart

caber *Platz* haben; hineingehen, -passen; möglich sein

cabeza [-θa] **1** F̲ Kopf *m*; *fig* Verstand *m*; **(estar) a la ~, en** ~ an der Spitze (sein), in Führung (liegen) **2** M̲ (An)Führer; **~ de familia** Familienoberhaupt *n*

cabezón, cabezudo 1 ADJ dickköpfig **2** M̲ Dickkopf

cabida F̲ Fassungsvermögen *n*

cabina F̲ Kabine; **~ de ducha** Duschkabine; **~ telefónica** Telefonzelle

cabizbajo [-ðβax-] niedergeschlagen

cable M̲ Seil *n*; ELEK Kabel *n*; MAR Tau *n*; IT **~ de alimentación** Netzkabel *n*; **~ de encendido** Zündkabel *n*; **~ de remolque** Abschleppseil *n*; IT **~ USB** USB-Kabel *n* **cablear** verkabeln

cabo M̲ Ende *n*; GEOG Kap *n*; MIL Gefreite(r); **Cabo de la Buena Esperanza** Kap *n* der Guten Hoffnung; **al ~ de** nach; **al fin y al** ~ letzten Endes **cabotaje** [-xe] M̲ Küstenschifffahrt *f*

cabra F̲ Ziege **cabrearse** *sl* sauer werden; sich ärgern **britilla** [-ʎa] F̲ Ziegen-, Schaf-, Glacéleder *n* **cabrito** M̲ Zick-

lein n **cabrón** M̲ Ziegenbock;
vulg Saukerl
cacahuete M̲ Erdnuss f
cacao M̲ Kakao; *fig* Durcheinander n
cacarear gackern
cacería [-θ-] F̲ Jagd
cacerola [-θ-] F̲ Schmortopf
m; Kasserolle f
cacharro [-tʃ-] M̲ Topf; **~s** pl
umg fig Kram m
cachear [-tʃ-] durchsuchen,
umg filzen **cacheo** M̲ Leibesvisitation f **cachete** M̲ Klaps
cacho [-tʃ-] M̲ Brocken, Stück n
cachondeo M̲ *umg* Riesenspaß **cachondo** geil, scharf
cachorro [-tʃ-] M̲ Junge(s) n;
Welpe
cacique [-θike] M̲ Häuptling;
umg fig Bonze
cacto, cactus M̲ Kaktus
cada jeder, jede, jedes; **~ uno,
~ cual** jeder
cadáver M̲ Leiche f, Leichnam;
Kadaver
cadena F̲ Kette; *TV* Kanal m,
Sender; **cadena de noticias**
Nachrichtensender m; **~ hotelera** Hotelkette; **~ de montaje**
Fließband m; **~s pl (de nieve)**
AUTO Schneeketten
cadencia [-θ-] F̲ Rhythmus m;
MUS Kadenz
cadera F̲ Hüfte
caducar verfallen, ablaufen;
ungültig werden **caducidad**
[-θ-] F̲ Verfall m, Hinfälligkeit;
fecha f de ~ Verfallsdatum n

caduco hinfällig; altersschwach
caer fallen; ab-, ausfallen; **~
bien/mal** sympathisch/unsympathisch sein
café M̲ *Getränk* Kaffee; *Lokal* Café n; **~ solo** schwarzer Kaffee; **~
con leche** Milchkaffee
cafetera F̲ Kaffeekanne; **~ (automática)** Kaffeemaschine **cafetería** F̲ Cafeteria, Snackbar
cagar *vulg* kacken, scheißen; *fig* versauen, verpfuschen
caída F̲ Fall m, Fallen n; Sturz
m; IT **~ (del sistema)** (System)-Absturz m; **a la ~ del sol** bei
Sonnenuntergang **caído** 1
ADJ gefallen 2 M̲ MIL Gefallene(r) m
caigo, caiga → caer
Cairo: El ~ Kairo n
caja [-xa] F̲ Kiste; Schachtel; Packung; HANDEL Kasse; *Uhr* Gehäuse n; **~ de ahorros** Sparkasse; **~ de cambios** AUTO Getriebe n; **~ de caudales** Safe m,
Tresor m
cajero,-a [-x-] M̲,F̲ Kassierer(in);
~ automático Geldautomat
cajón M̲ Kasten; Schublade f
cal F̲ Kalk m **cala** F̲ Bucht
calabacines [-θ-] MPL Zucchini
calabaza [-θa] F̲ Kürbis m;
dar ~s *fig* e-n Korb geben
calado 1 M̲ SCHIFF Tiefgang 2
ADJ durchnässt
calamar M̲ Tintenfisch
calambre M̲ Krampf; ELEK
Schlag

calamidad F̲ Unheil n

calar hineinstoßen; eindringen in (akk); fig durchnässen **calarse** Motor absaufen

calavera 1 F̲ Totenkopf m **2** M̲ fig Windhund

calcar durchzeichnen, -pausen; fig nachahmen

calceta [-θ-] F̲ hacer ~ stricken **calcetín** M̲ Socke f; **calcetines** pl invisibles Füßlinge; **calcetines** pl tobilleros Sneakersocken

calcio [-θ-] M̲ Kalzium n

calco M̲ Durchzeichnung f, Pause f; fig Abklatsch **calcomanía** F̲ Abziehbild n

calculable berechenbar **calculadora** F̲ ~ (de bolsillo) (Taschen)Rechner m **calcular** (be-, aus)rechnen; kalkulieren **cálculo¹** M̲ (Be)Rechnung f; Rechnen n

cálculo² M̲ MED ~ biliar/renal/vesical Gallen-/Nieren-/Blasenstein

caldear erwärmen **caldera** F̲ Kessel m; Heizkessel m **calderilla** [-ʎa] F̲ Kleingeld n **caldero** M̲ Reispfanne f mit Fischen **caldo** M̲ Brühe f; ~ de carne Fleischbrühe f, Bouillon f

calefacción [-γθ-] F̲ Heizung f; ~ central Zentralheizung **calefactor** M̲ Heizgerät n

calendario M̲ Kalender m **calentador** M̲ Heizgerät n; ~ de agua Boiler **calentamiento** M̲ Wärmen n, Erhitzen n **calentar** (er)wärmen; heizen ca-

lentura F̲ Fieber n

calidad F̲ Qualität; **de (primera)** ~ erstklassig, hochwertig **cálido** warm (a. fig)

caliente warm, heiß

calificación [-θ-] F̲ Qualifikation; Eignung; Prüfung Benotung **calificado** qualifiziert; geeignet **calificar** bezeichnen (**de** als); qualifizieren **calificativo 1** ADJ bezeichnend **2** M̲ Beiname

California F̲ Kalifornien n

cáliz [-θ] M̲ Kelch

callado [-ʎ-] schweigsam, still **callar** (ver)schweigen; still **calle** [-ʎe] F̲ Straße; ~ comercial Einkaufsstraße; ~ lateral/principal Seiten-/Hauptstraße; ~ peatonal Fußgängerzone; ~ con prioridad Vorfahrtsstraße; ~ de dirección única Einbahnstraße **callejear** [-x-] durch die Straßen bummeln **callejero** [-x-] M̲ Straßenverzeichnis n **callejón** [-x-] M̲ Gasse f; ~ sin salida Sackgasse f

callista [-ʎ-] M̲F̲ Fußpfleger(in) **callo** M̲ Schwiele f; Hühnerauge n

callos [-ʎ-] PL̲ Kaldaunen fpl, Kutteln fpl

calma F̲ Ruhe, Stille; SCHIFF Windstille; fig Gelassenheit **calmante 1** ADJ beruhigend **2** M̲ Beruhigungsmittel n **calmar** beruhigen

calor M̲ Wärme f, Hitze f; **hace** ~ es ist warm (heiß) caloría F̱ Kalorie; **bajo/rico en ~s** kalorienarm/-reich

calumnia F̱ Verleumdung calumniar verleumden **calumnioso** verleumderisch

caluroso heiß; *fig* hitzig

calva F̱, **calvicie** [-θ-] F̱ Glatze **calvo** ◼ ADJ kahl(köpfig) ◼ M̱ Kahlkopf

calzada [-θ-] F̱ Fahrbahn **calzado** M̱ Schuhwerk n **calzador** M̱ Schuhanzieher **calzoncillos** [-θonθiλ-] MPL (Herren)Unterhose f

cama F̱ Bett n; ~ **de matrimonio** Doppelbett n; ~ **nido** Bettcouch; **guardar** ~ das Bett hüten

camaleón M̱ Chamäleon n

cámara F̱ Kammer; FOTO Kamera; ~ **de aire** AUTO Schlauch m; ~ **digital** Digitalkamera; ~ **de vídeo/vigilancia** Video-/Überwachungskamera

camarada M̱ Kamerad **camarera** F̱ Kellnerin; Zimmermädchen n; SCHIFF Stewardess **camarero** M̱ Kellner; SCHIFF Steward **camarón** M̱ Garnele f, Krabbe f **camarote** M̱ Kajüte f, Kabine f

cambiable austauschbar **cambiador** M̱ Wechsler; ~ **de CD** CD-Wechsler **cambiante** wechselhaft **cambiar** (aus)wechseln, tauschen **cambiarse** sich umziehen

cambio M̱ Tausch; Wechsel; Änderung f; HANDEL Wechsel-

geld n; Wechselkurs; ~ **automático** AUTO Automatikgetriebe n; ~ **de aceite** Ölwechsel; ~ **de marchas** (*od* **velocidades**) Gangschaltung f; ~ **de sentido** AUTO Wendemöglichkeit f

Camboya F̱ Kambodscha n

camello M̱ [-λo] Kamel n

camerino M̱ Künstlergarderobe f

Camerún M̱ Kamerun n

camilla F̱ [-λa] Tragbahre

caminar wandern, gehen **camino** M̱ Weg; ~ **de herradura** Reitweg m; **ponerse en** ~ sich auf den Weg machen

camión M̱ Lastwagen; Am a. (Reise)Bus; ~ **de la basura** Müllauto n **camionero** M̱ Lastwagen-, Fernfahrer **camioneta** F̱ Lieferwagen m

camisa F̱ Hemd n; ~ **de dormir** Nachthemd n **camisero** M̱ Hemdbluse f **camiseta** F̱ Unterhemd n; T-Shirt n **camisón** M̱ Nachthemd n

camorra F̱ Streit m

campamento M̱ (Zelt)Lager n

campana F̱ Glocke **campanada** F̱ Glockenschlag m **campanario** M̱ Glockenturm

campaña [-ɲa] F̱ Kampagne, Feldzug m

campeón(-ona) M(F) SPORT Meister(in), Champion **campeonato** M̱ Meisterschaft f

campesino ◼ ADJ bäuerlich, ländlich ◼ M̱ Bauer **campestre** ländlich

camping M̲ Camping(platz m) n; **hacer ~** zelten, campen

campista M̲/F̲ Camper(in)

campo M̲ Land n; Feld n; **en el ~ auf dem Land; ~ de deportes** Sportplatz; **~ de golf** Golfplatz

camposanto M̲ Kirch-, Friedhof

camuflaje [-xe-] M̲ Tarnung f **camuflar** tarnen (a. fig)

cana F̲ weißes Haar n

Canadá M̲ Kanada n

canadiense **1** kanadisch **2** M̲/F̲ Kanadier(in)

canal M̲ Kanal (a. TV); **Canal de la Mancha** Ärmelkanal **canalizar** [-θ-] kanalisieren

canalla [-ʎa] **1** F̲ Gesindel n **2** M̲ Lump, Schuft

canalón M̲ Dachrinne f

canapé M̲ Sofa n; GASTR Kanapee n

Canarias F̲PL **(Islas) ~** Kanarische Inseln, Kanaren

canario **1** ADJ kanarisch **2** M̲ Kanarier; ZOOL Kanarienvogel

canasta F̲, **canasto** M̲ Korb m

cancelar [-θ-] streichen; absagen; HANDEL tilgen, löschen; *Fahrschein* entwerten

cáncer M̲ MED Krebs; **Cáncer** ASTROL Krebs

cancha [-tʃa] F̲ Spielplatz m, -feld n; *am* Sportplatz m

canciller [-θiʎ-] M̲ Kanzler

canción [-θ-] F̲ Lied n; **~ de cuna** Wiegenlied n; **~ popular** Volkslied n

candado M̲ Vorhängeschloss n

candela F̲ Kerze **candelero** M̲ Leuchter

candidato M̲, **-a** F̲ Kandidat(in), Bewerber(in) **candidatura** F̲ Kandidatur, Bewerbung

cándido naiv, arglos

canela F̲ Zimt m

cangrejo [-xo] M̲ Krebs

canguro M̲ Känguru n; *umg* Babysitter

canica F̲ Murmel

canje [-xe] M̲ Aus-, Umtausch; Einlösung f **canjear** aus-, umtauschen; einlösen

canoa F̲ Kanu n

canonizar [-θ-] heiligsprechen

cansado müde, matt **cansar** ermüden; anstrengen **cansarse** müde werden; **~ de a/c** etw müde werden

cantante M̲/F̲ Sänger(in) **cantar** singen

cántaro M̲ Krug

cantautor(a) M̲/F̲ Liedermacher(in)

cantera F̲ Steinbruch m

cantidad F̲ Anzahl, Menge

cantimplora F̲ Feldflasche

cantina F̲ Kantine

canto M̲ Gesang; Kante f

cantón M̲ *Schweiz* Kanton

cantor(a) M̲/F̲ Sänger(in)

caña [-ɲa] F̲ Rohr n; Stiefelschaft m; kleines Bier n; **~ de azúcar** Zuckerrohr n; **~ de limón** Zitronengras; **~ de pescar** Angelrute

cáñamo [-ɲ-] M̲ Hanf

cañería [-ɲ-] F̲ Rohrleitung

caño [-ɲo-] M̲ Röhre f, Rohr n

cañón [-ɲo-] M̲ Kanone f; (Gewehr)Lauf; **~ de nieve** Schneekanone f

caoba F̲ Mahagoni n

caos M̲ Chaos n

caótico chaotisch

capa F̲ Umhang m, Cape n; Schicht; **~ de ozono** Ozonschicht

capacidad [-θ-] F̲ Fähigkeit; Kapazität **capataz** [-θ] M̲ Werkmeister **capaz** [-θ] fähig (**de** zu); tüchtig

Caperucita F̲ **~ Roja** Rotkäppchen n

capilar Haar...

capilla [-ʎa] F̲ Kapelle

capital 1 ADJ wesentlich 2 F̲ Hauptstadt 3 M̲ Kapital n; **~ inicial/de riesgo** Start-/Risikokapital n **capitalismo** M̲ Kapitalismus **capitalista** 1 ADJ kapitalistisch 2 M̲F̲ Kapitalist(in)

capitán M̲ MIL Hauptmann; SCHIFF Kapitän

capitulación [-θ-] F̲ Kapitulation **capitular** kapitulieren

capítulo M̲ Kapitel n

capó M̲ Motorhaube f

capota F̲ AUTO Verdeck n

capricho [-tʃo] M̲ Laune f **caprichoso** launisch; kapriziös

Capricornio M̲ ASTROL Steinbock

cápsula F̲ Kapsel, Hülse; **~s** pl **de café** Kaffeepads

captar gewinnen; erfassen

captura F̲ Fang m; JUR Festnah-

me **capturar** fangen; JUR festnehmen

cara F̲ Gesicht n; Miene; Aussehen n; e-r Münze etc Vorderseite; **tener buena/mala ~** Person gut/schlecht aussehen

caracol M̲ Schnecke f

carácter M̲ Charakter, Art f; Buchstabe

característica F̲ Kennzeichen n, Merkmal n **característico** bezeichnend, charakteristisch **caracterizar** [-θ] charakterisieren; kennzeichnen

caradura umg M̲ unverschämter Kerl

carajillo [-xiʎo] M̲ Kaffee mit etwas Schnaps

¡caramba! Donnerwetter!

caramelo M̲ Bonbon m/n; Karamell m

carátula F̲ Maske; Platten-, Kassettenhülle; Am Titelseite

caravana F̲ Karawane; Verkehr Autoschlange; Wohnwagen (-anhänger) m

¡caray! verflixt!; na, so was!

carbohidrato M̲ Kohlenhydrat n

carbón Kohle f; **~ vegetal** (od **de leña**) Holzkohle f **carbonizar** [-θ-] verkohlen **carbono** M̲ Kohlenstoff; **hidrato** m **de ~** Kohlenhydrat n

carburador M̲ AUTO Vergaser **carburante** M̲ Treibstoff

carcajada [-x-] F̲ Gelächter n

cárcel [-θ-] F̲ Gefängnis n

carcelero, -a [-θ-] M̲F̲ Gefängniswärter(in)

carcoma F̲ Holzwurm *m*

cardenal M̲ Kardinal; MED blauer Fleck

cardíaco Herz... **cardiólogo** M̲, **-a** F̲ Herzspezialist(in)

cardo M̲ Distel *f*

carecer [-θ-] ~ **de** nicht haben, entbehren **carencia** [-θ-] F̲ Mangel *m*; Fehlen *n*

careo M̲ JUR Gegenüberstellung *f*

carga F̲ Last (*a. fig*); Ladung (*a.* MIL, ELEK); *fig* Belastung **cargamento** M̲ Ladung *f*; Fracht *f* **cargar** (be)laden; belasten; ELEK aufladen; ~ **en cuenta** abbuchen **cargarse:** ~ **a algo** *sl* j-n umlegen; *im Examen:* j-n durchfallen lassen; ~ **a/c** etw kaputt machen

cargo M̲ Amt *n*, Posten; **hacerse ~ de** *etw* übernehmen; **a ~ de** HANDEL zu Lasten von

carguero [-ye-] M̲ Frachter

caribe, caribeño karibisch **Caribe** M̲ Karibik *f*

caricatura F̲ Karikatur

caricia [-θ-] F̲ Liebkosung

caridad F̲ Nächstenliebe; Wohltätigkeit

caries F̲ Karies

carillón [-λ-] M̲ Glockenspiel *n*

Carintia F̲ Kärnten *n*

cariño [-ɲo] M̲ Zuneigung *f* **cariñoso** zärtlich, liebevoll

carita F̲ INTERNET Smiley *n*

caritativo mildtätig

carlinga F̲ Cockpit *n*

carnaval M̲ Karneval

carne F̲ Fleisch *n*; ~ **picada** Hackfleisch *n* **carnero** M̲ Hammel

carnet M̲ Ausweis; ~ **de conducir** Führerschein; ~ **de identidad** Personalausweis

carnicería [-θ-] F̲ Metzgerei, Fleischerei **carnicero** M̲ Metzger, Fleischer

caro teuer; lieb, wert

carpa F̲ Karpfen *m*; *Sp* Zirkuszelt *n*; *Am* Zelt *n*; ~ **para fiestas** Partyzelt *n*

Cárpatos MPL Karpaten *pl*

carpeta F̲ Aktendeckel *m*; Mappe

carpintería F̲ Schreinerei **carpintero** M̲ Schreiner, Tischler

carrera F̲ Lauf *m*; Rennen *n*; Laufbahn, Karriere; Laufmasche

carrete F̲ Karren *m* **carrete** M̲ Spule *f*, Rolle *f*; FOTO Rollfilm

carretera F̲ Landstraße **carretilla** [-λa] F̲ Schubkarre

carril M̲ Fahrspur *f*; BAHN Schiene *f*; ~-**bici** Radweg; ~ **contrario** Gegenfahrbahn *f*; ~ **de adelantamiento/de giro** Überhol-/Abbiegespur *f*

carro M̲ Karren; Wagen; *Am* Auto *n*; ~ **de compra** Einkaufswagen **carrocería** [-θ-] F̲ Karosserie

carta F̲ Brief *m*; Spielkarte; Speisekarte; ~ **blanca** Blankovollmacht; *fig* freie Hand; ~ **certificada** Einschreiben *n*; ~ **urgente**

Eilbrief m; **~ verde** Greencard
carta-bomba F̄ Briefbombe
cartel M̄ Plakat n; **~ publicitario** Werbeplakat n; Reklametafel f; **estar en ~** auf dem Spielplan stehen **cartelera** F̄ Veranstaltungskalender; Kinoprogramm m
cartera F̄ Brieftasche; Aktenmappe; Schultasche **cartero** M̄ Briefträger
cartón M̄ Pappe f; Pappschachtel f; Stange f (Zigaretten)
cartucho [-tʃo] M̄ Patrone f
carving F̄ Carving-Ski
casa F̄ Haus n; HANDEL Firma; **~ adosada** Reihenhaus n; **~ de alquiler** Mietshaus n; **~ real** Königshaus n; **en ~** zu Hause; **a ~** nach Hause
casamiento M̄ Heirat f **casar** verheiraten; trauen **casarse** heiraten
cascada F̄ Wasserfall m
cascanueces [-θe-] M̄ Nussknacker **cascar** (zer)knacken; umg verprügeln
cáscara F̄ Schale
casco M̄ Helm; Scherbe f, Splitter; ZOOL Huf; **~ urbano** Stadtkern, Innenstadt f; **~s** umg pl Kopfhörer m
casero häuslich; hausgemacht **caseta** F̄ Hütte, Bude
casi beinahe, fast
casilla [-ʎa] F̄ Kästchen n; Spielbrett Feld n
casino M̄ Kasino n
caso M̄ Fall (a. GRAM); **~ aislado**

Einzelfall; **en ~ contrario** andernfalls, sonst; **en ~ de (que)** falls; **hacer ~ a alg** auf j-n hören
caspa F̄ (Kopf)Schuppen fpl
casta F̄ Kaste; Rasse
castaña [-ɲa] F̄ Kastanie **castaño** ❶ ADJ kastanienbraun ❷ M̄ Kastanie f (Baum) **castañuela** F̄ Kastagnette
castellano [-ʎ-] ❶ ADJ kastilisch; spanisch ❷ M̄, **-a** F̄ Kastilier(in)
castidad F̄ Keuschheit **castigar** (be)strafen **castigo** M̄ Strafe f
Castilla [-ʎa] F̄ Kastilien n; früher **~ la Nueva/la Vieja** Neu-/Altkastilien n
castillo [-ʎo] M̄ Burg f; Schloss n
castizo [-θo] rein, echt
casto keusch
castor M̄ Biber
castrar kastrieren
casual zufällig **casualidad** F̄ Zufall m; **por ~** zufällig
catalán ❶ ADJ katalanisch ❷ M̄, **-ana** F̄ Katalane m, **-in** f
catalizador [-θe-] M̄ Katalysator
catálogo M̄ Katalog
Cataluña [-ɲa] F̄ Katalonien n
catar kosten, probieren
catarata F̄ Wasserfall m; MED grauer Star m
catarro M̄ Katarr(h)
catástrofe F̄ Katastrophe; **~ ambiental/natural** Umwelt-/

Naturkatastrophe

cátedra F̲ Lehrstuhl m

catedral F̲ Kathedrale

catedrático M̲, -a F̲ Professor(in)

categoría F̲ Kategorie; Rang m; **de ~** bedeutend, von Rang

categórico kategorisch

católico **1** ADJ katholisch **2** M̲, -a F̲ Katholik(in)

catorce [-θ-] vierzehn

catre M̲ Feldbett n

Cáucaso M̲ Kaukasus

caucho [-tʃo] M̲ Kautschuk

caución [-θ-] F̲ Kaution, Sicherheit

caudal M̲ Wassermenge f; fig Fülle

caudillo [-ʎo] M̲ (An)Führer

causa F̲ Ursache; Grund m; JUR Rechtssache; **a ~ de** wegen **causar** verursachen

cáustico ätzend; fig bissig

cautela F̲ Vorsicht **cauteloso** vorsichtig, behutsam

cautivar gefangen nehmen; fig fesseln **cautiverio** M̲, **cautividad** F̲ Gefangenschaft f **cautivo** **1** ADJ gefangen **2** M̲, -a F̲ Gefangene(r) m/f(m)

cauto vorsichtig

cava 1 F̲ Weinkellerei **2** M̲ Sekt **cavar** hacken; graben **caverna** F̲ Höhle

caviar M̲ Kaviar

cavidad F̲ Höhlung, Vertiefung; ANAT Höhle

cayó, cayendo → caer

caza [-θa] **1** F̲ Jagd; Wild n **2** M̲ Jagdflugzeug n **cazador** M̲ Jäger **cazadora** F̲ Jägerin; Windjacke, Outdoorjacke **cazar** jagen

cazuela [-θ-] F̲ Tiegel m; Schmortopf m

CD [θe'ðe] M̲ CD f **CD-ROM** M̲ CD-ROM f

CE¹ F̲ ABK (Comisión Europea) Europäische Kommission

CE² M̲ ABK (Consejo de Europa) Europarat

cebada [θ-] F̲ Gerste **cebar** mästen; fig schüren

cebo [θ-] M̲ Köder (a. fig)

cebolla [θeβoʎa] F̲ Zwiebel **cebolleta** Frühlingszwiebel **cebollino** M̲ Schnittlauch

cebra [θ-] F̲ Zebra n

cecear [θeθ-] lispeln

ceder [θ-] V̲/T̲ abtreten, überlassen; V̲/I̲ nachgeben; nachlassen; **ceda el paso** Vorfahrt beachten!

cederrón [θ-] M̲ CD-ROM f

cedro [θ-] M̲ Zeder f

cédula [θ-] F̲ Zettel m, Schein m; **~ de identidad** Am Personalausweis m

cegar [θ-] blenden; fig verblenden **ceguera** [ɣe-] F̲ Blindheit

ceja [θexa] F̲ Augenbraue **cejar** fig nachgeben

celador(a) [θ-] M̲(F̲) Aufseher(in); Wärter(in)

celda [θ-] F̲ Zelle

celebración [θeleβraθ-] F̲ Feier **celebrar** feiern, begehen; veranstalten **celebrarse** statt-

finden
célebre [θ-] berühmt
celebridad [θ-] f̲ Berühmtheit
celeste [θ-] Himmels...;
himmelblau **celestial** himmlisch
(*a. fig*)
celíaco [θ-] **1** ADJ ANAT
Bauch...; MED an Zöliakie lei-
dend, gegen Gluten allergisch
2 M̲, **-a** f̲ Glutenallergiker(in)
celiaquía f̲ Glutenunverträg-
lichkeit, Zöliakie
celibato [θ-] M̲ Zölibat n/m
celo [θ-] M̲ Eifer; ZOOL Brunst f
celos MPL Eifersucht f **celoso**
eifrig; eifersüchtig (**de** auf *akk*)
célula [θ-] f̲ ANAT Zelle
celular [θ-] **1** ADJ Zell(en)... **2**
M̲ *Am* Handy n, Mobiltelefon n
celulitis f̲ MED Zellulitis **celulosa** f̲ Zellulose
cementerio [θ-] M̲ Friedhof
cemento M̲ Zement
cena [θ-] f̲ Abendessen n **cenar** zu Abend essen
cenicero [θeniθ-] M̲ Aschenbecher
Cenicienta [-θ-] f̲ Aschenput-
tel n
ceniza [-θa] f̲ Asche
censo [θ-] M̲ Volkszählung f
censor M̲ Zensor
censura [-θ-] f̲ Zensur **censurar** zensieren; tadeln, kritisieren
centella [θenteʎa] f̲ Funke(n)
m; Blitz m
centenario [θ-] **1** ADJ hundertjährig **2** M̲ Hundertjahrfei-

er f
centeno [θ-] M̲ Roggen
centésimo [θ-] hundertste(r)
centígrado [θ-] **dos grados ~s**
zwei Grad Celsius **centímetro**
M̲ Zentimeter m/n
céntimo [θ-] M̲ **~ (de euro)**
(Euro)Cent
centinela [θ-] **1** f̲ Wache **2**
M̲ Wachposten
centolla [θentoʎa] f̲, **cento-
llo** M̲ Meerspinne f
central [θ-] **1** ADJ zentral **2** f̲
Zentrale; **~ eléctrica** Kraftwerk
n; **~ eólica** Windkraftwerk n; **~
nuclear** Kernkraftwerk n; **~ telefónica** Fernsprechamt n **cen-
tralita** f̲ TEL Hausvermittlung
céntrico [θ-] zentral gelegen
centrifugadora [θ-] f̲ Zentri-
fuge; Schleuder **centrifugar**
Wäsche schleudern
centro [θ-] M̲ Zentrum n, Mitte f;
Mittelpunkt; **al ~ in** der Mitte,
im Zentrum; **~ comercial** Einkaufszentrum n, Shoppingcenter n; **~ escolar** Schulzentrum
n; **~ de acogida** Ankunftszen-
trum n, Aufnahmeeinrichtung
f; **~ de información** Informationszentrum n; **~ de servicio**
Service-Center n
Centroamérica f̲ Mittelamerika n
ceñido [θeɲ-] eng anliegend
ceñirse sich beschränken (**a**
auf *akk*)
cepa [θ-] f̲ Baumstumpf m;
Rebstock m

cepillar [θepiʎ-] bürsten; hobeln **cepillo** [-ʎ-] M̅ Bürste f; TECH Hobel; **~ de dientes** Zahnbürste f

cepo [θ-] M̅ AUTO Parkkralle f

cera [θ-] F̅ Wachs n

cerámica [θ-] F̅ Keramik

cerca [θ-] **1** ADV nahe; **~ de** (nahe) bei; ungefähr **2** F̅ Zaun m **cercado** M̅ Umzäunung **cercanía** [θ-] F̅ Nähe **cercanías** PL Umgebung; **tren m de ~** Nahverkehrszug **cercano** nahe **cercar** umzäunen; umzingeln

cerciorarse [θerθ-] sich vergewissern (**de** gen)

cerco [θ-] M̅ Reif(en); MIL Belagerung f

cerda [θ-] F̅ Borste; ZOOL Sau **cerdo** M̅ Schwein n

cereales [θ-] MPL Getreide n

cerebelo M̅ Kleinhirn n **cerebral** Gehirn..., Hirn... **cerebro** M̅ Gehirn n

ceremonia [θ-] F̅ Feierlichkeit; Zeremonie **ceremonial** zeremoniell

cereza [θereθa] F̅ Kirsche **cerezo** [-θo] M̅ Kirschbaum

cerilla [θeriʎa] F̅ Streichholz n

cero [θ-] M̅ Null f

cerrado [θ-] geschlossen, zu; fig verschlossen **cerradura** F̅ Schloss n **cerrajero** [-x-] M̅ Schlosser **cerrar** (ab-, ver-, zu)-schließen; vt schließen, wegklicken; Straße etc sperren; **~ con llave** abschließen

cerro [θ-] M̅ Hügel; Am Berg

cerrojo [-xo] M̅ Riegel

certero [θ-] treffend, genau **certeza** [-θa] F̅ Gewissheit **certidumbre** [θ-] F̅ Gewissheit, Sicherheit

certificado [-] M̅ Bescheinigung f, Zeugnis n; Brief Einschreiben n; MED **~ médico** ärztliches Attest n; **~ de vacunación** Impfbescheinigung f, Impfpass **certificar** bescheinigen; beglaubigen; Brief einschreiben (lassen)

cervecería [θerβeθ-] F̅ Bierbrauerei; Bierlokal n **cerveza** [-θa] F̅ Bier n; **~ rubia** helles Bier; **~ de barril** Fassbier n

Cervino M̅ Matterhorn n

cesar [θesa-] aufhören; sin **~** unaufhörlich

cesárea [θ-] F̅ MED Kaiserschnitt m

cese [θ-] M̅ Einstellung f, Aufgabe f **cesión** [θ-] F̅ Abtretung f

césped [θ-] M̅ Rasen

cesta [θ-] F̅, **cesto** M̅ Korb

chabola [tʃ-] F̅ Hütte

chacal [tʃ-] M̅ Schakal

chacha [tʃatʃa] F̅ umg Dienst-, Kindermädchen n

cháchara [tʃatʃ-] F̅ Geschwätz n

Chad M̅ Tschad

chafar [tʃ-] zerknittern; zerdrücken

chal [tʃ-] M̅ Schal, Schultertuch n **chalado** umg bekloppt

chaleco [tʃ-] M̅ Weste f; **~ re-**

flectante Warnweste f

chalet [tʃ-] M̲ Villa f, Bungalow, Landhaus n; **~ adosado** Reihenhaus n

chamba [tʃ-] F̲ Glückstreffer m; fig Schwein n

champán [tʃ-] M̲, **champaña** [-pa] M̲ Champagner

champiñón [tʃampiɲon] M̲ Champignon

champú [tʃ-] M̲ Shampoo n

chancho [tʃantʃo] M̲ Am Schwein n **chanchullo** [-ʎo] M̲ Schwindel, Schiebung f

chanclas [tʃ-] FPL Flip-Flops® **chancleta** [tʃ-] F̲ Pantoffel m **chándal** [tʃ-] M̲ Trainings-, Jogginganzug

chanfaina [tʃ-] F̲ GASTR geschmorte Leber und Lunge

chanquete [tʃaŋke-] M̲ GASTR Sprotte f

chantaje [tʃantaxe] M̲ Erpressung f **chantajear** erpressen

chapa [tʃ-] F̲ Blech n; Platte; Blechmarke **chapado** furniert; beschlagen; **~ en oro** (aus) Golddoublé

chaparrón [tʃ-] M̲ Regenguss

chapistería F̲ [tʃ-] Autospenglerei

chapotear [tʃ-] plan(t)schen; plätschern

chapucear [tʃapuθ-] pfuschen **chapucero** 1̲ ADJ stümperhaft 2̲, -a F̲ Pfuscher(in) **chapurr(e)ar** [tʃ-] radebrechen **chapuza** [tʃapuθa] F̲ Pfusch m **chapuzar** (ein-, unter)tau-

chen

chaqué [tʃake] M̲ Cut(away) **chaqueta** F̲ Jacke; **~ de punto** Strickjacke; **~ vaquera** Jeansjacke **chaquetón** M̲ längere Jacke f

charanga [tʃ-] F̲ Blechmusik (-kapelle)

charca [tʃ-] F̲ Tümpel m **charco** M̲ Pfütze, Lache f

charcutería [tʃ-] F̲ Schweinemetzgerei; Wurstwaren fpl

charla [tʃ-] F̲ Plauderei; INTERNET Chat m **charlar** schwatzen, plaudern; INTERNET chatten

charnela [tʃ-] F̲ Scharnier n

charol [tʃ-] M̲ Lack-, Glanzleder n

chárter [tʃ-] **vuelo** m ~ Charterflug

¡chas! [tʃ-] klatsch!, platsch!

chasco [tʃ-] M̲ Streich; umg Reinfall; **llevarse un ~** reinfallen

chasis [tʃasi(s)] M̲ AUTO Fahrgestell n

chasquear [tʃaske-] schnalzen; umg reinlegen

chat [tʃ-] 1̲ M̲ INTERNET Chat; **sala** f **de ~** Chatroom m **chatarra** [tʃ-] F̲ Schrott m **chatear** INTERNET chatten **chato** [tʃ-] 1̲ 1̲ ADJ stumpfnasig 2̲ M̲ niedriges Weinglas n **chaval** [tʃ-] M̲ umg Junge **chavala** f umg Mädchen n

check-in M̲ FLUG etc check-in m

checo [tʃ-] **1** ADJ tschechisch **2** M̲, -a F̲ Tscheche, Tschechin

chelín [tʃ-] M̲ hist Schilling

cheque [tʃeke] M̲ Scheck **cobrar un ~** e-n Scheck einlösen **chequeo** M̲ MED Check, Vorsorgeuntersuchung f; AUTO Inspektion f

Chequia F̲ Tschechien n

chía [tʃ-] F̲ **semillas** fpl **de ~** Chiasamen mpl

chic [tʃ-] schick

chica [tʃ-] F̲ Mädchen n; Dienstmädchen n

chicharrón [tʃitʃ-] M̲ GASTR (Speck)Griebe f

chichón [tʃitʃ-] M̲ Beule f (am Kopf)

chicle [tʃ-] M̲ Kaugummi

chico [tʃ-] **1** ADJ klein **2** M̲ Junge

chiflado [tʃ-] umg bescheuert; **~ por** verrückt nach

Chile [tʃ-] M̲ Chile n

chileno [tʃ-] **1** ADJ chilenisch **2** M̲, -a F̲ Chilene, Chilenin

chillar [tʃiʎ-] kreischen; schreien **chillón** [tʃ-] **1** ADJ grell, auffällig **2** M̲ Schreihals

chimenea [tʃ-] F̲ Kamin m; Schornstein m

chimpancé [tʃimpanθe] M̲ Schimpanse

China [tʃ-] F̲ China n

chinche [tʃintʃe] F̲ Wanze **chincheta** F̲ Reißzwecke

chino [tʃ-] **1** ADJ chinesisch **2** M̲, -a F̲ Chinese, Chinesin

chip M̲ [tʃ-] Chip

chipirón [tʃ-] M̲ kleiner Tintenfisch

Chipre [tʃ-] F̲ Zypern n

chiquilla [tʃikiʎa] F̲ kleines Mädchen n **chiquillada** F̲ Kinderei **chiquillo** M̲ kleines Kind n; kleiner Junge

chirimoya [tʃ-] F̲ Chirimoya, Zuckerapfel m

chirona [tʃ-] F̲ umg Knast m

chirriar [tʃ-] knarren, quietschen

chisme [tʃ-] M̲ Klatsch; umg Ding n

chispa [tʃ-] F̲ Funke(n) m **chispear** funkeln **chisporrotear** Funken sprühen; prasseln

¡chist! [tʃ-] pst!

chiste [tʃ-] M̲ Witz **chistoso** witzig

chocante [tʃ-] anstößig; schockierend **chocar** an-, zusammenstoßen; fig Anstoß erregen; schockieren

chocho [tʃotʃo] tatterig; vertrottelt

chocolate [tʃ-] M̲ Schokolade f; **~ negro** dunkle Schokolade **chocolatina** [tʃ-] F̲ Schokoriegel m, Schokoladentäfelchen n

chófer [tʃ-] M̲ Fahrer, Chauffeur

chollo [tʃoʎo] M̲ umg Schnäppchen n

chopo [tʃ-] M̲ Pappel f

choque [tʃoke] M̲ Stoß; Zusammenstoß

chorizo [tʃoriθo] M̲ Paprikawurst f

chorrear [tʃ-] triefen; rieseln
chorro M̲ (Wasser)Strahl; *fig*
Schwall
choza [tʃoθa] F̲ Hütte
chubasco [tʃ-] M̲ (Regen)
Schauer; **~ de nieve** Schnee-
schauer
chuchería [tʃutʃ-] F̲ (nette)
Kleinigkeit; Näscherei
chucrut [tʃ-] M̲ Sauerkraut n
chufa [tʃ-] F̲ Erdmandel
chuleta [tʃ-] F̲ Kotelett n **chu-
letón** M̲ großes Kalbs-/Rinder-
kotelett n
chulo 1 M̲ Angeber; Zuhälter
2 ADJ frech, vorlaut; *umg*
hübsch, nett; **ponerse ~** *umg*
frech werden
chumbera [tʃ-] F̲ Feigenkaktus
m **chumbo: higo m ~** Kaktusfeige f
chupada [tʃ-] **dar una ~** e-n
Zug tun **chupado** ausgemer-
gelt; *umg* kinderleicht **chupar**
lutschen, saugen
chupete [tʃ-] M̲ Schnuller
churrasco [tʃ-] Am̲ Fleisch n
vom Grill **churrería** F̲ Ver-
kaufsstand m für Churros **chu-
rro** M̲ in Öl ausgebackenes
Spritzgebäck
chusma [tʃ-] F̲ Pack n, Gesindel
n
chutar [tʃ-] *Fußball* schießen;
esto va que chuta das klappt
prima **chutarse** *umg* fixen
ciática [θ-] F̲ Ischias m/n
ciberacoso M̲ Internetmob-

bing n **ciberadicto** internetsüchtig **ciberataque** M̲ Cy-
berangriff **cibercafé** [θ-] M̲
Internet-Café n **ciberespacio**
[-θ-] M̲ Cyberspace
cicatriz [θikatriθ] F̲ Narbe **ci-
catrizar** vernarben
ciclismo [θ-] M̲ Radsport **ciclista** M̲/F̲ Radfahrer(in)
ciclo [θ-] M̲ Zyklus, Kreislauf **ciclomotor** M̲ Moped n
ciclón [θ-] M̲ Wirbelsturm
cicloturismo [θ-] F̲ Fahrradtou-
rismus, Radwandern n
ciegas [θ-]: **a ~** blindlings **ciego** 1 ADJ blind 2 M̲, **-a** F̲ Blin-
de(r) m/f(m)
cielo [θ-] M̲ Himmel; **a ~ raso**
(*od* **abierto**) im Freien **cielo-
rraso** M̲ Am̲ (Zimmer)Decke f
cien [θ-] hundert (*vor subst*)
ciencia [θienθ-] F̲ Wissenschaft **ciencias** FPL Naturwissenschaften **científico** 1 ADJ
wissenschaftlich 2 M̲, **-a** F̲
Wissenschaftler(in)
ciento [θ-] hundert; **el dos por
~** zwei Prozent, 2%
cierre [θ-] M̲ Schluss; Schließung f; Verschluss; **~ adhesivo**
Klettverschluss; **~ centralizado**
AUTO Zentralverriegelung f
cierro [θ-] → **cerrar**
cierto [θ-] gewiss; sicher; **estar
en lo ~** recht haben
ciervo [θ-] M̲ Hirsch
cifra [θ-] F̲ Ziffer, Zahl **cifrar**
verschlüsseln
cigala [-θ-] F̲ ZOOL Kaisergra-

nat *m*

cigarrillo [θiɣarríλo] M̱ Zigarette *f*; ~ **electrónico** E-Zigarette *f* **cigarro** M̱ Zigarre *f*

cigüeña [θiɣüeɲa] F̱ Storch *m*

cigüeñal M̱ Kurbelwelle *f*

cilindrada [θ-] F̱ Hubraum *m*

cilíndrico zylindrisch **cilindro** M̱ Zylinder

cima [θ-] F̱ Gipfel *m*, Bergspitze; *fig* Höhepunkt *m*

cimentar [θ-] (be)gründen **cimiento** M̱ *meist* ~**s** P̱Ḻ Grundmauer *f*; Fundament *n* (*a. fig*)

cinc [θ-] M̱ Zink *n*

cincel [θinθ-] M̱ Meißel **cincelar** meißeln; stechen

cinco [θ-] fünf **cincuenta** fünfzig

cine [θ-] M̱ Kino *n*; ~ **mudo** Stummfilm; ~ **sonoro** Tonfilm **cineasta** M̱/F̱ Cineast(in); Filmschaffende(r) *m/f*

cínico [θ-] ⓵ A̱ḎJ̱ zynisch ⓶ M̱, -**a** F̱ Zyniker(in)

cinismo [θ-] M̱ Zynismus

cinta [θ-] F̱ Band *n*; Streifen *m*; ~ **adhesiva** Klebestreifen *m*; ~ **aislante** Isolierband *n*; ~ **métrica** Bandmaß *n*; ~ **de vídeo** Video *n*

cintura [θ-] F̱ Taille **cinturón** M̱ Gürtel; Gurt; ~ **de seguridad** Sicherheitsgurt; **ponerse el** ~ sich anschnallen

ciprés [θ-] M̱ Zypresse *f*

circo [θ-] M̱ Zirkus

circuito [θ-] M̱ Rundreise *f*; S̱P̱O̱ṞṮ Rennstrecke *f*; E̱ḺE̱Ḵ Stromkreis

circulación [θirkulaθ-] F̱ Kreislauf *m* (*a. MED*); Verkehr *m* **circular** ⓵ A̱ḎJ̱ kreisförmig ⓶ F̱ Rundschreiben *n* ⓷ V̱/I̱ umlaufen, zirkulieren; *Verkehr* fahren, verkehren

círculo [θ-] M̱ Kreis (*a. fig*); F̱ḺU̱G̱ Warteschleife *f*

circunferencia [θirkumferenθ-] F̱ M̱A̱ṮH̱ Umfang *m*; Umkreis *m* **circunscribir** M̱A̱ṮH̱ umschreiben **circunspecto** vorsichtig, behutsam **circunstancia** [θ-] F̱ Umstand *m*; **en estas** ~**s** unter diesen Umständen **circunvalación** [-θ-] F̱ (**carretera** *f* **de**) ~ Umgehungsstraße

ciruela [θ-] F̱ Pflaume; ~ **claudia** Reneklode; ~ **pasa** Backpflaume

cirugía [θirux-] F̱ Chirurgie; ~ **estética/dental** Schönheits-/Kieferchirurgie **cirujano,-a** F̱ [-x-] M̱ Chirurg(in)

cisne [θ-] M̱ Schwan

cisterna [θ-] F̱ Zisterne

cita [θ-] F̱ Verabredung; Zitat *n*; ~ **online** Onlinedating *n* **citación** [-θ-] F̱ J̱U̱Ṟ Vorladung **citar** bestellen; J̱U̱Ṟ zitieren; vorladen **citarse** sich verabreden

cítricos [θ-] M̱P̱Ḻ Zitrusfrüchte *fpl*

ciudad [θ-] F̱ Stadt; **Ciudad del Cabo** Kapstadt *n*; **Ciudad del Vaticano** Vatikanstadt **ciudadanía** F̱ Staatsbürgerschaft

ciudadano 1 ADJ städtisch 2 M̲, -a F̲ Bürger(in); Städter(in)
ciudadela F̲ Zitadelle
cívico [-θ-] (staats)bürgerlich; **deber** m = Bürgerpflicht f
civil [θ-] 1 ADJ bürgerlich, zivil; **por lo** = Heirat standesamtlich 2 M̲, -a F̲ Zivilist(in) **civilización** [-θaθ-] F̲ Zivilisation, Kultur **civilizado** [-θ-] zivilisiert, gebildet **civilizar** [-θ-] zivilisieren
clamar schreien, rufen (**por** nach) **clamor** M̲ Geschrei n
clandestino heimlich
claqué [-ke] M̲ Stepptanz
clara F̲ Eiweiß n **claraboya** F̲ Oberlicht n, Dachluke
claridad F̲ Helle; Klarheit **clarificar** klären
clarín M̲ Signalhorn n
clarinete M̲ Klarinette f
claro hell; klar; deutlich; **poner en** = klarstellen
clase F̲ Klasse (a. Schule); Unterricht(sstunde f) m; Vorlesung; Art, Sorte; **~s particulares** Privatunterricht m; **tener** ~ Unterricht haben; fig Stil haben; **toda ~ de** allerlei
clásico 1 ADJ klassisch 2 M̲ Klassiker
clasificación [-θ-] F̲ Einteilung, Klassifikation; SPORT Qualifikation **clasificador** M̲ (Akten)Ordner **clasificar** einordnen, sortieren **clasificarse** SPORT sich qualifizieren
claustro M̲ Kreuzgang

cláusula F̲ Klausel
clausura F̲ (Ab)Schluss m **clausurar** schließen
clavar (an)nageln
clave 1 F̲ fig Schlüssel m (a. MUS); Code m; Kennung, Kennwort n 2 M̲ Cembalo n
clavel M̲ Nelke f **clavícula** F̲ Schlüsselbein n **clavija** [-xa] F̲ Stift m, Bolzen m; ELEK Stecker m **clavo** M̲ Nagel; GASTR Gewürznelke f
claxon M̲ Hupe f
clemencia [-θ-] F̲ Milde, Gnade **clemente** mild, gütig
clic M̲ Klick; IT **hacer ~ (sobre)** (an)klicken; **doble ~** Doppelklick; **hacer doble ~** doppelklicken (**en** auf akk)
clienta F̲ Kundin, Klientin; Patientin **cliente** M̲ Kunde, Klient; Patient **clientela** F̲ Kundschaft
clima M̲ Klima n **climático** Klima...; **cambio** m ~ Klimawandel **climatizador** [-θ-] M̲ Klimaanlage f
clínica F̲ Klinik
clip M̲ Ohrclip; Büroklammer f
cloro M̲ Chlor n **cloroformo** M̲ Chloroform n
club M̲ Klub; ~ **nocturno** Nachtlokal n
coagularse gerinnen
coalición [-θ-] F̲ Koalition
coartada F̲ Alibi n
cobarde 1 ADJ feige 2 M̲ Feigling **cobardía** F̲ Feigheit
cobaya F̲, **cobayo** M̲ Meer-

schweinchen n; fig Versuchskaninchen n

cobertizo [-θo-] M̱ Schuppen

cobertura F̱ WIRTSCH Deckung; TEL **no tengo ~** ich habe kein Netz

cobra F̱ Kobra

cobrador(a) M̱/F̱ Kassierer(in)

cobrar salario; *Gehalt* beziehen; *Gutschrift* einlösen; *Preis* verlangen

cobre M̱ Kupfer n

cobro M̱ Erhebung f; Einziehung f, Inkasso m

cocaína F̱ Kokain n **cocainómano** kokainsüchtig

cocer [-θ-] kochen

coche [-tʃe] M̱ Wagen; Auto n; BAHN Wa(g)gon; **~ eléctrico** Elektroauto n; **~ de alquiler** Leihwagen; **~ de carreras** Rennwagen **coche-bomba** M̱ Autobombe f **coche-cama** M̱ Schlafwagen **cochecito** [-θ-] M̱ Kinderwagen **coche-literas** M̱ Liegewagen **coche-restaurante** M̱ Speisewagen

cochina [-tʃ-] F̱ Sau (a. fig) **cochinillo** [-ʎo] M̱ Spanferkel n **cochino** M̱ Schwein n (a. fig)

cocido [-θ-] M̱ spanischer Eintopf

cociente [-θ-] M̱ **~ (intelectual)** (Intelligenz)Quotient

cocina [-θ-] F̱ Küche; **~ de gas/eléctrica** Gas-/Elektroherd m m; **~ de inducción** Induktionsherd m; **~ integral** Einbauküche co

cinar kochen **cocinera** F̱ Köchin **cocinero** M̱ Koch

coco M̱ Kokosnuss f; umg **comerse el ~** sich das Hirn zermartern

cocodrilo M̱ Krokodil n

cóctel M̱ Cocktail **coctelera** F̱ Cocktail-Shaker m

codicia [-θ-] F̱ Habsucht **codiciar** begehren **codicioso** habsüchtig

código M̱ Kode; JUR Gesetzbuch n; **~ bancario** Bankleitzahl f; **~ de barras** Strichcode; **~ de la circulación** Straßenverkehrsordnung f; **~ postal** Postleitzahl f

codirector(a) M̱/F̱ Kodirektor(in) m(f) **codirigir** V̱/Ṯ gemeinsam leiten, führen

codo M̱ Ellbogen; TECH Knierohr n

codorniz [-θ-] F̱ Wachtel

cofre M̱ Schatulle f

coger [-x-] nehmen, (er)greifen, fassen; **~ el tren/el bus** den Zug/den Bus nehmen **cogida** [-x-] F̱ Verletzung (durch den Stier)

coherencia [-θ-] F̱ Zusammenhang m **coherente** zusammenhängend

cohete M̱ Rakete f

coincidencia [-θiðenθ-] F̱ Zusammentreffen n **coincidir** zusammentreffen; sich überschneiden; übereinstimmen

coito M̱ Koitus, Beischlaf

cojear [-x-] hinken

cojín [-x-] M̄ Kissen n ~ **reposacabezas** *bes* FLUG Nackenkissen
cojinete M̄ TECH Lager n
cojo [-xo] hinkend, lahm; *Möbel* wackelig
col F̄ Kohl m; ~ **de Bruselas** Rosenkohl m
cola F̄ Leim m; ZOOL Schwanz m; **hacer** ~ Schlange stehen
colaboración [-θ-] F̄ Mitarbeit
colaborador(a) M̄/F̄ Mitarbeiter(in) **colaborar** mitarbeiten
colación [-θ-] F̄ Imbiss m
colador M̄ Sieb n
colapsar zusammenbrechen (*a. fig*) **colapso** M̄ MED Kollaps, *a. fig* Zusammenbruch
colarse sich einschmuggeln
colcha [-tʃa] F̄ Bettdecke
colchón [-tʃ-] M̄ Matratze f; ~ **neumático** Luftmatratze f
colección [-γθ-] F̄ Sammlung **coleccionar** [-γθ-] sammeln **coleccionista** [-γθ-] M̄/F̄ Sammler(in) **colecta** F̄ Kollekte **colectivo** ① ADJ gemeinsam, kollektiv ② M̄ *Am* Kleinbus
colega M̄/F̄ Kollege, -gin **colegio** [-x-] M̄ Schule f; (Berufs)Kammer f
cólera ① F̄ Zorn m ② M̄ Cholera f
colesterol M̄ MED Cholesterin n
colgador M̄ Kleiderbügel **colgar** (an-, auf)hängen; *Hörer* auflegen; ~ **en Internet** ins Internet stellen, hochladen; **¡no**

cuelgue! bleiben Sie am Apparat!; ~ **a/c en Internet** etw ins Internet stellen **colgarse** IT abstürzen
colibrí M̄ Kolibri
cólico M̄ Kolik f
coliflor F̄ Blumenkohl m
colilla [-ʎa] F̄ (Zigaretten)Stummel m, *umg* Kippe
colina F̄ Hügel m
colisión F̄ Zusammenstoß m; ~ **en cadena** Massenkarambolage
collar [-ʎ-] M̄ Halsband n, (Hals)Kette f
colmena F̄ Bienenkorb m
colmillo [-ʎo] M̄ Eckzahn; ZOOL Stoß-, Reißzahn
colmo M̄ Übermaß n; *fig* Gipfel; **¡es el** ~! das ist die Höhe!
colocación [-θ-] F̄ Aufstellung; Anstellung **colocar** (an-, auf-, ein)stellen; *Geld* anlegen
Colombia F̄ Kolumbien n
colombiano ① kolumbianisch ② M̄, -a F̄ Kolumbianer(in)
colonia ① F̄ Kolonie; Siedlung ② **Colonia** Köln n **colonial**: **estilo** m ~ Kolonialstil **colonizar** [-θ-] besiedeln, kolonisieren
colonoscopia F̄ MED (Dick)Darmspiegelung
color M̄ Farbe f; **de** ~ farbig **colorado** rot **color(e)ar** färben
colosal riesig, kolossal
columna F̄ Säule; Kolonne; (Zeitungs)Spalte; Kolumne; ~

vertebral Wirbelsäule

columpio M̲ Schaukel f

coma 1 M̲ MED Koma n; **estar en ~** im Koma liegen 2 F̲ GRAM Komma n

comadre F̲ Klatschbase **comadrona** F̲ Hebamme

comandancia [-θ-] F̲ Kommandantur **comandante** M̲ Kommandant; MIL Major; FLUG Kapitän

comarca F̲ Gegend

combate M̲ Kampf **combatir** (be)kämpfen

combinación [-θ-] F̲ Zusammenstellung; Kombination; Unterrock m; **~ numérica** Zahlenkombination **combinado** 1 M̲ Cocktail **combinar** zusammenstellen; kombinieren

combustible 1 ADJ brennbar 2 M̲ Brennstoff **combustión** F̲ Verbrennung

comedia F̲ Komödie; Schauspiel n **comediante** M̲F̲ Schauspieler(in); Komödiant(in)

comedor M̲ Esszimmer n; Speisesaal; **~ universitario** Mensa f

comentar kommentieren

comenzar [-θ-] anfangen (**a** zu)

comer essen

comercial [-θ-] kaufmännisch; Handels...; Geschäfts... **comerciante** M̲F̲ Kaufmann, -frau **comerciar** handeln

comercio [-θ-] M̲ Handel; Geschäft n; **~ electrónico** E-Commerce

comestible essbar **comesti-**

bles M̲P̲L̲ Esswaren fpl

cometa 1 M̲ Komet 2 F̲ (Papier)Drachen m

cometer begehen, verüben **cometido** M̲ Aufgabe f; Auftrag

cómic M̲ Comic **cómico** 1 ADJ komisch 2 M̲, -a F̲ Komiker(in)

comida F̲ Essen n; Mahlzeit

comienzo [-θo] M̲ Anfang; **al ~** anfangs; **a ~s de junio** Anfang Juni

comillas [-ʎ-] F̲P̲L̲ Anführungszeichen npl

comino M̲ Kreuzkümmel

comisaría F̲ Kommissariat n; Polizeirevier n **comisario,-a** M̲F̲ Kommissar(in); **~ de la EU** EU-Kommissar(in) **comisión** F̲ Ausschuss m, Kommission; HANDEL Provision; **Comisión Europea** europäische Kommission

comité M̲ Ausschuss

como wie, sowie; als; ungefähr; da, weil; **¿cómo?** wie?; **¡cómo no!** natürlich!

comodidad F̲ Bequemlichkeit **comodín** M̲ Joker; IT Wildcard f

cómodo bequem

compacto kompakt; fest **compadecer** [-θ-] bemitleiden

compañero,-a [-ɲ-] M̲F̲ Kamerad(in); Gefährte, Gefährtin; Kollege, Kollegin; **~ de vida** Lebenspartner(in)

compañía [-ɲ-] F Gesellschaft;
~ aérea/de seguros/telefónica
Flug-/Versicherungs-/Telefon-
gesellschaft; en ~ de in Begleitung von; hacer ~ a alg j-m Gesellschaft leisten

comparable vergleichbar
comparación [-θ-] F Ver-
gleich m; en ~ con im Vergleich
zu comparar vergleichen
comparecer [-θ-] (vor Gericht)
erscheinen
comparsa M/F Statist(in) compartimiento M Abteilung f;
BAHN Abteil n compartir teilen
compás M Zirkel; MUS Takt
compasión F Mitleid n compasivo mitleidig, mitfühlend
compatible vereinbar
compatriota M/F Landsmann
m, Landsmännin f
compendio M Auszug; Abriss,
Leitfaden
compensación [-θ-] F Aus-
gleich m; Entschädigung compensar ausgleichen; entschädigen
competencia [-θ-] F Konkurrenz, Wettbewerb m; Zustän-
digkeit competente kompetent; zuständig competi-
dor(a) M/F Konkurrent(in)
competir konkurrieren competitivo konkurrenzfähig
complaciente [-θ-] gefällig
complejo 1 ADJ kompliziert 2
M Gebäude, psychisch Komplex;
~ turístico Ferienanlage f, Fe-

rienclub
complementario ergänzend
complemento M Ergänzung
f
completar vervollständigen;
ergänzen completo vollständig; voll, besetzt
complicación [-θ-] F Komplikation complicar komplizie-
ren
cómplice [-θe] M Komplize
complicidad [-θ-] F Mit-
schuld; Beihilfe
componente M Bestandteil
componer zusammensetzen;
bilden; MUS komponieren
componerse bestehen (de
aus)
comportamiento M Verhal-
ten n comportar mit sich
bringen comportarse sich
betragen, sich verhalten
composición [-θ-] F Zusammensetzung; MUS Komposition
compositor(a) M/F Kompo-
nist(in)
compota F Kompott n
compra F Kauf m; Einkauf m
comprador(a) M/F Käufer(in)
comprar kaufen, einkaufen
comprender verstehen; um-
fassen comprensible verständlich comprensión F
Verständnis n comprensivo
verständnisvoll
compresa F Kompresse; (Damen)Binde compresión F
Druck m, Kompression com-
presor M Kompressor

comprimido M̲ Tablette f
comprimir zusammendrü-
cken, -pressen

comprobación [-θ-] F̲ Bestätigung; (Nach)Prüfung **comprobante** M̲ Beleg **comprobar**
bestätigen; nachweisen; überprüfen

comprometer bloßstellen
comprometerse sich verpflichten

compromiso M̲ Verpflichtung
f; Kompromiss; **sin ~** unverbindlich

computador(a) M̲F̲ Computer
m **computar** berechnen

común gemeinsam; gewöhnlich; **poco ~** ungewöhnlich; **tener en ~** gemeinsam haben

comunal Gemeinde...

comunicación [-θ-] F̲ Mitteilung; Verbindung (a. TEL); **estar
en ~ con alg** mit j-m in Verbindung stehen **comunicar** mitteilen; verbinden

comunidad F̲ Gemeinschaft
f **comunión** F̲ Kommunion,
Abendmahl n

comunismo M̲ Kommunismus
comunista ⊡ ADJ kommunistisch ⊡ M̲F̲ Kommunist(in)

con mit; bei; **~ eso** demnach

cóncavo konkav

concebir [-θ-] BIOL empfangen; fig begreifen **conceder**
[-θ-] gewähren; zugestehen

concejal(a) [-θex-] M̲F̲ Person
Stadtrat m, -rätin f **concejo**
[-x-] M̲ (Stadt-, Gemeinde)Rat

concentración [-θentraθ-] F̲
Konzentration **concentrar**
konzentrieren

concepción [-θεβθ-] F̲ Emp-
fängnis; fig Auffassung **concepto** M̲ Begriff; Auffassung
f; **en ~ de** als

concerniente [-θ-] **~ a** betreffend **concernir** betreffen

concertar [-θ-] abschließen;
vereinbaren **concertino** M̲
MUS Konzertmeister

concesión [-θ-] F̲ Bewilligung;
Konzession **concesionario**
M̲ Vertragshändler

concha [-t∫a] F̲ Muschel

conciencia [-θienθ-] F̲ Gewissen n; Bewusstsein n; **~ ecológica** Umweltbewusstsein n
concienzudo [-θ-] gewissenhaft

concierto [-θ-] M̲ MUS Konzert
n; fig Übereinstimmung f; Vereinbarung f; **~ al aire libre**
Open-Air-Konzert n

conciliación [-θiliaθ-] F̲ Versöhnung; JUR Schlichtung
conciliar ver-, aussöhnen; fig
in Einklang bringen **concilio**
M̲ Konzil n

conciso [-θ-] knapp, kurz

concluir V̲T̲ (ab)schließen, vollenden; folgern; V̲I̲ enden **conclusión** F̲ Schlussfolgerung;
Vollendung; Abschluss m **con-
cluyente** überzeugend; Beweis schlagend

concordar V̲T̲ in Einklang bringen; V̲I̲ übereinstimmen

concretar konkretisieren concreto **1** ADJ konkret **2** M Am
Beton

concurrencia [-θ-] F Zulauf
m, Andrang m; fig Zusammentreffen n concurrido stark
besucht concurrir zusam-
menkommen (a. fig); ~ a mitwirken bei; teilnehmen an (dat)

concursante MF Wettbe-
werbsteilnehmer(in) concur-
sar a-m Wettbewerb teilnehmen concurso M Wettbe-
werb; Preisausschreiben n;
RADIO, TV Quiz n; WIRTSCH
Ausschreibung f

conde M Graf

condecoración [-θ-] F Auszeichnung; Orden m condeco-
rar auszeichnen

condena F Verurteilung; Strafe
condenar verurteilen (a. fig)

condensador M Kondensator
condensar kondensieren; zusammenfassen

condesa F Gräfin

condescendiente [-θen-]
nachgiebig; pej herablassend

condición [-θ-] F Bedingung;
Beschaffenheit; ~s SPORT Kondition; a ~ de que
vorausgesetzt, dass; estar en
condiciones de in der Lage
sein zu; sin condiciones bedingungslos; condiciones pl de
uso Nutzungsbedingungen fpl
condicional bedingt condi-
cionar bedingen

condimentar würzen condi-

mento M Gewürz n

condón M Kondom n

conducción [-γθ-] F Lenkung;
TECH, von Wasser: Leitung conducir führen, leiten; AUTO
fahren conducta F Betragen
n, Verhalten m conducto M
Leitung f; ANAT Gang, Kanal
conductor M Fahrer; ELEK
Leiter conductora F Fahrerin

conectar verbinden; einschalten; anschließen conectarse
INTERNET (sich) einloggen (a
in akk)

conejillo [-xiλo] M ~ de Indias
Meerschweinchen n; fig Versuchskaninchen n conejo
[-xo] M Kaninchen n

conexión F Verbindung; Schal-
tung; Anschluss m; ~ a Inter-
net/telefónica Internet-/Tele-
fonanschluss m; IT ~ USB USB-
-Anschluss m

confección [-γθ-] F Anferti-
gung; Mode Konfektion con-
feccionar anfertigen

confederación [-θ-] F Bündnis n, Bund m; Verband m

conferencia [-θ-] F Konferenz;
Vortrag m; TEL a. Gespräch n
conferenciante MF Vortra-
gende(r) m/f(m), Redner(in)
conferir verleihen

confesar gestehen; REL beichten confesarse beichten
confesión F Geständnis n; REL
Beichte confesionario M
Beichtstuhl confeso geständig confesor M Beichtvater

confiado vertrauensvoll, -selig
confianza [-θa] F̲ Vertrauen
n; de ~ zuverlässig confiar
vertrauen; anvertrauen
confidencia [-θ-] F̲ vertrauliche Mitteilung confidencial
[-θ-] vertraulich confidente
M̲F̲ Vertraute(r) m/f(m); (Polizei)Spitzel m
confirmación [-θ-] F̲ Bestätigung; REL Firmung; Konfirmation confirmar bestätigen
confiscación [-θ-] F̲ Beschlagnahme confiscar beschlagnahmen
confitar einmachen, einlegen
confitería F̲ Süßwarenladen
m confitura F̲ Konfitüre
conflictivo konfliktreich, Konflikt... conflicto M̲ Konflikt
confluencia [-θ-] F̲ Zusammenfluss m confluir zusammenfließen; a. fig zusammenströmen
conformar bilden, gestalten
conformarse sich begnügen,
sich abfinden (con mit) conforme: estar ~ con einverstanden sein mit; ~ a gemäß,
entsprechend conformidad
F̲ Übereinstimmung; Zustimmung
confort M̲ Komfort confortable bequem, gemütlich
confrontación [-θ-] F̲ Gegenüberstellung confrontar gegenüberstellen
confundir verwechseln; verwirren; beschämen confun-

dirse in Verwirrung geraten
confusión F̲ Verwirrung; Verwechslung; Durcheinander n
confuso verwirrt, konfus; verworren
congelación [-xelaθ-] F̲ Gefrieren n; Einfrieren n (a. fig)
congelado tiefgekühlt; (alimentos mpl) ~s Tiefkühlkost f
congelador M̲ Gefrierfach n;
Gerät Gefrierschrank, -truhe f
congelar einfrieren
congeniar [-x-] harmonisieren
congénito angeboren congestión F̲ Stauung (a. Verkehr);
Blutandrang m
Congo M̲ Kongo
congraciarse [-θ-] ~ con sich
beliebt machen bei
congratulación [-θ-] F̲ Glückwunsch m congratular gratulieren congratularse: ~
de a/c etw begrüßen
congregar versammeln congresista M̲F̲ Kongressteilnehmer(in) congreso M̲ Kongress
congruencia [-θ-] F̲ Übereinstimmung
cónico kegelförmig, konisch
conífera F̲ Nadelholz n
conjetura [-x-] F̲ Vermutung
conjugación [-xuyaθ-] F̲ Konjugation conjugar GRAM konjugieren; fig vereinigen
conjunción [-xunθ-] F̲ Verbindung; GRAM Konjunktion conjuntivitis F̲ Bindehautentzündung conjunto 1 ADJ gemeinsam 2 M̲ Gesamtheit f,

Ganze(s) *n*; Ensemble *n* (*a. Kleid*); **en ~** im Ganzen

conjuración [-xuraθ-] ꜰ̲ Verschwörung **conjurar** *sich* beschwören **conjurarse** *sich* verschwören

conllevar [-ʎ-] mit sich bringen

conmemoración [-θ-] ꜰ̲ Gedenkfeier **conmemorar** gedenken

conmigo mit mir, bei mir

conmoción [-θ-] ꜰ̲ Erschütterung; *fig* Aufruhr *m*; **~ cerebral** Gehirnerschütterung **conmovedor** erschütternd, ergreifend **conmover** erschüttern, rühren

conmutador M̲ ᴇʟᴇᴋ Schalter **cono** M̲ Kegel

conocer [-θ-] (er)kennen; kennenlernen **conocido 1** A̲ᴅᴊ̲ bekannt **2** M̲, -a ꜰ̲ Bekannte(r) *m/f(m)* **conocimiento** M̲ Kenntnis *f*; Bekanntschaft *f*; ᴍᴇᴅ Bewusstsein *n*

conque [-ke] also, nun

conquista [-ki-] ꜰ̲ Eroberung **conquistador** M̲ Eroberer **conquistar** erobern

consabido bewusst **consagrar** weihen; *fig* widmen **consanguíneo** [-ɣi-] blutsverwandt

consciente [-θ-] bewusst

consecuencia [-θ-] ꜰ̲ Folge, Konsequenz **consecuente** konsequent **consecutivo** aufeinanderfolgend

conseguir [-yir] erlangen, bekommen; erreichen

consejero,-a [-x-] M̲,F̲ Ratgeber(in), Berater(in) **consejo** [-xo] M̲ Rat(schlag); ᴘᴏʟ *Gremium:* Rat

consentimiento M̲ Einwilligung *f*, Zustimmung *f* **consentir** gestatten, zulassen

conserje [-x-] M̲F̲ Hausmeister(in), Portier *m*

conserva ꜰ̲ Konserve **conservador,-a** **1** A̲ᴅᴊ̲ konservativ **2** M̲, **conservadora** ꜰ̲ Kustos; ᴘᴏʟ Konservative(r) *m/f(m)* **conservante** M̲ Konservierungsmittel *n* **conservar** erhalten; (auf)bewahren; *Obst etc* einmachen, konservieren **conservatorio** M̲ Konservatorium *n*

considerable ansehnlich, beträchtlich **consideración** [-θ-] ꜰ̲ Betrachtung, Erwägung; Rücksicht; Hochachtung; **en ~ a** in Anbetracht (*gen*) **considerar** bedenken, erwägen; berücksichtigen

consigna ꜰ̲ Losung, Weisung; ᴮᴬʜɴ Gepäckaufbewahrung; **~ automática** ᴮᴬʜɴ Schließfach

consigo mit sich, bei sich

consiguiente [-ɣi-] entsprechend; **por ~** folglich

consistencia [-θ-] ꜰ̲ Festigkeit; Konsistenz **consistente** fest, stark **consistir: ~ en** bestehen aus

consolar trösten **consolidar**

sichern; (be)festigen **consomé** M̄ Kraftbrühe f, Bouillon f
consonancia [-θ-] F̄ Einklang m, Übereinstimmung **consonante** F̄ Konsonant m
conspiración [-θ-] F̄ Verschwörung **conspirador(a)** M̄/F̄ Verschwörer(in) **conspirar sich verschwören**
constancia [-θ-] F̄ Beharrlichkeit, Ausdauer **constante** konstant, beständig **constar** feststehen; bestehen (**de** aus); **me consta** ich weiß sicher; **hacer** ~ feststellen
constelación [-θ-] F̄ Sternbild n; Konstellation
consternado bestürzt
constipado M̄ Schnupfen **constiparse** sich erkälten
constitución [-θ-] F̄ Einsetzung, Gründung; MED Konstitution; POL Verfassung; **Día de la Constitución** Tag der spanischen Verfassung **constitucional** [-θ-] verfassungsmäßig **constituir** bilden; errichten; einsetzen
construcción [-γθ-] F̄ Konstruktion; Bau m **constructor(a)** M̄/F̄ Bauunternehmer(in), Erbauer(in) **construir** bauen; errichten
consuelo M̄ Trost
cónsul M̄/F̄ Konsul(in); ~ **general/honorario** General-/Honorarkonsul
consulado M̄ Konsulat n
consulta F̄ Beratung; Anfrage;

MED (Arzt)Praxis; Sprechstunde **hora** f **de** ~ Sprechzeit(en) f(pl)
consultar um Rat fragen; konsultieren **consultorio** M̄ (Arzt)Praxis f
consumar vollbringen; vollziehen **consumición** [-θ-] F̄ GASTR Verzehr m, Zeche **consumidor(a)** M̄/F̄ Verbraucher(in) **consumir** verzehren; verbrauchen **consumista** konsumorientiert
consumo M̄ Verbrauch, Konsum; **de bajo** ~ Energiespar...
contabilidad F̄ Buchführung **contable** M̄ Buchhalter
contactar Kontakt aufnehmen (**con** mit) **contacto** M̄ Berührung f; Kontakt
contado: al ~ bar **contador** M̄ TECH Zähler; ~ **Geiger** Geigerzähler **contaduría** F̄ Rechnungsamt n; Zahlstelle
contagiar(se) [-x-] (sich) anstecken **contagio** M̄ Ansteckung f **contagioso** ansteckend
contaminación [-θ-] F̄ Verseuchung; ~ **ambiental/atmosférica** Umwelt-/Luftverschmutzung; **de baja** ~ schadstoffarm; *Motor* abgasarm
contaminante 1 ADJ umweltschädlich; **no** ~ umweltfreundlich **2** M̄ Schadstoff **contaminar** verseuchen, verschmutzen
contar zählen; rechnen; erzählen; ~ **con** *fig* rechnen mit, zählen auf (*akk*)

80 | contemplación

contemplación [-θ-] Ⓕ Betrachtung **contemplar** betrachten

contemporáneo 🔢 ADJ zeitgenössisch 🔢 Ⓜ, -a Ⓕ Zeitgenosse *m*, -genossin *f*

contenedor Ⓜ Container; ~ **de vidrio (reciclable)** Altglascontainer **contener** enthalten **contenerse** sich beherrschen, an sich halten

contenido Ⓜ Inhalt

contentar zufriedenstellen **contentarse** sich begnügen **(con** mit) **contento** zufrieden

contestación [-θ-] Ⓕ Antwort **contestador** ~ **automático** Anrufbeantworter **contestar** (be)antworten

contexto Ⓜ Zusammenhang

contigo mit dir; bei dir

contiguo angrenzend; Neben...

continencia [-θ-] Ⓕ Enthaltsamkeit **continental** kontinental **continente** 🔢 ADJ enthaltsam 🔢 Ⓜ Kontinent, Erdteil **continuación** [-θ-] Ⓕ Fortsetzung; **a** ~ anschließend **continuar** Ⓥ fortsetzen; Ⓥ weitermachen; **continuará** Fortsetzung folgt

continuo ständig, dauernd

contorno Ⓜ Umgegend *f*; Umriss **contorsión** Ⓕ Verdrehung; Verrenkung

contra gegen; **en** ~ entgegen; dagegen; **el pro y el** ~ das Für und Wider **contrabajo** Ⓜ

Kontrabass **contrabandista** ⓂⒻ Schmuggler(in) **contrabando** Ⓜ Schmuggel

contracción [-θ-] Ⓕ Zusammenziehung, Kontraktion

contraceptivo [-θeβ-] Ⓜ Verhütungsmittel *n*

contradecir [-θ-] widersprechen **contradicción** [-θ-] Ⓕ Widerspruch *m* **contradictorio** widersprüchlich

contraer zusammenziehen; *Schulden* machen

contralto ⓂⓂus Alt

contraluz [-θ] Ⓕ Gegenlicht *n* **contramedida** Ⓕ Gegenmaßnahme **contrapartida** Ⓕ Gegenleistung **contraproducente** [-θ-] unzweckmäßig

contrario ADJ entgegengesetzt; **al** ~ im Gegenteil; **de lo** ~ andernfalls; **todo lo** ~ ganz im Gegenteil 🔢 Ⓜ, -a Ⓕ Gegner(in)

contrasentido Ⓜ Widersinn

contraseña [-ɲa] Ⓕ Losungs-, Kennwort *n*; IT Passwort *n*

contrastar im Widerspruch stehen **(con** zu) **contraste** Ⓜ Gegensatz, Kontrast

contratación [-θ-] Ⓕ An-, Einstellung *(von Personal)*; HANDEL Vertragsabschluss *m* **contratante** ⓂⒻ Vertragspartner(in) **contratar** engagieren, einstellen

contratiempo Ⓜ Missgeschick *n*; (ärgerlicher) Zwischenfall

contratista M̲/F̲ (Bau)Unternehmer(in)

contrato M̲ Vertrag; **~ de alquiler** Mietvertrag; **~ laboral** Arbeitsvertrag

contravenir zuwiderhandeln (a dat), verstoßen (a gegen)

contraventana F̲ Fensterladen m

contribución [-θ-] F̲ Beitrag m; Steuer, Abgabe **contribuir** beitragen, beisteuern (a zu) **contribuyente** M̲/F̲ Steuerzahler(in)

control M̲ Kontrolle f; **~ aéreo** Flugsicherung f **controlador(a)** M̲(F̲) 1 Kontrolleur(in) 2 nur m IT Treiber; **~ aéreo** Fluglotse **controlar** kontrollieren **controlarse** sich beherrschen

controversia F̲ Kontroverse; Auseinandersetzung **controvertido** umstritten

contusión F̲ Quetschung; Prellung

convalecencia [-θenθ-] F̲ Genesung **convalecer** genesen

convencer [-θ-] überzeugen; überreden **convencimiento** M̲ Überzeugung f **convención** F̲ Abkommen n **convencional** herkömmlich, konventionell

conveniencia F̲ Zweckmäßigkeit; Nutzen m **conveniente** zweckmäßig, angebracht

convenio M̲ Abkommen n

convenir V̲/T̲ vereinbaren; V̲/I̲

j-m passen; angebracht sein

convento M̲ Kloster n

conversación [-θ-] F̲ Unterhaltung, Gespräch n **conversar** sich unterhalten

conversión F̲ Um-, Verwandlung; WIRTSCH Umrechnung; REL Bekehrung **convertir** um-, verwandeln; REL bekehren **convertirse:** **~ en** sich verwandeln in (akk); werden zu

convexo konvex

convicción [-γθ-] F̲ Überzeugung

convidado M̲, -a F̲ Gast m **convidar** einladen (a zu)

convincente [-θ-] überzeugend

convivencia [-θ-] F̲ Zusammenleben n **convivir** zusammenleben

convocar einberufen **convocatoria** F̲ Einberufung

convoy M̲ Geleit(zug m) n; BAHN Zug

convulsión F̲ Krampf m Zuckung **convulsivo** krampfhaft

conyugal ehelich

cónyuge [-xe] M̲/F̲ Ehegatte m, -gattin f; **~s** pl Ehepaar n

coñac [-ɲ-] M̲ Kognak

coño [-ɲo] M̲ vulg Fotze f; **¡qué ~...!** sl was zum Teufel ...!

cooperación [-θ-] F̲ Mitwirkung, Zusammenarbeit **cooperante** M̲/F̲ Entwicklungshelfer(in) **cooperar** mitarbeiten **cooperativa** F̲ Genossenschaft

coordinar koordinieren

copa F̲ (Stiel)Glas n; SPORT Pokal m; Baumkrone; **tomar(se) una ~** einen trinken (gehen); **Copa Mundial, Copa del Mundo** Weltcup m; **Copa del Rey** span Fußballpokal

Copenhague F̲ Kopenhagen n

copia F̲ Kopie; FOTO Abzug m; **~ pirata** Raubkopie; **~ de seguridad** IT Sicherheitskopie **copiadora** F̲ Kopiergerät n **copiar** abschreiben; (foto)kopieren; nachahmen

copiloto M̲/F̲ FLUG Kopilot(in); AUTO Beifahrer(in)

copioso reichlich

copla F̲ Strophe; Liedchen n

copo M̲ Flocke f

coqueta [-ke-] kokett **coquetear** kokettieren

coraje [-xe] Mut; Zorn

coral 1 M̲ Koralle f 2 F̲ Chor m

corán M̲ Koran

corazón [-θ-] M̲ Herz n; **no tener ~** herzlos sein **corazonada** F̲ Ahnung

corbata F̲ Krawatte

corchea [-tʃ-] F̲ MUS Achtelnote **corchete** M̲ Haken

corcho [-tʃo] M̲ Kork

cordel M̲ Schnur f

cordero M̲ Lamm n (a. fig)

cordial freundlich **cordialidad** F̲ Herzlichkeit

cordillera [-ʎ-] F̲ Gebirgskette

cordón M̲ Schnur f; Schnürsenkel; Postenkette f, Kordon; **~ umbilical** Nabelschnur f

cordura F̲ Verstand m

Corea F̲ Korea n

cornada F̲ (Verletzung durch e-n) Hornstoß m

córnea F̲ Auge Hornhaut

corneja [-xa] F̲ Krähe

córner M̲ SPORT Eckball

corneta F̲ MUS Kornett n

cornudo gehörnt (a. fig)

coro M̲ Chor

corona F̲ Krone; Kranz m **coronación** [-θ-] F̲ Krönung (a. fig) **coronar** krönen (a. fig)

coronel M̲ Oberst

coronilla [-ʎa] F̲ **estar hasta la ~** umg die Nase voll haben

corpiño [-ɲo] M̲ Mieder n

corporación [-θ-] F̲ Körperschaft **corporal** körperlich, Körper...

corpulento korpulent, dick

Corpus M̲ Fronleichnam

correa F̲ Riemen m; Gurt m; Uhrarmband n; Am Gürtel m; TECH Treibriemen m; **~ del ventilador** AUTO Keilriemen m

corrección [-γθ-] F̲ Verbesserung, Korrektur **correcto** richtig; korrekt **corrector(a)** M̲/F̲ Korrektor(in)

corredor(a) M̲/F̲ 1 Läufer(in); Rennfahrer(in); HANDEL Makler(in) 2 nur m ARCH Korridor

corregir [-x-] (ver)bessern, korrigieren

correo M̲ Post® f; Person Kurier; **(oficina f de) ~s** pl Postamt n; **~ aéreo** Luftpost f; **~ basura** Spam f; **~ de voz** Voicemail f; **por ~ (privado)** per Kurier; **en-**

viar por ~ electrónico mailen, als Mail senden

correr v/i laufen; *Wasser* fließen; v/t *Vorhang* zuziehen; *Risiko* eingehen

correspondencia [-θ-] F BAHN Anschluss *m*; HANDEL Korrespondenz **corresponder** entsprechen; zukommen, zustehen; *Gefühle etc* erwidern **correspondiente** entsprechend

corrida F Lauf *m*; **~ de toros** Stierkampf *m*

corriente 1 ADJ laufend; *Wasser* fließend; *fig* gewöhnlich, alltäglich; **estar al ~** auf dem Laufenden sein **2** F Strom *m* (*a.* ELEK); *fig* Strömung; **~ alterna/continua** Wechsel-/Gleichstrom *m*; **~ de aire** Luftzug *m*; **Corriente del Golfo** Golfstrom *m*

corroborar bestärken, bekräftigen

corroer zer-, anfressen; ätzen

corromper verderben; *fig* bestechen; verführen

corrosión F Korrosion **corrosivo** ätzend (*a. fig*)

corrupción [-θ-] F Verwesung, Fäulnis; *fig* Korruption; Bestechung **corruptible** bestechlich **corrupto** *fig* verdorben, korrupt

corsario M Korsar, Pirat

corsé M Korsett *n*

cortacésped [-θ-] M Rasenmäher **cortado 1** ADJ *fig* ver-

legen **2** M Espresso mit Milch **cortar** (ab-, durch-, zer-)schneiden; *Wasser, Gas, Strom, Straße* sperren; *Verbindung* unterbrechen; **~ con alg** mit j-m Schluss machen **cortarse** *Milch* gerinnen; *fig* verlegen werden; stecken bleiben **cortañas** [-ɲ-] M Nagelzange *f*

corte 1 M Schnitt; *Stoff* Zuschnitt; MED Schnittwunde *f* **2** F (Königs)Hof *m*; *Am* Gericht (-shof *m*) **3 Cortes** *pl* das spanische Parlament

cortés höflich **cortesía** F Höflichkeit

corteza [-θa] F (Baum)Rinde; Kruste

cortijo [-xo] M *andalusisches* Landgut *n*

cortina F Gardine; Vorhang *m*

cortisona F MED Kortison *n*

corto *kurz;* **~ de vista** kurzsichtig **cortocircuito** [-θ-] M ELEK Kurzschluss **cortometraje** [-xe] M Kurzfilm

corzo [-θo] M Reh *n*

cosa F Sache, Ding *n*; **~ de** ungefähr; **alguna ~** (irgend)etwas; **otra ~** etwas anderes; **poca ~** wenig; **no es gran ~** das ist nichts Besonderes; **¿sabes una ~?** weißt du was?

cosecha [-tʃa] F Ernte **cosechar** ernten

coser nähen

cosmética F Kosmetik **cosmético** M Schönheitsmittel *n*, Kosmetikum *n* cosmopolita **1** ADJ kosmopolitisch **2** M/F Weltbürger(in)

cosquillas [-kiʎ-] FPL hacer ~ kitzeln cosquilloso kitz(e)lig

costa F Küste; **Costa Azul** Côte d'Azur; **Costa de Marfil** Elfenbeinküste, Côte d'Ivoire; **bajar a la costa** ans Meer fahren **2** a ~ de auf Kosten von; ~s pl Gerichtskosten

costado M Seite f

costar v/t; fig schwerfallen; ~ caro fig teuer zu stehen kommen

coste M Preis, Kosten pl; ~ de la vida Lebenshaltungskosten pl; **de bajo coste** Billig… costear die Kosten tragen für

costilla [-ʎa] F Rippe

costoso kostspielig, teuer

costra F Kruste; MED Schorf m

costumbre F Gewohnheit; Sitte, Brauch m; **mala ~** schlechte Angewohnheit; **(como) de ~** (wie) gewöhnlich

costura F Naht; Nähen n; **alta ~** Haute Couture costurera F Näherin, Schneiderin costurero M Nähkasten

cotidiano täglich

cotización [-θaθ-] F (Börsen)Notierung, (Börsen)Kurs m cotizar v/t notieren; v/t Beitrag zahlen

coto M ~ **de caza** Jagdrevier n

coyuntura F Konjunktur

CP ABR (Código Postal) PLZ (Postleitzahl)

cráneo M Schädel

cráter M Krater

creación [-θ-] F Schöpfung

creador **1** ADJ schöpferisch **2** M Schöpfer crear (er)schaffen creativo kreativ

crecer [-θ-] wachsen; fig zunehmen

crecida [-θ-] F Hochwasser n creciente wachsend, steigend crecimiento M Wachstum n; Zunahme f

crédito M Kredit; Ansehen n, Ruf; ~ **bancario** Bankkredit; a ~ auf Kredit

crédulo leichtgläubig

creencia [-θ-] F Glaube m creer glauben; **meinen** creíble glaubhaft

crema F **1** Creme; ~ **hidratante** Feuchtigkeitscreme ~ **de día/noche** Nacht-/Tagescreme; ~ **solar** Sonnencreme **2** GASTR Sahne; Cremesuppe; ~ **catalana** Vanillecreme mit Karamellkruste ~ **de leche** dickflüssige Sahne

cremación [-θ-] F (Leichen)Verbrennung

cremallera [-ʎ-] F Reißverschluss m; österr Zippverschluss m; (ferrocarril m de) ~ Zahnradbahn f

crepitar prasseln, knistern

crepúsculo M (Abend)Dämmerung f

crespo kraus

cresta F (Hahnen)Kamm m

Creta F Kreta n

creyente **1** ADJ gläubig **2** M/F

REL Gläubige(r) m/f(m)
cría F̲ Zucht; Brut; Junge(s) n
criada F̲ Dienstmädchen n
criadero M̲ Züchterei f **criado** M̲ Diener **criador(a)** M̲/F̲
Züchter(in) **criar** züchten; aufziehen; säugen **criarse** aufwachsen; **criatura** F̲ Kreatur;
umg Kind n
crimen M̲ Verbrechen n
criminal ■ ADJ verbrecherisch ② M̲/F̲ Verbrecher(in); ~ **de guerra** Kriegsverbrecher(in) **criminalidad** F̲ Kriminalität
crío M̲ umg Kind n
criollo [-Áo] ■ ADJ kreolisch ②
M̲, **-a** F̲ Kreole m, -in f
crisantemo M̲ Chrysantheme f
crisis F̲ Krise; ~ **financiera/económica** Finanz-/Wirtschaftskrise; ~ **de la deuda** Schuldenkrise; ~ **nerviosa** Nervenzusammenbruch m
crispado fig gespannt; gereizt
crisparse sich verkrampfen; nervös werden
cristal M̲ Glas n; Kristall n; Fensterscheibe f **cristalería** F̲ Glaswaren fpl; Gläser npl
cristiandad F̲ Christenheit
cristianismo M̲ Christentum n **cristiano** ■ ADJ christlich ② M̲, **-a** F̲ Christ(in)
Cristo M̲ Christus
criterio M̲ Kriterium n
crítica F̲ Kritik **criticar** kritisieren **crítico** ■ ADJ kritisch ②
M̲, **-a** F̲ Kritiker(in)
Croacia [-θ-] F̲ Kroatien n

croata ■ ADJ kroatisch ② M̲(F̲)
Kroate, Kroatin
cromo M̲ Chrom n
cromosoma M̲ Chromosom n
crónica F̲ Chronik **crónico**
chronisch
cronista M̲/F̲ Chronist(in) **cronológico** [-x-] chronologisch
cronómetro M̲ Stoppuhr f
croqueta [-ke-] F̲ Krokette f
croquis [-ki-] M̲ Skizze f
cruasán M̲ Croissant m/n
cruce [-θe] M̲ Kreuzung f (a.
BIOL); ~ **de autopista** Autobahnkreuz n **crucero** M̲
SCHIFF Kreuzer; Kreuzfahrt f
crucial [-θ-] fig entscheidend
crucificar kreuzigen **crucifijo** [-xo] M̲ Kruzifix n **crucigrama** M̲ Kreuzworträtsel n
crudeza [-θa] F̲ Rohheit **crudo** ■ ADJ roh (a. fig) ② M̲ Rohöl
n
cruel grausam **crueldad** F̲
Grausamkeit
crujiente [-x-] knusprig **crujir**
[-x-] knirschen; knacken; knarren
cruz [-θ] F̲ Kreuz n (a. fig) **cruzar** kreuzen (a. BIOL); Straße
überqueren **cruzarse** sich begegnen
cuaderno M̲ Heft n
cuadra F̲ Pferdestall m
cuadrado ■ ADJ quadratisch,
umg viereckig; Quadrat... ②
M̲ MATH n; Quadrat n
cuadrilla [-Áa] F̲ Trupp m
cuadro M̲ Bild n (a. THEAT, fig),
Gemälde n; Tabelle f; Tafel f; ~

de diálogo IT Dialogfenster n; **~ de mandos** (*od* **instrumentos**) AUTO Armaturenbrett n; **de ~s** kariert

cuádruple vierfach

cuajada [-x-] F Dickmilch **cuajar** fest werden; *Schnee* liegen bleiben; *umg fig* klappen, hinhauen **cuajarse** gerinnen

cual: el, la, lo ~ der, die, das; **welche(r, -s); por lo ~** weswegen; **¿cuál?** wer?, welcher?

cualidad F Qualität; Eigenschaft

cualquier(a) [-ki-] irgendein; jede(r) beliebige; irgendjemand; **~ día** irgendwann; **en ~ caso** auf jeden Fall

cuando 1 wann; **¿cuándo?** wann?; **en ~ a ~** von Zeit zu Zeit; **~ quiera** jederzeit 2 KONJ wenn; als

cuantía F Summe, Höhe **cuantioso** zahlreich, bedeutend **cuanto** wie viel; alles was; **~ antes** möglichst bald; **en ~** sobald, sowie; **en ~ a** was ... betrifft; **~ más** que um so mehr als; **unos ~s** ein paar; **¿cuánto?** wie viel?; **¿cuánto tiempo?** wie lange?; **¿a cuántos estamos?** der Wievielte ist heute?

cuarenta vierzig **cuarentena** F Quarantäne

cuaresma F Fastenzeit

cuartel M Kaserne f; **~ general** Hauptquartier n

cuarteto M Quartett n

cuarto 1 ADJ vierte(r) 2 M Viertel n; Zimmer n; **~ de baño** Badezimmer n; **~ de estar** Wohnzimmer n; **~ de hora** Viertelstunde f

cuarzo [-θo] M Quarz

cuatro vier **cuatrocientos** vierhundert

cuba F Fass n; Kübel m

Cuba N Kuba n **Cubalibre** M GASTR Coca-Cola f mit Rum oder Gin **cubano** 1 ADJ kubanisch 2 M, **-a** F Kubaner(in)

cúbico kubisch; Kubik...

cubierta F Hülle; Deckel m; Umschlag m; SCHIFF Deck n **cubierto** 1 ADJ bedeckt 2 M Besteck n; Gedeck n

cubilete M Würfelbecher

cubitera F Eiswürfelbehälter m **cubito** M **~ de caldo, de hielo** Suppen-, Eiswürfel

cubo M Würfel; Kubikzahl f; **~ de basura** Mülleimer

cubrir (be-, ver-, zu)decken; *Stelle* besetzen **cubrirse** sich bedecken

cucaracha [-tʃa] F Kakerlake m, Schabe

cuchara [-tʃ-] F Löffel m **cucharada** F Löffelvoll m **cucharilla** [-ʎa], **cucharita** F Kaffee-, Teelöffel m **cucharón** M Schöpflöffel

cuchichear [-tʃitʃ-] flüstern, tuscheln

cuchilla [-tʃiʎa] F Klinge, Schneide; *bes Am* Rasierklinge

cuchillo M Messer n

cuclillas [-Á-] **en ~** hockend

cuco M̲ Kuckuck

cucurucho [-tʃo] M̲ Papiertüte f; Eiswaffel f

cuello [-ʎo] M̲ Hals; Kragen

cuenca GEOG Becken n **cuenco** M̲ Napf

cuenta F̲ Rechnung; Konto n; **~ atrás** Count-down m; **~ corriente** Girokonto n; **~ de correo (electrónico)** E-Mail-Account m; IT **~ de usuario** Account m, Benutzerkonto n; **darse ~ de** etw (be)merken; **tener en ~** berücksichtigen

cuentakilómetros M̲ Kilometerzähler

cuento M̲ Erzählung f; Märchen n; fig Gerede n

cuerda F̲ Seil n; Leine; MUS Saite; **dar ~ (al reloj) (die Uhr)** aufziehen; **~s vocales** Stimmbänder npl

cuerno M̲ Horn n (a. MUS)

cuero M̲ Leder n; **en ~s** umg splitternackt

cuerpo M̲ Körper m; **~ docente** Lehrkörper

cuervo M̲ Rabe

cuesta F̲ Hang, Abhang m; Steigung; **a ~s** auf dem Rücken

cuestión F̲ Frage **cuestionar** in Frage stellen **cuestionario** M̲ Fragebogen

cueva F̲ Höhle

cuidado M̲ Sorgfalt f; Vorsicht f; Sorge f, Pflege f; **de ~** gefährlich, mit Vorsicht zu genießen; **tener ~** aufpassen; **¡~!** Vorsicht!

cuidador(a) M̲(F̲) Pfleger(in)

cuidadoso sorgfältig **cuidar** betreuen, versorgen; pflegen **cuidarse** sich pflegen, sich schonen; **~ de** sich hüten vor (dat); sich kümmern um

culebra F̲ Schlange **culebrón** M̲ umg TV Seifenoper f

culminante: punto m **~** Höhepunkt

culo M̲ umg Hintern

culpa F̲ Schuld; **echar la ~ de a/c a alg** j-m die Schuld an etw geben; **tener la ~ de** schuld sein an (dat)

culpable 1 ADJ schuldig **2** M̲/F̲ Schuldige(r) m/f(m) **culpar** beschuldigen

cultivador(a) M̲(F̲) Züchter(in)

cultivar an-, bebauen; fig pflegen, kultivieren **cultivo** M̲ Anbau; Züchtung f; fig Pflege f; **~ biológico/ecológico** biologischer/ökologischer Anbau

culto 1 ADJ gebildet **2** M̲ Kult

cultura F̲ Kultur; Bildung

culturismo M̲ Bodybuilding n

cumbre F̲ Gipfel m (a. fig); **(reunión f en la) ~** POL Gipfeltreffen

cumpleaños [-ɲ-] M̲ Geburtstag; **¡feliz ~!** alles Gute zum Geburtstag!

cumplido 1 ADJ vollkommen, vollendet **2** M̲ Kompliment n; **sin ~s** ohne Umstände **cumplimentar** begrüßen; beglückwünschen **cumpli-**

miento M̲ Erfüllung f; Ausführung f

cumplir erfüllen; ausführen; *Strafe* absitzen; ~ **40 años** 40 Jahre (alt) werden; ~ **con su deber** s-e Pflicht tun

cuna F̲ Wiege; Kinderbett n

cuneta F̲ Straßengraben m

cuña [-ɲa] F̲ Keil m

cuñada F̲ Schwägerin **cuñado** M̲ Schwager

cuota F̲ Quote; Beitrag m

cupo M̲ Kontingent n, Anteil

cupón M̲ Zinsschein; Kupon

cúpula F̲ Kuppel

cura 1 M̲ Kur; ~ **termal** Badekur 2 M̲ Pfarrer **curable** heilbar

curación [-θ-] F̲ Heilung **curar** heilen **curarse** genesen, gesund werden

curiosidad F̲ Neugier; Sehenswürdigkeit **curioso** neugierig; merkwürdig

cursi kitschig; *Person* affektiert **cursilería** F̲ Kitsch m; Getue n

cursillo [-ʎ-] M̲ Kurs, Lehrgang

curso M̲ Lauf; Verlauf; Lehrgang, Kurs(us); Schuljahr n

curtido abgehärtet; (sonnen)gebräunt **curtir** gerben; *fig* abhärten

curva F̲ Kurve **curvarse** sich krümmen, sich biegen **curvo** krumm, gebogen

custodia F̲ Aufbewahrung; Obhut; JUR ~ **(compartida)** (gemeinsames) Sorgerecht n **custodiar** bewachen

cutáneo Haut… **cutis** M̲ (Ge-

---

sichts)Haut f

cuyo, cuya dessen, deren

D

D. (Don) Herr *(vor Vornamen)*

Da. (Doña) Frau *(vor Vornamen)*

dádiva F̲ Gabe, Spende

dado M̲ Würfel; ~ **que** da

dama F̲ Dame; **(juego** m **de)** ~**s** pl Damespiel n

damasco M̲ Damast; *Am* Aprikose f

damnificado M̲, **-a** F̲ Geschädigte(r) m/f(m) **damnificar** (be)schädigen

damos → **dar**

danés 1 ADJ dänisch 2 M̲, **-esa** F̲ Däne m, Dänin f

Danubio M̲ Donau f

danza [-θa] F̲ Tanz m **danzar** tanzen

dañar [-ɲ-] schaden; schädigen **dañarse** Schaden leiden **dañino** schädlich

daño M̲ Schaden; ~ **material** Sachschaden; ~**s** pl **ambientales** Umweltschäden; **hacer** ~ Schaden anrichten; wehtun; **hacerse** ~ sich verletzen; sich wehtun

dar geben; schenken; *Freude etc* machen; ~ **a** *Fenster, Tür* gehen auf *(akk)*; ~ **con** finden; *Person* treffen; ~ **contra** stoßen gegen;

dan las cinco es schlägt fünf (Uhr)

dardo M̅ Wurfspieß; Speer

dársena F̅ Hafenbecken n

datar datieren

dátil M̅ Dattel f

datos M̅P̅L̅ Angaben fpl, Daten pl; **~ personales** Personalien pl; **~ de acceso** Zugangsdaten pl

de von; aus; **~ 20 años** zwanzigjährig; **~ oro** aus Gold; **~ niño** als Kind; **~ noche** bei Nacht, nachts; **un vaso ~ agua** ein Glas Wasser

debajo [-xo] unten, unterhalb; **~ de** unter (dat od akk)

debate M̅ Debatte f **debatir** besprechen, debattieren

deber 1̅ M̅ Pflicht f; **~es** pl Hausaufgaben fpl 2̅ V̅/T̅ schulden; fig verdanken; V̅/I̅ sollen, müssen, **~ de** (eigentlich) müssen, sollen; **no ~** nicht dürfen

deberse sich gehören; zurückzuführen sein (a auf akk) **debido** gebührend; **~ a** wegen; **como es ~** wie es sich gehört

débil schwach **debilidad** F̅ Schwäche **debilitar** schwächen

débito M̅ Schuld f; Soll n

debut M̅ Debüt n **debutar** debütieren

década F̅ Dekade

decadencia [-θ-] F̅ Verfall m; Dekadenz **decadente** dekadent **decaer** in Verfall geraten; nachlassen **decaído** matt;

mutlos **decaimiento** M̅ Verfall; fig Niedergeschlagenheit f

decantador M̅ Dekanter m

decapitar enthaupten

decatlón M̅ SPORT Zehnkampf

decena [-θ-] F̅ (etwa) zehn

decencia [-θenθ-] F̅ Anstand m; Schicklichkeit **decenio** M̅ Jahrzehnt n **decente** anständig

decepción [-θeβθ-] F̅ Enttäuschung f **decepcionar** enttäuschen

decidido [-θ-] entschlossen, entschieden **decidir** entscheiden **decidirse** sich entschließen (a zu)

décima [-θ-] F̅ Zehntel n

decimal [-θ-] Dezimal...

décimo [-θ-] 1̅ A̅D̅J̅ zehnte(r) 2̅ M̅ Zehntel n; Lotterie Zehntellos m

decir [-θ-] sagen; **es ~** das heißt; **se dice que** es heißt, dass ...; **¡¡diga!** TEL hallo!; **por así ~lo** sozusagen

decisión [-θ-] F̅ Entscheidung; fig Entschlossenheit f **decisivo** entscheidend

declamar vortragen; deklamieren

declaración [-θ-] F̅ Erklärung; JUR Aussage; **~ de impuestos** Steuererklärung f **tomar ~ a** JUR vernehmen, verhören **declarar** erklären; JUR aussagen **declararse** Feuer etc ausbrechen

declinar V̅/T̅ ablehnen; GRAM

deklinieren v̄ī *fig* abnehmen; sich neigen
declive M̄ Abhang; **en ~** abschüssig
decodificador M̄ Decoder
decolaje [-x-] M̄ FLUG Start
decoración [-θ-] F̄, **decorado** M̄ Dekoration *f*; THEAT Bühnenbild *n* **decorar** dekorieren
decoro M̄ Anstand
decrecer [-θ-] abnehmen
decrépito hinfällig, altersschwach
decrepitud F̄ Altersschwäche
decretar verordnen **decreto** M̄ Verordnung *f*, Erlass
dedal M̄ Fingerhut
dedicación [-θ-] F̄ Widmung; *fig* Hingabe **dedicar** widmen
dedicatoria F̄ Widmung
dedo M̄ Finger; **~ (del pie)** Zehe *f*; **~ del corazón** Mittelfinger; **~ gordo** Daumen
deducción [-γθ-] F̄ Ableitung; HANDEL Abzug *m* **deducir** [-θ-] ableiten, folgern; HANDEL abziehen **deduje** [-xe], **deduzco** [-θko] → *deducir*
defecto M̄ Fehler, Mangel **defectuoso** fehlerhaft; schadhaft
defender verteidigen **defensa** ① F̄ Verteidigung; Schutz *m* ② M̄ SPORT Verteidiger **defensivo** verteidigend **defensor(a)** M̄F̄ Verteidiger(in) (*a.* JUR); **~(a) de la naturaleza** Naturschützer(in)
deficiencia [-θīenθ-] F̄ Mangel

m; Fehlerhaftigkeit; **~ inmunitaria** Immunschwäche **deficiente** mangelhaft; **~ mental** geistig behindert
déficit [-θ-] M̄ Defizit *n*
defiendo → *defender*
definición [-θ-] F̄ Definition **definir** definieren **definitivo** endgültig
deforestación [-θ-] F̄ Abholzung **deforestar** abholzen
deformar entstellen **deforme** unförmig
defraudar veruntreuen; betrügen; *fig* enttäuschen
defunción [-θ-] F̄ Tod(esfall) *m*
degenerar [-x-] entarten; **~ en** ausarten in (*akk*)
degradación [-θ-] F̄ Degradierung; Erniedrigung; Verfall *m*
degustación [-θ-] F̄ Kosten *n*; **~ de vino** Weinprobe **degustar** probieren, kosten
dejadez [-xaθeθ] F̄ Nachlässigkeit; Schlamperei **dejado** nachlässig **dejar** lassen; weg-, hinter-, los-, zu-, verlassen; **~ de** aufhören zu **dejarse** sich gehen lassen
delantal M̄ Schürze *f*
delante vorn, voran; **~ de** vor **delantera** F̄ Vorderteil *n*, -seite **delantero** ① AᴅJ Vorder... ② M̄ SPORT Stürmer
delatar denunzieren; verraten **delator(a)** M̄F̄ Denunziant(in)
delegación [-θ-] F̄ Abordnung, Delegation **delegado** M̄, **-a** F̄ Abgeordnete(r) *m/f(m)*

deletrear buchstabieren
delfín M̲ Delfin
delgadez [-θ-] F̲ Dünne, Feinheit; Schlankheit **delgado** dünn; fein; schlank
deliberar beraten; erörtern
delicadeza [-θa] F̲ Zartheit; Takt(gefühl n) m **delicado** zart, fein; fig empfindlich; heikel
delicia [-θ-] F̲ Vergnügen n; Entzücken n **delicioso** köstlich
delimitar ab-, begrenzen
delincuencia F̲ Kriminalität **delincuente** M̲F̲ Delinquent(in); ~ **sexual** Sexualtäter(in)
delineador M̲ ~ **de ojos** Eyeliner **delineante** M̲F̲ technischer Zeichner, technische Zeichnerin **delinear** umreißen; fig entwerfen
delirante fig rasend **delirar** irrereden, fantasieren **delirio** M̲ Delirium n; fig Raserei f
delito M̲ Vergehen n; Straftat f; Delikt n; ~ **sexual** Sexualdelikt n
demanda F̲ Forderung; JUR Klage; HANDEL Nachfrage (**de** nach) **demandado** M̲, -a f Beklagte(r) m/f(m) **demandante** M̲F̲ Kläger(in) **demandar** fordern; JUR verklagen
demás: lo ~ das Übrige; **los** ~ die anderen; **por lo** ~ im Übrigen
demasiado zu; zu viel; zu sehr
demencia [-θ-] F̲ Wahnsinn m

demente ① ADJ wahnsinnig ② M̲F̲ Geistesgestörte(r) m/f(m)
democracia [-θ-] F̲ Demokratie **demócrata** M̲F̲ Demokrat(in) **democrático** demokratisch
demoler zerstören; Bau abreißen **demolición** [-θ-] F̲ Zerstörung; Abbruch m
demonio M̲ Dämon; Teufel; **como un** ~ fuchsteufelswild; **¿qué ~s ...?** was zum Teufel ...?
demora F̲ Verzögerung; Verzug m **demorar** verzögern; aufschieben
demostración [-θ-] F̲ Vorführung; Beweis m **demostrar** vorführen; beweisen; zeigen, bekunden **demostrativo** demonstrativ
denegar verweigern; abschlagen, ablehnen
denominación [-θ-] F̲ Benennung; Bezeichnung; ~ **de origen** Herkunftsbezeichnung **denominador** M̲ MATH Nenner **denominar** benennen
denotar bedeuten, hindeuten auf (akk)
densidad F̲ Dichte **denso** dicht
dentadura F̲ Gebiss n **dentífrico** M̲ Zahnpasta f **dentista** M̲F̲ Zahnarzt, -ärztin **dentón** M̲ ZOOL, GASTR Zahnbrasse f
dentro daran, drinnen; ~ **de** innerhalb (gen)
denuncia [-θ-] F̲ Anzeige **denunciante** M̲F̲ Denunziant(in)

denunciar anzeigen, denunzieren

departamento M Abteilung f; BAHN Abteil n

dependencia [-θ-] F Abhängigkeit **depender: ~ de** abhängen von; **depende** das kommt darauf an **dependiente** 1 ADJ abhängig 2 M/F Angestellte(r) m/f(m); Verkäufer(in)

depilar enthaaren **depilatorio** M Enthaarungsmittel n; **crema** ~ -a Enthaarungscreme

deplorable bedauerlich **deplorar** beklagen; bedauern

deporte M Sport; ~ **náutico** Wassersport; **hacer** ~ Sport treiben **deportista** M/F Sportler(in) **deportivo** sportlich; Sport...

deposición [-θ-] F Aussage **depositar** hinterlegen, deponieren **depósito** M Depot n, Lager n; HANDEL Einlage f; ~ **de gasolina** Benzintank

depravado lasterhaft, verkommen

depreciación [-θiaθ-] F (Geld)Entwertung **depreciar** entwerten **depreciarse** an Wert verlieren

depresión F WIRTSCH, MED Depression

deprimido deprimiert **deprimir** deprimieren

depuración [-θ-] F Reinigung; POL Säuberung **depuradora** F Kläranlage **depurar** reinigen; POL säubern

derecha [-tʃa] F rechte Hand; **a** ~ (nach) rechts **derecho** 1 ADJ recht; gerade; aufrecht; **siga** ~ gehen Sie immer geradeaus 2 M Recht n; Anspruch (**a** auf akk) **derechos** PL Steuer f; Gebühren fpl; Tantiemen pl

derivación [-θ-] F Ableitung **derivar** ableiten

dermatólogo,-a M/F Hautarzt, -ärztin

derramar vergießen, verschütten **derramarse** sich ergießen; auslaufen **derrame** M Auslaufen n; ~ **cerebral** Gehirnblutung f

derrapar [-tʃ-] verschwenden **derrocar** POL stürzen

derrochar [-tʃ-] verschwenden **derroche** M Verschwendung f

derrota F Niederlage; SCHIFF, FLUG Kurs m **derrotar** besiegen, schlagen

derrumbamiento M Einsturz; a. fig Zusammenbruch **derrumbarse** einstürzen; zusammenbrechen

desabrochar [-tʃ-] aufhaken, aufknöpfen

desacelerar [-θ-] AUTO langsamer fahren; fig entschleunigen

desacertar [-θ-] sich irren **desacierto** [-θ-] M̄ Irrtum
desaconsejar [-x-] abraten
desacoplar auskuppeln
desacostumbrar: ~ a alg de a/c j-m etw abgewöhnen
desacreditar in Misskredit bringen
desactivar deaktivieren
desacuerdo M̄ Unstimmigkeit f; Meinungsverschiedenheit f
desafiar herausfordern
desafinado MUS verstimmt
desafío M̄ Herausforderung f
desafortunado unglücklich
desagradable unangenehm **desagradecido** [-θ-] undankbar **desagrado** M̄ Missfallen n
desagüe M̄ Abfluss
desahogado bequem; wohlhabend **desahogarse** sich aussprechen
desairar zurücksetzen; herabsetzen **desaire** M̄ Zurücksetzung f, Kränkung f
desajustar [-x-] TECH verstellen
desalentar entmutigen
desaliento M̄ Mutlosigkeit f
desaliñado [-ɲ-] ungepflegt, schlampig **desaliñado** herzlos
desalojamiento [-x-] M̄ Vertreibung f; Räumung f **desalojar** vertreiben; räumen
desamparado hilflos **desamparo** M̄ Schutzlosigkeit f
desangrarse verbluten

desanimado mut-, lustlos **desanimar** entmutigen **desanimarse** den Mut verlieren
desapacible [-θ-] unfreundlich (a. Wetter)
desaparecer [-θ-] verschwinden **desaparecido** [-θ-] M̄, -a F̄ Verschwundene(r) m/f(m); Vermisste(r) m/f(m) **desaparición** [-θ-] F̄ Verschwinden n
desapercibido [-θ-] unvorbereitet; unbemerkt
desaprensivo rücksichtslos
desaprobación [-θ-] F̄ Missbilligung f **desaprobar** missbilligen
desaprovechado [-t∫-] ungenutzt **desaprovechar** versäumen; ungenutzt lassen
desarmar entwaffnen; TECH abmontieren **desarme** M̄ Abrüstung f
desarraigar entwurzeln; fig ausrotten **desarraigo** M̄ Entwurzelung f; Ausrottung f
desarreglar in Unordnung bringen **desarreglo** M̄ Unordnung f
desarrollar fig entwickeln **desarrollarse** sich entwickeln; fig sich abspielen **desarrollo** M̄ Entwicklung f; Ablauf
desaseado unsauber; ungepflegt
desasosegar beunruhigen **desasosiego** M̄ Unruhe f
desastre M̄ Katastrophe f **~ nuclear** Atomkatastrophe f; **eres un ~** umg fig du bist unmöglich

desastroso katastrophal, verheerend

desatar losbinden; lösen; *fig* auslösen, entfesseln

desatender vernachlässigen; nicht beachten **desatento** unaufmerksam; unhöflich

desatinado unsinnig **desatinar** Unsinn reden **desatino** M̄ Unsinn; Torheit *f*

desatornillar [-/-] ab-, losschrauben

desavenencia [-θ-] F̱ Uneinigkeit; Streit *m* **desavenido** uneinig; entzweit **desaventajado** benachteiligt; unvorteilhaft

desayunar frühstücken **desayuno** M̄ Frühstück *n*

desbancar verdrängen

desbarajuste [-x-] M̄ Wirrwarr **desbaratar** *Plan* vereiteln, zunichtemachen

desbloquear [-ke-] freigeben

desbordar überfluten; *fig* übersteigen **desbordarse** *Fluss* über die Ufer treten; *fig* ausufern

descafeinado koffeinfrei **descalificar** disqualifizieren **descalzo** [-θ-] barfuß

descansar ausruhen; rasten **descanso** M̄ Ruhe *f*; Erholung *f*; THEAT Pause *f*; SPORT Halbzeit *f*

descapotable M̄ AUTO Kabriolett *n* **descarado** unverschämt

descarga F̱ Entladung (*a.* ELEKI); Abladen *n*; SCHIFF Lö-

schen *n*; **~ eléctrica** elektrischer Schlag *n* **descargar** ab-, entladen; löschen; *Waffe* entladen; *Schuss* abfeuern; JUR entlasten **descargo** M̄ JUR Entlastung *f*

descaro M̄ Unverschämtheit *f*, Frechheit *f*

descarrilamiento M̄ Entgleisung *f* **descarrilar** entgleisen

descartar ausschließen

descendencia [-θendenθ-] F̱ Nachkommenschaft; Abstammung **descendente** absteigend; fallend **descender** heruntergehen; herabsteigen; aussteigen; *Preise etc* sinken; **~ de** abstammen von **descendiente** M̄ Nachkomme **descenso** M̄ Abstieg; HANDEL Fallen *n*; *Ski* Abfahrtslauf

descifrar [-θ-] entziffern, enträtseln **descodificador** M̄ Decoder **descolgar** abnehmen; *Verfolger* abhängen

descolorar entfärben **descolorarse** *Farbe* verblassen **descolorido** blass, farblos

descomponer zerlegen, zergliedern **descomponerse** sich zersetzen, verwesen

descomposición [-θ-] F̱ Zersetzung, Verwesung **descompuesto** *fig* aufgelöst, verstört

desconcertado [-θ-] verwirrt; bestürzt; verblüfft **desconcertar** verwirren; aus der Fassung bringen

desconectar aus-, abschalten

desdicha ‖ 95

desconectarse INTERNET
(sich) ausloggen
desconfiado misstrauisch
desconfianza [-θa] F Misstrauen n desconfiar: ~ de
misstrauen (dat)
descongelar [-x-] auf-, abtauen; Löhne etc freigeben descongelarse auftauen
descongestionar [-x-] Verkehr
entlasten
desconocer [-θ-] nicht kennen; nicht wissen desconocido 1 ADJ unbekannt 2 M, -a
F Unbekannte(r) m/f(m) desconocimiento M Unkenntnis
f
desconsiderado rücksichtslos
desconsolado untröstlich
desconsolar trostlos; hoffnungslos
desconsuelo M (tiefe) Betrübnis f, Trostlosigkeit f
descontar abrechnen, abziehen; diskontieren descontento 1 ADJ unzufrieden 2 M Unzufriedenheit f desconvocar
absagen, umg abblasen
descorchador [-tʃ-] M Korkenzieher descorchar entkorken
descortés unhöflich descortesía F Unhöflichkeit
descoser Naht auftrennen
descoserse aufgehen
descrédito M Verruf
describir beschreiben descripción [-θ-] F Beschreibung
descrito beschrieben

descubierto 1 ADJ unbedeckt;
HANDEL überzogen; ungedeckt
2 M Kontoüberziehung f
descubridor(a) M(F) Entdecker(in) descubrimiento M
Entdeckung f descubrir entdecken, finden
descuento M Abzug, Rabatt,
Skonto n; (tipo m de) ~ Diskont
(-satz)
descuidado nachlässig descuidar vernachlässigen; ¡descuide! seien Sie unbesorgt
descuidarse nachlässig sein
descuido M Nachlässigkeit f;
Unachtsamkeit f; por ~ aus Versehen, versehentlich
desde seit, von ... an; von ...
aus; ~ abajo/arriba von unten/oben; ~ hace un año seit
e-m Jahr; ~ hace mucho/poco
seit Langem/Kurzem
desdén M Verachtung f desdeñar [-ɲ-] verachten, verschmähen desdeñoso [-ɲ-]
verächtlich
desdicha [-tʃa] F Unglück n
desdichado unglücklich
deseable wünschenswert; erwünscht desear wünschen
desecar (aus)trocknen; trockenlegen
desechable [-tʃ-] Wegwerf...
desechar wegwerfen; fig verwerfen desechos MPL Abfall
m
desembalar auspacken
desembarcar 1 V/T Waren ausladen 2 V/I Personen an Land

gehen **desembarco** M̲, **desembarque** [-ke] M̲ Ent-, Ausladen *n*; Landung *f*

desembocadura F̲ Mündung

desembocar münden

desembolsar *Geld* ausgeben, (aus)zahlen

desembragar auskuppeln **desembrague** [-ɣe] M̲ Auskuppeln *n*

desempaquetar [-ke-] auspacken

desempeñar [-ɲ-] *Pfand* auslösen; *Pflicht* erfüllen; *Amt* ausüben; *Rolle* spielen

desempleado M̲, **-a** F̲ Arbeitslose(r) *m/f(m)* **desempleo** M̲ Arbeitslosigkeit *f*

desempolvar abstauben

desencadenar entfesseln **desencadenarse** losbrechen, wüten

desencantar enttäuschen; ernüchtern **desencanto** M̲ Enttäuschung *f*; Ernüchterung *f*

desenchufar [-tʃ-] ELEK abschalten

desenfadado ungezwungen **desenfado** M̲ Ungezwungenheit *f*

desenfrenado zügel-, hemmungslos **desenfreno** M̲ Zügellosigkeit *f*; Ungestüm *n*

desenganchar [-tʃ-] aus-, loshaken; abhängen

desengañar [-ɲ-] enttäuschen; *j-m* die Augen öffnen; ¡**desengáñate!** mach dir nichts vor! **desengaño** [-ɲo] M̲ Ent-

täuschung *f*

desenlace [-θe] M̲ Lösung *f*, Ausgang, Ende *n* **desenmascarar** demaskieren, entlarven

desenredar [-rr-] entwirren

desenvoltura F̲ Unbefangenheit, Ungezwungenheit **desenvolver** auf-, los-, abwickeln **desenvuelto** ungezwungen

deseo M̲ Wunsch; Verlangen *n* **deseoso**: **~ de** begierig nach

desequilibrado [-ki-] unausgeglichen **desequilibrar** aus dem Gleichgewicht bringen

desertar desertieren **desertor** M̲ Deserteur

desescombro M̲ Schuttbeseitigung *f*; Aufräumarbeiten *fpl*

desesperación [-θ-] F̲ Verzweiflung **desesperado** hoffnungslos; verzweifelt **desesperar** V̲/T̲ zur Verzweiflung bringen; V̲/I̲ verzweifeln (**de** an *dat*) **desesperarse** verzweifeln

desestimar verachten, gering schätzen; *Antrag etc* ablehnen

desfachatez [-tʃateθ] F̲ Frechheit

desfallecer [-ʎeθ-] ermatten; in Ohnmacht fallen **desfallecimiento** M̲ Ohnmacht *f*; Schwäche *f*, -anfall *m*

desfavorable ungünstig

desfibrilador M̲ Defibrillator *m*

desfigurar verzerren; entstellen

desmarcarse ‖ 97

desfilar vorbeimarschieren
desfile M Vorbeimarsch, Zug;
Parade f; **~ de modelos** (*od* **moda**) Mode(n)schau f

desgana F Appetitlosigkeit; *fig*
Unlust; **a ~** ungern

desgarrador herzzerreißend
desgarrar zerreißen desga-
rro M Riss (a. MED); *fig* Frechheit f

desgastado abgenutzt, abge-
tragen desgastar abnutzen,
verschleißen desgaste M Abnutzung f, Verschleiß

desgracia [-θ-] F Unglück n;
por ~ leider desgraciado **1**
ADJ unglücklich **2** M Unglücks-
mensch

deshabitado unbewohnt
deshacer [-θ-] auseinandernehmen; aufmachen; *Koffer*
auspacken deshacerse sich
auflösen; *umg* kaputtgehen
deshecho [-tʃo] *fig* aufgelöst,
umg erledigt deshielar auftau-
en deshielo M Auftauen n;
Tauwetter n (a. fig)

deshonesto unehrlich des-
honra [-rra] F Schande des-
honrar [-rr-] entehren; schän-
den

desierto **1** ADJ öde, leer, verlassen **2** M Wüste f

designación [-θ-] F Bezeichnung; Ernennung designar
bezeichnen; ernennen

desigual ungleich; uneben de-
sigualdad F Ungleichheit

desilusión F Enttäuschung

desilusionar enttäuschen
desinfección [-γθ-] F Desin-
fektion desinfectante M
Desinfektionsmittel n desinfectar desinfizieren

desintegración [-θ-] F Zerfall
m desintegrarse a. fig zerfallen

desinterés M Uneigennützig-
keit f; Interesselosigkeit f desinteresado selbstlos; desinte-
ressiert

desintoxicación [-θ-] F Ent-
giftung; **cura f de ~** Entziehungskur

desistir: **~ de** verzichten auf
(akk); absehen von

desleal treulos deslealtad F
Treulosigkeit, Untreue

desligar aufbinden; *von e-r
Pflicht* entbinden

desliz [-θ-] M Fehltritt, *umg*
Ausrutscher deslizarse
puerta f ~ Schiebetür deslizar
gleiten lassen; *Wort* fallen lassen deslizarse (ab-, dahin)-
gleiten, rutschen

deslucido [-θ-] glanzlos; reiz-
los deslucir *fig* trüben, beeinträchtigen deslucirse den
Reiz (od Glanz) verlieren

deslumbrar (ver)blenden
desmantelar demontieren
desmaquillador: **leche f ~a**
Reinigungsmilch desmaqui-
llante M Make-up-Entferner
desmaquillar [-kiʎ-] ab-
schminken

desmarcarse *fig* sich distanzieren (**de** von)

desmayarse ohnmächtig werden **desmayo** M̄ Ohnmacht f; Schwäche f

desmedido übermäßig **desmejorar** [-x-] verschlechtern

desmentir abstreiten; **dementieren**

desmenuzar [-θ-] zerkleinern

desmesurado maßlos, unmäßig

desmontable zerlegbar, abnehmbar **desmontar** demontieren, abbauen **desmonte** M̄ Abholzen n

desmoronarse einstürzen; fig ver-, zerfallen

desnatado entrahmt, fettarm

desnivel M̄ Höhenunterschied; Gefälle n (a. fig)

desnudar ausziehen; fig entblößen **desnudarse** sich ausziehen **desnudez** [-θ-] F̄ Nacktheit, Blöße **desnudo** **1** A̱ḎJ̱ nackt, bloß; kahl **2** M̄ MAL Akt

desobedecer [-θ-] nicht gehorchen **desobediencia** [-θ-] F̄ Ungehorsam m **desobediente** ungehorsam

desocupación [-θ-] F̄ Untätigkeit; Arbeitslosigkeit; Räumung **desocupado** unbeschäftigt; Haus leer (stehend), unbewohnt **desocupar** räumen, frei machen

desodorante M̄ Deo(dorant) n; ~ **de bola** Deoroller

desolación [-θ-] F̄ Verwüs-

tung; fig Trostlosigkeit **desolado** fig untröstlich, tieftraurig **desolador** trostlos **desolar** verwüsten

desorden M̄ Unordnung f **desordenado** unordentlich **desordenar** in Unordnung bringen

desorganización [-θaθ-] F̄ Desorganisation; Durcheinander n **desorganizado** unordentlich; schlecht organisiert

desorientarse die Richtung verlieren; sich verirren

despachar [-tʃ-] abfertigen; erledigen; (ab)senden; Kunden bedienen **despacho** M̄ Abfertigung f; Erledigung f; Raum Büro n, Arbeitszimmer n; v. Fahrkarten Verkauf; ~ **de bebidas** Getränkeausschank

despacio [-θ-] langsam

desparramar zerstreuen; Flüssiges verschütten; verschwenden **desparramarse** sich ausbreiten

despectivo verächtlich, abwertend, abschätzig

despedida F̄ Abschied m; Verabschiedung f **despedir** verabschieden; entlassen, kündigen **despedirse** sich verabschieden

despegar (ab-, los)lösen; Flugzeug abheben, starten; **listo para** ~ startklar, abflugbereit **despegue** [-ye] M̄ FLUG Start; fig Aufschwung

despejado [-x-] wolkenlos,

heiter; frei, offen **despejar** frei machen; *fig* klären **despejarse** sich aufheitern

despensa F Speisekammer

desperdicio [-θ-] M Verschwendung f; **~s** pl Abfall m

desperfecto M Fehler, Defekt

despertador M Wecker **despertar** wecken **despertar(se)** aufwachen

despido[1] M Entlassung f, Kündigung f

despido[2] → **despedir**

despierto wach; aufgeweckt

despilfarrar verschwenden

despistado zerstreut **despistar** irreführen **despistarse** durcheinanderkommen

desplazamiento M Verschiebung f; Fahrt f, Reise f **desplazar** [-θ-] verschieben; *Möbel etc* versetzen **desplazarse: ~ a** fahren, reisen nach

desplegar entfalten; ausbreiten; *fig* aufbieten **desplomarse** einstürzen; *a. fig* zusammenbrechen **desplumar: ~ a alg** *umg* j-n ausnehmen; *sl* j-n abzocken **despoblar** entvölkern

despreciar [-θ-] verachten; verschmähen **desprecio** M Verachtung f

desprender loslösen **desprenderse** sich lösen **desprendimiento** M **~ de retina** Netzhautablösung f; **~ de tierras** Erdrutsch

despreocupado unbekümmert **desprevenido** ah-

nungslos, unvorbereitet **después** nachher; dann, darauf; **~ de** nach; **~ de que** nachdem

desquite [-ki-] M Vergeltung f; Revanche f

destacado führend, hervorragend **destacar** abkommandieren; *fig* hervorheben

destajo [-xo] M Akkordarbeit f; **a ~** im Akkord

destapar aufdecken; öffnen

desterrar verbannen **destierro** M Verbannung f

destilación [-θ-] F Destillation f **destilar** destillieren

destinación [-θ-] F Bestimmung **destinar** bestimmen **destinatario,-a** M.F Empfänger(in) **destino** M Schicksal n; Bestimmung(sort m) f, Ziel n

destituir absetzen

destornillador [-ʎ-] M Schraubenzieher **destornillar** ab-, losschrauben

destreza [-θa] F Geschicklichkeit, Fertigkeit

destrozar [-θ-] zerstören, zerreißen

destrucción [-ɣθ-] F Zerstörung **destruir** zerstören, vernichten

desunión F Uneinigkeit **desusado** ungebräuchlich **desulijar** ausplündern **desván** M Dachboden

desvelar wach halten **desvelo** M Schlaflosigkeit f; *fig* Fürsorge f

desventaja [-xa] F̱ Nachteil m
desventajoso nachteilig, ungünstig
desventura F̱ Unglück n **des-**
venturado unglücklich
desvergonzado [-θ-] unverschämt
desviación [-θ-] F̱ Abweichung; _Verkehr_ Umleitung **des-**
viar umleiten **desvío** M̱ Abzweigung f; _Verkehr_ Umleitung f
detallado [-Á-] ausführlich **de-**
talle M̱ Einzelheit f, Detail n
detectar entdecken, (heraus)-
finden **detective** M̱F̱ Detek-
tiv(in) **detector** M̱ **~ de meta-**
les Metalldetektor; **~ de minas**
Minensuchgerät n; **~ de movi-**
mientos Bewegungsmelder
detención [-θ-] F̱ Verhaftung,
Festnahme **detener** verhaften, festnehmen; an-, aufhalten
detenerse stehen bleiben,
anhalten
detergente [-x-] M̱ Waschmittel n
deteriorar beschädigen
determinación [-θ-] F̱ Bestimmung; Entschluss m **de-**
terminado entschlossen; bestimmt **determinar** bestimmen; festsetzen
detestar verabscheuen
detrás hinten; **por ~** von hinten; _fig_ hinterrücks; **~ de** hinter;
uno ~ de otro hintereinander
detrimento M̱ Schaden
deuda F̱ Schuld **deudor(a)**
M̱F̱ Schuldner(in)

devaluación [-θ-] F̱ Abwertung **devaluar** abwerten
devastar verwüsten
devoción [-θ-] F̱ Andacht; Verehrung
devolución [-θ-] F̱ Rückgabe;
Rückerstattung **devolver** zurückgeben; erstatten; _Wechsel-_
geld herausgeben
devorar verschlingen
devoto andächtig; ergeben
di → dar, decir
día M̱ Tag; _e-s Heiligen_ Feiertag;
de ~ tagsüber; **un ~** eines Tages; **el otro ~** neulich; **~ tras**
~ Tag für Tag; **estar al ~** auf
dem Laufenden sein; **hacerse**
~ Tag (od hell) werden; **¡buenos**
~s! guten Morgen (Tag)!
diabetes F̱ Zuckerkrankheit
diabético 1 ADJ zuckerkrank
2 M̱, -a F̱ Diabetiker(in)
diablo M̱ Teufel; **¡al ~ con ...!**
zum Teufel mit ...!; **¡vete al ~!**
zum Teufel mit dir! **diabólico**
teuflisch, verteufelt
diafragma M̱ ANAT Zwerchfell
n; _FOTO_ Blende f; _zur Verhütung_
Diaphragma n, Pessar n
diagnóstico M̱ Diagnose f
dialecto M̱ Dialekt
dialogante gesprächsbereit,
aufgeschlossen
diálogo M̱ Dialog
diamante M̱ Diamant
diámetro M̱ Durchmesser
diapositiva F̱ _FOTO_ Dia
(-positiv) n
diario 1 ADJ täglich; Tages... 2

M̲ Tagebuch n; (Tages)Zeitung f
diarrea F̲ MED Durchfall m
dibujante [-x-] M̲F̲ Zeichner(in) **dibujar** zeichnen **dibujo** M̲ Zeichnung f; Zeichnen n; ~s pl **animados** Zeichentrickfilm m
diccionario [-yθ-] M̲ Wörterbuch n
dice → decir
dicha [-tʃa] F̲ Glück n
dicho [-tʃo] **1** ADJ genannt, besagt; PPERF → decir **2** M̲ Ausspruch **dichoso** glücklich; umg verflixt
diciembre [-θ-] M̲ Dezember
dictado M̲ Diktat n; **al ~** nach Diktat **dictador(a)** M̲F̲ Diktator(in)
dictamen M̲ Meinung f; Gutachten m
dictar diktieren; Vortrag halten; Urteil fällen
diente M̲ Zahn (a. TECH); ~ **de ajo** Knoblauchzehe f
dieron → dar
dieta F̲ Diät; Ernährungsweise
diez [-θ] zehn
difamación [-θ-] F̲ Verleumdung **difamar** verleumden
diferencia [-θ-] F̲ Unterschied m; a. fig Differenz **diferencial** M̲ Differenzial n **diferenciar** unterscheiden **diferente** verschieden
diferido: **en ~** TV in e-r Aufzeichnung **diferir** VT aufschieben; VI sich unterscheiden, verschieden sein

difícil [-θ-] schwer, schwierig
dificultad F̲ Schwierigkeit **dificultar** erschweren
difundir verbreiten **difundirse** sich ausbreiten
difunto verstorben, tot
diga → decir
digerir [-x-] verdauen
digestible [-x-] verdaulich; bekömmlich **digestión** F̲ Verdauung **digestivo** Verdauungs...
digital **1** ADJ digital, Digital... **2** F̲ BOT Fingerhut m
dignarse geruhen zu **dignatario** M̲ Würdenträger
dignidad F̲ Würde **digno** würdig (**de** gen)
digo → decir
dije, dijo → decir
dilatación [-θ-] F̲ Erweiterung; (Aus)Dehnung **dilatar** (aus)dehnen; ausweiten
dilema M̲ Dilemma n
diligencia [-xenθ-] F̲ Fleiß m, Eifer m **diligente** fleißig
diluir auflösen; verdünnen
diluvio M̲ Sintflut f
dime sag; → decir
dimensión F̲ Dimension; fig Ausmaß n
diminuto winzig
dimisión F̲ Rücktritt m **dimitir** zurücktreten
dimos → dar
Dinamarca F̲ Dänemark
dinamita F̲ Dynamit n
dínamo F̲ Dynamo m
dinero M̲ Geld n; ~ **(en) efecti-**

vo Bargeld *m*

dinosaurio M̲ Dinosaurier *m*, *umg* Dino

dio → **dar**

dios M̲ (heidnischer) Gott

Dios M̲ Gott; **¡por ~!** um Gottes willen!

diosa F̲ Göttin

dióxido M̲ **~ de carbono** Kohlendioxid

diploma M̲ Diplom *n* **diplomático** 1̲ A̲D̲J̲ diplomatisch 2̲ M̲, **-a** F̲ Diplomat(in) **diplomatura** F̲ UNIV ≈ Bachelor *m*

diputación [-θ-] F̲ Abordnung **diputado**, **-a** F̲ Abgeordnete(r) *m/f(m)*

dique [-ke] M̲ Damm, Deich; SCHIFF Dock *n*

diré, **diría** → **decir**

dirección [-γθ-] F̲ Leitung; Richtung; Anschrift; THEAT, *Film* Regie; AUTO Lenkung; **~ asistida** Servolenkung **directivo** 1̲ A̲D̲J̲ leitend 2̲ M̲, **-a** F̲ Manager(in), Führungskraft *f* **directo** gerade; direkt; *Zug* durchgehend; **en ~** RADIO, TV live **director(a)** M̲F̲ Leiter(in), Direktor(in); MUS Dirigent(in); **~(a) de cine/de escena** Film-/Theaterregisseur(in) **directorio** M̲ Direktorium *n*; *bes Am* Adressbuch *n*; INTERNET Verzeichnis *n* **directriz** [-θ] F̲ Richtlinie; Direktorin, Vorsteherin

dirigente [-x-] M̲F̲ *bes* POL Leiter(in), Führer(in) **dirigir** lei-

ten; lenken; richten (**a an** *akk*); MUS dirigieren, THEAT, *Film* Regie führen **dirigirse sich** wenden (**a an** *akk*); sich begeben (**a** nach)

discapacidad [-θ-] F̲ Behinderung **discapacitado** 1̲ A̲D̲J̲ behindert 2̲ M̲, **-a** F̲ Behinderte(r) *m/f(m)*

disciplina [-θ-] F̲ Disziplin

disco M̲ Scheibe *f*; MUS Platte *f*; CD *f*; SPORT Diskus; **~ compacto** Compact Disc *f*, CD *f*; IT **~ duro** *Am* **~ rígido** Festplatte *f*; ANAT **~ intervertebral** Bandscheibe *f*; **~ de algodón** *Kosmetik* Wattepad *n*

discordia F̲ Uneinigkeit

discoteca F̲ Diskothek

discreción [-θ-] F̲ Diskretion; **a ~ nach Belieben discreto** klug; diskret

discriminación F̲ Unterscheidung; POL Diskriminierung **discriminar** diskriminieren **discriminatorio** diskriminierend

disculpa F̲ Entschuldigung; **pedir ~s a alg** j-n um Entschuldigung bitten **disculpar** entschuldigen

discurso M̲ Rede *f* **discusión** F̲ Diskussion **discutir** diskutieren; streiten

diseñador(a) [-ɲ-] M̲F̲ Designer(in) **diseñar** zeichnen; entwerfen **diseño** M̲ Entwurf; Zeichnung *f*; Design *n*; *moda* **tal de ~** Designermode diverso ‖ 103

disfraz [-θ] M̲ Verkleidung f; (Masken)Kostüm n **disfrazarse** sich verkleiden (**de** als)

disfrutar: ~ (de) genießen; sich erfreuen (gen)

disgustado verärgert **disgustar** nicht gefallen; verärgern **disgustarse** sich ärgern **disgusto** M̲ Ärger, Verdruss

disimular V̲T̲ verbergen; V̲I̲ sich verstellen; sich nichts anmerken lassen

disipar verschwenden

dislexia F̲ Legasthenie

dislocación [-θ-] F̲ MED Verrenkung

disminución F̲ Verringerung, Abnahme **disminuido** M̲ ~ **(físico)** (Körper)Behinderte(r) m/f(m) **disminuir** V̲T̲ verringern; verkleinern; V̲I̲ abnehmen, nachlassen

disolución [-θ-] F̲ Auflösung **disolver** auflösen

disparador M̲ Schusswaffe Abzug; FOTO Auslöser **disparar** V̲T̲ abdrücken, abschießen; V̲I̲ schießen **dispararse** Schuss losgehen; sich lösen; Preise in die Höhe schnellen **disparate** M̲ Unsinn **disparo** M̲ Schuss

dispensar befreien (**de** von); **dispense (Ud.)** entschuldigen Sie

dispersar zerstreuen

disponer (an)ordnen; verfügen (**de** über) **disponible** verfügbar; HANDEL vorrätig **disposición** [-θ-] F̲ Anordnung; Verfü-

gung **dispositivo** M̲ Vorrichtung f

dispuesto bereit (**a** zu)

disputar V̲T̲ bestreiten; SPORT austragen; V̲I̲ streiten

distancia [-θ-] F̲ Entfernung; Abstand m **distante** entfernt **diste** → **dar**

distensión F̲ MED Zerrung; POL Entspannung

distinción [-θ-] F̲ Unterscheidung; Auszeichnung **distinguido** [-γi-] vornehm **distinguir** [-γir] unterscheiden; auszeichnen **distintivo** M̲ Merkmal n **distinto** unterschiedlich; deutlich

distorsión F̲ Verzerrung; MED Verstauchung

distracción [-γθ-] F̲ Zerstreutheit; Zerstreuung **distraer** zerstreuen, unterhalten **distraído** zerstreut

distribución [-θ-] F̲ Verteilung; HANDEL Vertrieb m **distribuidor** M̲ ~ **automático** Automat **distribuir** aus-, verteilen; HANDEL vertreiben **distrito** M̲ Bezirk

disturbio M̲ Störung f

disuadir abraten (**de** von)

DIU M̲ (Dispositivo Intrauterino) MED Spirale f

diurno täglich; Tages…

divagar abschweifen

diversidad F̲ Verschiedenheit **diversión** F̲ Vergnügen n; Ablenkung **diverso** verschieden (-artig)

divertido lustig, amüsant **divertir** unterhalten, vergnügen **divertirse** sich amüsieren

dividir teilen; dividieren

divino göttlich; himmlisch

divisa F̲ HANDEL, *fig* Devise

división F̲ Teilung; MATH, MIL Division

divorciado [- θ-] geschieden **divorciarse** sich scheiden lassen **divorcio** M̲ Scheidung *f*

divulgar verbreiten

DNI M̲ ABK (Documento Nacional de Identidad) *Sp* Personalausweis

doblar verdoppeln; biegen; falten; *Film* synchronisieren

doble 🄱 ADJ doppelt; Doppel...
🄲 Doppelte(s) *n*; Doppelgänger; *Film* Double *n*

doce [-θe] zwölf **docena** F̲ Dutzend *n*

dócil [-θ-] gelehrig; folgsam

doctor(a) M̲F̲ Doktor(in); *umg* Arzt (Ärztin)

documentación [-θ-] F̲ Unterlagen *fpl*; Papiere *npl* **documental** M̲ Dokumentarfilm **documentar** belegen **documento** M̲ Dokument *n*, Urkunde *f*

dogma M̲ Dogma *n*

doguillo [-γi-] M̲ Mops *m*

dólar M̲ Dollar

dolencia [-θ-] F̲ Leiden *n* **doler** wehtun, schmerzen; *fig* leidtun **dolerse** klagen (**de** über)

dolor M̲ Schmerz; **~ de cabeza** Kopfschmerzen *pl* **doloroso** schmerzhaft; schmerzlich

domador(a) M̲F̲ Dompteur (-euse) **domar** zähmen, bändigen

doméstico häuslich; Haus...; **animal** *m* ~ Haustier *n*

domiciliado [-θ-] wohnhaft **domiciliar** HANDEL domizilieren **domicilio** M̲ Wohnort, -sitz; **sin** ~ **fijo** ohne festen Wohnsitz

dominación [-θ-] F̲ Herrschaft **dominante** dominierend; herrschsüchtig **dominar** beherrschen; vorherrschen

domingo M̲ Sonntag **dominical: suplemento** *m* ~ e-r *Zeitung*: Sonntagsbeilage *f*

dominio M̲ Herrschaft *f*; Gebiet *n*; INTERNET Domain *f*

don¹ M̲ Gabe *f*

don² M̲ *vor männlichen Vornamen* Herr

donación [-θ-] F̲ Schenkung; **~ de sangre** Blutspende **donar** schenken, stiften **donativo** M̲ Gabe *f*, Spende *f*

donde wo; **de** ~ woher, von wo; **en** ~ wo; **hacia** ~ wohin; **por** ~ woher, woraus; **¿dónde?** wo? **dondequiera** ADV überall

doña [-ɲa] F̲ *vor weiblichen Vornamen* Frau

dopaje [-xe] M̲ Doping *n*; **control** *m* **de dopaje** Dopingtest **dopar** dopen

dorada F̲ ZOOL Goldbrasse, Dorade **dorado** 🄱 ADJ golden;

vergoldet 2 M Vergoldung f
dormilón M Langschläfer
dormir schlafen (**con alg** mit j-m) **dormirse** einschlafen
dormitorio M Schlafzimmer n, Schlafsaal
dorsal Rücken... **dorso** M Rückseite f
dos zwei; **en un ~ por tres** im Nu **doscientos** zweihundert
dosificador M Dosierer, Dosiergerät n **dosis** F Dosis
dotar ausstatten, versehen (**de, con** mit)
doy → dar
draga F Bagger m **dragar** (aus)baggern
drama M Drama n **dramatizar** [-θ-] dramatisieren (a. fig)
drenaje [-xe] M Entwässerung f, Drainage f **drenar** entwässern
droga F Droge; Rauschgift n **drogadicto** 1 ADJ drogensüchtig 2 M, **-a** F Drogensüchtige(r) m/f(m) **drogata** M/F umg Junkie m
droguería [-ge-] F Drogerie
dron M, Drohne f
ducha [-tʃa] F Dusche **ducharse** duschen
dúctil dehnbar; geschmeidig; fig gefügig
duda F Zweifel m; **sin ~** zweifellos **dudar** VT bezweifeln; VI zweifeln (**de an** dat) **dudoso** zweifelhaft; fragwürdig
duelo¹ M Trauer f; Duell n
duelo² → doler

duende M Kobold
dueña [-ɲa] F Eigentümerin; Herrin **dueño** M Eigentümer; Herr; Wirt
duermo → dormir
dulce [-θe] 1 ADJ süß; sanft 2 M Süßspeise f; **~s** pl Süßigkeiten fpl **dulzura** [-θ-] F Süße; fig Sanftmut
duna F Düne
dúplex M Maison(n)ette f
duplicado M Duplikat n, Zweitschrift f **duplicar** verdoppeln
duque M Herzog **duquesa** F Herzogin
durable dauerhaft; haltbar **duración** [-θ-] F Dauer **duradero** dauerhaft **durante** während; **~ un año** ein Jahr lang
durar dauern
durazno [-θ-] M Herzpfirsich; Am Pfirsich
dureza [-θa] F Härte
durmió → dormir
duro 1 ADJ hart; zäh; **~ de oído** schwerhörig 2 M früher Duro (5-Peseten-Münze)
DVD [deuße'ðe] M DVD f; Gerät (**reproductor** m **de**) ~ DVD-Player m

E

e und *(statt* y *vor* i *und* hi)

ebanista M̲/F̲ Kunsttischler(in)

ebanistería F̲ Kunsttischlerei

ébano M̲ Ebenholz *n*

ébola M̲ Ebola *n*; **virus** m **del ~** Ebolavirus *n/m*

ebrio betrunken, berauscht

ebullición [-ʎiθ-] F̲ Sieden *n*

echado [etʃ-] **estar ~** liegen

echar werfen; wegwerfen; hinauswerfen; *Brief* einwerfen; *Getränk* eingießen; *Benzin* tanken; **~ a** anfangen zu; **~ de menos** vermissen **echarse** sich hinlegen

eclesiástico kirchlich

eclipse M̲ ASTRON Finsternis *f*

eco M̲ Echo *n*; Widerhall

ecoetiqueta [-ke-] F̲ Umweltzeichen *n*, Ökolabel *n* **ecografía** F̲ Ultraschalluntersuchung

ecología [-x-] F̲ Ökologie **ecológico** [-x-] ökologisch, Umwelt...; **ecologista** [-x-] M̲/F̲ Umweltschützer(in) **ecólogo** M̲, -a F̲ Ökologe *m*, Ökologin *f*

economía F̲ Wirtschaft; Sparsamkeit; **~s** *pl* Ersparnisse; **hacer ~s** sparen; **~ sumergida** Schattenwirtschaft

económico wirtschaftlich, Wirtschafts...; sparsam

economista M̲/F̲ Ökonom(in)

economizar [-θ-] (ein)sparen

ecosistema F̲ Ökosystem *n*

ecotasa F̲ Ökosteuer **ecotienda** F̲ Ökoladen *m* **ecoturismo** M̲ Öko-, Umwelttourismus

ecuador M̲ Äquator

Ecuador M̲ GEOG Ekuador *n*

eczema [-θ-] M̲ Ekzem *n*

edad F̲ Alter *n*; Zeitalter *n*; **Edad Media** Mittelalter *n*

edema M̲ MED Ödem *n*

edición [-θ-] F̲ Ausgabe; Auflage

edicto M̲ Verordnung *f*

edificación [-θ-] F̲ Erbauung **edificar** (er)bauen *(a. fig)* **edificio** [-θ-] M̲ Gebäude *n*, Bauwerk *n*

editar *Buch etc* herausgeben **editor** M̲ IT Editor **editor(a)** M̲/F̲ Herausgeber(in); Verleger(in) **editorial 1** M̲ Leitartikel **2** F̲ Verlag *m*

edredón M̲ Daunendecke *f*; Federbett *n*

educación [-θ-] F̲ Erziehung; Bildung; **~ física** Turnen *n*; **~ sexual** Sexualkunde

educado: mal ~ ungezogen **educar** erziehen

EE. UU. M̲P̲L̲ A̲B̲K̲ *(Estados Unidos)* USA *pl*

efectivo wirklich, tatsächlich; **en ~** in bar

efecto M̲ Wirkung *f*; Effekt; **~ invernadero** Treibhauseffekt; **en ~** in der Tat; **hacer mal**

e-n schlechten Eindruck machen

efectuar ausführen

efervescente: tableta f ~ Brausetablette

eficacia [-θ-] f̄ Wirksamkeit; *e-r Person, Maßnahme* Effizienz

eficaz [-θ-] wirksam; *Person* leistungsfähig, effizient

eficiencia [-θienθ-] f̄ Wirksamkeit; Leistungsfähigkeit

eficiente leistungsfähig, tüchtig

Egeo M̄ Ägäis f

egipcio [-θ-] **1** ADJ ägyptisch **2** M̄, -a f̄ Ägypter(in) **Egipto** M̄ Ägypten n

egoísmo M̄ Egoismus **egoísta** **1** ADJ egoistisch, selbstsüchtig **2** M/F Egoist(in)

eje [ɛxe] M̄ Achse f; TECH Welle f

ejecución [ɛxekuθ-] f̄ Ausführung; JUR Vollstreckung; Hinrichtung **ejecutar** ausführen; vollstrecken; hinrichten **ejecutivo** M̄, -a f̄ Manager(in); Führungskraft f

ejemplar [ɛx-] **1** ADJ vorbildlich, musterhaft **2** M̄ Exemplar n **ejemplo** M̄ Beispiel n; Vorbild n; **por** ~ zum Beispiel

ejercer [ɛxɛrθ-] V/T Amt, Aufgabe ausüben; V/I praktizieren; ~ **de** tätig sein als **ejercicio** [-θ-] M̄ Übung f; WIRTSCH Rechnungsjahr n

ejército [ɛxɛrθ-] M̄ Heer n; Armee f

el der; **él** er

elaborar ausarbeiten; herstellen

elasticidad [-θ-] f̄ Elastizität **elástico** **1** ADJ elastisch **2** M̄ Gummiband n

elección [-θ-] f̄ Wahl; Auswahl; **elecciones** pl **europeas** Europawahlen **electo** auserlesen **elector(a)** M̄/F Wähler(in) **electoral** Wahl...

electricidad [-θ-] f̄ Elektrizität **electricista** M/F Elektriker(in) **eléctrico** elektrisch **electrizar** [-θ-] elektrisieren; fig begeistern **electrodomésticos** MPL Elektrogeräte npl **electrolinera** f̄ E-Tankstelle f, Ladestation f **electromotor** M̄ Elektromotor **electrónica** f̄ Elektronik **electrónico** elektronisch **electrotecnia** f̄ Elektrotechnik

elefante M̄ Elefant

elegancia [-θ-] f̄ Eleganz **elegante** elegant

elegir [-x-] wählen; aussuchen

elemental elementar **elemento** M̄ Element n; Bestandteil

elepé M̄ Langspielplatte f, LP f

elevación [-θ-] f̄ Erhöhung; Anhebung; GEOG Erhebung; **elevado** noch hervor **elevar** erheben; *Gebäude* errichten; *Preis* anheben **elevarse** sich belaufen (**a** auf akk)

elije → elegir

eliminar entfernen, beseitigen; **eliminieren** (*a.* SPORT); ausscheiden (*a.* MED) **eliminatoria** F SPORT Ausscheidungskampf *m*, Vorrunde

élite F, **elite** F Elite

elixir M ~ **bucal** (*od* **dentífrico**) Mundwasser *n*

ella [eʎa] sie; **~s** *fpl* sie

ello [eʎo] es; **~s** *mpl* sie; **de ~** davon; darüber

elocuencia [-θ-] F Beredsamkeit **elocuente** beredt

elogiar [-x-] loben, preisen **elogio** M Lob *n*

eludir *fig* umgehen, ausweichen

e-mail M (E-)Mail F, correo *m* electrónico; **mandar un ~ a alg** j-m eine E-Mail schicken

emanar ent-, ausströmen; *fig* **~ de** herrühren von

emancipación [-θipaθ-] F Emanzipation **emanciparse** sich emanzipieren, sich selbstständig machen

embajada [-x-] F Botschaft **embajador(a)** M(F) Botschafter(in)

embalaje [-xe] M Verpackung *f*; **~ de un solo uso** Einwegverpackung *f* **embalar** verpacken

embalse M Stausee

embarazada [-θ-] schwanger **embarazar** behindern; verwirren **embarazo** M Schwangerschaft *f*; *fig* Hindernis *n* **embarazoso** hinderlich; peinlich

embarcación [-θ-] F Schiff *n* **embarcadero** M Landungssteg, -brücke *f* **embarcar** verschiffen; FLUG einsteigen **embarcarse** sich einschiffen; an Bord gehen **embarco** M Einschiffung *f*

embargar beschlagnahmen; JUR pfänden **embargo** M Beschlagnahme *f*; POL Embargo *n*; Pfändung *f*; **sin ~** jedoch

embarque [-ke] M Ver-schiffung *f*; FLUG Einsteigen *n*; **zona f de ~** FLUG Abflugbereich *m*

embellecer [-ʎeθ-] verschönern

embestir anfallen, angreifen; AUTO auffahren auf (*akk*)

emblema M Emblem *n*; Wahrzeichen *n* **emblemático** emblematisch

embolia F MED Embolie

émbolo M Kolben

embolsar(se) *Geld* einnehmen; einstecken

emborrachar [-tʃ-] berauschen **emborracharse** sich betrinken

emboscada F Hinterhalt *m*

embotellamiento [-ʎ-] M Verkehrsstau *m* **embotellar** (in Flaschen) abfüllen

embragar TECH kuppeln **embrague** [-ɣe] M Kupplung *f*

embriagar berauschen; entzücken **embriaguez** [-ɣeθ] F Trunkenheit, Rausch *m*

embrión M Embryo *n*

embrollar [-ʎ-] verwirren **embrollo** M Verwirrung *f*; Durch-

einander n
embrujar [-x-] behexen
embudo M̲ Trichter
embuste M̲ Betrügerei f;
Schwindel embustero,-a M̲,F̲
Schwindler(in)
embutido M̲ Wurst f embuti-
dos P̲L̲ Wurstwaren fpl
emergencia [-xenθ-] F̲ Notfall
m; estado m de ~ Notstand
emerger auftauchen; hervorragen
emigración [-θ-] F̲ Auswanderung emigrante M̲F̲ Auswan-
derer(in), Emigrant(in) emigrar auswandern
eminente hervorragend
Emiratos M̲P̲L̲ ~ Árabes Unidos
Vereinigte Arabische Emirate pl
emisión F̲ Ausgabe; Emission;
RADIO, TV Sendung emisora
F̲ Sender m emitir Banknoten
etc ausgeben; RADIO, TV senden; Stimme abgeben
emoción [-θ-] F̲ Emotion; Er-,
Aufregung; Rührung emocionante ergreifend; aufregend
emocionar rühren, ergreifen;
aufregen
empalmar verbinden; BAHN
Anschluss haben empalme
M̲ BAHN Anschluss
empanada F̲ Pastete; gefüllte
Teigtasche empanar panieren
empapado durchnässt em-
papar eintauchen; tränken
empapelar tapezieren
empaquetar [-ke-] einpacken
emparedado M̲ Sandwich n

empastar Zähne plombieren
empaste M̲ ZAHNMED Plom-
be f, Füllung f
empatar unentschieden ausgehen empate M̲ SPORT Un-
entschieden n
empático A̲D̲J̲ empathisch, ein-
fühlsam, mitfühlend
empedernido eingefleischt,
unverbesserlich
empedrado M̲ (Straßen)Pflas-
ter n empedrar pflastern
empeine M̲ ANAT Spann, Rist
empeñar [-n-] verpfänden
empeñarse sich verschulden;
~ en bestehen auf (dat) empe-
ño M̲ Verpfändung f; fig Be-
streben n; con ~ beharrlich
empeoramiento [-θ-] M̲ Ver-
schlimmerung f empeorar
verschlimmern; verschlechtern
emperador M̲ Kaiser; ZOOL
Schwertfisch emperatriz [-θ]
F̲ Kaiserin
empezar [-θ-] F̲ anfangen, beginnen (a zu) empiezo → empezar
empinado steil
emplazamiento [-θ-] M̲ Lage
f, Standort f; JUR Vorladung f
empleada F̲ Angestellte; ~ del
hogar Hausangestellte em-
pleado M̲ Angestellte(r) emplear an-, verwenden; j-n anstellen empleo M̲ An-, Verwendung f; HANDEL Stelle f;
plan m de ~ Arbeitsbeschaffungsprogramm n
empobrecerse [-θ-] verarmen

110 ‖ empollar

empollar [-ʎ-] aus-, bebrüten; *umg fig* büffeln **empollón** M̲, **empollona** F̲ *umg* Streber(in)

empotrado eingebaut

emprendedor unternehmungslustig **emprender** *n*, unternehmen

empresa F̲ Unternehmen *n*, Betrieb *m* **empresario** M̲, **-a** F̲ Unternehmer(in)

empujar [-x-] stoßen; drücken, schieben; *Auto* anschieben **empuje** [-xe] M̲ Stoß; Wucht *f*; *fig* Schwung **empujón** M̲ Stoß

empuñar [-ɲ-] ergreifen, packen

en in; an; auf; bei; ~ **alemán** auf Deutsch; ~ **la mesa** auf dem Tisch

enaguas F̲P̲L̲ Unterrock *m*

enajenar [-x-] veräußern; entfremden

enamorado verliebt **enamorarse** sich verlieben (**de** in *akk*)

enano,-a M̲,F̲ Zwerg(in)

encabezamiento [-θ-] M̲ Briefkopf **encabezar** anführen; einleiten

encadenar anketten; fesseln

encajar [-x-] V̲/̲T̲ einfügen; *Schlag etc* einstecken; V̲/̲I̲ passen (**con** zu) **encaje** [-xe] M̲ Gewebe Spitze *f*

encalar weißen, kalken

encaminador M̲ Router *m*

encantado verzaubert; *fig* entzückt; **~(-a) (de conocerle)** sehr erfreut(, Sie kennenzulernen)

encantador bezaubernd, entzückend **encantar** verzaubern; *fig* bezaubern, entzücken **encanto** M̲ Zauber; Charme; Entzücken *n*

encarcelar [-θ-] ins Gefängnis sperren, einsperren

encarecer [-θ-] verteuern **encarecerse** teu(r)er werden **encarecidamente** [-θ-] inständig **encarecimiento** M̲ Verteuerung *f*; **con ~** eindringlich

encargado 1 A̲D̲J̲ beauftragt 2 M̲, **-a** F̲ Beauftragte(r) *m/f(m)* **encargar** bestellen; ~ **a/c a alg** j-n mit etw beauftragen **encargarse**: **~ de a/c** etw übernehmen **encargo** M̲ Auftrag; Bestellung *f*; **por ~** auf Bestellung

encarnado (hoch)rot **encarnar** verkörpern

encebollado [-θeβoʎ-] G̲A̲S̲T̲R̲ mit Zwiebeln

encéfalo M̲ Gehirn *n*

encendedor M̲ Feuerzeug *n*; Anzünder **encender** anzünden; *AUTO* zünden; *Licht etc* anmachen; *fig* entflammen **encendido** M̲ *AUTO* Zündung *f*

encerar [-θ-] bohnern; *Ski* wachsen

encerrar [-θ-] einschließen; einsperren

enchufar [-tʃ-] E̲L̲E̲K̲ anschließen **enchufe** M̲ Steckdose *f*;

Anschluss; *umg* Pöstchen *n*; *umg* gute Beziehungen *fpl*

encia(s) [-θ-] F(PL) Zahnfleisch *n*

enciclopedia [-θ-] F Enzyklopädie

encierro [-θ-] M Einschließen *n*; Einsperren *n*

encima [-θ-] oben; obendrein; darauf; **por ~** oberflächlich; **~ de** auf; über

encina [-θ-] F Steineiche

encinta [-θ-] schwanger

encogerse [-x-] sich zusammenziehen; *Stoff* einlaufen; **~ de hombros** die Achseln zucken

encolerizarse [-θ-] in Zorn geraten, aufbrausen

encomendar beauftragen; anvertrauen **encomienda** F Auftrag *m*

encontrar finden; treffen **encontrarse** sich befinden; (zusammen)treffen

encorvado gebeugt, gekrümmt **encorvar** krümmen; biegen

encriptar IT verschlüsseln

encuadernación [-θ-] F Einbinden *n*; Einband *m* **encuadernador(a)** M(F) Buchbinder(in) **encuadernar** (ein)binden

encubridor(a) M(F) Hehler(in) **encubrir** verhehlen; JUR decken

encuentro M Begegnung *f*; Treffen *n* (*a.* POL, SPORT); **ir al ~ de** *j-m* entgegengehen

encuesta F Umfrage

encurtidos MPL Mixed Pickles *pl*

enderezar [-θ-] gerade richten **enderezarse** sich aufrichten

endeudarse sich verschulden

endibia F Chicorée *m/f*

endulzar [-θ-] süßen; *fig* versüßen

endurecer [-θ-] (ver)härten **endurecerse** hart werden (*a. fig*)

enebro M Wacholder

eneldo M Dill

enema M MED Einlauf

enemigo 1 ADJ feindlich 2 M, **-a** F Feind(in) **enemistad** F Feindschaft **enemistarse** sich verfeinden

energético [-x-] Energie...

energía F Energie; **~ eólica/ nuclear/solar** Wind-/Kern-/Sonnenenergie; **con ~** tatkräftig; energisch; **sin ~** kraftlos

enérgico [-x-] energisch

energizante [-θ-] ADJ **bebida** *f* **~** Energydrink *m*

enero M Januar; **en ~** im Januar

enésimo MATH n-te; *umg* x-te; **por -a vez** zum x-ten Mal

enfadado böse (**con** auf *akk*) **enfadar** ärgern **enfadarse** sich ärgern, böse werden **enfado** M Ärger

énfasis M Nachdruck; **poner ~ en** Nachdruck legen auf (*akk*)

enfático nachdrücklich

enfermar erkranken **enfer-**

medad F̲ Krankheit **enfermera** F̲ Krankenschwester **enfermería** F̲ Krankenstation **enfermero** M̲ Krankenpfleger **enfermo 1** A̲D̲J̲ krank **2** M̲, **-a** F̲ Kranke(r) m/f(m); Patient(in)

enfilar aufreihen

enflaquecer [-keθ-] abmagern

enfocar FOTO einstellen; *fig* Problem *etc* angehen **enfoque** [-ke] M̲ FOTO Einstellung f (*a. fig*)

enfrente: ~ (de) gegenüber

enfriar (ab)kühlen **enfriarse** sich abkühlen (*a. fig*)

enfurecerse [-θ-] wütend werden

enganchar [tʃ] anhaken, ankoppeln; *Pferde* anspannen **engancharse** hängen bleiben

engañar [-ɲ-] betrügen; täuschen **engaño** M̲ Betrug, Täuschung f **engañoso** (be)trügerisch

engatusar *umg* um den Finger wickeln, bezirzen

engendrar [-x-] (er)zeugen

englobar umfassen, einbegreifen

engordar V̲T̲ mästen; V̲I̲ zunehmen, dick werden **engorde** M̲ Mast f

engorroso lästig

engranaje [-xe] M̲ Getriebe n; *fig* Räderwerk n **engranar** ineinandergreifen (*a. fig*)

engrandecer [-θ-] vergrößern; *fig* verherrlichen

engrasar einfetten; TECH ölen; AUTO schmieren **engrase** M̲ Schmieren n, Einfetten n

engreído eingebildet

engrosar V̲T̲ vermehren, vergrößern; V̲I̲ dicker werden

engullir [-ʎ-] (ver)schlingen

enhorabuena F̲ Glückwunsch m; **dar la ~ a alg** j-m gratulieren

enigma M̲ Rätsel n **enigmático** rätselhaft

enjambre [-x-] M̲ Schwarm m (*a. fig*)

enjaular [-x-] in e-n Käfig sperren

enjuagar [-x-] (aus)spülen **enjuague** [-xŭaɣe] M̲ Spülen n; **~ bucal** Mundspülung f

enjugar [-x-] abtrocknen; abwischen

enlace [-θe] M̲ Verbindung f; BAHN Anschluss; INTERNET Link m/n, Verknüpfung f; MIL, POL Verbindungsmann; **~ ferroviario** Bahnanschluss; **tren** m **de ~** Anschlusszug **enlazar** [-θ-] V̲T̲ verknüpfen; INTERNET verlinken; V̲I̲ BAHN Anschluss haben

enloquecer [-keθ-] verrückt machen *od* werden

enmarañar [-ɲ-] verwirren, verwickeln **enmascarar** maskieren; *fig* tarnen

enmendar verbessern; (wieder) gutmachen; *Gesetz etc* abändern **enmienda** F̲ Verbesserung; POL Abänderung(santrag *m*) *f*

enmudecer [-θ-] V/T zum Schweigen bringen; V/I verstummen

enojar [-x-] erzürnen **enojarse** sich ärgern **enojo** M Zorn, Ärger **enojoso** ärgerlich

enorgullecerse [-ʌeθ-] stolz sein (**de** auf *akk*)

enorme ungeheuer, enorm

enredadera [-rr-] F Kletter-, Schlingpflanze **enredar** verwickeln, verstricken **enredo** M Verwirrung *f*, Verwicklung *f*

enrejado [-rrex-] M Gitter (-werk) *n*; Geflecht *n* **enrejar** vergittern

enriquecer [-rrikeθ-] bereichern **enriquecerse** sich bereichern; reich werden

enrojecer [-rrɔxeθ-] röten **enrojecerse** erröten, rot werden

enrollar [-rrɔʎ-] aufrollen

enrutador M IT Router

ensaimada F mallorkinische Hefeteigschnecke

ensalada F Salat *m*

ensalzar [-θ-] preisen, rühmen

ensamblar zusammenfügen, zusammenbauen

ensanchar [-tʃ-] erweitern **ensanche** M Ausbau; Erweiterung *f*; Ausdehnung *f*

ensañarse [-ɲ-] s-e Wut auslassen (**con, en** an *dat*)

ensayar probieren; THEAT, MUS proben **ensayo** M Versuch (*a.* CHEM); Probe *f*; LIT Essay

enseguida sofort

enseñanza [-paɲθa] F Unterricht *m*; Bildungs-, Schulwesen *n* **enseñar** unterrichten; zeigen

enseres MPL Gerätschaften *fpl*; Sachen *fpl*

ensillar [-ʌ-] satteln

ensimismado gedankenverloren, in Gedanken versunken

ensordecedor [-θ-] (ohren)betäubend **ensordecer** V/T betäuben; V/I taub werden

ensuciar [-θ-] beschmutzen **ensuciarse** sich schmutzig machen

ensueño [-ɲo] M Traum; **de ~** traumhaft

entablar täfeln; *Boden* dielen; *Prozess* einleiten; *Gespräch* anknüpfen

entallado [-ʌ-] tailliert

entarimado M Parkettboden; Täfelung *f* **entarimar** täfeln; Parkett legen

ente M Wesen *n*; POL Körperschaft *f*

entender verstehen; meinen; **~ mal** schlecht verstehen; missverstehen; **a mi ~** meiner Meinung nach **entenderse** sich verstehen; sich verständigen (**con** mit)

entendido 1 ADJ sachverständig; beschlagen **2** M Kenner **entendimiento** M Verständnis *n*; Verstand; Begriffsvermögen *n*

enterado erfahren; **estar ~ Be-**

scheid wissen (**de** über) ente-
ramente ganz, völlig ente-
rar unterrichten, informieren
enterarse: **~ de a/c** etw erfahren

entereza [-θa] F̲ Charakterfes-
tigkeit; Standhaftigkeit

entero ganz; **por ~** gänzlich,
völlig

enteroscopia F̲ MED (Dünn-)
Darmspiegelung

enterrador M̲ Totengräber
enterramiento M̲ Begräbnis
n enterrar begraben

entidad F̲ Verein m, Körperschaft

entiendo M̲ → entender
entierro¹ M̲ Begräbnis n
entierro² → enterrar

entoldado M̲ Sonnendach n;
Festzelt n

entonación [-θ-] F̲ Intonation
entonar anstimmen

entonces [-θ-] damals; dann;
da; **desde ~** seitdem

entorno M̲ Umgebung f; Milieu
n

entorpecer [-θ-] erschweren,
behindern entorpecimiento
M̲ Hemmung f; Behinderung f

entrada F̲ Eingang m; Eintritt
m; Einreise; Einfahrt; Eintrittskarte; HANDEL Anzahlung;
MUS Einsatz m; **~ libre** Eintritt
frei; **~ a la autopista** Autobahnauffahrt

entradas F̲PL umg Geheimrats-
ecken entrante M̲ Vorspeise f
entrañas [-ɲ-] F̲PL Eingeweide

npl; fig Innere(s) n

entrar eintreten; hineingehen;
MUS einsetzen; **~ en años/en
carnes/en razón** alt/dick/ver-
nünftig werden

entre zwischen; unter entrea-
bierto halboffen entreacto
M̲ Zwischenakt; Pause f entre-
cortado stockend entredi-
cho [-tʃo] M̲ **poner en ~** in
Zweifel ziehen

entrega F̲ Übergabe; Lieferung; Zustellung; **plazo** m **de
~** Lieferfrist f entregar (ab)lie-
fern; aushändigen, übergeben
entregarse sich ergeben; Tä-
ter sich stellen

entrelazar [-θ-] verflechten
entremeses M̲PL Vorspeisen fpl
entremeter einschieben en-
tremeterse sich einmischen
entremetido aufdringlich

entrenador(a) M̲(F̲) Trainer(in)
entrenamiento M̲ Training
n entrenar(se) trainieren

entresuelo M̲ Hochparterre n,
Zwischenstock entretanto
unterdessen

entretener unterhalten; auf-,
hinhalten entretenerse sich
vergnügen (**con mit**) entrete-
nido unterhaltsam entrete-
nimiento M̲ Unterhaltung f,
Zeitvertreib

entretiempo M̲ Übergangs-
zeit f entrever undeutlich sehen; ahnen

entrevista F̲ Besprechung; Interview n; **~ personal** (od **de**

trabajo) Vorstellungsgespräch *n* **entrevistar** interviewen **entrevistarse** sich besprechen (**con** mit)

entristecer [-θ-] betrüben

entumecerse [-θ-] starr werden; *Glied* einschlafen

enturbiar trüben (*a. fig*)

entusiasmar begeistern **entusiasmarse** sich begeistern (**por** für) **entusiasmo** M̲ Begeisterung *f*

enumerar aufzählen

enunciar [-θ-] äußern

envasar ab-, einfüllen; ver-, abpacken **envase** M̲ Gefäß *n*, Behälter; Verpackung *f*; *Aktion* (Ab)Füllen *n*; ~ **no retornable** Einwegflasche *f*

envejecer [-xeθ-] V̲T̲ alt machen; V̲I̲ alt werden, altern

envenenar vergiften

envergadura F̲ Spannweite; *fig* Tragweite

enviado M̲, -a F̲ Abgesandte(r) *m*/*f*(*m*) **enviar** (ab)senden, schicken

envidia F̲ Neid *m* **dar** ~ beidenswert sein; **tener** ~ **de** neidisch sein auf (*akk*) **envidiable** beneidenswert **envidiar** beneiden; missgönnen **envidioso** neidisch

envío M̲ Sendung *f*; Versand; ~ **rehusado** Annahme verweigert

envoltura F̲ Hülle **envolver** einwickeln, einpacken; *fig* verwickeln (**en** *in akk*)

enyesar eingipsen

enzima [-θ-] F̲ Enzym *n*

epidemia F̲ Epidemie

epilepsia F̲ Epilepsie **epiléptico** ❶ A̲D̲J̲ epileptisch ❷ M̲, -a F̲ Epileptiker(in)

epílogo M̲ Nachwort *n*

episcopal bischöflich

episodio M̲ Episode *f*

época F̲ Epoche; Zeit(alter *n*)

equilibrar (eki-) ins Gleichgewicht bringen; ausgleichen; AUTO auswuchten **equilibrio** M̲ Gleichgewicht *n* **equilibrista** M̲/F̲ Seiltänzer(in)

equinoccio [ekinɔyθ-] M̲ Tagundnachtgleiche *f*

equipaje [ekipaxe] M̲ Gepäck *n*; ~ **libre/de mano** Frei-/Handgepäck *n*

equipamiento [eki-] M̲ Ausstattung *f* (*a.* AUTO) **equipar** ausstatten, -rüsten **equiparar** gleichstellen, -setzen

equipo (eki-) M̲ Ausrüstung *f*; TECH Anlage *f*; Team *n*; ~ **de alta fidelidad** Hi-Fi-Anlage *f*; ~ **estéreo** (*od* **de sonido**) Stereoanlage *f*

equitación [ekitaθ-] F̲ Reiten *n*, Reitsport *m*; **escuela de** ~ Reitschule **equitativo** gerecht

equivalente (eki-) ❶ A̲D̲J̲ gleichwertig ❷ M̲ Gegenwert; Äquivalent *n* **equivaler** gleichwertig sein, gleichkommen

equivocación [ekiβokaθ-] F̲ Irrtum *m*; Verwechslung; **por** ~

aus Versehen **equivocado** irrtümlich; **estar ~** sich irren **equivocar** verwechseln; verfehlen **equivocarse** sich irren
equívoco [eki-] **1** ADJ doppelsinnig; zweideutig **2** M̲ Doppelsinn, Zweideutigkeit *f*
era¹ F̲ Zeitalter *n*; Ära: **~ digital** Digitalzeitalter *n*
era², **eran** → ser
erasmus M̲/F̲ Erasmusstudent(in)
erección [-γθ-] F̲ Errichtung; MED Erektion **erecto** aufrecht
eres → ser
ergoterapia F̲ Ergotherapie
erguir [-ɣir] auf-, errichten **erguirse** sich erheben
erigir [-x-] errichten
erizado [-θ-] borstig; *fig* **~ de** starrend von **erizarse** sich sträuben **erizo** M̲ Igel; **~ de mar** Seeigel
ermita F̲ Einsiedelei; Wallfahrtskapelle **ermitaño** [-ɲo] Eremit, Einsiedler
erosión F̲ Erosion; MED Abschürfung
erótico erotisch
erotismo M̲ Erotik *f*
erradicar ausrotten
errante umherirrend **errar** irren; verfehlen **errata** F̲ Druckfehler *m* **erróneo** irrig
error M̲ Irrtum; Fehler; **~ de cálculo/de transmisión** Rechen-/Übertragungsfehler
eructar aufstoßen, *umg* rülpsen

erudito **1** ADJ gelehrt **2** M̲, **-a** F̲ Gelehrte(r) *m/f(m)*
erupción [-θ-] F̲ Ausbruch *m*; **~ cutánea** Hautausschlag *m*
esa → ese
esbeltez [-θ-] F̲ Schlankheit **esbelto** schlank
esbozar [-θ] skizzieren **esbozo** [-θo] M̲ Skizze *f*
escabeche [-tʃe] M̲ Marinade *f*; **en ~** mariniert
escabroso holprig; *fig* anstößig; heikel
escafandra F̲, **escafandro** M̲ Taucheranzug *m*
escala F̲ Skala; Strickleiter; MUS Tonleiter; **hacer ~** (e-n Hafen) anlaufen; FLUG zwischenlanden **a ~ mundial** weltweit
escalada F̲ Besteigung; Klettertour; POL Eskalation **escalador(a)** M̲/F̲ Bergsteiger(in) **escalar** besteigen, erklettern
escaldar ab-, verbrühen
escalera F̲ Treppe; Leiter; **~ de caracol** Wendeltreppe; **~ de incendios** Feuerleiter; **~ mecánica** Rolltreppe **escalerilla** [-ʎ-] F̲ FLUG Gangway
escalivada F̲ kaltes Gemüse *n* aus Paprikaschoten und Auberginen
escalofriante schaurig **escalofrío** M̲ Schauer; Schüttelfrost
escalón M̲ Sprosse *f*, Stufe *f*; **~ lateral** *Verkehr* Randstreifen
escalopa F̲, **escalope** M̲ Schnitzel *n*

escama F̲ Schuppe; *fig* Argwohn *m* **escamado** misstrauisch **escamar** *Fische* schuppen

escamotear verschwinden lassen; wegzaubern

escandalizado [-θ-] entrüstet **escandalizar** schockieren, Anstoß erregen **escandalizarse** sich empören

escándalo M̲ Ärgernis *n*; Skandal; Tumult **escandaloso** skandalös; anstößig; empörend

Escandinavia F̲ Skandinavien *n* **escandinavo 1** A̲D̲J̲ skandinavisch **2** M̲, **-a** F̲ Skandinavier(in)

escanear (ein)scannen **escaneo** M̲ Scannen *n* **escáner** M̲ Scanner

escaño [-ɲo] M̲ P̲O̲L̲ Sitz

escapada F̲ Ausreißen *n*; *fig* Abstecher *m*; Spritztour; Kurzurlaub *m* **escapar(se)** entgehen; entkommen; ausreißen; *Gas etc* entweichen; *Wort* entschlüpfen

escaparate M̲ Schaufenster *n*

escape M̲ A̲U̲T̲O̲ Auspuff *m*; T̲E̲C̲H̲ undichte Stelle *f*

escarabajo [-xo] M̲ Käfer *m*

escarbar scharren

escarcha [-tʃa] F̲ Raureif *m*

escarlata scharlachrot **escarlatina** F̲ M̲E̲D̲ Scharlach *m*

escarmentado gewitzt **escarmentar** durch Schaden klug werden

escarnecer [-θ-] verhöhnen **escarnio** M̲ Hohn; Verspottung *f*

escarola F̲ Endiviensalat *m*

escarpado steil; abschüssig

escasear selten (*od* knapp) sein **escasez** [-θ] F̲ Mangel *m*; Knappheit **escaso** knapp, gering

escatimar schmälern; sparen mit

escayola F̲ Gips *m* **escayolar** *a.* M̲E̲D̲ ein-, vergipsen

escena [-θ-] F̲ Bühne; Szene; Auftritt *m*; **poner en ~** inszenieren **escenario** M̲ Bühne *f*; *fig* Schauplatz **escenificar** inszenieren **escenografía** F̲ Bühnenbild *n*

escepticismo [-θeptiθ-] M̲ Skepsis *f* **escéptico** skeptisch

esclarecer [-θ-] erleuchten; *fig* aufklären

esclavitud F̲ Sklaverei **esclavo, -a** M̲/F̲ Sklave, Sklavin

esclusa F̲ Schleuse

escoba F̲ Besen *m* **escobilla** [-ʎ-] F̲ Bürste; A̲U̲T̲O̲ Wischerblatt *n*

escocer [-θ-] brennen; jucken **escocés** [-θ-] **1** A̲D̲J̲ schottisch **2** M̲, **-esa** F̲ Schotte *m*, Schottin *f* **Escocia** F̲ Schottland *n*

escoger [-x-] auswählen

escolar 1 A̲D̲J̲ Schul... **2** M̲/F̲ Schüler(in) **escolarizar** [-θ-] einschulen

escollo [-ʎo] M̲ Klippe *f* (*a. fig*)

escolta F̲ Eskorte; Geleit *n* **escoltar** eskortieren, begleiten

escombros M̲P̲L̲ Schutt *m*;

Trümmer pl

esconder verstecken, verbergen **escondidas: a ~** im Geheimen, heimlich **escondite** M̲, **escondrijo** [-xo] M̲ Versteck n

escopeta F̲ Flinte; **~ de aire comprimido** Luftgewehr n

escoria F̲ Schlacke

Escorpio M̲ ASTROL Skorpion

escorpión M̲ ZOOL Skorpion

escotado ausgeschnitten, dekolletiert **escote** M̲ Ausschnitt, Dekolleté n

escotilla [-ʎa] F̲ SCHIFF Luke

escozor [-θ-] M̲ Brennen n; Jucken n

escribir schreiben; **~ a máquina** Maschine schreiben, tippen **escrito** 1️⃣ ADJ geschrieben; **por ~** schriftlich 2️⃣ M̲ Schreiben n **escritor(a)** M̲F̲ Schriftsteller(in) **escritorio** M̲ Schreibtisch **escritura** F̲ Schrift; JUR Urkunde

escrúpulo M̲ Skrupel, Bedenken n; **sin ~s** skrupellos **escrupuloso** gewissenhaft, peinlich genau

escrutar Stimmen zählen

escuadra F̲ Geschwader n; MATH Zeichendreieck n

escucha-bebés M̲ Babyphon n **escuchar** [-tʃ-] (zu-, an)hören

escudo M̲ Schild; Wappen n

escuela F̲ Schule; **~ superior** Hochschule; **~ universitaria** Sp ≈ Fachhochschule

escueto schlicht; einfach

escultor(a) M̲F̲ Bildhauer(in) **escultura** F̲ Skulptur

escupir (aus)spucken

escurridizo [-θo] glatt, schlüpfrig **escurrir** abtropfen lassen **escurrirse** ausrutschen; entgleiten

ese, esa, eso, PL **esos, esas** diese(r, -s); **eso es** ganz richtig!; **por eso** deswegen

esencia [-θ-] F̲ Wesen n; a. CHEM Essenz **esencial** wesentlich, Haupt...

esfera F̲ Sphäre (a. fig); Kugel; Zifferblatt n; **~ privada** Privatsphäre

esférico kugelförmig

esforzado [-θ-] tapfer **esforzar** ermutigen; verstärken **esforzarse** sich anstrengen **esfuerzo** [-θo] M̲ Anstrengung f; **sin ~** mühelos

esfumarse verschwinden; umg verduften

esgrima F̲ Fechten n; Fechtkunst **esgrimir** fechten; Argument vorbringen

esguince [-ɣinθe] M̲ MED Verstauchung f; Zerrung f

eslabón M̲ (Ketten)Glied n; fig Bindeglied n

eslogan M̲ Slogan

eslovaco 1️⃣ ADJ slowakisch 2️⃣ M̲, **-a** F̲ Slowake m, -in f **Eslovaquia** F̲ Slowakei f

Eslovenia F̲ Slowenien n

esloveno 1️⃣ ADJ slowenisch 2️⃣ M̲, **-a** F̲ Slowene, Slowenin

esmaltar emaillieren **esmalte** M̲ Email n; **~ de uñas** Nagellack

esmerado sorgfältig

esmeralda F̲ Smaragd m

esmerarse sich Mühe geben

esmerilar schmirgeln **esmero** M̲ Sorgfalt f

eso → **ese**

esófago M̲ Speiseröhre f

espabilado aufgeweckt

espacial [-θ-] Raum... **espacio** M̲ Raum; Zeitraum; Zwischenraum; TV Sendereihe f; **~ en blanco** IT Leerzeichen n; **~ natural** Naturschutzgebiet n **espacioso** weit; geräumig

espada ① F̲ Degen m; Schwert n ② M̲ Matador

espagueti [-ye-] M̲ Spaghetti pl

espalda F̲ Rücken m; **a ~s de** hinter dem Rücken von; **por la ~** von hinten

espantajo [-x-] M̲, **espantapájaros** M̲ Vogelscheuche f **espantar** erschrecken; verscheuchen

espanto M̲ Schrecken, Entsetzen n **espantoso** schrecklich; entsetzlich

España F̲ Spanien n

español [-ɲ-] ① ADJ spanisch ② M̲, **española** F̲ Spanier(in)

esparadrapo M̲ Heftpflaster n

esparcir [-θ-] ausstreuen; fig verbreiten **esparcirse** sich zerstreuen (a. fig)

espárrago M̲ Spargel

espasmo M̲ Krampf

especia [-θ-] F̲ Gewürz n

especial [-θ-] besondere(r, -s), speziell; Sonder...; **nada en ~** nichts Besonderes **especialidad** F̲ Spezialität; Fachgebiet n; Spezialgebiet n **especialista** M̲/F̲ Spezialist(in); MED Facharzt, -ärztin **especialización** F̲ Spezialisierung **especializarse** sich spezialisieren (**en** auf akk) **especialmente** besonders

especie [-θ-] F̲ Art (a. BIOL); Gerücht n **especificar** im Einzelnen angeben; spezifizieren **específico** spezifisch

espectacular aufsehenerregend **espectáculo** [-θ-] Schauspiel n; Vorstellung f **espectador(a)** M̲/F̲ Zuschauer(in)

espectro M̲ PHYS Spektrum n; fig Gespenst n

especular spekulieren

espejismo [-x-] M̲ Fata Morgana f (a. fig) **espejo** M̲ Spiegel; **~ deformante** Zerrspiegel

espeluznante [-θ-] grauenhaft

espera F̲ Warten n; **en ~ de** in Erwartung (gen) **esperanza** [-θa] F̲ Hoffnung **esperar** (er)warten, hoffen auf (ac); **~ un hijo** ein Kind erwarten

esperma F̲ Sperma n

espeso dick; dicht **espesor** M̲ Dicke f, Stärke f

espetón GASTR Bratspieß

espía M̲/F̲ Spion(in)

espiar (aus)spionieren

espiga F̱ Ähre; TECH Zapfen m, Stift m

espina F̱ Dorn m, Stachel m; Fisch Gräte; **~ dorsal** Rückgrat n **espinacas** FPL Spinat m

espinilla [-ʎa] F̱ Schienbein n; MED Mitesser m

espino M̱ Weißdorn **espinoso** dornig; fig heikel

espionaje [-xe] M̱ Spionage f

espiral 1 ADJ spiralförmig 2 F̱ Spirale

espirar ausatmen

espíritu M̱ Geist **espiritual** geistig; geistlich

espléndido prächtig; glänzend

esplendor M̱ Glanz, Pracht f

espliego M̱ Lavendel

esponja [-xa] F̱ Schwamm m; **esponjoso** porös; locker

espontáneo spontan

esposa F̱ Gattin; **~s** pl Handschellen **esposo** M̱ Gatte

espuma F̱ Schaum m; Schaumstoff m **espumoso** schaumig; **vino ~** Sekt

esquela [-ke-] F̱ **~ (de defunción)** Todesanzeige

esqueleto [-ke-] M̱ Skelett n

esquema [-ke-] M̱ Schema n

esquí [-ki] M̱ Ski; Skilauf(en n); **~ náutico** (od **acuático**) Wasserski; **~ de fondo** Skilanglauf **esquiador(a)** M̱F̱ Skifahrer(in), Skiläufer(in) **esquiar** Ski laufen

esquina [-ki-] F̱ Ecke

esquivar [-ki-] vermeiden; ausweichen

esta → este²; esta, esto

estabilidad F̱ Beständigkeit; Stabilität

estable beständig; fest, stabil **establecer** [-θ-] errichten; festlegen, festsetzen **establecimiento** [-θ-] M̱ Festsetzung f; Anstalt f; Geschäft n

establo M̱ Stall

estaca F̱ Pfahl m, Pflock m

estación [-θ-] F̱ Station, Jahreszeit; Bahnhof m; **~ de autobuses** Busbahnhof m; **~ espacial** Raumstation; **~ de esquí** Skiort m; Skigebiet n; **~ de metro** U-Bahn-Station; **~ de servicio** Tankstelle; **~ terminal** Endstation; **~ de trabajo** IT Arbeitsplatz m

estacionamiento [-θ-] M̱ Parken n; **~ prohibido** Parkverbot n **estacionar** parken

estadio M̱ Stadium n; SPORT Stadion n

estadística F̱ Statistik

estado M̱ Stand; Zustand; **~ civil** Familienstand; **~ general** Allgemeinbefinden n, -zustand; **~ de emergencia** Notstand; **en mal ~** in schlechtem Zustand **Estado** Staat; **~ miembro** Mitgliedsstaat; **~s** mpl **Unidos de América** Vereinigte Staaten von Amerika, USA

estafa F̱ Betrug m **estafador(a)** M̱F̱ Betrüger(in) **estafar** betrügen

estallar [-ʎ-] explodieren; platzen; fig ausbrechen **estallido**

M̲ Knall; *fig* Ausbruch
Estambul F̲ Istanbul *n*
estampa F̲ Bild *n*; Druck *m* **estampado** *Stoff* bedruckt; gemustert **estampar** (be)drucken; prägen; *Unterschrift* setzen (**en** auf, unter *akk*) **estampilla** [-ʎa] F̲ Stempel *m*; *Am* Briefmarke
estancar stauen **estancarse** stagnieren **estancia** [-θ-] F̲ Aufenthalt *m*; *Am* Farm **estanco** M̲ *Sp* Tabakladen
estandarte M̲ Standarte *f*
estanque [-ke] M̲ Teich
estante M̲ Bücherbrett *n*; Bord *n* **estantería** F̲ Regal *n*
estaño [-ɲo] M̲ Zinn *n*
estar sein; sich befinden; **no está** er (sie) ist nicht da; **estoy bien/mal** es geht mir gut/schlecht; **¿cómo está usted?** wie geht es Ihnen?; **~ leyendo** gerade lesen; **estamos a 4 de junio** heute ist der 4. Juni
estatal staatlich
estatua F̲ Statue **estatura** F̲ Statur; Körpergröße **estatutos** MPL Satzung *f*
este[1] M̲ Osten; **al ~** im Osten
este[2], **esta** *esto* diese(r, -s); PL **estos, estas** diese
esté → estar
estepa F̲ Steppe
estera F̲ (Fuß)Matte
estéreo, **estereofónico** stereo; Stereo...
estéril unfruchtbar; steril
esterilizar [-θ-] sterilisieren

esterlina: libra *f* **~** Pfund *n* Sterling
esteticista [-θ-] F̲ Kosmetikerin **estético** ästhetisch
estiércol M̲ Dung, Mist
estigma M̲ Stigma *n*
estilo M̲ Stil **estilográfica** F̲ (**pluma** ⟨F̲⟩) **~** Füllfederhalter *m*
estima F̲ (Hoch)Achtung **estimación** [-θ-] F̲ Schätzung **estimado** geehrt **estimar** V̲I̲ schätzen (*a. fig*); (hoch) achten; V̲I̲ meinen
estimulante ⟨1⟩ ADJ anregend ⟨2⟩ M̲ Stimulans *n* **estimular** anregen; anspornen
estímulo M̲ Reiz (*a.* MED); *fig* Anreiz, Ansporn
estipulación [-θ-] F̲ JUR Klausel **estipular** vereinbaren
estirar ziehen, strecken; recken; **~ la pata** *umg* ins Gras beißen
Estiria F̲ Steiermark
estirón M̲ Ruck
estival sommerlich; **época** *f* **~** Sommerzeit
esto → este[2], esta, esto
Estocolmo F̲ Stockholm *n*
estofado ⟨1⟩ ADJ geschmort ⟨2⟩ M̲ Schmorgericht *n*, -braten
estómago M̲ Magen
Estonia F̲ Estland *n*
estorbar stören, behindern **estorbo** M̲ Störung *f*; Hindernis *n*
estornino M̲ ZOOL Star
estornudar niesen
estoy → estar

estrago M̲ Verheerung f, Verwüstung f

estragón M̲ Estragon

estrambótico extravagant

estrangular erwürgen, erdrosseln

Estrasburgo M̲ Straßburg n

estrategia [-x-] F̲ Strategie **estratégico** [-x-] strategisch

estrato M̲ Schicht f

estrechar [-tʃ-] verengen; _Kleid_ enger machen; _Hand_ drücken

estrecho 1 ADJ eng, schmal **2** M̲ Meerenge f

estrella [-ʎa] F̲ Stern m; (Film-)Star m; **~ de mar** Seestern m

estrellarse zerschellen; AUTO **~ contra** fahren gegen

estremecer [-θ-] erschüttern **estremecerse** schaudern; (er)zittern **estremecimiento** M̲ Schauder

estrenar erst-, uraufführen; _fig_ einweihen **estreno** M̲ Einweihung f; THEAT Premiere f; _fig_ Debüt n; **~ absoluto** (od _riguroso_) Uraufführung f

estreñimiento [-ɲ-] M̲ MED Verstopfung f

estrépito M̲ Lärm, Getöse n **estrepitoso** lärmend

estrés M̲ Stress **estresante** stressig **estresar** stressen

estría F̲ Streifen m; Rille

estribo M̲ Steigbügel; Trittbrett n

estribor M̲ SCHIFF Steuerbord n

estricto streng; strikt

estridente schrill, gellend

estrofa F̲ Strophe

estropeado defekt, kaputt **estropear** beschädigen; kaputt machen; _fig_ verderben

estructura F̲ Struktur, Gefüge n

estruendo M̲ Getöse n

estrujar [-x-] zerdrücken; _Frucht_ auspressen

estuche [-tʃe] M̲ Futteral n; Etui n

estuco M̲ Stuck

estudiante M̲/F̲ Student(in); Schüler(in) **estudiar** studieren; lernen; MUS üben **estudio** M̲ Studium n; Studie f; Atelier n; Studio n; Appartement n **estudioso** fleißig, eifrig

estufa F̲ Ofen m

estupefaciente [-θ-] M̲ Rauschgift n **estupefacto** sprachlos, verblüfft

estupendo fabelhaft, _umg_ toll, super

estupidez [-θ-] F̲ Dummheit

estúpido 1 ADJ dumm **2** M̲ Dummkopf

estuve → estar

ETA ABK (Euskadi Ta Askatasuna) Baskenland und Freiheit (_baskische Terrororganisation_)

etapa F̲ Etappe; Phase

ETB M̲ (Euskal Telebista) _baskisches Fernsehen_

eternidad F̲ Ewigkeit **eterno** ewig

ética F̲ Ethik

exceso || 123

Etiopía F̲ Äthiopien n
etiqueta [-ke-] F̲ Etikette; Etikett n
eucalipto M̲ Eukalyptus
Eurocopa F̲ EM, Europameisterschaft eurocrítico M̲, -a
F̲ Eurokritiker(in)
Europa F̲ Europa n; ~ Occiden-
tal/Oriental West-/Osteuropa n
europeo 1 ADJ europäisch 2
M̲, -a F̲ Europäer(in)
eurotúnel M̲ Eurotunnel m
eurozona F̲ Euroland n
evacuación [-θ-] F̲ Evakuie-
rung; Räumung evacuar evakuieren; räumen
evadir vermeiden; ungehen
evadirse fliehen
evaluación [-θ-] F̲ Schätzung,
Bewertung evaluar schätzen,
bewerten
evangélico [-x-] evangelisch
evangelio M̲ Evangelium n
evaporación [-θ-] F̲ Verduns-
tung evaporarse verdunsten
evasión [-θ-] F̲ Flucht evasiva F̲
Ausrede evasivo ausweichend
evento M̲ Ereignis n
eventual möglich, eventuell
eventualidad F̲ Möglichkeit
evidencia [-θ-] F̲ Offenkundig-
keit evidente offenkundig,
klar; ser ~ einleuchten
evitable vermeidbar evitar
vermeiden
evocar heraufbeschwören, erinnern an (akk)
evolución [-θ-] F̲ Entwicklung
evolucionar sich (weiter)ent-

wickeln
ex ex marido M̲ Ex(mann) ex
mujer f Ex(frau) ex novio, -a
m,f Exfreund(in)
exactitud F̲ Genauigkeit; Rich-
tigkeit exacto genau, exakt;
richtig; pünktlich
exageración [-xeraθ-] F̲ Über-
treibung exagerar übertreiben
exaltado überspannt; exaltiert
exaltarse sich begeistern
examen M̲ Prüfung f, Examen
n; a. MED Untersuchung f examinar prüfen, untersuchen
examinarse e-e Prüfung ablegen
excavación [-θ-] F̲ Ausgra-
bung excavadora F̲ Bagger
m excavar ausgraben, -bag-
gern
excedente [-θ-] 1 ADJ über-
zählig 2 M̲ Überschuss exceder übersteigen; übertreffen
excederse zu weit gehen
excelencia [-θelenθ-] F̲ Exzel-
lenz excelente vortrefflich,
ausgezeichnet
excepción [-θeβθ-] F̲ Ausnahme excepcional [-θ-] außerordentlich excepto außer,
ausgenommen exceptuar
ausnehmen
excesivo [-θ-] übermäßig;
maßlos exceso M̲ Übermaß
n; ~ de equipaje FLUG Über-
päck n; ~ de peso Übergewicht
n; Verkehr ~ de velocidad Geschwindigkeitsüberschreitung f

124 ‖ excitación

excitación [-θitaθ-] F̲ Reiz m; Auf-, Erregung **excitante** auf-, erregend **excitar** anregen; erregen; reizen **excitarse** sich aufregen

exclamar ausrufen

excluir ausschließen **exclusión** F̲ Ausschluss m **exclusiva** F̲ Alleinverkauf m, -vertretung; Exklusivrecht n **exclusivo** ausschließlich

excomulgar exkommunizieren

excremento(s) M̲PL̲ Ausscheidung(en) f(pl); Kot m

excursión F̲ Ausflug m

excusa F̲ Entschuldigung; Ausrede **excusar** entschuldigen

exento: **~** de frei, befreit von

exhausto erschöpft

exhibición [-θ-] F̲ Ausstellung; Vorführung, Schau **exhibir** ausstellen; vorführen

exhortar ermahnen

exigencia [-xenθ-] F̲ Forderung **exigente** anspruchsvoll **exigir** (er)fordern

exiliar verbannen **exiliarse** ins Exil gehen **exilio** M̲ Exil n

existencia [-θ-] F̲ Dasein n; Existenz; **~s** pl HANDEL Bestände mpl **existir** bestehen; existieren; leben

exitazo M̲ umg Riesenerfolg

éxito M̲ Erfolg; **sin ~** erfolglos

exitoso erfolgreich

exótico fremdartig, exotisch

expansión F̲ Ausdehnung; Expansion; **en ~** Firma expandierend **expansivo** expansiv; fig mitteilsam

expatriarse auswandern

expectación [-θ-] F̲ Erwartung **expectante** abwartend **expectativa** F̲ Erwartung

expedición [-θ-] F̲ Beförderung, Versand m; Expedition **expediente** M̲ Akte f; Rechtssache f **expedir** (ab-, versenden; Dokument ausstellen

expendedora F̲ **~** de bebidas/de billetes Getränke-/Fahrscheinautomat m

experiencia [-θ-] F̲ Erfahrung; Versuch m **experimentar** V̲T̲ erproben; fig erfahren, erleiden; V̲I̲ experimentieren **experimento** M̲ Experiment n

experto ■ A̲D̲J̲ sachkundig, erfahren ■ M̲ Fachmann, Experte

expiar sühnen

expido → expedir

expirar sterben; Frist ablaufen

explicable erklärlich **explicación** [-θ-] F̲ Erklärung **explicar** erklären; **no me lo explico** das ist mir unbegreiflich **explicativo** erläuternd

exploración [-θ-] F̲ Erforschung; MED Untersuchung **explorador(a)** M̲F̲ Forscher(in); Sp Pfadfinder(in) **explorar** erforschen; auskundschaften; MED untersuchen

explosión F̲ Explosion **explosionar** explodieren **explosivo** ■ A̲D̲J̲ explosiv; Spreng... ■ M̲ Sprengstoff, -körper

explotación [-θ-] F Ausbeutung; Nutzung; Abbau m **explotar** V/T (aus)nutzen; ausbeuten; *Land etc* bewirtschaften; V/I explodieren

Expo F Expo, Weltausstellung

exponer darlegen; ausstellen; FOTO belichten **exponerse** sich aussetzen (*e-r Gefahr etc*)

exportación [-θ-] F Export m, Ausfuhr **exportador(a)** M/F Exporteur(in) **exportar** HANDEL ausführen, exportieren

exposición [-θ-] F Ausstellung; *fig* Darlegung; FOTO Belichtung **expositor(a)** M/F Aussteller(in)

expresar ausdrücken; äußern **expresión** F Ausdruck m **expresivo** ausdrucksvoll **expreso** 1 ADJ ausdrücklich 2 M BAHN Expresszug

exprimidor M Zitronenpresse f **exprimir** auspressen

expropiar enteignen

expuesto ausgesetzt, gefährdet

expulsar vertreiben; ausstoßen; ausweisen **expulsión** F Ausweisung; Vertreibung

exquisito [-ki-] erlesen, vorzüglich; köstlich

éxtasis M Verzückung f, Ekstase f

extender ausbreiten, ausdehnen; erweitern **extenderse** sich erstrecken; sich ausdehnen **extensible** ausziehbar **extensión** F Ausdehnung, Umfang m; Ausbreitung; TEL Durchwahl **extenso** weit; ausgedehnt

exterior 1 ADJ äußerlich; Außen... 2 M Äußere(s) n; Ausland n; **~es** mpl *Film* Außenaufnahmen fpl

exterminar ausrotten, vernichten

externo äußerlich; extern

extinción [-θ-] F Löschung; BIOL Aussterben n **extinguir** [-yir] (aus)löschen **extinguirse** [-y-] erlöschen; BIOL aussterben **extintor** M Feuerlöscher

extirpar ausrotten; MED entfernen

extorsión F Erpressung

extra 1 ADJ Extra..., Sonder... 2 M Zulage f 3 M/F *Film* Statist(in)

extracción [-γθ-] F Ziehen n (*eines Zahns*); Förderung f **extracto** M Auszug, Extrakt; **~ de cuenta** Kontoauszug **extractor** M **~ de humos** Rauchabzug

extraditar POL ausliefern

extraer (heraus)ziehen; entnehmen, entfernen

extranjero [-x-] 1 ADJ ausländisch 2 M Ausland n 3 M, -a F Ausländer(in)

extrañar [-ɲ-] wundern; *bes Am* vermissen **extrañarse** sich wundern (**de** über) **extrañeza** F Erstaunen n, Verwunderung **extraño** fremd; sonderbar, seltsam

extraordinario außergewöhnlich; **horas** pl **-as** Überstunden **extraviar** Gegenstand verlegen **extraviarse** sich verirren; abhandenkommen

Extremadura F̲ Estremadura

extremar übertreiben **extremidad** F̲ äußerstes Ende n; **~es** pl ANAT Gliedmaßen pl **extremista** 1 ADJ extremistisch 2 M̲/F̲ Extremist(in)

extremo 1 ADJ äußerst; letzt; extrem; **la -a derecha/izquierda** POL die extreme Rechte/Linke 2 M̲ Ende n; Extrem n; SPORT Außenstürmer

exuberante üppig

eyacular ejakulieren

F

fabada F̲ asturisches Gericht aus weißen Bohnen, Speck, Würsten etc

fábrica F̲ Fabrik

fabricación [-θ-] F̲ Fabrikation, Herstellung **fabricante** M̲/F̲ Fabrikant(in), Hersteller(in) **fabricar** herstellen

fabuloso fabelhaft

Facebook® ['feɪsbuk] red social **estar en ~** auf Facebook® sein

faceta [-θ-] F̲ fig Seite, Aspekt

m

fachada F̲ Fassade

facial [-θ-] Gesichts...

fácil [-θ-] leicht; **~ de entender** leicht zu verstehen; **~ de usar** benutzerfreundlich

facilidad [-θ-] F̲ Leichtigkeit; **~es** pl Erleichterungen **facilitar** erleichtern; be-, verschaffen

factible machbar **factor** M̲ Faktor; **~ de riesgo** Risikofaktor

factura F̲ HANDEL Rechnungstellung; v. Gepäck: Einchecken n **facturar** berechnen, in Rechnung stellen; Gepäck aufgeben, einchecken

facultad F̲ Fähigkeit; UNIV Fakultät

faena F̲ Arbeit

fagot M̲ Fagott n

faisán M̲ Fasan

falda F̲ Rock m **falda-pantalón** F̲ Hosenrock m

falla [-ʎa] F̲ Fehler m, Defekt m **fallar** JUR das Urteil fällen; fig fehlschlagen; TECH versagen **fallas** [-ʎ-] PL Volksfest in Valencia am 19. März

fallecer [-ʎeθ-] sterben **fallecimiento** M̲ Tod

fallo [-ʎo] M̲ Fehler; a. TECH Versagen n; JUR Urteil n; **~ del sistema** IT Systemfehler; **~ de seguridad** Sicherheitslücke f

falsedad F̲ Falschheit

falsificación [-θ-] F̲ Fälschung **falsificar** fälschen falso falsch; unwahr

falta F̲ Fehler m; Mangel m (**de an** dat); **~ de atención** Unaufmerksamkeit; **~ de consideración/de respeto** Rücksichts-/Respektlosigkeit; **a** (od **por**) **~ de** mangels (gen); **hacer ~** nötig sein

faltar fehlen; **~ a** verstoßen gegen; **falta poco** es fehlt nicht mehr viel; es dauert nicht mehr lange; **faltó poco para que ...** beinahe ...

fama F̲ Ruf m; Ruhm m

familia F̲ Familie

familiar **1** ADJ Familien...; familiär; vertraut **2** M̲F̲ Verwandte(r) m/f(m), Angehörige(r) m/f(m) **familiarizar** [-θ-] vertraut machen (**con** mit)

famoso berühmt

fanático fanatisch

fanatismo M̲ Fanatismus

fanfarrón(-ona) M̲F̲ Angeber(in), Aufschneider(in) **fanfarronear** angeben, aufschneiden

fango M̲ Schlamm

fantasía F̲ Fantasie **fantasma** M̲ Gespenst n

fantástico fantastisch

faringe [-xe] F̲ Rachen m **faringitis** [-θ-] F̲ Rachenentzündung

farmacéutico,-a [-θ-] M̲F̲ Apotheker(in) **farmacia** [-θ-] F̲ Apotheke; **farmacia de guardia** Notfallapotheke

fármaco M̲ Arzneimittel n

faro M̲ Leuchtturm m; AUTO Scheinwerfer; **~ antiniebla** Nebelscheinwerfer **farol** M̲ Laterne f; Straßenlaterne f

farsa F̲ THEAT Posse; fig Farce **farsante** M̲F̲ Schwindler(in)

fascinar [-θ-] faszinieren

fascismo [-θ-] M̲ Faschismus **fascista 1** ADJ faschistisch **2** M̲F̲ Faschist(in)

fase F̲ Phase; Computerspiel Level m/n

fastidiar anöden; lästig sein **fastidio** M̲ Ärger; Überdruss; **¡qué ~!** wie lästig! **fastidioso** lästig; langweilig

fatal verhängnisvoll; umg verheerend; **me siento ~** umg ich fühle mich ganz mies **fatalidad** F̲ Verhängnis n

fatiga F̲ Ermüdung, Müdigkeit; Mühe **fatigado** müde, abgespannt **fatigar** ermüden; anstrengen **fatigoso** mühsam, anstrengend

favor M̲ Gunst f; Gefälligkeit f; Gefallen; **a ~ de** zugunsten von; **por ~** bitte!; **hacer el ~ de** so freundlich sein zu **favorable** günstig **favorecer** [-θ-] begünstigen **favorito 1** ADJ Lieblings-... **2** M̲, -a F̲ Favorit(in)

fax M̲ Fax(gerät) n; número m **de ~** Faxnummer f; **mandarle un ~ a alg** j-m ein Fax schicken

faz [-θ] F̲ Antlitz n

fe F̲ Glaube m; **de buena ~** gutgläubig

fealdad F̲ Hässlichkeit

febrero M̲ Februar

febril fieberhaft (a. fig)

fecha [-tʃa] F̲ Datum n; ~ **de nacimiento** Geburtsdatum n; ~ **de caducidad** Verfallsdatum n; Lebensmittel etc: ~ **de duración mínima** Mindesthaltbarkeitsdatum n; **hasta la** ~ bis heute, bis jetzt **fechar** datieren

fecundar befruchten **fecundidad** F̲ Fruchtbarkeit **fecundo** fruchtbar (a. fig)

federación [-θ-] F̲ Verband m; Bund m **federal** Bundes...

feed-back M̲ Feedback n

felicidad [-θ-] F̲ Glück n; ¡(muchas) ~es! herzlichen Glückwunsch! **felicitación** [-θ-] F̲ Glückwunsch m **felicitar** beglückwünschen; gratulieren (**por** zu)

feliz [-θ-] glücklich; **¡felices fiestas!** frohes Fest!, frohe Weihnachten!; **¡~ Año Nuevo!** ein gutes neues Jahr!

felpa F̲ Plüsch m

femenino ❶ A̲D̲J̲ weiblich; Frauen..., Damen...; ❷ M̲ GRAM Femininum n

feminista M̲/F̲ Feminist(in)

fenomenal umg phänomenal **fenómeno** ❶ M̲ Phänomen n (a. fig); Erscheinung f ❷ A̲D̲J̲ umg toll

feo hässlich

féretro M̲ Sarg

feria F̲ Jahrmarkt m; HANDEL Messe

fermentación [-θ-] F̲ Gärung

fermentar gären

ferocidad [-θ-] F̲ Wildheit **feroz** [-θ-] wild, grausam

ferretería F̲ Eisenwarenhandlung

ferrocarril M̲ Eisenbahn f **ferroviario** ❶ A̲D̲J̲ Eisenbahn... ❷ M̲ Eisenbahner

ferry M̲ (Auto)Fähre f

fértil fruchtbar (a. fig)

fertilidad F̲ Fruchtbarkeit f **fertilizante** [-θ-] M̲ Düngemittel n **fertilizar** fruchtbar machen; düngen

ferviente heftig, inbrünstig

festival M̲ Festival n, Festspiele npl **festivo** festlich; fröhlich; **día** ~ Feiertag

feto M̲ Fötus, Fetus

FEVE M̲P̲L̲ A̲B̲K̲ (Ferrocarriles Españoles de Vía Estrecha) Schmalspurbahn im Norden Spaniens

FF.CC. M̲P̲L̲ A̲B̲K̲ (Ferrocarriles) Eisenbahn(en) f(pl)

fiable zuverlässig **fiado: al** ~ auf Pump **fiador(a)** M̲/F̲ Bürge, Bürgin

fiambre M̲ Aufschnitt

fianza [-θa] F̲ Bürgschaft; Kaution f **fiar** bürgen für **fiarse** sich verlassen (**de** auf akk)

fibra F̲ Faser; MED Ballaststoffe mpl; ~ **óptica**, ~ **de vidrio** Glasfaser

ficha [-tʃa] F̲ Spielmarke; Karteikarte **fichar** registrieren, erfassen; SPORT verpflichten **fichero** M̲ Kartei f; IT Datei f; ~

adjunto IT Attachment *n*

fidelidad F̲ Treue; **alta ~** Hi-Fi *f*

fideos MPL (Faden)Nudeln *fpl*

fiebre F̲ Fieber *n*; **tener ~ (alta)** (hohes) Fieber haben

fiel 1 ADJ treu **2** M/F REL Gläubige(r) *m/f(m)*

fieltro M̲ Filz

fiera F̲ Raubtier *n*

fiesta F̲ Fest *n*; Feiertag *m*; *umg* Fete *f*; **~ mayor** Patronatsfest *n*; **¡felices ~s!** schöne Feiertage!; **hacer ~** *umg* blaumachen

fiestorro M̲ *umg* Megaparty *f*

figura F̲ Figur; Gestalt **figurado** figürlich; bildlich **figurante** M/F Statist(in) **figurar** aufgeführt sein, stehen (en auf, in *dat*) **figurarse ~ a/c** sich (*dat*) etw vorstellen

fijación [-xaθ-] F̲ Festsetzung; FOTO Fixierung; *Ski* Bindung **fijador** M̲ Haarfestiger **fijar** befestigen; festsetzen; *Plakat* ankleben; FOTO fixieren; *Aufmerksamkeit* richten (en auf *akk*) **fijarse** aufpassen; **~ en** bemerken, achten auf (*akk*); **¡fíjate!** stell dir vor!; **¡fíjate bien!** pass gut auf!, hör gut zu!

fijo [-xo] **1** ADJ fest **2** M̲ *umg* Festnetzanschluss; **número** *m* **del ~** Festnetznummer *f*

fila F̲ Reihe; **en ~ india** im Gänsemarsch; **llamar a ~s** MIL einziehen, einberufen

filete M̲ Scheibe *f* Fleisch; (Fisch)Filet *n*

Filipinas FPL Philippinen *pl*

film M̲ Film **filmación** [-θ-] F̲ Verfilmung **filmar** (ver)filmen

filólogo,-a M,F Philologe, login

filosofía F̲ Philosophie **filósofo,-a** M,F Philosoph(in)

filtrar filtern **filtrarse** durchsickern (*a. fig*)

filtro M̲ Filter; **~ ultravioleta** UV-Filter

fin M̲ Ende *n*; Ziel *n*, Zweck; **~ de semana** Wochenende *n*; **¡buen ~ de semana!** schönes Wochenende!; **a ~es de ...** Ende ...; **al (od por) ~** endlich; **tocar a su ~** zu Ende gehen

final 1 ADJ End...; Schluss... **2** M̲ Ende *n*; **al ~** am Ende, zum Schluss; **a ~es de ...** Ende ... **3** F̲ SPORT Endrunde, Finale *n* **finalizar** [-θ-] beendigen **finalmente** endlich

financiación [-θiaθ-] F̲ Finanzierung

finca F̲ Grundstück *n*; **~ (rural)** Landgut *n*

fineza [-θa] F̲ Feinheit

fingir [-x-] vortäuschen, tun als ob

finlandés 1 ADJ finnisch **2** M̲, **-esa** F̲ Finne(Finnin) **Finlandia** F̲ Finnland *n*

fino fein **finura** F̲ Feinheit

firma F̲ Unterschrift; HANDEL Firma **firmar** unterschreiben

firme 1 ADJ fest, beständig; sicher **2** M̲ (Straßen)Belag **firmeza** [-θa] F̲ Festigkeit; Beharrlichkeit

fiscal 1 ADJ Steuer... **2** M/F

Staatsanwalt *m*, -anwältin *f*
física F̲ Physik **físico** 1 A̲D̲J̲ körperlich, physisch; physikalisch 2 M̲, -a F̲ Physiker(in) 3 M̲ Aussehen *n*
fisioterapia F̲ Heilgymnastik
fitness F̲ Fitness *f*; **centro** *m* **de ~** Fitness-Center *n*
flaco mager, dünn; *fig* schwach
flamante nagelneu
flamenco 1 A̲D̲J̲ flämisch 2 M̲ Flamenco; ZOOL Flamingo
flan M̲ Eierpudding
Flandes M̲ Flandern *n*
flaqueza [-keθa] F̲ Magerkeit; *fig* Schwäche
flash [flas] M̲ Blitzlicht *n* **flashmob** ['flasmɔβ] M̲ Flashmob *m*
flato M̲ Blähung *f*
flauta F̲ Flöte; **~ dulce** Blockflöte **flautista** M̲/F̲ Flötist(in)
flecha -tʃa] F̲ Pfeil *m*
flequillo [-kiʎo] M̲ Frisur Pony *n*
fletar chartern
flexible biegsam; flexibel
flirtear flirten
flojo [-xo] locker; schlaff; schwach
flor F̲ Blume; Blüte **flora** F̲ Flora; **~ intestinal** Darmflora **florecer** [-θ-] blühen; *fig* florieren
Florencia F̲ Florenz *n*
florero M̲ Blumenvase *f* **florista** M̲/F̲ Blumenhändler(in) **floristería** F̲ Blumengeschäft *n*
flota F̲ Flotte **flotador** M̲ Schwimmring; TECH Schwimmer; **~es** *pl* **de brazos** Schwimmflügel **flotar** schwimmen, treiben; *in der Luft* schweben
fluctuación [-θ-] F̲ Schwankung **fluctuar** schwanken
fluido flüssig; fließend **fluir** fließen **flujo** [-xo] M̲ Fluss, Fließen *n*; MED Ausfluss
fluorescente [-θ-] (**tubo** M̲) **~** Leuchtstoff-, Neonröhre *f*
fluvial Fluss...
FM (Frecuencia Modulada) UKW (*Ultrakurzwelle*)
foca F̲ Seehund *m*
foco M̲ Brennpunkt; Scheinwerfer; MED *u. fig* Herd
fogón M̲ (Küchen)Herd
follaje [-ʎaxe-] M̲ Laub(werk) *n*
follar [-ʎ-] *vulg* ficken, vögeln
folleto [-ʎ-] M̲ Prospekt, Flyer; *größer* Broschüre *f*
follón [-ʎ-] M̲ *umg* Krach; Durcheinander *n*
fomentar fördern **fomento** M̲ Förderung *f*
fonda F̲ Gasthaus *n*
fondo M̲ Grund, Boden; MAL Hintergrund; HANDEL Fonds; **~ de inversiones** Investmentfonds; **~s** *pl* Geldmittel *npl*; **a ~** gründlich; **en el ~** im Grunde (genommen), im Grunde; **tocar ~** den Grund berühren; *fig* den Tiefpunkt erreichen
fontanero M̲ Klempner
footing M̲ Jogging *n*
forastero 1 A̲D̲J̲ fremd, auswärtig 2 M̲, -a F̲ Fremde(r)

m/f(m)

forestal Forst..., Wald...

forjar [-x-] schmieden

forma F̲ Form; Gestalt; **estar en ~** in Form sein; **~s** *pl* Umgangsformen **formación** [-θ-] F̲ (Aus)Bildung; **~ de adultos** Erwachsenenbildung; **~ profesional** Berufsausbildung

formal formal; förmlich; zuverlässig **formalidad** F̲ Förmlichkeit; Formalität; Zuverlässigkeit **formalmente** ADV formell, förmlich

formar bilden; ausbilden

formatear IT formatieren **formateo** IT Formatierung *f* **formato** M̲ *a.* IT Format *n*; **en gran ~** in Großformat

formidable *fam* toll, prima

fórmula F̲ Formel

formular formulieren **formulario** M̲ Formular *n*

foro M̲ Forum *n*

forofo M̲ *umg* Fan

forraje [-xe] M̲ (Vieh)Futter *n*

forrar *Kleid etc* füttern **forro** M̲ Futter *n*; Überzug

fortalecer [-θ-] stärken **fortaleza** [-θa] F̲ Festung

fortificación [-θ-] F̲ Befestigung **fortificar** befestigen

fortuito zufällig **fortuna** F̲ Schicksal *n*; Glück *n*; Vermögen *n*; **por ~** zum Glück

forzado [-θ-] Zwangs...; erzwungen **forzar** zwingen (**a** zu); *Tür etc* aufbrechen; *fig* erzwingen **forzoso** notgedrun-

gen, zwangsläufig

fosa F̲ Grube; **~ nasal** Nasenhöhle

fósforo M̲ Phosphor; Streichholz *n*

foso M̲ Graben; Grube *f*; THEAT Versenkung *f*

foto F̲ Foto *n*; **~ de(l) perfil** Profilfoto *n* **fotocopia** F̲ Fotokopie **fotocopiar** fotokopieren **fotogalería** F̲ INTERNET Fotogalerie, Fotobuch

fotografía F̲ Fotografie **fotografiar** fotografieren **fotógrafo, -a** M̲F̲ Fotograf(in) **fotoperiodista** M̲F̲ Fotoreporter(in) *m(f)*

fracasar scheitern; misslingen **fracaso** M̲ Scheitern *n*; Fehlschlag, Misserfolg; **ser un ~** *Person* ein Versager sein

fracción [-γθ-] F̲ MATH Bruch *m*; Bruchteil *m*

fractura F̲ MED Bruch *m*; **robo con ~** Einbruch

frágil [-x-] zerbrechlich

fragmento M̲ Fragment *n*; Bruchstück *n*

fraile M̲ Mönch

frambuesa F̲ Himbeere

francés [-θ-] ❶ ADJ französisch ❷ M̲, **-esa** F̲ Franzose, Französin

Francfort M̲ Frankfurt *n* (**del Meno** am Main)

Francia F̲ Frankreich *n*

franco ❶ ADJ frei; offen(herzig) ❷ M̲ Franc; Franken

Franconia F̲ Franken *n*

franela F̄ Flanell *m*

franja [-xa] F̄ Streifen *m*

franquear [-ke-] *Brief etc* frankieren **franqueo** M̄ Porto *n* **franqueza** [-θa] F̄ Offenheit

franquismo [-ki-] POL Franco-Regime **franquista** franquistisch, aus der Franco-Zeit

frasco M̄ Flakon, Fläschchen *n*

frase F̄ Satz *m*

fraternal brüderlich

fraude F̄ Betrug; **~ fiscal** Steuerhinterziehung F̄ **fraudulento** betrügerisch

frecuencia [-θ-] F̄ Häufigkeit; Frequenz; **con ~** häufig **frecuentar** (häufig) besuchen **frecuente** häufig

fregadero M̄ Spülbecken *n*

fregar scheuern; *Geschirr* spülen, abwaschen **fregona** F̄ Wischmopp *m*

freidora F̄ Fritteuse f **freír** braten; frittieren

frenar bremsen **freno** M̄ Bremse f; Zaum; **~ de mano/ de alarma** Hand-/Notbremse f

frente ① F̄ Stirn ② M̄ Vorderseite f; MIL Front f; **de ~** von vorn; **en ~** gegenüber; **~ a** gegenüber (*dat*)

fresa F̄ Erdbeere; TECH Fräse

fresco ① ADJ frisch; kühl; fig frech ② M̄ Kühle f; MAL Fresko *n* **frescura** F̄ Kühle; fig Frechheit

fresno M̄ Esche f

fresón M̄ Erdbeere f

fricción [-γθ-] F̄ Einreibung;

TECH u. fig Reibung

frigorífico ① ADJ Kühl... ② M̄ Kühlschrank; *Am* Kühlhaus *n*

frijol [-x-], **frijol** [-x-] M̄ *Am* Bohne f

frikada F̄ *umg* Spinnerei f

friki M̄/F̄ *umg* Freak *m*; **friki de los cómics** Comicfreak *m*

frío ① ADJ kalt ② M̄ Kälte f; **tengo ~** ich friere; **hace ~** es ist kalt; **coger ~** sich erkälten

Frisia F̄ Friesland *n*

frito gebraten; gebacken

frívolo leichtfertig, frivol

frontal Stirn...; frontal

frontera F̄ Grenze **fronterizo** [-θo] angrenzend, Grenz...

frotar (ab-, ein)reiben; frottieren

fructuoso fig fruchtbar; einträglich

fruncir [-θ-] runzeln

frustrar frustrieren; vereiteln, zunichtemachen **frustrarse** scheitern, misslingen

fruta F̄ Obst *n*; Frucht; **~ del tiempo** Obst der Saison; **~ de la pasión** Passionsfrucht, Maracuja **frutal** M̄ Obstbaum **frutería** F̄ Obsthandlung **fruto** M̄ Frucht f (*a. fig*); fig Nutzen, Gewinn

fue → ir, ser

fuego M̄ Feuer *n*; **~s** *pl* artificiales Feuerwerk *n*

fuel M̄ Heizöl *n*

fuelle [-Ae] M̄ Blasebalg

fuente F̄ Quelle (*a. fig*); Brunnen *m*; Schüssel

fuera¹ → ir, ser

fuera² außen; auswärts, außerhalb; heraus; **~ de** außer; **~ de servicio** außer Betrieb; **¡~ (de aquí)!** raus (hier)! **¡~ con esto!** weg damit!

fueraborda M̱ SCHIFF Außenborder; Außenbordmotor

fuerte 1 ADJ stark; kräftig; hart 2 M̱ Fort n; fig starke Seite f

fuerza [-θa] F̱ Kraft; Stärke; Gewalt; **~s** fpl **armadas** Streitkräfte; **a la** (od por) **~** mit Gewalt; notgedrungen

fuga F̱ Flucht; MUS Fuge f **fugarse** fliehen **fugaz** [-θ] fig flüchtig, vergänglich **fugitivo** [-x-] 1 ADJ flüchtig 2 M̱, -a F̱ Flüchtling

fui, fuimos → ir, ser

fulana F̱ umg Nutte **fulano** M̱ Kerl, Typ; **~ de tal** Herr Soundso

fulminante blitzartig; heftig; Zünd...

fumador(a) M(F) Raucher(in); **no ~** M̱ Nichtraucher(in) **fumar** rauchen

función [-θ-] F̱ Funktion; THEAT Vorstellung; **entrar en ~** tätig werden, ein Amt antreten **funcionar** funktionieren, gehen; **no funciona** außer Betrieb **funcionario** M̱, -a F̱ Beamte(r), Beamtin

funda F̱ Bezug m, Hülle; ZAHNMED Krone

fundación [-θ-] F̱ Gründung; Stiftung **fundador(a)** M(F) Gründer(in)

fundamental grundlegend **fundamento** M̱ Grundlage f; Fundament n

fundar gründen; fig stützen (**en** auf akk)

fundición [-θ-] F̱ Gießen n; Gießerei **fundir** schmelzen, gießen **fundirse** schmelzen; ELEK durchbrennen; fig sich zusammenschließen

fúnebre Trauer..., Grab...

funeral M̱ Trauerfeier f **funeraria** F̱ Bestattungsinstitut n

funesto unheilvoll

funicular M̱ Drahtseilbahn f

furgón M̱ BAHN Gepäckwagen **furgoneta** F̱ Lieferwagen m

furia F̱ Wut, Raserei **furioso** rasend; wütend **furor** M̱ Wut f; **hacer ~** Furore machen

furtivo heimlich; **cazador** m **~** Wilderer

fusible M̱ ELEK Sicherung f

fusil M̱ Gewehr n; Flinte f **fusilamiento** M̱ Erschießung f **fusilar** erschießen

fusión F̱ Schmelzen n; fig Verschmelzung; WIRTSCH Fusion

fútbol M̱ Fußball **futbolín** M̱ Tischfußball **futbolista** M(F) Fußball(spiel)er(in)

futuro 1 ADJ (zu)künftig 2 M̱ Zukunft f; GRAM Futur n

G

gabardina F̲ Regenmantel m

gabinete M̲ Kabinett n

gafas F̲P̲L̲ Brille f; **~ de sol/de buceo/de leer** Sonnen-/Taucher-/Lesebrille f; **llevar ~ e-e** Brille tragen

gaita F̲ Dudelsack m

gala F̲ Festkleidung, Gala; Galavorstellung; **de ~** in Gala; Gala... **galante** galant, zuvorkommend

galardón M̲ Auszeichnung f, Preis **galardonar** auszeichnen

galería F̲ Galerie; Stollen m

Galicia F̲ Spanien Galicien n; Osteuropa Galizien n

gallego [-ʎ-] 1 A̲D̲J̲ galicisch 2 M̲, **-a** F̲ Galicier(in)

galleta [-ʎ-] F̲ Keks m

gallina [-ʎ-] 1 F̲ Henne, Huhn n; **~ ciega** Spiel Blindekuh 2 M̲ fig Memme f; **carne** f (**an piel** f) **de ~** fig Gänsehaut **gallinero** M̲ Hühnerstall; THEAT Olymp

gallo [-ʎo] M̲ Hahn

galopar galoppieren **galope** M̲ Galopp

gama F̲ Tonleiter; fig Palette, Skala; **~ baja** Billigware

gamba F̲ Garnele **gamberro** M̲ Halbstarke(r), Rowdy

gamuza [-θa] F̲ Gämse; Fensterleder m; bes Am Wildleder n

gana F̲ Hunger m, Appetit m; **~s** pl Lust f; **de buena ~** gern; **de mala ~** ungern; **no me da la ~** ich habe keine Lust (dazu); **tener ~s de** Lust haben zu

ganadería F̲ Viehzucht **ganadero** M̲ Viehzüchter **ganado** M̲ Vieh n

ganador 1 A̲D̲J̲ siegreich 2 M̲, **ganadora** F̲ Gewinner(in); Sieger(in) **ganancia** [-θ-] F̲ Gewinn m **ganar** gewinnen (**por dos a uno** zwei zu eins); verdienen **ganarse: ~ la vida** s-n Lebensunterhalt verdienen

ganchillo [-tʃiʎo] M̲ Häkelnadel f; Häkelarbeit f; **hacer ~** häkeln **gancho** M̲ Haken

gandul 1 A̲D̲J̲ faul 2 M̲ Faulenzer **gandula** F̲ Liegestuhl m

ganga F̲ Schnäppchen n

ganso M̲ Gans f

ganzúa [-θ-] F̲ Dietrich m

garaje [-xe] M̲ Garage f

garantía F̲ Garantie **garantizar** [-θ-] garantieren

garapiñado [-ɲ-] kandiert **garbanzo** [-θo] M̲ Kichererbse f

garbo M̲ Anmut f, Grazie f

garganta F̲ Kehle; Hals m; GEOG Schlucht; **dolor** m **de ~** Halsschmerzen pl **gargantilla** [-ʎa] F̲ Halskette, -band n

gárgara F̲ Gurgeln f; **hacer ~s** gurgeln

garra F̲ Klaue, Kralle **garrafa**

F Karaffe **garrapata** F Zecke
garza [-θa] F Reiher m
gas M Gas n; **~ de escape** Abgas
n; **~ natural** Erdgas n
gasa F Gaze; Mull m
gaseosa F (Zitronen)Limonade
gasoducto M Erd-, Ferngasleitung f **gasóleo** M Diesel(öl) m
gasolina F Benzin n; **echar ~**
tanken **gasolinera** F Motorboot n; Tankstelle
gastar ausgeben; aufwenden;
abnutzen; verbrauchen **gastarse** sich abnutzen **gasto** M
Ausgabe f; Verbrauch; **~s pl**
Kosten pl; Spesen pl
gastronomía F Gastronomie
gastrónomo,-a M.F Gastronom(in); Feinschmecker(in)
gatillo [-ʎo] M Waffe Abzug
gato M Katze f; Kater; AUTO Wagenheber
gaviota F Möwe; **~ argéntea/
reidora** Silber-/Lachmöwe
gay umg 1 M Schwule(r) 2 ADJ
schwul
gazpacho [-θpatʃo] M kalte
Suppe aus Tomaten, Paprikaschoten, Zwiebeln, Essig und Öl
gel [-x] M Gel n; **~ de baño o
ducha** Duschgel n; **~ fijador**
Haarfestiger **gelatina** F Gelatine
gemelo [-x] 1 ADJ Zwillings
2 M, **-a** F Zwilling m; **~s pl**
Zwillinge; Fernglas n; Opernglas n; Manschettenknöpfe mpl
Géminis [-x] M ASTROL Zwillinge pl

gemir [-x] seufzen, stöhnen
genciana [xenθ-] F Enzian m
generación [-x] F Generation;
Erzeugung
general [-x] 1 ADJ allgemein 2
M General; **en** (od **por lo**) **~** im
Allgemeinen **generalidad** F
Allgemeinheit **generalizar**
[-θ-] verallgemeinern **generalmente** im Allgemeinen
generar [-x-] erzeugen
género [-x] M Gattung f; Art f;
Sorte f; HANDEL Ware f; **~s de
punto** Strick-, Wirkwaren fpl
generosidad [-x-] F Großmut
m **generoso** großzügig
genial [-x] genial **genio** M Gemütsart f; Wesen n; Genie f
genitales [-x-] MPL Genitalien pl
genitivo M GRAM Genitiv
genoma M BIOL Genom n
Génova F Genua n
gente [-x] F Leute pl, Volk n; **~
de bien** anständige Leute **gentil** hübsch; nett **gentileza** [-θa] F Liebenswürdigkeit
gentío M Menschenmenge f
gentrificación [-θ-] F Gentrifizierung f
GEO M ABK (Grupo Especial de
Operaciones) Eliteeinheit der
spanischen Polizei
geografía [-x-] F Geografie
geolocalización [-θ-] F Geolokalisierung f **geología** [-x-]
F Geologie **geometría** F Geometrie
Georgia F Georgien n
geranio [-x-] M Geranie f

gerencia [xerenθ-] f̲ Geschäftsführung **gerente** m̲/f̲ Geschäftsführer(in)

geriatría [x-] f̲ Geriatrie

germen [x-] m̲ Keim (a. fig) **germinar** keimen

gesticular [x-] gestikulieren

gestión [x-] f̲ Führung; Leitung; Verwaltung; **mala ~** Missmanagement n **gestionar** betreiben, besorgen

gesto [x-] m̲ Miene f; Geste f; Gebärde f

gestor [x-] m̲ **~ de redes** Netzwerkadministrator **gestoría** f̲ Agentur zur Erledigung amtlicher Formalitäten

gigante [x-] m̲ Riese **gigantesco** riesenhaft; gewaltig

gilipollas [xilipoʎas] m̲ umg Blödmann

gimnasia [x-] f̲ Turnen n, Gymnastik **gimnasio** m̲ Turnhalle f; Fitness-Center n

gimo → gemir

ginebra [x-] f̲ Gin m **Ginebra** [x-] f̲ Genf n

ginecólogo,-a [x-] m̲,f̲ Frauenarzt, -ärztin

gira [x-] f̲ Rundreise; THEAT Tournee **girar** (sich) drehen, kreisen; Geld überweisen; **~ a la derecha /izquierda** nach rechts/links abbiegen **girasol** m̲ Sonnenblume f **giratorio** Dreh..., Kreis...

giro [x-] m̲ Drehung f, Wendung f; HANDEL Überweisung f; **~ postal** Postanweisung f

gitano,-a [x-] m̲,f̲ Spanien neg! Zigeuner(in)

glacial [-θ-] eiskalt, eisig **glaciar** m̲ Gletscher

glándula f̲ ANAT Drüse

glaucoma m̲ MED Glaukom n, grüner Star

glicerina [-θ-] f̲ Glyzerin n

global global; Pauschal... **globalización** [-θaθ-] f̲ Globalisierung **globalizado** [-θ-] f̲ globalisiert

globo m̲ Kugel f; Erdball; Luftballon; FLUG **~ aerostático** Ballon; **~ del ojo** Augapfel

gloria f̲ Ruhm m **glorificar** verherrlichen; rühmen **glorioso** glorreich; rühmlich

glosa f̲ Randbemerkung, Glosse **glosar** glossieren **glosario** m̲ Glossar f

glucemia [-θ-] f̲ Blutzucker m **glucómetro** m̲ Blutzuckermessgerät n

glucosa f̲ Traubenzucker m

gluten m̲ Gluten n; **sin ~** glutenfrei

gobernación [-θ-] f̲ Regierung, Regieren n **gobernador(a)** m̲(f̲) Gouverneur(in) **gobernar** regieren; leiten; SCHIFF steuern

gobierno m̲ Regierung f

goce [-θe] m̲ Genuss

gol m̲ SPORT Tor n

golf m̲ SPORT Golf n **golfillo** [-ʎo] m̲ Straßenjunge **golfista** m̲/f̲ Golfspieler(in) **golfo** m̲ GEOG Golf m

golondrina F̲ Schwalbe

golosina F̲ Nascherei; Leckerbissen m **goloso** naschhaft

golpe M̲ Schlag; Stoß; **~ de calor** Hitzschlag; **~ de Estado** Staatsstreich; **de ~ (y porrazo)** plötzlich; **no dar ~** faulenzen

golpear schlagen; klopfen

goma F̲ Gummi n; Radiergummi m

gonorrea F̲ MED Tripper m

gordo 1̲ ADJ dick 2̲ M̲ **el ~** das große Los **gordura** F̲ Fett n; Korpulenz

gorila M̲ Gorilla (a. fig)

gorra F̲ Mütze; Kappe

gorrear umg schmarotzen **gorrino** M̲ Schwein n (a. fig)

gorrión M̲ Sperling, Spatz

gorro M̲ Mütze f; **~ de baño** Badekappe f

gorrón M̲ umg Schnorrer

gota F̲ Tropfen m; MED Gicht; **~ a ~** m MED Tropf

gotear tröpfeln **gotera** F̲ undichte Stelle (im Dach)

gótico 1̲ ADJ gotisch 2̲ M̲ Gotik f

gozar [-θ-] genießen; sich erfreuen (**de** gen) **gozo** M̲ Freude f, Vergnügen n **gozoso** freudig; fröhlich

GPS [xe pe 'ese] M̲ ABK (Global Positioning System) GPS n; umg Navi n

grabación [-θ-] F̲ Aufnahme, Aufzeichnung **grabado** M̲ Stich; Abbildung f **grabadora** F̲ Aufnahmegerät n; **~ de CD/**

DVD CD-/DVD-Brenner m **grabar** gravieren; einritzen; **~ (en vídeo)** (auf Video) aufnehmen

gracia [-θ-] F̲ Anmut, Grazie; Witz m; REL Gnade; **¡~s!** danke!; **~s a** dank; **dar las ~s a alg** j-m danken **gracioso** 1̲ ADJ anmutig, graziös; witzig 2̲ M̲ Spaßmacher

grada F̲ Stufe **gradería** F̲ Stufen-, Sitzreihe; Ränge mpl **grado** M̲ Grad; Rang

graduación [-θ-] F̲ Graduierung; Abstufung; Rangstufe **gradual** allmählich **graduar** abstufen, graduieren **graduarse** e-n akademischen Titel erwerben

gráfico 1̲ ADJ grafisch 2̲ M̲ Grafik f; Diagramm n

grafista M/F Grafiker(in)

gragea [-x-] F̲ Dragée n

gramática F̲ Grammatik **gramático** grammatisch

gramo M̲ Gramm n

granada F̲ Granatapfel m; MIL Granate

Gran Bretaña [-ɲa] F̲ Großbritannien

grande (vor SUBST SG **gran**) groß **grandeza** [-θ-] F̲ Größe

grandilocuente hochtrabend, geschwollen **grandioso** großartig, herrlich

granel: a ~ lose, unverpackt

granizado [-θ-] M̲ Eisgetränk n **granizar** hageln **granizo** M̲ Hagel

granja [-xa] F̲ Bauernhof m;

Farm; *Sp a.* Milchbar

grano M̅ Korn *n;* MED Pickel; **ir al** ~ zur Sache kommen

grapa F̅ Heftklammer **grapadora** F̅ Heftmaschine

grasa F̅ Fett *n;* **bajo en** ~ fettarm **grasiento** fettig; schmierig **graso** fett

gratificación [-θ-] F̅ Gratifikation; Belohnung; Vergütung **gratificante** erfreulich, angenehm **gratificar** belohnen

gratinar überbacken, gratinieren

gratis gratis, umsonst

gratitud F̅ Dankbarkeit **grato** angenehm **gratuito** kostenlos, gratis; *fig* grundlos

grava F̅ Kies *m;* Schotter *m*

gravamen M̅ Last *f;* Auflage *f* **gravar** belasten; besteuern

grave schwer; ernst; *Ton* tief; **estar** ~ schwer krank sein **gravedad** F̅ Schwere; Ernst *m*

gravilla [-ʎa] F̅ Kies *m;* ~ **(suelta)** Rollsplitt *m*

gravitación [-θ-] F̅ Schwerkraft

Grecia F̅ Griechenland *n*

gremio M̅ Innung *f;* Gremium *n*

gres M̅ Steingut *n*

griego ① ADJ griechisch ② M̅, -a F̅ Grieche *m,* Griechin *f*

grieta F̅ Spalte; Riss *m*

grifo M̅ (Wasser)Hahn **agua del** ~ Leitungswasser *n*

grillo [-ʎo] M̅ ZOOL Grille *f*

gripe F̅ Grippe; ~ **estacional** saisonale Grippe; ~ **intestinal**

Darmgrippe; ~ **porcina** Schweinegrippe

gris grau

gritar schreien; rufen **gritería** F̅ Geschrei *n* **grito** M̅ Schrei *m*

Groenlandia F̅ Grönland *n*

grosella [-ʎa] F̅ Johannisbeere; ~ **espinosa** Stachelbeere

grosería F̅ Grobheit **grosero** ① ADJ grob; flegelhaft ② M̅ Flegel

grúa F̅ Kran *m;* Abschleppwagen *m*

grueso ① ADJ dick; **mar** *f* -a schwere See ② M̅ Dicke *f;* Gros *n*

grulla [-ʎa] F̅ Kranich *m*

gruñir [-ɲ-] grunzen; *fig* murren

grupo M̅ Gruppe *f;* ~ **sanguíneo** Blutgruppe *f*

gruta F̅ Grotte, Höhle

g-string [xe-] M̅ Stringtanga

Guadalquivir [-ki-] M̅ *Fluss im Süden Spaniens*

guadaña [-ɲa] F̅ Sense

guante M̅ Handschuh **guantera** F̅ AUTO Handschuhfach *n*

guapo hübsch

guarda M̅ Wächter, Wärter; ~ **forestal** Förster **guardabarros** M̅ Schutzblech *n;* AUTO Kotflügel **guardabosque** [-ke] M̅ Forstaufseher **guardacoches** [-tʃ-] M̅ Parkwächter **guardaespaldas** M̅ Leibwächter **guardameta** M̅ Torwart

guardar (auf)bewahren; behal-

ten; bewachen; IT abspeichern;
~ cama das Bett hüten; **~ silencio** schweigen **guardarropa**
M Garderobe f; Kleiderschrank
guardarse sich hüten (**de**
vor dat)
guardería F **~ (infantil)** Kinderkrippe, Kita
guardia ☐ F Wache; Schutz m;
estar de ~ MED Bereitschaftsdienst haben; MIL Wache stehen; **~ civil** Sp Landpolizei; **~ urbana** Stadtpolizei ☑ M Posten; Polizist; **~ civil** Sp Landpolizist
guarnecer [-θ-] garnieren
guarnición [-θ-] F GASTR Beilage; MIL Garnison; **con ~** garniert
guarro umg ☐ ADJ dreckig ☑ M Schwein m (a. fig)
guayaba F Guave **guayabera**
F Buschhemd
gubernamental, gubernativo Regierungs...
guerra [gε-] F Krieg m; **~ civil**
Bürgerkrieg m; **~ mundial**
Weltkrieg m; **~ nuclear** Atomkrieg m **guerrero** ☐ ADJ kriegerisch ☑ M, **-a** F Krieger(in)
guerrilla [-ʎa] F Guerilla;
Guerillakrieg m
guglear® M googeln®
guía [gía] ☐ M/F Person Führer(in); Reiseleiter(in) ☑ F Buch
Reiseführer m; **~ comercial** Adressbuch n; **~ de ferrocarriles**
Kursbuch n; **~ telefónica** Telefonbuch n

guiar [gi-] führen; leiten; lenken
guijarro [gix-] M Kieselstein
guinda [gi-] F Sauerkirsche
guindilla [-ʎa] F scharfe Pfefferschote, Peperoni
Guinea F **~ Ecuatorial** Äquatorialguinea n
guiñar [gi-] blinzeln; **~ los ojos** zwinkern **guiño** [-ɲo]
umg M Zwinkern n; umg Anmache f
guión [gi-] M GRAM Bindestrich; Film Drehbuch n
guirnalda [gi-] F Girlande
guisado [gi-] M GASTR
Schmorgericht n
guisante [gi-] M Erbse f
guisar [gi-] kochen; schmoren
guiso [gi-] M GASTR Gericht n
güisqui [ˈɡüiski] M Whisky
guitarra [gi-] F Gitarre
gusano M Wurm; **~ de seda**
Seidenraupe f
gustar VIT kosten, probieren; VI
gernhaben (od gerntun); gefallen; schmecken; **me gustaría**
... ich würde gern ... **gusto**
M Geschmack; Vergnügen n;
Gefallen n; **con mucho ~** sehr
gern; **de buen ~** geschmackvoll; **de mal ~** geschmacklos;
¡mucho ~! sehr erfreut! **gustoso** schmackhaft; gern

H

ha → haber
haba f Saubohne, dicke Bohne
Habana: La ~ Havanna n
haber 1 *Hilfsverb* haben, sein; ~
de sollen, müssen; **hay** es gibt;
hay que man muss; **no hay de
qué** nichts zu danken 2 M
HANDEL Haben n; Guthaben n;
haberes PL Vermögen n; Habe
f
habichuela [-tʃ-] f Bohne
hábil geschickt, fähig; **día** m ~
Werktag **habilidad** f Geschicklichkeit, Fähigkeit **habilitar** befähigen; ermächtigen
habitable bewohnbar **habitación** [-θ-] f Zimmer n;
Schlafzimmer n; ~ **doble/indi-
vidual** Doppel-/Einzelzimmer n
habitante M/F Bewohner(in);
Einwohner(in) **habitar** bewoh-
nen; wohnen
hábito M Gewohnheit f
habitual 1 ADJ üblich; gewohnt 2 M (**cliente**) ~ Stammgast **habituar(se)** (sich) gewöhnen (**a an** akk)
habla f Sprache; Mundart; **de
habla alemana** deutschsprachig **habladurías** FPL Gerede
n; Klatsch m **hablar** sprechen,
reden
hacendado,-a [aθ-] M/F Guts-

besitzer(in)
hacer [aθ-] machen, tun; *Koffer*
packen; *Frage* stellen; **hace una
semana** vor einer Woche **hacerse werden**; **se hace tarde
(de noche)** es wird spät (Nacht)
hacha [atʃa] f Axt, Beil n
hachís [atʃ-] M Haschisch
hacia [aθ-] gegen, nach, zu; ~
aquí hierher; ~ **la tarde** gegen
Abend
hacienda [aθ-] f Landgut m;
Besitz m; **Hacienda (pública)**
Finanzverwaltung; **Delegación
f de Hacienda** Finanzamt n
hada f Fee
hago, haga → hacer
hala INT ¡hala! wow!
halagar j-m schmeicheln **halago** M Schmeichelei f **hala-
güeño** [-ɣüeɲo] schmeichelhaft
halcón M Falke (a. POL fig)
hall [xɔl] M (Hotel)Halle f, Foyer
n
hallar [aʎ-] finden **hallarse**
sich befinden, sein **hallazgo**
[-θ-] M Fund
halógeno [-x-] Halogen...
halterofilia f SPORT Gewichtheben n
hamaca f Hängematte; Liegestuhl m
hambre f Hunger m **hambriento** hungrig
Hamburgo M Hamburg n
hamburguesa [-ɣe-] f GASTR
Hamburger m
han → haber

harapiento zerlumpt harapo M Lumpen

haré, haría → hacer

harina F Mehl n

hartar sättigen harto satt; fig überdrüssig; estar ~ de a/c etw satthaben

has → haber

hasta 1 PRÄP bis; ¡~ luego! bis gleich, bis dann!; bes Am a. auf Wiedersehen!; ~ que bis 2 ADV sogar, selbst

hastío M Überdruss

hay, haya → haber

haya F Buche

Haya: La ~ Den Haag n

haz² → haber

hazaña [aθaɲa] F Heldentat

he → haber

hebilla [-ʎa] F Schnalle

hebra F Faden m; Faser

hechizar [etʃiθ-] bezaubern hechizo [-θo] M Zauber

hecho [etʃo] 1 ADJ gemacht; fertig; ~ a mano handgemacht; estoy ~ polvo umg ich bin total fertig 2 M Tatsache f; Tat f

hectárea F Hektar m

hedor M Gestank

helada F Frost m heladería F Eisdiele, Eiscafé m helado 1 ADJ (zu)gefroren; vereist; GASTR Eis...; fig eiskalt 2 M (Speise)Eis n helarse gefrieren, zufrieren; vereisen

helecho [-tʃo] M Farn

hélice [-θe] F Propeller m; SCHIFF Schraube

helicóptero M Hubschrauber

helipuerto M Hubschrauberlandeplatz

hematoma M Bluterguss

hembra F ZOOL Weibchen n

hemisferio M Halbkugel f

hemorragia [-x-] F Blutung; ~ nasal Nasenbluten n hemorroides FPL Hämorr(ho)iden

hemos → haber

hender spalten hendidura F Spalt m; Schlitz m

heno M Heu n

hepático Leber... hepatitis F Hepatitis, Leberentzündung

heredar erben; beerben heredero M, -a F Erbe m, Erbin f

hereditario erblich, Erb...

hereje [-xe] M Ketzer

herencia [-θ-] F Erbschaft; Erbe n

herida F Verletzung; Wunde herir verwunden, verletzen

hermana F Schwester hermanastra F, hermanastro M Stiefschwester, -bruder hermandad F a. REL Bruderschaft hermano M Bruder hermanos MPL Geschwister pl

hermético hermetisch; luftdicht

hermoso schön hermosura F Schönheit

hernia F MED Bruch m; ~ inguinal Leistenbruch m

héroe M Held

heroico heroisch, heldenhaft heroína F Heldin; Droge Heroin n

herradura F Hufeisen n he-

rramienta F̲ Werkzeug n he-
rrar Pferd beschlagen he-
rrumbre F̲ Rost m
hervidero M̲ fig Gewimmel n,
Gewühl n hervir kochen, sieden
heterosexual heterosexuell
híbrido hybrid; coche m ~ Hybridauto n
hice ['iθo] → hacer
hidrato M̲ ~ de carbono
Kohle(n)hydrat n
hidráulico hydraulisch
hidroavión M̲ Wasserflugzeug
n hidrocarburo M̲ Kohlen-
wasserstoff
hidrógeno [-x-] M̲ Wasserstoff
hidropedal M̲ Tretboot n
hiedra F̲ Efeu m
hiel F̲ Galle (a. fig)
hielo M̲ Eis n; Frost
hiena F̲ Hyäne
hierba F̲ Gras n; Kraut n; umg
Marihuana n; mala ~ Unkraut
n hierbabuena F̲ Minze
hiero → herir
hierro M̲ Eisen n
hiervo → hervir
hígado M̲ Leber f
higiene [-x-] F̲ Hygiene higiénico hygienisch
higo M̲ Feige f; ~ chumbo m
Kaktusfeige f higuera [-ɣe-]
F̲ Feigenbaum m
hija [ixa] F̲ Tochter hijastra F̲,
hijastro M̲ Stieftochter f,
-sohn m hijo M̲ Sohn; ~ de puta vulg Hurensohn, vulg Saukerl; ~s pl Kinder pl

hilar spinnen
hilo M̲ Faden; Garn n; Schnur f;
feiner Draht
himno M̲ Hymne f; ~ nacional
Nationalhymne f
hincapié M̲ hacer ~ en Nachdruck legen auf (akk)
hincha [-tʃa] M̲ bes SPORT Fan
hinchado geschwollen hin-
char aufblasen, aufpumpen;
fig aufbauschen hincharse
anschwellen; fig sich aufblähen
hinchazón [-θ-] F̲ MED
Schwellung
hinojo [-xo] M̲ Fenchel
hiperactivo hyperaktiv hiperenlace [-θe] M̲ INTERNET Hyperlink m/n hipermercado
M̲ (großer) Supermarkt hipertensión F̲ Bluthochdruck m
hipertexto M̲ IT Hypertext
hipervínculo M̲ → hiperenlace
hípica F̲ Reitsport m
hipo M̲ Schluckauf
hipócrita 1 ADJ heuchlerisch
2 M/F Heuchler(in)
hipódromo M̲ (Pferde)Renn-
bahn f
hipoglucemia F̲ Unterzucker
m
hipopótamo M̲ Nilpferd n
hipoteca F̲ Hypothek hipote-
car mit e-r Hypothek belasten
hirió → herir
hirviente siedend, kochend
hirvió → hervir
hispánico (hi)spanisch hispanidad F̲ Día de la Hispanidad

Feiertag der Entdeckung Amerikas

histérico hysterisch

historia E Geschichte **histórico** geschichtlich

hito M Grenzstein; *fig* Meilen-, Markstein

hizo ['iθo] → hacer

hockey M Hockey *n*; ~ **sobre hielo** Eishockey *n*

hogar M Herd; *fig* Heim *n* **hoguera** [-ye-] E Scheiterhaufen *m*; Lagerfeuer *n*

hoja [ɔxa] E Blatt *n*; ~ **de afeitar** Rasierklinge **hojalata** E Blech *n* **hojear** [ɔx-] durchblättern

¡hola! hallo!, guten Tag!

Holanda E Holland *n*

holandés ■ ADJ holländisch ■ M, **-esa** E Holländer(in)

holgado geräumig; *Kleid* weit, bequem; *fig* sorgenfrei **holgazán, -ana** [-θ-] MF Faulenzer(in)

hollín [ʎ-] M Ruß

hombre M Mann; Mensch; ~ **de negocios** Geschäftsmann; **¡~ al agua!** Mann über Bord **hombrera** E Schulterpolster *n* **hombro** M Schulter *f*

homenaje [-xe] M Ehrung *f* **homenajear** ehren, feiern **homeópata** MF Homöopath(in)

homicidio [-θ-] M Totschlag **homogéneo** [-x-] homogen **homoparental** ADJ **familia ~** Homo-Familie *f* **homosexual** homosexuell

honda E Schleuder **hondo** tief **hondura** E Tiefe

honesto ehrlich; anständig

hongo M Pilz

honor Ehre *f* **honorable** ehrenwert **honorario** Ehren... **honorarios** MPL Honorar *n*

honra [-rra] E Ehre **honradez** [-θ-] E Rechtschaffenheit **honrado** redlich; ehrlich; rechtschaffen **honrar** ehren **honroso** ehrenvoll

hora E Stunde; Zeit; ~ **y media** anderthalb Stunden; ~ **de llegada/salida** Ankunfts-/Abfahrtszeit *f*; ~ **feliz** Happy Hour; **~s** *pl* **extra(ordinarias)** Überstunden; **~s** *pl* **punta** Stoßzeit *f*; **¿qué ~ es?** wie spät ist es?

horario M Stundenplan; BAHN Fahrplan; FLUG Flugplan; ~ **comercial** Geschäftszeit *f*

horca E Galgen *m*

horchata [-tʃ-] E ~ **(de chufa)** Erdmandelmilch

horizontal [-θ-] horizontal, waagerecht **horizonte** M Horizont

hormiga E Ameise **hormigón** M Beton; ~ **armado** Stahlbeton **hormiguero** [-ye-] M Ameisenhaufen

hormona E Hormon *n* **hormonal** hormonell

hornillo [-ʎo] M Kocher; Kochplatte *f*; ~ **de gas** Gaskocher **horno** M Ofen, Backofen; **alto** ~ Hochofen

horóscopo M Horoskop *n*

horquilla [-kíʎa] $\underline{F}$ Haarnadel; TECH Gabel

horrendo grausig **horrible** schrecklich **horror** $\underline{M}$ Schrecken; Schauder; Abscheu; ¡qué ~! wie schrecklich! **horroroso** entsetzlich

hortaliza [-θa] $\underline{F}$ Gemüse m **horticultura** [-θa] $\underline{F}$ Gartenbau m

hospedaje [-xe] $\underline{M}$ Beherbergung f **hospedar** beherbergen **hospedarse** logieren, absteigen

hospital $\underline{M}$ Krankenhaus n **hospitalario** gastfreundlich **hospitalidad** $\underline{F}$ Gastfreundschaft

hostal $\underline{M}$ Hotel n; Gasthof

hostia $\underline{F}$ Hostie

hostigar belästigen, bedrängen; mobben

hostil feindlich **hostilidad** $\underline{F}$ Feindseligkeit

hotel $\underline{M}$ Hotel n

hotspot [ˈxɔtspɔt] $\underline{M}$ Hotspot m

hoy heute; **de ~ en adelante** von heute an; **~ por ~** vorläufig; **~ (en) día** heutzutage

hoyo $\underline{M}$ Grube f; Grab n **hoyuelo** [-θo] $\underline{M}$ Grübchen n

hube, hubo → **haber**

hucha [utʃa] $\underline{F}$ Sparbüchse

hueco ❶ ADJ hohl, leer (a. fig) ❷ $\underline{M}$ Hohlraum, Lücke f

huele → **oler**

huelga $\underline{F}$ Streik m; **~ de celo** Bummelstreik m; **~ general** Generalstreik m; **~ de hambre**

Hungerstreik m; **hacer ~, estar en ~** streiken **huelguista** [-ɣi-] $\underline{MF}$ Streikende(r) m/f(m)

huella [-ʎa] $\underline{F}$ Spur; **~ ecológica** ökologischer Fußabdruck m

huérfano ❶ ADJ verwaist ❷ $\underline{M}$, **huérfana** $\underline{F}$ Waise f

huerta $\underline{F}$ Obst-, Gemüseland m **huerto** $\underline{M}$ Obst-, Gemüsegarten

hueso $\underline{M}$ Knochen

huésped $\underline{M}$ Gast

huevera $\underline{F}$ Eierbecher m

huevo $\underline{M}$ Ei; **~ pasado por agua** weiches Ei; **~ duro** hart gekochtes Ei; **~ frito**, **~ al plato** Spiegelei m; **~s pl revueltos** Rührei npl; **¡yu un ~!** umg denkste!

huida $\underline{F}$ Flucht; **~ del conductor** Fahrerflucht **huir** fliehen, flüchten; **~ de** (ver)meiden

hule $\underline{M}$ Wachstuch n

hulla [uʎa] $\underline{F}$ Steinkohle

humanidad $\underline{F}$ Menschheit; Menschlichkeit; **humano** menschlich, human

humareda $\underline{F}$ Rauchwolke **humear** rauchen

humedad $\underline{F}$ Feuchtigkeit **humedecer** [-θ-] anfeuchten

húmedo feucht

humilde bescheiden, demütig **humillar** [-ʎ-] demütigen

humo $\underline{M}$ Rauch; **echar ~** rauchen, qualmen

humor $\underline{M}$ Laune f; Humor; **estar de buen/mal ~** gute/schlechte Laune haben **humo-**

rismo M̲ Humor humorista
M̲/F̲ Humorist(in)
hundimiento M̲ Einsturz; Untergang (a. fig) hundir versenken; fig vernichten hundirse
versinken; a. fig untergehen
húngaro 1 A̲D̲J̲ ungarisch 2
M̲, -a F̲ Ungar(in)
Hungría F̲ Ungarn n
huracán M̲ Orkan
hurtadillas [-ʎ-] a ~ verstohlen hurtar stehlen hurto M̲
Diebstahl
husmear wittern; fig (herum)-
schnüffeln
huyó → huir

iba → ir
ibérico, íbero, ibero iberisch
iberoamérica F̲ Iberoamerika
iceberg [-θ-] M̲ Eisberg; lechuga f ~ Eisbergsalat m
ictericia [-θ-] F̲ Gelbsucht
ida F̲ Hinweg m, -reise, -fahrt
idea F̲ Idee; no tengo ~ ich habe keine Ahnung
ideal 1 A̲D̲J̲ ideal 2 M̲ Ideal n
idealismo M̲ Idealismus idealista M̲/F̲ Idealist(in)
idear ersinnen, sich ausdenken
idéntico identisch
identidad F̲ Identität

identificar identifizieren
identificarse sich ausweisen
idilio M̲ Idyll n
idioma M̲ Sprache f
idiota 1 A̲D̲J̲ idiotisch 2 M̲/F̲
Idiot(in) idiotez [-θ-] F̲ Idiotie
ídolo M̲ Idol n
idóneo geeignet
iglesia F̲ Kirche
ignorancia [-θ-] F̲ Unwissenheit ignorante unwissend ignorar nicht wissen (od kennen); no ~ wohl wissen
igual gleich(mäßig, -förmig); es ~ das ist egal; sin ~ unvergleichlich igualar gleichmachen, -stellen; Gelände planieren igualdad F̲ Gleichheit
igualmente ebenfalls, gleichfalls
iguana M̲ Z̲O̲O̲L̲ Leguan m
ilegal ungesetzlich, illegal ilegalidad F̲ Gesetzwidrigkeit
ilegible [-x-] unleserlich
ilegítimo [-x-] ungesetzlich; Kind unehelich
ileso unverletzt
ilícito unerlaubt
ilimitado unbeschränkt; unbefristet
iluminación [-θ-] F̲ Beleuchtung iluminar beleuchten
ilusión F̲ Illusion ilusionista M̲/F̲ Zauberkünstler(in) iluso naiv, leichtgläubig ilusorio trügerisch, illusorisch
ilustración [-θ-] F̲ Illustration; Abbildung ilustrado gebildet; illustriert ilustrar erläutern;

bebildern, illustrieren **ilustre** berühmt, erlaucht

Imagen [-x-] F̲ Bild *n*; **~ (pública)** Image *n*

imaginable [-x-] vorstellbar **imaginación** [-θ-] F̲ Fantasie; Einbildung **imaginar** sich ausdenken, ersinnen **imaginarse** sich *etw* vorstellen, sich *etw* einbilden **imaginativo** einfallsreich

imán M̲ Magnet

imbécil [-θ-] **1** A̲D̲J̲ blöd(sinnig) **2** M̲ Dummkopf, Idiot

IMC [-θ-] M̲ A̲B̲K̲ (índice de masa corporal) BMI *m* (Body-Mass-Index)

imitación [-θ-] F̲ Nachahmung, Imitation **imitar** nachahmen, imitieren

impaciencia [-θienθ-] F̲ Ungeduld **impacientarse** ungeduldig werden **impaciente** ungeduldig

impacto M̲ Aufprall; Einschlag; *fig* Wirkung *f*

impar ungerade

imparable unaufhaltsam

imparcial [-θ-] unparteiisch, voreingenommen

impartir *Unterricht* erteilen

impávido unerschütterlich

impecable tadellos, einwandfrei

impedir (ver)hindern

impenetrable undurchdringlich; unerforschlich

impensado unerwartet

imperar (vor)herrschen

imperceptible [-θ-] unmerklich

imperdible M̲ Sicherheitsnadel *f*

imperdonable unverzeihlich

imperfecto unvollkommen

imperial kaiserlich **imperio** M̲ (Kaiser)Reich *n* **imperioso** gebieterisch

impermeable **1** A̲D̲J̲ wasserdicht; undurchlässig **2** M̲ Regenmantel

impertinente ungehörig; unverschämt

ímpetu M̲ Ungestüm *n*; Schwung **impetuoso** heftig; ungestüm

implacable unerbittlich

implantar einpflanzen; *fig* einführen **implante** M̲ **~ (dental)** (Zahn)Implantat *n*

implicar verwickeln, hineinziehen; mit sich bringen

implorar anflehen

imponente imposant

imponer auferlegen; aufdrängen; *Steuern* erheben **imponerse** sich durchsetzen

impopular unbeliebt

importación [-θ-] F̲ Einfuhr **importador(a)** M̲(F̲) Importeur(in)

importancia [-θ-] F̲ Wichtigkeit, Bedeutung; **no tiene ~** das macht nichts; **sin ~** unwichtig **importante** wichtig, bedeutend **importar** V̲T̲ einführen; V̲I̲ wichtig sein; **no importa** das macht nichts

importe M̄ Betrag
importuno lästig
imposibilidad F̄ Unmöglichkeit **imposible** unmöglich
imposición [-θ-] F̄ (Geld)Einlage
impotencia [-θ-] F̄ Unvermögen n; MED Impotenz **impotente** machtlos; unfähig; MED impotent
impregnar imprägnieren; durchtränken (**de mit**) **imprenta** F̄ Druckerei; Druck m
imprescindible [-θ-] unentbehrlich; unumgänglich
impresión F̄ (Ab)Druck m; fig Eindruck m **impresionar** beeindrucken **impreso** 1 ADJ gedruckt 2 M̄ Drucksache f; Formular n **impresora** F̄ ~ (**en color**) (Farb)Drucker m
imprevisto unvorhergesehen
imprimir (ab)drucken; fig einprägen; IT ausdrucken
improbable unwahrscheinlich
improductivo unproduktiv; unergiebig
improvisar improvisieren
imprudente unvorsichtig
impuesto M̄ Steuer f; ~ **sobre el valor añadido** Mehrwertsteuer f
impugnar anfechten
impulsar antreiben **impulsión** F̄ Antrieb m, Anstoß m **impulsivo** impulsiv **impulso** M̄ Antrieb; Impuls
impunidad F̄ Straflosigkeit
imputar Schuld zuschreiben

inacabable endlos **inacabado** unvollendet
inaccesible [-γθ-] unerreichbar; unzugänglich
inaceptable [-θ-] unannehmbar
inadmisible unzulässig
inadvertido unachtsam
inaguantable unerträglich
inalámbrico drahtlos, kabellos
inaudito unerhört
inauguración [-θ-] F̄ Einweihung, Eröffnung **inaugurar** einweihen, eröffnen
incansable unermüdlich
incapacidad [-θ-] F̄ Unfähigkeit; ~ **laboral** Arbeitsunfähigkeit; ~ **mental** geistige Behinderung **incapacitado** unfähig; behindert; ~ **para el trabajo** arbeitsunfähig
incapaz [-θ] unfähig (**de zu**)
incauto unvorsichtig
incendiar [-θ-] anzünden; in Brand stecken **incendio** M̄ Brand; ~ **provocado** Brandstiftung f
incentivo [-θ-] M̄ Anreiz, Ansporn
incertidumbre [-θ-] F̄ Ungewissheit
incesante [-θ-] unablässig, andauernd
incidente [-θ-] M̄ Zwischenfall
incienso [-θ-] M̄ Weihrauch
incierto [-θ-] ungewiss; unsicher
incineración [-θineraθ-] F̄

148 ‖ incisivo

Einäscherung; **~ de basuras** Müllverbrennung

incisivo [-θ-] **(diente) ~** M̱ Schneidezahn

incitar [-θ-] anreizen, antreiben

inclinación [-θ-] F̱ Neigung (a. fig) **inclinar** neigen, beugen **inclinarse** fig neigen (**a** zu)

incluir einschließen; beifügen **inclusive** einschließlich **incluso** sogar

incoherente unzusammenhängend

incoloro farblos

incomodar belästigen

incómodo unbequem

incomparable unvergleichlich **incompatible** unvereinbar **incompetente** unzuständig; unfähig **incompleto** unvollständig **incomprensible** unverständlich

incomunicado Ort abgeschnitten; Gefangener isoliert

inconfundible unverwechselbar **inconsciente** [-θ-] unbewusst; MED bewusstlos **inconstante** unbeständig **inconveniente** ① A̱ḎJ̱ unangebracht; unpassend ② M̱ Nachteil; **no tengo ~** ich habe nichts dagegen

incorporar eingliedern, einfügen **incorporarse** sich aufrichten

incorrecto unrichtig; fig unhöflich **incorregible** [-x-] un-

verbesserlich

incrédulo ungläubig

increíble unglaublich

incremento M̱ Zunahme f, Zuwachs

incubadora F̱ Brutapparat m; MED Brutkasten m **incubar** (aus)brüten

inculpar beschuldigen

inculto ungebildet

incurable unheilbar

indecente [-θ-] unanständig

indeciso [-θ-] unentschlossen

indefenso wehrlos

indefinido unbestimmt

indemnización [-θaθ-] F̱ Entschädigung **indemnizar** [-θ-] entschädigen

independencia [-θ-] F̱ Unabhängigkeit **independiente** unabhängig; selbstständig **independista** Unabhängigkeits...; Freiheits...; **movimiento** m ~ Unabhängigkeitsbewegung f

indescriptible unbeschreiblich

indeseable unerwünscht

indeterminado unbestimmt

India F̱ Indien n **indiano** M̱ (reicher) Amerikaheimkehrer

indicación [-θ-] F̱ Hinweis m; Angabe; Anzeige **indicador** M̱ (An)Zeiger; **~ de camino** Wegweiser **indicar** (an)zeigen; angeben; hinweisen auf (akk)

índice [-θe] M̱ Anzeichen n; Inhaltsverzeichnis n; Index; **~ de paro** Arbeitslosenquote f; (de-

do *m*) ~ Zeigefinger
indicio [-θ-] M Anzeichen *n*
Índice: Océano *m* ~ Indischer Ozean
indiferencia [-θ-] F Gleichgültigkeit **indiferente** gleichgültig
indígena [-x-] 1 ADJ eingeboren, einheimisch 2 M/F Einheimische(r) *m/f(m)*
indigente [-x-] arm, bedürftig
indigestión [-x-] F Verdauungsstörung **indigesto** unverdaulich (*a. fig*)
indignar empören **indignarse** sich entrüsten **indigno** unwürdig (**de** *gen*)
indio 1 ADJ indisch; indianisch 2 M, **-a** F Inder(in); Indianer(in)
indirecta F Anspielung **indirecto** indirekt
indiscreción [-θ-] F Indiskretion **indiscreto** indiskret
indiscutible unbestreitbar
indispensable unerlässlich **indispuesto** unwohl, unpässlich
individual individuell; Einzel... **individuo** M Individuum *n* (*a. pej*) **indivisible** unteilbar
índole F Art; Natur
indolencia [-θ-] F Trägheit **indolente** träge; gleichgültig
indomable un(be)zähmbar
Indonesia F Indonesien *n* **indudable** zweifellos
indulgente [-x-] nachsichtig **indultar** begnadigen **indul-**

to M Begnadigung *f*
industria F Industrie; Gewerbe *n* **industrial** 1 ADJ industriell 2 M Industrielle(r)
inédito unveröffentlicht
ineficaz [-θ] unwirksam
INEM ABK (Instituto Nacional de Empleo) ≈Bundesagentur für Arbeit
inepto unfähig, untüchtig
inequívoco [-ki-] eindeutig
inesperado unerwartet; unverhofft
inestable unbeständig
inestimable unschätzbar
inevitable unvermeidlich
inexperto unerfahren
inexplicable unerklärlich
infalible unfehlbar (*a. REL*)
infame schändlich; gemein **infamia** F Schande; Gemeinheit
infancia [-θ-] F Kindheit **infanta** F *Sp* Infantin **infantil** Kinder..., kindlich; kindisch
infarto M MED Infarkt
infatigable unermüdlich
infección [-yθ-] F Infektion; ~ **viral** Virusinfektion **infeccioso** ansteckend **infectar** ansteckend; infizieren
infeliz [-θ] unglücklich
inferior untere(r); niedriger
infiel untreu; REL ungläubig
infierno M Hölle *f*
ínfimo unterst, niedrigst
infinidad F Unendlichkeit; *fig* Unmenge **infinito** unendlich
inflación [-θ-] F Inflation
inflamable entzündbar **infla-**

mación [-θ-] E Entzündung (*a.* MED) **inflamarse** sich entzünden

inflar aufblasen, aufpumpen

inflexible *fig* unbeugsam, unerbittlich

influencia [-θ-] E Einfluss *m* **influir** beeinflussen **influjo** [-xo] M Einfluss **influyente** einflussreich

información [-θ-] E Information, Auskunft **informal** ungezwungen; unzuverlässig **informar** informieren **informática** E Informatik **informático** 1 ADJ Informatik ... 2 M, -a E Informatiker(in)

informe M Bericht; JUR Plädoyer *n*

infracción [-γθ-] E Verstoß *m*; Übertretung

infrarrojo [-xo] infrarot

infructuoso nutz-, zwecklos

infusión E GASTR (Kräuter)Tee *m*; MED Infusión

ingeniería ~ genética Gentechnik **ingeniero** [-x-] M, -a E Ingenieur(in)

ingenio [-x-] M Geist; Genie *n* **ingenioso** erfinderisch; geistreich

Inglaterra E England *n*

ingle E ANAT Leiste

inglés 1 englisch 2 M, -esa E Engländer(in)

ingratitud E Undankbarkeit **ingrato** undankbar; unangenehm

ingrediente M Bestandteil;

Zutat *f*

ingresar VTI eintreten; eingeliefert werden; VTI *Geld* einzahlen **ingreso** M Eintritt; **~s** *pl* Einnahmen *fpl*

inhabitado unbewohnt

inhalador M Inhalator **inhalar** einatmen; MED inhalieren

inhibición [-θ-] E Hemmung; JUR Untersagung

inhumano unmenschlich

inicial [-θ-] anfänglich, Anfangs... **iniciar** anfangen, einleiten; einführen **iniciativa** E Initiative **inicio** M Beginn, Anfang

inigualable unvergleichlich

injerto [-x-] M Transplantat *n*

injuria [-x-] E Beschimpfung; Beleidigung **injuriar** beleidigen

injusticia [-xustiθ-] E Ungerechtigkeit **injusto** ungerecht

inmediato unmittelbar; sofortig

inmenso unermesslich

inmigración [-θ-] E Einwanderung, Zuwanderung **inmigrante** MF Einwanderer(in); Immigrant(in) **inmigrar** einwandern

inminente nahe bevorstehend

inmoral unmoralisch

inmortal unsterblich

inmóvil unbeweglich

inmueble M Gebäude *n* **inmuebles** MPL Immobilien *fpl*

inmune immun **inmunitario**, **inmunológico**: Immun...;

sistema *m* **inmunitario** *o* **inmunológico** Immunsystem *n*
innato angeboren
innecesario [-θ-] unnötig
innovación [-θ-] F Neuerung
innumerable zahllos
inocencia [-θenθ-] F Unschuld
inocentada F ≈ Aprilscherz
inocente unschuldig
inodoro 1 ADJ geruchlos 2 M WC *n*
inofensivo harmlos
inolvidable unvergesslich
inoportuno ungelegen; unpassend
inoxidable rostfrei
inquietar [-ki-] beunruhigen
inquieto unruhig
inquilino [-ki-] M, -a F Mieter(in)
insalubre, insano ungesund
inscribir einschreiben; eintragen **inscripción** [-βθ-] F Inschrift; Anmeldung **inscrito** → inscribir
insecticida [-θ-] M Insektizid *n*
insecto M Insekt *n*
inseguridad F Unsicherheit **inseguro** unsicher
insensato unvernünftig **insensible** unempfindlich; gefühllos
insertar einschalten; einfügen
inservible unbrauchbar
insignificante geringfügig
insinuar andeuten
insistir dringen, bestehen (**en** auf *dat*)
insolación [-θ-] F Sonnenstich

m
insolencia [-θ-] F Unverschämtheit **insolente** unverschämt, frech
insólito ungewöhnlich
insolvencia [-θ-] F Zahlungsunfähigkeit **insolvente** zahlungsunfähig
insomnio M Schlaflosigkeit *f*
insoportable unerträglich
inspección [-γθ-] F Kontrolle, Prüfung; **~ fiscal** Steuerprüfung **inspeccionar** [-γθ-] inspizieren; kontrollieren **inspector(a)** MF Aufseher(in); Inspektor(in)
inspiración [-θ-] F Inspiration, Eingebung **inspirar** einatmen; *fig* inspirieren
instalación [-θ-] F Einrichtung, Anlage **instalador** M Monteur **instalar** einrichten; aufstellen, installieren **instalarse** sich niederlassen
instancia [-θ-] F Gesuch *n*; Eingabe
instantánea F Schnappschuss *m* **instante** augenblicklich **instante** M Augenblick; **al ~** sofort; **a cada ~** andauernd, ständig
instigador(a) MF Anstifter(in)
instinto M Instinkt, Trieb; **~ sexual** Geschlechts-, Sexualtrieb; **~ de conservación** Selbsterhaltungstrieb
institución [-θ-] F Einrichtung; Anstalt **instituir** einrichten; gründen **instituto** M An-

stalt f, Institut n; ~ **(de educación secundaria)** Sp staatliches Gymnasium n; ~ **de belleza** Kosmetiksalon

instituriz [-θ] F̲ Erzieherin

instrucción [-γθ-] F̲ Unterricht m; Bildung; Anweisung; JUR Untersuchung **instructivo** lehrreich **instruido** gebildet **instruir** unterrichten; schulen **instrumento** M̲ Instrument n (a. MUS)

insuficiencia [-θ]enθ-] F̲ Unzulänglichkeit **insuficiente** ungenügend

insulina F̲ Insulin n

insultar beleidigen **insulto** M̲ Beleidigung f

insuperable unüberwindlich; unübertrefflich

intachable [-tʃ-] tadellos **intacto** unberührt, intakt **integración** F̲ Integration **integrar** integrieren; bilden **integrista** M̲/F̲ bes REL Fundamentalist(in) **íntegro** vollständig; redlich, integer

intelectual 1 A̲D̲J̲ intellektuell 2 M̲/F̲ Intellektuelle(r) m/f(m)

inteligencia [-xenθ-] F̲ Intelligenz **inteligente** klug, intelligent

intención [-θ-] F̲ Absicht; **sin ~** unabsichtlich **intencional** absichtlich

intensidad F̲ Stärke; Intensität **intenso** intensiv; stark **intentar** versuchen **intento** M̲ Versuch **intentona** F̲

Putschversuch m

interactividad F̲ Interaktivität **interactivo** interaktiv **intercalar** einfügen, einschieben

intercambio M̲ Austausch; ~ **de datos** Datenaustausch

interceptar [-θ-] abfangen **intercomunicador** M̲ Gegensprechanlage f; für Babys Babyfon® n **interconectado** vernetzt **intercontinental** interkontinental **intercultural** interkulturell

interés M̲ Interesse n; HANDEL Zins(en pl)

interesado interessiert **(en** an dat); beteiligt **interesante** interessant **interesar** interessieren; betreffen **interesarse** sich interessieren **(por** für)

intergeneracional [-θ-] A̲D̲J̲ generationsübergreifend, Mehrgenerationen...

interino einstweilig **interior** 1 A̲D̲J̲ innere(r), Innen...; 2 das Innere; Inland n **interlocutor(a)** M̲(F̲) Gesprächspartner(in)

intermediación F̲ Vermittlung **intermediario,-a** M̲,F̲ Vermittler(in); HANDEL Zwischenhändler(in) **intermedio** 1 A̲D̲J̲ Zwischen...; 2 M̲ Zwischenzeit f; THEAT Pause f

intermitente M̲ AUTO Blinker; **luz** f ~ Blinklicht n **internacional** [-θ-] international **internado** 1 A̲D̲J̲ interniert 2 M̲ Internat n

internauta M/F Internetsurfer(in)

Internet *ohne Artikel* Internet *n*; **navegar por ~ im** Internet surfen

internista M/F MED Internist(in)

interno 1 ADJ inner(lich); intern **2** M, **-a** F Interne(r) *m/f(m)* **interpretar** deuten; dolmetschen; THEAT darstellen; MUS spielen

intérprete M/F Dolmetscher(in); THEAT Darsteller(in); MUS Interpret(in)

interrogación [-θ-] F Frage; Fragezeichen *n* **interrogar** befragen; verhören **interrogatorio** M Verhör *n*

interrumpir unterbrechen **interrupción** [-βθ-] F Unterbrechung **interruptor** M (Licht-)Schalter

interurbano zwischen Städten **autobús** *m* ~ Fernbus

intervalo M Zwischenzeit *f*; MUS Intervall *n*

intervención [-θ-] F Eingreifen *n*, Vermittlung *f*; MED Eingriff *m* **intervenir** vermitteln; eingreifen; MED operieren; TEL abhören

intestinal Darm... **intestino** M Darm; ~**s** *pl* Eingeweide *npl*

intimidad F Intimität **intimidar** einschüchtern

íntimo innerst; vertraut; intim **intolerable** unerträglich **intolerante** unduldsam, intolerant

intoxicación [-θ-] F Vergiftung **intoxicar** vergiften

intranet F (*meist ohne art*) Intranet *n*

intranquilo [-ki-] unruhig; ängstlich

intransferible nicht übertragbar **intransigente** [-x-] unnachgiebig **intransitable** unwegsam, nicht befahrbar

intratable unzugänglich, abweisend

intravenoso intravenös **intrépido** unerschrocken **intriga** F Intrige **intrigar** intrigieren

introducción [-γθ-] F Einführung; Einleitung **introducir** [-θ-] einführen; IT eingeben

intuición [-θ-] F Intuition **intuir** (er)ahnen

inundación [-θ-] F Überschwemmung **inundar** überschwemmen (*a. fig*)

inútil unnütz, zwecklos; MIL untauglich **inutilizable** unbenutzbar

invadir einfallen in (*akk*)

inválido 1 ADJ ungültig; MED invalide **2** M, **-a** F Invalide *m*, -in *f*

invariable unveränderlich **invasión** F Invasion **invencible** [-θ-] unbesiegbar **invención** [-θ-] F Erfindung **inventar** erfinden **inventario** M Inventar *n*; Inventur *f* **invento** M Erfindung *f* **inventor(a)** M/F Erfinder(in)

154 | invernadero

invernadero M̄ Treibhaus n
invernal winterlich, Winter...
inverosímil unwahrscheinlich
inversión F̄ Umkehrung; HANDEL Investition, Anlage **inverso** umgekehrt **inversor(a)** M̄F̄ Investor(in), Anleger(in) **invertir** umkehren; *Geld* anlegen, investieren
investigación [-θ-] F̄ Forschung; Untersuchung (*a.* JUR) **investigador(a)** M̄F̄ Forscher(in) **investigar** (er)forschen; untersuchen
invierno M̄ Winter
invierto → invertir
invisible unsichtbar
invitación [-θ-] F̄ Einladung **invitar** einladen; auffordern (**a** zu)
involuntario unfreiwillig
inyección [-θ-] F̄ Spritze, Injektion **inyectar** injizieren; einspritzen (*a.* TECH)
ir gehen; fahren; reisen; **~ de compras** einkaufen (gehen), shoppen; **~ en coche/tren** mit dem Auto/Zug fahren; **~ a más** zunehmen; ¡(**ya) voy!** ich komme (schon)!; **¡vamos!** los!, gehen wir!; **¡vaya!** na, so was!
ira F̄ Zorn *m*; Wut
Irak M̄ Irak
Irán M̄ Iran
irgo → erguir
iris M̄ ANAT Iris *f*; **arco** *m* **~** Regenbogen
Irlanda F̄ Irland *n* **irlandés** **1** A̅D̅J̅ irisch **2** M̄, **-esa** F̄ Ire, Irin

ironía F̄ Ironie
irónico ironisch, spöttisch
IRPF A̅B̅K̅ (Impuesto sobre la Renta de las Personas Físicas) *spanische Einkommensteuer*
irracional [-θ-] vernunftwidrig; *a.* MATH irrational
irradiación [-θ-] F̄ Ausstrahlung; MED Bestrahlung
irreal unwirklich, irreal
irregular unregelmäßig **irregularidad** F̄ Unregelmäßigkeit
irreprochable [-tʃ-] tadellos, einwandfrei
irresistible unwiderstehlich
irresponsable verantwortungslos
irrevocable unwiderruflich
irrigar bewässern; MED spülen
irritación [-θ-] F̄ Reizung (*a.* MED); Gereiztheit **irritar** reizen; ärgern **irritarse** sich aufregen
irrompible unzerbrechlich
irrumpir eindringen, einbrechen
irse (weg)gehen, wegfahren
isla F̄ Insel
islámico islamisch **islamismo** M̄ Islam; Islamismus **islamista** islamistisch
Islandia F̄ Island *n*
isleño **1** A̅D̅J̅ Insel... **2** M̄, **-a** F̄ Inselbewohner(in)
Israel M̄ Israel *n* **israelí** **1** A̅D̅J̅ israelisch **2** M̄F̄ Israeli
Italia F̄ Italien *n* **italiano** **1** A̅D̅J̅ italienisch **2** M̄, **-a** F̄ Italie-

ner(in)

itinerancia [-θīa] F̱ TEL Roaming n

itinerario M̱ Reiseroute f

ITV ᴀʙᴋ (Inspección Técnica de Vehículos) spanischer TÜV

IU F̱ᴀʙᴋ (Izquierda Unida) Vereinigte Linke (*linkes Parteienbündnis*)

IVA M̱ ᴀʙᴋ (Impuesto sobre el Valor Añadido) Mehrwertsteuer, Mwst.

izar [iθ-] hissen

izquierda [iθkī-] F̱ linke Hand; POL *die* Linke; **a la** (*od* **por la**) ~ links **izquierdista** M̱/F̱ POL Linke(r) m/f(m) **izquierdo** linke(r)

J

jabalí [x-] M̱ Wildschwein n

jabalina [x-] F̱ SPORT Speer m

jable [x-] M̱ *Kanaren* Sand

jabón [x-] M̱ Seife f **jabonera** F̱ Seifenschale

jacinto [xaθ-] M̱ Hyazinthe f

jactarse [x-] prahlen (**de** mit)

jadear [x-] keuchen

jaguar [x-] M̱ Jaguar m

jalea [x-] F̱ Gelee n **jaleo** M̱ umg Rummel, Radau

jamacuco M̱ umg (leichte) Ohnmacht f, Schwindel

Jamaica [x-] F̱ Jamaika n

jamás [x-] niemals; je(mals)

jamón [x-] M̱ Schinken; ~ **dulce**, ~ **cocido** gekochter Schinken; ~ **serrano** roher Schinken

Japón [x-] M̱ Japan n

japonés [x-] **1** ADJ japanisch **2** M̱, **-esa** F̱ Japaner(in)

jaque [xake] M̱ Schach n; ~ **mate** schachmatt

jaqueca [xake-] F̱ Migräne

jarabe [x-] M̱ Sirup

jardín [x-] M̱ Garten; ~ **de infancia** Kindergarten

jardinera [x-] F̱ Gärtnerin; Blumenkasten m **jardinería** F̱ Gärtnerei; Gartenarbeit **jardinero** M̱ Gärtner

jarra [x-] F̱ Krug m **jarro** M̱ Krug, Kanne f

jaula [x-] F̱ Käfig m

jazmín [xaθ-] M̱ Jasmin

jefa [x-] F̱ Chefin; Leiterin **jefatura** F̱ Behörde; ~ **del Estado** Amt des Staatschefs

jefe [x-] M̱ Chef; Leiter; ~ **de departamento** (*od* **de sección**) Abteilungsleiter; ~ **de gobierno** Regierungschef; ~ **de tren** Zugführer

jengibre [xenx-] M̱ Ingwer

jeque [xeke] M̱ Scheich

jerez [xereθ] M̱ Sherry

jerga [x-] F̱ Jargon m, Slang m

jeringa [x-] F̱, **jeringuilla** [-γíÍa] F̱ MED Spritze

jersey [x-] M̱ Pullover

Jerusalén [x-] F̱ Jerusalem n

jinete [x-] M̱ Reiter

jirafa [x-] F̱ Giraffe

jocoso [x-] spaßig, lustig

joder [x-] *vulg* bumsen, ficken

Jónico [x-] **Mar** *m* ~ Ionisches Meer *n*

Jordania [x-] $\overline{F}$ Jordanien *n*

jornada [x-] $\overline{F}$ Arbeitstag *m*; **~(s)** Tagung *f* **jornal** $\overline{M}$ Tagelohn **jornalero** $\overline{M}$ Tagelöhner

joroba [x-] $\overline{F}$ Buckel *m* **jorobado** buckelig **jorobar** *umg* belästigen

joven [x-] **1** ADJ jung **2** M/F junger Mann *m*, junges Mädchen *n*

joya [x-] $\overline{F}$ Juwel *n*; Schmuckstück *n*; *fig* Perle **joyería** $\overline{F}$ Juweliergeschäft *n* **joyero, -a** $\overline{F}$ Juwelier(in); $\overline{M}$ Schmuckkasten

jubilación [xuβilaθ-] $\overline{F}$ Pensionierung; Ruhestand *m*; *Geld* Pension, Rente **jubilado** **1** ADJ pensioniert; im Ruhestand **2** M, -a $\overline{F}$ Rentner(in) **jubilarse** in Pension gehen

júbilo [x-] $\overline{M}$ Jubel

judía [x-] Jüdin; GASTR Bohne

judicial [xuðiθ-] richterlich, gerichtlich

judío [x-] **1** ADJ jüdisch **2** $\overline{M}$ Jude

juego^1 [x-] $\overline{M}$ Spiel *n*; Satz, Garnitur *f*; **~ electrónico** Computerspiel *n*; **hacer ~** zueinanderpassen; **poner en ~** aufs Spiel setzen

juego^2 [x-] → jugar

juerga [x-] $\overline{F}$ lärmendes Fest *n* *od* Vergnügen *n*; **irse de ~** sich toll amüsieren

jueves [x-] $\overline{M}$ Donnerstag; **Jueves Santo** Gründonnerstag

juez [xüeθ] M/F (*a.* **jueza** $\overline{F}$) Richter(in)

jugada [x-] $\overline{F}$ *Spiel* Zug *m*; (übler) Streich *m* **jugador(a)** M/F Spieler(in) **jugar** spielen; **~ limpio/sucio** fair/unfair spielen **jugarse** einsetzen; aufs Spiel setzen

jugo [x-] $\overline{M}$ Saft **jugoso** saftig

juguete [xuɣe-] $\overline{M}$ Spielzeug *n* **juguetería** $\overline{F}$ Spielwarenhandlung

juicio [xüiθ-] $\overline{M}$ Urteil *n*; Meinung *f*; JUR Prozess; Verhandlung *f* **juicioso** vernünftig, verständig

julio [x-] $\overline{M}$ Juli

jungla [x-] $\overline{F}$ Dschungel *m*

junio [x-] $\overline{M}$ Juni; **en ~** im Juni

junta [x-] $\overline{F}$ Versammlung; TECH Dichtung; **~ directiva** Vorstand *m* **juntamente** zusammen **juntar** versammeln; verbinden **juntarse** sich zusammentun

junto [x-] verbunden, vereint; nahe; **~s** zusammen; **~ a** neben, bei; **por la juntura** $\overline{F}$ TECH Gelenk *n*; Fuge

jurado [x-] **1** ADJ be-, vereidigt **2** $\overline{M}$ Schwurgericht *n*; Jury *f* **juramentar** vereidigen **juramento** $\overline{M}$ Eid, Schwur **jurar** schwören; **te lo juro** ich schwöre es dir

jurídico [x-] rechtlich; juristisch; Rechts...

jurisdicción [xurizðiɣθ-] Ｆ
Rechtsprechung; Gerichtsbarkeit **jurista** Ｍ/Ｆ Jurist(in)
justicia [xustiθ-] Ｆ Gerechtigkeit; Justiz **justificante** Ｍ Beleg **justificar** rechtfertigen;
belegen
justo [x-] gerecht; richtig; **comercio ~** fairer Handel; eng,
knapp; **~ a tiempo** gerade noch
rechtzeitig; **~ después** gleich
danach
juvenil [x-] jugendlich **juventud** Ｆ Jugend
juzgado [xuθ-] Ｍ Gericht n
juzgar richten; beurteilen

K

karate Ｍ Karate n **karateca**
Ｍ Karateka, Karatekämpfer
Kenia Ｆ Kenia n
kilo Ｍ Kilo n; **medio ~ de ...** ein
Pfund ...
kilómetro Ｍ Kilometer; **~ cuadrado** Quadratkilometer
kilovatio Ｍ Kilowatt n
kiosco Ｍ Kiosk
kit Ｍ Bau-; Bastelsatz; Set n; **~
de manos libres** TEL Freisprechset n, Headset n
kiwi Ｍ BOT Kiwi f
kosovar ADJ ◨ kosovarisch, aus
dem Kosovo ◩ Ｍ/Ｆ Kosovare m,
-in f **Kósovo** Ｍ Kosovo m/n

L

la PRON die; sie; ihr (dat)
laberinto Ｍ Labyrinth n
labio Ｍ Lippe f
labor Ｆ Arbeit **laborable: día
m ~** Werktag **laboral** Ar-
beits... **laboratorio** Ｍ Labor
(-atorium) n
labrador Ｍ Landmann **labrar**
bearbeiten; Feld bestellen
laca Ｆ Lack m; Haarspray n; **~
de uñas** Nagellack m
lacrar versiegeln
lactante Ｍ Säugling **lactosa**
Ｆ Laktose; **sin ~** laktosefrei
lado Ｍ Seite f; **al ~** daneben,
nebenan
ladrar bellen
ladrillo [-ʎo] Ｍ Ziegelstein
ladrón (-ona) Ｍ/Ｆ Dieb(in)
lagartija [-xa] Ｆ (Mauer)Ei-
dechse **lagarto** Ｍ Echse f
lago Ｍ See; **Lago de Constanza**
Bodensee; **Lago de los Cuatro
Cantones** Vierwaldstättersee;
Lago Lemán Genfer See
lágrima Ｆ Träne
laguna Ｆ Lagune; fig Lücke
laico ◨ ADJ Laien..., weltlich ◩
Ｍ, -a Ｆ REL Laie m, -in f
lamentable kläglich; bedauerlich **lamentar** beklagen; bedauern
lamer lecken

lámina f (dünne) Platte, Blech n; Folie; (Bild)Tafel

lámpara f Lampe; ~ **colgante** Hängelampe; ~ **de pie** Stehlampe

lana f Wolle

lance [-θe] m Vorfall; **de ~** antiquarisch

lancha [-tʃa] f Boot n

langosta f Languste; Heuschrecke **langostino** m Art Garnele f

lanzadera [-θ-] f Shuttlebus m

lanzamiento [-θ-] m Werfen n; MIL Abschuss, Abwurf; SPORT ~ **de peso** Kugelstoßen n **lanzar** werfen, schleudern **lanzarse** sich stürzen

lápiz [-θ] m Bleistift; ~ **de cejas** Augenbrauenstift; ~ **de labios** Lippenstift

larga: a la ~ auf die Dauer **largamente** lange; reichlich; ausgiebig **largarse** umg abhauen

largo ❶ ADJ lang; **a lo ~** längs, entlang; **¡~ de aquí!** weg da!, raus! ❷ m Länge f **largometraje** m Spielfilm

laringe [-xe] f Kehlkopf m

lascivo [-θ-] geil, lüstern

láser m Laser; **rayos** mpl ~ Laserstrahlen; **impresora** f ~ Laserdrucker m

lástima f Mitleid n; **dar ~** leidtun; **es una ~** es ist schade; **¡qué ~!** wie schade!

lata f Blech n; Büchse, Dose; **dar la ~ a** alg umg j-m auf

den Wecker gehen; **¡qué ~!** das nervt!

lateral seitlich, Seiten...

latido m Klopfen n; Herzschlag

látigo m Peitsche f

latín m Latein n **latino** lateinisch

latir Herz klopfen

latitud f GEOG Breite

latón m Messing n

laurel m Lorbeer m

lavable waschbar **lavabo** m Waschbecken n, -raum; Toilette f **lavado** m Waschen n, Wäsche f; ~ **en seco** chemische Reinigung f **lavadora** f Waschmaschine **lavandería** f Wäscherei **lavaparabrisas** m AUTO Scheibenwaschanlage f **lavaplatos** m Tellerwäscher; Geschirrspülmaschine f **lavar** waschen **lavativa** f MED Einlauf m **lavavajillas** [-xíʎ-] m Geschirrspülmaschine f

laxante m Abführmittel n

lazo [-θo] m Schleife f; Lasso m; Schlinge f

le ihm; ihn; Ihnen; ihn, Sie

leal treu; loyal **lealtad** f Treue; Loyalität

leasing ['lisin] m Leasing n; **contrato** m **de ~** Leasingvertrag

lección [-γθ-] f (Unterrichts-) Stunde; Lektion

leche [-tʃe] f Milch f; ~ **entera** Vollmilch; ~ **semidesnatada** (od **semidescremada**) fettarme Milch

lecho [-tʃo] M̅ Bett n; Lager n; Flussbett n

lechón [-tʃ-] M̅ Spanferkel n

lechuga [-tʃ-] F̅ Kopfsalat m

lechuza [-tʃ-] F̅ Eule

lector(a) M̅F̅ 1 Leser(in); Verlag, UNIV Lektor(in) 2 nur m ~ **de DVD** DVD-Laufwerk n ~ **de libros electrónicos** E-(Book-) Reader

lectura F̅ Lesen n; Lektüre

leer lesen; vorlesen

legación [-θ-] F̅ Gesandtschaft, Abordnung

legal legal, gesetzlich **legalidad** F̅ Legalität **legalizar** [-θ-] beglaubigen; legalisieren

legar vermachen

legendario [-x-] sagenhaft

legislación [-xislaθ-] F̅ Gesetzgebung **legislativo** gesetzgebend

legitimar [-x-] legitimieren, für rechtmäßig erklären

legítimo [-x-] rechtmäßig, legitim; echt

lego M̅ Laie

legua F̅ (Land)Meile

legumbre F̅ Hülsenfrucht

lejano [-x-] entfernt, fern

lejía [-x-] F̅ (Bleich)Lauge

lejos [-x-] weit weg; **a lo ~** in der Ferne; **~ de** weit entfernt von, fern von

lema M̅ Motto n

lencería [-θ-] F̅ Wäschegeschäft n

lengua F̅ Zunge; Sprache; **~ materna/de signos** Mutter-/Zeichensprache **lenguado** M̅ ZOOL Seezunge f **lenguaje** [-xe] M̅ Sprache f; Ausdrucksweise f

lente M̅/F̅ FOTO, OPT Linse f; **~s** pl Brille f; **~s de contacto** Kontaktlinsen fpl **lenteja** [-xa] BOT F̅ Linse **lentejuela** [-x-] F̅ Paillette

lentillas [-ʎ-] FPL Kontaktlinsen

lentitud F̅ Langsamkeit **lento** langsam

leña [-ɲa] F̅ Brennholz n **leñador** M̅ Holzfäller

Leo M̅ ASTROL Löwe

león M̅ Löwe

leopardo M̅ Leopard

leotardos MPL Strumpfhose f

les ihnen, Ihnen; sie, Sie

lesbiano, lésbico lesbisch

lesión F̅ Verletzung **lesionar** verletzen

letal tödlich

Letonia F̅ Lettland n

letra F̅ Buchstabe m; Handschrift; HANDEL Wechsel m; **~s** pl Geisteswissenschaften fpl; **al pie de la ~** wörtlich

letrero M̅ Schild n; Etikett n

levadura F̅ Hefe; **~ en polvo** Backpulver n

levantamiento M̅ Erhebung f; **~ de pesos** Gewichtheben n **levantar** (er)heben; errichten **levantarse** aufstehen; sich erheben

levante M̅ Osten; Ostwind

leve leicht; gering(fügig)

léxico M̅ Wortschatz

ley F̲ Gesetz n

leyenda F̲ Legende, Sage leyendo, leyó → leer

liar binden; fig verwickeln

Líbano M̲ Libanon

liberación [-θ-] F̲ Befreiung f; **liberal** liberal **liberar** befreien

libertad F̲ Freiheit **libertar** befreien **libertinaje** [-xe] M̲ Zügellosigkeit f

Libia F̲ Libyen n

libra F̲ Pfund n

Libra ASTROL Waage

librar befreien

libre frei; ~ **de impuestos** steuerfrei; **trabajar por** ~ freiberuflich arbeiten

librería F̲ Buchhandlung; Bücherei; Bücherschrank m; ~ **de viejo** Antiquariat n **librero,-a** M̲F̲ Buchhändler(in)

libreta F̲ Notizbuch n; ~ **de ahorros** Sparbuch n

libro M̲ Buch n; ~ **electrónico** E-Book n; ~ **de texto** Schulbuch n

licencia [-θenθ-] F̲ Lizenz; Genehmigung; ~ **de caza/pesca** Jagd-/Angelschein m

licitar [-θ-] bieten; ausschreiben

licor M̲ Likör; GASTR a. Schnaps m **licuado** M̲ bes am Frucht-(milch)shake m, Smoothie m **licuadora** F̲ Entsafter m

líder M̲ HANDEL, POL, SPORT Führer; SPORT a. Spitzenreiter

lidia F̲ (Stier)Kampf m

liebre F̲ Hase m

lienzo [-θo] M̲ Leinwand f

liga F̲ Bund m; SPORT Liga; Strumpfband n **ligamento** M̲ ANAT Band n **ligar** (ver)binden; fig anbändeln

ligero [-x-] leicht; flink; fig leichtfertig

ligue [-ye] M̲ umg Beziehung f; (Liebes)Verhältnis n; umg Anmache f

lija [-xa] **papel** m **de** ~ Schmirgelpapier n

lila 1 ADJ lila 2 F̲ Flieder m

lima[1] F̲ FRUCHT (süße) Limette

lima[2] F̲ Feile **limar** feilen

limitar begrenzen; be-, einschränken

límite M̲ Grenze f; ~ **de velocidad** Tempolimit n

limón M̲ Zitrone f; **hierba** f **limón** Zitronengras n

limonada F̲ Zitronenlimonade **limonero** M̲ Zitronenbaum

limosna F̲ Almosen n

limpiabotas M̲ Schuhputzer **limpiador** M̲ Produkt: Reiniger; Person: ~(a) m(f) Raumpfleger(in) **limpiaparabrisas** M̲ Scheibenwischer **limpiar** reinigen, putzen, säubern; ~ **en seco** chemisch reinigen

limpieza [-θa] F̲ Reinheit, Sauberkeit; Reinigung, Putzen f; **producto** m **de** ~ Reiniger, Putzmittel n **limpio** rein, sauber

linaje [-xe] M̲ Abstammung f, Geschlecht n

linaza [-θ-] F̲ Leinsamen m

lince [-θe] M̲ Luchs
lindante angrenzend **lindar** angrenzen (**con** an *akk*)
lindo hübsch, nett; **de lo ~** gründlich, tüchtig
línea F̲ Linie; Zeile; **~ aérea** Fluglinie; **no hay ~** TEL die Leitung ist belegt; **~ 24 horas** TEL Hotline
linfa F̲ Lymphe
lingüístico [-ɣŭi-] sprachlich, sprachwissenschaftlich, Sprachen...
lino M̲ Leinen *n*; BOT Flachs
linterna F̲ Laterne; Taschenlampe
lío M̲ Bündel *n*; *umg* Durcheinander *n*; (Liebes)Verhältnis *n*
liquidación [-kiðaθ-] F̲ HANDEL Liquidation; Ausverkauf *m*
liquidar abwickeln, auflösen
líquido [-ki-] 1 ADJ flüssig 2 M̲ Flüssigkeit *f*
lira F̲ Leier; *hist* Währung Lire
lírica F̲ Lyrik
Lisboa F̲ Lissabon *n*
liso glatt; eben; *Stoff* einfarbig, uni
lisonja [-xa] F̲ Schmeichelei **lisonjear** schmeicheln
lista F̲ Liste; **~ de control** Checkliste; **~ de platos** Speisekarte **listado** 1 ADJ gestreift 2 M̲ Auflistung *f*; IT Ausdruck *m*
listar auflisten
listo fertig, bereit; schlau
listón M̲ Leiste *f*; Latte *f*
litera F̲ Sänfte; Etagenbett *n*; BAHN Liegewagen(platz) *m*

literario literarisch **literatura** F̲ Literatur
litigio [-x-] M̲ Streit (*a.* JUR)
litoral 1 ADJ Küsten... 2 M̲ Küstenstreifen, -gebiet *n*
litro M̲ Liter *m*/*n*
Lituania F̲ Litauen *n*
llaga [ʎ-] F̲ (offene) Wunde
llama [ʎ-] F̲ Flamme; ZOOL Lama *n* **llamada** F̲ Ruf *m*; TEL Anruf *m* **llamamiento** M̲ Aufruf *m* **llamar** rufen; nennen; TEL anrufen **llamarse** heißen **llamativo** auffällig
llano [ʎ-] 1 ADJ eben; *fig* schlicht 2 M̲ Ebene *f*, Flachland *n*
llanta [ʎ-] F̲ AUTO Felge; *Am* Reifen *m*
llanura [ʎ-] F̲ Ebene
llave [ʎ-] F̲ Schlüssel *m*; (Wasser-, Gas)Hahn *m*; **~ de contacto/inglesa** Zünd-/Schraubenschlüssel *m* **llavero** M̲ Schlüsselring
llegada [ʎ-] F̲ Ankunft **llegar** ankommen; **~ a** (heran)reichen an (*akk*); **~ a ser** werden
llenar [ʎ-] füllen; *Formular* ausfüllen **lleno** voll
llevar [ʎ-] (mit-, hin)bringen; bei sich haben; *Kleid* tragen, anhaben **llevarse** mitnehmen; **~ bien** sich gut vertragen
llorar [ʎ-] V/I weinen; V/T beklagen; trauern um
llover [ʎ-] regnen **llovizna** [-θ-] F̲ Nieselregen *m*
llueve [ʎ-] → llover

lluvia [ʎ-] F̲ Regen m; ~ ácida saurer Regen m lluvioso regnerisch

lo das; es ihn; ~ que was

lobo M̲ Wolf

local ① ADJ örtlich ② M̲ Lokal n; Raum localidad F̲ Örtlichkeit; Ort m; THEAT Eintrittskarte localizar [-θ-] lokalisieren

locería [-θ-] F̲ Am Töpferei f

loción [-θ-] F̲ Lotion; ~ capilar/ facial Haar-/Gesichtswasser n

loco ① ADJ verrückt; sl ~ de remate durchgeknallt; a lo ~ wie verrückt ② M̲, -a F̲ Verrückte(r) m/f(m)

locomoción [-θ-] F̲ Fortbewegung locomotora F̲ Lokomotive

locuaz [-θ] geschwätzig

locura F̲ Verrücktheit; Wahnsinn m; de ~ fig traumhaft

locutor(a) M̲F̲ RADIO, TV Sprecher(in), Ansager(in)

lodo M̲ Morast, Schlamm

lógica [-x-] F̲ Logik lógico lógisch

logrado (gut) gelungen lograr erreichen, erlangen logro M̲ Gewinn; Erfolg; Errungenschaft f

Loira M̲ Loire f

lombarda F̲ Rotkohl m

Lombardía F̲ Lombardei

lomo M̲ Lende f (a. GASTR); (Buch)Rücken

lona F̲ Segeltuch n

loncha [-tʃa] F̲ GASTR Scheibe

lonchera [-tʃ-] F̲ Am Lunchbox

Londres M̲ London n

longaniza [-θa] F̲ Art Hartwurst

longitud [-x-] F̲ Länge

lonja [-xa] F̲ Scheibe; HANDEL Warenbörse

loro M̲ Papagei

los MPL die; sie (akk)

lote M̲ Anteil; HANDEL Posten lotería F̲ Lotterie lotero,-a M̲F̲ Losverkäufer(in)

loza [-θa] F̲ Steingut n

lubina F̲ ZOOL Wolfsbarsch m

lubricante M̲ Schmieröl n lubricar ölen, schmieren

Lucerna F̲ Luzern n

lucha [-tʃa] F̲ Kampf m; Ringkampf m luchar kämpfen

luciente [-θ-] strahlend luciérnaga F̲ Glühwürmchen n

lucio [-θ-] M̲ Hecht

lucir [-θ-] leuchten; glänzen lucirse sich hervortun

lucrativo einträglich, lukrativ lucro M̲ Gewinn, Nutzen

luego nachher, dann; desde ~ selbstverständlich; hasta ~ bis gleich, bis dann; Am a. auf Wiedersehen

lugar M̲ Ort, Stelle f; dar ~ a Anlass geben zu; tener ~ stattfinden; ponte en mi ~ versetz dich in meine Lage; en primer/segundo ~ erstens/zweitens; en ~ de statt

lujo [-xo] M̲ Luxus; de ~ Luxus... lujoso luxuriös

lumbago M̲ MED Hexenschuss

lumbar Lenden...
luminoso leuchtend; glänzend
luna F Mond m; Spiegelglas n; ~
llena/nueva Voll-/Neumond m;
media ~ Halbmond m; ~ de
miel Flitterwochen fpl **lunar**
1 ADJ Mond... **2** M Muttermal
n **3** de ~es Stoff gepunktet
lunes M Montag; **Lunes de Pascua** Ostermontag
luneta F ~ **trasera** AUTO Heckscheibe
lupa F Lupe
lúpulo M Hopfen
lustrar blank putzen; polieren
lustre M Glanz; Politur f
luto M Trauer f; Trauerkleidung f
Luxemburgo M Luxemburg n
luz [-θ-] F Licht n; AUTO ~ **de población/de cruce/de carretera**
Stand-/Abblend-/Fernlicht n;
dar a ~ gebären
luzco [-θ-] → **lucir**

M

macabro makaber, schaurig
macadamia F (**nuez** f **de**) ~
Macadamianuss
macarrón MPL **1** Gebäck Makrone, Macaron n **2** PL Nudeln
Makkaroni
macedonia [-θ-] F ~ (**de frutas**) Obstsalat m

Macedonia [-θ-] F Mazedonien n
maceta [-θ-] F Blumentopf m
machacar [-tʃ-] zerstoßen; zerquetschen **machete** M Buschmesser n
machista M umg Macho, Chauvi **macho** [-tʃo] **1** M ZOOL Männchen n; umg fig Mann **2** ADJ Am tapfer
macizo [-θiθo] **1** ADJ massiv **2** M Massiv n
macro M IT Makro n **macrofiesta** F Megaparty
Madagascar M Madagaskar n
madeja [-xa] F (Haar)Strähne f; Strang m
madera F Holz n; ¡**toca** ~! toi, toi, toi! **madero** M Stück n Holz; Balken
madrastra F Stiefmutter
madre F Mutter; ~ **de día** Tagesmutter; ¡~ **mía!** umg mein Gott!
madrina F (Tauf)Patin
madrugada F Morgenfrühe; **de** ~ sehr früh **madrugador(a)** MF Frühaufsteher(in) **madrugar** früh aufstehen
madurar reifen (a. fig) **madurez** [-θ] F Reife **maduro** reif
maestra F Lehrerin **maestría** F Meisterschaft **maestro 1** ADJ Meister... **2** M Meister; Lehrer
magia [-x-] F Magie, Zauberei; Zauber m **mágico** [-x-] magisch, Zauber...
magistrado [-x-] M Richter

magistral meisterhaft

magnético magnetisch

magnetoscopio M̄ Videorekorder

magnífico prächtig; herrlich

magnitud F̄ Größe

mago M̄ Zauberer, Magier

magro mager

magulladura [-ʎ-] F̄ MED Quetschung; Prellung

maíz [-θ] M̄ Mais

majestad [-x-] F̄ Majestät **majestuoso** majestätisch

majo [-xo] nett, hübsch; sympathisch

mal ▮ vor SUBST M̄ → **malo** ▯ ADV schlecht; **tomar a ~** übel nehmen ▮ M̄ Übel n; Leiden n

Malasia F̄ Malaysia n

malcriado ungezogen **maldad** F̄ Bosheit; Schlechtigkeit **maldecir** [-θ-] lästern; (ver)fluchen **maldición** [-θ-] F̄ Fluch m **maldito** verflucht, verdammt **maleante** M̄ Bösewicht, Übeltäter

malentendido M̄ Missverständnis n **malestar** M̄ Unwohlsein n; fig Unbehagen n

maleta F̄ Koffer m; **~ troley** (od **con ruedas**) Rollkoffer m, Trolley m **maletero** M̄ Gepäckträger; AUTO Kofferraum **maletín** M̄ Hand-, Aktenkoffer

maleza [-θa] F̄ Gestrüpp n; Unkraut n

malformación F̄ Missbildung **malgastar** verschwenden **malhechor** [-tʃ-] M̄ Übeltäter

malhumorado schlecht gelaunt

Malí M̄ Mali n

malicia [-θ-] F̄ Bosheit; Tücke **malicioso** boshaft; tückisch

maligno bösartig (a. MED)

malintencionado [-θ-] übel gesinnt; heimtückisch

malla [-ʎa] F̄ Masche; Trikot n

malo schlecht; böse; krank

malogrado früh verstorben **malograrse** misslingen

maloliente stinkend **malparado** übel zugerichtet **malsano** ungesund

malta F̄ Malz n

maltratar misshandeln **maltrecho** übel zugerichtet **malvado** ▮ ADJ böse, verrucht ▯ M̄ Bösewicht **malvender** verschleudern **malversación** [-θ-] F̄ Veruntreuung

mama F̄ (weibliche) Brust

mamá F̄ Mama, Mutti

mamar saugen; **dar de ~** stillen **mamífero** M̄ Säugetier n

mamografía F̄ MED Mammografie

manada F̄ Herde, Rudel n

manantial M̄ Quelle f **manar** quellen, fließen

mancha [-tʃa] F̄ Fleck m; fig Schandfleck m **manchar** beflecken, beschmutzen

mandar befehlen; senden, schicken; **¿mande?** wie bitte?

mandarina F̄ Mandarine

mandato M̄ Befehl; Auftrag; POL Mandat n

mandíbula E Kiefer m

mandil M Schürze f

mandioca E Maniok m

mando M Herrschaft f; Kommando n; TECH Steuerung f; **~ a distancia** Fernbedienung f

mandón, -ona herrschsüchtig

manecilla [-θiʎa] E (Uhr)Zeiger m manejar [-x-] handhaben; führen; *Maschine* bedienen; *Am Auto* fahren manejo [-xo] M Handhabung f; Bedienung f; **de fácil ~** benutzerfreundlich

manera E Art, Weise; **~s** *pl* Manieren *pl*; **de alguna ~** irgendwie; **de otra ~** anders; sonst; **de tal ~** derart; **de ninguna ~** auf keinen Fall; **de ~ que** sodass

manga E Ärmel m; Schlauch m; **de ~ corta/larga** kurz-/langärmelig

mango M Stiel; Griff; BOT Mango f

manguera [-ye-] E (Wasser)Schlauch m **manguito** [-yi-] M Muff; TECH Muffe f

maní M *Am* Erdnuss f

manía E Manie

manicomio M Irrenanstalt f

manicura E Maniküre (a. *Person*)

manifestación [-θ-] E Äußerung; POL Kundgebung, Demonstration manifestante MF Demonstrant(in) manifestarse äußern; zeigen manifestarse sich äußern; demonstrieren

manifiesto **1** ADJ offenkundig, deutlich **2** M Manifest n

manilla [-Á-] E Lenker, Lenkstange f (*am Fahrrad*)

maniobra E Manöver n (a. MIL); *fig* Kniff m; **~s** *pl* Ränke *pl* maniobrar manövrieren (a. *fig*); BAHN rangieren

manipulación [-θ-] E Handhabung; Manipulation (a. *fig*) manipular handhaben; manipulieren (a. *pej*)

manivela E Kurbel

manjar [-x-] LIT Speise f

mano E Hand; ZOOL Vorderfuß m; **~ de obra** Arbeitskräfte *fpl*; **de segunda ~** aus zweiter Hand, gebraucht

manojo [-xo] M Bündel n

manopla E Fausthandschuh m; Waschhandschuh m

manosear betasten, *umg* befummeln

mansión E (herrschaftliche) Villa

manso sanft; mild; zahm

manta E Decke

manteca E Schmalz n; *bes Am* Butter mantecado M Art Schmalzgebäck n

mantel M Tischtuch n; **~ individual** Platzdeckchen n, Set n mantelería E Tischwäsche

mantener halten; erhalten, unterhalten, aufrechterhalten mantenerse sich behaupten; leben (**de** von) **mantenimiento** M Erhaltung f; TECH Wartung f

mantequilla [-kiʎa] F̲ Butter

mantero *umg* M̲ (illegaler) Straßenhändler

mantilla [-ʎa] F̲ Mantille **manto** M̲ Umhang **mantón** M̲ Schultertuch *n*

manual ▉ manuell, Hand... ▉ M̲ Handbuch *n*, Lehrbuch *n* **manualidades** FPL Fach Handarbeit *f*, Werken *n*

manuscrito M̲ Handschrift *f*, Manuskript *n*

manutención [-θ-] F̲ Unterhalt *m*

manzana [-θ-] F̲ Apfel *m*; ARCH Häuserblock *m* **manzanilla** [-ʎa] F̲ Kamille(ntee *m*) *f* **manzano** M̲ Apfelbaum

maña [-ɲa] F̲ Geschicklichkeit

mañana [-ɲ-] ▉ F̲ Morgen *m*; Vormittag *m* ▉ M̲ ADV morgen; **por la ~** morgens; vormittags; **pasado ~** übermorgen

mapa M̲ Landkarte *f*; **~ de carreteras** Straßen-, Autokarte *f*

maqueta [-ke] F̲ ARCH Modell *n*

maquillaje [-kiʎaxe] M̲ Make-up *n*; Schminke *f* **maquillar(se) (sich) schminken**

máquina [-k-] F̲ Maschine; **~ (fotográfica)** Fotoapparat *m*; **~ de afeitar** Rasierapparat *m*; **~ de coser** Nähmaschine; **~ de escribir** Schreibmaschine

maquinista F̲ Maschinist(in); BAHN Lokomotivführer(in)

mar M̲/F̲ Meer *n*, See *f*; **en alta ~** auf hoher See; **de alta ~** Hoch-

see...; *umg* **la ~ de** e-e Unmenge (von); **Mar Caspio** Kaspisches Meer *n*; **Mar Muerto** Totes Meer *n*; **Mar Negro** Schwarzes Meer *n*; **Mar del Norte** Nordsee *f*; **Mar Rojo** Rotes Meer *n*

maraña [-ɲa] F̲ Gestrüpp *n*; *fig* Wirrwarr *m*

maravilla [-ʎa] F̲ Wunder *n* **maravillarse** sich wundern **maravilloso** wunderbar

marca F̲ Marke; Warenzeichen *n*; *Mode a.* Label *n*; SPORT Rekord *m* **marcación** [-θ-] F̲ Markierung; **(tecla f de) ~ rápida** TEL Kurzwahl(taste) *f* **marcador** M̲ Markierstift, Marker **marcapáginas** [-xi-] M̲ Lesezeichen *n* **marcapasos** M̲ MED (Herz)Schrittmacher

marcar kennzeichnen; markieren; TEL wählen; SPORT Tor schießen; *Haare* (ein)legen

marcha [-tʃa] F̲ Marsch *m*; Abreise; TECH Lauf *m*, *a.* AUTO Gang *m*; SPORT Gehen *n*; **~ atrás** Rückwärtsgang *m* **marchante** M̲/F̲ Kunsthändler(in) **marchar** marschieren; gehen (*a.* TECH) **marcharse** weggehen

marchitarse [-tʃ-] (ver)welken **marchito** welk, verwelkt

marco M̲ ▉ Rahmen *m* ▉ *frühere* Währung Mark *f*

marea F̲ Gezeiten *pl*; **~ alta** Flut; **~ baja** Ebbe **mareado estoy ~** mir ist schlecht **mare-**

arse seekrank, schwind(e)lig
werden; **me mareo** a. mir wird
schlecht **marejada** [-x-] F̱ hoher Seegang m **mareo** M̱ Seekrankheit f; Schwindel; Übelkeit
f

marfil M̱ Elfenbein f

margarina F̱ Margarine **margarita** F̱ Gänseblümchen n;
TECH Typenrad n

margen [-x-] M̱ Rand; HANDEL
Spanne f; fig Spielraum m **marginado** M̱, -a F̱ Außensei-
ter(in) **marginal** Rand...

marica, **maricón** M̱ sl pej
Schwule(r) **maricona** F̱
umg Herrenhandtasche

marido M̱ Ehemann

marina F̱ Marine **marinero** ◻1
ADJ See...; seetüchtig; GASTR **a
la ~a -in** Knoblauch-Petersilien-
Soße ◻2 M̱ Matrose **marino**
M̱ Seemann

marioneta F̱ Marionette (a.
fig)

mariposa F̱ Schmetterling m
mariquita [-ki-] F̱ Marienkäfer m

mariscos MPL Meeresfrüchte
fpl **marítimo** Meer..., See...

marmita F̱ Kochtopf m

mármol M̱ Marmor

marquesina F̱ Schutzdach n;
Markise

marrano M̱ Schwein n (a. fig)

marrón braun

Marruecos M̱ Marokko n

Marsella F̱ Marseille n

marta F̱ Marder m

martes M̱ Dienstag

martillar [-ʎ-] hämmern **martillo** M̱ Hammer

mártir M̱F̱ Märtyrer(in)

marzo [-θo] M̱ März

mas aber

más mehr; MATH plus; **a lo ~**
höchstens; **~ bien** eher; **~ o
menos** mehr oder weniger; **sin
~** ohne weiteres; **estar de ~**
überflüssig sein

masa F̱ Masse; GASTR Teig m

masacre F̱ Massaker n

masaje [-xe] M̱ Massage f; **dar
(un) ~** massieren **masajista**
M̱F̱ Masseur(in)

mascar kauen

máscara F̱ Maske

mascarilla [-ʎ-] F̱ Kosmetik Gesichtsmaske

mascota F̱ Maskottchen n

masculino ◻1 ADJ männlich;
Herren... ◻2 M̱ GRAM Maskuli-
num n

masivo massiv; Massen...

masticar kauen

mástil M̱ SCHIFF Mast

mata F̱ Strauch m, Busch m

matadero M̱ Schlachthof **ma-
tanza** [-θa] F̱ Schlachten n;
fig Gemetzel **matar** töten,
umbringen; schlachten; Zeit
totschlagen **matarse** ums Leben kommen **matasellos**
[-ʎ-] M̱ (Post)Stempel

mate ◻1 ADJ matt, glanzlos ◻2 M̱
Tee Mate; Schach Matt n

matemáticas FPL Mathematik
f **matemático** ◻1 ADJ mathe-

matisch 2 M̲, -a F̲ Mathematiker(in)

materia F̲ Materie, Stoff m; **~ prima** Rohstoff m **material** 1 ADJ materiell; Sach... 2 M̲ Material n

maternal mütterlich, Mutter...

maternidad F̲ Mutterschaft materno Mutter...

matinal morgendlich

matiz [-θ-] M̲ Farbton; fig Nuance f **matizar** schattieren; fig nuancieren

matón M̲ Schlägertyp; Rausschmeißer

matorral M̲ Gestrüpp n

matrícula F̲ AUTO Kennzeichen n; Schule Einschreibung f **matricular** immatrikulieren; einschreiben

matrimonial ehelich **matrimonio** M̲ Ehe f; Ehepaar n **matriz** [-θ-] F̲ Gebärmutter; TECH Matrize f; casa f ~ Stammhaus n

matrona F̲ Hebamme f

matutino früh; Morgen...

Mauritania F̲ Mauretanien n

maxilar Kiefer...

máxima F̲ Maxime **máximo** 1 ADJ größte(r); Höchst... 2 M̲ Maximum n

mayo M̲ Mai

mayonesa F̲ Mayonnaise **mayor** 1 ADJ größer, größte(r); älter, älteste(r); Ober..., Haupt...; **~ de edad** volljährig; **al por ~** HANDEL en gros 2 M̲ Major m **mayoría** F̲ Mehrheit;

~ absoluta/simple absolute/einfache Mehrheit; **~ de edad** Volljährigkeit **mayorista** M̲/F̲ Großhändler(in)

mayúscula F̲ Großbuchstabe m

maza [-θa] F̲ Keule

mazapán [-θ-] M̲ Marzipan n

mazorca [-θ-] F̲ Maiskolben m

me mir; mich

mear si pinkeln

Meca: La ~ Mekka n

mecánica F̲ Mechanik **mecánico** 1 ADJ mechanisch 2 M̲ Mechaniker

mecanografía F̲ Maschineschreiben n

mecedora [-θ-] F̲ Schaukelstuhl m

mecenas [-θ-] M̲ Mäzen

mecer [-θ-] wiegen, schaukeln **mecha** [-t∫a] F̲ Docht m; Haarsträhne **mechero** M̲ Feuerzeug n **mechón** M̲ Haarbüschel n

medalla [-ʎa] F̲ Medaille

media 1 F̲ Strumpf m; **~ corta-/de compresión** Knie-/Stützstrumpf m 2 F̲ Durchschnitt m; a **~s** halb

mediación [-θ-] F̲ Vermittlung **mediado: a ~s de junio** Mitte Juni **mediador(a)** M̲/F̲ Vermittler(in); Schlichter(in) **mediana** F̲ Straße Mittelstreifen m **mediano** mittelmäßig **medianoche** F̲ Mitternacht **mediar** vermitteln

mediateca F̲ Mediathek

médica F̲ Ärztin **médicamento** M̲ Medikament n

medicina [-θ-] F̲ Medizin

médico 1 ADJ ärztlich 2 M̲ Arzt; **~ de cabecera** Hausarzt; **~ de urgencia** Notarzt

medida F̲ Maß n; Maßnahme; **a ~** nach Maß

medio 1 ADJ halb, Mittel... 2 M̲ Mitte f; (Hilfs)Mittel n; **~ ambiente** Umwelt f; **~s** pl **de comunicación social** Massenmedien; **en ~ de** inmitten (gen); **por ~ de** anhand von **medioambiental** Umwelt...

mediocre mittelmäßig **mediodía** M̲ Mittag

medir messen

meditar nachdenken über (akk)

Mediterráneo M̲ Mittelmeer n

médula F̲ Mark n; **~ espinal/ósea** Rücken-/Knochenmark n

medusa F̲ Qualle

megalópolis F̲ Megacity. Megastadt

mejicano [-x-] 1 ADJ mexikanisch 2 M̲, **-a** F̲ Mexikaner(in)

Méjico [-x-] M̲ Mexiko n

mejilla [-xíʎa] F̲ Wange **mejillón** M̲ Miesmuschel f

mejor [-x-] besser; **lo ~** das Beste **mejora** F̲ Verbesserung **mejorana** F̲ Majoran m

mejorar (ver)bessern **mejoría** F̲ Besserung

melena F̲ Mähne

mellizo, -a [-ʎiθo] M̲,F̲ Zwilling m

melocotón M̲ Pfirsich

melón M̲ Melone f

membrana F̲ Häutchen n; Membran(e)

membrillo [-Λo] M̲ Quitte f

memoria F̲ Gedächtnis n; Erinnerung; IT Speicher m; **~ de trabajo** IT Arbeitsspeicher m; **~ USB** IT USB-Stick m; **de ~** auswendig; **~s** pl Memoiren pl **memorizar** [-θ-] IT speichern

mención [-θ-] F̲ Erwähnung **mencionar** erwähnen

mendigar betteln **mendigo, -a** M̲,F̲ Bettler(in)

menear schwenken; *mit dem Schwanz* wedeln

meningitis [-x-] F̲ Hirnhautentzündung

menopausia F̲ Wechseljahre npl

menor 1 ADJ kleiner, kleinste(r); jünger; **~ de edad** minderjährig; **al por ~** HANDEL en detail, Einzel... 2 M̲,F̲ Minderjährige(r) m/f(m)

menos weniger; MATH minus; **al ~** wenigstens; **a ~ que** sofern nicht; **~ mal** zum Glück

menospreciar [-θ-] gering schätzen; verachten **menosprecio** M̲ Verachtung f

mensaje [-xe] M̲ Botschaft f; **dejar un ~** eine Nachricht hinterlassen **mensajero, -a** F̲ Bote, Botin

menstruación [-θ-] F̲ Menstruation, Monatsblutung

mensual monatlich **mensua-**

lidad E Monatsgehalt n; Monatsrate

menta E Minze

mental geistig mentalidad E Denkweise, Mentalität

mentar erwähnen

mente E Geist m; Verstand m

mentir lügen mentira E Lüge; ¡parece ~! unglaublich! mentiroso 1 ADJ verlogen 2 M, -a E Lügner(in)

menú M Menü n (a. IT); Speisekarte f; ~ desplegable Pull-down-Menü n; ~ del día Tagesmenü n

menudo klein, winzig; fig geringfügig; ¡~ lío! ein schönes Durcheinander!; a ~ oft

meñique [-ɲike] M kleiner Finger

mercadería E Am Ware mercado M Markt; Mercado Único Gemeinsamer Markt mercancía [-θ-] E Ware mercantil kaufmännisch; Handels...

mercenario [-θ-] M Söldner

mercería [-θ-] E Kurzwarengeschäft n; Kurzwaren fpl

Mercosur M Gemeinsamer Markt des südlichen Lateinamerika

mercurio M Quecksilber n

merecer [-θ-] verdienen

merendar vespern merendero M Ausflugs-, Gartenlokal n

merengue [-ɣe] M Baiser n; Tanz Merengue

merezco [-θ-] → merecer

meridiano M Meridian meridional südlich

merienda E Vesper; im Freien: Picknick n

mérito M Verdienst n

meritorio verdienstvoll

merluza [-θa] E Seehecht m

mermelada E Marmelade

mero 1 ADJ rein, bloß 2 M Zackenbarsch

mes M Monat; al ~ im Monat

mesa E Tisch m; ~ de centro Couchtisch m meseta E Hochebene mesita E ~ de noche Nachttisch m mesón M Gaststätte f

mestizo, -a [-θo] M,F Mestize, Mestizin

mesura E Mäßigung; Maß n mesurado gemäßigt; gesetzt

meta E Ziel; SPORT Tor n metabolismo M Stoffwechsel

metal M Metall n; MUS Blech n; ~ precioso Edelmetall n metálico metallen; en ~ in bar metalúrgico [-x-] 1 ADJ Metall... 2 M Metallarbeiter

meteorología [-x-] E Meteorologie meteorológico [-x-] Wetter...; parte m (od boletín m) ~ Wetterbericht

meter (hinein)tun, (hinein)stecken, legen meterse sich einmischen (en in akk); ~ con alg sich mit j-m anlegen

meticuloso peinlich genau; pedantisch; gewissenhaft

metódico methodisch

método M Methode f

metro 1 M Meter; ~ cuadra-

do/cúbico Quadrat-/Kubikmeter 2 U-Bahn f, Metro f

metrópoli F Metropole; Weltstadt **metropolitano** welthauptstädtisch

mexicano [-x-] 1 ADJ mexikanisch 2 M, **-a** F Mexikaner(in) **México** [-x-] M Mexiko n

mezcal [-θ-] M Agavenschnaps **mezcla** [-θ-] F Mischung mezclar mischen **mezclarse** sich einmischen (**en** in akk)

mezquino [-θki-] knauserig; kleinlich

mezquita [-θki-] F Moschee

mi, mis mein(e)

mí mir; mich (nach präp)

micosis F MED Pilzerkrankung, Mykose

microbio M Mikrobe f

microbús M Kleinbus micro**chip** [-tʃ-] M Mikrochip **microfibra** F Mikrofaser micro**film** M Mikrofilm

micrófono M Mikrofon n

microonda [-ond-] f (**horno** M) **~s** M Mikrowellenherd **microprocesador** M Mikroprozessor **microscopio** M Mikroskop n

mide → medir

miedo M Furcht f, Angst f (**a** vor dat); **dar ~** Angst machen **miedoso** furchtsam

miel F Honig m

miembro M Glied n; Mitglied n

miento → mentir

mientras während; solange; **~ (tanto)** unterdessen, inzwischen

miércoles M Mittwoch

mierda s/ 1 F Scheiße; **¡a la ~ con ...!** zum Teufel mit ...! 2 M Scheißkerl

miga F Brotkrume

migración [-θ-] F Wanderung **migrante** M/F Migrant(in)

mil tausend; **a ~es** zu Tausenden

milagro M Wunder n **milagroso** wunderbar

Milán M Mailand n

milenio M Millennium n; **fin** f **de ~** Jahrtausendwende

mili F umg Wehrdienst m **milicia** [-θ-] F Miliz **militar** 1 ADJ militärisch; **servicio** m **~** Wehrdienst 2 M/F Soldat(in); Militär m

milla [-ʎa] F Meile **millar** M Tausend n **millón** M Million f **millonario** M, **-a** F Millionär(in)

milonga F 1 Milonga f (Volkstanz aus dem Río-de-la Plata-Gebiet); Volksfest mit Tanz 2 umg Schwindelei f

mimar verhätscheln, verwöhnen

mimbre M Korbweide f; **muebles** mpl **de ~** Korbmöbel npl

mímica F Mimik

mina F Bergwerk n; Mine (a. MIL); **~ terrestre** Landmine **minar** verminen; fig untergraben **mineral** 1 ADJ Mineral... 2 M Erz n; Mineral n **minería** F Bergbau m **minero** 1 ADJ Bergbau... 2 M Bergmann

172 ‖ **minicadena**

minicadena F̲ Kompaktanlage
minifalda F̲ Minirock m
mínimo ❶ ADJ kleinste(r); Mindest... ❷ M̲ Minimum n; **como**
~ mindestens
ministerio M̲ Ministerium n
ministro,-a M̲F̲ Minister(in)
minoría F̲ Minderheit; **~ de**
edad f Minderjährigkeit
mintió → mentir
minuciosidad [-θ-] F̲ Kleinlichkeit; peinliche Genauigkeit
minucioso eingehend, peinlich genau
minúscula F̲ Kleinbuchstabe
m **minúsculo** winzig
minusválido ❶ ADJ behindert
❷ M̲, **-a** F̲ Behinderte(r) m/f(m)
minuta F̲ Gebührenrechnung;
Speisekarte **minuto** M̲ Minute
f
mío, mía mein, meine; **los ~s**
die Meinen, meine Familie
miope kurzsichtig **miopía** F̲
Kurzsichtigkeit
mirada F̲ Blick m **mirador** M̲
Erker; Aussichtspunkt **mirar**
(an)sehen; zusehen; schauen
mirlo M̲ Amsel f
mirón(-ona) M̲F̲ Gaffer(in);
Zaungast
misa F̲ REL Messe **misal** M̲
Messbuch n
miserable elend; knausrig
miseria F̲ Elend n, Not f **misericordia** F̲ Barmherzigkeit,
Erbarmen n
mísero elend; unglücklich
misil M̲ Rakete f

misión F̲ Mission; Sendung **misionero,-a** M̲F̲ Missionar(in)
mismo selbst; **el ~** derselbe,
der gleiche; **el ~ rey** selbst der
König; **aquí ~** gleich hier, genau hier; **hoy ~** noch heute;
da lo ~ das ist egal
misterio M̲ Mysterium n; Geheimnis n **misterioso** geheimnisvoll
mística F̲ Mystik
mitad F̲ Hälfte; **a ~ de camino**
auf halbem Wege
mitigar mildern; beschwichtigen
mitin M̲ Meeting n
mito M̲ Mythos **mitología** F̲
Mythologie
mixto gemischt **mixtura** F̲
Mixtur; Mischung
mobiliario M̲ Mobiliar n
mocedad [-θ-] F̲ Jugendzeit
mochila [-t∫-] F̲ Rucksack m
moción [-θ-] F̲ POL Antrag m
moco M̲ Nasenschleim **moco-**
so ❶ ADJ sl rotzig ❷ M̲ umg
Rotznase f
moda F̲ Mode; **~ de diseño** Designermode; **fuera** (od **pasado**)
de ~ unmodern; **estar de ~** in
Mode sein; **pasarse de ~** aus
der Mode kommen
modales M̲PL Manieren fpl **modalidad** F̲ Modalität
modelar formen, modellieren
modelo ❶ M̲ Vorbild n; Modell n ❷ M̲ Mode etc: Model n
moderación [-θ-] F̲ Mäßigung
moderador(a) M̲F̲ TV etc Mo-

monstruoso ‖ 173

derator(in) **moderar** mäßigen; TV moderieren

modernizar [-θ-] modernisieren **moderno** modern; **edad** f **-a** Neuzeit

modestia F̲ Bescheidenheit **modesto** bescheiden

módico mäßig, gering

modificar (ab-, ver)ändern

modismo M̲ Redewendung f

modista F̲ Modistin; Schneiderin **modisto** M̲ Modeschöpfer

modo M̲ Art f, Weise f; **de ~ que** sodass; **en cierto ~** gewissermaßen; **de ningún ~** keineswegs; **de todos ~s** jedenfalls; **~ de empleo** Gebrauchsanweisung f

mofa F̲ Spott m **mofarse** sich lustig machen (**de** über akk)

moho M̲ Schimmel m **mohoso** schimmelig

mojado [-x-] nass, feucht **mojar** anfeuchten; eintunken

mojón [-x-] M̲ Grenzstein

molar: (diente) ~ M̲ Backenzahn

molde M̲ Form f **moldear** formen, modellieren

mole f AmGASTR (würzige) Soße f

molécula F̲ Molekül n

moler mahlen; **~ a palos** verprügeln

molestar belästigen; stören **molestarse** sich bemühen **molestia** F̲ Belästigung; Mühe; **~s** pl MED Beschwerden **molesto** lästig; unbequem

molinero M̲ Müller **molinillo** [-ʎo-] M̲ **~ de café** Kaffeemühle f **molino** M̲ Mühle f

molleja [-ʎexa] F̲ ANAT, GASTR Bries n

molusco M̲ Weichtier n

momentáneo augenblicklich **momento** M̲ Augenblick; **al ~** sofort; **de ~** zurzeit; **por ~s** zusehends; **no es el ~** das ist nicht der passende Moment

momia F̲ Mumie

mona F̲ Äffin; umg Rausch m

Mónaco M̲ Monaco n

monarca M̲ Monarch **monarquía** [-ki-] F̲ Monarchie

monasterio M̲ Kloster n

mondadientes M̲ Zahnstocher **mondar** schälen; reinigen

moneda F̲ Münze; Geldstück n; Währung **monedero** M̲ Portemonnaie n, Geldbeutel **monetario** Währungs...; **masa** f **-a** Geldmenge

Mongolia F̲ Mongolei f

monitor(a) 1 M̲/F̲ (Turn-, Ski- etc)Lehrer(in) 2 nur m TV Monitor

monja [-xa] F̲ Nonne **monje** [-xe] M̲ Mönch

mono 1 M̲ Affe; Overall 2 ADJ niedlich, hübsch

monopatín M̲ Skateboard n

monopolio M̲ Monopol n

monótono eintönig

monstruo M̲ Ungeheuer n, Monstrum n **monstruosidad** F̲ Ungeheuerlichkeit **mons-**

truoso ungeheuerlich; scheußlich

montacargas M̲ Lastenaufzug

montado beritten montador(a) M̲F̲ Monteur(in); Film Cutter(in) montaje [-xe] M̲ Einbau; Montage f

montaña [-ɲa] F̲ Gebirge n; Berg m; ~ rusa Achterbahn montañoso [-ɲ-] bergig; gebirgig montar montieren; aufstellen; ~ (a caballo) reiten; ~ (en bicicleta) Rad fahren

monte M̲ Berg; Wald

montón M̲ Haufen (a. fig)

montura F̲ Reittier n; Brille Fassung

monumental gewaltig, monumental monumento M̲ Denkmal n

monzón [-θ-] M̲ Monsun

moño [-ɲo] M̲ Haarknoten

moqueta [-ke-] F̲ Teppichboden m

mora F̲ 1 Maulbeere; Brombeere 2 Maurin morado (dunkel)violett

moral 1 ADJ moralisch; sittlich 2 F̲ Moral moralidad F̲ Sittlichkeit; Moral

morcilla [-θiʎa] F̲ Blutwurst

mordaz [-θ] beißend (a. fig) morder beißen mordisco M̲ Biss

moreno (dunkel)braun; dunkelhaarig, -häutig

morfina F̲ Morphium n

morir sterben (de an dat); umkommen morirse sterben; ~

de risa sich totlachen; ~ de sed verdursten; ~ por fig darauf brennen zu

morisco maurisch

moro 1 ADJ maurisch 2 M̲, -a Maure, Maurin

moroso HANDEL säumig

morro M̲ ZOOL Maul n, Schnauze f; beberse a ~ aus der Flasche trinken

mortal sterblich; tödlich mortalidad F̲ Sterblichkeit

mortero M̲ Mörser; Mörtel

mortífero tödlich

Mosa M̲ Maas f

mosaico M̲ Mosaik n

mosca F̲ Fliege moscatel M̲ Muskateller(wein)

Moscú M̲ Moskau n

Mosela M̲ Mosel f

mosquetón M̲ Karabiner (-haken)

mosquitero [-ki-] M̲ Moskitonetz n mosquito M̲ Mücke f; Moskito

mostaza [-θa] F̲ Senf m

mosto M̲ Most

mostrador M̲ Ladentisch; Theke f; ~ de facturación FLUG Abfertigungsschalter mostrar zeigen

motín M̲ Meuterei f

motivar verursachen; motivieren motivo M̲ Grund; Anlass, Motiv n; sin ~ grundlos

moto F̲ umg, motocicleta [-θ-] F̲ Motorrad n motociclista [-θ-] M̲F̲ Motorradfahrer(in)

motor M̲ Motor; INTERNET ~ **de búsqueda** Suchmaschine f; ~ **de dos/cuatro tiempos** AUTO Zwei-/Viertaktmotor; ~ **trasero** AUTO Heckmotor

motora F̲ Motorboot n **motorismo** M̲ Motorsport **motorista** M̲/F̲ Motorradfahrer(in)

motriz [-θ] F̲ **fuerza f ~** Triebkraft

mover bewegen, antreiben; anregen **movible** beweglich

móvil 1 A̲D̲J̲ beweglich 2 M̲ fig Motiv, Beweggrund 3 M̲ TEL Handy n; ~ **con cámara** Fotohandy n

movilidad F̲ Beweglichkeit; **con ~ reducida** gehbehindert **movilizar** [-θ-] mobil machen; mobilisieren **movimiento** M̲ Bewegung f; Unruhe f; Betrieb; MUS Satz

moza [-θa] F̲ Mädchen n; Magd **mozo** M̲ A̲D̲J̲ jung 2 M̲ junger Mann; Bursche; Gepäckträger

MP3 M̲ MP3 n; Gerät (**reproductor m de**) ~ MP3-Player

muchacha [-tʃatʃa] F̲ Mädchen n; Dienstmädchen n **muchacho** M̲ Junge

muchedumbre [tʃ-] F̲ (Menschen)Menge

mucho 1 A̲D̲J̲ viel 2 A̲D̲V̲ sehr; viel; lange, oft; **por ~ que** wie sehr auch

mucosa F̲ Schleimhaut **mucosidad** F̲ Schleim m

muda F̲ Stimmbruch m; ZOOL Mauser **mudanza** [-θa] F̲ Um-

zug m; **camión m de ~s** Möbelwagen **mudar** ändern; wechseln **mudarse (de casa)** umziehen; ~ **(de ropa)** sich umziehen

mudez [-θ] F̲ Stummheit **mudo** stumm

mueble 1 A̲D̲J̲ beweglich 2 M̲ Möbel n

mueca F̲ Grimasse

muela F̲ Schleifstein m; Backenzahn m; ~ **del juicio** Weisheitszahn m; **dolor m de ~s** Zahnschmerzen mpl

muelle [-Áe] 1 A̲D̲J̲ weich 2 M̲ Sprungfeder f; SCHIFF Kai; Mole f

muerdo → morder

muero → morir

muerte F̲ Tod m **muerto** 1 A̲D̲J̲ tot; gestorben 2 M̲, -a F̲ Tote(r) m/f(m)

muesca F̲ Kerbe

muestra F̲ (Waren)Probe; Muster n; fig Beweis m **muestrario** M̲ Musterbuch n; Musterkollektion f

muevo → mover

mugre F̲ Schmutz m **mugriento** schmutzig

mujer [-x-] F̲ Frau; Ehefrau f; ~ **de (la) limpieza** Putzfrau, Reinigungskraft **ropa f de ~** Damenkleidung **mujeriego** M̲ Schürzenjäger

mula F̲ Maultier n **mulato, -a** M̲/F̲ Mulatte, Mulattin **muleta** F̲ Krücke; STIERK Muleta **mulo** M̲ Maulesel

multa F̲ Geldstrafe

multicolor bunt **multiconferencia** [-θ-] F̲ TEL Konferenzschaltung f **multicopista** F̲ Kopiergerät n **multicultural** F̲ multikulturell **multimedia** Multimedia..., multimedial **multinacional** F̲ multinationaler Konzern m, umg Multi m

múltiple vielfältig; mehrfach **multiplicación** [-θ-] F̲ Vermehrung; Multiplikation **multiplicar** vermehren; multiplizieren **multiplicarse** sich vermehren

multitud F̲ Menge **multitudinario** Massen...

multiuso Mehrzweck...

mundial 1 A̲D̲J̲ Welt... 2 M̲ SPORT Weltmeisterschaft f **mundialización** [-θaθ-] F̲ Globalisierung

mundo M̲ Welt f; **venir al ~** auf die Welt kommen

Múnich [-ik] F̲ München n

munición [-θ-] F̲ Munition

municipal [-θ-] städtisch; Stadt...; Gemeinde... **municipio** M̲ Gemeinde f

muñeca [-ɲ-] F̲ Handgelenk n; Puppe **muñeco** M̲ Puppe f

mural 1 A̲D̲J̲ Mauer... 2 M̲ Wandbild n **muralla** [-λa] F̲ (Stadt)Mauer

murciélago [-θ-] M̲ Fledermaus f

murió → morir

murmurar murmeln; rauschen; murren; lästern

muro M̲ Mauer f; Wand f

muscular Muskel... **musculatura** F̲ Muskulatur

músculo M̲ Muskel

musculoso muskulös

museo M̲ Museum n

musgo M̲ Moos n

música F̲ Musik; Noten fpl

musical Musik...

músico 1 A̲D̲J̲ musikalisch 2 M̲, **-a** F̲ Musiker(in)

musli M̲, **muesli** M̲ Müsli n

muslo M̲ Oberschenkel

musulmán moslemisch, muslimisch

mutación [-θ-] F̲ Wechsel m; BIOL Mutation

mutilado, -a M̲,F̲ Versehrte(r) m/f(m) **mutilar** verstümmeln

mutuo gegenseitig

muy sehr

N

nabo M̲ weiße Rübe f

nácar M̲ Perlmutt n

nacer [-θ-] geboren werden; Fluss entspringen; fig entstehen **nacido** [-θ-] geboren **nacimiento** M̲ Geburt f

nación [-θ-] F̲ Nation **nacional** [-θ-] National... **nacionalidad** F̲ Nationalität; Staatsangehörigkeit **nacionalizar** [-θ-] verstaatlichen

nada nichts; **~ de eso** keineswegs; **~ más** nichts weiter; **¡de ~!** keine Ursache!
nadador(a) M|F Schwimmer(in); **no ~** Nichtschwimmer
nadar schwimmen
nadie niemand
nado: a ~ schwimmend
naipe M Spielkarte f
nalgas F|PL Gesäß n
nanopartícula F Nanopartikel n, Nanoteilchen n **nanosegundo** 2 ADJ Nanokunde f **nanotecnología** [-'xia] F Nanotechnologie f
Nápoles M Neapel n
naranja [-xa] 1 F Apfelsine, Orange 2 ADJ inv orange **naranjo** [-xo] M Orangenbaum
narciso [-θ-] M Narzisse f
narcótico [-θ-] ADJ betäubend 2 M Betäubungsmittel n **narcotráfico** Drogenhandel
nariz [-θ] F Nase
narración [-θ-] F Erzählung
narrar erzählen
nasal Nasen..., nasal
nata F Sahne; **~ batida** (od montada) Schlagsahne
natación [-θ-] F Schwimmen n
natal: casa f **~** Geburtshaus n; **ciudad** f **~** Geburts-, Heimatstadt
natillas [-ʎ-] F|PL Cremespeise f
nativo 1 ADJ gebürtig (**de** aus) 2 M, **-a** f Einheimische(r) m/f(m); **~ digital** Digital Native
natural 1 ADJ natürlich; **al ~** GASTR nature; **~ de** (gebürtig)

aus 2 M Naturell n **naturaleza** [-θa] F Natur; **~ muerta** MAL Stillleben n **naturalidad** F Natürlichkeit **naturalizar** [-θ-] POL einbürgern
naturista: medicina f **~** Naturheilkunde **naturópata** M|F Naturarzt m, -ärztin f
naufragar Schiffbruch erleiden (a. fig) **naufragio** [-x-] M Schiffbruch
náufrago 1 ADJ schiffbrüchig 2 M Schiffbrüchige(r)
náuseas F|PL Übelkeit f; Brechreiz m; **dar ~** anekeln; **tengo ~** mir ist übel
náutico nautisch; **deporte** m **~** Wassersport
navaja [-xa] F Taschenmesser n; **~ de afeitar** Rasiermesser n
naval See...; Schiffs...
nave F Schiff n (a. ARCH); TECH Halle **navegable** schiffbar **navegación** [-θ-] F Schifffahrt **navegador** M|F 1 Seefahrer(in) 2 nur m IT Browser m **navegar** zur See fahren; **~ por Internet** (o la red) im Internet surfen
Navidad F Weihnachten n; **¡feliz ~!** fröhliche Weihnachten!
naviero M Reeder **navío** M Schiff n
nazco ~ nacer
neblina F Dunst m **nebuloso** neblig, dunstig; fig nebelhaft
necesario [-θ-] notwendig, nötig; erforderlich **necesidad** F Notwendigkeit **necesitado**

178 ‖ necesitar

bedürftig necesitar benötigen, brauchen

necrología [-x-] F̲ Nachruf m

neerlandés ❶ A̲D̲J̲ niederländisch ❷ M̲, -esa F̲ Niederländer(in)

negación [-θ-] F̲ Verneinung
negar verneinen, leugnen; abschlagen negarse sich weigern (a zu) negativa F̲ ablehnende Antwort, Absage; Weigerung negativo ❶ A̲D̲J̲ negativ ❷ M̲ FOTO Negativ n

negligencia [-xenθ-] F̲ Nachlässigkeit negligente nachlässig

negociación [-θiaθ-] F̲ Verhandlung negociado M̲ Amt n; Referat n negociante M̲/F̲ Geschäftsmann, -frau negociar handeln; verhandeln

negocio [-θ-] M̲ Geschäft n; Laden; hombre m de ~s Geschäftsmann

negra F̲ Schwarze; MUS Viertelnote negro ❶ A̲D̲J̲ schwarz ❷ M̲ Schwarze(r)

nena F̲, nene M̲ kleines Kind n

nervio M̲ Nerv nerviosismo M̲ Nervosität f nervioso Nerven...; nervös

neto rein; HANDEL netto, Netto...

neumático M̲ AUTO Reifen

neumonía F̲ Lungenentzündung

neuralgia [-x-] F̲ Neuralgie neurólogo,-a M̲/F̲ Neurologe, -login neurosis F̲ Neurose

neutral neutral neutralidad F̲ Neutralität neutro neutral; GRAM sächlich

nevada F̲ Schneefall m nevar schneien nevera F̲ Kühlschrank m

ni auch nicht; ~ ... ~ weder ... noch

Nicaragua F̲ Nicaragua n

nicho M̲ Nische f

nido M̲ Nest n

niebla F̲ Nebel m

niega, niego → negar

nieto M̲, nieta F̲ Enkel(in)

nieva → nevar nieve F̲ Schnee m; ~ acumulada Schneewehe

NIF M̲ A̲B̲K̲ (Número de Identificación Fiscal) ≈ Steuernummer f

Níger [-x-] M̲ Niger n

Nigeria [-x-] F̲ Nigeria n

Nilo M̲ Nil

nilón M̲ Nylon n

ninfa F̲ Nymphe

ningún, ninguno kein(er); niemand

nini M̲/F̲ umg junger Mensch, der weder studiert noch arbeitet

niña [-ɲa] F̲ Mädchen n, Kind n; ~ del ojo umg Pupille niñera F̲ Kindermädchen n niñez [-eθ] F̲ Kindheit niño ❶ A̲D̲J̲ kindlich ❷ M̲ Kind n

NIP M̲ A̲B̲K̲ (número de identificación personal) PIN-Nummer f

níquel [-kel] M̲ Nickel n

níspero M̲ Mispel f

nitidez [-θ-] F Klarheit; FOTO, TV Schärfe

nítido rein; FOTO, TV scharf

nitrógeno M Stickstoff

nivel M Niveau n; TECH Wasserwaage f; fig Ebene f; **~ de vida** Lebensstandard; **a ~ mundial/nacional** weltweit/auf nationaler Ebene **nivelar** ebnen, planieren; nivellieren (a. fig)

Niza [-θ-] F Nizza n

no nein; nicht

noble ❶ ADJ adlig; edel ❷ M/F Adlige(r) m/f(m) **nobleza** [-θa] F Adel m; fig Vornehmheit

noche [-tʃe] F Nacht; Abend m; **de** (od **por la**) **~** nachts

Nochebuena F Heilig-, Weihnachtsabend m **Nochevieja** [-xa] F Silvester(abend) n(m)

noción [-θ-] F Begriff m **nociones** PL Grundkenntnisse

nocivo [-θ-] schädlich

nocturno nächtlich, Nacht...

nogal M (Wal)Nussbaum

nombrado berühmt **nombramiento** M Ernennung f **nombrar** (er)nennen

nombre M Name; fig Ruf; **~ de familia/de pila** Familien-/Vorname; **~ propio** Eigenname; **~ de usuario** Benutzername

nómina F Gehaltsliste, -abrechnung

nominal namentlich; **valor** m **~** Nennwert **nominar** nominieren

nordeste M Nordost(en)

noria F Schöpfrad n; **~ (gigan-**

te) Riesenrad n

norma F Norm; Regel; **~ europea** Euronorm **normal** normal **normalizar** [-θ-] normalisieren; TECH normen

noroeste M Nordwest(en)

norte M Norden; **al ~** im Norden (**de** von); **perder el ~** die Orientierung verlieren

Noruega F Norwegen n

noruego ❶ ADJ norwegisch ❷ M, **-a** F Norweger(in)

nos uns **nosotros** wir; uns

nostalgia [-x-] F Heimweh n; Sehnsucht; Nostalgie **nostálgico** nostalgisch, wehmütig; **Mode** retro

nota F Notiz; Rechnung; MUS Note; **~ adhesiva** Haftnotiz; **tomar ~ (de)** notieren; zur Kenntnis nehmen **notable** bemerkenswert **notar** (be)merken **notario, -a** M,F Notar(in)

noticia [-θ-] F Nachricht; **~s** pl RADIO, TV Nachrichten

notificación [-θ-] F amtliche Benachrichtigung **notificar** mitteilen

notorio offenkundig

novato M Neuling

novecientos neunhundert

novedad F Neuheit; Neuigkeit

novela F Roman m; **~ corta** Novelle; **~ policíaca** Kriminalroman m; **~ rosa** Kitschroman m **novelista** M/F Romanautor(in)

noveno neunte **noventa** neunzig

novia F̲ Braut, Verlobte; Freundin

noviembre M̲ November

novillada [-ʎ-] F̲ Stierkampf *m* mit Jungstieren **novillo** M̲ Jungstier

novio M̲ Bräutigam; Freund; Verlobte(r); **~s** *pl* Brautpaar *n*; **estar por las ~s** *Preise* unerschwinglich sein; **estar en las ~s** geistesabwesend sein **nublado** bewölkt **nublarse** sich bewölken **nubosidad** F̲ Bewölkung **nuboso** bewölkt, wolkig

nuca F̲ Nacken *m*

nuclear Kern..., nuklear

núcleo M̲ Kern

nudillo [-ʎo] M̲ (Finger)Knöchel

nudista M̲F̲ Nudist(in); **playa** *f* ~ FKK-Strand *m*

nudo M̲ Knoten; ~ **ferroviario** Eisenbahnknotenpunkt

nuera F̲ Schwiegertochter

nuestro unser; **es ~** das gehört uns

Nueva Guinea F̲ Neuguinea *n*

Nueva York F̲ New York *n*

Nueva Zelanda F̲ Neuseeland *n*

nueve neun

nuevo neu; **de ~** von neuem, nochmals; **¿qué hay de ~?** was gibt es Neues?

nuez [-θ] F̲ Nuss; *bes* Walnuss; ANAT Adamsapfel *m*; ~ **moscada** Muskatnuss

nulo nichtig; ungültig

numeración [-θ-] F̲ Numerierung **numerar** zählen; nummerieren

número M̲ Zahl *f*; Nummer *f*; ~ **de identificación personal** PIN-Nummer *f*; ~ **personal** *Bank* Geheimnummer *f*; **un gran ~ de** e-e große Anzahl von; **sin ~** unzählig(e)

numeroso zahlreich

nunca nie; niemals; ~ **más** nie mehr; **nie wieder**

nupcial [-θ-] Hochzeits...

Nuremberg M̲ Nürnberg *n*

nutria F̲ Fischotter *m*

nutrición F̲ Ernährung **nutrir** (er)nähren **nutritivo** nahrhaft

Ñ

ñame [ɲ-] M̲ BOT Jamswurzel *f*

ñandú [ɲ-] M̲ ZOOL *Am* Nandu *m*

ñoñería [ɲoɲ-] F̲ Gefasel *n*

ñoño kindisch

ñu M̲ ZOOL Gnu *n*

O

o oder; **o ... o** entweder ... oder;

o sea das heißt

oasis M Oase f

obcecado [-θ-] verblendet

obedecer [-đ-] gehorchen

obediencia [-đ-] F̲ Gehorsam m obediente gehorsam

obelisco M Obelisk

obertura F̲ Ouvertüre

obispo M Bischof

objeción [-xeθ-] F̲ Einwand m objetable anfechtbar objetar einwenden objetivo 1 ADJ objektiv, sachlich 2 M Ziel n; FOTO Objektiv n objeto M Gegenstand, Objekt n; Zweck m objetor M: ~ de conciencia Wehrdienstverweigerer

oblea F̲ Oblate

oblicuo schräg

obligación [-đ-] F̲ Pflicht, Verpflichtung; HANDEL Obligation; sin ~ unverbindlich

obligar zwingen; verpflichten obligarse sich verpflichten (a zu) obligatorio verbindlich, obligatorisch; Pflicht...

oboe M MUS Oboe f

obra F̲ 1 Werk n; Arbeit; Bauwerk n; ~ de arte Kunstwerk n; ~ de consulta/de referencia Nachschlage-/Standardwerk n 2 ~s pl Bauarbeiten fpl; ~s completas Gesamtausgabe f obrar handeln, vorgehen; wirken

obrero 1 ADJ Arbeiter... 2 M, -a F̲ Arbeiter(in)

obsceno [-θ-] obszön

obsequiar [-ki-] bewirten; beschenken obsequio M Gefälligkeit f; Geschenk n

observación [-θ-] F̲ Beobachtung; Bemerkung observar beobachten; bemerken; befolgen observatorio M Observatorium n

obsesión F̲ Besessenheit; fixe Idee

obstaculizar [-θ-] behindern obstáculo M Hindernis n

obstante: no ~ trotzdem

obstetricia [-θ-] F̲ MED Geburtshilfe

obstinación [-θ-] F̲ Eigensinn m obstinado hartnäckig, eigensinnig obstinarse sich versteifen (en auf akk)

obstrucción [-γθ-] F̲ Verstopfung obstruir verstopfen; versperren

obtener erlangen, erreichen

obturación [-θ-] F̲ Abdichtung; ZAHNMED Füllung; ~ provisional Provisorium n

obvio einleuchtend; offensichtlich

oca F̲ Gans

ocasión F̲ Gelegenheit; con ~ de anlässlich (gen); de ~ Gebraucht..., Gelegenheits... ocasionar veranlassen; verursachen

ocaso M ASTROL, fig Untergang

occidental [oγθ-] westlich occidente M Abendland n

Oceanía [oθ-] F̲ Ozeanien n

océano [oθ-] M Ozean

ochenta [otʃ-] achtzig

ocho [otʃo] acht; **~cientos** achthundert

ocio [oθ-] M̲ Muße f; Freizeit f **ocioso** müßig, untätig

octagonal achteckig **octava** F̲ MUS Oktave **octavilla** [-ʎa] F̲ Flugblatt n **octavo** ❶ ADJ achte ❷ M̲ Achtel n

octubre M̲ Oktober; **en (el mes de) ~** im Oktober

ocular ❶ ADJ Augen… ❷ M̲ Okular n **oculista** M̲/F̲ Augenarzt m, -ärztin f

ocultar verbergen, verheimlichen **oculto** geheim, verborgen

ocupación [-θ-] F̲ Besetzung; Beschäftigung **ocupado** besetzt (a. TEL) **ocupante** M̲/F̲ AUTO Insasse, Insassin **ocupar** beschäftigen; besetzen (a. MIL); Raum einnehmen; Amt innehaben **ocuparse** sich beschäftigen, sich befassen (**de** mit); sich kümmern (**de** um)

ocurrencia [-θ-] F̲ (witziger) Einfall m **ocurrente** witzig

ocurrir sich ereignen; vorkommen; **se me ocurre que** mir fällt ein, dass; **¿qué ocurre?** was ist los?

odiar hassen **odio** M̲ Hass **odioso** gehässig; verhasst

odontología [-x-] F̲ Zahnmedizin **odontólogo** M̲, **-a** F̲ Zahnarzt m, -ärztin f

oeste M̲ Westen; **al ~** im Westen (**de** von)

ofender beleidigen; kränken

ofenderse beleidigt sein

ofensa F̲ Beleidigung **ofensiva** F̲ Angriff m, Offensive

oferta F̲ Angebot n; **~ especial** Sonderangebot n; **~ de empleo** Stellenangebot n

oficial [-θ-] ❶ ADJ offiziell, amtlich ❷ M̲ Offizier; HANDEL Geselle **oficina** [-θ-] F̲ Amt n; Büro n; **~ de turismo** Fremdenverkehrsamt n, Touristeninformation f

oficio [-θ-] M̲ Handwerk n; Beruf; REL Gottesdienst; **de ~** von Amts wegen **oficioso** offiziös, halbamtlich

ofimática F̲ Bürokommunikation

ofrecer [-θ-] anbieten; **¿qué se le ofrece?** was kann ich für Sie tun? **ofrecimiento** M̲ Angebot n

oftalmólogo, -a M̲/F̲ Augenarzt, -ärztin

oída: de ~s vom Hörensagen **oído** M̲ Gehör n; Ohr n

oiga, oigo → **oír**

oír (an-, zu)hören; **¡oiga!** hören Sie (mal)!; TEL hallo!

ojal [ɔx-] M̲ Knopfloch n **¡ojalá!** [ɔx-] hoffentlich!

ojeada [ɔx-] F̲ Blick m **ojeras** F̲PL Augenringe mpl **ojete** M̲ Öse f

ojiva [ɔx-] F̲ Spitzbogen m

ojo [ɔxo] M̲ Auge n; **~ de la aguja** Nadelöhr n; **~ de buey** SCHIFF Bullauge n; **¡~!** Vorsicht!; **no pegar ~** kein Auge

zutun
ola F̲ Welle (a. fig)
¡olé! bravo!
oleada F̲ bes fig Welle oleaje [-xe] M̲ Wellengang
óleo M̲ Öl n; MAL Ölgemälde n
oleoducto M̲ Pipeline f oleoso ölhaltig; ölig
oler riechen (a nach)
olfatear (be)riechen; fig wittern
olfato M̲ Geruchssinn
olimpíada F̲ Olympiade
oliva F̲ Olive oliva M̲ Ölbaum
olla [óʎa] F̲ (Koch)Topf m; GASTR Eintopfgericht n; ~ a presión Schnellkochtopf m
olmo M̲ Ulme f
olor M̲ Geruch oloroso wohlriechend
olvidar vergessen; verlernen olvidarse ~ de a/c etw vergessen olvido M̲ Vergesslichkeit f; Vergessenheit f
ombligo M̲ Nabel
OMC F̲ (Organización Mundial del Comercio) WTO (Welthandelsorganisation)
omega F̲ 1 Zeichen Omega n 2 GASTR ácidos mpl grasos ~ 3 Omega-3-Fettsäuren fpl
omisión F̲ Unterlassung; Auslassung omitir unterlassen; übergehen, auslassen
omnipotente allmächtig omnipresente allgegenwärtig
omóplato M̲ Schulterblatt n
once [-θe-] elf
ONCE [onθe] F̲ ABK (Organización Nacional de Ciegos de Es-

paña) spanische Blindenorganisation, von ihr organisierte Lotterie
onda F̲ Woge, Welle; ~ corta/media/larga Kurz-/Mittel-/Langwelle ondear wogen; flattern ondulación [-θ-] F̲ Wellenbewegung ondular Haar sich wellen
ONG F̲ ABK (Organización No Gubernamental) NGO (Nichtregierungsorganisation)
ONU F̲ (Organización de las Naciones Unidas) UNO f
opaco undurchsichtig
ópalo M̲ Opal
opción [-θ-] F̲ Wahl; Option opcional wahlweise
ópera F̲ Oper
operación [-θ-] F̲ MED, MIL Operation; HANDEL Geschäft n operador M̲ MED Operateur operadora F̲ Telefonistin operar (be)wirken; a. MED operieren operario M̲, -a F̲ Arbeiter(in) operarse sich operieren lassen
opereta F̲ Operette
opinar meinen, glauben opinión F̲ Meinung
opio M̲ Opium n
oponente M/F̲ Gegner(in) oponer entgegensetzen; einwenden oponerse sich widersetzen
oporto M̲ Portwein
oportunidad F̲ Gelegenheit; Chance oportunista opportunistisch oportuno gelegen;

zweckmäßig, angebracht

oposición [-θ-] F̲ Widerstand m; POL Opposition **oposiciones** P̲L̲ Auswahlprüfung f

opresión F̲ Unterdrückung

oprimir unterdrücken

optar sich entscheiden, optieren (**por** für)

óptica F̲ Optik **óptico** 1 A̲D̲J̲ optisch 2 M̲, -a F̲ Optiker(in)

optimismo M̲ Optimismus **optimista** 1 A̲D̲J̲ optimistisch 2 M̲/F̲ Optimist(in)

óptimo optimal

opuesto entgegengesetzt

opulencia [-θ-] F̲ Üppigkeit **opulento** üppig

oración [-θ-] F̲ Gebet n; GRAM Satz m; ~ **del viernes** Freitagsgebet n

orador(a) M̲/F̲ Redner(in)

oral mündlich; MED oral

orden 1 M̲ Ordnung f; **del día** Tagesordnung f; **poner en** ~ ordnen; aufräumen 2 F̲ Befehl m (a. MIL); REL Orden m **ordenado** ordentlich **ordenador** M̲ Computer; ~ **personal** Personal Computer, PC; ~ **portátil** Laptop; ~ **de mano** Palmtop **ordenanza** [-θa] 1 F̲ Verordnung f 2 M̲ Amtsbote **ordenar** ordnen; *Priester* weihen

ordeñar [-ɲ-] melken

ordinario gewöhnlich, ordinär

oreja [-xa] F̲ Ohr n; **hasta las** ~**s** bis über beide Ohren

orfanato M̲ Waisenhaus n

orfebre M̲ Goldschmied **orfebrería** F̲ Goldschmiedekunst, -arbeit

orgánico organisch

organillo [-ʎo] M̲ Drehorgel f, Leierkasten

organismo M̲ Organismus

organista M̲/F̲ Organist(in)

organización [-θaθ-] F̲ Organisation **organizador(a)** M̲/F̲ Veranstalter(in); Organisator(in) **organizar** organisieren; veranstalten

órgano M̲ Organ n (a. fig); MUS Orgel f

orgasmo M̲ Orgasmus

orgía [-x-] F̲ Orgie

orgullo [-ʎo] M̲ Stolz **orgulloso** stolz (**de** auf akk); hochmütig

orientación [-θ-] F̲ Orientierung **oriental** orientalisch **orientar** orientieren; beraten **orientarse** sich zurechtfinden **oriente** M̲ Osten; Orient **Oriente** M̲ **Extremo/Próximo** ~ Ferner/Naher Osten; ~ **Medio** Mittlerer Osten

orificio [-θ-] M̲ Öffnung f, Loch n

origen [-x-] M̲ Ursprung; Herkunft f; fig Ursache f

original [-x-] 1 A̲D̲J̲ ursprünglich; originell 2 M̲ Original n (a. fig) **originalidad** F̲ Ursprünglichkeit, Originalität **originar** veranlassen; verursachen **originario** ursprünglich; stammend (**de** aus)

orilla [-ʎa] F̲ Rand m; Ufer n

orín M̲ Rost

orina F̲ Urin m **orinar** Wasser lassen, urinieren

ornamentar verzieren **ornamento** M̲ Verzierung f; Schmuck

ornar schmücken, verzieren

oro M̲ Gold n; **~ blanco/fino** Weiß-/Feingold n; **de ~** golden; aus Gold; Gold...

orquesta [-ke-] F̲ Orchester n

orquídea [-ki-] F̲ Orchidee

ortiga F̲ Brennnessel

ortodoncia [-θ-] F̲ MED Kieferorthopädie **ortodoxo** orthodox **ortografía** F̲ Rechtschreibung **ortopédico** orthopädisch **ortopedista** M̲/F̲ Orthopäde, -pädin

oruga F̲ Raupe

orujo [-x-] M̲ Trester(schnaps)

orzuelo [-θ-] M̲ MED Gerstenkorn n

os euch

osado kühn **osar** wagen

oscilar [-θ-] schwingen; a. fig schwanken

oscurecer [-θ-] verdunkeln; dunkel werden **oscuridad** F̲ Dunkelheit f **oscuro** dunkel, finster; unklar; unbekannt

óseo knöchern; Knochen...

oso M̲ Bär

ostensible offensichtlich; deutlich **ostentar** vor-, aufweisen; Titel innehaben

ostra F̲ Auster; **¡~s!** Mensch, so was!

OTAN F̲ ABK (Organización del Tratado del Atlántico Norte)

NATO f

otoñal [-ɲ-] herbstlich **otoño** M̲ Herbst

otorgar bewilligen; ausfertigen **otorrinolaringólogo** M̲, -a F̲ HNO-, Hals-Nasen-Ohren--Arzt(-Ärztin)

otro andere(r); noch ein; **el ~ día** neulich; **~ tanto** noch einmal so viel; **otra vez** noch einmal; MUS **¡otra!** Zugabe!

ovación [-θ-] F̲ Beifallssturm m, Ovation

oval, ovado oval

ovario M̲ ANAT Eierstock

oveja [-xa] F̲ Schaf n

ovillo [-ʎo] M̲ Knäuel n

ovino Schaf...

ovni M̲ ABK (objeto volante no identificado) UFO n

óvulo M̲ ANAT Eizelle f

oxidarse oxidieren; rosten

óxido M̲ Oxid n

oxígeno [-x-] M̲ Sauerstoff

oye, oyó → oír

oyente M̲/F̲ Hörer(in)

ozono [-θ-] M̲ Ozon n; **capa de ~** Ozonschicht; **agujero** m **(en la capa) de ~** Ozonloch n

P

p. ABK (página) S. (Seite)

pabellón [-ʎ-] M̲ Pavillon; SCHIFF Flagge f

pacer [-θ-] weiden
paciencia [-θ͜ēnθ-] F̲ Geduld
paciente 1 ADJ geduldig 2 M̲/F̲ Patient(in)
pacífico [-θ-] friedfertig
Pacífico M̲ Pazifik
pacifista [-θ-] M̲/F̲ Pazifist(in)
pacotilla [-ʎa] F̲ Schund m; ~ minderwertig
pactar paktieren; vereinbaren
pacto M̲ Pakt; Vertrag
padecer [-θ-] erleiden; leiden (de an dat)
padrastro M̲ Stiefvater
padre M̲ Vater; ~s pl Eltern padrenuestro M̲ Vaterunser n
padrino M̲ (Tauf)Pate; ~ (de boda) Trauzeuge
paella F̲ Paella (Reisgericht)
paf INT ¡~! paff!, bums!
paga F̲ Zahlung; Lohn m pagadero zahlbar
pagano 1 ADJ heidnisch 2 M̲, -a F̲ Heide m, Heidin f
pagar (be)zahlen; ~ al contado/a plazos in bar/in Raten bezahlen pagaré M̲ Schuldschein
página [-x-] F̲ Seite; INTERNET ~ web Webseite; INTERNET principal Startseite, Homepage; TEL ~s pl amarillas gelbe Seiten
pago M̲ Zahlung f; ~ al contado/a plazos Bar-/Ratenzahlung f
país M̲ Land n; ~ comunitario EU-Land n; ~ de origen Herkunftsland; ~ en (vías de) desarrollo Entwicklungsland n; País-

ses Bajos Niederlande pl; del ~ einheimisch
paisaje [-xe] M̲ Landschaft f
paisano M̲, paisana F̲ Zivilist(in); Landsmann, -männin; de paisano in Zivil
paja [-xa] F̲ Stroh n; Stroh-, Trinkhalm m pajar M̲ Scheune f pajarita F̲ Krawatte Fliege
pájaro [-x-] M̲ Vogel
Pakistán M̲ Pakistan n
pala F̲ Schaufel; SPORT Schläger m
palabra F̲ Wort n; de ~ mündlich palabrota F̲ Schimpfwort n
palacio [-θ-] M̲ Palast, Schloss n paladar M̲ Gaumen paladear schmecken; genießen
palanca F̲ Hebel m
Palatinado M̲ Pfalz f
palco M̲ THEAT Loge f
Palestina F̲ Palästina n
paleta 1 F̲ Palette; Maurerkelle; TECH Schaufel 2 M̲ umg Maurer paletilla [-ʎa] F̲ Schulterblatt n
palidecer [-θ-] erbleichen, erblassen palidez [-θ] F̲ Blässe
pálido bleich, blass
palillo [-ʎo] M̲ Zahnstocher
paliza [-θa] F̲ Tracht Prügel
palma F̲ Palme; Handfläche; ~ de Oro Goldene Palme f palmada F̲ dar ~s in die Hände klatschen;
palmar umg palmarla abkratzen
palmera F̲ Palme

palmo M̅ Spanne f; Handbreit f
palo M̅ Stock; SCHIFF Mast; *Karten* Farbe f
paloma F̅ Taube **palomitas** FPL Puffmais m, Popcorn n
palpable tastbar, fühlbar; *fig* deutlich **palpar** (be)tasten, befühlen
palpitación [-θ-] F̅ Herzklopfen n **palpitar** klopfen; zucken
pan M̅ Brot n; ~ **integral** Vollkornbrot n; ~ **moreno** Graubrot n; ~ **rallado** Paniermehl n; ~ **tostado** Toastbrot n
pana F̅ Kord(samt) m
panadería F̅ Bäckerei **panadero** M̅ Bäcker
panal [(Honig)Wabe f
Panamá M̅ Panama n
pancarta F̅ Spruchband n, Transparent n
páncreas M̅ Bauchspeicheldrüse f, Pankreas n
pandereta F̅, **pandero** M̅ Tamburin n
pandilla [-ʎa] F̅ Bande, Clique f
panecillo [-θiʎo] M̅ Brötchen n
panga M̅ Pangasius; **filete** m **de** ~ Pangasiusfilet n
pánico M̅ Panik f
pantaleta [-ʎa] F̅ Am (Damen)Slip m
pantalla [-ʎa] F̅ TV, IT Bildschirm m; *Kino*: Leinwand; TEL Display m; *Lampe*: Lampenschirm m; ~ **plana** Flachbildschirm m; ~ **táctil** Touchscreen m
pantallazo [-θo] M̅ Screenshot m

pantalón M̅ Hose f; ~ **de peto** Latzhose f
pantano M̅ Sumpf; Stausee m **pantanoso** sumpfig
pantera F̅ Pant(h)er m
pantorrilla [-ʎa] F̅ Wade f
panty M̅ Strumpfhose f
panza [-θa] F̅ Bauch m, Wanst m
pañal [-ɲ-] M̅ Windel f **paño** M̅ Tuch; Stoff **pañuelo** M̅ Taschen-, Halstuch n; ~ **(de cabeza)** Kopftuch n
papa ① F̅ Am Kartoffel ② M̅ Papst
papá M̅ Papa; **los ~s** *umg* die Eltern pl
papada F̅ Doppelkinn n
papagayo M̅ Papagei
papaya F̅ BOT Papaya
papel M̅ Papier n; Zettel; THEAT Rolle f (a. fig); ~ **higiénico** Toilettenpapier n; ~ **pintado** Tapete f; ~ **reciclado** Umweltschutzpapier n; ~ **de aluminio** Alufolie f; ~ **de cartas/de embalar/de regalo** Brief-/Pack-/Geschenkpapier n
papelera F̅ Papierkorb m **papelería** F̅ Schreibwarengeschäft
paperas FPL MED Mumps m
papilla [-ʎa] F̅ Brei m
paquete [-ke-] M̅ Paket n; **pequeño** ~ Päckchen n
par ① ADJ & ADV gerade *Zahl*; **de** ~ **en** ~ sperrangelweit (offen); **sin** ~ unvergleichlich ② M̅ Paar n; **un** ~ **de** zwei

para ❶ örtlich nach; **salir ~** abfahren nach ❷ zeitlich für; bis; **¿~ cuándo?** bis wann?; **~ siempre** für immer ❸ Zweck für; um zu; **~ eso** dazu; dafür; **~ que** damit; **¿~ qué?** wozu?

parabólico: antena f Parabolantenne, Satellitenschüssel

parabrisas M Windschutzscheibe f **paracaídas** M Fallschirm **paracaidista** M/F Fallschirmspringer(in) **parachoques** [-tʃokes] M Stoßstange n

parada f Stillstand m; Anhalten n; Aufenthalt m; Haltestelle; **~ discrecional** Bedarfshaltestelle; **~ de taxis** Taxistand m **paradero** M Verbleib; Aufenthaltsort **parado** ❶ ADJ (still)stehend; arbeitslos ❷ M, **-a f** Arbeitslose(r) m/f(m) **paradójico** [-x-] paradox **parador** M Sp staatliches Hotel n

paraguas M Regenschirm **Paraguay** M Paraguay n **paraguayo** ❶ ADJ paraguayisch ❷ M BOT Weinbergpfirsich

paraíso M Paradies n

paraje [-xe] M Gegend f

paralela f Parallele; **~s** pl SPORT Barren m **paralelo** ❶ ADJ parallel ❷ M fig Parallele f; GEOG Breitenkreis

parálisis f Lähmung

paralítico ❶ ADJ gelähmt ❷ M, **-a f** Gelähmte(r) m/f(m)

paralizar [-θ-] lähmen (a. fig) **paralizarse** erlahmen; stocken

parapente M Gleitschirmfliegen n, Paragliding n **parapeto** M Brüstung f **parapléjico** [-x-] querschnitt(s)gelähmt

parar ❶ anhalten, stoppen; TECH abstellen; ❷ halten; aufhören (de zu); **sin ~** unaufhörlich

pararrayos M Blitzableiter **pararse** stehen bleiben; Am aufstehen

parásito M Parasit, Schmarotzer

parasol M Sonnenschirm; AUTO, FOTO Sonnenblende f

parcela [-θ-] f Parzelle

parche [-tʃe] M MED Pflaster n; AUTO, Fahrrad Flicken

parcial ❶ teilweise, Teil...; ❷ parteiisch

parco spärlich, karg; **~ en palabras** wortkarg

pardo braun

parecer [-θ-] ❶ scheinen; **me parece bien** das finde ich richtig; **¿qué te parece ...?** wie gefällt dir ...? ❷ M Meinung f; **al ~** anscheinend **parecerse** sich ähneln **parecido** ❶ ADJ ähnlich ❷ M Ähnlichkeit f

pared f Wand; Mauer

pareja [-xa] f Paar n; (Lebens-) Partner(in) m(f); **~ de hecho** Lebenspartnerschaft f

parental f Verwandtschaft f **parentesco** M Verwandtschaft f

paréntesis M Klammer f; **entre ~** in Klammern

parezco → parecer
paridad F̲ Gleichheit; WIRTSCH Parität
pariente M̲/F̲ Verwandte(r) m/f(m) **parir** gebären; ZOOL werfen
París M̲ Paris n
parking M̲ Parkplatz, -haus n
parlamento M̲ Parlament n; **Parlamento Europeo** europäisches Parlament n
paro M̲ Stillstand (a. MED); WIRTSCH Arbeitslosigkeit f
parodia F̲ Parodie **parodiar** parodieren
parpadear blinzeln
párpado M̲ Augenlid n
parque [-ke] M̲ Park; **~ de atracciones** Vergnügungs-/Freizeitpark; **~ infantil** Kinderspielplatz; **~ nacional/natural** National-/Naturpark **parqué** [-ke] M̲, **parquet** M̲ Parkett n **parquímetro** [-ki-] M̲ Parkuhr f
párrafo M̲ Paragraf; Absatz
parrilla [-ʎa] F̲ Rost m; Grill m; **a la ~** gegrillt **parrillada** F̲ GASTR Grillplatte
párroco M̲ Pfarrer
parroquia [-ki-] F̲ REL Gemeinde; Pfarrei **parroquiano,-a** M̲F̲ Gemeindemitglied n
parte M̲ Nachricht f; Bericht
② F̲ Teil m; JUR Seite, Partei; THEAT, MUS Part m; **de ~ de** (im Namen) von; **en ~** teilweise; **en ninguna ~** nirgends; **en otra ~** anderswo; **en todas ~s** über-

all; **por una ~** einerseits; **por otra ~** andererseits; **tomar ~** teilnehmen (**en** an dat)
partera F̲ Hebamme
parterre M̲ (Blumen)Beet n
participación [-θipaθ-] F̲ Teilnahme; Beteiligung, Anteil m; (Heirats-/Geburts)Anzeige **participante** M̲/F̲ Teilnehmer(in) **participar** teilnehmen; mitteilen
particular ① ADJ besonders; Privat...; **en ~** im Besonderen ② M̲/F̲ Privatperson f **particularidad** F̲ Besonderheit; Eigenheit
partida F̲ Abreise; Abfahrt; HANDEL Partie (a. Spiel); Posten m; **~ de nacimiento/de matrimonio** Geburts-/Heiratsurkunde **partidario,-a** F̲ Anhänger(in); Befürworter(in); **ser ~ de** dafür sein, dass **partido** ① M̲ Partei f; SPORT Spiel n; **~ popular** Volkspartei f; **sacar ~ de** Nutzen ziehen aus
partir VT teilen; VI abreisen; **~ de** ausgehen von; **a ~ de hoy** von heute an; **a ~ de las tres** ab drei Uhr
parto M̲ Geburt f
parvulario M̲ Kindergarten
pasa F̲ Rosine
pasada F̲ Durchgang m; **mala ~** übler Streich m **pasado** ① ADJ vergangen; Obst etc verdorben ② M̲ Vergangenheit f **pasador** M̲ Riegel; Haarspange f; Sieb n

pasaje [-xe] M Durchgang; Passage f, im Buch a. Stelle f **pasajero 1** ADJ vorübergehend **2** M, -a F Reisende(r) m/f(m); Passagier(in)

pasamano(s) M Treppengeländer n **pasante** M/F Praktikant(in) **pasaporte** F (Reise-)Pass

pasar V/T über-, durchqueren; *a. fig* überschreiten; durchmachen; (über)geben; AUTO überholen; *Zeit* verbringen; *Prüfung* ablegen; GASTR passieren, (durch)sieben; *GASTR* vorbei-, vorübergehen, -fahren; *Zeit* vergehen; *im Spiel* passen; sich ereignen, passieren; **~ por** gehen, fahren, kommen durch; *Straße* führen durch; *Fluss* fließen durch; *fig* gelten als; **~lo bien** es sich gut gehen lassen; sich amüsieren; **¿qué pasa?** was ist los?, was ist passiert?; **¡pase!** herein!

pasarela F Laufsteg m; SCHIFF Gangway

pasarse zu weit gehen (*a. fig*)

pasatiempo M Zeitvertreib

Pascua F **~ (de Resurrección)** Ostern n; **¡felices ~s!** frohe Ostern!; *a.* fröhliche Weihnachten!

pase M Freikarte f; Freifahrschein f; SPORT Pass **pasearse** spazieren gehen **paseo** M Spaziergang; Promenade f; **dar un ~ e-n Spaziergang machen**

pasillo [-ʎo] M Flur; Gang

pasión F Leidenschaft; REL Passion

pasivo 1 ADJ passiv **2** M GRAM Passiv n; HANDEL Soll n

pasmar verblüffen **pasmarse** starr sein; erstaunen

paso M Schritt; Durchgang; Durchfahrt f; **~ cebra** Zebrastreifen; **~ a nivel** Bahnübergang; **~ de peatones** Fußgängerüberweg; **ceder el ~** den Vortritt lassen; **cerrar el ~** den Weg versperren; **de ~** auf der Durchreise; **a cada ~** auf Schritt und Tritt

pasota M *umg* Null-Bock-Typ, Aussteiger

pasta F Paste; GASTR Teig m; *umg* Knete, *umg* Zaster m; **~s** *pl* Nudeln pl; Gebäck n

pastel M Kuchen; Pastete f; Pastell(malerei f) n **pastelería** F Konditorei

pastilla [-ʎa] F Seife Stück n; *Schokolade* Tafel; MED Tablette; Pastille

pasto M Weide f; Futter n **pastor** M Hirt, Schäfer; REL Pastor

pata F Pfote; *umg* Bein n; **meter la ~** *fig* ins Fettnäpfchen treten **patada** F Fußtritt m

Patagonia F Patagonien n

patalear strampeln; trampeln

patata F Kartoffel; **~s** *pl* **bravas** Kartoffeln mit scharfer Soße; **~s** *pl* **fritas** Pommes frites; *umg* Fritten; *a.* (Kartoffel)Chips

paté M Leberpastete f

patear trampeln

patente 1 ADJ klar 2 F Patent n

paternal väterlich paternidad F Vaterschaft; prueba f de ~ Vaterschaftstest m paterno Vater...

patético pathetisch

patíbulo M Galgen

patín M Schlittschuh; ~ (acuático) Tretboot n; ~ de ruedas Rollschuh; ~ (de ruedas) en línea Inline-Skate m

patinador(a) M(F) Schlittschuh-, Rollschuhläufer(in) patinaje [-xe] M Schlittschuh-, Rollschuhlaufen n; ~ (artístico) sobre hielo Eis(kunst)lauf patinar Schlittschuh, Rollschuh laufen; skaten; AUTO schleudern patinete M Roller

patio M Innenhof; ~ de butacas THEAT Parkett n; ~ de recreo Schulhof

pato M Ente f; ~ real Stockente f; pagar el ~ etw ausbaden müssen

patológico [-x-] krankhaft, pathologisch

patraña [-ɲa] F (grobe) Lüge; Schwindel m

patria F Vaterland n; Heimat patrimonio M Erbe n, Vermögen n; ~ mundial (cultural) Weltkulturerbe n; ~ mundial natural Weltnaturerbe n patriota M(F) Patriot(in) patriótico patriotisch

patrocinador(a) [-θ-] M(F) Förderer(in), Sponsor(in) patroci-

nar fördern, sponsern

patrón M Schutzheilige(r); Hauswirt; Schnittmuster n; bes Am Chef, Arbeitgeber patrona F Schutzheilige; Chefin; Hauswirtin patrono M Sp Arbeitgeber, Chef

patrulla [-ʎa] F Patrouille; Streife patrullar patrouillieren

paulatino bedächtig; allmählich

pausa F Pause pausado ruhig; langsam

pava F Truthenne, Pute

pavimento M Bodenbelag

pavo M Puter; ~ real Pfau pavonearse einherstolzieren

pavor M Schreck, Entsetzen n

payaso M Clown

paz [-θ] F Friede(n) m; Ruhe

PC¹ [-θ] M ABK (Partido Comunista) Kommunistische Partei f

PC² [-θ] M ABK (Pensión Completa) VP (Vollpension)

PDF M IT (archivo od fichero m) ~ PDF n, PDF-Datei f

peaje [-xe] M Autobahngebühr f peatón M, peatona F Fußgänger(in)

peca F Sommersprosse

pecado M Sünde f pecador(a) M(F) Sünder(in) pecar sündigen

pecho [-tʃo] M Brust f; Busen; dar el ~ stillen pechuga F Bruststück n (des Geflügels)

pecoso sommersprossig

peculiar eigentümlich

pedagógico [-x-] pädagogisch

pedal M Pedal n; ~ de freno/de

gas Brems-/Gaspedal *n*

pedante 1 ADJ pedantisch 2 M Pedant **pedantería** F Pedanterie

pedazo [-θo] M Stück *n*; **un ~ de pan** ein Stück Brot

pediatra M/F Kinderarzt *m*, -ärztin *f*

pedicura F Fußpflege, Pediküre; Fußpfleger(in)

pedido M HANDEL Auftrag, Bestellung *f*; **a ~ de** im Auftrag von **pedir** bitten; fordern; HANDEL bestellen

pedo M *sl* Furz

pegadizo [-x-] klebrig; *fig* aufdringlich **pegamento** M Klebstoff **pegar** (an)kleben; (ver)prügeln; *Krankheit* übertragen; *Schrei* ausstoßen; *Schuss* abgeben; *Feuer* legen **pegarse** haften; *Essen* anbrennen **pegatina** F Aufkleber *m*

peinado M Frisur *f* **peinar** kämmen **peine** M Kamm

p. ej. (por ejemplo) z. B.

Pekín M Peking *n*

peladuras FPL (Obst)Schalen **pelaje** [-x-] M Fell *n* **pelar** schälen

peldaño [-ɲo] M (Treppen)Stufe *f*; (Leiter)Sprosse *f*

pelea F Streit *m*; Schlägerei **pelear** kämpfen **pelearse** sich streiten, sich zanken

peletería F Pelzgeschäft *n*; Pelzwaren *fpl*

película F Häutchen *n*; (Kino-) Film *m*; **~ de acción/de anima-**

ción/de terror Action-/Animations-/Horrorfilm *m*; **~ policíaca** Kriminalfilm *m*

peligro M Gefahr *f*; **~ de muerte** Lebensgefahr *f*; **fuera de ~** außer Gefahr; **sin ~** ungefährlich **peligroso** gefährlich

pelirrojo [-x-] rothaarig

pellejo [-ʎexo] M Fell *n*

pellizcar [-ʎiθ-] kneifen

pelo M Haar *n*; **tomar el ~** *umg* auf den Arm nehmen; **ni un ~** überhaupt nicht

Peloponeso M Peloponnes *m*

pelota F Ball *m*; **~ (vasca)** Pelota *f* (baskisches Ballspiel); **~s** *pl sl* (Hoden) Eier *npl*; *sl* **en ~s** (splitter)nackt

peluca F Perücke **peluche** [-tʃe] M Plüsch **peludo** behaart

peluquera [-ke-] F Friseurin **peluquería** F Friseursalon *m* **peluquero** M Friseur

pelusa F Flaum *m*; Fussel

pelvis F ANAT Becken *n*

pena F Strafe; Kummer *m*, Leid *n*; **(no) vale la ~** es lohnt sich (nicht); **¡qué ~!** wie schade!; **dar ~** leidtun **penal** 1 ADJ Straf... 2 M Strafanstalt *f* **penalizar** [-θ-], **penar** bestrafen

pender hängen **pendiente** 1 ADJ hängend; *fig* unerledigt 2 M Ohrring 3 F Abhang *m*, Gefälle *n*

péndulo M Pendel *n*

pene M ANAT Penis

penetración [-θ-] F Eindringen n; fig Scharfsinn m **penetrante** durchdringend; schrill **penetrar** durch-, eindringen

penicilina [-θ-] F̱ Penicillin n

península F̱ Halbinsel; **Península Ibérica** Iberische Halbinsel

penitencia [-θ-] F̱ Buße

penoso schmerzlich; mühsam

pensamiento M̱ Gedanke; Denken n; BOT Stiefmütterchen n **pensar** denken (**en** an akk) gedenken (etw zu tun); meinen

pensativo nachdenklich

pensión F̱ Rente; Pension; ~ **completa** Vollpension; **media** ~ Halbpension; ~ **de vejez** Altersrente **pensionista** M̱F̱ Rentner(in)

Pentecostés M̱ Pfingsten n

penúltimo vorletzte(r)

penuria F̱ Mangel m, Not

peña [-ɲa] F̱ Fels m; Klub m, Kreis m

peñón [-ɲ-] M̱ Felskuppe f; **El Peñón** Gibraltar n

peón M̱ Hilfsarbeiter; Schach Bauer

peonza [-θa] F̱ Kreisel m

peor schlechter, schlimmer; **ir a** ~ schlechter, schlimmer werden, sich verschlimmern

pepinillo [-ʎo] M̱ Essiggurke f **pepino** M̱ Gurke f

pepita F̱ (Obst)Kern m

pequeñez [-keɲeθ] F̱ Kleinheit; fig Lappalie **pequeño** [-ɲo] klein

pera F̱ Birne **peral** M̱ Birnbaum

perca F̱ Barsch m

percance [-θe] M̱ Zwischenfall; Missgeschick n

percepción [-θeθθ-] F̱ Wahrnehmung, Wahrnehmen **perceptible** wahrnehmbar

percha [-tʃa] F̱ Stange; Kleiderbügel m; Kleiderständer m **percibir** [-θ-] wahrnehmen; Gehalt etc beziehen

percusión F̱MUS Schlaginstrumente npl

perdedor(a) M̱F̱ Verlierer(in)

perder verlieren; versäumen; **echar a** ~ ruinieren; **echarse a** ~ verderben **perderse** verloren gehen; zugrunde gehen; sich verirren

pérdida F̱ Verlust m

perdigones M̱PL Schrot m

perdiz [-θ] F̱ Rebhuhn n

perdón M̱ Verzeihung f; Vergebung f, Gnade f; **pedir** ~ um Verzeihung bitten; **¡~!** wie bitte? **perdonar** vergeben; verzeihen

perdurable dauerhaft **perdurar** andauern, fortbestehen **perecedero** [-θ-] vergänglich; Lebensmittel (leicht) verderblich **perecer** umkommen, sterben

peregrinación [-θ-] F̱ Wallfahrt; Pilgerfahrt **peregrinar** pilgern **peregrino,-a** M̱F̱ Pilger(in)

perejil [-x-] M̱ Petersilie f

perezoso [-θ-] **1** ADJ faul, träge **2** M̱ umg Faulpelz; ZOOL Faultier n perfección [-γθ-] F Vollendung; Vollkommenheit **perfeccionar** vervollkommnen; verbessern **perfecto** vollkommen, perfekt

pérfido treulos; verräterisch

perfil M Profil n **perfilar** umreißen **perfilarse** sich abzeichnen

perforar durchbohren; lochen

perfumar parfümieren **perfume** M Parfüm n; Duft **perfumería** F Parfümerie(waren fpl)

pergamino M Pergament n

pericia [-θ-] F Erfahrung; Sachkenntnis

periferia F Peripherie; Stadtrand m

perífrasis F Umschreibung **perímetro** M Umfang

periódico 1 ADJ periodisch 2 M Zeitung f

periodismo M Journalismus **periodista** M/F Journalist(in)

período M Periode f; Zeitraum

periquito [-ki-] M Wellensittich

perito 1 ADJ erfahren 2 M, -a F Sachverständige(r) m/f(m), Fachmann m, -frau f

peritonitis F Bauchfellentzündung f

perjudicar [-x-] schaden, schädigen **perjuicio** [-θ-] M Schaden; Nachteil

perla F Perle

permanecer [-θ-] bleiben; fortdauern **permanencia** [-θ-] F Fortdauer; Verweilen n

permanente 1 ADJ bleibend; dauernd 2 F Dauerwelle

permeable durchlässig

permisible zulässig

permiso M Erlaubnis f; Urlaub; ~ de conducir Führerschein; ~ de maternidad Mutterschaftsurlaub, Elternzeit; ~ de residencia/de trabajo Aufenthalts-/Arbeitserlaubnis f; dar ~ genehmigen

permitir erlauben; zulassen; gestatten

pernicioso [-θ-] schädlich

perno M Bolzen; Zapfen

pernoctar übernachten

pero aber, jedoch

perpendicular senkrecht

perpetuar verewigen **perpetuo** ewig; ständig

Perpiñán [-ŋ-] M Perpignan n

perplejo [-xo] verdutzt, perplex

perra F Hündin **perro** M Hund; ~ caliente Hot Dog

persecución [-θ-] F Verfolgung **perseguidor(a)** [-yi-] M(F) Verfolger(in) **perseguir** [-yi-] verfolgen

perseverancia [-θ-] F Ausdauer; Beharrlichkeit **perseverante** beharrlich **perseverar** beharren

Persia F Persien n

persiana F Jalousie

persignarse sich bekreuzigen

persistencia [-θ-] F Andauern n; Fortbestand m **persistente** andauernd **persistir** andau-

ern, -halten; fortbestehen
persona F̲ Person; **en ~** persönlich **personaje** [-xe] M̲ Persönlichkeit f; THEAT Person f **personal** ❶ A̲D̲J̲ persönlich ❷ M̲ Personal n **personalidad** F̲ Persönlichkeit **personarse** (persönlich) erscheinen
personificar verkörpern
perspectiva F̲ Perspektive; fig Aussicht
perspicacia [-θ-] F̲ Scharfblick m, -sinn m **perspicaz** [-θ] scharfsinnig
persuadir überreden; überzeugen **persuasión** F̲ Überredung; Überzeugung **persuasivo** überzeugend
pertenecer [-θ-] gehören (**a** zu) **perteneciente** zugehörig
pértiga F̲ Stange; **salto** m **con ~** Stabhochsprung
pertinaz [-θ] hartnäckig
pertinente sachgemäß; zutreffend; einschlägig
perturbación [-θ-] F̲ Störung; Unruhe **perturbado** geistesgestört **perturbador(a)** M̲F̲ Ruhestörer(in) **perturbar** stören; verwirren
Perú M̲ Peru n
perversidad F̲ Verderbtheit **perversión** F̲ Entartung **perverso** verderbt; pervers **pervertir** verderben
pesa F̲ Gewicht(stein m) n; SPORT Hantel **pesadamente** schwerfällig **pesadez** [-θ] F̲ Schwere; Schwerfälligkeit pe-

sadilla [-ðiʎa] F̲ Albtraum m **pesado** schwer; schwerfällig; lästig; aufdringlich **pesadumbre** F̲ Kummer m
pésame M̲ Beileid n; **dar el ~** sein Beileid aussprechen
pesar ❶ V̲/̲T̲ wiegen ❷ M̲ Kummer; Leid n; **a ~ de** trotz
pesca F̲ Fischfang m; Fischerei **pescadería** F̲ Fischgeschäft n **pescadero,-a** M̲F̲ Fischhändler(in) **pescadilla** [-ʎ-] F̲ junger Seehecht m **pescado** M̲ GASTR Fisch **pescador** M̲ Fischer **pescaíto** M̲ ~**s** pl **fritos** kleine gebratene Fische
pescar fischen; umg fig erwischen; ~ (**con caña**) angeln
pese: ~ **a** trotz; ~ **a que** obwohl
pesebre M̲ Krippe f
peseta F̲ hist Pesete
pesimismo M̲ Pessimismus **pesimista** ❶ A̲D̲J̲ pessimistisch ❷ M̲F̲ Pessimist(in)
pésimo sehr schlecht
peso M̲ Gewicht n; Waage f; fig Bürde f, Last f; Am Münze Peso; **de ~** schwerwiegend
pesquisa [-ki-] F̲ Fahndung; Nachforschung; **hacer ~s** Nachforschungen anstellen
pestaña [-ɲa] F̲ Wimper **pestañear** [-ɲ-] blinzeln
peste F̲ Pest; fig Gestank m; **echar ~s** schimpfen (**contra** auf akk)
pestillo [-ʎo] M̲ Riegel
PET M̲ (polietilenotereftalato) PET n

petardo M̲ Feuerwerkskörper; Knallfrosch

petición [-θ-] F̲ Bitte; Gesuch n; a ~ de auf Wunsch von

petrificar versteinern petróleo M̲ Erdöl n petrolero 1 A̲D̲J̲ Erdöl... 2 M̲ SCHIFF Öltanker

petulancia [-θ-] F̲ Anmaßung petulante anmaßend

pez [-θ] 1 M̲ Fisch; ~ espada Schwertfisch 2 F̲ Pech n

pezón [-θ-] M̲ Brustwarze f

piadoso fromm; barmherzig

pianista M̲/F̲ Pianist(in) piano 1 M̲ Piano n; ~ de cola Flügel; tocar el ~ Klavier spielen

PIB (Producto Interior Bruto) BIP (Bruttoinlandsprodukt) n

pica F̲ Spieß m, Lanze; Spitzhacke picador m Reitbahn f

picadillo [-ʎo] M̲ Haschee n

picador M̲ STIERK Picador; Bergbau Hauer picadura F̲ Insektenstich m picante scharf, pikant (a. fig) picar V̲/T̲ stechen; picken; GASTR (klein) hacken; V̲/I̲ jucken; brennen picardía F̲ Schelmerei; Pfiffigkeit

pícaro 1 A̲D̲J̲ schlau; spitzbübisch 2 M̲ Schelm; Schlingel

picarse umg einschnappen

pico M̲ Schnabel; Bergspitze f; Spitzhacke f; ZOOL Specht; a las tres y ~ kurz nach drei (Uhr) picor M̲ Brennen n; Jucken n picotear picken

pide, pido → pedir

pie M̲ Fuß; ~ plano Plattfuß; a ~

zu Fuß; de ~ stehend; estar de ~ stehen; ponerse de ~ aufstehen

piedad F̲ Frömmigkeit; Mitleid n; monte m de ~ Pfandhaus n, Leihhaus n

piedra F̲ Stein m; ~ preciosa Edelstein m

piel F̲ Haut; Leder n; Pelz m; Fell n

pienso¹ → pensar

pienso² M̲ Viehfutter n

pierdo → perder

pierna F̲ Bein n; GASTR Keule

pieza [-θa] F̲ Stück n (a. MUS, THEAT); Zimmer n; (Spiel)Stein m, Figur; ~ de repuesto (od recambio) Ersatzteil n

pijama [-x-] M̲ Schlafanzug

pila F̲ Spülbecken n; Stapel m; ELEK Batterie; ~ botón Knopfzelle pilar M̲ Pfeiler

píldora F̲ Pille; ~ anticonceptiva Antibabypille; la ~ del día después die Pille danach

pileta F̲ Am Schwimmbassin n

pillar [-ʎ-] plündern; rauben; umg erwischen; ertappen

pillo [-ʎo] M̲ Spitzbube

pilotar AUTO, FLUG lenken piloto M̲/F̲ Pilot(in) m(f); ELEK Kontrolllampe f

pil-pil: bacalao al ~ in Öl, Knoblauch und Pfeffersoße gedünsteter Stockfisch

pimentón M̲ Paprika(pulver n) m

pimienta F̲ Pfeffer m pimiento M̲ Paprikaschote f; ~s pl de Padrón kleine, grüne gebratene Paprikaschoten *fpl*; **~s pl del piquillo** kleine, leicht scharfe rote Paprikaschoten

pincel [-θ-] M̲ Pinsel

pinchar [-tʃ-] V̲/T̲ stechen; MED e-e Spritze geben; *Telefon* anzapfen; *fig* anstacheln; V̲/I̲ AUTO *umg* e-n Platten haben **pin-chazo** [-θo] M̲ Stich; AUTO Reifenpanne *f* **pincho** M̲ Stachel; GASTR Appetithäppchen *n*; **~s pl morunos** Fleischspießchen

pingüino [-ɣü-] M̲ Pinguin

pino M̲ Pinie *f*; Kiefer *f*

pinta F̲ *umg* Aussehen *n* **pin-tada** F̲ Wandschmiererei; ZOOL Perlhuhn *n* **pintar** malen; anstreichen **pintarse** sich schminken

pintor,-a M̲,F̲ Maler(in) **pinto-resco** malerisch **pintura** Malerei; Anstrich *m*; (Mal)Farbe *f*; *(Bild)* Gemälde *n*

pinza [-θa] F̲ Wäscheklammer; ZOOL Schere; **~s pl** Pinzette *f*

piña [-ɲa] F̲ **1** Kiefern-, Pinienzapfen *m* **2** ~ **(de América)** Ananas **piñón** M̲ Pinienkern

pío fromm

piojo [-xo] M̲ Laus *f*

pionero,-a M̲,F̲ Pionier(in)

pipa F̲ Tabakspfeife; **~s pl** Sonnenblumenkerne *mpl*; **fumar en ~** Pfeife rauchen

pipí M̲ Pipi *n*

pique [-ke] M̲ SCHIFF **irse a ~** untergehen; *fig* zugrunde gehen

piragua F̲ Paddelboot *n*, Kanu *n* **piragüismo** [-ɣü-] M̲ Kanusport

pirámide F̲ Pyramide

pirata M̲/F̲ Seeräuber *m*; Pirat(in); **~ informático** Hacker **piratería** F̲ Seeräuberei

Pirineos M̲PL Pyrenäen *pl*

piropo M̲ Kompliment *n*

pirotécnico M̲ Feuerwerker

pisada F̲ Fußspur **pisapapeles** M̲ Briefbeschwerer **pisar** treten auf *(akk)*; betreten

piscina [-θ-] F̲ Schwimmbecken *n*, **-bad** *n*; **~ cubierta** Hallenbad *n*

Piscis [-θ-] M̲ ASTROL Fische *mpl*

pisco M̲ Traubenschnaps; **~ sour** Cocktail aus Pisco und Limonensaft

piso M̲ Boden; Stockwerk *n*, Etage *f*; Wohnung *f*; **~ alto** Obergeschoss *n*; **~ bajo** Erdgeschoss *n*; Untergeschoss *n*; **~ compartido** Wohngemeinschaft *f*; **de tres ~s** dreistöckig **pisotear** zertreten

pista F̲ Spur, Fährte; SPORT Rennbahn; Piste; FLUG *a.* Rollbahn; **~ de esquí** Skipiste; **~ de fondo** Loipe; **~ de tenis** Tennisplatz *m*

pistacho [-tʃo] M̲ Pistazie *f*

pistola F̲ Pistole **pistolero** M̲ Revolverheld; Killer

pistón M̲ Kolben; MUS Ventil *n*

pita F̲ Agave

pitar pfeifen **pitillo** [-ʎ-] M̲

umg Zigarette *f* pito M̱ Triller- pfeife *f*

pitón F̱ Python(schlange) *f*

pizarra [-θ-] F̱ Schiefer *m*; (Schiefer)Tafel

pizca [-θ-] F̱ una ~ (de) ein bisschen

placa F̱ Platte; Schild *n*; Plakette *f*; ~ dental Plaque

placer M̱ Vergnügen *n*

¡plaf! paff!, bums!

plaga F̱ Plage

plan M̱ Plan; Entwurf; ~ de empleo Arbeitsbeschaffungsprogramm *n*

plancha [-tʃa] F̱ Platte; Blech *n*; Bügeleisen *n*; ~ de vapor Dampfbügeleisen *m* planchado M̱ Bügeln *n* planchar bügeln

planeador M̱ Segelflugzeug *n*

planear V̱/Ṯ planen; V̱/I̱ gleiten

planeta M̱ Planet

planicie [-θ-] F̱ Ebene

planificador M̱ ~ anual Jahresplaner *m*; ~ de ruta(s) Routenplaner *m* planificar planen

plano 1 A̱ḎJ̱ flach, eben 2 M̱ Fläche *f*; Ebene *f*; (Bau-, Stadt-)Plan

planta F̱ Pflanze; Fußsohle; Stockwerk *n*; TECH Anlage; ~ baja Erdgeschoss *n*; ~ medicinal Heilpflanze plantación [-θ-] F̱ Pflanzung, Plantage plantar pflanzen

plantear entwerfen; *Frage etc* aufwerfen

plantilla [-ʎa] F̱ Einlegesohle; TECH Schablone; HANDEL Belegschaft

plantón M̱ dar un ~ a alg j-n versetzen

plástico 1 A̱ḎJ̱ plastisch; artes *fpl* plásticas bildende Künste 2 M̱ Kunststoff; de ~ Plastik...

plata F̱ Silber *n*; Am Geld *n*

plataforma F̱ Plattform

plátano M̱ Banane *f*; Platane *f*

platea F̱ THEAT Parkett *n* plateado versilbert

platicar *bes Am* plaudern

platillo [-ʎo] M̱ Untertasse *f*; ~ volante, Am ~ volador fliegende Untertasse *f*; UFO *n*

platina F̱ Kassettendeck *n*; TECH Platine *f* platino M̱ Platin *n*

plato M̱ Teller; Gericht *n*; ~ combinado GASTR gemischter Teller; ~ hondo (od sopero) Suppenteller; ~ preparado (od precocinado) Fertiggericht *n*

playa F̱ Strand *m*; Seebad *n* playeras F̱P̱Ḻ Strandschuhe *mpl*

plaza [-θa] F̱ Platz *m*; Markt (-platz) *m*; ~ de toros Stierkampfarena

plazo [-θo] M̱ Frist *f*; Rate; a ~s auf Raten; a corto/medio/largo ~ kurz-/mittel-/langfristig

plegable biegsam; Falt..., Klapp... plegar falzen; falten plegarse nachgeben

pleito M̱ Prozess, Rechtsstreit

pleno 1 A̱ḎJ̱ voll 2 M̱ Plenum *n*

pleura F̲ ANAT Brustfell n

pliego M̲ Papier Bogen **pliegue** [-ɣe] M̲ Falte f

plis-plas: en un ~ im Handumdrehen, im Nu

plomero M̲ Am Klempner **plomo** M̲ Blei n; **sin ~** bleifrei

pluma F̲ Feder

plural M̲ GRAM Plural

PNB M̲ ABK (Producto Nacional Bruto) BSP n (Bruttosozialprodukt)

PNV M̲ ABK (Partido Nacionalista Vasco) Baskische Nationalpartei f

p.o. (por orden) i.A. (im Auftrag)

población [-θe-] F̲ Bevölkerung; Ortschaft **poblado** 1 ADJ bevölkert 2 M̲ Ort, Ortschaft f **poblar** bevölkern; bepflanzen (**de** mit)

pobre 1 ADJ arm; armselig 2 M̲/F̲ Arme(r) m/f **pobreza** [-θa] F̲ Armut

poco wenig; **un ~** ein bisschen; **~ a ~** nach und nach; **hace ~** vor Kurzem; **desde hace ~** seit kurzem; **por ~** fast, beinahe

poder 1 V/T können; dürfen; **no ~ menos de** nicht umhin können zu; **puede ser** vielleicht, kann sein 2 M̲ Macht f; Kraft f; POL Gewalt f; JUR Vollmacht f; **~ adquisitivo** Kaufkraft f **poderoso** mächtig

podio M̲, **podium** M̲ Podium n

podólogo,-a M̲F̲ Facharzt,

-ärztin für Fußleiden

podré → poder

podrido faul, verfault

poesía F̲ Gedicht n; Poesie **poeta** M̲ (F̲ a. **poetisa**) Dichter(in)

polaco 1 ADJ polnisch 2 M̲, -a F̲ Pole m, Polin f

policía [-θi-] 1 F̲ Polizei 2 M̲/F̲ Polizist(in) **policíaco** Kriminal...

polideportivo M̲ Sportanlage f **polifacético** [-θ-] vielseitig

poligamia F̲ Polygamie

polilla [-ʎa] F̲ Motte

Polinesia F̲ Polynesien n

polio(mielitis) F̲ MED Kinderlähmung

política F̲ Politik **políticamente: ~ correcto** politisch korrekt **político** 1 ADJ politisch 2 M̲, -a F̲ Politiker(in)

póliza [-θa] F̲ Police

polizón [-θ-] M̲ blinder Passagier; Schwarzfahrer

pollo [-ʎo] M̲ junges Huhn n; GASTR Hähnchen n; **~ asado** gebratenes Hähnchen n

polo M̲ GEOG, ELEK Pol; GASTR Eis n am Stiel; Hemd Polohemd n

Polonia F̲ Polen n

polución [-θ-] F̲ Verschmutzung

polvo M̲ Staub; **~s** pl Puder m; umg **hecho ~** erschöpft, fertig **polvoriento** staubig

pomada F̲ Pomade; Salbe

pomelo M̲ Grapefruit f

pompa F̲ Pracht, Pomp m
pon → **poner**
ponderar abwägen
pondré → **poner**
ponencia [-θ-] F̲ Referat n **ponente** M̲/̲F̲ Referent(in), Vortragende(r) m/f(m)
poner stellen; setzen; legen; AUTO *Gang* einlegen; *Kleidung* anziehen; *Tisch* decken; ELEK einschalten; TEL verbinden (**con** mit) **ponerse** *Sonne etc* untergehen; *Kleidung* anziehen; ~ (+*adj*) werden; ~ **a** (+*inf*) anfangen zu
pongo, ponga → **poner**
popa F̲ SCHIFF Heck n
popular volkstümlich, populär; Volks...; **popularizar** [-θ-] allgemein verbreiten **populismo** M̲ Populismus **populista** populistisch
por 1 durch; *beim Passiv* von; für; wegen; aus; ... ~ **hora** ... pro Stunde; ~ **mil euros** für tausend Euro; MATH **dos ~ dos** zwei mal zwei 2 *į~* **qué?** warum?
porcelana [-θ-] F̲ Porzellan n
porcentaje [-θentaxe] M̲ Prozentsatz
porche [-t∫e] M̲ überdachter Vorbau
porción [-θ-] F̲ Portion
¡porfa! INT *umg* bitte!
pormenor M̲ Einzelheit f
pornografía F̲ Pornografie
poro M̲ Pore f **poroso** porös
porque [-ke] weil **porqué**

[-ke] M̲ Warum n, Grund
porquería [-ke-] F̲ Schweinerei; *fig* Dreck m, Mist m
porra F̲ Knüppel m **porro** M̲ *umg* Joint **porrón** M̲ *bauchiges Trinkglas mit langer Tülle*
portada F̲ Titelblatt n **portafotos** M̲ Fotorahmen
portal M̲ *a.* INTERNET Portal n; ~ **de servicios** Serviceportal n
portarse: ~ **bien/mal** sich gut/schlecht betragen
portátil tragbar; Hand...
portavoz [-θ] M̲ Sprecher; *fig* Sprachrohr n
porte M̲ Porto n; **a ~ pagado** portofrei
porteño [-ɲo] aus Buenos Aires
portería F̲ Pförtnerloge; SPORT Tor n **portero,-a** M̲,̲F̲ Pförtner(in); Hausmeister(in); SPORT Torwart; ~ **automático** Türöffner mit Sprechanlage
pórtico M̲ Säulengang
Portugal M̲ Portugal n **portugués** [-yes] 1 ADJ portugiesisch 2 M̲ Portugiese, **-esa** F̲ Portugiese, Portugiesin
porvenir M̲ Zukunft f
posada F̲ Gasthaus n **posar** *Modell stehen* **posarse** sich setzen; FLUG aufsetzen
pose F̲ Pose
poseer besitzen **posesión** F̲ Besitz m; **tomar ~ de** Besitz ergreifen von; *Amt* antreten
posguerra [-ye-] F̲ Nachkriegszeit
posibilidad F̲ Möglichkeit **po-**

sibilitar ermöglichen

posible möglich

posición [-θ-] F̲ Stellung; ~ de espera Stand-by n positivo 1 ADJ positiv 2 M̲ FOTO Positiv n

postal 1 ADJ Post... 2 (tarjeta) ~ f Postkarte

poste M̲ Pfosten; Mast

postear umg INTERNET posten

postergar zurücksetzen; bes Am verschieben

posterior spätere; hintere posterioridad F̲ Nachwelt; con ~ nachträglich

postizo [-θo] 1 ADJ falsch, künstlich 2 M̲ Haarteil n

postre M̲ Nachtisch

postura F̲ Haltung; Lage; Stellung

posventa F̲ servicio m ~ Kundendienst

potable trinkbar; Trink...

potaje [-xe] M̲ dicke Suppe f; Eintopf

potasio M̲ Kalium n

pote M̲ Topf

potencia [-θ-] F̲ Macht; TECH Kraft, Leistung; des Mannes Potenz potente stark; potent

potito M̲ (Baby)Gläschen n

potro M̲ Fohlen n; SPORT Bock

pozo [-θo] M̲ Brunnen; Bergbau Schacht

PP M̲ (Partido Popular) Volkspartei f (konservative spanische Partei)

práctica F̲ Übung; Praxis; hacer unas ~s ein Praktikum machen

practicable ausführbar practicar ausüben; Sport treiben

práctico 1 ADJ praktisch 2 M̲ Lotse

pradera F̲, prado M̲ Wiese f Prado M̲ Museum in Madrid Praga F̲ Prag n

pral. (principal) erster Stock

preaviso M̲ sin ~ ohne Vorankündigung

precario prekär; heikel

precaución [-θ-] F̲ Vorsicht

precedencia [-θeðenθ-] F̲ Vorrang m precedente 1 ADJ vorhergehend 2 M̲ Präzedenzfall preceder vorhergehen

precintar [-θ-] verplomben

precinto M̲ Verschluss

precio [-θ-] M̲ Preis; ~ fijo/final Fest-/Endpreis; a bajo ~ billig; a ~ de oro sehr teuer precioso kostbar

precipicio [-θipiθ-] M̲ Abgrund precipitación [-θ-] F̲ Überstürzung; Wetter Niederschlag m precipitado hastig precipitar hinabstürzen; fig übereilen precipitarse sich stürzen

precisar [-θ-] brauchen; genau angeben, präzisieren precisión F̲ Genauigkeit preciso nötig; genau, präzis

precoz [-θ] frühreif precuela F̲ LIT, KINO Prequel n, LIT Vorläufer n precursor(a) M̲F̲ Vorläufer(in) predecesor(a) [-θ-] M̲F̲ Vorgänger(in) predecir

[-θ-] voraussagen

predicar predigen **predicción** [-γθ-] <u>F</u> Vorhersage

predilecto bevorzugt **predispuesto** <u>M</u> anfällig **~a** (a für); **ser ~ a** a. neigen zu

predominar überwiegen; überwiegen **predominio** <u>M</u> Vorherrschaft f

prefacio [-θ-] <u>M</u> Vorwort n

preferencia [-θ-] <u>F</u> Vorzug m; Vorliebe; **~ (de paso)** Verkehr Vorfahrt **preferente** Vorzugs... **preferido** Lieblings... **preferir** vorziehen

prefijo [-xo] <u>M</u> TEL Vorwahl f; GRAM Vorsilbe f, Präfix n

pregunta <u>F</u> Frage **preguntar** fragen

preimplantacional diagnóstico m **genético ~** Präimplantationsdiagnostik f

preinstalado vorinstalliert

prejuicio [-xüiθ-] <u>M</u> Vorurteil n **prematuro** frühreif

premiar belohnen, auszeichnen **premio** <u>M</u> Preis; Prämie f; **~ Nobel** Nobelpreis

prenda <u>F</u> Pfand n; Kleidungsstück n **prendedor** <u>M</u> Brosche f **prender** ergreifen; befestigen, anstecken; *Feuer* legen

prensa <u>F</u> Presse (a. TECH) **prensar** pressen

preocupación [-θ-] <u>F</u> Sorge, Besorgnis **preocupado** besorgt **preocuparse** besorgniserregend **preocupar** Sorgen machen **preocuparse**

sich sorgen (**por** um)

prepago [N ZSSGN] Prepaid-...; **tarjeta** f **~** Prepaidkarte

preparación [-θ-] <u>F</u> Vorbereitung **preparado** <u>M</u> Präparat n **preparar** vorbereiten **preparativos** <u>MPL</u> Vorbereitungen fpl

preposición [-θ-] GRAM Präposition

presa <u>F</u> Beute, Fang m; Gefangene; Staudamm m, Talsperre

présbita weitsichtig

prescribir vorschreiben; MED verschreiben **prescripción** [-βθ-] <u>F</u> Vorschrift; MED Verordnung

preselección <u>F</u> Vorauswahl

presencia [-θ-] <u>F</u> Gegenwart; Anwesenheit

presentación [-θ-] <u>F</u> Vorstellung; Vorlage **presentador(a)** <u>M|F</u> TV Ansager(in); Moderator(in); Showmaster(in) **presentar** vorstellen; einreichen; aufweisen **presentarse** sich vorstellen; auftreten

presente ❶ <u>ADJ</u> gegenwärtig, jetzig; anwesend; **estar ~** anwesend sein; dabei sein ❷ <u>M</u> Gegenwart f

presentir ahnen

preservar bewahren, schützen **preservativo** <u>M</u> Präservativ n

presidencia [-θ-] <u>F</u> Vorsitz m **presidente** <u>M|F</u> Präsident(in)

presidio <u>M</u> Zuchthaus n

presidir den Vorsitz führen bei; vorstehen (dat)

probeta || 203

presión F̲ Druck m; ~ sanguínea Blutdruck m presionar
Druck ausüben (sobre auf akk)
preso M̲ Gefangene(r)
prestación [-θ-] F̲ Leistung; ~
por desempleo/por hijo Ar-
beitslosen-/Kindergeld n
préstamo M̲ Darlehen n
prestar leihen; Schwur, Hilfe
leisten; ~ atención aufpassen
prestigio [-x-] M̲ Ansehen n,
Ruf prestigioso angesehen
presumido eingebildet presumir vermuten, annehmen;
fig angeben
presunto vermeintlich presuntuoso eingebildet
presupuesto M̲ Voranschlag;
Haushalt, Budget n
pretencioso [-θ-] anmaßend
pretender beanspruchen;
vorgeben pretendiente M̲F̲
Bewerber(in) pretensión F̲
Anspruch m
pretexto M̲ Vorwand
prevención [-θ-] F̲ Vorbeugung, Verhütung prevenir
vorbeugen, verhüten; warnen
preventivo vorbeugend; preso m ~ Untersuchungshäftling
prever voraussehen previo
vorhergehend previsión F̲
Voraussicht; Vorhersage
prima F̲ Cousine; HANDEL Prämie
primavera F̲ Frühling m; BOT
Primel
primer(o), -a ADJ erste(r, -s);
poner la -a den ersten Gang

einlegen primero ADV zuerst
primitivo ursprünglich; primitiv
primo M̲ Vetter, Cousin
primordial grundlegend, wesentlich
princesa [-θ-] F̲ Prinzessin;
Fürst(in) principio 1 ADJ hauptsächlich 2 M̲ erster Stock
príncipe [-θ-] M̲ Fürst; Prinz;
fig azul Märchenprinz
principiante [-θ-] M̲F̲ Anfän-
ger(in) principio [-θ-] M̲ Anfang;
Grundsatz; Prinzip n; al ~ anfangs; a ~s de abril Anfang April
prioridad F̲ Vorrang m; Verkehr
Vorfahrt
prisa F̲ Eile; de ~ eilig; no corre
~ das ist nicht eilig; darse ~
sich beeilen
prisión F̲ Gefängnis n; Haft prisionero,-a M̲F̲ Gefangene(r)
m/f(m)
prismáticos MPL Fernglas n
privado privat, Privat... privar
entziehen; berauben privar-
se: ~ de verzichten auf (akk)
privatizar [-θ-] privatisieren
privilegiar [-x-] bevorzugen;
privilegiero privilegio M̲
Vorrecht n, Privileg n
proa F̲ SCHIFF Bug m
probabilidad F̲ Wahrscheinlichkeit probable wahr-
scheinlich probar beweisen;
probieren (a. Essen); Kleid anprobieren
probeta F̲ Reagenzglas n

problema M̲ Problem *n*; MATH Aufgabe *f*; **no hay ~** keln Problem; **sin ~** problemlos

procedencia [-θeðen-θ-] F̲ Herkunft **procedente** stammend (**de aus, von**) **proceder** stammen; herrühren; *fig* vorgehen, verfahren; **~ a übergehen zu procedimiento** M̲ Verfahren *n (a.* JUR); Vorgehen *n*

procesal: derecho ~ M̲ ~ Prozess-, Verfahrensrecht *n* **procesamiento** [-θ-] M̲ ~ **de datos** Datenverarbeitung *f* **procesar** gerichtlich verfolgen; IT verarbeiten **procesión** F̲ Prozession **proceso** M̲ Prozess *(a.* JUR)

proclamación [-θ-] F̲ Verkündigung **proclamar** ausrufen; proklamieren

procurador(a) M̲/F̲ Bevollmächtigte(r) *m/f(m)*; Anwalt, Anwältin **procurar** besorgen, verschaffen; versuchen zu

prodigio [-x-] M̲ Wunder *n*

producción [-γθ-] F̲ Produktion, Erzeugung **producir** [-θ-] erzeugen; herstellen, produzieren; hervorrufen **productivo** produktiv **producto** M̲ Produkt *n*, Erzeugnis *n*; **~ ecológico** Bioprodukt *n* **productor(a)** M̲/F̲ Hersteller(in); Produzent(in)

profanar entweihen

profesión F̲ Beruf *m* **profesional** [1] ADJ beruflich, Berufs... [2] M̲ Fachmann, *umg* Profi **profesor(a)** M̲/F̲ Leh-

rer(in)

profeta M̲/F̲ Prophet(in)

profundidad F̲ Tiefe **profundo** tief

programa M̲ Programm *n*; **~ gestor** IT Treiber; **~ de talentos** Castingshow *f* **programador(a)** M̲/F̲ Programmierer(in) **programar** programmieren

progresar Fortschritte machen **progresivo** progressiv **progreso** M̲ Fortschritt

prohibición [-θ-] F̲ Verbot *n* **prohibido** verboten **prohibir** verbieten

prólogo M̲ Vorwort *n*, Prolog

prolongar verlängern

promedio M̲ Durchschnitt

promesa F̲ Versprechen *n* **prometedor** vielversprechend **prometer** versprechen **prometido** [1] ADJ verlobt [2] M̲, -a F̲ Verlobte(r) *m/f(m)*

prominente hervorragend; *fig* prominent

promoción [-θ-] F̲ Förderung; Beförderung **promocionar** fördern

promulgar verkünden, bekannt geben; *fig* verbreiten

pronombre M̲ Fürwort *n*, Pronomen *n*

pronóstico M̲ Prognose *f*

pronto schnell; bald; **de ~** plötzlich; **lo más ~ posible** möglichst bald

pronunciación [-θiaθ-] F̲ Aussprache **pronunciar** aussprechen; *Rede* halten

propagación [-θ-] F̲ Ver-, Ausbreitung **propaganda** F̲ Propaganda; Werbung **propagar** verbreiten

propenso geneigt, bereit (a zu); MED anfällig (a für)

propicio [-θ-] günstig; **ser ~ a** geneigt sein zu

propiedad F̲ Eigentum *n* **propietario** M̲, **-a** F̲ Eigentümer(in); Besitzer(in)

propina F̲ Trinkgeld *n*; **de ~** obendrein

propio eigen; selbst

proponer vorschlagen **proponerse** sich vornehmen

proporción [-θ-] F̲ Verhältnis *n* **proporcional** verhältnismäßig **proporcionar** ver-, beschaffen

proposición [-θ-] F̲ Vorschlag *m* **propósito** M̲ Absicht *f*; **a ~** übrigens; gelegen; **a** (*od* **de**) **~** absichtlich

propuesta F̲ Vorschlag *m*

prórroga F̲ Verlängerung; Aufschub *m* **prorrogar** verlängern

prosa F̲ Prosa

proseguir [-yir] *Absicht* verfolgen; fortfahren, -setzen

prospecto M̲ Prospekt

prosperar gedeihen; florieren **prosperidad** F̲ Gedeihen *n*; Wohlstand *m*

próspero blühend, erfolgreich

prostitución [-θ-] F̲ Prostitution **prostituta** F̲ Prostituierte

protagonista M̲/F̲ Hauptdar-

steller(in); *fig* Hauptperson *f*

protección [-yθ-] F̲ Schutz *m*; **~ anticopia** Kopierschutz *m*; **~ al consumidor** Verbraucherschutz *m*; **~ de especies** Artenschutz *m* **protector** M̲ = **labial** Lippenpflegestift, Lippenbalsam; **~ solar** (starkes) Sonnenschutzmittel *n*

proteger [-x-] (be)schützen (**de** vor *dat*)

proteína F̲ Protein *n*, Eiweiß *n* **prótesis** F̲ Prothese

protesta F̲ Protest *m* **protestante** REL **1** ADJ protestantisch **2** M̲, **-a** F̲ Protestant(in) **protestar** protestieren **protesto** M̲ HANDEL Wechselprotest

protocolo M̲ Protokoll *n*

provecho [-tʃo] M̲ Vorteil, Nutzen; **¡buen ~!** guten Appetit! **provechoso** nützlich

proveedor(a) M̲(F̲) **1** Lieferant(in) **2** *nur* M̲ INTERNET Provider **proveer** versehen (**de** mit)

proverbio M̲ Sprichwort *n*

providencia [-θ-] F̲ Vorsehung

provincia [-θ-] F̲ Provinz **provincial** provinziell

provisión F̲ Vorrat *m*; **~ de fondos** HANDEL Deckung **provisional**, *Am a.* **provisorio** vorläufig, provisorisch

provocar herausfordern; provozieren; bewirken **provocativo** provozierend

proxeneta M̲/F̲ Zuhälter(in)

proximidad F̲ Nähe

próximo nahe; nächste(r); ¡hasta la -a! bis zum nächsten Mal!; bis bald!

proyección [-γθ-] F̲ Projektion

proyectar projizieren; planen; *Film* vorführen proyectil M̲ Geschoss *n*

proyecto M̲ Plan, Projekt *n*; ~ de ley Gesetzentwurf proyector M̲ Projektor; ~ de transparencias Overheadprojektor

prudencia [-θ-] F̲ Klugheit; Vorsicht prudente klug; vorsichtig

prueba F̲ Beweis *m*; Probe; a ~ de agua wasserdicht; poner a ~ auf die Probe stellen

pruebo → probar

Prusia F̲ Preußen *n*

psico... Psycho... psicología [-x-] F̲ Psychologie psicosis F̲ Psychose psicosomático psychosomatisch psicoterapeuta M̲/F̲ Psychotherapeut(in) psiquiatra [-ki-] M̲/F̲ Psychiater(in) psíquico [-ki-] psychisch, seelisch

PSOE [pesoe] M̲ ABK (Partido Socialista Obrero Español) Sozialistische Arbeiterpartei Spaniens

pta. (peseta) *hist*, pt(a)s. (pesetas) Pesete(n)

púa F̲ Stachel *m*

publicación [-θ-] F̲ Bekanntmachung; Veröffentlichung; Publikation publicar veröffentlichen; herausgeben pu-

blicidad [-θ-] F̲ Reklame, Werbung publicitario [-θ-] 1️⃣ ADJ Werbe... 2️⃣ M̲, -a F̲ Werbefachmann *m*, -frau *f*

público 1️⃣ ADJ öffentlich 2️⃣ M̲ Publikum *n*

puchero [-tʃ] M̲ Kochtopf; Eintopfgericht *n*

pude, pudo → poder

pudín M̲ Pudding

pudor M̲ Scham(haftigkeit) *f*

pudrirse (ver)faulen

pueblo M̲ Volk *n*; Dorf *n*

pueda, puedo → poder

puente M̲ Brücke *f*; SCHIFF Deck *n*; MUS Steg; MED Bypass; hacer ~ e-n Brückentag machen

puerco M̲ Schwein *n*

pueril kindisch

puerro M̲ Lauch, Porree

puerta F̲ Tür; Tor *n*; ~ trasera (*od* de atrás) Hintertür; ~de embarque Flugsteig, Gate

puerto M̲ Hafen; (Berg)Pass; ~ deportivo/marítimo/pesquero Jacht-/See-/Fischereihafen; ~ USB USB-Schnittstelle *f*

pues da; denn; also; ¡~ bien! also gut!

puesta F̲ *im Spiel* Einsatz *m*; ASTROL Untergang *m* puesto 1️⃣ M̲ Stelle *f*; Posten; (Verkaufs)Stand; ~ de socorro Unfallstation *f* 2️⃣ KONJ ~ que (ja), weil 3️⃣ PPERF → poner

puesto → poder

pulcro sauber, reinlich

pulga F̲ Floh *m*

pulgar M̲ Daumen

pulgón M̲ Blattlaus f

pulido poliert, blank **pulimento** M̲ Politur f **pulir** polieren

pulmón M̲ Lunge f **pulmonar** Lungen... **pulmonía** F̲ Lungenentzündung

pulóver M̲ Am Pullover

pulpa F̲ Fruchtfleisch n

púlpito M̲ Kanzel f

pulpo M̲ Krake; Oktopus

pulsación [-θ-] F̲ Anschlag m **pulsar** V̲T̲ Knopf drücken; V̲I̲ pulsieren **pulso** M̲ Puls(schlag)

pulverizar pulverisieren; zerstäuben

¡pum! bum!

punible strafbar

punta F̲ Spitze **puntada** F̲ (Nadel)Stich m **puntapié** M̲ Fußtritt

puntilla [-áa] F̲ STIERK Genickstoß m; **de ~s** auf Zehenspitzen

punto M̲ Punkt; **~ máximo**, fig **~ fuerte** Höhepunkt; **~ muerto** AUTO Leerlauf; **~ de vista** Gesichtspunkt; **dos ~s** Doppelpunkt m; **estar a ~** fertig, GASTR gar sein; **estar a ~ de** im Begriff sein zu; **a las tres en ~** Punkt drei Uhr; **¡y ~!** und damit hat sich⬚s

puntuación [-θ-] F̲ Zeichensetzung; SPORT Punktwertung

puntual pünktlich **puntualidad** F̲ Pünktlichkeit **puntualizar** [-θ-] klarstellen

puñal [-ɲ-] M̲ Dolch **puñeta-**

zo [-θo] M̲ Faustschlag **puño** M̲ Faust f; Griff; Manschette f

pupila F̲ Pupille

pupitre M̲ Pult f

puré M̲ Püree n

pureza [-θa] F̲ Reinheit

purgante M̲ Abführmittel n **purgar** abführen; POL säubern **purgatorio** M̲ Fegefeuer n **purificar** reinigen

puro 1 A̲D̲J̲ rein 2 M̲ Zigarre f

púrpura F̲ Purpur m

pus M̲ Eiter

puse, puso → poner

pústula F̲ Pustel

puta F̲ sl Hure **putada** F̲ sl Gemeinheit

putrefacción [-θ-] F̲ Fäulnis; Verwesung **putrefacto** verfault; verwest

Q

QR A̲B̲K̲ (Quick Response)IT; **código** M̲ QR QR-Code m

que [ke] 1 P̲R̲O̲N̲ welche(r, -s); der, die, das 2 K̲O̲N̲J̲ dass 3 beim Komparativ als; wie

qué [ke] **¿~?** welche(r, -s)?, was?; **¡~!** welch!, was für ein!; mit adj wie!

quebradizo [keβraðiθo] zerbrechlich; brüchig **quebrado** M̲ MATH Bruch **quebrar** (zer)brechen; HANDEL Bankrott ma-

chen
quechua *Am* **1** N Quechua,
Ketschua **2** ADJ Quechua...
quedada F *meist informell* Treffen *n*, Meeting *n*
quedar [ke-] bleiben; übrig
bleiben; **~ en** vereinbaren
quedarse bleiben; **~ con** *etw*
behalten, nehmen
quehacer [kea0-] M Arbeit *f*;
Aufgabe *f* **quehaceres** PL Beschäftigung *f*
queja [kexa] F Klage; Beschwerde **quejarse** sich beklagen;
sich beschweren (**de** über *akk*)
quema [ke-] F Verbrennung
quemadura F Brandwunde;
~ de sol Sonnenbrand *m* **quemar** (ver)brennen
quepo → caber
querella [kereʎa] F Streit *m*;
JUR Klage
querer [ke-] wollen; mögen;
lieben **querido** **1** ADJ lieb, geliebt **2** ADJ, **-a** F Geliebte(r)
m/f(m)
queso [ke-] M Käse; **~ azul**
(Blau-)Schimmelkäse; **~ manchego** Manchego; **~ rallado**
Reibkäse, geriebener Käse
quiebra [k-] F Bankrott *m*, Konkurs *m*
quien [k-], PL **quienes** wer; **con
~(es)** mit dem (denen); **hay ~ ...**
manch einer, einige ...;
¿quién? wer?
quiero, quiere → querer
quieto [ki-] ruhig **quietud** F
Ruhe

quilate [ki-] M Karat *n*
quilla [kiʎa] F SCHIFF Kiel *m*
química [ki-] F Chemie **químico** **1** ADJ chemisch **2** M,
-a F Chemiker(in) **quimioterapia** [ki-] F, **quimio** F *umg*
Chemotherapie *f*, *umg* Chemo *f*
quince [kinθe] fünfzehn; **en ~
días** in vierzehn Tagen
quinientos [ki-] fünfhundert
quinina [ki-] F Chinin *n*
quinta [k-] F Landhaus *n*
quinto [k-] fünfte
quiosco [ki̯-] M Kiosk
quirófano [ki-] M Operationssaal, OP **quirúrgico** [-x-] chirurgisch
quise, quiso → querer **quisiera** ich möchte; → querer
quisquilloso [kiskiʎ-] *umg* pingelig
quitaesmalte [ki-] M Nagellackentferner **quitamanchas**
[-tʃ-] M Fleckenentferner **quitanieves** M Schneepflug
quitar [ki-] wegnehmen; entfernen; **¡quita!** lass das! **quitarse** *Kleidung* ausziehen; *Hut,
Brille* abnehmen **quitasol** M
Sonnenschirm
quizá(s) [kiθ-] vielleicht

R

rabanito M̲ Radieschen n

rábano M̲ Rettich; **~ picante** Meerrettich

rabia F̲ Wut; MED Tollwut; **dar ~** wütend machen **rabiar** wüten(d sein) **rabioso** wütend; MED tollwütig

rabo M̲ Schwanz

RACE [-θe] M̲ ABK (Real Automóvil Club de España) *spanischer Automobilclub*

racha [-tʃa] F̲ Windstoß m; **buena/mala ~** Glücks-/Pechsträhne

racial [-θ-] Rassen...

racimo [-θ-] M̲ Traube f; Büschel n

ración [-θ-] F̲ Portion; Ration

racional [-θ-] rational; rationell **racionalizar** [-θ-] rationalisieren **racionar** rationieren

radar M̲ Radar n

radiación [-θ-] F̲ Strahlung **radiactividad** F̲ Radioaktivität **radiactivo** radioaktiv **radiador** M̲ Heizkörper; AUTO Kühler **radiante** strahlend **radiar** *a.* RADIO ausstrahlen

radical gründlich; *a.* POL radikal

radio 1 M̲ Radius; Radium n 2 F̲ Radio n; Rundfunk m **radiodespertador** M̲ Radiowecker

radiografía F̲ Röntgenbild n

radiograma M̲ Funkspruch

radiología [-x-] F̲ Radiologie

radiotaxi M̲ Funktaxi n **radioterapia** F̲ Strahlenbehandlung

RAE FABK (Real Academia Española) *königliche spanische Sprachakademie*

ráfaga F̲ Windstoß m

rafia F̲ Bast m

raído *Stoff* abgewetzt

raíl M̲ (Eisenbahn)Schiene f

raíz [-θ] F̲ Wurzel (*a.* fig); **a ~ de** aufgrund von

raja [-xa] F̲ Riss m; Spalte; *Wurst etc* Scheibe **rajar** spalten **rajarse** umg kneifen

rallador [-ʎ-] M̲ Reibe f **rallar** raspeln; reiben

rama F̲ Ast m; Zweig m

ramadán M̲ REL Ramadan

rambla F̲ Promenade, Allee

ramificarse sich verzweigen

ramo M̲ Zweig; HANDEL Branche f; **~ (de flores)** Blumenstrauß; **del ~** vom Fach

rampa F̲ Rampe

rana F̲ Frosch m; **salir ~** umg missraten

rancho [-tʃo] M̲ MIL Verpflegung f; Am Ranch f

rancio [-θ-] ranzig; *fig* alt

ranura F̲ Nute; Schlitz m

rapaz [-θ] 1 ADJ raubgierig; **ave f ~** Greifvogel m 2 M̲ Bengel

rape M̲ Fisch: Seeteufel

rapé M̲ Schnupftabak

rapidez [-θ] F̲ Schnelligkeit
rápido 1 ADJ schnell 2 M̲
BAHN Eilzug; GEOG Strom-
schnelle f
rapiña [-ɲa] F̲ Raub m
raptar entführen **rapto** M̲
Raub, Entführung f
raqueta [-ke-] F̲ SPORT Schläger m
raramente selten **rareza**
[-θa] F̲ Seltenheit; Seltsamkeit
raro selten; seltsam; ¡qué ~!
(wie) komisch!
ras: a ~ de dicht über
rascacielos [-θ-] M̲ Wolkenkratzer **rascar** kratzen
rasgar zerreißen; schlitzen **rasgo** M̲ Strich; (Gesichts-, Charakter)Zug **rasguñar** [-ɲ-] kratzen **rasguño** [-ɲ-] M̲ Kratzer;
MED Kratzwunde f
raso 1 ADJ flach; glatt 2 M̲ Sa-
tin
raspado M̲ MED Ausschabung f
raspar abschaben, abkratzen;
radieren
rastrear nachspüren; Gelände
durchkämmen **rastrillo** [-ʎ-]
M̲ Rechen, Harke f **rastro** M̲
Rechen; Harke f; a. fig Spur f;
Trödel-, Flohmarkt
rata F̲ Ratte **ratero** M̲ Taschendieb
ratificar Vertrag ratifizieren
Ratisbona F̲ Regensburg n
rato M̲ Weile f; Augenblick; **pasar el ~** sich die Zeit vertreiben;
al poco ~ kurz darauf
ratón M̲ a. IT Maus f

ratonera F̲ Mausefalle
raya F̲ Strich m; Streifen m;
Scheitel m; ZOOL Rochen m **rayado** gestreift **rayar** verkrat-
zen; ausstreichen; lini(i)eren
rayo M̲ Strahl; Blitz; Rad Speiche f; **~s** pl X Röntgenstrahlen;
como un ~ blitzschnell
raza [-θa] F̲ Rasse
razón [-θ-] F̲ Vernunft; Verstand m; Grund m; Recht n;
por esta ~ aus diesem Grund;
perder la ~ den Verstand verlieren; **(no) tener ~** recht (unrecht) haben
razonable [-θ-] vernünftig;
Preis angemessen
RDSI F̲ ISDN n; **conexión f ~**
ISDN-Anschluss m
reacción [-yθ-] F̲ Reaktion **reaccionar** reagieren (**a** auf akk)
reaccionario reaktionär
reacio [-θ-] widerspenstig; **~ a**
abgeneigt (dat)
reactor M̲ Reaktor; FLUG Düsenflugzeug n
real tatsächlich; wirklich; königlich **realidad** F̲ Wirklichkeit;
en ~ eigentlich **realista** 1
ADJ realistisch 2 MF Realist(in)
realizador(a) [-θ-] MF Film, TV
Regisseur(in) **realizar** verwirklichen; aus-, durchführen
realzar [-θ-] hervorheben; verschönern **reanimar** wieder
beleben **reanudar** wieder
aufnehmen
rebaja [-xa] F̲ Rabatt m; Abzug
m; **~s** pl Schlussverkauf m **re-**

bajar herabsetzen (a. fig)
rebanada F̱ Brotscheibe
rebaño [-ɲo] M̱ Herde f
rebasar fig überschreiten
rebatir widerlegen
rebeca F̱ Strickjacke
rebelarse rebellieren **rebelde**
1 ADJ rebellisch **2** M̱/F̱ Rebell(in) **rebelión** F̱ Aufstand
m
rebosar überlaufen; **~ de** strotzen vor (dat) **rebotar** V̱/Ī zurückschlagen; V̱Ī abprallen
rebozar [-θo-] GASTR panieren
recado M̱ Nachricht f; Besorgung f; **dar un ~ a alg** j-m etw
ausrichten, etw bestellen
recaer fig fallen (**en** auf akk);
MED e-n Rückfall erleiden **recaída** F̱ Rückfall m
recalentar erhitzen; TECH
überhitzen; Essen aufwärmen
recambio M̱ Umtausch; Ersatzteil n; **de ~** Ersatz...
recargar überladen; überlasten **recargo** M̱ Zuschlag
recaudación F̱ von Steuern Erhebung; Einnahme **recaudador(a)** M̱/F̱ Steuereinnehmer(in) **recaudar** Steuern
erheben; Geld einnehmen
recelar [-θe-] argwöhnen; **~ de**
misstrauen **recelo** M̱ Argwohn
receloso argwöhnisch; misstrauisch
recepción [-θeβθ-] F̱ Empfang
m; Aufnahme **recepcionista**
M̱/F̱ Empfangschef m, -dame f
receptor(a) [-θ-] M̱/F̱ Empfän-

ger(in)
receta [-θ-] F̱ Rezept n (a. MED)
recetar MED verschreiben
rechazar [-tʃaθ-] zurückweisen; ablehnen **rechazo** M̱ Ablehnung f
rechinar [-tʃ-] quietschen;
knarren; knirschen
recibir [-θ-] erhalten, bekommen; empfangen **recibo** M̱
Empfang; Empfangsbescheinigung f; Quittung f
reciclable [-θ-] wiederverwertbar **reciclado** M̱, **reciclaje** [-xe] M̱ Recycling n **reciclar** wiederverwerten, recyceln
recién [-θ-] frisch..., neu...; Am
a. kürzlich; soeben; **~ nacido**
neugeboren **reciente** jüngst,
kürzlich; neu
recinto [-θ-] M̱ Bereich; Gebiet
n; **~ ferial** Messegelände n
recipiente [-θ-] M̱ Gefäß n; Behälter
recíproco [-θ-] gegenseitig
recital [-θ-] M̱ (Solo)Konzert n
recitar vortragen, rezitieren
reclamación [-θ-] F̱ Einspruch
m; Reklamation; Beanstandung **reclamar** zurückfordern; reklamieren **reclamo** F̱ Reklame f; Am Beschwerde f
reclinar(se) (sich) an-, zurücklehnen
recluta F̱ Rekrut(in)
recobrar wiedererlangen
recodo M̱ Biegung f
recogedor [-x-] M̱ Kehrschau-

fel f **recoger** aufheben; aufnehmen; sammeln; weg-, aufräumen **recogida** F Sammeln n; Abholen n; *Briefkasten* Leerung; ~ **de basuras** Müllabfuhr; ~ **selectiva de basuras** Mülltrennung

recolección [-γθ-] F Ernte **recolectar** ernten

recomendable empfehlenswert **recomendación** [-θ-] F Empfehlung **recomendar** empfehlen

recompensa F Belohnung f; re**compensar** belohnen; ersetzen

reconciliación [-θiliaθ-] F Versöhnung f; **reconciliar(se)** (sich) versöhnen

reconocer [-θ-] wiedererkennen; anerkennen; zugeben; MED untersuchen **reconocido** anerkannt; dankbar **reconocimiento** M Anerkennung f; MED Untersuchung f; Dankbarkeit f; **en ~ de** als Dank für

reconquista [-ki-] F Wiedereroberung **reconstruir** wieder aufbauen; rekonstruieren

récord M Rekord

recordar (sich) erinnern an (*akk*)

recorrer durchlaufen, -fahren; bereisen; *Strecke* zurücklegen; *Buch* überfliegen **recorrido** M Strecke f; **tren** m **de largo** ~ Fernzug

recortar be-, ab-, ausschneiden; kürzen **recorte** M Aus-

schnitt; WIRTSCH Kürzung f

recrear ergötzen, erquicken **recrearse** sich erholen, entspannen **recreativo** belustigend; **salón** m ~ Spielhalle f **recreo** M Erholung f; *Schule* Pause f

recriminar Vorwürfe machen; beschuldigen

recrudecer(se) [-θ-] (sich) verschlimmern; *fig* (sich) verschärfen

rectángulo M Rechteck n **rectificar** berichtigen; verbessern **recto** 1 ADJ gerade; *fig* redlich; ADV immer geradeaus gehen 2 M ANAT Mastdarm

recuerdo M 1 Erinnerung f, Andenken n; Souvenir n 2 → recordar **recuerdos** PL Grüße *mpl*; **muchos** ~ **a** ... viele Grüße an ...

recuperación [-θ-] F Wiedererlangung; Rückgewinnung **recuperar** wiedererlangen; nachholen **recuperarse** sich erholen

recurrir sich wenden (**a** an *akk*); greifen (**a** zu); JUR Berufung einlegen

recurso M Zuflucht f; Ausweg; ~**s** *pl* Hilfsquellen *fpl*; ~**s** (**económicos**) Geldmittel *npl*; ~**s energéticos** Energiequellen *fpl*; **sin** ~**s** mittellos

red F Netz n (*a.* IT, TEL, *fig*); **la** ~ das Netz, das Internet; ~ **fija** TEL Festnetz n; ~ **inalámbrica**

IT WLAN n; ~ **social** soziales Netzwerk n; ~ **de telefonía móvil** TEL Mobilfunknetz n
redacción [-γθ-] F̲ Abfassung; Redaktion; *Schule* Aufsatz m **redactar** ver-, abfassen **redactor(a)** M̲F̲ Redakteur(in)
redada F̲ Razzia
redención [-θ-] F̲ Erlösung **redimir** loskaufen; erlösen
rédito M̲ Rendite f
redoblar verdoppeln
redonda F̲ MUS ganze Note; **a la ~** rundherum **redondear** ab-, aufrunden **redondo** rund **reducción** [-γθ-] F̲ Verminderung, Herabsetzung **reducir** [-θ-] vermindern; reduzieren **redujo**, **reduzco** → reducir
reeducación [-θ-] F̲ Umschulung; MED Rehabilitation **reeducar** umschulen
reelección [-γθ-] F̲ Wiederwahl **reelegir** [-x-] wieder wählen
reembolsar zurückzahlen, erstatten **reembolso** M̲ Rückzahlung f; **contra ~** gegen Nachnahme
reemplazar [-θ-] ersetzen **reemplazo** [-θo] M̲ Ersatz
reexpedir nachsenden
referencia [-θ-] F̲ Hinweis m; Verweis m; HANDEL Bezug m; Referenz **referente: ~ a** in Bezug auf (*akk*); bezüglich
réferi M̲F̲, **referí** M̲F̲ *Am* Schiedsrichter(in) m(f)
referir berichten **referirse**

sich beziehen (**a** auf *akk*)
refinación [-θ-] F̲, **refinamiento** M̲ Verfeinerung f **refinar** verfeinern; TECH raffinieren **refinería** F̲ Raffinerie
reflejar [-x-] reflektieren, (wieder)spiegeln (*a. fig*) **reflejo** [-xo] M̲ Reflex (*a.* MED); Spiegelbild n **reflexión** F̲ Spiegelung; *fig* Überlegung **reflexionar** überlegen; nachdenken **reflexivo** nachdenklich; GRAM reflexiv
reforestación [-θ-] F̲ (Wieder)Aufforstung **reforestar** (wieder) aufforsten
reforma F̲ Reform; REL Reformation; ~ **ortográfica** Rechtschreibreform; ~**s** pl Umbau m, Renovierung f
reformar umgestalten; reformieren; umbauen
reforzar [-θ-] verstärken
refracción [-γθ-] F̲ (Strahlen)Brechung **refractario** widerspenstig; TECH feuerfest
refrán M̲ Sprichwort n
refregar (ab)reiben
refrendar gegenzeichnen
refrescante erfrischend; **bebida f ~** Softdrink m **refrescar** erfrischen; (sich) abkühlen **refresco** M̲ *Imbiss* Erfrischung f; *Getränk* Softdrink
refrigeración [-xeraθ-] F̲ Kühlung **refrigerador** M̲ Kühlschrank **refrigerar** (ab)kühlen
refrigerio [-x-] M̲ Imbiss
refuerzo [-θo] M̲ Verstärkung f

refugiado [-x-] M̲, -a F̲ Flüchtling m **refugiarse** (sich) flüchten **refugio** M̲ Zuflucht f; Schutzhütte f

refundir fig neu bearbeiten; umarbeiten

refutar widerlegen

regadera F̲ Gießkanne **regadío** M̲ (**tierra** f **de**) ~ Bewässerungsland n

regalar schenken; bewirten

regaliz [-θ] M̲ Süßholz n, Lakritze f

regalo M̲ Geschenk n

regañar [-ɲ-] (aus)schimpfen

regar bewässern; sprengen, gießen

regata F̲ Regatta

regatear feilschen **regateo** M̲ Feilschen n

regazo [-θo] M̲ Schoß (a. fig)

regenerar [-x-] regenerieren; erneuern

régimen [-x-] M̲ Regime n; MED Diät f

regio [-x-] königlich; fig herrlich **región** [-x-] F̲ Gegend, Region; Gebiet n **regional** regional

regir [-x-] regieren; leiten

registrar [-x-] verzeichnen; registrieren; durchsuchen **registro** M̲ Verzeichnis n; Register n; Durchsuchung f; Ton Aufnahme f; ~ **civil** Standesamt n; ~ **domiciliario** Haussuchung f

regla F̲ Regel (a. MED); Lineal n; ~s pl **del juego** Spielregeln (a. fig)

reglamentar regeln **regla-** **mentario** vorschriftsmäßig **reglamento** M̲ Vorschrift f

regrabable ADJ CD, DVD wiederbeschreibbar

regresar zurückkehren **regreso** M̲ Rückkehr f

regulable regulierbar; verstellbar **regulación** [-θ-] F̲ Regulierung **regular** 🛈 V/T regeln; regulieren, einstellen 🛈 ADJ regelmäßig; regulär; (mittel)mäßig **regularidad** F̲ Regelmäßigkeit

rehabilitación [-θ-] F̲ Rehabilitation (a. MED); ARCH Renovierung **rehabilitar** rehabilitieren

rehén M̲ Geisel f

rehuir vermeiden; aus dem Weg gehen **rehusar** verweigern; ablehnen

reimpresión F̲ Nachdruck m

reina F̲ Königin; Schach Dame **reinado** M̲ Regierung(szeit) f **reinante** regierend; herrschend **reinar** herrschen (a. fig); regieren

reincidente [-θ-] JUR rückfällig **reincidir** rückfällig werden

reino M̲ Königreich n; **Reino Unido** Vereinigtes Königreich n

reintegrar wieder einsetzen; Geld rückvergüten; Verlust ersetzen **reintegro** M̲ Ersatz; (Rück)Erstattung f

reír lachen **reírse** lachen; ~ **de** sich lustig machen über (akk)

reiterar wiederholen

reivindicar fordern, beanspruchen

reja [-xa] F̲ Gitter n **rejilla** [-ʎa] F̲ Gitter n; BAHN Gepäcknetz n

rejoneador M̲ Stierkämpfer zu Pferd

rejuvenecer [-xuθeneθ-] verjüngen

relación [-θ-] F̲ Beziehung; Verhältnis n; Bericht m; Liste, Aufstellung; **~ calidad-precio** Preis-Leistungs-Verhältnis n; **~ a distancia** Fernbeziehung **relacionar** in Verbindung bringen (**con** mit)

relajación [-xaθ-] F̲ Entspannung; Erschlaffung **relajar(se)** (sich) entspannen; (sich) lockern

relámpago M̲ Blitz

relampaguear [-ɣe-] blitzen

relatar erzählen, berichten **relativo** relativ; **~ a** bezüglich **relato** M̲ Bericht **relator(a)** M̲(F̲) Am Berichterstatter(in)

relegar verweisen; verbannen **relevar** entheben; ablösen **relevo** M̲ Ablösung f; SPORT Staffel f; **carrera f de ~s** Staffellauf m

relieve M̲ Relief n; **poner de ~** hervorheben

religión [-x-] F̲ Religion **religiosidad** F̲ Frömmigkeit **religioso** ◑ ADJ fromm; religiös ◐ M̲ Mönch

relinchar [-tʃ-] wiehern

rellano [-ʎ-] M̲ Treppenabsatz

rellenar [-ʎ-] füllen (a. GASTR); Formular ausfüllen **relleno** ◑

◐ ADJ voll; gefüllt ◐ M̲ Füllung f (a. GASTR)

reloj [-x] M̲ Uhr f; **~ de bolsillo/ de pared/de pulsera** Taschen-/ Wand-/Armbanduhr f **relojería** F̲ Uhrengeschäft n **relojero,-a** M̲F̲ Uhrmacher(in)

relucir [-θ-] glänzen, strahlen

remanente M̲ Überrest; HANDEL Restbetrag

remar rudern

rematar vollenden; abschließen; Am versteigern **remate** M̲ Abschluss; HANDEL Ausverkauf; Am Versteigerung f; STIERK Todesstoß

rembolsar → reembolsar

remediar abhelfen **remedio** M̲ Mittel n, Abhilfe f; MED Heilmittel n

remendar flicken, ausbessern **remero,-a** M̲F̲ Ruderer, Ruderin

remesa F̲ Sendung

remiendo M̲ Flicken

remilgado geziert; zimperlich **remilgo** M̲ Ziererei f; Getue n

remisión F̲ Übersendung; Nachlassen n **remitente** M̲F̲ Absender(in) **remitir** V̲T̲ übersenden, erlassen; V̲I̲ nachlassen

remo M̲ Ruder n; Rudersport

remodelar umgestalten

remojar [-x-] einweichen

remolacha [-tʃa] F̲ Rübe

remolcador M̲ SCHIFF Schlepper **remolcar** (ab)schleppen

remolino M̲ Wirbel, Strudel; Haarwirbel

remolque [-ke] M̲ (Ab)Schleppen n; AUTO Anhänger; **a ~ im** Schlepptau

remordimientos M̲P̲L̲ Gewissensbisse pl

remoto entlegen, entfernt

remover umrühren; durchwühlen; entfernen

remplazar → reemplazar

remuneración [-θ-] F̲ Vergütung; Bezahlung **remunerar** belohnen; vergüten

renacimiento [-θ-] M̲ Wiedergeburt f; Renaissance f

renacuajo [-xo] M̲ Kaulquappe f

renal Nieren...

Renania F̲ Rheinland n

rencor M̲ Groll **rencoroso** nachtragend

rendición [-θ-] F̲ Bezwingung; Übergabe **rendido** erschöpft

rendija [-xa] F̲ Schlitz m, Spalt m

rendimiento M̲ Ertrag; Leistung f **rendir** bezwingen; leisten; Ertrag abwerfen; **~ las armas** a. fig kapitulieren **rendirse** sich ergeben

renegado 1 A̲D̲J̲ abtrünnig 2 M̲, **-a** F̲ Abtrünnige(r) m/f(m) **renegar** ableugnen

RENFE F̲ A̲B̲K̲ (Red Nacional de Ferrocarriles Españoles) spanische Eisenbahngesellschaft

renglón M̲ Zeile f; Reihe f

renombrado berühmt **renombre** M̲ Ruhm, Ruf

renovable erneuerbar; Vertrag

verlängerbar **renovación** [-θ-] F̲ Erneuerung **renovar** erneuern; renovieren

renta F̲ Rente, Ertrag m; Zins m; Einkommen n; **de ~ fija** festverzinslich **rentable** rentabel; wirtschaftlich **rentar** einbringen

renuncia [-θ-] F̲ Verzicht m **renunciar** verzichten (a auf akk)

reñir [-ɲ-] V̲/T̲ ausschimpfen; V̲/I̲ sich zanken

reo, -a M̲/F̲ Angeklagte(r) m/f(m)

reorganizar [-θ-] neugestalten; umorganisieren

reparación [-θ-] F̲ Reparatur, Ausbesserung **reparar** ausbessern, reparieren; Schaden wieder gutmachen; **~ en** bemerken; achten auf (akk) **reparo** M̲ Bedenken n; Einwand; **sin ~** bedenkenlos, anstandslos

repartir v/t, austeilen **reparto** M̲ Verteilung f; von Briefen Zustellung f; THEAT Besetzung f

repasar durchsehen; Lektion wiederholen; a. TECH überholen **repaso** M̲ Durchsicht f; TECH Überholung f; Wiederholung f

repatriación [-θ-] F̲ Repatriierung **repatriarse** heimkehren

repelente abstoßend **repeler** abweisen; abstoßen

repente: de ~ plötzlich **repentino** plötzlich

repercusión F̲ Rück-, Auswirkung **repercutir** sich auswirken (**en, sobre** auf akk)

repertorio M̄ Verzeichnis n; THEAT Spielplan, Repertoire n

repetición [-θ-] F̄ Wiederholung **repetir** wiederholen

repicar *Glocken* läuten **repique** [ke] M̄ Glockenläuten n

repito, repite → repetir

repleto voll; überfüllt

réplica F̄ Erwiderung; Nachbildung, Replik

replicar erwidern

repoblación [-θ-] F̄ Wiederbevölkerung; **~ forestal** Wiederaufforstung

repollo [-ʎo] M̄ (Weiß)Kohl

reponer ersetzen; erwidern; THEAT wieder aufführen **reponerse** sich erholen

reportaje [-xe] M̄ Reportage f **reportero,-a** M̄/F̄ Reporter(in)

reposacabezas [-θ-] F̄ AUTO Kopfstütze f **reposado** ruhig; gelassen **reposar** ruhen; sich ausruhen

reposición [-θ-] F̄ Wiedereinsetzung; THEAT Wiederaufführung; Neuinszenierung

reposo M̄ Ruhe f

repostar auf-, nachtanken

repostería F̄ Konditorei; Konditorwaren fpl

reprender tadeln, rügen **reprensión** F̄ Tadel m, Verweis m

represa F̄ Am Staudamm m

represalia F̄ Vergeltung (-smaßnahme), Repressalie

representación [-θ-] F̄ Darstellung; THEAT Vorstellung, Aufführung; HANDEL Vertretung **representante** M̄/F̄ Vertreter(in); Repräsentant(in) **representar** darstellen; vorstellen; aufführen; vertreten

represión F̄ Unterdrückung **reprimenda** F̄ (scharfer) Verweis m **reprimir** unterdrücken

reprobable verwerflich **reprobación** [-θ-] F̄ Missbilligung **reprobar** missbilligen

reprochable [-tʃ-] tadelnswert **reprochar** vorwerfen **reproche** M̄ Vorwurf, Tadel

reproducción [-γθ-] F̄ Nachbildung; Reproduktion; BIOL Fortpflanzung **reproducir** wiedergeben; nachbilden; reproduzieren **reproducirse** [-θ-] sich fortpflanzen **reproductor** M̄ Wiedergabegerät n

reptar kriechen **reptil** M̄ Reptil n, Kriechtier n

república F̄ Republik; **República Checa** Tschechische Republik; **República Dominicana** Dominikanische Republik; **~ federal** Bundesrepublik

republicano 1 ADJ republikanisch 2 M̄, **-a** F̄ Republikaner(in)

repudiar verstoßen

repuesto M̄ Vorrat; Ersatz; Ersatzteil n; **de ~** Ersatz..., Reserve...

repugnancia F̄ Widerwille m; Ekel m **repugnante** abstoßend, widerlich **repugnar** anekeln, anwidern repulsión F̲ Abneigung; Widerwille m repulsivo abstoßend

reputación [-θ-] F̲ Ruf m, Name m reputado angesehen

requerimiento [-ke-] M̲ Aufforderung f requerir auffordern, ersuchen; erfordern

requesón [-ke-] M̲ Quark

requisar [-ki-] requirieren requisito M̲ Erfordernis n; Formalität f

res F̲ Stück n Vieh; Am Rind (-fleisch) n

resaca F̲ Dünung; umg fig Kater m

resaltar heraus-, hervorragen (a. fig)

resbaladizo [-θo] rutschig, glatt resbalar ausrutschen; AUTO schleudern

rescatar loskaufen, auslösen; fig retten, bergen rescate M̲ Rettung f, Bergung f; Lösegeld n

rescindir [-θ-] Vertrag aufheben, kündigen

resentido nachtragend resentimiento M̲ Ressentiment n; Groll resentirse: ~ de (noch) spüren

reseña [-ɲa] F̲ Rezension

reserva F̲ Reserve; Reservierung; Vorbehalt m reservado zurückhaltend reservar reservieren; aufbewahren; ~ mesa e-n Tisch bestellen (reservieren)

resfriado M̲ Erkältung f; Schnupfen resfriarse sich erkälten

resguardar verwahren; schützen (de vor dat) resguardo M̲ Schutz; HANDEL Beleg

residencia [-θ-] F̲ Wohnsitz m; Residenz; ~ de ancianos Altenheim n; ~ de estudiantes Studenten(wohn)heim n residir wohnen

residuo M̲ Rest; Rückstand; ~s pl Abfall m; ~s pl contaminantes Altlasten; ~s pl orgánicos/radiactivos/tóxicos Bio-/Atom-/Giftmüll m

resignación [-θ-] F̲ Verzicht m; Resignation resignarse resignieren; sich abfinden (con mit)

resina F̲ Harz n

resistencia [-θ-] F̲ Widerstand m; Ausdauer resistente widerstandsfähig; dauerhaft resistir widerstehen; aushalten, ertragen resistirse sich sträuben (a gegen)

resolución [-θ-] F̲ (Auf)Lösung; Entschluss m; fig Entschlossenheit; tomar una ~ e-n Entschluss fassen

resolver (auf)lösen; beschließen resolverse sich entschließen

resonancia [-θ-] F̲ Resonanz; fig Anklang m resonar widerhallen

respaldar unterstützen respaldo M̲ Rückenlehne f; fig Rückhalt

respectivo betreffend; jeweilig

respecto M̅ con ~ a hinsichtlich

respetable achtbar; ansehnlich respetar achten, respektieren respeto M̅ Respekt,
Achtung r respetuoso res-
pektvoll

respirable Luft atembar respiración [-θ-] F̅ Atmung respirar atmen; fig aufatmen; ~
hondo tief durchatmen respiro M̅ fig Atempause f

resplandecer [-θ-] glänzen;
strahlen resplandor M̅ Glanz;
Schimmer

responder antworten (a auf
akk), erwidern; ~ a entsprechen
(dat); ~ de haften für

responsabilidad F̅ Verantwortung; Haftung; ~ civil Haft-
pflicht responsable verantwortlich (de für)

respuesta F̅ Antwort; en ~ a
als Antwort auf (akk)

restablecer [-θ-] wiederherstellen restablecerse sich erholen, genesen restableci-
miento M̅ Wiederherstellung
f; Genesung f

restar V̅/T̅ abziehen, subtrahieren; V̅/I̅ übrig bleiben

restaurante M̅ Restaurant n
restaurar wiederherstellen;
restaurieren

restitución [-θ-] F̅ Rückerstattung restituir zurückerstatten

resto M̅ Rest

restricción [-γθ-] F̅ Einschränkung restringir [-x-] ein-, be-

schränken

resuelto entschlossen; Problem, Rätsel gelöst

resultado M̅ Ergebnis n, Resul-
tat n resultar sich ergeben;
sich herausstellen (als)

resumen M̅ Zusammenfassung
f resumir zusammenfassen

resurrección [-γθ-] F̅ REL Auferstehung; Domingo m de Resurrección Ostersonntag

retablo M̅ Altarbild n

retama F̅ Ginster m

retar herausfordern

retardar verzögern retardar-
se sich verspäten

retención [-θ-] F̅ Einbehal-
tung; Verkehr Stau m retener
zurückbehalten; einbehalten;
Atem anhalten

retina F̅ ANAT Netzhaut

retirada F̅ Rückzug m; Entzug
m retirar zurückziehen; entziehen; Geld abheben retirarse sich zurückziehen retiro
M̅ Zurückgezogenheit f; Ruhestand; Ruhegehalt n; MIL Abschied

reto M̅ Herausforderung f

retocar überarbeiten; FOTO re-
tuschieren

retorcer [-θ-] verdrehen (a. fig)
retorcerse sich krümmen

retorno M̅ Rückkehr f; Rückgabe f

retractar widerrufen

retransmisión F̅ RADIO, TV
Übertragung; ~ en directo
Livesendung retransmitir

übertragen; **~ en directo** live übertragen

retrasar verzögern; aufschieben **retrasarse** sich verspäten

retraso M̲ Verzögerung f; Verspätung f

retratar porträtieren; schildern **retrato** M̲ Porträt n

retrete M̲ Klo(sett) n

retrovisor M̲ AUTO Rückspiegel

retumbar dröhnen

reuma(tismo) M̲ Rheuma (-tismus m) n

reunificación [-θ-] F̲ Wiedervereinigung **reunión** F̲ Versammlung; Sitzung; Vereinigung **reunir** (ver)sammeln; **reunirse** sich treffen; zusammenkommen

revalorizar [-θ-] aufwerten

revancha [-tʃa] F̲ Revanche

revelado M̲ FOTO Entwickeln n **revelar** enthüllen; FOTO entwickeln

reventa F̲ Wiederverkauf m

reventar platzen **reventón** M̲ Reifenpanne f

reverencia [-θ-] F̲ Ehrfurcht; Verbeugung

reversible umkehrbar **reverso** M̲ Rückseite f; fig Kehrseite f **revés** M̲ Rückseite f; fig Missgeschick n; **al ~** umgekehrt

revestimiento M̲ TECH Verkleidung f; Belag **revestir** ver-, auskleiden; überziehen

revisar nachsehen, -prüfen **revisión** F̲ Überprüfung; AUTO

Überholung **revisor(a)** M̲F̲ Revisor(in); BAHN Schaffner(in)

revista F̲ Zeitschrift; Revue **revistero** M̲ Zeitungsständer

revisto → **rever**

revocar widerrufen

revolución [-θ-] F̲ Revolution; TECH Umdrehung **revolucionar** revolutionieren

revolver umwälzen; durcheinanderbringen; umrühren

revólver M̲ Revolver

revuelo M̲ Durcheinander n **revuelta** F̲ Aufruhr m, Revolte **revuelto** → **revolver**

rey M̲ König (a. Schach); **los ~es** das Königspaar; **Día** m **de Reyes** Dreikönigstag

rezar [-θ-] beten

ría[1] F̲ Sp fjordähnliche Flussmündung

ría[2], **ríe** → **reír**

ribera F̲ Ufer n

ribete M̲ Saum; Besatz

rico reich; Essen köstlich

ridículo lächerlich; **poner(se) en ~** (sich) lächerlich machen

riego M̲ Bewässerung f

riel M̲ Schiene f

ríen → **reír**

rienda F̲ Zügel m

riesgo M̲ Gefahr f; Risiko n; **correr (el) ~ de** Gefahr laufen zu; **de alto/bajo ~** risikoreich/-arm

rifa F̲ Tombola; Verlosung

rifle M̲ Büchse f, Gewehr n

rigidez [-xiðeθ] F̲ Starrheit; fig Strenge

rígido [-x-] starr; streng

rigor M̲ Strenge f, Härte f; **ser de ~** unerlässlich sein

riguroso streng; rigoros

rima F̲ Reim m **rimar** reimen

rímel M̲ Wimperntusche f

Rin M̲ Rhein

rincón M̲ Winkel, Ecke f **rinconera** F̲ Ecktisch m, Eckschrank m, Eckbank

rinoceronte [-θ-] M̲ Nashorn n

riña [-ɲa] F̲ Streit m

riñón [-ɲ-] M̲ Niere f **riñonera** F̲ Gürteltasche

río¹ M̲ Fluss, Strom

río², rió → reír

Rioja [-x-] F̲ **La** ~ spanische Weingegend

riojano aus La Rioja

riqueza [-keθa] F̲ Reichtum m

risa F̲ Lachen n; **ser de ~** zum Lachen sein, lachhaft sein **risueño** [-ɲo] lachend; heiter

ritmo M̲ Rhythmus

rito M̲ Ritus

rival M̲ Rivale **rivalizar** [-θ-] wetteifern

rizado [-θ-] lockig; kraus **rizador** M̲ ~ **(de pelo)** Lockenstab **rizar** kräuseln **rizo** M̲ Haar: Locke f; Stoff: Frottee m/n

RNE F̲ ABK (Radio Nacional de España) staatlicher spanischer Radiosender

robar rauben; stehlen

roble M̲ Eiche f

robo M̲ Raub; Diebstahl

robot M̲ Roboter; **retrato** m ~ Phantombild n

robusto stark, robust

roca F̲ Fels(en) m

rociar [-θ-] besprengen

rocío [-θ-] M̲ Tau

rodaballo [-ʎo] M̲ Steinbutt

rodaja [-xa] F̲ Scheibe **rodaje** [-xe] M̲ AUTO Einfahren n; Film Dreharbeiten fpl

rodar rollen; sich drehen; AUTO einfahren; Film drehen

rodear umgeben **rodeo** M̲ Umweg; **sin ~s** ohne Umschweife

rodilla [-ʎa] F̲ Knie n; **de ~s** kniend, auf den Knien

roedor M̲ Nagetier n **roer** nagen

rogar bitten

rojo [-xo] rot; **ponerse** ~ rot werden, erröten

rollo [-ʎo] M̲ Rolle f; umg langweiliges Zeug n; **dar el ~ (a)** umg nerven; **¡qué ~!** das nervt!

Roma F̲ Rom n

románico romanisch **romano** römisch **romántico** romantisch

romería F̲ Wallfahrt

romper zerbrechen; umg kaputtmachen; zerreißen; ~ **a** inf (plötzlich) anfangen zu

ron M̲ Rum

roncar schnarchen **ronco** heiser, rau

ronda F̲ Runde, Streife

ronquera [-ke-] F̲ Heiserkeit

ropa F̲ Kleidung; Wäsche; ~ **de cama** Bettzeug n; ~ **interior** Unterwäsche, Dessous pl; ~ **de**

mesa Tischwäsche
ropero M̲ Kleiderschrank
rosa 1 ADJ rosa 2 F̲ Rose rosado 1 ADJ rosa 2 M̲ Rosé(-wein)
rosario M̲ REL Rosenkranz
rosbif M̲ Roastbeef n
rosca F̲ TECH Gewinde n
rostro M̲ Gesicht n, Antlitz n
rotación [-θ-] F̲ Umdrehung
roto zerbrochen; *umg* kaputt
rotulador M̲ Filzstift, Marker;
~ **fluorescente** Leuchtmarker
rotular beschriften; HANDEL etikettieren
rótulo M̲ Aufschrift f; Etikett n;
Schild n
rotura F̲ Brechen n; Bruch m
router ['rru:ter] M̲ Router
rozar [-θ-] streifen
RTVE F̲ ABK (Radiotelevisión Española) *staatliche spanische Rundfunk- und Fernsehanstalt*
rubéola F̲ MED Röteln *pl*
rubí M̲ Rubin
rubio blond
rúcula F̲ Rucola(salat)
rudo roh; plump
rueda F̲ Rad n; ~ **de prensa** Pressekonferenz
ruedo[1] M̲ STIERK Arena f
ruedo[2] → rodar
ruego[1] → Bitte f
ruego[2] → rogar
rufián M̲ Zuhälter; Gauner
ruido M̲ Lärm **ruidoso** lärmend, geräuschvoll
ruina F̲ Ruine; Ruin m; **estar hecho una ~** *Person* ein Wrack sein

ruiseñor [-ɲ-] M̲ Nachtigall f
ruleta F̲ Roulett(e) n
rulo M̲ Lockenwickel
Rumania F̲ Rumänien n
rumbo M̲ Kurs; Richtung f; ~ **a** mit Kurs auf *(akk)*
rumor M̲ Gerücht
running ['rranin] M̲ DEP Running n
ruptura F̲ Bruch m
ruqueta [-k-] F̲ Rucola(salat) n
rural ländlich, Land...
Rusia F̲ Russland n
ruso 1 ADJ russisch 2 M̲, -a F̲ Russe m, Russin f
rústico ländlich
ruta F̲ Weg m; Route
rutina F̲ Routine

S

S. A. F̲ (Sociedad Anónima) AG (Aktiengesellschaft)
sábado M̲ Sonnabend, Samstag
sabana F̲ Savanne
sábana F̲ Betttuch n
saber 1 V/T wissen; können; schmecken (a nach); ~ **alemán** Deutsch können; **nunca se sabe** man kann nie wissen; **a ~** nämlich; **¡qué sé yo!**, **¡yo qué sé!** was weiß ich!, keine Ahnung! 2 M̲ Wissen n **sabido** bekannt

sabio 🔢 ADJ weise; gelehrt 🔢 M̄, -a F̄ Gelehrte(r) m/f(m)

sable M̄ Säbel

sabor M̄ Geschmack **saborear** genießen

sabotaje [-xe] M̄ Sabotage f **sabotear** sabotieren

sabroso schmackhaft

sacacorchos [-tʃ-] M̄ Korkenzieher **sacapuntas** M̄ Bleistiftspitzer

sacar herausnehmen, -ziehen, -holen; Zahn ziehen; Foto machen; FOTO **~ bien** gut treffen

sacarina F̄ Saccharin n

sacerdote [-θ-] M̄ Priester

saco M̄ Sack; Am Sakko n; **~ de dormir** Schlafsack

sacramento M̄ Sakrament n

sacrificar opfern; Tier schlachten **sacrificio** [-θ-] M̄ Opfer n **sacrilegio** [-x-] M̄ Sakrileg n; Frevel

sacristán M̄ Küster **sacristía** F̄ Sakristei

sacudida F̄ Erschütterung; Stoß m **sacudir** schütteln

saeta 🔢 F̄ Pfeil m; Uhrzeiger m 🔢 religiöses Lied bei den Osterprozessionen

sagaz [-θ] scharfsinnig

Sagitario [-xi-] M̄ ASTROL Schütze

sagrado heilig

Sáhara M̄ Sahara f

Sajonia [-x-] F̄ Sachsen n; **Baja ~** Niedersachsen n

sal F̄ Salz n; **bajo en ~** salzarm; **sin ~** ungesalzen

sala F̄ Saal m; Raum m; **~ de espera** Wartesaal m, -zimmer n; **~ de estar** Wohnzimmer n

salado gesalzen; fig witzig, geistreich

salafismo M̄ Salafismus m **salafista** 🔢 M̄/F̄ REL Salafist(in) 🔢 ADJ REL salafistisch

salar salzen

salario M̄ Lohn; **~ por hora** Stundenlohn; **~ mínimo** Mindestlohn

salchicha [-tʃitʃa] F̄ Würstchen n **salchichón** M̄ Art Hartwurst f

saldar HANDEL begleichen **saldo** M̄ Saldo

saldré → salir

salero M̄ Salzstreuer; fig Charme, Grazie f

salgo, salga → salir

salida F̄ Ausgang m; Ausfahrt; Abfahrt; SPORT Start m; **~ a bolsa** Börsengang m; **~ del sol** Sonnenaufgang m **saliente** vorspringend **salir** (hin)ausgehen; weggehen; abreisen, abfahren; ASTROL aufgehen; **~ corriendo** weg-, loslaufen; **~ del armario** sich outen **salirse** auslaufen; **~ con la suya** s-n Kopf durchsetzen

saliva F̄ Speichel m

salmón M̄ Lachs **salmonete** M̄ Rotbarbe f

salón M̄ Salon; Wohnzimmer n; im Hotel: Lounge f; **~ de manicura** Nagelstudio n

salpicar bespritzen **salpicón**

M̄ ~ de mariscos Meeresfrüch-
tesalat
salsa F̄ Soße; MUS Salsa salse-
ra F̄ Sauciere
saltar springen; hüpfen salte-
ado GASTR gedünstet salto
M̄ Sprung; ~ de altura/longi-
tud Hoch-/Weitsprung; ~ atrás
fig Rückschritt; de un ~ fig mit
e-m Satz; dar un ~ e-n Satz
(od Sprung) machen
salud F̄ Gesundheit; ¡~! zum
Wohl!, prost! saludar (be)grü-
ßen saludo M̄ Gruß
salvación [-θ-] F̄ Rettung salvador 1 M̄, -a F̄ Retter(in) 2
M̄ Salvador REL Heiland
salvaje [-xe] wild; fig roh
salvamento M̄ Rettung f, Bergung f salvapantallas [-ʎas]
M̄ Bildschirmschoner salvar
retten salvaslip M̄ Slipeinlage
f salvavidas M̄ Rettungsring;
(chaleco m) ~ Schwimmweste f
salvia F̄ Salbei m
salvo ADJ unbeschädigt, heil;
ADV außer; a ~ in Sicherheit
Salzburgo M̄ Salzburg n
San vor Namen für: → Santo
sanar heilen; gesund werden
sanatorio M̄ Sanatorium n
sanción [-θ-] F̄ Sanktion; Strafe
sancionar bestätigen; bestrafen
sandalia F̄ Sandale
sandía F̄ Wassermelone
saneamiento M̄ Sanierung f
sanear sanieren
sangrar bluten sangre F̄ Blut

n; a ~ fría kaltblütig sangría
F̄ Sangria (Art Rotweinbowle); a.
fig Aderlass m sangriento a.
blutig
sanidad F̄ Gesundheit(swesen
n)
sano gesund; ~ y salvo wohlbehalten, unversehrt
santa F̄ Heilige
santiguarse sich bekreuzigen
santo 1 ADJ heilig 2 M̄ Heili-
ge(r); Namenstag; Día m de
todos los Santos Allerheiligen
n santuario M̄ Heiligtum n
sapo M̄ Kröte f
saque [-ke] M̄ SPORT Anstoß;
Aufschlag saquear plündern
sarampión M̄ MED Masern pl
sardina F̄ Sardine
sargento [-x-] M̄ Unteroffizier
Sarre M̄ Saar f; Saarland n
sarro M̄ Zahnstein
sartén F̄ (Brat)Pfanne
sastre M̄ Schneider sastrería
F̄ Schneiderei
satélite M̄ Satellit (a. fig)
sátira F̄ Satire
satisfacción [-γθ-] F̄ Genugtuung; Zufriedenheit satisfacer
[-θ-] zufriedenstellen satisfactorio befriedigend, zufriedenstellend satisfecho [-tʃ-]
befriedigt; zufrieden
sauce [-θe] M̄ BOT Weide f
saúco M̄ Holunder
sauna F̄ Sauna
sazonar [-θ-] würzen
scooter M̄ Motorroller
se sich; man

sé → saber, ser sea → ser

sebo M̲ Talg

secador M̲ Trockenhaube f; ~ (de mano) Föhn, Haartrockner

secadora F̲ (Wäsche)Trockner m secapelo(s) M̲ Föhn, Haartrockner secar trocknen secarse ver-, eintrocknen

sección [-γθ-] F̲ Schnitt m; Abschnitt m; Abteilung

seco trocken (a. Wein)

secretaria F̲ Sekretärin secretaría F̲ Sekretariat n secretario M̲ Sekretär

secreto 1 ADJ geheim; heimlich; en ~ insgeheim 2 M̲ Geheimnis n; ~ bancario/profesional Bank-/Berufsgeheimnis n

secta F̲ Sekte

sector M̲ Sektor; ~ de servicios Dienstleistungssektor

secuestrador(a) M̲F̲ Entführer(in) secuestrar beschlagnahmen; entführen; kapern (a. IT) secuestro M̲ Beschlagnahme f; Entführung f

secular hundertjährig; weltlich

secundario zweitrangig; nebensächlich; Neben-

sed F̲ Durst m

seda F̲ Seide

sedante M̲ Beruhigungsmittel n

sede F̲ Sitz m

sediento durstig

seducir [-θ-] verführen; verlocken seductor(a) M̲F̲ Verführer(in)

segadora F̲ Mähmaschine segar mähen

seguida [-yi-] F̲ en ~ sofort seguido ununterbrochen; hintereinander seguir folgen; fortfahren, weitermachen

según nach, gemäß; je nachdem; ~ eso demnach

segundo 1 ADJ zweite(r) 2 M̲ Sekunde f; zweiter Stock

seguridad F̲ Sicherheit

seguro 1 ADJ sicher; gewiss 2 M̲ Versicherung f; ~ de dependencia/del hogar/de jubilación Pflege-/Hausrats-/Rentenversicherung f; ~ a todo riesgo AUTO Vollkaskoversicherung f; ~ de vida Lebensversicherung f

seis sechs seiscientos sechshundert

seísmo M̲ Erdbeben m

selección [-γθ-] F̲ Auswahl, Auslese; ~ de residuos Mülltrennung; ~ nacional SPORT Nationalmannschaft seleccionar [-γθ-] auswählen selecto auserwählt; erlesen

selfie M̲ Selfie n; hacer(se) un ~ ein Selfie machen

sellar [-ʎ-] (ver)siegeln; stempeln sello M̲ Siegel n; Stempel; Briefmarke f; ~ ecológico Ökosiegel n

selva F̲ Wald m; Selva Negra Schwarzwald m; ~ pluvial/virgen Regen-/Urwald m

semáforo M̲ Ampel f

semana F̲ Woche; Semana Santa Karwoche; entre ~ unter der Woche semanal wöchent-

lich semanario M̲ Wochen-
zeitung f

sembrar säen; fig verbreiten

semejante [-x-] ähnlich; solch,
so ein

semen M̲ BIOL Samen

semestre M̲ Halbjahr n

semicírculo [-θ-] M̲ Halbkreis

semifinal F̲ SPORT Halbfinale
n

semilla [-ʎa] F̲ Same(n) m

seminario M̲ Seminar n

sémola F̲ Grieß m

Sena M̲ Seine f

senado M̲ Senat senador(a)
M̲F̲ Senator(in)

sencillez [-θiʎeθ] F̲ Einfachheit

sencillo einfach; schlicht

senda F̲, sendero M̲ Pfad,
Wanderweg m senderismo
M̲ Wandern n

senil greisenhaft, senil

seno M̲ Busen; fig Schoß

sensación [-θ-] F̲ Gefühl n;
Empfindung; fig Sensation sensacional aufsehenerregend,
sensationell

sensato vernünftig

sensibilidad F̲ Empfindlichkeit; Empfindsamkeit sensible
empfindlich; spürbar (a. fig)

sensual sinnlich sensualidad
F̲ Sinnlichkeit

sentado sitzend; estar ~ sitzen
sentar setzen; Kleid stehen; ~
bien/mal gut/schlecht bekommen sentarse sich setzen

sentencia [-θ-] F̲ JUR Urteil n;
fig Ausspruch m

sentido M̲ Sinn; Bedeutung f;
Richtung f; ~ común gesunder
Menschenverstand; en cierto
~ in gewissem Sinn(e) sentimental gefühlvoll, sentimental sentimiento M̲ Gefühl n,
Empfindung f

sentir fühlen, empfinden; bedauern; lo siento (mucho) es
tut mir (sehr) leid; siento calor
mir ist heiß; sin ~lo ohne es
zu merken

seña [-ɲa] F̲ Zeichen n; ~s pl
Anschrift f

señal F̲ Zeichen n; Signal n;
HANDEL Anzahlung; ~ de lla-
mada/ocupado TEL Frei-/Be-
setztzeichen n; ~ de prohibición Verbotsschild n; dejar
una ~ e-e Anzahlung machen
señalar kennzeichnen; anzeigen; festsetzen

señor [-ɲ-] M̲ Herr señora F̲
Frau; Dame señorita F̲ Fräulein n

sepa → saber

separación [-θ-] F̲ Trennung
separar trennen

sepia F̲ Tintenfisch m

septicemia [-θ-] F̲ MED Blutvergiftung

septiembre M̲ September

séptimo siebte(r), siebente(r)

sepulcro M̲ Grab n sepultar
begraben sepultura F̲ Bestattung

sequía [-ki-] F̲ Dürre

ser M̲ VI sein; beim Passiv werden; soy yo ich bin□s; ~ de ge-

hören (zu); kosten; **soy de Sevilla** ich bin aus Sevilla; **a no ~ que** falls nicht; **sea quien sea** egal wer; **o sea** das heißt **2** M̲ **~ (vivo)** (Lebe)Wesen n; **~ humano** Mensch

Serbia F̲ Serbien n **serbio 1** A̲D̲J̲ serbisch **2** ..., -a F̲ Serbe, Serbin

serenidad F̲ Gelassenheit **sereno 1** A̲D̲J̲ heiter; gelassen **2** M̲ Nachtwächter

serie F̲ Reihe, Serie

seriedad F̲ Ernst

serio ernst; seriös; **tomar en ~** ernst nehmen

sermón M̲ Predigt f

seronegativo MED HIV-negativ **seropositivo** MED aidsinfiziert, HIV-positiv

serpentina F̲ Serpentine; Luftschlange

serpiente F̲ Schlange

serrano Berg...; **jamón m serrano** span luftgetrockneter Schinken

serrar sägen **serrín** M̲ Sägemehl n **serrucho** [-tʃo] M̲ Säge Fuchsschwanz

servicio [-θ-] M̲ **1** Dienst; Bedienung f, Service; TECH Betrieb; **~ a domicilio** Heimservice; **~ militar/religioso/secreto/de urgencias** Wehr-/Gottes-/ Geheim-/Notdienst; **poner en ~** in Betrieb nehmen **2** **~s** pl Toilette f; **¿dónde están los ~s?** wo ist die Toilette? **servidor** M̲ Diener; INTERNET Server

servidumbre F̲ Gesinde n

servilleta [-ʎ-] F̲ Serviette

servir dienen; bedienen; **servirse** sich bedienen

servodirección [-γθ-] F̲ AUTO Servolenkung **servofreno** M̲ AUTO Servobremse f

sésamo M̲ Sesam

sesenta sechzig

sesión F̲ Sitzung; Kino Vorstellung; **~ de fotos** Fotoshooting n

seso M̲ Gehirn n; fig Verstand **sesos** P̲L̲ GASTR Hirn n

seta F̲ Pilz m

setecientos siebenhundert **setenta** siebzig

seto M̲ Zaun; **~ vivo** Hecke f

seudónimo M̲ Pseudonym n

severo streng; hart

sexo M̲ Geschlecht n; Sex; **~ oral** Oralverkehr, Oralsex

sexto sechste(r)

sexual sexuell; Sexual...

si K̲O̲N̲J̲ wenn; ob

sí 1 A̲D̲V̲ ja; **¡que sí!** aber ja (doch)! **2** P̲R̲O̲N̲ sich

Siberia F̲ Sibirien n

sida M̲ MED Aids n

sido → ser

sidoso, -a M̲.F̲ Aidskranke(r) m/f(m)

sidra F̲ Apfelwein m

siembra F̲ Säen n; Saatzeit

siembro → sembrar

siempre immer; **~ que** sofern; jedesmal wenn; **lo de ~** das Übliche

sien F̲ Schläfe

siento lo siento es tut mir leid;

→ sentir, sentar

sierra F Säge; Bergkette

siesta F Mittagsruhe, Siesta

siete sieben

sifón M Siphon

sigla F Abkürzung

siglo M Jahrhundert n

significar bedeuten; **significativo** bezeichnend; bedeutsam

signo M Zeichen n; ~ **de puntuación** Satzzeichen n

sigo, siguió → seguir

siguiente [-γi-] folgend

sílaba F Silbe

silbar pfeifen **silbato** M Pfeife f **silbido** M Pfeifen n

silenciador [-θ-] M Schalldämpfer **silenciar** verschweigen **silencio** Schweigen n; Stille f, Ruhe f **silencioso** still; schweigsam

silla [-ʎa] F Stuhl m; Sattel m; ~ **de ruedas** Rollstuhl m

sillón [-ʎ-] M Sessel

silueta F Silhouette

silvestre wild

simbólico symbolisch

símbolo M Symbol n

simétrico symmetrisch

similar gleichartig; ähnlich

simpatía F Sympathie **simpático** sympathisch, nett

simple einfach; einfältig; bloß

simplificar vereinfachen

simular vortäuschen, simulieren

simultáneo gleichzeitig

sin ohne; ~ **decir nada** wortlos;

~ **más** ohne weiteres; ~ **que** ohne dass

sincero [-θ-] aufrichtig, ehrlich

sindical Gewerkschafts... **sindicato** M Gewerkschaft f

síndrome M Syndrom n; ~ **del burnout** Burnout

sinergia [-x-] F Synergie

sinfonía F Symphonie

singular **1** ADJ einzeln; einzig (-artig); außergewöhnlich **2** M GRAM Singular

siniestro **1** ADJ unheilvoll **2** M Unheil n; Schaden(sfall) m; ~ **total** Totalschaden; **en caso de** ~ im Schadensfall

sino **1** KONJ sondern, sonst; außer **2** M Schicksal n

síntesis F Synthese

sintético synthetisch

sintió → sentir

síntoma M Symptom n

sinvergüenza [-ɣüenθa] M unverschämter Kerl

siquiera [-ki-] auch wenn; wenigstens; **ni** ~ nicht einmal

sirena F Sirene

Siria F Syrien n

sirve → servir **sirvienta** F Dienstmädchen n **sirviente** M Diener

sismo M Erdbeben n **sismorresistente** erdbebensicher

sistema M System n; ~ **inmunológico** MED Immunsystem n; ~ **operativo** IT Betriebssystem n; ~ **de alarma** Alarmsystem n; TEL ~ **de manos libres** Freisprechanlage f; INTERNET,

AUTO **~ de navegación** Navigationssystem n; AUTO a. Routenplaner m **sistemático** systematisch

sitiar MIL belagern **sitio** M Ort; Lage f; Stelle f; MIL Belagerung f; **~ web** Webseite f

situación [-θ-] F̲ Lage; Situation **situado** gelegen; **bien ~** gut situiert

skypear umg INTERNET skypen

S.L. F̲ (Sociedad Limitada) GmbH (Gesellschaft mit beschränkter Haftung)

slalom M̲ Slalom

smartphone M̲ Smartphone n

SME M̲ ABK (Sistema Monetario Europeo) EWS n (Europäisches Währungssystem)

SMI M̲ ABK (Salario Mínimo Interprofesional) Spanien: (gesetzlicher) Mindestlohn

sobaco M̲ Achselhöhle f

soberbio stolz; hochmütig

sobornar bestechen **soborno** M̲ Bestechung f

sobra F̲ **de ~** im Überfluss **sobrado** reichlich **sobrante** M̲ Überrest; Überschuss **sobrar** übrig bleiben; überflüssig sein

sobre 1 PRÄP auf; über; **~ las tres** gegen drei (Uhr) 2 M̲ Briefumschlag **sobrecargar** überladen **sobreestimar** überschätzen **sobremanera** ADV außerordentlich **sobremesa:** **de ~** nach Tisch; Tisch... **sobrenombre** M̲ Spitzname **sobresaliente** hervorragend;

Note sehr gut

sobreviviente M̲F̲ Überlebende(r) m/f(m) **sobrevivir** überleben

sobrina F̲ Nichte **sobrino** M̲ Neffe

sobrio mäßig; nüchtern

social [-θ-] gesellschaftlich; sozial **socialismo** M̲ Sozialismus **socialista** 1 ADJ sozialistisch 2 M̲F̲ Sozialist(in)

sociedad [-θ-] F̲ Gesellschaft; Verein; m; **~ anónima** Aktiengesellschaft **socio,-a** M̲F̲ Mitglied n; Teilhaber(in)

socorrer helfen; unterstützen **socorro** M̲ Hilfe f; **pedir ~** um Hilfe rufen

soda F̲ Soda(wasser)

sodio M̲ Natrium n

sofá M̲ Sofa n **sofá-cama** M̲ Bettcouch f, Schlafsofa n

sofocar ersticken

soga F̲ Seil n, Strick m

soja [-xa] F̲ Soja(bohne)

sol M̲ Sonne f; **tomar el ~** sich sonnen

solar 1 ADJ Sonnen..., Solar; **energía f ~** Sonnenenergie, Solarenergie; **célula f /instalación f ~** Solarzelle/-anlage f 2 M̲ Bauplatz **solario** M̲ Solarium n

soldado,-a M̲F̲ Soldat(in)

soldar löten; schweißen

soleado sonnig

soledad F̲ Einsamkeit

solemne feierlich **solemnidad** F̲ Feierlichkeit; Förmlichkeit soler pflegen (zu)

solicitante [-θ-] M/F Bewerber(in); Antragsteller(in); ~ de asilo Asylbewerber(in) solicitar sich bewerben um; beantragen; ~ un empleo sich um e-e Stelle bewerben

solícito [-θ-] eifrig; hilfsbereit solicitud [-θ-] F Gesuch n; Antrag m

solidario solidarisch

solidez [-θ-] F Festigkeit

sólido fest; solide

solista M/F Solist(in)

solitaria F Bandwurm m solitario 1 ADJ einsam 2 M, -a F Einzelgänger(in)

sollozar [-ʌoθ-] schluchzen sollozo [-θo] M Schluchzen n

solo 1 ADJ allein; einzig 2 M Solo n; a solas (ganz) allein

sólo nur; no ~ ... sino también nicht nur ..., sondern auch

solomillo [-ʌo] M Filet n

soltar losmachen, loslassen

soltero 1 ADJ ledig 2 M, soltera F Junggeselle m, Junggesellin f

soluble löslich solución [-θ-] F Lösung solucionar [-θ-] lösen

solvente zahlungsfähig, solvent

sombra F Schatten m; ~ de ojos Lidschatten m sombrero M Hut sombrilla [-ʌa] F Sonnenschirm m sombrío schattig, düster

someter unterwerfen; unter-

breiten; unterziehen

somnífero M Schlafmittel n

somnolencia [-θ-] F Schläfrigkeit

somos, son → ser

sonar klingen; ertönen; läuten sonda F Sonde; SCHIFF Lot n sond(e)ar sondieren (a. fig); loten sondeo M Umfrage f

sonido M Ton, Klang; Laut

sonoro klangvoll; película f -a Tonfilm m

sonreír [-rr-] lächeln; ~ a alg j-n anlächeln; j-m zulächeln sonrisa F Lächeln n

sonrojarse [-rrɔx-] erröten

soñar [-ɲ-] träumen (con von) soñoliento schläfrig

sopa F Suppe; ~ de sobre Tütensuppe sopera F Suppenschüssel

soplar blasen; Wind wehen soplo M Hauch; fig Wink soplón M, soplona F Spitzel, Denunziant(in)

soportable erträglich soportar stützen, tragen; ertragen soporte M Stütze f; Ständer; IT ~ de datos Datenträger

soprano 1 M Sopran 2 F Sopranistin

sorber schlürfen sorbete M Fruchteis n sorbo M Schluck

sordera F Taubheit sordo 1 ADJ taub; dumpf 2 M, -a F Taube(r) m/f(m) sordomudo taubstumm

soroche [-tʃe] M Am Höhenkrankheit f

sorprendente überraschend
sorprender überraschen
  sorpresa F Überraschung
sortear aus-, verlosen **sorteo**
  M Aus-, Verlosung f
sortija [-xa] F Ring m
sosiego M Ruhe f
soso fade, geschmacklos
sospecha [-tʃa] F Verdacht m,
  Argwohn m **sospechar** vermuten; argwöhnen; **~ de alg**
  j-n verdächtigen **sospechoso**
  argwöhnisch; verdächtig
sostén M Büstenhalter
sostener (unter)stützen; unterhalten; behaupten **sostenibi-**
  lidad F Nachhaltigkeit **soste-**
  nible ÖKOL nachhaltig
sota F Spielkarte Bube m
sótano M Keller
soy → **ser**
soya F Am Soja(bohne)
spa [es'pa] M Spa n, Wellness-
  bad n
spray M Spray n; **~ nasal** Nasenspray n
Sr. ABK (Señor) Hr. (Herr)
Sra. ABK (Señora) Fr. (Frau)
Sres. ABK (Señores) Herren
Srta. ABK (Señorita) Frl. (Fräulein)
Sta. ABK (Santa) **Sto.** ABK (Santo) St. (Sankt)
su, sus PL sein(e); ihr(e); Ihr(e)
suave sanft; mild
suavizante [-θ-] M Weichspüler **suavizar** fig aufweichen
subasta F Versteigerung **su-**
  bastar versteigern

subestimar unterschätzen
subida F (An)Steigen n; Aufstieg m; im Preis: Steigerung; in
  Zug, Bus: Einsteigen n **subir**
  V/T hinaufbringen, -gehen,
  -steigen; Preis erhöhen; V/I (an)-
  steigen; in Zug, Bus: Einsteigen;
  ~ al poder an die Macht kommen (od gelangen); **~ al trono**
  den Thron besteigen
súbito plötzlich
subjuntivo [-x-] M GRAM Kon-
  junktiv **sublevar** aufwiegeln
  sublime erhaben, hoch
submarinismo M Sporttauchen n **submarino** ① ADJ un-
  terseeisch ② M Unterseeboot n
subnormal (geistig) zurückgeblieben **subordinado** unter-
  geordnet **subrayar** unterstreichen (a. fig); fig a. betonen
subsidio M Beihilfe f; **~ de pa-**
  ro Arbeitslosengeld n **subsis-**
  tencia [-θ-] F Lebensunterhalt
  m **subsistir** fortbestehen
subsuelo M Untergrund **sub-**
  terráneo ① ADJ unterirdisch
  ② M Am Untergrundbahn f
subtítulo M Film Untertitel
suburbio M Vorstadt f; Vorort
subvención [-θ-] F Subvention **subvencionar** subventio-
  nieren
suceder [-θ-] folgen; geschehen **sucesión** F Folge **suce-**
  sivo folgend; **tres días ~s** drei
  Tage hintereinander **suceso**
  M Vorfall, Ereignis n **suce-**
  sor(a) M(F) Nachfolger(in)

suciedad [-θ-] F̲ Schmutz m
sucio schmutzig
sucumbir unterliegen
sucursal F̲ Zweigstelle, Filiale
sudadera F̲ Am Sweatshirt n;
Am Trainingsanzug m
Sudáfrica F̲ Südafrika n **Sudamérica** F̲ Südamerika n
Sudán M̲ Sudan
sudar schwitzen; **~ sangre** (od **la gota gorda**) fig Blut und Wasser schwitzen, sich gewaltig anstrengen
sudeste M̲ Südost(en) **sudoeste** M̲ Südwest(en)
sudor M̲ Schweiß **sudoroso** verschwitzt
Suecia [-θ-] F̲ Schweden n
sueco 1 ADJ schwedisch 2 M̲, -a F̲ Schwede m, Schwedin f
suegra F̲, **suegro** M̲ Schwiegermutter, -vater
suela F̲ Schuhsohle
sueldo M̲ Gehalt n
suele → **soler**
suelo M̲ Boden, Fußboden; **en el ~** auf dem (bzw den) Boden; **suelo radiante** Fußbodenheizung f
suelto 1 ADJ lose; einzeln; Haar offen 2 M̲ Kleingeld n
sueno → **sonar**
sueño [-ɲo] 1 M̲ Schlaf; Traum; **tener ~** müde sein; **de ~** und fig traumhaft, Traum... 2 → **soñar**
suero M̲ MED Serum n
suerte F̲ Schicksal n; Glück n; **por ~** zum Glück; **mala ~** Pech

n; **¡~!** viel Glück!
suéter M̲ Pullover
suficiente [-θ-] genug, genügend, ausreichend; **ser ~** genügen, ausreichen
sufrido geduldig **sufrir** leiden; ertragen, dulden
sugerencia [-xerenθ-] F̲ Vorschlag m; Anregung **sugerir** nahelegen, anregen
suicida [-θ-] MF̲ Selbstmörder(in) **suicidarse** Selbstmord begehen **suicidio** M̲ Selbstmord
suite F̲ Hotel Suite
Suiza [-θa] F̲ Schweiz
suizo 1 ADJ schweizerisch 2 M̲, -a F̲ Schweizer(in)
sujetador [-x-] M̲ Büstenhalter
sujetar unterwerfen; festhalten; befestigen **sujeto** 1 ADJ unterworfen 2 M̲ Stoff, Gegenstand; a. GRAM Subjekt n
suma F̲ Summe; Betrag m **sumar** zusammenzählen, addieren
sumergible [-x-] Uhr wasserdicht **sumergir** ein-, untertauchen
sumidero M̲ Abfluss; Gully
suministrar liefern **suministro** M̲ Lieferung f
sumisión F̲ Unterwerfung **sumiso** unterwürfig
sumo höchste(r); **a lo ~** höchstens
suntuoso prunkvoll
supe → **saber**
superar übertreffen; überwin-

sustantivo ‖ 233

den **superávit** M Überschuss
superficial [-θ-] oberflächlich **superficie** [-θ-] F̲ Oberfläche; Fläche **superfluo**
überflüssig
superior 1 ADJ höher; überlegen; Ober... 2 M Vorgesetz-
te(r) m/f(m) **superioridad** F̲
Überlegenheit
supermercado M Supermarkt
supersónico: avión m ~
Überschallflugzeug n
superstición [-θ-] F̲ Aberglaube m **supersticioso** abergläubisch
supiera → saber
suplementario ergänzend;
zusätzlich **suplemento** M Ergänzung f; Aufpreis; BAHN Zuschlag; (Zeitungs)Beilage f
suplente M/F Stellvertreter(in)
suplicar bitten, anflehen **su-
plicio** [-θ-] M Folter f; fig Qual
f
supo → saber
suponer voraussetzen; vermuten, annehmen; **supongo que
sí** Antwort ich glaube schon **suposición** [-θ-] F̲ Vermutung
supositorio M MED Zäpfchen
n
supremacía [-θ-] F̲ Überlegenheit **supremo** höchste(r);
oberste(r)
supresión F̲ Unterdrückung;
Abschaffung **suprimir** unterdrücken; abschaffen, aufheben
supuesto vermeintlich; **por ~**
selbstverständlich; **dar por ~**

für selbstverständlich halten;
~ que vorausgesetzt, dass
supurar eitern
sur M Süden
surcar furchen; durchqueren
surco M Furche f; Rille f
surf(ing) M Surfen n **surfista**
M/F Surfer(in)
surgir [-x-] auftauchen
surtido M HANDEL Sortiment
n; Auswahl f **surtidor** M
Springbrunnen; **~ de gasolina**
Tankstelle f; Zapfsäule f **surtir**
versorgen, beliefern
susceptible [-θ-] empfindlich;
empfänglich (**a** für); MED anfällig (**a** für)
suscitar [-θ-] hervorrufen
suscribir unterschreiben; Zeitung etc abonnieren **suscripción** [-βθ-] F̲ Abonnement n
suscriptor(a) M/F Abon-
nent(in)
suspender aufhängen; unterbrechen; Zahlung einstellen;
Schüler durchfallen lassen; Examen nicht bestehen **suspensión** F̲ Unterbrechung; AUTO
Federung; SPORT Sperre; **~ de
pagos** Zahlungseinstellung
suspenso durchgefallen; **en
~** in der Schwebe
suspicacia [-θ-] F̲ Misstrauen
n **suspicaz** [-θ-] argwöhnisch
suspirar seufzen **suspiro** M
Seufzer
sustancia [-θ-] F̲ Substanz;
Stoff m; **sin ~** gehaltlos **sus-
tancial** [-θ-] wesentlich **sus-

tantivo M̲ Hauptwort n, Substantiv n

sustitución F̲ Vertretung; Ersetzung; Ersatz m sustituir ersetzen sustituto M̲, sustituta F̲ (Stell)Vertreter(in)

susto M̲ Schreck(en); dar un ~ a alg j-m e-n Schrecken einjagen; llevarse un ~ erschrecken

sustraer entwenden; MATH abziehen, subtrahieren

susurrar flüstern; murmeln

sutil fein; fig spitzfindig

sutura F̲ MED Naht

suyo, suya sein(e); ihr(e); esto es muy ~ das ist typisch für ihn (sie)

T

tabaco M̲ Tabak

tabaquero: compañía f -a Tabakkonzern m; industria f -a Tabakindustrie

taberna F̲ Schenke, Taverne

tabique [-ke] M̲ Zwischen-, Trennwand f

tabla F̲ Brett n; Planke; Tafel; Tabelle; ~ de planchar Bügelbrett n; ~ de surf Surfbrett n

tablado M̲ Podium n; Bühne f

tablero M̲ Tafel f; Brett n; Platte f; ~ de instrumentos (od de mandos) Armaturenbrett n tableta F̲ Schokolade Tafel; MED

Tablette; Computer: Tablet n, Tablet PC m

tablista M̲/F̲ SPORT Surfer(in)

taburete M̲ Schemel, Hocker

tacaño [-ɲo] geizig, umg knauserig

tachar [-tʃ-] ausstreichen; fig tadeln

tácito [-θ-] stillschweigend

taco M̲ Pflock; Dübel; Abreißblock; Kraftausdruck

tacón (Schuh)Absatz

táctica F̲ Taktik

tacto M̲ Tastsinn; fig Takt (-gefühl n)

Tailandia F̲ Thailand n

tajada [-x-] F̲ Schnitte; Scheibe

tajante fig scharf; kategorisch

tal solche(r, -s); derartig; ~ como wie zum Beispiel; un ~ ... ein gewisser ...; con ~ que vorausgesetzt, dass; ~ vez vielleicht; ¿qué ~? wie geht♦s?

taladradora F̲ Bohrmaschine taladrar (durch)bohren taladro M̲ Bohrer talar Baum fällen

talento M̲ Talent n; Begabung f

TALGO M̲ ABK (Tren Articulado Ligero Goicoechea Oriol) spanischer Leichtmetallzug, Talgo

talla [-ʎa] F̲ Wuchs m; Gestalt; Kunst Schnitzerei; Kleidung Größe tallar einkerben, einschneiden; in Holz schnitzen; in Stein meißeln tallarines M̲PL Bandnudeln fpl

talle M̲ Taille f; Figur f

taller M̲ Werkstatt f; ~ de repa-

raciones Reparaturwerkstatt *f*

tallo [-ʎo] M BOT Stiel, Stängel

talón M Ferse *f*; HANDEL Abschnitt, Schein

tamaño [-ɲo] **1** ADJ Größe *f*; Format *n*; **de ~ natural** in Lebensgröße **2** ADJ so groß, derartig

tambalearse schwanken, taumeln

también auch

tambor M Trommel *f* (*a.* TECH); *Person* Trommler(in)

tamiz [-θ-] M (feines) Sieb *n* **tamizar** sieben

tampoco auch nicht

tampón M Stempelkissen *n*; MED Tampon

tan so, so sehr; ebenso; **~ grande como** so groß wie

tanga M Tanga

tanque [-ke] M Tank; MIL Panzer(wagen)

tanto **1** ADJ so viel; so groß; ADV so sehr, ebenso viel; **~ (me) da** das ist (mir) egal; **entre ~** inzwischen; **~ mejor** umso besser; **en ~ que** solange; **por (lo) ~** daher; **¡y ~!** und ob! **2** M SPORT Punkt; Tor *n*

Tanzania *f* Tansania *n*

tapa *f* Deckel *m*; **~s** *pl* Appetithäppchen *npl* **tapacubos** M AUTO Radkappe *f* **tapadera** *f* Deckel *m*; *fig* Deckmantel *m* **tapado** bedeckt, verdeckt; zugedeckt; *Nase* verstopft **tapar** zu-, be-, verdecken; verstopfen **tapeo** M **ir de ~** Tapas essen ge-

hen

tapete M Zierdecke *f*; **poner sobre el ~** aufs Tapet bringen

tapiz [-θ-] M (Wand)Teppich **tapizar** beziehen; polstern

tapón M Korken; Stöpsel; **~ para el oído** Ohrstöpsel **taponar** verkorken

taquilla [-kiʎa] *f* (Fahrkarten-, Karten)Schalter *m*

tarántula *f* Tarantel

tardanza [-θa] *f* Verzögerung **tardar** zögern; lange brauchen (*od* dauern); **sin ~** unverzüglich **tarde** **1** ADJ spät; **llegar ~** zu spät kommen; **se me hace ~** ich bin spät dran **2** *f* Nachmittag *m*; Abend *m* **tardío** Spät...

tarea *f* Arbeit; Aufgabe; **~s** *pl* **domésticas** Hausarbeit *f*

tarifa *f* Tarif *m*; Gebühr; **~ plana** Flatrate; **~ urbana** Ortstarif *m*

tarjeta [-x-] *f* Karte; **~ chip** IT Chipkarte; **~ gráfica** IT Grafikkarte; **~ monedero** Geldkarte, Paycard; **~ postal/telefónica** Post-/Telefonkarte; **~ de crédito** Kreditkarte; **~ de embarque** FLUG Bordkarte; **~ (de) prepago** TEL Prepaid-Karte; **~ SIM** TEL SIM-Karte;; **~ de sonido** IT Soundkarte; **~ de visita** Visitenkarte

tarro M Einmachglas *n*

tarta *f* Torte

tartamudear stottern

tarugo M Pflock; Dübel

236 | tasa

tasa F̲ Gebühr; Taxe **tasar** schätzen; taxieren

tasca F̲ umg Kneipe

tatuaje [-xe] M̲ Tätowierung f, Tattoo n

taurino Stier(kampf)...

Tauro M̲ ASTROL Stier

tauromaquia [-kia] F̲ Stierkampf, Stierkämpferkunst

taxi M̲ Taxi n **taxista** M̲/F̲ Taxifahrer(in)

taza [-θa] F̲ Tasse

te dir, dich

té M̲ Tee

teatral theatralisch; Theater... **teatro** M̲ Theater n

tebeo M̲ Comicheft n

techo [-tʃo] M̲ Dach n; (Zimmer)Decke f; ~ **corredizo** Schiebedach n; AUTO ~ **panorámico** Panorama-Schiebedach n

tecla F̲ Taste; ~ **control/de comando** IT Steuerungs-/Befehlstaste; ~ **Enter** IT Enter- od Returntaste; ~ **de borrar/retroceso** Lösch-/Rücktaste; ~ **del cursor/ratón** Cursor-/Maustaste; ~ **de reproducción** Wiedergabetaste **teclado** M̲ Tastatur f **teclear** tippen; klimpern

técnica F̲ Technik; ~ **laser** Lasertechnik **técnico** ∎ ADJ technisch ∘ M̲, -a F̲ Techniker(in)

tecnología [-x-] F̲ Technologie; ~ **punta** Spitzentechnologie; ~ **de la información** Informationstechnik, -technologie,

IT

Teide M̲ Berg auf den Kanaren, höchster Berg Spaniens

teja [-xa] F̲ Dachziegel m **tejado** M̲ Dach n **tejador** M̲ Dachdecker

tejano, -a [-x-] M̲/F̲ Texaner(in); ~**s** mpl Jeans

tejer [-x-] weben; Am a. stricken **tejido** M̲ Gewebe n (a. ANAT); Stoff; ~**s** pl Textilien

tejón [-x-] M̲ Dachs

tela F̲ Gewebe n; Stoff m; Leinwand **telar** M̲ Webstuhl **telaraña** [-ɲa] F̲ Spinnwebe, Spinnennetz n

telebanca F̲ Tele(fon)banking n **telecomando** M̲ Fernsteuerung f **telecomunicaciones** [-θ-] F̲PL Fernmeldewesen n **telediario** M̲ TV Tagesschau f **teledirigido** [-x-] ferngelenkt, -gesteuert **teleférico** M̲ Drahtseilbahn f **telefonear** telefonieren **telefonía** F̲ TEL ~ **móvil** Mobilfunk m **telefónico** telefonisch **teléfono** M̲ Telefon n; ~ **móvil** Handy n; ~ **fijo** Festnetztelefon n; **por** ~ telefonisch; **hablar por** ~ telefonieren

telegrafiar telegrafieren **telenovela** F̲ TV Fernsehserie f **telescopio** M̲ Teleskop n **telesilla** [-Aa] F̲ Sessellift m **telespectador(a)** M̲/F̲ Fernsehzuschauer(in) **telesquí** [-ki] M̲ Skilift **teletexto** M̲ Videotext **teletrabajo** [-xo] M̲ Tele-

arbeit f
televidente M/F Fernsehzu-
schauer(in) **televisión** F Fernsehen n; **~ por cable/vía satélite** Kabel-/Satellitenfernsehen n
televisivo Fernseh... **televisor** M Fernseher
telón M THEAT Vorhang m; **~
de fondo** fig Hintergrund
tema M Thema n; Aufgabe f
temblar zittern **temblor** M
Zittern n; **~ de tierra** Erdbeben
n **tembloroso** zitterig
temer fürchten **temerario**
verwegen **temeridad** F Toll-
kühnheit **temeroso** furchtsam
temible Furcht erregend
temor M Furcht f
temperamento M Temperament n **temperatura** F Temperatur
tempestad F Sturm m; Unwetter n **tempestuoso** stürmisch
templado maßvoll, gemäßigt;
Klima mild; Wasser lau(warm)
templar mäßigen
templo M Tempel; Kirche f
temporada F Zeitraum m; Jahreszeit; Saison; **~ alta** Hochsaison; **~ baja** Vor- od Nachsaison
temporal 1 ADJ zeitweilig 2
M Sturm, Unwetter n
temprano ADJ frühzeitig, früh;
ADV (zu) früh
ten → tener
tenacidad [-θ-] F Zähigkeit
tenaz [-θ] zäh; hartnäckig **tenazas** [-θ-] FPL Zange f

tendedero M Wäscheständer
tendencia [-θ-] F Neigung;
Tendenz; Trend m **tendencio-
so** tendenziös
tender (aus)spannen; ausbreiten; Wäsche aufhängen; **~ a** neigen zu
tendón M ANAT Sehne f
tendré → tener
tenebroso finster, dunkel
tenedor M Gabel f; HANDEL In-
haber
tener haben; halten; **~ por** halten für; **~ que** müssen; **~ tres
años** drei Jahre alt sein
Tenerife F Teneriffa n
tengo, tenga → tener
tenia F Bandwurm m
tenía → tener
tenis M Tennis n **tenista** M/F
Tennisspieler(in)
tenor M MUS Tenor (a. fig);
Wortlaut; **a ~ de** laut, gemäß
tensión F Spannung (a. fig);
baja/alta niedriger/hoher Blutdruck n; **tomar la ~** den Blutdruck messen **tenso** gespannt
(a. fig); verkrampft
tentación [-θ-] F Versuchung
tentador verlockend **tentar**
betasten; verlocken **tentativa**
F Versuch m
tenue dünn; schwach
teñir [-ɲ-] färben
teología [-x-] F Theologie
teoría F Theorie
teórico theoretisch
tequila [-ki-] M Tequila (Agavenschnaps)

terapia F̲ Therapie; ~ **génica/ocupacional** Gen-/Beschäftigungstherapie

tercer(o) [-θ-] dritte(r) **tercio** [-θ-] M̲ Drittel n

terciopelo [-θ-] M̲ Samt

terco starrköpfig

termal Thermal... **termas** F̲P̲L̲ Thermalquellen

terminación [-θ-] F̲ Beendigung; GRAM Endung **terminal** **1** ADJ End... **2** F̲ FLUG Terminal m/n; Verkehr: Endhaltestelle

terminar V̲/̲T̲ beenden; abschließen; V̲/̲I̲ enden

término M̲ Ende n; Frist f; Ausdruck; **por ~ medio** im Durchschnitt; **llevar a ~** zu Ende bringen

termo M̲ Thermosflasche® f

termómetro M̲ Thermometer n **termostato** M̲ Thermostat

ternera F̲ Kalbfleisch n; (Kuh-)Kalb n **ternero** M̲ (Stier)Kalb n

terno M̲ dreiteiliger (Herren-)Anzug

ternura F̲ Zärtlichkeit; Zartheit

terraplén M̲ Damm; Wall **terrateniente** M̲/̲F̲ Grundbesitzer(in) **terraza** [-θa] F̲ Terrasse

terremoto M̲ Erdbeben n **terreno** M̲ Boden; Gelände n **terrestre** irdisch; Erd...

terrible schrecklich

territorio M̲ Gebiet n; Territorium n **terrón** M̲ Erdklumpen m; Zucker Stück n

terror M̲ Schrecken; Terror **terrorismo** M̲ Terrorismus **terrorista** M̲/̲F̲ Terrorist(in); ~ **suicida** Selbstmordattentäter(in)

terso Haut glatt

tertulia F̲ Gesellschaft; Stammtisch m

tesis F̲ These; ~ **doctoral** Doktorarbeit, Dissertation

tesorería F̲ Schatzamt n **tesorero,-a** M̲/̲F̲ Schatzmeister(in); Kassenwart(in) **tesoro** M̲ Schatz

test M̲ Test; ~ **visual/genético** Seh-/Gentest; ~ **de resistencia** Stresstest

testaferro M̲ fig Strohmann

testamento M̲ Testament n; ~ **vital** Patientenverfügung f

testarudo halsstarrig

testículo M̲ Hoden

testificar bezeugen; aussagen **testigo** M̲/̲F̲ Zeuge, Zeugin; SPORT m (Staffel)Stab; ~ **ocular/de boda** Augen-/Trauzeuge **testimoniar** bezeugen **testimonio** M̲ Zeugenaussage f; **dar ~ de** bezeugen

teta F̲ Zitze; umg Brust

tétanos M̲ MED Tetanus

tetera F̲ Teekanne

textil M̲ Textil...; ~es mpl Textilien pl

texto M̲ Text **textual** wörtlich

textura F̲ Gewebe; Textur

tez [-θ] F̲ Hautfarbe, Teint m

ti dir, dich

tía F̲ Tante; sl Weib n, Tussi

tibia F̲ Schienbein n

tibio lau(warm)

tiburón M̄ Hai(fisch)

TIC FPL ABK (Tecnologías de la Información y Comunicación) IT f (Informationstechnik)

ticket M̄ Kassenzettel

tiemblo → temblar

tiempo M̄ **1** Zeit f; MUS Tempo n; **~ libre** Freizeit f; **a ~** rechtzeitig; **hace ~** vor langer Zeit; **por poco ~** kurzzeitig; **trabajar a ~ completo/parcial** Vollzeit/Teilzeit arbeiten **2** Wetter n; **hace buen/mal ~** es ist gutes/schlechtes Wetter

tienda F̄ **1** Laden m; **~ de bricolaje** Baumarkt m; **~ virtual** Onlineshop m **2** **~ (de campaña)** Zelt n

tiendo, tiene → tender

tierno zart, mürbe, weich; Brot frisch; fig zärtlich

tierra F̄ Erde; Land n; Heimat; **Tierra del Fuego** Feuerland n; **tomar ~** FLUG landen

tieso steif; starr

tiesto M̄ Blumentopf

tifus M̄ Typhus

tigre M̄ Tiger; Am Jaguar

tijeras [-x-] FPL Schere f; **~ de uñas** Nagelschere f

tila F̄ Lindenblütentee m

tildar bezeichnen (**de** als)

tilde F̄ GRAM Tilde

tilo M̄ Linde f

timador(a) M̄F̄ Schwindler(in)

timar umg übers Ohr hauen

timbal M̄ MUS (Kessel)Pauke f

timbre M̄ Stempel; Klingel f; **tocar el ~** klingeln, läuten

timidez [-θ-] F̄ Schüchternheit

tímido schüchtern, scheu

timo M̄ Schwindel, Betrug

timón M̄ SCHIFF Steuer n · **timonel** M̄ Steuermann

tímpano M̄ Giebelfeld n; ANAT Trommelfell n

tina F̄ Bottich m

tinieblas FPL Finsternis f

tinnitus M̄ MED Tinnitus

tinta F̄ Tinte; **~ china** Tusche; **~ simpática** Geheimtinte

tinte M̄ Färben n; Färbemittel n

tintero M̄ Tintenfass n

tinto **1** ADJ gefärbt **2** M̄ (**vino** M̄) ~ Rotwein; **~ de verano** Getränk aus Rotwein und Zitronenlimonade · **tintorería** F̄ Färberei; chemische Reinigung

tío M̄ Onkel; umg Kerl

tiovivo M̄ Karussell n

típico typisch (**de** für)

tipo M̄ Typ; Art f; **~ de cambio** Wechselkurs · **tipografía** F̄ Typografie, Buchdruckerkunst

tique [-ke-] M̄ Am Fahrkarte f; Flugschein

tira F̄ Streifen m · **tirada** F̄ Wurf m; Auflage (e-r Zeitung) · **tirado** umg fig spottbillig; kinderleicht · **tirador(a)** M̄F̄ **1** Schütze, Schützin **2** NUR M̄ Tür etc Griff

tiranía F̄ Tyrannei

tiránico tyrannisch

tiranizar [-θ-] tyrannisieren · **tirano** M̄ Tyrann

tirante **1** ADJ gespannt (a. fig);

straff 2 M̲ *am Kleid etc* Träger;
~s *pl* Hosenträger **tirantez**
[-θ-] F̲ Spannung (*a. fig*)
tirar ziehen; werfen; schießen;
wegwerfen; *Geld* verschwenden
tirarse sich stürzen
tirita F̲ (Heft)Pflaster *n*
tiritar frösteln
tiro M̲ Wurf; Schuss; ~ **con arco**
Bogenschießen *n*; ~ **al aire**
Warnschuss
tiroides M̲ ANAT Schilddrüse f
tirón M̲ Ruck; **de un** ~ auf einmal
tiroteo M̲ Schießerei f
tisana F̲ Kräutertee *m*
títere M̲ Marionette f
titilar zittern; flimmern
titubear schwanken; zögern
titular 1 V̲/T̲ betiteln 2 F̲
Schlagzeile f 3 M̲F̲ HANDEL,
JUR Inhaber(in)
título M̲ Titel; HANDEL Wertpapier *n*
tiza [-θa] F̲ Kreide
toalla [-ʎa] F̲ Handtuch *n*; ~ **de**
baño Badetuch *n* **toallero** M̲
Handtuchhalter
tobillo [-ʎo] M̲ Fußknöchel *m*
tobogán M̲ (Rodel)Schlitten *m*;
Rutschbahn f; ~ **acuático** Wasserrutsche f
tocadiscos M̲ Plattenspieler
tocado M̲ Frisur f; Kopfputz
tocador M̲ Toiletten-, Frisiertisch *m* **tocante**: **(en lo)** ~ **a** was
... anbetrifft
tocar V̲/T̲ berühren (*a. fig*); MUS
spielen; *Glocken* läuten; V̲/I̲ be-

treffen; zukommen, zufallen;
me toca a mí ich bin an der Reihe
tocino [-θ-] M̲ Speck
todavía noch (*immer*); ~ **no**
noch nicht
todo 1 ADJ alles; ganze(r); jeder
2 M̲ Ganze(s) *n*; **ante** ~, **sobre**
~ vor allem **todoterreno** M̲
AUTO Geländewagen *m*
toldo M̲ Sonnendach *n*
tolerable erträglich **tolerancia** [-θ-] F̲ Toleranz **tolerante**
tolerant **tolerar** dulden, zulassen
toma F̲ Nehmen *n*; ~ **de posesión** Amtsantritt *m*; ~ **de posición** Stellungnahme
tomar nehmen; einnehmen (*a.*
MIL); *Kaffee, Tee* trinken; *Foto*
machen; *Maßnahme* treffen; ~
por halten für; **¡toma ya!** das
hat gesessen!
tomate M̲ Tomate f
tomillo [-ʎo] M̲ Thymian
tomo M̲ Band; Buch *n*
tonel M̲ Tonne f; Fass *n* **tonelada** F̲ Gewicht Tonne
tóner M̲ Toner
tónica F̲ Tonic *n* **tónico** M̲
MED Tonikum *n*
tono M̲ Ton; MUS Tonart f; TEL
Klingelton; ~ **de marcar** TEL
Freizeichen; **darse** ~ sich
wichtigmachen
tontería F̲ Dummheit; Albernheit **tonto** 1 ADJ dumm; albern 2 M̲ Dummkopf
topar (zusammen)stoßen;

con stoßen auf (*akk*); gegen
tope M̱ Spitze *f*; SCHIFF Topp;
BAHN Puffer; TECH Anschlag
tópico M̱ Gemeinplatz
topo M̱ Maulwurf
topográfico topografisch
toque [-ke] M̱ Berührung *f*; *fig*
Hauch, Touch
torbellino [-ʎ-] M̱ Wirbel, Strudel; *fig* Wirbelwind
torcer [-θ-] drehen; krümmen;
Wäsche (aus)wringen; **~ a la iz-
quierda/derecha** nach links/
rechts abbiegen **torcerse: ~
el pie** sich den Fuß verstauchen, *umg.* verknacksen
torcido [-θ-] krumm, verbogen
tordo M̱ ZOOL Drossel *f*
torear mit Stieren kämpfen **to-
reo** M̱ Stierkampf **torero** M̱
Stierkämpfer, Torero
tormenta F̱ Sturm *m*; Gewitter
n; **~ tropical** Tropensturm *m*
tormento M̱ Folter *f*
torneo M̱ Turnier *n*
tornero M̱ Dreher **tornillo**
[-ʎo] M̱ Schraube *f* **torniqueo-
te** [-ke-] M̱ Drehkreuz *n*; MED
Aderpresse *f* **torno** M̱ Drehbank *f*; Töpferscheibe *f*; **en ~
a** um... herum
toro M̱ Stier, Bulle; **~s** *pl* Stierkampf *m*
toronja [-xa] F̱ bittere Orange
torpe ungeschickt; schwerfällig
torpedear torpedieren (*a. fig*)
torpedero M̱ Torpedoboot *n*
torpedo M̱ Torpedo
torpeza [-θa] F̱ Ungeschick-

lichkeit; Plumpheit
torre F̱ Turm *m*; **~ de control**
FLUG Kontrollturm *m*
torrencial [-θ-] strömend **torrente** M̱ Sturzbach; *fig*
Schwall
torrijas [-x-] FPL GASTR arme
Ritter *mpl*
torsión F̱ Drehung
torta F̱ Kuchen *m*; Fladen *m*;
umg Ohrfeige **tortilla** [-ʎa] F̱
Eierkuchen *m*; *Am* Art Maisfladen *m*; **~ (francesa)** Omelett
n; **~ (a la) española**, **~ de patatas** Kartoffelomelett *n*
tortuga F̱ Schildkröte
tortuoso gewunden
tortura F̱ Folter; *fig* Qual **torturar** foltern
tos F̱ Husten *m*; **~ ferina** Keuchhusten *m*
tosco unbearbeitet, roh; *fig* un-
gehobelt
toser husten
tostada F̱ Toast *m* **tostador**
M̱ **~ (de pan)** Toaster **tostar**
rösten; toasten
total 1 ADJ ganz, völlig, total 2
F̱ Gesamtsumme *f*; **en ~** insgesamt **totalidad** F̱ Gesamtheit
tour M̱ Tour *f*
tóxico 1 ADJ giftig 2 M̱ Gift *m*
toxicómano drogen-, rauschgiftsüchtig
tozudo [-θ-] dickköpfig
traba F̱ Band *n*; Fessel; *fig* Hindernis *n*; **sin ~s** ungehindert
trabajador [-x-] 1 ADJ arbeit-
sam 2 M̱, **-a** F̱ Arbeiter(in) **tra-**

bajar VI arbeiten; VT verarbeiten **trabajillo** [-λo] *umg* M Nebenjob, Minijob
trabajo [-xo] M Arbeit *f*; Mühe *f* **trabajoso** mühsam
tracción [-γθ-] F Ziehen *n*, Zug *m*; ~ **delantera/trasera** Vorder-/Hinterradantrieb *m* **tractor** M Traktor
tradición [-θ-] F Tradition; Überlieferung **tradicional** traditionell
traducción [-γθ-] F Übersetzung **traducir** [-θ-] übersetzen **traductor(a)** M/F Übersetzer(in)
traer (her)bringen; mitbringen
traficante M/F Händler(in); ~ **de drogas** Drogenhändler(in) **traficar** handeln
tráfico M Handel; Verkehr; ~ **de armas/drogas** Waffen-/Drogenhandel
tragaluz [-θ] M Dachfenster *n*; Luke *f* **tragaperras** M Spielautomat **tragar** (ver)schlucken
tragedia [-x-] F Tragödie
trágico [-x-] tragisch
trago[1] M Schluck; **un ~ amargo** *fig* e-e bittere Pille; **de un ~** in einem Zug
traición [-θ-] F Verrat *m* **traicionar** [-θ-] verraten **traidor** 1 ADJ verräterisch; treulos 2 M, **-a** F Verräter(in)
traigo, traiga → traer
traje[1] M Anzug; Kleid *n*; ~ **de baño** Badeanzug; ~ **chaqueta** Kostüm *n*; ~**-pantalón** Ho-

senanzug; ~ **regional** Tracht *f*
traje[2], **trajo** → traer
trama F *fig* Komplott *n* **tramar** *fig* anzetteln
tramitación [-θ-] F *amtliche* Erledigung, Bearbeitung **tramitar** betreiben; bearbeiten
trámite M Dienstweg; Formalität *f*
tramontana F Nordwind *m*
trampa F Falle (*a. fig*); Falltür; *fig* Schwindel *m*; **caer en la** ~ in die Falle gehen; **tender una** ~ e-e Falle stellen; **hacer** ~**s** *fig* mogeln
trampolín M Sprungbrett *n* (*a. fig*); *Ski* Sprungschanze *f*
tramposo 1 ADJ betrügerisch 2 M Schwindler
tranquilidad [-ki-] F Ruhe **tranquilizar** [-θ-] beruhigen **tranquilo** ruhig; gelassen
transacción [-γθ-] F HANDEL Geschäft *n* **transatlántico** 1 ADJ überseeisch 2 M Überseedampfer **transbordador** M Fähre *f* **transbordo** M Umladung *f*; *Verkehr* Umsteigen *n*; **hacer** ~ umsteigen **transcripción** [-βθ-] F Ab-, Umschrift **transcurrir** vergehen **transcurso** M Verlauf **transeúnte** M/F Passant(in)
transferencia [-θ-] F Übertragung, Transfer *m*; HANDEL Überweisung; ~ **de datos** IT Datentransfer **transferible** übertragbar **transferir** übertragen; überweisen

transformación [-θ-] F̱ Umbildung; Verwandlung **transformador** M̱ ELEK Transformator **transformar** umformen; verwandeln (**en** in akk)

transfusión F̱ ~ **de sangre** Blutübertragung **transgénico** [-x-] transgen **transgresión** F̱ JUR Übertretung **transición** [-θ-] F̱ Übergang m; **sin** ~ übergangslos

transigente [-x-] nachgiebig; versöhnlich **transigir** nachgeben

Transilvania F̱ Siebenbürgen n

transitable gangbar; befahrbar **transitar** durchreisen; verkehren **transitivo** transitiv **tránsito** M̱ Durchgang; Transit; Verkehr

transitorio vorübergehend; **periodo** m ~ Übergangszeit f

transmisión F̱ Übertragung; ~ **en directo** Livesendung, Direktübertragung **transmitir** übertragen (a. RADIO, TV); übermitteln

transparencia [-θ-] F̱ Durchsichtigkeit; Am a. Dia n **transparente** durchsichtig

transpirable Stoff atmungsaktiv **transpirar** schwitzen; ausdünsten

transportar transportieren, befördern **transporte** M̱ Beförderung f, Transport **transportista** M̱F̱ Spediteur(in)

transversal quer, Quer...

tranvía M̱ Straßenbahn f

trapecio [-θ-] M̱ Trapez m

trapo M̱ (Wisch)Lappen; Staubtuch n

tráquea [-ke-] F̱ ANAT Luftröhre

tras nach; hinter; **uno** ~ **otro** hintereinander **trascendental** [-θ-] bedeutend, weit reichend **trasero** [1] ADJ hintere(r) [2] M̱ umg Hintern **trasfondo** M̱ fig Hintergrund

trasladar verlegen; versetzen (a. Person) **trasladarse** sich begeben (**a nach**) **traslado** M̱ Verlegung f; Versetzung f

traslucirse [-θ-] durchscheinen

trasnochador(a) [-tʃ-] M̱F̱ umg Nachtschwärmer(in) **trasnochar** umg sich die Nacht um die Ohren schlagen

traspapelar verkramen **traspasar** überschreiten; durchdringen; JUR übertragen **traspaso** M̱ Übertragung f; HANDEL Abtretung f; Übertragung f; Abstandssumme f

trasplantar umpflanzen; MED verpflanzen **trasplante** M̱ MED Transplantation f

trastero M̱ Abstellraum **trasto** M̱ Gerät n; ~**s** pl Zeug n; Kram m; ~**s viejos** Gerümpel n

trastornar durcheinanderbringen; verwirren; (a. MED) stören **trastorno** M̱ Verwirrung f; Störung f (a. MED)

trata F̱ ~ **de blancas** Mädchenhandel *m* **tratable** umgänglich **tratado** M̲ Abhandlung *f*; POL Vertrag **tratamiento** M̲ Behandlung *f (a.* MED); Anrede *f*; **~ de datos/textos** Daten-/Textverarbeitung *f*; **~ de residuos** Abfallaufbereitung *f* **tratante** M̲/F̲ Händler(in)

tratar behandeln; **~en** handeln mit; **~ con** verkehren mit; **~ de** handeln von; versuchen zu; **~ de tú/usted** duzen/siezen **tratarse** sich handeln (**de** um)

trato M̲ Behandlung *f*; Umgang; Abmachung *f*, Vereinbarung *f*; **malos ~s** *pl* Misshandlung *f*

trauma M̲ Trauma *n*, Schock **traumatismo** M̲ Verletzung *f*

través: de ~ schräg; quer; **a ~ de** durch *(a. fig)* **travesaño** [-ɲo] M̲ Querbalken **travesía** F̲ Querstraße; Überquerung; Überfahrt

travesti(do) M̲ Transvestit

travesura F̲ Streich *m*

travieso mutwillig; unartig

trayecto M̲ Strecke *f*; Weg **trayectoria** F̲ (Lebens)Weg *m*

trayendo ⟶ traer

trazado [-θ-] M̲ Entwurf; *Verkehr* Trassierung *f* **trazar** entwerfen; zeichnen, ziehen; *fig* umreißen **trazo** M̲ Strich

trébol M̲ Klee

trece [-θe] dreizehn

trecho [-tʃo] M̲ Strecke *f*, Stück *n*

tregua F̲ Waffenruhe

treinta dreißig

trekking M̲ Trekking *n*; **bicicleta** *f* **de ~** Trekkingbike *n*; **zapatillas** *fpl* **de ~** Trekkingschuhe *mpl*

tremendo fürchterlich

tren M̲ BAHN Zug; **~ de cercanías** Nahverkehrszug; **~ de aterrizaje** FLUG Fahrgestell *n*; **~ de lavado** Autowaschanlage *f*

trenza [-θa] F̲ Zopf *m* **trenzar** flechten

trepar klettern (auf *akk*)

tres drei **trescientos** dreihundert

Tréveris M̲ Trier *f*

triangular dreieckig

triángulo M̲ Dreieck *n*; **~ de peligro** Warndreieck *n*

triatlón M̲ SPORT Triathlon

tribu F̲ Stamm *m*

tribuna F̲ Tribüne **tribunal** M̲ Gericht(shof *m*) *f*

tributario Steuer... **tributo** M̲ Steuer *f*; Tribut *(a. fig)*

triciclo [-θ-] M̲ Dreirad *n*

tricolor dreifarbig

trigal M̲ Weizenfeld *n* **trigo** M̲ Weizen

trimestral vierteljährlich **trimestre** M̲ Quartal *n*, Vierteljahr *n*

trinchar [-tʃ-] tranchieren **trinchera** F̲ Schützengraben *m*; *Mantel* Trenchcoat *m*

trineo M̲ Schlitten

trinidad F̲ REL Dreifaltigkeit

tripa F̲ Darm *m*; *umg* Bauch *m*; **~s** *pl* Eingeweide *npl*

triple dreifach

trípode M̲ Stativ n

tripulación [-θ-] F̲ SCHIFF, FLUG Besatzung, Crew **tripular** bemannen

triste traurig; betrübt **tristeza** [-θa] F̲ Traurigkeit

triturar zerkleinern, zermahlen

triunfador 1 ADJ siegreich 2 M̲, **-a** F̲ Sieger(in) **triunfar** triumphieren; siegen **triunfo** M̲ Triumph; SPORT Sieg; *Kartenspiel* Trumpf

trivial trivial, banal

trofeo M̲ Trophäe f

trolley [-e(i̯)] M̲ Trolley m, Rollenkoffer m

trombón M̲ Posaune f

trompa F̲ MUS Horn n; ZOOL Rüssel m **trompeta** 1 F̲ Trompete 2 M̲, **trompetista** M̲/F̲ Trompeter(in)

tronar donnern

tronco M̲ Baumstamm; ANAT Rumpf

trono M̲ Thron

tropa F̲ Trupp m; Truppe

tropezar [-θ-] stolpern; **~ con** stoßen an, auf *(akk)*

tropical tropisch

trópico M̲ GEOG Wendekreis; **~s** pl Tropen

tropiezo [-θo] M̲ Anstoß; Hindernis n

trote F̲ Trab; **ir al ~** traben

trozo [-θo] M̲ Stück n

trucha [-t∫a] F̲ Forelle

truco M̲ Trick

trueque → trocar

trueno M̲ Donner

trueque [-ke] M̲ Tausch

trufa F̲ Trüffel

tu *PL* **tus** dein(e pl)

tú du

tuberculosis F̲ Tuberkulose

tubería F̲ (Rohr)Leitung

tubo M̲ Röhre f; Rohr n; Tube f; **~ de ensayo** Reagenzglas n; **~ fluorescente** Leuchtstoffröhre f; **~ de respiración** Schnorchel

tuerca F̲ Schraubenmutter

tuerzo → torcer

tuétano M̲ Knochenmark n

tuit M̲ Tweet® **tuitear** twittern® **tuiteo** M̲ Tweet® m/n, Twitternachricht f

tulipán M̲ Tulpe f

tumba F̲ Grab n **tumbar** umwerfen **tumbona** F̲ Liegestuhl m

tumor M̲ Geschwulst f, Tumor

tumulto M̲ Aufruhr, Tumult **tumultuoso** lärmend

tuna F̲ Studentenkapelle

túnel M̲ Tunnel; **~ de lavado** AUTO Waschstraße f

Túnez [-θ] M̲ Tunis n; Tunesien n **Tunicia** F̲ Tunesien n

turbina F̲ Turbine

turbio trübe; *fig* schmutzig

turbulencia [-θ-] F̲ Turbulenz; Unruhe **turbulento** turbulent

turco 1 ADJ türkisch 2 M̲, **-a** F̲ Türke, Türkin

Turingia [-x-] F̲ Thüringen n

turismo M̲ Tourismus, Fremdenverkehr; AUTO Personenwagen; **~ de aventura** Abenteuerurlaub; **~ verde** o **sostenible**

sanfter o nachhaltiger Tourismus **turista** M/F Tourist(in)

turnarse sich abwechseln **turno** M Reihe(nfolge) f; Turnus; *Arbeit* Schicht f; **por ~(s)** der Reihe nach

turquesa [-ke-] F Türkis m

Turquía [-ki-] F Türkei

turrón M *typisch spanische Süßigkeit zu Weihnachten*

tutear duzen **tutela** F Vormundschaft; *fig* Schutz m **tutor(a)** M/F Vormund m

tuve, tuvo → tener

tuyo, tuya dein, deine; **es ~** das gehört dir; **una amiga tuya** eine Freundin von dir

TV F ABK (Televisión) Fernsehen n **TVE** F ABK (Televisión Española) *spanisches Fernsehen*

U

U ABK *Am uma* **la ~** die Uni

u oder *(statt o vor o u. ho)*

ubicación [-θ-] F *bes Am* Lage; Standort m **ubicado** gelegen

ubre F Euter n

UCI F ABK (Unidad de Cuidados Intensivos) Intensivstation

Ucrania F Ukraine

Ud. ABK (Usted), PL **Uds.** (Ustedes) Sie

UE F ABK (Unión Europea) Europäische Union

¡uf! uff!; puh!

UHT ABK **leche** f **~** H-Milch

úlcera [-θ-] F Geschwür n

ulterior weiter; später **últimamente** in letzter Zeit

último letzte(r); **de última hora** Last-Minute-...; **oferta** f **de última hora** Last-Minute-Angebot n; **por ~** zuletzt; schließlich; **a ~s de mes** am Monatsende

ultramar M Übersee f **ultrasonido** M Ultraschall **ultravioleta** ultraviolett, UV-...

ulular heulen

umbral M (Tür)Schwelle f; **en el ~** auf der Schwelle

UME F ABK (Unión Monetaria Europea) EWU *(Europäische Währungsunion)*

un, una ein, eine; **a la una** um ein Uhr, ein Uhr

unánime einmütig

ungüento [-ŷ-] M Salbe f

únicamente (einzig und) allein, nur **único** einzig(artig); Einzel...; Einheits...; **hijo ~** Einzelkind n

unidad F Einheit **unido** vereinigt, verbunden **unificar** vereinen; vereinheitlichen

uniformar uniformieren **uniforme** ① ADJ gleichförmig; einheitlich ② M Uniform f

unión F Vereinigung, Verbindung; **Unión Europea** Europäische Union

unir vereinigen; verbinden **unirse** sich zusammenschließen; **~ a** sich anschließen

universal allgemein; universal
universidad f̲ Universität
universitario,-a m̲.f̲ Akademiker(in); Student(in) **universo** m̲ Weltall n
uno eins; eine(r, -s); jemand; man; **~ a ~** einer nach dem andern; **~s** einige; **~(s) a otro(s)** einander
untar (ein)schmieren; Brot bestreichen; umg schmieren; bestechen
uña [uɲa] f̲ Nagel m; Huf m
Urales m̲pl Ural m
uranio m̲ Uran n
urbanismo m̲ Stadtplanung f
urbanización [-θaθ-] f̲ (bauliche) Erschließung; Wohngebiet n **urbanizar** [-θ-] (baulich) erschließen **urbano** **1** adj städtisch, Stadt...; urban **2** m̲ **(guardia** m̲) **~** (Stadt)Polizist
urgencia [-xenθ-] f̲ Dringlichkeit; Notfall m (a. med) **urgente, urgentemente** dringend
urinario Harn..., Urin...
urna f̲ Urne
urólogo m̲ Urologe
urraca f̲ zool Elster
usado gebraucht, abgenutzt
usar gebrauchen, verwenden, benutzen **uso** m̲ Gebrauch; Verwendung f; Brauch; **de ~ externo** zur äußerlichen Anwendung; **hacer ~ de** Gebrauch machen von
usted, pl **ustedes** Sie (a. pl)
usual gebräuchlich; üblich

usuario m̲, **-a** f̲ bes it Benutzer(in), Nutzer(in)
utensilio m̲ Gerät n; Werkzeug n
útero m̲ anat Gebärmutter f
útil nützlich **útiles** m̲pl Geräte npl
utilidad f̲ Nutzen m **utilitario** m̲ auto Kleinwagen, Nutzfahrzeug n **utilizar** [-θ-] benutzen, ver-, anwenden
utopía f̲ Utopie
uva f̲ Traube
UVI f̲abk (Unidad de Vigilancia Intensiva) Intensivstation

V

va → ir
vaca f̲ Kuh; **enfermedad** f (od **mal** m) **de las ~s locas** Rinderwahn(sinn) m
vacaciones [-θ-] f̲pl Urlaub m; escolares: Ferien pl; **ir de ~** in den Urlaub fahren; **¡buenas ~!** schöne Ferien! **vacante** **1** adj unbesetzt; frei **2** f̲ offene Stelle
vaciar [-θ-] (aus)leeren
vacilación [-θila θ-] f̲ Schwanken n **vacilar** schwanken; zaudern
vacío [-θ-] **1** adj leer **2** m̲ Leere f; Lücke f; phys Vakuum n
vacuna f̲ Impfstoff m **vacu-**

nación [-θ-] F̲ Impfung **vacunar** impfen

vacuno Rind(er)...

vado M̲ Furt f

vagabundo,-a M̲.F̲ Landstreicher(in), Vagabund(in) **vagar** faulenzen; umherstreifen

vagina [-x-] F̲ ANAT Scheide

vago ① ADJ unbestimmt, vage ② M̲ Faulpelz

vagón M̲ BAHN Wag(g)on

vaho M̲ Dampf, Dunst

vaina F̲ Scheide *e-s Messers;* BOT Hülse, Schote

vainilla [-λa] F̲ Vanille

vaivén M̲ Hin und Her n

vajilla [-xiλa] F̲ Geschirr n

valdré → valer

vale M̲ Gutschein, Bon; **~ de comida** Essen(s)marke f

valer nützen; wert sein; gelten; kosten; **¿cuánto vale?** wie viel kostet das?; **¡vale!** okay!; **¡eso no vale!** das gilt nicht!

valeriana F̲ Baldrian m

valerse: ~ de zurückgreifen auf *(akk)*

valga → valer

validez [-θ] F̲ Gültigkeit

válido gültig; **no ser ~** ungültig sein

valiente tapfer, mutig; **¡~ sorpresa!** *ironisch* e-e schöne Überraschung!

valija [-xa] F̲ Am Koffer m

valioso wertvoll

valla [-λa] F̲ Zaun m; SPORT Hürde **vallar** einzäunen

valle [-λe] M̲ Tal n

valor M̲ Wert; Mut; **~ nutritivo** Nährwert; **~es** pl Wertpapiere npl **valorar** schätzen, bewerten

vals M̲ Walzer

válvula F̲ Klappe, Ventil n; **~ cardiaca/mitral** ANAT Herz-/Mitralklappe

vamos → ir

vampiresa F̲ Vamp m **vampiro** M̲ Vampir

van → ir

vanguardia F̲ MIL Vorhut; *fig* Avantgarde

vanidad F̲ Eitelkeit; Nichtigkeit **vanidoso** eitel

vano nichtig; nutzlos; **en ~** vergebens

vapear VI *umg* dampfen, (e-e) E-Zigarette rauchen

vapor M̲ Dampf; SCHIFF Dampfer; **al ~** gedämpft **vaporizador** [-θ-] M̲ Zerstäuber **vaporizar** verdampfen; zerstäuben

vaquero [-ke-] M̲ Cowboy; **~s** pl, **pantalón m ~** Jeans pl; **~s (de) pitillo** Röhrenjeans pl

vara F̲ Stab m; Stange

variable veränderlich *(a. Wetter)* **variación** [-θ-] F̲ Veränderung; MUS Variation **variado** verschieden(artig); abwechslungsreich **variante** F̲ Variante **variar** verändern; wechseln; variieren

varicela [-θ-] F̲ MED Windpocken fpl

varices [-θ-] FPL Krampfadern

variedad F̲ Vielfalt; Verschiedenartigkeit; BOT Sorte **vario** verschieden; **~s** pl mehrere; manche

varón M̲ männliches Wesen n, Mann **varonil** männlich

Varsovia F̲ Warschau n

vas → ir

vasija [-xa] F̲ Gefäß n **vaso** M̲ Glas n; ANAT Gefäß n

vasto weit, ausgedehnt

váter M̲ WC n

Vaticano M̲ Vatikan m

vatio M̲ ELEK Watt n

vaya → ir

Vd. ABK (Usted) Sie

Vds. ABK (Ustedes) Sie pl

ve, vea → ver

véase → ver

veces [-θ-] → vez

vecinal [-θ-] nachbarlich **vecindad** F̲ Nachbarschaft; Umgebung **vecindario** M̲ Einwohnerzahl f **vecino** 1 ADJ benachbart, Nachbar... 2 M̲, -a F̲ Nachbar(in); Einwohner(in); Anlieger(in)

veda F̲ Schonzeit **vedar** verbieten

vegano ['βe-] 1 ADJ vegan; **comida** f **vegana** veganes Essen 2 M̲, -a F̲ Veganer(in)

vegetación [-xetaθ-] F̲ Vegetation **vegetal** 1 ADJ pflanzlich 2 M̲ Pflanze f **vegetar** vegetieren **vegetariano** M̲, -a F̲ Vegetarier(in)

vehemencia [-θ-] F̲ Heftigkeit **vehemente** heftig; ungestüm

vehículo M̲ Fahrzeug n; **~ to-**

doterreno Geländefahrzeug n

veía → ver

veinte zwanzig **veintidós** zweiundzwanzig etc **veintiún, -uno(-una)** einundzwanzig

vejación [-xaθ-] F̲ Belästigung; Schikane

vejez [-xeθ] F̲ (hohes) Alter n

vejiga [-x-] F̲ ANAT Blase

vela F̲ Kerze; **~ aromática** (o **perfumada)** Duftkerze 2 SCHIFF Segel n; Segelsport m **velada** F̲ Abend m, Abendveranstaltung f **velar** wachen (**por** über akk)

velcro® M̲ Klettverschluss

velero M̲ Segelschiff n **veleta** F̲ Wetterfahne

vello [-ʎo] M̲ Flaum; (Körper-) Haar n

velo M̲ Schleier

velocidad [-θ-] F̲ Schnelligkeit; AUTO Gang m; **~ máxima** Höchstgeschwindigkeit; **ganar ~** schneller werden; **a toda ~** mit voller Geschwindigkeit **velocímetro** M̲ Geschwindigkeitsmesser **velocista** M̲/F̲ SPORT Sprinter(in)

velódromo M̲ Radrennbahn f **velomotor** M̲ Mofa n

veloz [-θ] schnell

ven → venir

vena F̲ Ader; Vene

venado M̲ Hirsch

vencedor [-θ-] 1 ADJ siegreich 2 M̲, **vencedora** F̲ Sieger(in)

vencer (be)siegen; HANDEL Frist ablaufen; Zahlung fällig

sein **vencimiento** M̅ Verfall (-stag); Fälligkeit f
venda F̅ Binde **vendaje** [-xe] M̅ Verband **vendar** verbinden
vendedor(a) M̲F̲ Verkäufer(in)
vender verkaufen
vendimia F̅ Weinlese
Venecia [-θ-] F̅ Venedig n
veneno M̅ Gift n **venenoso** giftig
venerar verehren
venga → venir
venganza [-θa] F̅ Rache **vengarse** sich rächen (**de a/c** für etw; **de a/g** an j-m) **vengativo** rachsüchtig
vengo → venir
venidero zukünftig
venir kommen; **la semana que viene** nächste Woche; **te veo** ~ fig ich habe dich durchschaut
venta F̅ Verkauf m; **en** ~ zu verkaufen
ventaja [-xa] F̅ Vorteil m **ventajoso** vorteilhaft
ventana F̅ Fenster n **ventanilla** [-ʎa] F̅ Schalter m; AUTO, FLUG Fenster n
ventilación [-θ-] F̅ Lüftung **ventilador** M̅ Ventilator **ventilar** lüften
ventoso windig
venturoso glücklich
venzo → vencer
ver sehen; **¡a** ~**!** mal sehen; zeig mal!; **als Antwort** natürlich!; **ir a** ~ besuchen; **queda por** ~ es bleibt abzuwarten; **no tener nada que** ~ **con** nichts zu tun

haben mit; **véase más arriba/ abajo** siehe oben/unten
veraneante M̲F̲ Sommergast m **veranear** den Sommer (-urlaub) verbringen **veraneo** M̅ Sommerfrische f, -aufenthalt
verano M̅ Sommer
veras: de ~ im Ernst
verbal mündlich; GRAM verbal
verbena F̅ Sp Volksfest n; BOT Eisenkraut n
verbo M̅ Verb n; ~ **auxiliar** Hilfsverb n
verdad F̅ Wahrheit; **¿**~**?** nicht wahr?; **de** ~ im Ernst!; **en** ~ wirklich, wahrhaftig; **a decir** ~ eigentlich; offen gesagt; **(no) es** ~ das stimmt (nicht) **verdadero** wahr, wirklich
verde grün; Obst unreif; Witz unanständig; **los** ~**s** pl POL die Grünen
verdura F̅ Gemüse n
vereda F̅ Fußweg m; Am Gehsteig m
veredicto M̅ JUR Spruch (der Geschworenen); fig Urteil n
vergonzoso [-θ-] beschämend; schamhaft **vergüenza** [-yüenθa] F̅ Scham; Schande; **me da** ~ ich schäme mich
verídico wahr
verificación [-θ-] F̅ (Über)Prüfung, Kontrolle **verificar** überprüfen, kontrollieren
verja [-xa] F̅ Gitter n
vermut M̅ Wermut
verruga F̅ Warze
versado bewandert (**en** in dat)

versátil vielseitig versión F̲
Version; Fassung verso M̲ Vers
vértebra F̲ ANAT Wirbel m
vertedero M̲ ~ (de basuras)
Mülldeponie f verter eingießen; verschütten vertical
senkrecht vertiente F̲ Abhang m; fig Seite, Aspekt m
vertiginoso [-x-] schwindeler-
regend; atemberaubend
vértigo F̲ MED Schwindel m
vesícula F̲ Bläschen n; ~ biliar
Gallenblase
vestíbulo M̲ Vorhalle f; THEAT
Foyer m
vestido M̲ Kleid n
vestigio [-x-] Spur f
vestir anziehen vestirse sich
anziehen
veterano M̲ Veteran m
veterinario,-a M̲,F̲ Tierarzt, M̲
-ärztin
vez [-θ] F̲ Mal n esta ~ diesmal;
la otra ~ neulich; a la ~ gleichzeitig; en ~ de anstatt; de ~ en
cuando ab und zu; a veces
manchmal; muchas veces oft;
mil veces tausendmal, x-mal;
varias veces mehrmals
vi → ver
vía 1 F̲ Weg m; Straße; Bahn;
BAHN Gleis n; ~ férrea Eisenbahn; por ~ oficial auf dem
Amtsweg; por ~ oral Medikament oral, zum Einnehmen 2
PRÄP über (akk), via
viable durchführbar viaducto
M̲ Viadukt m
viajante [x-] M̲,F̲ Geschäftsrei-

sende(r) m/f(m) viajar reisen
viaje [x-] M̲ Reise f; Fahrt f; ~de
estudios Studienreise; ~ todo
incluido Pauschalreise f; estar
de ~ verreist sein; ¡buen ~! gute Reise! viajero M̲, -a F̲ Rei-
sende(r) m/f(m); Fahrgast m
viario Straßen...
víbora F̲ Viper; Kreuzotter
vibración [-θ-] F̲ Schwingung;
TEL Vibrationsalarm m vibrar
vibrieren
vicepresidente,-a [-θ-] M̲,F̲
Vizepräsident(in)
viceversa [-θ-] umgekehrt
vicio [-θ-] M̲ Fehler; Laster n vi-
cioso fehlerhaft, lasterhaft
víctima F̲ Opfer n
victoria F̲ Sieg m victorioso
siegreich
vid F̲ Weinstock m, Rebe
vida F̲ Leben n; ~ familiar/pri-
vada Familien-/Privatleben n;
de por ~ auf Lebenszeit; en
mi ~ noch nie
vidente M̲,F̲ Hellseher(in)
vídeo M̲ Video(gerät) n; Videorekorder; grabar en ~ auf Video aufnehmen
videocámara F̲ Videokamera
videochat [-tʃat] M̲ Videochat m videoclip M̲ Videoclip
videogalería F̲ INTERNET Vi-
deogalerie videojuego M̲ Videospiel n videovigilancia
F̲ Videoüberwachung
vidriera F̲ Glasfenster n; Glastür; Am Schaufenster n vidriero M̲ Glaser vidrio M̲ Glas n;

Fensterscheibe f
viejo [-xo] **1** ADJ alt **2** M, -a F
 Alte(r) m/f(m)
Viena F Wien n
viene(n) → venir
vienés **1** ADJ wienerisch **2** M,
 vienesa F Wiener(in)
viento M Wind; **~ de cara** (od
 de frente) Gegenwind; **hace ~**
 es ist windig
vientre M Bauch; Leib; **bajo ~**
 Unterleib
viernes M Freitag; **Viernes
 Santo** Karfreitag
viga F Balken m
vigente [-x-] gültig, geltend
vigilancia [-xilanθ-] F Wachsamkeit; Aufsicht **vigilante**
 1 ADJ wachsam **2** M/F Wäch-
 ter(in); Aufseher(in); **~ nocturno** Nachtwächter **vigilar** be-,
 überwachen
vigor M Kraft f; **entrar en ~** in
 Kraft treten **vigoroso** stark,
 kräftig
VIH M ABK (Virus de Inmunode-
 ficiencia) Aidsvirus m/n
vil gemein, niederträchtig
villa [-ʎa] F Kleinstadt; Villa
villancico [-ʎanθ-] M Weihnachtslied n
vinagre M Essig **vinagreras**
 FPL Essig- und Ölständer m **vi-
 nagreta** F Vinaigrettesauce
vínculo M Bindung f; Band n;
 INTERNET Link m/n
vine, viniera, vino → venir
vino M Wein; **~ blanco/rosado/
 tinto** Weiß-/Rosé-/Rotwein

viña [-ɲa] F, **viñedo** M Wein
 berg m
vio → ver
viola F Bratsche
violación [-θ-] F Vergewaltigung; JUR Verletzung **violar**
 vergewaltigen; JUR verletzen
violencia [-θ-] F Gewalt,
 Gewalttätigkeit; **no ~** Gewaltlosig-
 keit **violentar** Gewalt antun;
 vergewaltigen; *Worte* verdrehen; *Tür* aufbrechen; *j-n* in Verlegenheit bringen **violento**
 heftig; gewalttätig; peinlich
violeta F Veilchen n
violín M Geige f **violinista**
 M/F Geiger(in) **violoncelo**
 [-θ-] M Cello n
viraje [-xe] M Wendung f; Kurve f **virar** wenden; drehen
virgen [-x-] **1** ADJ jungfräulich;
 unberührt **2** F Jungfrau; **Virgen de Agosto** Mariä Himmelfahrt
Virgo M ASTROL Jungfrau f
viril männlich **virilidad** F
 Männlichkeit
virtual virtuell
virtud F Fähigkeit; Tugend; **en
 ~ de** auf Grund von **virtuoso**
 1 ADJ tugendhaft; virtuos **2**
 M, -a F Virtuose m, -in f
viruela F Pocken fpl **virulen-
 to** bösartig, virulent; *fig* boshaft **virus** M Virus m/n
visa F Am, **visado** M Visum n
vísceras [-θ-] FPL Eingeweide
 npl
viscosa F Viskose

visera F (Mützen)Schirm m

visibilidad F Sicht(weite) **visible** sichtbar **visión** F Sehen n; Sehvermögen n; Vision

visita F Besuch m; Besichtigung; **~ oficial** POL Staatsbesuch **visitante** MF Besucher(in)

visitar besuchen; besichtigen

visón M Nerz

visor M FOTO Sucher

víspera F Vorabend m; **en ~s de** kurz vor (dat)

vista F Sehen n; Sehvermögen n; Blick m; Anblick m; **a primera ~** auf den ersten Blick; **en ~ de** angesichts; im Hinblick auf (akk); **hasta la ~** auf Wiedersehen **vistazo** [-θo] M **echar un ~ a** e-n Blick werfen auf (akk)

viste → vestir, ver

visto gesehen; **bien/mal ~** beliebt/unbeliebt; **nunca ~** noch nie da gewesen; **por lo ~** offensichtlich **vistoso** auffällig

Vístula F Weichsel f

vital lebenswichtig; vital; Lebens... **vitalidad** F Vitalität

vitamina F Vitamin n; **rico en ~s** vitaminreich

viticultor(a) MF Winzer(in) **viticultura** F Weinbau m

vitrina F Vitrine; Am a. Schaufenster n

viuda F Witwe viudo 1 ADJ verwitwet 2 M Witwer

vivaz [-θ] lebhaft

vivencia [-θ-] F Erlebnis n

víveres MPL Lebensmittel npl; Proviant m

vivienda F Wohnung **vivir** leben; wohnen **vivo** lebendig; lebhaft; clever, gescheit

Vizcaya F Biskaya

V.O. F ABK (Versión Original) OF (Originalfassung) e-s Films

vocablo M Wort n **vocabulario** M Wortschatz; Vokabular n

vocación [-θ-] F Berufung

vocal F GRAM Vokal m

vocero,-a [-θ-] MF bes Am Wortführer(in), Sprecher(in)

vol. (volumen) Bd. (Band)

volante M AUTO Lenkrad n

volar V/I fliegen; V/T (in die Luft) sprengen; **irse volando** losrasen, lossausen; **pasar volando** Zeit wie im Flug vergehen; **echarse a ~** los-, wegfliegen

volcán M Vulkan **volcánico** vulkanisch

volcar umwerfen

voleibol M Volleyball n **vóleyplaya** M Beachvolleyball n

Volga F Wolga f

voltaje [-xe] M ELEK Spannung f **voltio** M Volt n

volumen M Umfang, Volumen n; Buch Band; RADIO, TV Lautstärke f **voluminoso** umfangreich

voluntad F Wille m; **a ~** nach Belieben **voluntario** 1 ADJ freiwillig 2 M, **-a** F Freiwillige(r) m/f(m)

volver drehen, umkehren; zurückkehren; **~ a casa** nach Hause kommen; **~ a hacer** etw wieder tun **volverse** sich umdrehen; **~** (+adj) werden

vomitar (er)brechen, sich übergeben **vómito** M̲ Erbrechen n

voraz [-θ] gefräßig; fig gierig

vos Am du

V.O.S. F̲ ABK (Versión Original subtitulada) OmU (Originalfassung mit Untertiteln)

voseo M̲ bes RPl Anrede f mit „vos"

vosotros ihr; euch

votar (ab)stimmen **voto** M̲ POL Stimme f; Votum n; **~ por correo** Briefwahl f

voy → ir

voz [-θ] F̲ Stimme f; Wort n; **a media ~** halblaut; **en ~ alta/baja** laut/leise

vuelo 1 M̲ Flug f; **~ internacional/nacional** Auslands-/Inlandsflug; **~ de conexión** Anschlussflug; **~ sin escala** Nonstopflug; **~ nocturno** Nachtflug 2 → volar

vuelta F̲ (Um)Drehung f; Rückkehr, -fahrt; Runde; Wechselgeld n; **a ~ de correo** postwendend; **dar la ~** umdrehen; **dar una ~** e-n Spaziergang machen; **dar la ~** Wechselgeld herausgeben; **estar de ~** zurück sein

vuelto → voltar

vuelvo → volver

vuestro euer, eure; **¿es ~?** gehört das euch?

vulcanizar [-θ-] vulkanisieren

vulgar gewöhnlich; vulgär

vulnerable verwundbar, verletzlich **vulnerar** fig verletzen

vulva F̲ Scham f, Vulva

W

waffle M̲ Am Waffel f

wasap ['ǧuasap] M̲ WhatsApp®-Nachricht f **wasapear** ['ǧŭa-] V̲/I̲ WhatsApp® nutzen, WhatsApp®-Nachrichten verschicken

wáter M̲ Klo n; WC n

waterpolo M̲ SPORT Wasserball

Westfalia F̲ Westfalen n

wifi, wi-fi M̲ IT WLAN n; **conexión** f **~** WLAN-Anschluss m, WLAN-Verbindung f; **zona** f **~** WLAN-Hotspot f

windsurf(ing): practicar el ~ (wind)surfen

wok M̲ GASTR Wok m

X

xenófilo fremden-, ausländer-freundlich **xenofobia** f Fremdenfeindlichkeit, -hass m **xenófobo** fremden-, ausländer-feindlich
xilófono M MUS Xylofon n

Y

y und
ya schon; jetzt; gleich, sofort; ~ **que** da (ja); ~ **no** nicht mehr; ¡~ **lo creo!** das will ich meinen!
yacer [-θ-] liegen **yacimiento** M Lager n, Vorkommen n; Fundstelle f
yanqui [-ki] M Yankee
yate M Jacht f
yaya f Oma **yayo** M Opa
yegua f Stute
yema f Eigelb n, Dotter m/n; BOT Knospe
Yemen M Jemen
yendo → ir
yerba f Gras n; Kraut n; Am ~ (**mate**) Matetee m
yergo → erguir
yerno M Schwiegersohn
yerro → errar

yeso M Gips **yesoso** gipsartig
yihadismo [jixa-] M REL, POL Dschihadismus m
yo ich
yodo M Jod n
yogur M Jog(h)urt
yuca f Maniok m
yugo M Joch n (a. fig)
yunque [-ke] M Amboss
yute M Jute f
yuyo M Am Unkraut n

Z

zafiro [θ-] M Saphir
zaguán [θ-] M Diele f, Hausflur
zambullida [θambuʎ-] f Kopfsprung m **zambullirse** untertauchen; ins Wasser springen
zanahoria [θ-] f Möhre, Karotte
zancada [θ-] f **dar ~s** große Schritte machen
zancos [θ-] MPL Stelzen fpl
zancudo [θ-] M Am Stechmücke f
zángano [θ-] M ZOOL Drohne
zanja [θaŋxa] f Graben m **zanjar** Graben ausheben; Problem beseitigen; beilegen
zapatería [θ-] f Schuhgeschäft n **zapatero** M Schuhmacher
zapatilla [-ʎa] f Hausschuh m; Pantoffel m; Turnschuh m
zapato M Schuh
zapping [θ-] M TV Zappen n

zarpa [θ-] F Tatze, Pranke

zarpar [θ-] SCHIFF auslaufen

zarza [θarθa] F Brombeerstrauch m **zarzamora** F Brombeere **zarzuela** F *spanische Operette;* GASTR *Eintopf mit Fischen u. Meeresfrüchten* Zarzuela F *Sitz der span. Königsfamilie*

¡zas! [θ-] peng!, zack!

zeta [θ-] F *Buchstabe* Z

zigzag [θiγθ-] M Zickzack **zigzaguear** [-ye-] *sich schlängeln; Betrunkener* torkeln

zika [θ-] M **virus** m (del) ~ Zika--Virus n

zinc [θ-] M Zink n

zócalo [θ-] M Sockel; Fußleiste f

zodíaco [θ-] M Tierkreis

zona [θ-] F Zone; Gebiet n; ~ azul Kurzparkzone; ~ climática

Klimazone n; ~ **euro** Eurozone n; ~ **para no fumadores** Nichtraucherbereich m, Nichtraucherzone

zoo [θo] M Zoo zoología [θoolɔx-] F Zoologie zoológico zoologisch; **parque** m (od **jardín** m) ~ Tierpark

zorro M Fuchs (a. fig)

zozobrar [θoθ-] kentern

zueco [θ-] M Holzschuh

zumbar [θ-] summen; brummen; brausen

zumo [θ-] M (Frucht)Saft

zurcir [θurθ-] flicken, stopfen

zurdo [θ-] linkshändig

Zúrich ['θurik, 'θuritʃ] M Zürich n

zurra [θ-] F umg Tracht Prügel **zurrar** umg verprügeln

zutano [θ-] M **fulano, mengano y ~** Hinz und Kunz

Alemán – Español

A

A N̲ MUS la m

Aachen N̲ Aquisgrán m

Aal M̲ anguila f

Aas N̲ carroña f; fig mal bicho m

ab **1** PRÄP (dat) Zeit a partir de; ~ **heute** a partir de hoy; ~ **8 Uhr** desde las ocho; Raum de, desde ~ **Berlin** de Berlín **2** ADV ~ **und zu** de vez en cuando, a veces

AB M̲ ABK (Anrufbeantworter) TEL contestador automático

Abbau M̲ desmontaje; Bergbau explotación f; fig reducción f

abbauen desmontar; Erze explotar; fig reducir

abbeißen dar un bocado (od mordisco) (von a) abbekommen recibir abbestellen anular; Zeitung dar de baja abbezahlen pagar a plazos abbiegen: **nach rechts/links** ~ girar a la derecha/izquierda

abbilden reproducir Abbildung F̲ ilustración f; bes Buch lámina

abbinden MED ligar

abblenden AUTO poner las luces de cruce Abblendlicht N̲ luz f de cruce

abbrechen V̲/T̲ romper; Lager levantar; Haus derribar; (unterbrechen) interrumpir; V̲/I̲ rom-

perse abbremsen frenar abbrennen V̲/T̲ quemarse; V̲/I̲ quemar abbringen disuadir; apartar (j-n von dat de) Abbruch M̲ Gebäude demolición f; Verhandlungen ruptura f abbuchen HANDEL cargar en cuenta abbürsten cepillar abdanken abdicar abdecken destapar; Tisch quitar (la mesa); (zudecken) cubrir, tapar abdichten impermeabilizar; tapar abdrehen V̲/T̲ Gas, Wasser cerrar; V̲/I̲ SCHIFF, FLUG cambiar de rumbo

Abdruck M̲ impresión f; TECH molde abdrucken imprimir; reproducir

abdrücken Waffe disparar

Abend M̲ noche f; (früher Abend) tarde f; am ~ por la noche; **guten ~!** ¡buenas noches! (od tardes!); **zu ~ essen** cenar Abendanzug M̲ traje de etiqueta Abendbrot N̲ cena f Abenddämmerung F̲ crepúsculo m Abendessen N̲ cena f; anochecer m Abendkleid N̲ traje m de noche Abendkurs M̲ clases fpl nocturnas Abendland N̲ Occidente m Abendmahl N̲ REL comunión f

abends por la tarde Abendveranstaltung F̲ velada

Abenteuer N̲ aventura f abenteuerlich aventurero

aber pero; ~ **nein!** ¡que no!

Aberglaube M̲ superstición f

abergläubisch supersticioso

abfahren V̲T̲ salir, partir (**nach**
para); V̲/T̲ Müll recoger; Strecke
recorrer

Abfahrt F̲ salida; marcha;
SPORT descenso m **Abfahrtslauf** M̲ SPORT descenso **Ab-
fahrtszeit** F̲ hora de salida

Abfall M̲ desechos mpl, desper-
dicios mpl; (Müll) basura f **Ab-
fallbeseitigung** F̲ eliminación de desechos **Abfallei-
mer** M̲ cubo de (la) basura

abfallen caer; Gelände ir en declive, descender

abfällig despectivo

abfangen interceptar **abfär-
ben** desteñir(se)

abfertigen despachar; Gepäck
facturar **Abfertigung** F̲ despacho m; facturación

abfinden j-n indemnizar; **sich
~ mit** conformarse con **Abfin-
dung** F̲ indemnización

abfliegen partir (en avión);
Flugzeug salir **abfließen** salir,
escurrirse

Abflug M̲ salida f **Abflughal-
le** F̲ sala de embarque **Ab-
flugtag** M̲ día de salida **Ab-
flugzeit** F̲ hora de salida

Abfluss M̲ desagüe **Abfluss-
rohr** N̲ tubo m de desagüe

abführen Häftling llevar detenido; Gelder pagar; V̲T̲ MED purgar **Abführmittel** N̲ laxante
m

abfüllen envasar; in Flaschen
embotellar **Abgabe** F̲ entre-

ga; (Steuer) impuesto m; SPORT
pase m

Abgas N̲ gas m de escape **Ab-
gasuntersuchung** F̲ AUTO
control m de (los) gases de escape

abgeben dar; HANDEL entregar; Gepäck consignar; Schuss
disparar; Ball pasar; **sich ~ mit**
ocuparse de

abgebrannt umg fig sin blanca
abgebrüht fig taimado **ab-
gedroschen** trillado **abgehärtet** fig curtido, endurecido

abgehen salir; (sich lösen) desprenderse **was geht ab?** ¿qué
pasa?; , (wie geht's?) ¿qué tal?

abgelaufen Pass etc caducado
abgelegen apartado **abge-
macht ~!** ¡de acuerdo! **abgenutzt** usado, gastado

Abgeordnete(r) M̲/F̲M̲ diputado,-a m(f)

abgepackt envasado **abge-
rissen** fig andrajoso **abge-
schieden** aislado, retirado
abgeschlossen Tür cerrado;
beendet concluido, completo

abgesehen: ~ von sin contar;
prescindiendo de; **davon ~**
aparte de eso

abgespannt cansado **abge-
standen** desabrido, soso
abgewöhnen desacostumbrar
(**j-m etw** a alg de); **sich das
Rauchen ~** dejar de fumar

abgrenzen deslindar; fig delimitar **Abgrenzung** F̲ deslin-
de m; delimitación

Abgrund M̲ abismo (a. fig)

abhacken cortar **abhaken** marcar, señalar **abhalten** impedir, retener; distraer (**von** de); *Sitzung etc* celebrar **abhandenkommen** perderse, extraviarse

Abhang M̲ cuesta f, declive

abhängen V̲T̲ descolgar; V̲I̲ depender (**von** de) **abhängig** dependiente (**von** de) **Abhängigkeit** F̲ dependencia

abhauen V̲T̲ cortar; *umg v/i* largarse **abheben** V̲T̲ *Geld* retirar, sacar; *Karten* cortar; V̲I̲ *Flugzeug* despegar; **sich ~ von** destacarse de **abheilen** cicatrizarse **abhetzen: sich ~** ajetrearse

abholen recoger; *j-n a.* ir a buscar **abholzen** de(s)forestar **abhorchen** MED auscultar **abhören** TEL intervenir; *Schüler* tomar la lección a **Abhörgerät** N̲ micro-espía m

Abi N̲ *umg* → Abitur

Abitur N̲ bachillerato m **Abiturient(in)** M̲F̲ bachiller

abkaufen *j-m etw* comprar a **abklingen** *Schmerz etc* ir disminuyendo **abknöpfen** *j-m etw* sacar a **abkochen** hervir **abkommen** apartarse (de); abandonar; *vom Weg* perderse

Abkommen N̲ convenio m, acuerdo m

abkratzen V̲T̲ raspar, rascar; V̲I̲ *sl* diñarla **abkriegen** *umg*

recibir; (*ablösen*) lograr, quitar **abkühlen** enfriar, refrescar; **sich ~** refrescarse; *fig* entibiarse **Abkühlung** F̲ enfriamiento m

abkürzen abreviar; *Weg* acortar **Abkürzung** F̲ abreviatura; *Weg* atajo m

abladen descargar

Ablage F̲ *von Akten:* archivo m **Ablagekorb** M̲ bandeja f portadocumentos

ablassen *Wasser, Dampf, Luft* dar salida a

Ablauf M̲ (*Verlauf*) desarrollo; *Frist* expiración f; **nach ~ von ...** al cabo de ... **ablaufen** *Frist* expirar; *Pass* caducar; *Wasser* salir, escurrirse; *fig* desarrollarse

ablecken lamer, chupar **ablegen** deponer; *Prüfung* hacer, pasar; *Eid* prestar; *Akten* archivar; *Gewohnheit* dejar; *Kleidung* quitarse

ablehnen rechazar, denegar **Ablehnung** F̲ negativa; rechazo m

ableiten desviar; *fig* deducir, derivar

ablenken desviar; *fig* distraer **Ablenkung** F̲ distracción **ablesen** leer

abliefern entregar **Ablieferung** F̲ entrega

ablösen desprender; despegar; *bes* MIL relevar; **sich ~** turnarse **Ablösung** F̲ desprendimiento m; relevo m

abmachen quitar; *fig* convenir, acordar **Abmachung** F̲ acuerdo *m*

abmagern adelgazar **Abmagerungskur** F̲ cura de adelgazamiento

Abmarsch M̲ partida *f*

abmelden dar de baja; anular la inscripción; **sich ~** darse de baja **Abmeldung** F̲ baja; anulación de la inscripción

abmessen medir **abmontieren** desmontar

Abnahme F̲ HANDEL compra; *fig* disminución; pérdida

abnehmbar amovible, desmontable **abnehmen** V̲T̲ quitar; *Hörer* descolgar; *Ware* comprar; *Hut* quitarse; V̲I̲ disminuir, decrecer; *an Gewicht* adelgazar

Abneigung F̲ antipatía, aversión (**gegen** a)

abnutzen (des)gastar **Abnutzung** F̲ desgaste *m*

Abonnement N̲ abono *m*; *Zeitung* suscripción *f* **Abonnent(in)** M̲F̲ abonado (-a); suscriptor(a) **abonnieren** abonarse, suscribirse a

Abordnung F̲ delegación

abpacken envasar **abpassen** *Gelegenheit, j-n* esperar, aguardar **abpfeifen** SPORT dar la pitada final **abpflücken** (re)coger **abprallen** rebotar **abputzen** limpiar **abraten: j-m von etw** ~ desaconsejar a/c a alg **abräumen** *Tisch* quitar (la mesa)

abrechnen echar la cuenta; (*abziehen*) descontar; *fig* ajustar las cuentas **Abrechnung** F̲ liquidación; *fig* ajuste *m* de cuentas

abreiben frotar

Abreise F̲ salida, partida **abreisen** salir, partir (**nach** para) **Abreisetag** M̲ día de salida **abreißen** V̲T̲ arrancar; *Haus* derribar; V̲I̲ romperse **Abreißkalender** M̲ calendario de taco

abrichten amaestrar

abriegeln *Polizei* acordonar

Abriss M̲ derribo; *fig Buch* compendio

abrunden redondear

abrupt abrupto

abrüsten desarmar **Abrüstung** F̲ desarme *m*

abrutschen resbalar

Abs. A̲B̲K̲ (Absender) remitente

ABS N̲ A̲B̲K̲ (Antiblockiersystem) Sistema *m* Antibloqueo de Frenos

Absage F̲ negativa **absagen** *Veranstaltung* suspender, desconvocar, cancelar

absägen (a)serrar

Absatz M̲ (*Schuhabsatz*) tacón; (*Textabsatz*) párrafo; HANDEL venta *f*

absaugen aspirar

abschaffen abolir; suprimir **Abschaffung** F̲ abolición; supresión

abschalten ELEK desconectar, cortar; *Maschine* parar; V̲I̲ *fig* relajarse **abschätzen** evaluar; estimar **abschätzig** despectivo, peyorativo

Abscheu M̄ aversión f (**vor** dat a); horror (de) **abscheulich** abominable, horrible

abschicken enviar **abschieben** Ausländer expulsar

Abschied M̄ despedida f; MIL retiro; **~ nehmen** despedirse; **s-n ~ nehmen** retirarse

abschießen matar; Flugzeug derribar; Rakete lanzar; Waffe disparar **abschirmen** proteger (**gegen** contra)

Abschlag M̄ HANDEL descuento **abschlagen** cortar; Angriff rechazar; Bitte rehusar

Abschlagszahlung F̄ pago m a cuenta

abschleifen pulir, rebajar

Abschleppdienst M̄ servicio de grúa **abschleppen** remolcar; **sich ~ mit** cargar con **Abschleppseil** N̄ cable m de remolcar **Abschleppwagen** M̄ grúa f

abschließen cerrar con llave; (beenden) terminar, acabar; Vertrag concluir **abschließend** definitivo; final

Abschluss M̄ fin, término; conclusión f **Abschlussprüfung** F̄ examen m final

abschmecken probar, degustar **abschminken** desmaquillar **abschneiden** cortar; fig **gut/schlecht ~** salir bien/mal

Abschnitt M̄ sección f; (Kon-

trollabschnitt) talón, cupón; (Zeitabschnitt) período; im Buch párrafo

abschrauben destornillar **abschrecken** escarmentar; a. POL disuadir **abschreiben** copiar **Abschrift** F̄ copia

Abschürfung F̄ erosión, excoriación

Abschuss M̄ disparo; e-r Rakete lanzamiento; FLUG derribo **abschüssig** escarpado

abschütteln Verfolger sacudirse, dar (el) esquinazo a **abschwächen** atenuar **abschweifen** apartarse (**von** de) **abschwellen** MED deshincharse

absehbar: in ~er Zeit dentro de poco **absehen** prever; **~ von** prescindir de

abseilen: sich ~ descolgarse

abseits 1 ADV aparte, apartado 2 **Abseits** N̄ SPORT fuera m de juego

absenden remitir, enviar **Absender(in)** M̄F̄ remitente

absetzen poner en el suelo; j-n dejar; Beamten destituir; Ware vender, colocar; Hut etc quitarse; von der Steuer desgravar

Absicht F̄ intención, propósito m **absichtlich** intencionado; ADV adrede

absitzen Strafe cumplir

absolut absoluto; **~ nicht** en absoluto

absondern apartar, separar; MED secretar; **sich ~** aislarse

absorbieren absorber **abspeichern** IT almacenar, guardar

absperren acordonar; *Tür cerrar con llave* **Absperrung** F̲ acordonamiento m

abspielen *Platte* tocar; **sich ~** suceder, ocurrir **Absprache** F̲ acuerdo m **absprechen** negar; *(verabreden)* concertar **Absprung** M̲ salto **abspülen** lavar; *Geschirr* fregar

abstammen descender **(von de) Abstammung** F̲ descendencia, origen m

Abstand M̲ distancia f **(halten** guardar); *zeitlich* intervalo; *fig* **mit ~** con mucho

abstauben quitar el polvo (a), desempolvar; *umg fig* birlar

Abstecher M̲ **e-n ~ machen nach** dar una vuelta por

abstehend: **~e Ohren** orejas de soplillo

absteigen descender, bajar; *vom Fahrzeug* apearse; *im Hotel* alojarse

abstellen poner, dejar; *Wasser etc* cerrar, cortar; *Maschine* parar; *Radio, TV* apagar; *fig* remediar **Abstellraum** M̲ trastero **abstempeln** timbrar; *Marke* matasellar

Abstieg M̲ bajada f, descenso **abstimmen** votar **(über** akk); **aufeinander ~** armonizar **Abstimmung** F̲ votación **abstinent** abstemio **abstoßen** repeler; *fig* repugnar

abstoßend repugnante **abstrakt** abstracto **abstreiten** negar, desmentir **Abstrich** M̲ MED frotis **Abstufung** F̲ graduación; *(Farbe)* matiz m **Absturz** M̲ caída f **abstürzen** caer(se); FLUG *a.* estrellarse; *im Gebirge* despeñarse; IT colgarse **absuchen** *Gelände* batir, peinar **absurd** absurdo **Abszess** M̲ absceso **Abt** M̲ abad **abtasten** palpar **abtauen** descongelar **Abtei** F̲ abadía **Abteil** N̲ BAHN departamento m, compartimiento m **Abteilung** F̲ sección; departamento m **Abteilungsleiter(in)** M̲F̲ jefe (jefa) de departamento **abtippen** pasar a máquina **abtransportieren** llevarse **abtreiben** V̲I̲ SCHIFF ir a la deriva; V̲T̲ MED abortar **Abtreibung** F̲ MED aborto m *(provocado)* **abtrennen** separar **abtreten** V̲T̲ ceder; V̲I̲ retirarse **Abtretung** F̲ cesión **abtrocknen** secar, enjugar; **sich ~** secarse **abwägen** ponderar, sopesar **abwarten** aguardar, esperar **abwärts** hacia abajo **Abwasch** M̲ **den ~ machen** fregar los platos **abwaschbar** lavable **abwaschen** lavar; *Geschirr* fregar (los platos)

Abwässer NPL aguas fpl residuales

abwechseln alternar; **sich ~** turnarse abwechselnd ADV por turno Abwechslung F variación; (Zerstreuung) distracción; **zur ~** para variar abwechslungsreich variado

abwegig desacertado

Abwehr F defensa (a. SPORT) abwehren rechazar; Schlag parar

abweichen apartarse; desviarse abweichend divergente; discrepante Abweichung F divergencia; fig discrepancia

abweisen rechazar; Klage desestimar abweisend Blick negativo, frío abwenden Blick apartar; fig evitar abwerfen lanzar; Reiter derribar; Gewinn rendir, producir

abwerten devaluar Abwertung F devaluación

abwesend ausente; fig distraído Abwesenheit F ausencia

abwickeln Geschäft realizar; fig **sich ~** desarrollarse abwiegen pesar abwimmeln umg j-n quitarse de encima abwischen limpiar abwürgen Motor estrangular abzahlen pagar a plazos abzählen contar Abzahlung F **auf ~** a plazos

Abzeichen N distintivo m abzeichnen dibujar, copiar; (unterschreiben) firmar; **sich ~** destacarse (**gegen** de)

abziehen VT MATH restar; Truppen retirar; Waffe deducir; VI Rauch salir; umg largarse Abzocke umg F estafa; umg timo m abzocken umg VT j-n desplumar a alg

Abzug M HANDEL deducción f, descuento; Waffe gatillo; FOTO copia f; MIL retirada f; TECH escape abzüglich menos, deduciendo

abzweigen VI Weg bifurcarse Abzweigung F bifurcación

Account M IT cuenta f de usuario

ach! ¡ah!; klagend ¡ay!, ¡oh!; **ach so!** ¡ah! ya!; **ach wo!** ¡que va!

Achse F eje m (a. fig)

Achsel F hombro m; **mit den ~n zucken** encogerse de hombros Achselhöhle F sobaco m, axila

acht ocho; **in ~ Tagen** en ocho días

Acht F: **außer ~ lassen** descuidar; **sich in ~ nehmen** tener cuidado (**vor** dat con)

achte octavo

Achtel N octavo m Achtelnote F MUS corchea

achten estimar; respetar; **~ auf** (akk) fijarse en; prestar atención a

Achterbahn F montaña rusa Achterdeck N cubierta f de popa

achtgeben tener cuidado; **~ auf** (akk) cuidar de

achthundert ochocientos
achtlos negligente
achtmal ocho veces
Achtstundentag M̲ jornada f de ocho horas
Achtung F̲ respeto m; estima (-ción); ~! ¡cuidado!, ¡atención!, *umg* ¡ojo!
achtzehn dieciocho
achtzig ochenta **Achtzigerjahre** PL die ~ los años ochenta
ächzen gemir
Acker M̲ campo **Ackerbau** M̲ agricultura f **Ackerland** N̲ tierra f de labor (*od* de cultivo)
ADAC (Allgemeiner Deutscher Automobil-Club) Automóvil Club General de Alemania
Adamsapfel M̲ ANAT nuez f
Adapter M̲ ELEK adaptador
addieren adicionar, sumar **Addition** F̲ adición, suma
ade! *umg* ¡adiós!
Adel M̲ nobleza f
Ader F̲ arteria, vena
ADHS N̲ ABK (Aufmerksamkeits-Defizit-Hyperaktivitäts-Syndrom) TDAH m (trastorno por déficit de atención con hiperactividad)
Adjektiv N̲ adjetivo m
Adler M̲ águila f
adlig noble **Adlige(r)** M̲/F(M) noble
Admiral M̲ almirante
adoptieren adoptar **Adoption** F̲ adopción **Adoptiveltern** PL padres *mpl* adoptivos

Adoptivkind N̲ hijo m adoptivo, hija f adoptiva
Adressanhänger N̲ etiqueta f de equipaje f **Adressat(in)** M(F) destinatario,-a **Adressbuch** N̲ directorio m, guía f comercial **Adresse** F̲ señas *fpl*, dirección **adressieren** dirigir (**an** *akk* a); poner las señas
Adria F̲ Adriático m
ADS N̲ ABK (Aufmerksamkeits-Defizit-Syndrom) TDA m (trastorno por déficit de atención)
Advent M̲ adviento
Adverb N̲ adverbio m
AfD F̲ (Alternative für Deutschland) *partido político alemán de derecha*
Affäre F̲ asunto m
Affe M̲ mono
affektiert afectado
Afghanistan N̲ Afganistán m
Afrika N̲ Africa f **Afrikaner(in)** M(F) africano,-a **afrikanisch** africano
AG¹ F̲ (Aktiengesellschaft) S. A. (Sociedad Anónima)
AG² F̲ → Arbeitsgruppe
Ägäis F̲ Egeo m
Agave F̲ agave m, pita **Agavendicksaft** M̲ sirope m *od* miel f de agave
Agent(in) M(F) agente **Agentur** F̲ agencia
Aggression F̲ agresión **aggressiv** agresivo **Aggressivität** F̲ agresividad
Agrar... agrario, agrícola
Ägypten N̲ Egipto m **Ägyp-**

ter(in) M̲F̲ egipcio,-a **ägyptisch** egipcio
ähneln parecerse a
ahnen presentir; (vermuten) sospechar
Ahnen M̲P̲L̲ antepasados
ähnlich semejante, parecido; ~ **sehen, ~ sein** (dat) parecerse a, salir a **Ähnlichkeit** F̲ semejanza, parecido m
Ahnung F̲ presentimiento m; **keine ~ haben** no tener idea **ahnungslos** desprevenido
Ahorn M̲ arce
Ähre F̲ espiga
Aids N̲ sida m **aidskrank** enfermo de sida **aidspositiv** seropositivo **Aidstest** M̲ prueba f del sida
Airbag M̲ airbag **Airbus** M̲ airbus
Akademie F̲ academia **Akademiker(in)** M̲F̲ universitario (-a)
Akazie F̲ acacia
akklimatisieren: sich ~ aclimatarse
Akkord M̲ MUS acorde; **im ~ arbeiten** trabajar a destajo **Akkordarbeit** F̲ destajo m
Akkordeon N̲ acordeón m
Akku(mulator) M̲ acumulador
Akkusativ M̲ acusativo
Akne F̲ acné m
Akrobat(in) M̲F̲ acróbata
Akt M̲ THEAT acto; MAL desnudo
Akte F̲ expediente m; JUR acta;

zu den ~n legen archivar
Aktendeckel M̲ carpeta f **Aktenkoffer** M̲ attaché, bes Am maletín ejecutivo **Aktenmappe** F̲ cartera **Aktenschrank** M̲ archivador **Aktentasche** F̲ cartera **Aktenzeichen** N̲ referencia f
Aktie F̲ acción **Aktiengesellschaft** F̲ sociedad anónima
Aktion F̲ acción; POL operación, campaña **Aktionär(in)** M̲F̲ accionista
aktiv activo **aktivieren** activar **Aktivität** F̲ actividad **Aktivurlaub** M̲ vacaciones fpl con actividades
aktualisieren poner al día
aktuell actual, de actualidad
Akupunktur F̲ acupuntura
Akustik F̲ acústica **akustisch** acústico
akut agudo (a. MED)
Akzent M̲ acento
akzeptieren aceptar
Alarm M̲ alarma f **Alarmanlage** F̲ sistema m de alarma **alarmieren** alarmar
Albaner(in) M̲F̲ albanés, -esa m,f **Albanien** N̲ Albania f **albanisch** albanés
albern tonto **Albernheit** F̲ tontería
Albtraum M̲ pesadilla f
Album N̲ álbum m
Alcopops P̲L̲ alcopops mpl
Alge F̲ alga
Algerien N̲ Argelia f **Algerier(in)** M̲F̲ argelino,-a **algerisch**

risch argelino

Algier N̄ Argel m

Alibi N̄ coartada f

Alkohol M̄ alcohol **alkoholfrei** sin alcohol **Alkoholiker(in)** M̄F̄ alcohólico,-a **alkoholisch** alcohólico **Alkoholtest** M̄ prueba f de alcoholemia

all todo; **vor ~em** sobre todo

All N̄ universo m

Allah M̄ Alá m

alle PL todos; **~e zwei Jahre** cada dos años

Allee F̄ avenida, paseo m

allein solo; **von ~** automáticamente **alleinerziehend: ~e Mutter** madre sola **alleinstehend** solo; solitario; (ledig) soltero

allenfalls a lo sumo; acaso

allerdings sin embargo; **~!** ¡ya lo creo!

Allergen N̄ alérgeno m **Allergie** F̄ alergia **Allergiepass** M̄ carnet m de alergias **Allergiker(in)** M̄F̄ alérgico,-a **allergisch** alérgico **(gegen** a)

allerhand varios, diversos **Allerheiligen** N̄ Todos los Santos **allerlei** toda clase de **allerletzt** último; **zu ~** en último lugar

alles todo

allgemein general; **~ verständlich** comprensible para todos; **im Allgemeinen** en general

Allgemeinarzt M̄, **-ärztin** F̄

médico,-a (de medicina) general **Allgemeinbildung** F̄ cultura general **Allgemeinheit** F̄ público m (en general) **Allgemeinzustand** M̄ estado general

All-inclusive-Urlaub M̄ vacaciones fpl todo incluido

alljährlich anual; ADV anualmente **allmählich** paulatino; ADV poco a poco

Alltag M̄ vida f cotidiana **alltäglich** cotidiano **alltagstauglich** ADJ Sache práctico (para el uso diario), Idee pragmático

allzu demasiado

Alm F̄ pasto m alpino

Almosen N̄ limosna f

Alpen PL **die ~** los Alpes mpl

Alphabet N̄ alfabeto m **alphabetisch** alfabético

als zeitlich cuando; nach Komparativ que; Art, Eigenschaft como; de; **~ ob** como si

also así que; **~ gut** pues bien

alt viejo; (antik) antiguo; **wie ~ bist du?** ¿cuántos años tienes?; **ich bin ... Jahre ~** tengo ... años; **~ werden** envejecer

Alt M̄ MUS contralto

Altar M̄ altar

Altbau M̄ edificio m antiguo **Altbauwohnung** F̄ piso m en un edificio antiguo

Alte(r) M̄/F̄M̄ viejo,-a, anciano,-a

Altenheim N̄ residencia f de ancianos (od para la tercera edad)

Alter N̲ edad f; *hohes* vejez f; **im ~ von** a la edad de

älter más viejo; *Person* mayor

alternativ alternativo **Alternative** F̲ alternativa

Altersgrenze F̲ límite m de edad **Altersheim** N̲ asilo m (*od* residencia f) de ancianos

Altertum N̲ antigüedad f **altertümlich** antiguo

Altlasten PL̲ residuos mpl contaminantes **altmodisch** anticuado; pasado de moda **Altpapier** N̲ papel m viejo **Altstadt** F̲ casco m antiguo

Alufolie F̲ papel m de aluminio

am → an

Amateur M̲ aficionado

ambulant ambulante; MED ambulatorio **Ambulanz** F̲ dispensario m, ambulatorio m

Ameise F̲ hormiga **Ameisenhaufen** M̲ hormiguero

Amerika N̲ América f **Amerikaner(in)** M(F) americano,-a **amerikanisch** americano

Amnestie F̲ amnistía

Amok: ~ laufen tener un ataque de locura homicida

Ampel F̲ semáforo m

Amphitheater N̲ anfiteatro m

Ampulle F̲ ampolla

amputieren amputar

Amsel F̲ mirlo m

Amt N̲ oficina f; (*Aufgabe*) cargo m, función f **amtlich** oficial **Amtsantritt** M̲ toma f de posesión

Amulett N̲ amuleto m

amüsant divertido **amüsieren** divertir; **sich ~** divertirse

an ① ADV *Licht, Radio* encendido ② PRÄP (*dat; Richtung: akk*) **am Tisch** a la mesa; **~ der Grenze** en la frontera; **~ der Wand** en la pared; **am 3. Mai** el tres de mayo; **~ die 100 Euro** unos cien euros; **reich ~** (*dat*) rico en

Analphabet(in) M(F) analfabeto,-a

Analyse F̲ análisis m

Ananas F̲ piña, *Am* ananá(s) m

Anarchie F̲ anarquía

anbahnen: sich ~ iniciarse

Anbau M̲ cultivo; ARCH anexo; **biologischer/ökologischer ~** cultivo biológico/ecológico **anbauen** cultivar; añadir **Anbaumöbel** NPL̲ muebles mpl por elementos

anbehalten *Mantel etc* dejar puesto

anbei adjunto

anbelangen: was ... anbelangt en cuanto a

anbeten adorar

Anbetracht: in ~ (*gen*) en consideración a

anbieten ofrecer **anbinden** atar

Anblick M̲ aspecto **anblicken** mirar

anbrechen VT̲ empezar; VI̲ *Zeit* empezar; *Tag* nacer; *Nacht* entrar **anbrennen** *Essen* quemarse, pegarse **anbringen** fijar; colocar

Anbruch M̄ **bei ~ des Tages/ der Nacht** al amanecer/anochecer

anbrüllen gritar a

Anchovis F̄ anchoa

Andacht F̄ devoción **andächtig** devoto

Andalusien N̄ Andalucía f **Andalusier(in)** M̄F̄ andaluz(a) **andalusisch** andaluz

andauern continuar, persistir **andauernd** continuo, permanente

Anden P̄L̄ Andes mpl

Andenken N̄ recuerdo m; **zum ~ an** (akk) en memoria de

andere(r, -s) otro, pl otros; **am ~n Tag** al día siguiente; **ein ~s Mal** otro día; **unter ~m** entre otras cosas **andererseits** por otra parte

ändern cambiar; modificar; **sich ~** cambiar

andernfalls de lo contrario

anders de otra manera, diferente; **jemand ~** algún otro **anderswo** en otra parte

anderthalb uno y medio

Änderung F̄ cambio m; modificación **Änderungsschneiderei** F̄, **-service** M̄ taller m de arreglos (de ropa)

andeuten insinuar **Andeutung** F̄ insinuación; alusión

Andrang M̄ afluencia f

andrehen Licht encender; Radio poner; Wasser abrir; umg **j-m etw ~** adosar a/c a alg

aneignen: sich ~ apropiarse;

Kenntnisse adquirir

aneinander uno(s) a (od con) otro(s) **aneinanderfügen** juntar

Anekdote F̄ anécdota

anekeln dar asco, repugnar

anerkennen reconocer; lobend apreciar **Anerkennung** F̄ reconocimiento m; aprecio m

anfahren V̄T̄ chocar contra; Fußgänger arrollar; V̄Ī Auto arrancar

Anfahrtsskizze F̄ mapa de ubicación, indicaciones fpl (para ir en coche)

Anfall M̄ MED ataque, acceso **anfallen** atacar

anfällig propenso (**für** a)

Anfang M̄ principio; comienzo; **am ~, zu ~** al principio **anfangen** comenzar, empezar (**zu** a)

Anfänger(in) M̄F̄ principiante **Anfängerkurs** M̄ curso para principiantes

anfangs al principio **Anfangsstadium** N̄ fase f inicial

anfassen tocar **anfechten** impugnar **anfertigen** hacer; fabricar, elaborar **anfeuchten** mojar **anfeuern** fig animar, alentar **anfliegen** V̄Ī hacer escala en

Anflug M̄ FLUG vuelo de aproximación; fig asomo

anfordern pedir; exigir **Anforderung** F̄ exigencia, demanda

Anfrage F̄ pregunta; POL inter-

pelación **anfragen** preguntar
anfreunden: sich ~ mit hacerse amigo de
anführen dirigir; *Liste* encabezar; *Gründe* alegar; *(zitieren)* citar; *fig* tomar el pelo a **Anführer(in)** M|F jefe (jefa); POL, SPORT líder **Anführungszeichen** NPL comillas *fpl*
Angabe F indicación; *información* **Angaben** PL datos *mpl*
angeben V/T dar; declarar; indicar; V/I *umg* fanfarronear **Angeber(in)** M|F farolero,-a **angeblich** ADJ supuesto, presunto; ADV dicen que
angeboren innato; congénito
Angebot N oferta *f*
angebracht oportuno, conveniente **angeheiratet** político **angeheitert** *umg* achispado
angehen concernir; **das geht dich nichts an** no te importa nada; **was ... angeht** en cuanto a ...
angehören pertenecer a **Angehörige(r)** M|F|M familiar; POL miembro *m*
Angeklagte(r) M|F|M acusado,-a *m(f)*
Angel F caña de pescar; *(Türangel)* gozne *m*
Angelegenheit F asunto *m*
angelehnt *Tür* entornado
Angelhaken M anzuelo **angeln** pescar con caña **Angelrute** F caña de pescar **Angelschein** M licencia *f* de pesca **Angelsport** M pesca *f* con ca-

ña
angemessen adecuado; *Preis* razonable **angenehm** agradable; simpático **angenommen: ~, dass** supuesto que
angesehen respetado, reputado **angesichts** en vista de
Angestellte(r) M|F empleado,-a
angetrunken medio borracho
angewiesen: ~ sein auf *(akk)* depender de **angewöhnen: sich etw ~** acostumbrarse a a/c **Angewohnheit** F costumbre; **schlechte ~** vicio *m*
Angina F angina(s); **~ pectoris** *f* angina de pecho
Angler M pescador (de caña)
angreifen atacar **Angreifer(in)** M|F asaltante; agresor(a)
angrenzen lindar **(an** *akk* con) **angrenzend** contiguo, adyacente; *Gebiet* limítrofe
Angriff M ataque **angriffslustig** agresivo, belicoso
Angst F miedo *m* **(vor** *dat* a)
Angstattacke F ataque *m* *od* crisis *f* de angustia **ängstigen** dar miedo (a); **sich ~** tener miedo **ängstlich** temeroso, miedoso
anhaben *Kleider* llevar
anhalten V/T parar, detener; *Atem* contener; V/I parar(se); *(andauern)* persistir **Anhalter(in)** M|F autostopista; **per ~ fahren** hacer autostop **Anhaltspunkt** M punto de refe-

rencia

anhand: ~ **(von)** por medio de

Anhang M̲ apéndice; anexo

anhängen colgar; enganchar

Anhänger M̲ partidario; SPORT seguidor; AUTO remolque; *Schmuck* colgante **Anhängerin** F̲ partidaria; SPORT seguidora **anhänglich** apegado; fiel

anhäufen amontonar, apilar

anheben levantar; *Preis* aumentar

Anhieb: auf ~ de golpe, a la primera

Anhöhe F̲ colina, cerro m

anhören escuchar; **sich gut** ~ sonar bien

Animateur(in) M̲F̲ animador(a) **Animation** F̲ animación

Anis M̲, **Anislikör** M̲ anís

Anker M̲ ancla f; TECH áncora f **ankern** anclar, fondear **Ankerplatz** M̲ fondeadero

Anklage F̲ acusación **anklagen** acusar (**wegen** de)

ankleben pegar; fijar **anklopfen** llamar (a la puerta) **anknipsen** *Licht* dar la luz **ankommen** llegar; **es kommt darauf an** depende **ankreuzen** marcar con una cruz

ankündigen anunciar **Ankündigung** F̲ aviso m, anuncio m

Ankunft F̲ llegada **Ankunftstag** M̲ día de llegada **Ankunftszeit** F̲ hora de lle-

gada

ankurbeln *fig* reactivar **anlächeln** sonreír a

Anlage F̲ instalación; (*Werk*) planta f; HANDEL anexo m; (*Geldanlage*) inversión; (*Grünanlage*) parque m, zona verde; (*Talent*) don m, disposición; **in der** ~ adjunto **Anlageberater(in)** M̲F̲ asesor(a) de inversiones

Anlass M̲ motivo; ocasión f; ~ **geben zu** dar lugar a

anlassen *Motor* arrancar; *Kleid* dejar puesto; *Licht* dejar encendido **Anlasser** M̲ arranque

anlässlich (*gen*) con motivo de, con ocasión de

Anlauf M̲ ~ **nehmen** tomar carrera **anlaufen** V̲T̲ *Hafen* hacer escala en; V̲I̲ *Spiegel, Metall* empañarse

anlegen V̲T̲ poner (contra); *Geld* invertir; *Gewehr* apuntar; *Verband* aplicar; V̲I̲ SCHIFF atracar **Anlegeplatz** M̲, **Anlegestelle** F̲ atracadero m

anlehnen adosar (**an** *akk* a), apoyar (en, contra); *Tür* entornar; **sich** ~ **an** (*akk*) apoyarse en

Anleihe F̲ empréstito m

anleiten instruir **Anleitung** F̲ instrucciones *fpl*

anlernen instruir, iniciar

anliegen *Kleidung* quedar ajustado **Anliegen** N̲ deseo m; petición f **anliegend** HANDEL adjunto; *Kleid* ceñido **Anlieger(in)** M̲F̲ vecino,-a anlocken atraer anlügen mentir a

Anmache umg F umg guiño m, ligue m

anmachen fijar; Licht encender; Salat aderezar, aliñar; umg j-n ~ (reizen, verlocken) atraer a alg; (provozieren) provocar a alg; (aufreißen) ligarse a alg

anmalen pintar

anmaßen: sich etw ~ arrogarse; permitirse anmaßend presuntuoso; arrogante Anmaßung F arrogancia; presunción

Anmeldeformular N formulario m de inscripción Anmeldefrist F plazo m de inscripción Anmeldegebühr F derechos mpl de inscripción anmelden anunciar; AUTO matricular; sich ~ inscribirse; beim Arzt pedir hora

Anmeldung F inscripción

anmerken: sich nichts ~ lassen disimular Anmerkung F nota

Anmut F gracia anmutig gracioso

annageln clavar annähen coser

annähernd ADV aproximadamente Annäherung F acercamiento m Annäherungsversuche PL insinuaciones fpl

Annahme F aceptación; fig suposición Annahmestelle F despacho m de entrega

annehmbar aceptable; Preis razonable annehmen aceptar; (voraussetzen) suponer Annehmlichkeit F comodidad

Annonce F anuncio m, Am aviso m annoncieren anunciar

annullieren anular

anonym anónimo

Anorak M anorak

anordnen disponer; (befehlen) a. ordenar Anordnung F disposición; orden

anpacken Problem abordar

anpassen adaptar; ajustar; sich ~ an (akk) adaptarse a Anpassung F adaptación anpassungsfähig adaptable

Anpfiff M SPORT pitada inicial

anpflanzen plantar, cultivar anpöbeln umg atropellar anpreisen encarecer

Anprobe F prueba anprobieren probar

anpumpen umg dar un sablazo a anrechnen cargar en cuenta; imputar Anrecht N derecho m

Anrede F tratamiento m anreden dirigir la palabra a; mit Sie ~ tratar de usted a

anregen animar; estimular; fig sugerir anregend estimulante Anregung F sugerencia

Anreise F llegada Anreisetag M día de llegada

Anreiz M incentivo, aliciente

Anrichte F aparador m anrichten Speisen aderezar; fig (verursachen) causar, ocasionar

Anruf M̲ llamada f **Anrufbe-antworter** M̲ contestador automático **anrufen** llamar (por teléfono)

Ansage F̲ anuncio m **ansagen** anunciar **Ansager(in)** M̲F̲ TV presentador(a), RADIO locutor(a)

ansammeln acumular **Ansammlung** F̲ ~ von Menschen aglomeración

ansässig domiciliado (**in** dat en)

anschaffen adquirir, comprar **Anschaffung** F̲ adquisición

anschalten encender

anschauen mirar **anschaulich** expresivo; plástico **Anschauung** F̲ opinión

Anschein M̲ apariencia f; **allem ~ nach** a lo que parece **anscheinend** ADV por lo visto

anschieben Auto empujar

Anschlag M̲ cartel, anuncio, Am afiche; POL atentado; MUS pulsación f **Anschlagbrett** N̲ tablón m de anuncios

anschließen TECH, ELEK conectar; enchufar; **sich ~** asociarse (a) **anschließend (a)** ADV a continuación

Anschluss M̲ TECH conexión f, enchufe; BAHN correspondencia f, enlace; v. Gas-, Wasser acometida f **Anschlussflug** M̲ vuelo de enlace

anschnallen: sich ~ abrocharse el cinturón

anschnauzen umg echar una bronca a **anschneiden** empezar; fig abordar

anschrauben atornillar **anschreien** gritar a **Anschrift** F̲ dirección, señas fpl **anschwellen** hincharse

ansehen mirar; fig ~ **als** considerar como; **man sieht es ihm an** se le ve en la cara

Ansehen N̲ prestigio m, reputación f

ansehnlich considerable; Person de buena presencia

anseilen: sich ~ encordarse

ansetzen Termin fijar

Ansicht F̲ vista; fig opinión; **meiner ~ nach** en mi opinión; **zur ~** como muestra

Ansichtskarte F̲ (tarjeta) postal **Ansichtssache** F̲ cuestión de pareceres

Anspannung F̲ tensión

anspielen: ~ auf (akk) aludir a **Anspielung** F̲ alusión

Ansporn M̲ estímulo **anspornen** estimular, incitar

Ansprache F̲ alocución

ansprechbar: sie ist nicht ~ no se puede hablar con ella **ansprechen** V̲T̲ dirigir la palabra a; V̲I̲ agradar **ansprechend** agradable, simpático **Ansprechpartner(in)** M̲F̲ persona f de contacto

anspringen AUTO arrancar **Anspruch** M̲ pretensión f; derecho; **in ~ nehmen** ocupar; **j-n** recurrir a **anspruchslos**

modesto **anspruchsvoll** exigente

Anstalt F̲ establecimiento *m*, instituto *m*

Anstand M̲ decencia *f*, decoro **anständig** decente; respetable

anstarren mirar de hito en hito

anstatt en vez de

anstecken prender; *Ring etc* ponerse; *Zigarette* encender; MED contagiar; **sich ~** contagiarse **ansteckend** contagioso **Ansteckung** F̲ contagio *m*

anstehen hacer cola **ansteigen** subir

anstelle: ~ (von) en lugar de

anstellen *j-n* emplear; *Radio*, TV poner; *(machen)* hacer; **sich ~** hacer cola; *fig* hacer melindres

Anstieg M̲ subida *f* (*a. fig*)

anstiften instigar (**zu** a)

anstimmen entonar

Anstoß M̲ impulso; SPORT saque inicial; **~ erregen** causar escándalo; **~ nehmen an** (*dat*) escandalizarse (**de** con) **anstoßen** tropezar (**an** *akk* con); **auf j-n ~** brindar por alg

anstößig indecente, escandaloso **anstrahlen** iluminar **anstreben** aspirar a **anstreichen** *Wand etc* pintar

anstrengen cansar; **sich ~** esforzarse **anstrengend** fatigoso, penoso **Anstrengung** F̲ esfuerzo *m*

Anstrich M̲ (capa *f* de) pintura *f*

Ansturm M̲ *fig* afluencia *f*

Antarktis F̲ Antártida

Anteil M̲ parte *f*; **~ nehmen an** (*dat*) interesarse por **Anteilnahme** F̲ interés *m*; simpatía

Antenne F̲ antena

Antibabypille F̲ píldora anticonceptiva **antibakteriell** A̲D̲J̲ antibacteriano **Antibiotikum** N̲ antibiótico *m* **Antiblockiersystem** N̲ AUTO sistema *m* antibloqueo de frenos, ABS *m*

antik antiguo **Antike** F̲ antigüedad

Antikörper M̲ anticuerpo

Antipathie F̲ antipatía

Antiquariat N̲ librería *f* de lance (*od de viejo*) **antiquarisch** de lance, de ocasión **Antiquitäten** P̲L̲ antigüedades *fpl* **Antiquitätenhändler(in)** M̲I̲F̲ anticuario,-a **Antiquitätenladen** M̲ tienda *f* de antigüedades

antisemitisch antisemita **Antisemitismus** M̲ antisemitismo

Antrag M̲ solicitud *f*; instancia *f* **Antragsteller(in)** M̲I̲F̲ solicitante

antreffen encontrar **antreiben** TECH accionar; propulsar; *fig* estimular **antreten** V̲I̲ formar; V̲/̲T̲ *Reise* emprender; *Dienst* empezar **Antrieb** M̲ accionamiento; *fig* impulso; iniciativa f antun Leid hacer; causar

Antwerpen N̄ Ámbres f

Antwort F̄ respuesta, contestación antworten contestar

anvertrauen confiar; **sich j-m ~** confiarse a alg

Anwalt M̄, Anwältin F̄ abogado,-a

anwärmen calentar, templar

Anwärter(in) M̄F̄ candidato,--a, aspirante

anweisen (zuweisen) asignar; (anleiten) instruir; Platz indicar; Geld consignar; girar Anweisung F̄ instrucciones fpl; von Geld giro m

anwenden utilizar; aplicar Anwendung F̄ aplicación (a. IT, MED); uso m

anwerben Arbeiter contratar; Soldaten reclutar

anwesend presente Anwesenheit F̄ presencia

anwidern repugnar

Anzahl F̄ número m, cantidad f anzahlen pagar a cuenta Anzahlung F̄ pago m a cuenta

Anzeichen N̄ señal f; indicio m; MED síntoma m

Anzeige F̄ anuncio m; JUR denuncia (erstatten presentar) anzeigen anunciar; JUR denunciar

anziehen Kleid ponerse; Schraube, Bremse apretar; fig atraer; sich ~ vestirse anziehend atractivo

Anziehung F̄ atracción Anziehungskraft F̄ fuerza de atracción

Anzug M̄ traje, Am a. vestido

anzüglich alusivo; atrevido

anzünden encender, poner fuego a, bes Am prender

AOK F̄ (Allgemeine Ortskrankenkasse) caja local de enfermedad

Apartment N̄ apartamento m Apartmenthaus N̄ edificio m de apartamentos

apathisch apático

Aperitif M̄ aperitivo

Apfel M̄ manzana f Apfelbaum M̄ manzano Apfelkuchen M̄ tarta f de manzana Apfelmus N̄ puré m de manzana Apfelsaft M̄ zumo (Am jugo) de manzana Apfelsine F̄ naranja Apfelwein M̄ sidra f

Apostel M̄ apóstol

Apostroph M̄ apóstrofo

Apotheke F̄ farmacia Apotheker(in) M̄ (f) farmacéutico,-a

App F̄ TEL, IT aplicación f

Apparat M̄ aparato; **bleiben Sie am ~!** ¡no cuelgue!; **wer ist am ~?** ¿con quién hablo?

Appartement N̄ apartamento m

Appell M̄ fig llamamiento apellieren apelar (an akk a)

Appetit M̄ apetito; **guten ~!** ¡que aproveche! appetitlich apetitoso Appetitlosigkeit F̄ desgana, falta de apetito

Applaus M̄ aplauso

Après-Ski N̄ après-ski m

Aprikose F̲ albaricoque m; Am damasco m

April M̲ abril; **im ~ en** abril **Aprilscherz** M̲ inocentada f

Aquädukt M̲ acueducto

Aquarell N̲ acuarela f **Aquarium** N̲ acuario m

Äquator M̲ ecuador **Äquatorialguinea** N̲ Guinea f Ecuatorial

Ära F̲ era

Araber(in) M̲/F̲ árabe **Arabien** N̲ Arabia f **arabisch** árabe

Aragonien N̲ Aragón m

Arbeit F̲ trabajo m **Arbeit suchen** buscar empleo **arbeiten** trabajar **Arbeiter(in)** M̲/F̲ trabajador(a); obrero,-a **Arbeitgeber(in)** M̲/F̲ empresario,-a, patrón(-ona) **Arbeitnehmer(in)** M̲/F̲ empleado,-a; trabajador(a)

Arbeitsagentur F̲ BRD oficina de empleo; Spanien etwa Instituto m Nacional de Empleo **Arbeitsamt** N̲ oficina f de empleo **Arbeitserlaubnis** F̲ permiso m de trabajo **arbeitsfähig** capaz de trabajar **Arbeitsgruppe** F̲ grupo m de trabajo **Arbeitskräfte** PL̲ mano f de obra **Arbeitslohn** M̲ salario

arbeitslos sin trabajo, en paro **Arbeitslose(r)** M̲/F̲(M) parado,--a **Arbeitslosengeld** N̲ subsidio m de paro (od desempleo) **Arbeitslosigkeit** F̲ paro m, desempleo m

Arbeitsplatz M̲ puesto, empleo **Arbeitstag** M̲ jornada f laboral **arbeitsunfähig** incapaz para el trabajo **Arbeitsunfähigkeit** F̲ incapacidad laboral **Arbeitsunfall** M̲ accidente de trabajo **Arbeitszeit** F̲ horario m de trabajo; **gleitende ~** horario m flexible **Arbeitszimmer** N̲ estudio m, despacho m

Archäologie F̲ arqueología **Architekt(in)** M̲/F̲ arquitecto,--a **Architektur** F̲ arquitectura

Archiv N̲ archivo m

ARD F̲ primer canal de la televisión alemana

Arena F̲ arena; STIERK plaza de toros

Arganöl N̲ aceite m de argán

Argentinien N̲ Argentina f **Argentinier(in)** M̲/F̲ argentino,-a **argentinisch** argentino

Ärger M̲ disgusto; enfado **ärgerlich** fastidioso; Person enfadado **ärgern** enojar, enfadar; **sich ~ über** (akk) enfadarse por (**über** j-n con alg)

arglos confiado; ingenuo

Argument N̲ argumento m

Argwohn M̲ recelo; sospecha f **argwöhnisch** desconfiado, receloso

Arie F̲ aria

Aristokrat M̲, **Aristokratin** F̲ aristócrata

Arktis F̲ Ártico m **arktisch** ártico

arm pobre (a. fig)

Arm M̲ brazo

Armaturenbrett N̲ cuadro m de mandos

Armband N̲ pulsera f Armbanduhr F̲ reloj m de pulsera

Armee F̲ ejército m

Ärmel M̲ manga f Ärmelkanal M̲ Canal de la Mancha ärmellos sin mangas

Armenien N̲ Armenia f Armenier(in) M̲F̲ armenio,-a armenisch armenio

ärmlich, armselig pobre, miserable

Armut F̲ pobreza

Aroma N̲ aroma m

Arrest M̲ arresto

arrogant arrogante

Arsch sl M̲ culo

Art F̲ clase; a. BIOL especie; (Weise) manera; **auf diese ~ de este modo; eine ~** ... una especie de ...; **aller ~ de** todas clases

Artenschutz M̲ protección f de especies Artenvielfalt F̲ biodiversidad

Arterie F̲ arteria Arterienverkalkung F̲ arterio(e)sclerosis

Arthrose F̲ artrosis

artig bueno, formal

Artikel M̲ HANDEL, GRAM artículo

Artillerie F̲ artillería

Artischocke F̲ alcachofa

Artist(in) M̲F̲ artista (de circo)

Arznei F̲, Arzneimittel N̲ medicina f, medicamento m

Arzt M̲ médico Arzthelferin F̲ auxiliar de médico

Ärztin F̲ médica ärztlich médico; **~e Hilfe** asistencia médica

Asbest M̲ asbesto; amianto

Asche F̲ ceniza Aschenbahn F̲ SPORT pista de ceniza Aschenbecher M̲ cenicero Aschermittwoch M̲ miércoles de ceniza

aseptisch aséptico

Asiat(in) M̲F̲ asiático,-a asiatisch asiático Asien N̲ Asia f

asozial asocial

Aspekt M̲ aspecto

Asphalt M̲ asfalto asphaltieren asfaltar

Aspirin® N̲ aspirina® f

Ass N̲ as m (a. fig)

Assistent(in) M̲F̲ asistente; Universität ayudante

Ast M̲ rama f

ästhetisch estético

Asthma N̲ asma f

Astrologe M̲, Astrologin F̲ astrólogo,-a Astrologie F̲ astrología Astronaut(in) M̲F̲ astronauta Astronomie F̲ astronomía

Asturien N̲ Asturias fpl

Asyl N̲ asilo m Asylbewerber(in) M̲F̲ solicitante de asilo

Atelier N̲ estudio m; taller m

Atem M̲ aliento; **außer ~** sin aliento; **~ holen** tomar aliento Atembeschwerden PL̲ molestias fpl respiratorias atemlos sin aliento Atemnot F̲

disnea Atempause F̲ fig respiro m Atemzug M̲ inspiración f; in einem ~ de un aliento
Atheist(in) M̲F̲ ateo,-a
Athen N̲ Atenas f
Äther M̲ éter
Äthiopien N̲ Etiopía f
Athlet(in) M̲F̲ atleta
Atlantik M̲ Atlántico
atlantisch atlántico; der Atlantische Ozean el océano Atlántico
Atlas M̲ atlas
atmen respirar
Atmosphäre F̲ atmósfera; fig ambiente m
Atmung F̲ respiración atmungsaktiv Bekleidung transpirable
Atom N̲ átomo m Atom... I̲N̲ Z̲S̲S̲G̲N̲, atomar atómico, nuclear Atombombe F̲ bomba atómica Atomenergie F̲ energía atómica Atomkraftgegner M̲P̲L̲ antinucleares Atomkraftwerk N̲ central f nuclear Atommüll M̲ residuos mpl radiactivos Atomwaffen F̲P̲L̲ armas nucleares
Attachment N̲ I̲T̲ attachment m, adjunto m
Attentat N̲ atentado m Attentäter(in) M̲F̲ autor(a) del atentado
Attest N̲ certificado m
Attraktion F̲ atracción attraktiv atractivo
At-Zeichen N̲ arroba f
ätzend corrosivo (a. fig)

au! ¡ay!
Aubergine F̲ berenjena
auch también; ~ nicht tampoco; wenn ~ aunque
Audioguide M̲ audioguía f
audiovisuell audiovisual
auf 1 P̲R̲Ä̲P̲ (dat; Richtung: akk) sobre, en, encima de; ~ und ab arriba y abajo; ~ dem Land en el campo; ~ der Straße en la calle; ~ Deutsch en alemán 2 A̲D̲V̲ (offen) abierto; (aufgestanden) levantado
aufatmen fig respirar aufbahren amortizar
Aufbau M̲ construcción f; estructura f; montaje aufbauen construir; montar
aufbekommen lograr abrir
aufbereiten preparar aufbessern Gehalt aumentar
aufbewahren conservar; guardar Aufbewahrung F̲ conservación
aufbieten movilizar aufblasen inflar, hinchar aufbleiben quedar abierto; abends velar aufblenden A̲U̲T̲O̲ poner las luces de carretera aufblicken alzar la vista aufblühen abrirse; fig florecer aufbrausen fig encolerizarse aufbrechen V̲/̲T̲ romper; forzar; V̲/̲I̲ marcharse
Aufbruch M̲ marcha f, partida f
aufdecken destapar; fig descubrir aufdrängen: sich ~ imponerse aufdrehen Hahn

etc abrir **aufdringlich** importuno, pesado **Aufdruck** M̅ impresión *f*

aufeinander uno(s) sobre (*od* tras) otro(s) **aufeinanderfolgen** seguirse **aufeinanderfolgend** sucesivo **aufeinanderprallen** colisionar

Aufenthalt M̅ estancia *f*, *Am* estadía *f*

Aufenthaltserlaubnis F̅, **Aufenthaltsgenehmigung** F̅ permiso *m* de residencia **Aufenthaltsort** M̅ paradero **Aufenthaltsraum** M̅ sala *f* (de descanso)

auferlegen imponer **Auferstehung** F̅ resurrección **aufessen** comerse (todo)

auffahren chocar (**auf** *akk* contra); *fig* sobresaltarse

Auffahrt F̅ rampa; *Autobahn* acceso *m* **Auffahrunfall** M̅ accidente por alcance

auffallen llamar la atención **auffallend, auffällig** vistoso

auffangen coger (al vuelo); recoger; captar

auffassen comprender; interpretar; considerar (**als** como) **Auffassung** F̅ modo *m* de ver, concepción

auffordern invitar (**zu** a); **zum Tanz** ~ sacar a bailar **Aufforderung** F̅ requerimiento *m*; invitación

Aufforstung F̅ reforestación **auffrischen** refrescar; *Kenntnisse* reciclar **Auffrischungs-**

kurs M̅ curs(ill)o de reciclaje

aufführen citar, mencionar; THEAT representar; **sich** ~ portarse **Aufführung** F̅ THEAT representación; MUS audición

Aufgabe F̅ función; tarea; MATH problema *m*; (*Verzicht*) abandono *m* **Aufgang** M̅ escalera *f*; ASTROL salida *f* **aufgeben** Brief echar al correo; *Anzeige, Telegramm* poner; *Gepäck* facturar; (*verzichten*) renunciar a; abandonar (*a. v/i*)

aufgebracht airado; irritado

aufgehen abrirse; deshacerse; ASTROL salir; *Naht* descoserse; *Vorhang* levantarse; *Rechnung* salir bien

aufgelegt: ~ **sein zu** estar de humor para; **gut** ~ de buen humor **aufgeregt** nervioso; excitado **aufgeschlossen** abierto (a) **aufgeweckt** espabilado

aufgießen *Tee* hacer

aufgrund *gen od* ~ **von** a causa de; en razón de

aufhaben V̅T̅ *Hut* llevar puesto; V̅I̅ *Geschäft* estar abierto **aufhalten** (man)tener abierto; *fig* parar; detener; **sich** ~ contrarse; permanecer

aufhängen colgar; *Wäsche* tender **Aufhänger** M̅ tira *f* (para colgar) **Aufhängung** F̅ AUTO suspensión

aufheben recoger; (*aufbewahren*) guardar; (*abschaffen*) suprimir, abolir **aufheitern** ani-

mar; **sich ~** despejarse **Auf-
heiterungen** FPL apertura de
claros **aufhellen** aclarar **auf-
hetzen** instigar **aufholen** recobrar, recuperar; SPORT ganar
terreno **aufhören** dejar, cesar
(**zu** de); (*enden*) terminar

aufklären aclarar, esclarecer;
j-n abrir los ojos (a) **Aufklä-
rung** F aclaración

aufkleben pegar (en) **Aufkleber** M (auto)adhesivo; pegatina *f*

aufknöpfen desabotonar
aufkochen hervir **aufkom-
men** *Mode etc* surgir; *Wind* levantarse; **~ für** responder de
aufladen *a.* ELEK cargar
Auflage F *Buch* edición; JUR
condición

auflassen dejar abierto **auflauern** *j-m* acechar **Auflauf**
M agolpamiento; GASTR soufflé
auflaufen *Schiff* encallar **auf-
leben** reanimarse **auflegen**
poner, colocar; TEL colgar; *Buch*
editar **auflehnen: sich ~** rebelarse (**gegen** contra)

auflösen disolver; *in Wasser* diluir; *Geschäft* liquidar; **sich ~** di-
siparse **Auflösung** F solu-
ción, disolución

aufmachen abrir; deshacer;
sich ~ ponerse en camino **Auf-
machung** F presentación
aufmerksam atento; **~ machen** *auf (akk)* llamar la atención sobre **Aufmerksamkeit**
F atención

aufmuntern animar
Aufnahme F acogida; recepción; (*Zulassung*) admisión;
(*Tonaufnahme*) grabación;
FOTO foto **Aufnahmeprü-
fung** F examen *m* de ingreso
aufnehmen recoger; *Gast* acoger; (*zulassen*) admitir; *Geld* tomar prestado; *Protokoll* levantar; *Ton, Video* grabar
aufpassen prestar atención
(**auf** *akk* a); tener cuidado; *auf
j-n* cuidar de; **pass(en Sie) auf!**
¡cuidado!
Aufprall M choque **aufpral-
len** chocar (**contra**)
Aufpreis M suplemento
aufpumpen inflar **Auf-
putschmittel** N estimulante
m **aufraffen: sich ~** animarse
(**zu** a) **aufräumen** arreglar,
poner en orden
aufrecht en pie, *Am* parado; *a.
fig* recto **aufrechterhalten**
mantener
aufregen excitar; **sich ~ über**
(*akk*) alterarse por **aufregend**
excitante; emocionante **Aufregung** F excitación; emoción
aufreibend agotador
aufreißen abrir bruscamente;
Straße levantar **aufreizend**
provocativo **aufrichten** poner en pie, levantar; *fig* alentar;
sich ~ incorporarse
aufrichtig sincero **Aufrich-
tigkeit** F sinceridad
aufrollen enrollar; desenrollar
aufrücken avanzar

Aufruf M̲ proclama f; llamamiento; FLUG llamada f **aufrufen** llamar

Aufruhr M̲ alboroto **Aufrührer(in)** M̲(F̲) rebelde **aufrunden** redondear **Aufrüstung** F̲ rearme m **aufrütteln** sacudir **aufsagen** recitar **aufsammeln** recoger **aufsässig** rebelde **Aufsatz** M̲ composición f; (Schulaufsatz) redacción f; LIT ensayo **aufsaugen** absorber **aufschieben** aplazar

Aufschlag M̲ impacto; HANDEL recargo, suplemento; SPORT saque **aufschlagen** V̲T̲ abrir; V̲I̲ chocar (**auf** akk contra)

aufschließen abrir

aufschlussreich revelador

aufschneiden cortar; fig fanfarronear **Aufschnitt** M̲ fiambres mpl (surtidos)

aufschrecken V̲T̲ espantar; V̲I̲ sobresaltarse **Aufschrei** M̲ grito **aufschreiben** anotar

Aufschrift F̲ inscripción **Aufschub** M̲ aplazamiento; HANDEL prórroga f

aufschürfen: **sich etw** ~ escoriarse, rozarse a/c

Aufschwung M̲ fig auge

Aufsehen N̲ ~ **erregen** hacer sensación **aufsehenerregend** sensacional **Aufseher(in)** M̲(F̲) vigilante

aufsetzen Brille, Hut ponerse; Text redactar; FLUG tomar tierra

Aufsicht F̲ vigilancia, inspec-

ción **Aufsichtsrat** M̲ consejo de administración

aufspannen Schirm abrir **aufsperren** abrir (**weit** de par en par) **aufspielen**: **sich** ~ darse tono **aufspringen** saltar; Haut agrietarse; Tür abrirse de golpe **aufspüren** j-n dar con la pista de **aufstacheln** incitar

Aufstand M̲ sublevación f, insurrección f **Aufständische(n)** M̲PL̲ insurrectos

aufstapeln apilar **aufstecken** Haar recoger; umg aufgeben abandonar, dejar **aufstehen** levantarse, Am pararse; Tür estar abierto **aufsteigen** subir, ascender (a. fig)

aufstellen poner, colocar; TECH montar, instalar; SPORT alinear, formar; Kandidaten designar **Aufstellung** F̲ alineación; (Liste) lista, listado m

Aufstieg M̲ subida f, ascensión f; fig ascenso (a. SPORT)

aufstoßen V̲T̲ Tür abrir de un empujón; V̲I̲ eructar **aufstützen**: (**sich**) ~ apoyar(se) (**auf** akk en) **aufsuchen** ir a ver; Arzt consultar

Auftakt M̲ fig preludio

auftanken echar gasolina **auftauchen** emerger; fig surgir **auftauen** V̲I̲ deshelarse; V̲T̲ Kost descongelar **aufteilen** repartir

Auftrag M̲ encargo; HANDEL pedido, orden f; **im** ~ **von** por orden (od encargo) de **auftragen** Farbe etc aplicar; Speisen servir **Auftraggeber(in)** M̲F̲ comitente

auftreiben conseguir **auftrennen** Naht descoser **auftreten** pisar; Problem surgir; THEAT entrar en escena **Auftritt** M̲ THEAT (entrada f en) escena f

aufwachen despertarse **aufwachsen** criarse **aufwand** M̲ gastos mpl; lujo; despliegue **aufwärmen** recalentar **aufwärts** (hacia) arriba **aufwecken** despertar **aufweichen** ablandar

aufwenden emplear; Geld gastar **aufwendig** costoso **Aufwendungen** PL̲ gastos mpl **aufwerten** revalorizar **Aufwertung** F̲ revalorización

aufwickeln arrollar **aufwiegeln** amotinar, alborotar **aufwirbeln** levantar; **Staub** ~ fig levantar una polvareda **aufwischen** limpiar **aufzählen** enumerar

aufzeichnen dibujar; (notieren) apuntar; TV grabar **Aufzeichnung** F̲ TV etc grabación; **in e-r** ~ en diferido; **~en** pl apuntes mpl

aufziehen Uhr dar cuerda a; Vorhang descorrer; Kind criar; (necken) tomar el pelo **Aufzug** M̲ ascensor; THEAT acto; umg fig atavío **aufzwingen** imponer

Augapfel M̲ globo del ojo **Auge** N̲ ojo m; **ins ~ fallen** saltar a la vista; **ein ~ zudrücken** hacer la vista gorda; **unter vier ~n** a solas

Augenarzt M̲ oculista **Augenblick** M̲ momento, instante **augenblicklich** ADJ̲ momentáneo; ADV̲ por el momento; (sofort) al instante

Augenbraue F̲ ceja **Augenbrauenstift** M̲ lápiz de cejas **Augenfarbe** F̲ color m de los ojos **Augenhöhe** F̲ de igual a igual **Augenhöhle** F̲ cuenca del ojo **Augenlid** N̲ párpado m **Augenmaß** N̲ **nach ~** a ojo **Augenringe** PL̲ ojeras fpl **Augentropfen** M̲PL̲ colirio m **Augenzeuge** M̲ testigo ocular (od presencial)

August M̲ agosto; **im ~** en agosto

Auktion F̲ subasta, Am remate m, licitación

Aula F̲ salón m de actos; Universität paraninfo m

Au-pair-Mädchen N̲ (chica f) au pair f

aus ❶ PRÄP̲ dat örtlich de; Material de; Grund por; **~ e-m Glas trinken** beber en un vaso; **von mir ~** por mí ❷ ADV̲ Licht apagado; (zu Ende) acabado

Aus N̲ SPORT fuera m de juego **ausarbeiten** elaborar **ausarten** degenerar (**in** akk en) **ausatmen** espirar **ausbaden: es ~ (müssen)** pagar los platos rotos **ausbauen** ampliar **ausbessern** arreglar; *Wäsche* remendar **ausbeulen** TECH desabollar

Ausbeute F rendimiento *m; fig* fruto *m* **ausbeuten** explotar **Ausbeutung** F explotación

ausbilden formar, instruir **Ausbilder(in)** M|F instructor(a) **Ausbildung** F formación, instrucción

ausblasen apagar **ausbleiben** faltar; tardar **Ausblick** M̄ vista *f* **ausbrechen** *Feuer*, MED declararse; *Krieg* estallar; *Gefangene* evadirse; **in Tränen ~** romper a llorar **ausbreiten** extender **Ausbruch** M̄ *Krieg* comienzo; estallido; *(Vulkanausbruch)* erupción *f; von Gefangenen* evasión *f;* MED aparición *f* **ausbrüten** empollar, incubar **ausbuhen** *umg* abuchear **auschecken** *Hotel etc* hacer los trámites de salida

Ausdauer F perseverancia **ausdauernd** constante; persistente

ausdehnen extender; *zeitlich* alargar; **sich ~** extenderse; dilatarse **Ausdehnung** F extensión; dimensión

ausdenken: sich ~ idear, inventar

Ausdruck M̄ expresión *f;* término; IT listado; **zum ~ bringen** expresar **ausdrucken** IT imprimir

ausdrücken exprimir; *Zigaret-*

te apagar; *fig* expresar **ausdrücklich** expreso, terminante

ausdruckslos inexpresivo **ausdrucksvoll** expresivo **Ausdrucksweise** F manera de expresarse

auseinander separado **auseinanderbringen** separar **auseinandergehen** separarse; *Meinungen* diferir **auseinandernehmen** deshacer, desmontar **auseinandersetzen: sich ~ mit** enfrentarse con **Auseinandersetzung** F disputa; altercado *m*

Ausfahrt F salida

Ausfall M̄ pérdida *f*, baja *f;* TECH fallo **ausfallen** *Haare etc* caerse; *Veranstaltung* suspenderse; *Maschine* fallar **ausfallend** injurioso **Ausfallstraße** F carretera de salida **ausfegen** barrer

ausfertigen extender **Ausfertigung** F **in doppelter ~** por duplicado

ausfindig: ~ machen encontrar; localizar **Ausflüchte** F̄P̄L̄ **~ machen** buscar subterfugios **Ausflug** M̄ excursión *f* **Ausflügler(in)** M|F excursionista **Ausfluss** M̄ MED flujo **ausfragen** interrogar, sonsacar **Ausfuhr** F exportación **ausführen** ejecutar, realizar; *fig* exponer; HANDEL exportar **ausführlich** detallado, ADV en detalle **Ausführung** F ejecu-

ción, realización
ausfüllen (re)llenar
Ausgabe F̲ reparto m; (Geldausgabe) gasto m; Buch edición; IT salida
Ausgang M̲ salida f; fig desenlace; resultado **Ausgangspunkt** M̲ punto de partida
ausgeben repartir; Geld gastar; **sich ~ für** hacerse pasar por
ausgebucht completo **ausgedehnt** extenso, vasto **ausgefallen** raro, insólito **ausgeglichen** equilibrado
ausgehen salir; Ware agotarse; Geld acabarse; Licht etc apagarse; Haare caerse; **gut/schlecht ~** salir (od resultar) bien/mal; **~ von** partir de
ausgehungert famélico **ausgelassen** travieso **ausgenommen** excepto, salvo **ausgeprägt** pronunciado **ausgerechnet** justamente **ausgeschlossen** imposible; **~!** ¡ni hablar! **ausgeschnitten** Kleid escotado **ausgesprochen** ADV̲ francamente **ausgesucht** selecto, exquisito **ausgezeichnet** excelente **ausgiebig** abundante **ausgießen** verter; Gefäß vaciar
Ausgleich M̲ compensación f; SPORT empate **ausgleichen** igualar; compensar
ausgraben desenterrar **Ausgrabungen** FPL̲ excavaciones
Ausguss M̲ pila f
aushalten soportar, aguantar

aushändigen entregar **Aushang** M̲ cartel, anuncio **ausharren** perseverar **aushelfen** ayudar **Aushilfe** F̲ ayuda; Person suplente m **Aushilfskraft** F̲ auxiliar
aushorchen sondear **auskennen: sich ~ in** (dat) estar enterado de **ausknipsen** Licht apagar **auskommen: gut mit j-m ~** llevarse bien con alg; **ohne etw ~** poder pasar sin a/c **auskugeln** Gelenk dislocar
Auskunft F̲ información **auskuppeln** AUTO desembragar **auslachen** reírse de **ausladen** descargar **Auslage** F̲ escaparate m; **~n** pl (Kosten) gastos mpl **Ausland** N̲ extranjero m
Ausländer(in) M(F)̲ extranjero,-a **Ausländerfeindlichkeit** F̲ xenofobia
ausländisch extranjero
Auslandsaufenthalt M̲ estancia f en el extranjero **Auslandsgespräch** N̲ TEL conferencia f internacional **Auslandsporto** N̲ tarifa f internacional **Auslandsreise** F̲ viaje m al extranjero
auslassen Wort etc omitir; Fett derretir **auslaufen** derramarse; SCHIFF zarpar **Ausläufer** M̲ GEOG estribación f **ausleeren** vaciar **auslegen** Waren exponer; Geld adelantar; fig interpretar **ausleihen** prestar; **(sich) ~** tomar prestado

Auslese F̄ selección
ausliefern entregar; POL extraditar **Auslieferung** F̄ entrega; POL extradición
ausloggen IT (*a.* **sich ~**) desconectarse
auslöschen *Licht* apagar; *Feuer* extinguir **auslosen** sortear **auslösen** *Gefangene* rescatar; (*verursachen*) desencadenar **Auslöser** M̄ FOTO disparador **Auslosung** F̄ sorteo *m* **auslüften** airear **ausmachen** apagar; (*vereinbaren*) convenir; (*bedeuten*) significar
Ausmaß N̄ dimensión *f*
ausmerzen eliminar **ausmessen** medir
Ausnahme F̄ excepción; **mit ~ von** excepto **Ausnahmezustand** M̄ estado de excepción **ausnahmslos** sin excepción **ausnahmsweise** excepcionalmente
ausnehmen destripar; *Fisch* limpiar; *umg fig* **j-n ~** timar, desplumar a alg **ausnutzen**, **ausnützen** aprovechar(se) de **auspacken** desembalar; *Koffer* deshacer; *fig* desembuchar **ausplaudern** irse de la lengua **ausplündern** desvalijar **auspressen** exprimir **ausprobieren** probar
Auspuff M̄ escape **Auspuffgase** NPL gases *mpl* de escape **auspumpen** achicar **ausradieren** borrar **ausrangieren** eliminar **ausrauben** desvalijar, robar **ausräumen** vaciar **ausrechnen** calcular
Ausrede F̄ evasiva; excusa **ausreden**: **j-m etw ~** disuadir a alg de a/c; **~ lassen** dejar hablar
ausreichen bastar **ausreichend** bastante, suficiente
Ausreise F̄ salida **ausreisen** salir **Ausreisevisum** N̄ visado *m* (*Am* visa *f*) de salida
ausreißen arrancar; *umg fig* escaparse **ausrenken** dislocar **ausrichten** alinear; *Grüße* dar; *fig* conseguir; **j-m etw ~** dar un recado a alg **ausrotten** exterminar, erradicar
Ausruf M̄ grito; exclamación **ausrufen** exclamar **Ausrufezeichen** N̄ signo *m* de exclamación
ausruhen: (**sich**) **~** descansar
ausrüsten equipar **Ausrüstung** F̄ equipo *m*
ausrutschen resbalar
Aussage F̄ declaración (*a.* JUR); **die ~ verweigern** negarse a declarar **aussagen** declarar
ausschalten *Licht etc* apagar; ELEK desconectar; *fig* excluir, eliminar **Ausschank** M̄ venta *f* de bebidas; cantina *f*
ausscheiden V̄T separar; eliminar; MED excretar; V̄I retirarse; SPORT ser eliminado **Ausscheidung** F̄ eliminación; MED excreción; SPORT eliminatoria *f*

ausscheren AUTO salirse (**aus de**) **ausschimpfen** regañar, reñir **ausschlafen** dormir a gusto; **s-n Rausch ~** dormir la mona

Ausschlag M̅ MED erupción f, exantema; **den ~ geben** ser decisivo **ausschlagen** 1 V̅I Pferd cocear; BOT brotar; Zeiger desviarse 2 V̅/T Zahn romper; Angebot rechazar **ausschlaggebend** decisivo

ausschließen excluir **ausschließlich** exclusivo; A̅D̅V̅ exclusivamente

Ausschluss M̅ exclusión f

ausschmücken adornar, decorar **ausschmücken** recortar

Ausschnitt M̅ recorte; Kleid escote **ausschreiben** escribir en letra(s); (ausstellen) extender; öffentlich sacar a concurso; licitar **Ausschreitungen** F̅P̅L̅ excesos mpl

Ausschuss M̅ comité, comisión f; (Abfall) desecho

ausschütteln sacudir **ausschütten** verter, derramar; Gewinn repartir

aussehen 1 V̅I tener cara (**wie** de); parecer (**als ob** que); **gut/schlecht ~** tener buena/mala cara 2 **Aussehen** N̅ apariencia f; aspecto m

außen (a)fuera; **nach/von ~** hacia/de fuera

Außen... IN ZSSGN exterior **Außenaufnahmen** F̅P̅L̅ exteriores mpl **Außenbordmotor**

M̅ fuera-borda **Außengrenze** F̅ frontera f exterior **Außenhandel** M̅ comercio exterior **Außenministerium** N̅ Ministerio m de Asuntos Exteriores **Außenseite** F̅ exterior m **Außenseiter(in)** M̅(F̅) marginado,-a; SPORT outsider **Außenspiegel** M̅ AUTO retrovisor exterior

außer además de; salvo, excepto (**dass** que); **~ wenn** a no ser que; **alle ~ todos** menos; **~ sich sein** estar fuera de sí **außerdem** además

äußere exterior **Äußere(s)** N̅ exterior m

außerehelich extramatrimonial; Kind natural **außergewöhnlich** extraordinario **außerhalb** PRÄP fuera de; A̅D̅V̅ fuera, al exterior

äußerlich exterior, externo; **~ anzuwenden** MED para uso externo **äußern** expresar; **sich ~** manifestarse (**in** dat en)

außerordentlich extraordinario, singular

äußerst extremo; Preis último; A̅D̅V̅ sumamente

außerstande: ~ sein ser incapaz (**zu** de)

Äußerung F̅ declaración; fig manifestación

aussetzen V̅/T exponer (a); Belohnung ofrecer; JUR suspender; V̅I Motor etc pararse; **etw auszusetzen haben an** (dat) poner reparos a

Aussicht F̲ vista; panorama m; fig perspectiva
aussichtslos desesperado; inútil Aussichtspunkt M̲ mirador aussichtsreich prometedor Aussichtsturm M̲ mirador
aussöhnen reconciliar Aussöhnung F̲ reconciliación
aussortieren eliminar ausspannen fig descansar
aussperren cerrar la puerta a Aussprache F̲ pronunciación; (Gespräch) discusión aussprechen pronunciar; (äußern) expresar; sich ~ desahogarse; sich ~ für declararse a favor de Ausspruch M̲ dicho
ausspucken escupir ausspülen Wäsche aclarar; Mund enjuagar
ausstatten equipar, dotar (mit de) Ausstattung F̲ equipo m; AUTO equipamiento m
ausstehen estar pendiente, faltar; nicht ~ können no poder aguantar aussteigen bajar, apearse; fig retirarse ausstellen Scheck etc extender; Ware exponer Aussteller(in) M̲(F̲) expositor(a) Ausstellung F̲ exposición Ausstellungsgelände N̲ recinto m ferial aussterben extinguirse Aussteuer F̲ ajuar m Ausstieg M̲ salida f ausstopfen rellenar; Tiere disecar ausstoßen Schrei etc lanzar; j-n expulsar ausstrahlen irradiar; RADIO

emitir; radiar ausstrecken extender; sich (lang) ~ tenderse ausströmen Gas escaparse
aussuchen escoger, seleccionar
Austausch M̲ (inter)cambio; TECH recambio austauschen (inter)cambiar Austauschstudent(in) M̲(F̲) estudiante de intercambio
austeilen repartir, distribuir
Auster F̲ ostra
austoben: sich ~ desfogarse
austragen Briefe repartir; Kampf, Spiel disputar
Australien N̲ Australia f Australier(in) M̲(F̲) australiano,-a australisch australiano
austreiben expulsar austreten darse de baja; WC ir al servicio (Am al bano) austrinken beber; Glas apurar Austritt M̲ salida f; baja f austrocknen (de)secar ausüben ejercer; Amt desempenar
Ausverkauf M̲ liquidación f (total) ausverkauft agotado Auswahl F̲ elección, selección; HANDEL surtido m auswählen escoger; seleccionar
Auswanderer(in) M̲(F̲) emigrante auswandern emigrar Auswanderung F̲ emigración
auswärtig forastero; POL exterior auswärts fuera (de casa)
auswaschen lavar auswechseln cambiar
Ausweg M̲ salida f; solución f

ausweglos sin salida
ausweichen apartarse; esquivar; *fig* eludir **ausweichend** evasivo
Ausweis M carnet **ausweisen** expulsar; **sich ~** identificarse **Ausweispapiere** NPL documentación f **Ausweisung** F expulsión
ausweiten dilatar; ensanchar
auswendig de memoria
auswerten evaluar, analizar **Auswertung** F evaluación
auswickeln desenvolver **auswirken: sich ~** repercutir (**auf** akk en) **auswischen** limpiar **auswringen** retorcer **auswuchten** Rad equilibrar; Am balancear **Auswurf** M MED esputo **auszahlen** pagar **auszählen** contar **Auszahlung** F pago m
auszeichnen Waren marcar; j-n distinguir **Auszeichnung** F distinción; condecoración
Auszeit F Sport tiempo m muerto; beruflich etc **e-e ~ brauchen/nehmen** necesitar/tomar un respiro
ausziehbar extensible **ausziehen** V/T Kleid quitar(se); V/I mudarse (de casa); **sich ~** desnudarse **Ausziehtisch** M mesa f extensible
Auszubildende(r) M/F(M) aprendiz(a) m(f)
Auszug M (Buch-, Kontoauszug) extracto; Wohnung mudanza f
authentisch auténtico

Auto N auto(móvil) m, coche m, Am a. carro m **Autoapotheke** F botiquín m
Autobahn F autopista **Autobahnauffahrt** F entrada a la autopista **Autobahnausfahrt** F salida de la autopista **Autobahndreieck** N cruce m de autopista **Autobahngebühr** F peaje m **Autobahnkreuz** N cruce m de autopista **Autobahnraststätte** F área de servicio **Autobahnzubringer** M carretera f de acceso a la autopista
Autobatterie F batería
Autobiografie F autobiografía
Autobombe F coche-bomba m
Autobus M autobús m; (Reisebus) autocar m; (Überlandbus) interurbano
Autodach N techo m del vehículo
Autofähre F transbordador m, ferry m **Autofahrer(in)** M(F) automovilista, conductor(a) **Autofahrt** F kurze excursión en coche; längere viaje m en coche **Autogramm** N autógrafo m **Autokarte** F mapa m de carreteras **Autokino** N autocine m **Autokolonne** F caravana de coches
Automat M für Geld, Waren distribuidor automático, máquina f expendedora; TECH u. fig autómata **Automatik** F AUTO

cambio *m* automático **Auto-
mation** F̲ automatización
automatisch automático
Automechaniker M̲ mecánico de automóviles **Automo-
bilklub** M̲ automóvil club
autonom autónomo **Autonomie** F̲ autonomía
Autonummer F̲ (número *m*
de) matrícula
Autor(in) M̲/F̲ autor(a)
Autoradio N̲ autorradio *f* **Au-
toreifen** M̲ neumático **Autoreisezug** M̲ auto-expreso, autotrén **Autorennen** N̲ carrera *f* de automóviles **Autore-
paraturwerkstatt** F̲ taller *m*
(de reparaciones)
autorisieren autorizar **auto-
ritär** autoritario **Autorität** F̲
autoridad
Autoschlange F̲ caravana de
coches **Autoschlüssel** M̲ llave *f* de coche **Autostopp** N̲
autostop **Autotelefon** N̲ teléfono *m* (móvil) de coche
Autounfall M̲ accidente de coche **Autovermietung** F̲ alquiler *m* de coches **Autowaschanlage** F̲ autolavado
m, tren *m* (od túnel *m*) de lavado **Autowerkstatt** F̲ taller *m*
(de reparaciones) **Autozube-
hör** N̲ accesorios *mpl* de coche
Avatar M̲ *Internet* avatar
Avocado F̲ aguacate *m*
Axt F̲ hacha
Azalee F̲ azalea
Azoren PL̲ Azores *mpl*

Azubi M̲/F̲ aprendiz(a) *m(f)*.

B

B N̲ MUS si *m* bemol
Baby N̲ bebé *m* **Babyausstat-
tung** F̲ canastilla **Babyfon**®
N̲ intercomunicador *m* **Baby-
nahrung** F̲ alimentos *mpl* pa-
ra bebé **Babypause** *umg* F̲ →
Elternzeit Babysitter(in) M̲/F̲
umg canguro **Babytrageta-
sche** F̲ portabebés *m*, moisés
m
Bach M̲ arroyo
Bachelor M̲ UNIV ≈ diplomatura *f* **Bachelorstudiengang**
M̲ estudios *mpl* de grado
Backblech N̲ bandeja *f* de horno **Backbord** N̲ babor *m*
Backe F̲ mejilla
backen cocer (al horno), hor-
near; *Kuchen* hacer
Backenzahn M̲ muela *f*
Bäcker M̲ panadero **Bäckerei**
F̲ panadería **Bäckerin** F̲ pana-
dera
Backform F̲ molde *m* **Backofen** N̲ horno
Backpacker(in) M̲/F̲ *umg* mochilero,-a
Backpflaumen FPL̲ ciruelas
pasas **Backpulver** N̲ levadura
f en polvo **Backshop** M̲ ≈ panadería **Backstein** M̲ ladrillo

Bad N̄ baño m; *Ort* balneario m
Badeanzug M̄ traje de baño, bañador **Badehose** F̄ bañador m **Bademantel** M̄ albornoz, *Am* bata f de baño **Bademeister** M̄ socorrista
baden V/T bañar; V/I bañarse
Baden-Württemberg N̄ Baden-Wurtemberg m
Badeort M̄ balneario **Badeschuhe** PL zapatillas fpl de baño **Badestrand** M̄ playa f **Badetuch** N̄ toalla f de baño **Badewanne** F̄ bañera **Badezeug** N̄ utensilios mpl de baño **Badezimmer** N̄ (cuarto m de) baño m **Badezusatz** M̄: producto m para el baño; *körnig:* sales fpl de baño
Badreiniger M̄ producto de limpieza para el baño
Bagatelle F̄ bagatela
Bagger M̄ draga f; excavadora f **Baggersee** M̄ *etwa* lago artificial
Bahn F̄ SPORT pista; BAHN ferrocarril m; **mit der ~** en tren
Bahncard F̄ tarjeta de tren *(para obtener descuentos)*
Bahndamm M̄ terraplén
bahnen: **sich e-n Weg ~** abrirse camino
Bahnfahrt F̄ viaje m en tren **Bahnhof** M̄ estación f
Bahnhofshalle F̄ vestíbulo m **Bahnlinie** F̄ línea férrea **Bahnsteig** M̄ andén **Bahnübergang** M̄ (un)beschrankter ~ paso a nivel con (sin) barreras

Bahre F̄ camilla; *(Totenbahre)* féretro m
Baiser N̄ merengue m
Bakterie F̄ bacteria
balancieren balancear
bald pronto, en breve; **~ darauf** poco después; **so ~ wie möglich** cuanto antes
Baldrian M̄ valeriana f
Balearen PL Baleares fpl
Balkan M̄ Balcanes mpl
Balken M̄ viga f, madero
Balkon M̄ balcón
Ball M̄ pelota f, balón; *(Tanz)* baile
Ballaststoffe MPL fibras fpl
Ballen M̄ HANDEL bala f, bulto; MED pulpejo
Ballett N̄ ballet m
Ballon M̄ globo
Ballungsraum M̄ zona f de aglomeración
Balsam M̄ bálsamo
Balz F̄ época de celo
Bambus M̄ bambú
banal trivial, banal
Banane F̄ plátano m, *Am* banana, banano m
Band 🯱 M̄ tomo, volumen 🯲 N̄ cinta f; ANAT ligamento m; *fig* lazo m; **auf ~ aufnehmen** grabar en cinta 🯳 F̄ MUS grupo m, banda f
Bandage F̄ vendaje m **bandagieren** vendar
Bande F̄ banda; *umg* pandilla
Bänderriss M̄ rotura f de ligamento(s) **Bänderzerrung** F̄

distensión de ligamentos

bändigen domar; *fig a.* controlar

Bandit M̱ bandido

Bandmaß Ṉ cinta *f* métrica

Bandnudeln F̱P̱Ḻ tallarines *mpl* **Bandscheibe** F̱ disco *m* intervertebral **Bandscheibenvorfall** M̱ hernia *f* discal **Bandwurm** M̱ tenia *f*, solitaria *f*

bang(e) inquieto, temeroso **bangen** inquietarse (**um** por)

Bank F̱ banco *m* **Bankangestellte(r)** M̱/F̱(M̱) empleado,-a *m(f)* de banco **Bankanweisung** F̱ giro *m* bancario **Banker(in)** M̱(F̱) banquero,-a *f* **Bankier** M̱ banquero **Bankkonto** Ṉ cuenta *f* bancaria **Bankleitzahl** F̱ clave bancaria **Banknote** F̱ billete *m* de banco **bankrott** en quiebra **Bankrott** M̱ quiebra *f*; **~ machen** quebrar

bar: **in ~**, **gegen ~** al contado, en efectivo

Bar F̱ bar *m* americano; *(Theke)* barra

Bär M̱ oso

Baracke F̱ barraca

Barbar M̱ bárbaro **barbarisch** bárbaro

Barcode M̱ código *m* de barras

barfuß descalzo

Bargeld Ṉ dinero *m* (en) efectivo **bargeldlos** con cheque *bzw* por giro

Barhocker M̱ taburete de bar

Bariton M̱ barítono

Barkasse F̱ barcaza

Barkeeper M̱ barman

barmherzig compasivo; caritativo

barock barroco

Barock M̱ barroco *m*

Barometer Ṉ barómetro *m*

Barren M̱ barra *f*; SPORT (barras *fpl*) paralelas *fpl*; *Gold*: lingote

Barriere F̱ barrera **barrierefrei** sin barreras arquitectónicas **Barrikade** F̱ barricada

barsch áspero, rudo, seco

Barsch M̱ perca *f*

Barscheck M̱ cheque abierto

Bart M̱ barba *f*

Barzahlung F̱ pago *m* al contado *od* en metálico

Basar M̱ bazar

Base F̱ prima; CHEM base

Baseball M̱ béisbol

Basel Ṉ Basilea *f*

basieren basarse (**auf** *dat* en)

Basilika F̱ basílica

Basilikum Ṉ albahaca *f*

Basis F̱ base (*a. fig*)

Baske F̱ vasco **Baskenland** Ṉ País *m* Vasco **Baskenmütze** F̱ boina

Basketball M̱ baloncesto, *Am a.* básquetbol **Baskin** F̱ vasca **baskisch** vasco

Bass M̱ bajo

Bast M̱ rafia *f*; BOT líber

basteln V̱I̱ dedicarse al bricolaje; V̱/̱Ṯ hacer (a mano)

Batterie F̱ batería (*a.* AUTO), pila

Bau M̄ construcción f; edificio **Bauarbeiten** FPL obras **Bauarbeiter** M̄ obrero de la construcción

Bauch M̄ vientre **Bauchbinde** F̄ faja; *e-r Zigarre* vitola **Bauchfell** N̄ peritoneo m **Bauchfellentzündung** F̄ peritonitis **bauchfrei** *Mode* **~es T-Shirt** top m, T-Shirt m enseñando el ombligo **Bauchschmerzen** MPL dolor m de vientre **Bauchspeicheldrüse** F̄ páncreas m **Bauchtanz** M̄ danza f de vientre

Baudenkmal N̄ monumento m **bauen** construir

Bauer ➊ M̄ campesino; *Schach* peón ➋ N̄ jaula f

Bäuerin F̄ campesina **bäuerlich** campesino

Bauernhaus N̄ casa f de labor **Bauernhof** M̄ finca f, granja f **Bauernmöbel** PL muebles mpl rústicos

baufällig ruinoso **Baufirma** F̄ empresa constructora **Baugenehmigung** F̄ permiso m de construcción **Baugerüst** N̄ andamio m **Baujahr** N̄ año m de construcción (AUTO de fabricación) **Baukosten** PL gastos mpl de construcción **Baukunst** F̄ arquitectura

Baum M̄ árbol

Baumarkt M̄ tienda f de bricolaje

Baumaterial N̄ materiales mpl de construcción

Baumeister M̄ arquitecto

baumeln bambolear(se)

Baumkrone F̄ copa **Baumschule** F̄ vivero m **Baumstamm** M̄ tronco **Baumstumpf** M̄ tocón, cepellón **Baumwolle** F̄ algodón m

Bauplatz M̄ solar **Bausparen** N̄ ahorro-vivienda m **Bausparvertrag** M̄ contrato (de) ahorro-vivienda **Baustelle** F̄ obras fpl **Baustil** M̄ estilo arquitectónico **Bauunternehmer(in)** M(F) contratista (de obras) **Bauwerk** N̄ edificio m

Bayer(in) M(F) bávaro,-a **Bayern** N̄ Baviera f **bayrisch** bávaro

Bazillus M̄ bacilo

beabsichtigen tener la intención (**zu** de)

Beachball M̄ paleta f de playa **beachten** considerar, tener en cuenta; *Vorschrift* observar; **nicht ~** no hacer caso de beachtlich considerable

Beachtung F̄ atención, consideración

Beachvolleyball M̄ vóley-playa m

Beamer M̄ cañón m (de proyección)

Beamte(r) M̄ funcionario **Beamtin** F̄ funcionaria

beängstigend alarmante

beanspruchen reclamar; pretender; *Platz, Zeit* requerir **beansprucht** *Person* ocupado beanstanden protestar, reclamar (contra) Beanstandung F̲ reclamación, *Am* reclamo *m*

beantragen solicitar

beantworten contestar Beantwortung F̲ contestación

bearbeiten elaborar; TECH labrar; *Buch* refundir; *Gesuch* tramitar; THEAT *etc* adaptar Bearbeitung F̲ elaboración; refundición; adaptación

Beatmung F̲ (künstliche) ~ respiración asistida

beaufsichtigen vigilar; *Kind* cuidar Beaufsichtigung F̲ supervisión

beauftragen encargar Beauftragte(r) M̲/F(M̲) encargado,-a

bebauen urbanizar; *Land* cultivar

beben temblar

Becher M̲ vaso

Becken N̲ pila *f*; GEOG cuenca *f*; ANAT pelvis *f*; MUS platillos *mpl*

bedächtig mesurado

bedanken: sich ~ dar las gracias (bei a; für por)

Bedarf M̲ necesidad(es) *f(pl)*; demanda *f* (an *dat* de); nach ~ según fuera preciso

Bedarfshaltestelle F̲ parada discrecional

bedauerlich deplorable bedauern sentir; *j-n* compadecer Bedauern N̲ sentimiento *m*, pesar *m* bedauernswert digno de lástima; *etw* lamenta-ble

bedecken cubrir; tapar bedeckt *Himmel* cubierto

bedenken considerar, tener en cuenta Bedenken PL̲ escrúpulos *mpl* bedenklich grave

bedeuten significar, querer decir bedeutend importante, considerable Bedeutung F̲ significación, sentido *m*; importancia bedeutungslos insignificante

bedienen servir; HANDEL atender; sich ~ servirse (gen de) Bedienung F̲ servicio *m*; *Person* camarero,-a *m(f)* Bedienungsanleitung F̲ instrucciones *fpl* para el uso

Bedingung F̲ condición; unter der ~, dass a condición de que bedingungslos incondicional

bedrängen acosar, asediar Bedrängnis F̲ apuro *m*

bedrohen amenazar bedrohlich amenazador

bedrücken agobiar, oprimir bedrückend deprime bedrückt deprimido

Bedürfnis N̲ necesidad *f*

Beefsteak N̲ bistec *m*, biftec *m*

beeilen: sich ~ darse prisa, *Am* apurarse

beeindrucken impresionar beeinflussen influir (j-n, etw en alg, a/c) beeinträchtigen afectar, perjudicar

beenden acabar, terminar

beerben ser heredero de

beerdigen enterrar **Beerdigung** F̱ entierro m **Beerdigungsinstitut** Ṉ funeraria f

Beere F̱ baya

Beet Ṉ parterre m, macizo m

befahrbar transitable **befahren** circular; **stark ~** muy transitado

befangen cohibido; (*voreingenommen*) parcial

befassen: sich ~ mit ocuparse de

Befehl M̱ orden f **befehlen** mandar, ordenar **Befehlshaber(in)** M̱F̱ comandante

befestigen fijar; sujetar

befinden 1 sich ~ hallarse, encontrarse **2 Befinden** Ṉ (estado m de) salud f

befolgen seguir; observar

befördern HANDEL expedir, transportar; *im Rang* ascender, promover **Beförderung** F̱ transporte m; promoción, ascenso m

befragen interrogar; consultar

befreien liberar; *von Pflicht* eximir, dispensar **Befreiung** F̱ liberación; exención

befremden extrañar

befreunden: sich ~ mit *j-m* trabar amistad con; *etw* familiarizarse con **befreundet: ~ sein** ser amigo (**mit** de)

befriedigen satisfacer **befriedigend** satisfactorio **befriedigt** satisfecho, complaci-

do **Befriedigung** F̱ satisfacción

befristet a plazo fijo, limitado

befruchten fecundar **Befruchtung** F̱ fecundación

Befugnis F̱ competencia, autorización **befugt** autorizado (**zu** para)

Befund M̱ resultado

befürchten temer **Befürchtung** F̱ temor m

befürworten abogar por

begabt talentoso; dotado (**für** para) **Begabung** F̱ talento m

Begebenheit F̱ suceso m, acontecimiento m

begegnen *j-m* encontrar (a) **Begegnung** F̱ encuentro m

begehen *Fest* celebrar; *Verbrechen etc* cometer

begehren desear, codiciar **begehrenswert** apetecible **begehrt** solicitado

begeistern: (sich) ~ entusiasmar(se) (**für** por) **Begeisterung** F̱ entusiasmo m

begierig ávido, ansioso (**auf** *akk*, **nach** de)

begießen regar

Beginn M̱ comienzo, principio; **zu ~** al principio **beginnen** comenzar, empezar (**zu** a)

beglaubigen certificar; JUR legalizar **Beglaubigung** F̱ certificación; legalización

begleichen pagar, arreglar

begleiten acompañar (*a.* MUS) **Begleiter(in)** M̱F̱ acompañante **Begleitschreiben** Ṉ

296 ‖ Begleitung

carta *f* adjunta **Begleitung** F̲ acompañamiento *m* (*a.* MUS)
beglückwünschen felicitar (**zu** por)
begnadigen indultar **Begnadigung** F̲ indulto *m*, gracia
begnügen: sich ~ mit contentarse con
begonnen → beginnen
begraben enterrar **Begräbnis** N̲ entierro *m*
begreifen comprender, concebir **begreiflich** comprensible; **~ machen** hacer comprender
begrenzen limitar; restringir **Begrenzung** F̲ limitación
Begriff M̲ concepto, idea *f*; **im ~ sein zu** estar a punto de
begründen motivar, fundar **begründet** fundado, justificado **Begründung** F̲ motivación
begrüßen saludar **Begrüßung** F̲ salutación; bienvenida
begünstigen favorecer **Begünstigung** F̲ protección
begutachten dictaminar sobre **behaart** peludo **behäbig** tardo, espacioso
behagen agradar **behaglich** agradable; cómodo; **sich ~ fühlen** sentirse a gusto
behalten guardar; quedarse con; (*sich merken*) retener
Behälter M̲ recipiente
behandeln tratar (*a.* MED) **Behandlung** F̲ tratamiento *m*

beharren perseverar, insistir (**auf** *dat* en) **beharrlich** perseverante, insistente **Beharrlichkeit** F̲ perseverancia, persistencia
behaupten afirmar; **sich ~** mantenerse **Behauptung** F̲ afirmación
beheben *Schaden* reparar
behelfen: sich ~ mit arreglarse con **behelfsmäßig** provisional, improvisado
behelligen importunar **beherbergen** hospedar, alojar
beherrschen dominar (*a. fig*), controlar; **sich ~** dominarse, controlarse **Beherrschung** F̲ dominio *m*; **die ~ verlieren** perder los estribos
beherzigen tomar a pecho
behilflich: j-m bei etw ~ sein ayudar a alg en a/c
behindern estorbar; obstaculizar **behindert** minusválido, disminuido (**geistig** mental) **Behinderte(r)** M̲/F̲M̲ minusválido,-a **behindertengerecht** A̲D̲J̲ adaptado a personas con movilidad reducida **Behinderung** F̲ estorbo *m*; MED minusvalía, discapacidad
Behörde F̲ autoridad
behüten guardar, preservar (**vor** *dat* de)
behutsam cauteloso
bei P̲R̲Ä̲P̲ *dat* cerca de, junto a; en, de, a; **~ mir** conmigo; **~ sich haben** llevar consigo; **~ Nacht** de noche **beibehalten**

conservar **beibringen:** j-m etw ~ enseñar a/c a alg

Beichte F̲ confesión **beichten** confesar(se) **Beichtstuhl** M̲ confesionario

beide ambos, los dos; **alle ~** los dos; **eins von ~** uno de los dos **beieinander** juntos

Beifahrer(in) M̲F̲ copiloto m/f **Beifahrersitz** M̲ asiento del copiloto **Beifall** M̲ aplauso **beifügen** incluir

beige beige

Beigeschmack M̲ gustillo; fig deje **Beihilfe** F̲ subsidio m; JUR complicidad

Beil N̲ hacha f

Beilage F̲ e-r Zeitung suplemento m; GASTR guarnición **beiläufig** ADV de paso **beilegen** incluir; Streit zanjar **Beileid** N̲ pésame m; **(mein) herzliches ~!** ¡le acompaño en el sentimiento! **beiliegend** adjunto, incluido

Bein N̲ pierna f; vom Tier pata f; vom Tisch pie m

beinah(e) casi

Beinbruch M̲ fractura f de pierna

Beipackzettel M̲ hoja f informativa

beirren: sich nicht ~ lassen no dejarse desconcertar

beisammen juntos, reunidos **Beisammensein** N̲ reunión f

Beischlaf M̲ coito **Beisein** N̲ **im ~ von** en presencia de **beiseite** aparte **Beiseitelassen**

dejar a un lado **Beisetzung** F̲ sepelio m **Beisitzer(in)** M̲F̲ vocal; JUR asesor(a)

Beispiel N̲ ejemplo m; **zum ~** por ejemplo **beispielhaft** ejemplar **beispiellos** sin ejemplo, sin precedentes **beispielsweise** por ejemplo

beißen morder; fig picar **beißend** fig mordaz **Beißzange** F̲ tenazas fpl

Beistand M̲ asistencia f **beistehen** j-m asistir **Beitrag** M̲ contribución f; (Mitgliedsbeitrag) cuota f **beitragen** contribuir (**zu** a) **beitreten** ingresar en (dat) **beiwohnen** (dat) presenciar (a/c)

Beize F̲ barniz m; GASTR adobo m

beizeiten a tiempo

bejahen responder afirmativamente a **bejahend** afirmativo

bekämpfen luchar contra **Bekämpfung** F̲ lucha (+gen contra), represión (de)

bekannt conocido; **~ geben** dar a conocer; **~ machen** publicar; anunciar; **j-n ~ machen** (**mit**) presentar (a)

Bekannte(r) M̲/F̲(M̲) conocido,-a **Bekanntgabe** F̲ publicación **bekanntlich** como es sabido **Bekanntmachung** F̲ publicación; aviso m; amtlich bando m **Bekanntschaft** F̲ conocimiento m

bekehren convertir

bekennen confesar; **sich ~ zu**

hacer profesión de Bekennt-
nis N confesión f

beklagen lamentar; **sich ~
über** (akk) quejarse de **bekla-
genswert** deplorable **Be-
klagte(r)** M/F(M) JUR demandado,-a

bekleiden Amt etc desempeñar
Bekleidung F vestidos mpl,
ropa

beklemmend angustioso

bekommen recibir, obtener;
conseguir; Krankheit contraer;
Kind tener; Hunger ir teniendo;
j-m gut/schlecht ~ sentar
bien/mal a alg

bekömmlich digestible **bekräftigen** corroborar **bekreuzigen: sich ~** persignarse, santiguarse **bekümmert**
afligido **bekunden** manifestar **belächeln** sonreír de **be-
laden** cargar (**mit** de)

Belag M capa f; revestimiento

belagern sitiar; fig asediar **Belagerung** F sitio m

Belang M **von ~** importante
Belange PL intereses mpl; **be-
langen: j-n ~ wegen** demandar a alg por **belanglos** irre-
levante

belasten cargar (**mit** de); Umwelt perjudicar; Konto cargar
(en cuenta); fig preocupar

belästigen molestar, importunar **Belästigung** F molestia
Belastung F carga (a. fig)

belaufen: sich ~ auf (akk) importar, elevarse a

beleben animar; HANDEL activar **belebend** estimulante
belebt animado; Ort frecuen-
tado

Beleg M comprobante; justificante **belegen** documentar,
justificar; Platz reservar; Kurs
matricularse **Belegschaft** F
plantilla; personal m

belegt Platz ocupado; Zunge sucio; TEL comunicando, Am ocupado; **~es Brötchen** bocadillo
m

belehren instruir **Belehrung**
F instrucción

beleidigen ofender, insultar
beleidigend ofensivo, insul-
tante **beleidigt** ofendido **Beleidigung** F ofensa, insulto m

belesen leído

beleuchten alumbrar, iluminar **Beleuchtung** F alumbrado m, iluminación

Belgien N Bélgica f **Bel-
gier(in)** M(F) belga **belgisch**
belga

Belgrad N Belgrado m

belichten FOTO exponer **Belichtung** F exposición

Belichtungsmesser M fotó-
metro **Belichtungszeit** F
FOTO tiempo m de exposición

Belieben N **nach ~** a discreción **beliebig** cualquiera

beliebt querido; popular; etw
en boga **Beliebtheit** F popu-
laridad

beliefern abastecer, proveer
(**mit** de)

bellen ladrar

belohnen recompensar **Belohnung** F̄ recompensa; *für Fundsachen* gratificación

Belüftung F̄ ventilación

belügen mentir a

Belustigung F̄ diversión

bemalen pintar **bemängeln** criticar

bemerkbar: sich ~ machen hacerse notar (*od* sentir) **bemerken** notar; (*sagen*) decir, observar **bemerkenswert** notable

Bemerkung F̄ observación

bemitleiden compadecer(se de)

bemühen: sich ~ esforzarse; **sich ~ um** (*akk*) esforzarse por; solicitar; **~ Sie sich nicht!** ¡no se moleste! **Bemühung** F̄ esfuerzo *m*

benachbart vecino

benachrichtigen avisar; informar **Benachrichtigung** F̄ aviso *m*; información

benachteiligen perjudicar; discriminar **Benachteiligung** F̄ perjuicio *m*; discriminación

benehmen: sich ~ (com)portarse **Benehmen** N̄ conducta f, comportamiento *m*

beneiden envidiar (**j-n um etw** a alg **por**) a/c) **beneidenswert** envidiable

Bengel M̄ rapaz, mocoso

benommen atontado, aturdido **Benommenheit** F̄ aturdi-

miento *m*

benötigen necesitar

benutzen usar, utilizar **Benutzer(in)** M̄F̄ IT usuario,-a **Benutzername** M̄ IT nombre de usuario **Benutzeroberfläche** F̄ IT superficie f de utilización **Benutzung** F̄ uso *m*; empleo *m* **Benutzungsgebühr** F̄ tasa de utilización; *e-r Straße* peaje *m*

Benzin N̄ gasolina f; CHEM bencina f **Benzinkanister** M̄ bidón (de gasolina) **Benzinpumpe** F̄ bomba de gasolina **Benzintank** M̄ depósito de gasolina **Benzinuhr** F̄ indicador *m* de gasolina **Benzinverbrauch** M̄ consumo de gasolina

beobachten observar **Beobachter(in)** M̄F̄ observador(a) **Beobachtung** F̄ observación

bequem cómodo; *umg Person* comodón; **es sich ~ machen** ponerse cómodo **Bequemlichkeit** F̄ comodidad, confort *m*

beraten *j-n* aconsejar (a); *etw* deliberar (sobre) **Berater(in)** M̄F̄ consejero,-a, asesor(-a) **Beratung** F̄ deliberación; consulta **Beratungsstelle** F̄ consultorio *m*

berauben robar (**j-n a alg**)

berauschen: sich ~ an (*dat*) embriagarse de **berauschend** embriagador **berauscht** ebrio (*a. fig*)

berechnen calcular; HANDEL cargar (en cuenta) **berechnend** calculador **Berechnung** F̲ cálculo *m*

berechtigen autorizar, habilitar (**zu** para) **berechtigt** autorizado; *Sache* fundado **Berechtigung** F̲ autorización

Beredsamkeit F̲ elocuencia

Bereich M̲ ámbito, campo

bereichern: sich ~ (an *dat*) enriquecerse (con)

bereisen viajar por, recorrer **bereit** dispuesto (**zu** a); (*fertig*) listo (para) **bereiten** preparar; *fig* causar, dar **bereithalten** tener preparado **bereits** ya **Bereitschaft** F̲ disposición **Bereitschaftsdienst** M̲ guardia *f*

bereitstellen poner a disposición **bereitwillig** gustoso

bereuen arrepentirse de

Berg M̲ montaña *f*; *fig* montón **bergab** cuesta abajo **bergan, bergauf** cuesta arriba **Bergarbeiter** M̲ minero **Bergbahn** F̲ ferrocarril *m* de montaña **Bergbau** M̲ minería *f*

bergen salvar, rescatar **Bergführer(in)** M̲F̲ guía *f* (de montaña) **Berghütte** F̲ refugio *m* (de montaña) **bergig** montañoso **Bergkette** F̲ sierra **Bergmann** M̲ minero **Bergrutsch** M̲ desprendimiento de tierras **Bergsee** M̲ lago de montaña **Bergsteigen** N̲ alpinismo *m*, montañis-

mo *m* **Bergsteiger(in)** M̲F̲ alpinista **Bergtour** F̲ escalada, excursión por la montaña **Bergung** F̲ salvamento *m*, rescate *m* **Bergwacht** F̲ servicio *m* de salvamento (en la montaña) **Bergwanderung** F̲ excursión por la montaña **Bergwerk** N̲ mina *f*

Bericht M̲ informe, relación *f*; relato; *Zeitung* crónica *f* **berichten** informar (**über** *akk* de, sobre); relatar **Berichterstatter(in)** M̲F̲ reportero,-a; corresponsal

berichtigen rectificar; corregir **Berichtigung** F̲ rectificación; corrección

Berlin N̲ Berlín *m*

Bermudashorts F̲P̲L̲ bermuda(s) *fpl &mpl*

Bern N̲ Berna *f*

Bernstein M̲ ámbar

bersten reventar, estallar

berüchtigt de mala fama

berücksichtigen tener en cuenta; considerar **Berücksichtigung** F̲ consideración

Beruf M̲ profesión *f*; oficio; **von ~ ...** de profesión; **was sind Sie von ~?** ¿qué profesión tiene usted? **berufen** nombrar; **sich ~ auf** (*akk*) referirse a **beruflich** profesional

Berufsausbildung F̲ formación profesional **Berufsberatung** F̲ orientación profesional **Berufserfahrung** F̲ experiencia profesional **Berufs-**

schule f̅ escuela de formación profesional **Berufssportler(in)** M̅|F̅ profesional **berufstätig: ~ sein** trabajar **Berufsverkehr** M̅ tráfico en hora punta

Berufung f̅ vocación; (*Ernennung*) nombramiento m; JUR apelación; **~ einlegen** apelar

beruhen basarse, fundarse (**auf** *dat* en); **auf sich ~ lassen** dejar correr

beruhigen: (sich) ~ calmar(se), tranquilizar(se) **beruhigend** tranquilizador **Beruhigung** f̅ apaciguamiento m; **zu Ihrer ~** para su tranquilidad **Beruhigungsmittel** N̅ sedante m, calmante m

berühmt famoso, célebre **Berühmtheit** f̅ renombre m; celebridad (*a. Person*)

berühren tocar; *fig* afectar **Berührung** f̅ toque m; contacto m

besagen significar **besagt** citado, mencionado

besänftigen apaciguar

Besatzung f̅ tripulación; MIL ocupación **Besatzungsmitglied** N̅ FLUG, SCHIFF tripulante m

besaufen *sl* **sich ~** emborracharse

beschädigen deteriorar, estropear **Beschädigung** f̅ deterioro m, desperfecto m

beschaffen 1̲ V̅|T̅ proporcionar, facilitar 2̲ ADJ hecho Be-

schaffenheit f̅ estado m; índole

beschäftigen ocupar, dar trabajo; **sich ~ mit** ocuparse de (*od en*) **beschäftigt** ocupado; empleado **Beschäftigung** f̅ ocupación; empleo m

beschämen avergonzar **beschämend** vergonzoso

Bescheid M̅ respuesta f; **~ wissen** estar al corriente; **~ geben** avisar

bescheiden modesto **Bescheidenheit** f̅ modestia

bescheinigen certificar; **den Empfang ~** acusar recibo (**von** de) **Bescheinigung** f̅ certificado m

Bescherung f̅ reparto m de regalos; **schöne ~!** ¡estamos listos!

bescheuert *umg* chiflado, chalado **beschießen** tirar sobre, *Am* abalear **beschimpfen** insultar

Beschlag M̅ **in ~ nehmen** embargar; ocupar **beschlagen** V̅|T̅ *Pferd* herrar; V̅|I̅ *Glas* empañarse; ADJ *fig* versado **Beschlagnahme** f̅ confiscación **beschlagnahmen** confiscar

beschleunigen acelerar **Beschleunigung** f̅ aceleración

beschließen resolver, decidir **Beschluss** M̅ decisión f

beschmieren embadurnar **beschmutzen** ensuciar **beschneiden** recortar; *Pflanzen* podar **beschönigen** cohonestar, colorear

beschränken limitar; reducir; **sich ~ auf** (akk) limitarse a beschränkt limitado, restringido; *geistig* corto de alcances **Beschränkung** F̱ limitación; restricción

beschreiben describir **Beschreibung** F̱ descripción

beschriften marcar, rotular **Beschriftung** F̱ inculpación

beschuldigen (in)culpar **Beschuldigung** F̱ inculpación

Beschuss M̱ fuego

beschützen proteger, amparar **Beschützer(in)** M̱F̱ protector(a)

Beschwerde F̱ reclamación; queja **Beschwerden** P̱Ḻ MED molestias *fpl* **beschweren: sich ~ über** (akk) quejarse de; reclamar (akk) **beschwerlich** oneroso, fatigoso

beschwichtigen calmar, apaciguar **beschwingt** animado, alegre **beschwipst** achispado **beschwören** *etw* jurar **beseitigen** eliminar

Besen M̱ escoba f

besessen poseído; obseso

besetzen MIL, *Platz* ocupar; *Stelle* cubrir **besetzt** estar ocupado (a. TEL); (voll) completo **Besetztzeichen** Ṉ señal f de ocupado **Besetzung** F̱ MIL ocupación; THEAT reparto m

besichtigen inspeccionar; visitar **Besichtigung** F̱ inspección; visita

besiedelt: dicht ~ densamente

poblado

besiegen vencer

besinnlich pensativo **Besinnung** F̱ conocimiento m, sentido m; **die ~ verlieren** perder el conocimiento; **zur ~ kommen** recobrar el conocimiento; *fig* entrar en razón **besinnungslos** inconsciente

Besitz M̱ posesión f; propiedad f **besitzen** poseer **Besitzer(in)** M̱F̱ dueño,-a; propietario,-a

besoffen *umg* borracho

besondere particular; especial; **~ Kennzeichen** npl señas fpl particulares; **nichts Besonderes** nada del otro mundo **Besonderheit** F̱ particularidad

besonders especialmente; sobre todo

besonnen A̱ḎJ̱ prudente

besorgen procurar; ir por **Besorgnis** F̱ preocupación **besorgniserregend** alarmante **besorgt** preocupado; **~ sein (um)** inquietarse (por) **Besorgung** F̱ recado m; **~en machen** ir de compras

besprechen discutir; *Buch* reseñar; **sich ~** entrevistarse **(mit** con) **Besprechung** F̱ conferencia, entrevista; LIT reseña

besser mejor; **um so** (od **desto**) **~ tanto mejor; es geht mir ~** estoy mejor **bessern: (sich) ~** mejorar **Besserung** F̱ mejo-

ría; **gute ~!** ¡que se mejore!
Bestand M̲ duración f; HAN-
DEL existencias fpl **beständig**
constante, a. Wetter estable;
(andauernd) continuo
Bestandsaufnahme F̲ inventario m **Bestandteil** M̲ parte
f (integrante); componente,
elemento
bestätigen confirmar; **den
Empfang ~** acusar recibo **Bestätigung** F̲ confirmación
Bestattung F̲ sepultura **Bestattungsinstitut** N̲ funeraria f
beste(r, -s) mejor; **am ~n** lo
mejor; **der erste Beste** el primero que se presente
bestechen sobornar **bestechlich** sobornable, corruptible **Bestechung** F̲ soborno m; corrupción
Besteck N̲ cubertería f; einzel-
nes cubierto m
bestehen V̲T̲ Examen aprobar;
V̲I̲ existir; **~ auf** (dat) insistir
en; **~ aus** componerse de,
constar de
bestehlen robar **besteigen**
subir a; Berg a. escalar; Pferd
montar a
bestellen Ware, im Restaurant
pedir; encargar; j-n citar a; Zimmer reservar; j-m etw dar un recado (a. alg) **Bestellnummer**
F̲ número m de pedido **Be-
stellschein** M̲ nota f de pedido **Bestellung** F̲ pedido m,
orden; **auf ~** por encargo

bestenfalls en el mejor de los
casos **bestens** óptimamente
Bestie F̲ bestia
bestimmen determinar, decidir; (festlegen) fijar; (ausersehen)
destinar; (anordnen) disponer
bestimmt A̲D̲I̲ cierto; fijo; de-
terminado, decidido; A̲D̲V̲ seguramente **Bestimmtheit** F̲
mit ~ con certeza **Bestimmung** F̲ disposición; fig destino m **Bestimmungsort** M̲
(lugar de) destino
Bestleistung F̲ SPORT mejor
marca
bestrafen castigar **Bestra-
fung** F̲ castigo m
bestrahlen irradiar; MED tratar
con rayos **Bestrahlung** F̲ radioterapia
bestreiten negar; Kosten cubrir
bestreuen espolvorear (**mit**
de)
bestürzt consternado, desconcertado **Bestürzung** F̲ cons-
ternación
Besuch M̲ visita f; (Teilnahme)
asistencia f **besuchen** visitar;
ir a ver; Schule a; Vortrag etc
asistir a **Besucher(in)** M̲F̲ visitante **Besuchervisum** N̲ visado m de turista **Besuchs-
zeit** F̲ horas fpl de visita
betasten palpar
betätigen accionar; **sich ~** actuar (**als de**) **Betätigung** F̲ actividad; TECH accionamiento m
betäuben anestesiar; fig atur-
dir **Betäubung** F̲ anestesia

(**örtliche** local) **Betäubungsmittel** N̄ narcótico m, anestésico m

Bete F̄: **Rote ~** remolacha roja

beteiligen: sich ~ an (dat) tomar parte en, participar en **Beteiligung** F̄ participación

beten orar, rezar

beteuern aseverar

Bethlehem N̄ Belén m

Beton M̄ hormigón, Am concreto

betonen acentuar; fig a. subrayar **Betonung** F̄ acento m

Betr. (Betreff) objeto

Betracht M̄ in **~ ziehen** tomar en consideración; **nicht in ~ kommen** no venir al caso **betrachten** contemplar; fig considerar (**als** como)

beträchtlich considerable

Betrachtung F̄ contemplación

Betrag M̄ importe, cantidad f **betragen** ascender a, importar; **sich ~** (com)portarse **Betragen** N̄ comportamiento m, conducta f

Betreff M̄ asunto, objeto **betreffen** concernir, afectar; **was mich betrifft** en cuanto a mí **betreffend** respectivo **betreffs** en cuanto a, respecto a **betreiben** dedicarse a

betreten entrar en; ADJ fig cortado; **Betreten verboten!** ¡prohibido el paso!

betreuen atender a, cuidar (a, de) **Betreuer(in)** M̄/F̄ e-r Reise-,

Jugendgruppe acompañante; SPORT cuidador(a)

Betrieb M̄ empresa f; TECH funcionamiento, (a. fig) marcha f; fig animación f; **in ~ sein** funcionar; **außer ~** fuera de servicio; no funciona; **in ~ setzen** poner en marcha

Betriebsferien PL vacaciones fpl de la empresa **Betriebsleitung** F̄ gestión de la empresa **Betriebsrat** M̄ comité de empresa **Betriebsstörung** F̄ fallo técnico **Betriebsunfall** M̄ accidente de trabajo **Betriebswirtschaft** F̄ ciencias fpl empresariales

betrinken: sich ~ emborracharse

betroffen afectado

betrogen → betrügen

betrübt afligido, triste

Betrug M̄ engaño, estafa f; JUR fraude

betrügen engañar; estafar **Betrüger(in)** M̄/F̄ estafador(a) **betrügerisch** fraudulento

betrunken borracho **Betrunkene(r)** M̄/F(M) borracho,-a

Bett N̄ cama f; **zu ~ gehen** acostarse **Bettbezug** M̄ funda f nórdica **Bettcouch** F̄ sofá-cama m **Bettdecke** F̄ manta; (Überdecke) colcha

betteln mendigar

Bettlaken N̄ sábana f

Bettler(in) M̄/F̄ mendigo,-a

Bettruhe F̄ reposo m en cama

Betttuch N̄ sábana f Bett-

vorleger M̲ alfombrilla f
Bettwäsche F̲ ropa de cama
beugen doblar; *fig* doblegar;
sich ~ *fig* rendirse
Beule F̲ bollo m, abolladura;
am Kopf chichón m
beunruhigen inquietar, preocupar
beurteilen juzgar de **Beur-
teilung** F̲ juicio m
Beute F̲ presa; *(Diebesbeute)* botín m **Beutel** M̲ bolsa f
Bevölkerung F̲ población
bevollmächtigen autorizar;
apoderar **Bevollmächtig-
te(r)** M̲/F̲(M̲) apoderado,-a
bevor antes de *(inf)*; antes de
que **bevorstehen** estar próximo; ser inminente **bevorzugen** preferir; *j-n* favorecer
bewachen vigilar **Bewa-
cher(in)** M̲/F̲ vigilante, guarda
Bewachung F̲ custodia, vigilancia
bewaffnen armar **Bewaffnung** F̲ armamento m
bewahren conservar; guardar;
~ vor *(dat)* preservar de
bewähren: sich ~ acreditarse;
dar (buen) resultado **bewährt**
acreditado **Bewährung** JUR
mit ~ condicional
bewaldet boscoso
bewältigen superar; *Aufgabe*
llevar a cabo
bewässern regar **Bewässerung** F̲ riego m
bewegen mover; *fig* conmover
bewegend conmovedor **Be-**

weggrund M̲ móvil **beweglich** móvil; *fig* ágil **Bewegung** F̲ movimiento m; *fig*
emoción; **in ~ setzen** poner
en marcha **Bewegungsfrei-
heit** F̲ libertad de acción **be-
wegungslos** inmóvil
Beweis M̲ prueba f **beweisen**
probar; demostrar **Bewei-
stück** N̲ prueba f; cuerpo m
del delito
bewerben: sich ~ um solicitar
(akk) **Bewerbung** F̲ solicitud
Bewerbungsgespräch N̲
entrevista f personal **Bewer-
bungsschreiben** N̲ solicitud
f de trabajo
bewerten evaluar; *a. im Internet* valorar **Bewertung** F̲ va-
loración, evaluación
bewilligen otorgar, conceder
Bewilligung F̲ otorgamiento
m; concesión
bewirken causar, originar
bewirten agasajar; obsequiar
bewirtschaften explotar
Bewirtung F̲ agasajo m
bewohnbar habitable **be-
wohnen** habitar **Bewoh-
ner(in)** M̲/F̲ habitante; *(Mie-
ter,-in)* inquilino,-a
bewölken: sich ~ nublarse
bewölkt *Himmel* nublado **Bewölkung** F̲ nubosidad
bewundern admirar **bewundernswert** admirable **Bewunderung** F̲ admiración
bewusst *fig* consabido; ADV
conscientemente; de propósi-

to; **sich e-r Sache ~ sein** ser consciente de a/c **bewusstlos** sin conocimiento; **~ werden** desmayarse **Bewusstlosigkeit** F̲ desmayo m **Bewusstsein** N̲ conciencia f; MED conocimiento m; **bei ~** consciente

bezahlen pagar **bezahlt** pagado; **sich ~ machen** valer la pena **Bezahlung** F̲ pago m **bezaubernd** encantador **bezeichnen** marcar; señalar; **~ als** calificar de **bezeichnend** significativo; típico **Bezeichnung** F̲ denominación, nombre m **bezeugen** atestiguar, testimoniar

beziehen *Haus* ocupar, instalarse en; *Ware* comprar; *Rente, Gehalt* cobrar, percibir; *Bett* poner ropa a; **sich ~** *Himmel* encapotarse; **sich ~ auf** (*akk*) referirse a **Beziehung** F̲ relación; **in jeder ~** en todos los aspectos **beziehungsweise** o sea **Bezirk** M̲ distrito **Bezug** M̲ *von Möbeln* funda f; HANDEL compra f; *von Rente etc* percepción f; *fig* referencia f (**auf** *akk* a); **~ nehmen auf** (*akk*) referirse a; **in ~ auf** (*akk*) respecto a **bezüglich** (*gen*) referente (a) **bezwecken** proponerse **bezweifeln** dudar de **bezwingen** vencer; *fig* dominar **BH** M̲ (Büstenhalter) sujetador

Bhf. → **Bahnhof** **Bibel** F̲ Biblia **Biber** M̲ castor **Bibliothek** F̲ biblioteca **Bibliothekar(in)** M̲(F̲) bibliotecario,-a

biegen torcer, doblar; **um die Ecke ~** doblar la esquina **biegsam** flexible **Biegung** F̲ recodo m; curva **Biene** F̲ abeja **Bienenstich** M̲ picadura f de abeja **Bienenstock** M̲ colmena f **Bier** N̲ cerveza f (**helles** rubia; **dunkles** negra); **~ vom Fass** cerveza de barril **Biergarten** M̲ cervecería f al aire libre **Bierkrug** M̲ jarra f **Biest** N̲ *umg* mal bicho m **bieten** ofrecer; *Versteigerung* pujar; **sich ~** presentarse; **sich nicht ~ lassen** no tolerar **Bikini** M̲ bikini **Bilanz** F̲ balance m; balanza; **~ ziehen** hacer balance **Bild** N̲ imagen f; MAL cuadro m; FOTO foto f; **im ~e sein** estar enterado **bilden** formar; (*ausmachen*) constituir; **~de Künste** fpl artes plásticas **Bilderbuch** N̲ libro m de estampas **Bildergalerie** F̲ galería de pinturas **Bildhauer(in)** M̲(F̲) escultor(a) **bildlich** figurativo **Bildschirm** M̲ pantalla f **Bildschirmschoner** M̲ salvapantallas **Bildschirmtext** M̲ videotex

Bildung F̲ cultura; educación; formación

Billard N̲ billar m **Billardstock** M̲ taco

billig barato **billigen** aprobar

Billigflug M̲ vuelo de bajo coste **Billigung** F̲ aprobación **Billigware** F̲ gama baja

Bimsstein M̲ piedra f pómez

bin → sein

Binde F̲ venda; (Damenbinde) compresa **Bindegewebe** N̲ tejido m conjuntivo

Bindehaut F̲ conjuntiva **Bindehautentzündung** F̲ conjuntivitis

binden atar; Buch encuadernar **Bindestrich** M̲ guión **Bindfaden** M̲ cordel; bramante **Bindung** F̲ am Ski fijación; fig vínculo m

binnen PRÄP dat en, dentro de; ~ **Kurzem** dentro de poco

Binnen- IN ZSSGN interior **Binnenhafen** M̲ puerto fluvial od interior **Binnenmarkt** M̲: **europäischer** ~ mercado único

Binse F̲ junco m

bio umg ecológico **Bioei** N̲ huevo m ecológico

Biografie F̲ biografía

Bioladen M̲ tienda f de productos naturales **Biologie** F̲ biología **biologisch** biológico; ~ **abbaubar** biodegradable

Biomüll M̲ residuos mpl biológicos **Bioprodukt** N̲ producto m ecológico **Biosphären-**

reservat N̲ reserva f de la biosfera **Biosprit** M̲ biocombustible **Biotonne** F̲ contenedor m para basura orgánica **Biotop** M/N̲ biotopo m

Birke F̲ abedul m

Birnbaum M̲ peral **Birne** F̲ pera; ELEK bombilla

bis hasta, a; ~ **jetzt** hasta ahora; ~ **auf** (akk) excepto, menos; **2** ~ **3 Tage** dos o tres días

Bischof M̲, **Bischöfin** F̲ obispo

bisher hasta ahora

Biskaya F̲ Vizcaya

Biskuit N̲ bizcocho m

biss → beißen

Biss M̲ mordedura f

bisschen: ein ~ un poco

Bissen M̲ bocado, bocado; **bissig** mordedor; fig mordaz **Bisswunde** F̲ mordedura

bist → sein

bisweilen a veces

bitte por favor; auf Dank no hay de qué, de nada; **wie** ~? ¿cómo dice(s)?, ¿mande? **Bitte** F̲ ruego m **bitten** rogar; pedir (j-n um etw a/c a alg)

bitter amargo

Black Box F̲ caja f negra

Blähungen FPL flatos mpl

Blamage F̲ umg plancha **blamieren** comprometer; **sich** ~ umg meter la pata

blank pulido; umg ~ **sein** estar sin blanca

Bläschen N̲ MED vesícula f

Blase F̲ burbuja; MED ampolla;

ANAT vejiga **blasen** soplar; MUS tocar **Blasenentzündung** F cistitis

Blasinstrument N instrumento m de viento **Blaskapelle** F charanga, banda

blass pálido

Blatt N hoja f

blättern hojear (in dat a/c)

Blätterteig M hojaldre

Blattlaus F pulgón m

blau adj; umg fig borracho; **~er Fleck** cardenal m, moratón m **blauäugig** de ojos azules

Blaubeere F arándano m

Blauhelm M casco azul

Blaukraut N lombarda f

bläulich azulado

Blaulicht N luz f azul **blaumachen** umg hacer fiesta

Blazer M Mode: blazer m

Blech N hojalata f, chapa f; MUS metal m **Blechdose** F lata **blechen** umg aflojar la mosca **Blechschaden** M daños mpl en la carrocería

Blei N plomo m

bleiben quedarse; seguir; **~ lassen** dejar (de hacer); **es bleibt dabei** quedamos en lo convenido **bleibend** permanente, duradero

bleich pálido **bleichen** blanquear

bleifrei sin plomo

Bleistift M lápiz **Bleistiftspitzer** M sacapuntas

Blende F FOTO diafragma m **blenden** cegar; fig deslum-

brar **blendend** deslumbrante

Blick M mirada f; (Aussicht) vista f; **auf den ersten ~** a primera vista **blicken** mirar; **sich ~ lassen** dejarse ver

blind ciego; **~er Alarm** falsa alarma f; **~er Passagier** polizón m **Blinddarm** M apéndice **Blinddarmentzündung** F apendicitis **Blinde(r)** M/F(M) ciego,-a, invidente

Blindenhund M perro lazarillo **Blindenschrift** F escritura Braille **Blindenstock** M bastón m blanco od para invidentes

Blindheit F ceguera **blindlings** a ciegas

blinken relucir; AUTO poner el intermitente **Blinker** M AUTO intermitente **Blinklicht** N luz f intermitente

blinzeln parpadear

Blitz M relámpago; (Blitzschlag) rayo; FOTO umg flash; **automatischer ~** autoflash **Blitzableiter** M pararrayos **blitzen** relampaguear **Blitzer** umg radar m de control de velocidad **Blitzlicht** N FOTO flash m **Blitzschlag** M rayo **blitzschnell** (rápido) como un rayo

Block M bloque (a. POL); (Schreibblock) bloc; (Häuserblock) manzana f **Blockade** F bloqueo m **Blockflöte** F flauta dulce **Blockhaus** N cabaña f de madera **blockieren** bloquear **Blockschrift** F caracte-

res *mpl* de imprenta
blöd(e) imbécil, tonto
Blödsinn N̄ tontería f, disparate **blödsinnig** idiota; imbécil
Blog M̄ IT blog, bitácora f **Blogeintrag** M̄ entrada f de blog, post m **bloggen** bloguear **Blogger(in)** M̄/F̄ blogger *m/f*
blöken *Schaf* balar
blond rubio **blondiert** teñido de rubio **Blondine** F̄ rubia
bloß (nur) mero; A̅D̅V̅ sólo **bloßstellen** comprometer
Blouson M̄ cazadora f
Bluejeans P̄L̄ vaqueros *mpl*, tejanos *mpl*
Bluff M̄ bluf(f), farol **bluffen** echarse un farol
blühen florecer **blühend** floreciente; *Fantasie* exuberante
Blume F̄ flor; *von Wein* buqué m
Blumenbeet N̄ parterre m; macizo m de flores **Blumengeschäft** N̄ floristería f **Blumenkohl** M̄ coliflor f **Blumenstrauß** M̄ ramo de flores **Blumentopf** M̄ maceta f, tiesto **Blumenvase** F̄ florero m
Bluse F̄ blusa
Blut N̄ sangre f **Blutalkohol** M̄ alcoholemia f **Blutbank** F̄ banco m de sangre **Blutbild** N̄ cuadro m hemático **Blutdruck** M̄ presión f; **den ~ messen** tomar la tensión **Blutdruckmesser** M̄ tensiómetro

Blüte F̄ flor; *(Blütezeit)* florescencia
Blutegel M̄ sanguijuela f **bluten** echar sangre, sangrar **Bluter** M̄ hemofílico **Bluterguss** M̄ hematoma **Blutfleck** M̄ mancha f de sangre **Blutgefäß** N̄ vaso m sanguíneo **Blutgruppe** F̄ grupo m sanguíneo **Bluthochdruck** M̄ hipertensión f **blutig** sangriento **Blutkreislauf** M̄ circulación f sanguínea **Blutprobe** F̄ análisis m de sangre **Blutspender(in)** M̄/F̄ donante m de sangre **blutstillend** hemostático **Bluttransfusion** F̄ transfusión de sangre **Blutung** F̄ hemorragia **Blutuntersuchung** F̄ análisis m de sangre **Blutvergiftung** F̄ septicemia f **Blutverlust** M̄ pérdida f de sangre **Blutwurst** F̄ morcilla f
Blutzucker M̄ M̄E̅D̅ glucemia f **Blutzuckermessgerät** N̄ glucómetro m
BLZ F̄ A̅B̅K̅ (Bankleitzahl) clave bancaria
BMI M̄ A̅B̅K̅ (Body-Mass-Index) IMC m (índice de masa corporal)
BND M̄ (Bundesnachrichtendienst) Servicio Federal de Inteligencia
Bö F̄ *(Wind)* racha
Bob M̄ SPORT bob(sleigh) **Bobbahn** F̄ pista de bob
Bock M̄ *Gestell* caballete; SPORT potro; *(Ziegenbock)* macho ca-

brío; *umg fig* ~ haben no tener (ningunas) ganas de a/c **bockig** tozudo

Bockwurst F̲ *etwa* salchicha

Boden M̲ suelo; (*Erde*) tierra f; (*Dachboden*) desván; *Gefäß:* fondo **bodenlos** sin fondo; *fig* increíble, inaudito **Bodenpersonal** N̲ personal m de tierra **Bodenschätze** MPL riquezas fpl del subsuelo **Bodensee** M̲ Lago de Constanza

Body M̲ *Mode:* body m **Bodybuilding** N̲ culturismo m

Bogen M̲ arco (*a.* MUS); curva f; *Papier* hoja f **Bogengang** M̲ ARCH arcada f **Bogenschießen** N̲ tiro m con arco

Bohne F̲ judía, alubia, *Am* frijol m; **dicke** ~ haba; **grüne** ~ judías verdes **Bohnenkaffee** M̲ café en grano **Bohnenkraut** N̲ ajedrea f

bohnern encerar **Bohnerwachs** N̲ cera f (para pisos)

bohren taladrar **Bohrer** M̲ taladro, barrena f; MED torno **Bohrmaschine** F̲ taladradora **Bohrturm** M̲ torre f de perforación **Bohrung** F̲ sondeo m, perforación

Boiler M̲ calentador de agua

Boje F̲ boya, baliza

Bolivianer(in) M̲F̲ boliviano,-a **bolivianisch** boliviano **Bolivien** N̲ Bolivia f

bombardieren bombardear **Bombe** F̲ bomba **Bombenanschlag** M̲ atentado con bomba **Bombendrohung** F̲ amenaza de bomba **Bombenerfolg** M̲ *umg* exitazo

Bon M̲ bono, cupón; (*Kassenbon*) ticket

Bonbon M̲ caramelo

boomen *Geschäft* prosperar; *Wirtschaft* experimentar un auge

Boot N̲ bote m, barca f **Bootsfahrt** F̲ viaje m; *kleinere* paseo m en barca **Bootssteg** M̲ embarcadero **Bootsverleih** N̲ alquiler de botes

Bord ◼◼◼ N̲ bordo; **an** ~ a bordo; **an** ~ **gehen** subir a bordo, embarcarse; **von** ~ **gehen** desembarcarse; **Mann über** ~! ¡hombre al agua! ◼◼◻ N̲ (*Regalbrett*) estante m

Bordeaux N̲ Burdeos f

Bordell N̲ burdel m

Bordkarte F̲ FLUG tarjeta de embarque **Bordstein** M̲ bordillo (de la acera)

borgen prestar

Börse F̲ HANDEL Bolsa; (*Geldbörse*) monedero m **Börsenmakler(in)** M̲F̲ corredor(a) de Bolsa

Borste F̲ cerda

Borte F̲ pasamano m

bösartig malo; MED maligno **Bösartigkeit** F̲ malicia

Böschung F̲ talud m

böse malo; ~ **sein** estar enfadado (**auf** *akk*, **mit** con)

boshaft malicioso **Bosheit** F̲

maldad, malicia

Bosnien N̄ Bosnia f **Bosnier(in)** M̄F̄ bosnio,-a bosnisch bosnio

Bosporus M̄ Bósforo

Boss M̄ umg jefe

böswillig malévolo

Botanik F̄ botánica **botanisch:** **~er Garten** jardín m botánico

Bote M̄ **Botin** F̄ mensajero,-a

Botschaft F̄ mensaje m; POL embajada **Botschafter(in)** M̄F̄ embajador(a)

Bottich M̄ cuba f, tina f

Bouillon F̄ consomé m, caldo m

Boulevard M̄ bulevar **Boulevardpresse** F̄ prensa amarilla

Boutique F̄ boutique

Bowle F̄ cap m; ponche m

Bowling N̄ bolos mpl americanos, bowling m

Box F̄ box m **boxen** boxear **Boxen** N̄ boxeo m **Boxer** M̄ boxeador; Hund bóxer **Boxershorts** P̄L̄ (calzoncillos mpl) bóxers mpl **Boxkampf** M̄ boxeo

Boykott M̄ boicot(eo) **boykottieren** boicotear

brachte → **bringen**

Branche F̄ ramo m **Branchenverzeichnis** N̄ TEL páginas fpl amarillas

Brand M̄ incendio; MED gangrena f; **in ~ geraten** inflamarse; **in ~ stecken** pegar fuego a **Brandblase** F̄ ampolla

Brandenburg N̄ Brandeburgo

m

Brandgeruch M̄ olor a quemado **Brandsalbe** F̄ pomada para quemaduras **Brandstifter(in)** M̄F̄ incendiario,-a **Brandstiftung** F̄ incendio m provocado

Brandung F̄ oleaje m

Brandwunde F̄ quemadura

brannte → **brennen**

Branntwein M̄ aguardiente

Brasilianer(in) M̄F̄ brasileño,-a **brasilianisch** brasileño **Brasilien** N̄ Brasil m

braten asar; freír **Braten** M̄ asado **Bratensaft** M̄ jugo del asado

Bratfisch M̄ pescado frito **Brathähnchen** N̄ pollo m asado **Bratkartoffeln** F̄P̄L̄ patatas doradas **Bratpfanne** F̄ sartén **Bratrost** M̄ parrilla f **Bratsche** F̄ viola **Bratspieß** M̄ asador **Bratwurst** F̄ salchicha (frita)

Brauch M̄ costumbre f **brauchbar** útil, utilizable **brauchen** necesitar; **man braucht nur ...** no hay más que (inf)

Braue F̄ ceja

Brauerei F̄ fábrica de cerveza **braun** marrón; Haar castaño; Haut moreno; **~ gebrannt** bronceado, moreno

Bräune F̄ (Sonnenbräune) bronceado m **bräunen** tostar; do-rar; Haut broncear

Braunkohle F̄ lignito m

Braunschweig Brunswick
Brause $\overline{F}$ *(Dusche)* ducha
Braut $\overline{F}$ novia **Bräutigam** $\overline{M}$
novio **Brautpaar** $\overline{N}$ novios
mpl
brav bueno, formal
BRD $\overline{F}$ *(Bundesrepublik
Deutschland)* República Federal de Alemania
Brechdurchfall $\overline{M}$ colerina *f*
Brecheisen $\overline{N}$ palanqueta *f*
brechen $\overline{V/T}$ romper, quebrar;
$\overline{V/I}$ quebrarse; MED vomitar
Brechmittel $\overline{N}$ vomitivo *m*
Brechreiz $\overline{M}$ náuseas *fpl*, ganas *fpl* de vomitar
Brei $\overline{M}$ papilla *f*; *(Püree)* puré
breit ancho **Breite** $\overline{F}$ anchura;
GEOG latitud **Breitengrad** $\overline{M}$
grado de latitud **Breitwand**
$\overline{F}$ pantalla panorámica
Bremsbelag $\overline{M}$ guarnición *f
(od* forro) de freno **Bremse** $\overline{F}$
freno *m*; ZOOL tábano *m*
bremsen frenar **Bremsflüssigkeit** $\overline{F}$ líquido *m* de freno
Bremslicht $\overline{N}$ luz *f* de frenado
Bremspedal $\overline{N}$ pedal *m* de
freno **Bremsspur** $\overline{F}$ huella
del frenado **Bremsweg** $\overline{M}$ distancia *f* de frenado
brennbar inflamable, combustible **brennen** $\overline{V/I}$ arder, *(a.
Sonne)* quemar; *Licht* estar encendido; MED escocer **brennend** ardiente *(a. fig)* **Brenner** $\overline{M}$ TECH quemador
Brennholz $\overline{N}$ leña *f* **Brennnessel** $\overline{F}$ ortiga **Brennpunkt**

$\overline{M}$ foco **Brennspiritus** $\overline{M}$ alcohol de quemar **Brennstoff** $\overline{M}$
$\overline{M}$ combustible
brenzlig *fig* crítico, espinoso
Brett $\overline{N}$ tabla *f*; *(Spielbrett)* tablero *m*; **Schwarzes ~** tablón
m de anuncios
Brexit $\overline{M}$ Brexit *m*
Brezel $\overline{F}$ rosquilla
Brief $\overline{M}$ carta *f* **Briefbombe** $\overline{F}$
carta-bomba
briefen j-n **briefen** dar instrucciones a alg
Brieffreund(in) $\overline{M}$ *(f)* amigo,-a
por correspondencia **Briefkasten** $\overline{M}$ buzón **Briefkopf**
$\overline{M}$ membrete **Briefmarke** $\overline{F}$
sello *m*, *Am* estampilla **Brieföffner** $\overline{M}$ abrecartas **Briefpapier** $\overline{N}$ papel *m* de cartas
Brieftasche $\overline{F}$ cartera **Briefträger(in)** $\overline{M(F)}$ cartero,-a
Briefumschlag $\overline{M}$ sobre
Briefwaage $\overline{F}$ pesacartas *m*
Briefwahl $\overline{F}$ voto *m* por correo
brillant ADJ brillante
Brillant $\overline{M}$ brillante
Brille $\overline{F}$ gafas *fpl*
Brillenetui $\overline{N}$ estuche *m* para
las gafas **Brillenfassung** $\overline{F}$,
Brillengestell $\overline{N}$ montura *f*
bringen *(herbringen)* traer;
(wegbringen) llevar; *(begleiten)*
acompañar; *zum Schweigen etc*
~ hacer *callar, etc*
Brise $\overline{F}$ brisa
Brite $\overline{M}$, **Britin** $\overline{F}$ británico **britisch** británico

Buchhaltung ‖ 313

bröckeln desmoronarse
Brocken M̲ pedazo
Brokkoli M̲ brécol m
Brombeere F̲ (zarza)mora
 Brombeerstrauch M̲ zarza f
Bronchitis F̲ bronquitis
Bronze F̲ bronce m
Brosche F̲ broche m
Broschüre F̲ folleto m
Brot N̲ pan m **Brötchen** N̲ panecillo m **Brotkorb** M̲ panera f **Brotrinde** F̲ corteza
Browser M̲ motor de búsqueda
Bruch M̲ rotura f; MATH fracción f; MED fractura f; ANAT hernia f; fig ruptura f
brüchig frágil; quebradizo
Bruchrechnung F̲ cálculo m de fracciones **Bruchstück** N̲ fragmento m **Bruchteil** M̲ fracción f
Brücke F̲ puente m (a. Zahn)
Bruder M̲ hermano; REL fraile
brüderlich fraternal **Brüderlichkeit** F̲ fraternidad
Brühe F̲ caldo m **Brühwürfel** M̲ cubito de caldo
brüllen bramar, rugir
brummen gruñir (a. fig)
 brummig gruñón
brünett moreno
Brunnen M̲ pozo; (Springbrunnen) fuente f
brüsk brusco
Brüssel N̲ Bruselas f
Brust F̲ pecho m; (Busen) seno m **Brustbein** N̲ esternón m **Brustbeutel** M̲ monedero que se cuelga del cuello

brüsten: sich ~ mit jactarse de, ufanarse de
Brustfellentzündung F̲ pleuresía **Brustkorb** M̲ tórax **Brustkrebs** M̲ cáncer de mama **Brustschwimmen** N̲ braza f **Brustumfang** M̲ perímetro torácico
Brüstung F̲ parapeto m
Brustwarze F̲ pezón m
Brut F̲ cria; Zeit incubación
brutal brutal **Brutalität** F̲ brutalidad
brüten incubar, empollar **Brutkasten** M̲ MED incubadora f
brutto bruto (a. in Zssgn) **Bruttoeinkommen** N̲ ingreso m bruto **Bruttogehalt** N̲ salario m bruto **Bruttogewicht** N̲ peso m bruto **Bruttosozialprodukt** N̲ producto m nacional bruto
Bub M̲ muchacho, chico
Bube M̲ Karte sota f
Buch N̲ libro m **Buchbinder(in)** MF̲ encuadernador(a) **Buchdruckerei** F̲ imprenta
Buche F̲ haya **Buchecker** F̲ hayuco m
buchen Flug etc reservar; HANDEL asentar
Bücherbrett N̲ estante m **Bücherei** F̲ biblioteca **Bücherregal** N̲ estantería f **Bücherschrank** M̲ librería f
Buchfink M̲ pinzón
Buchhalter(in) MF̲ contable, Am contador(a) **Buchhal-**

tung F̲ contabilidad
Buchhändler(in) M̲F̲ librero,-
-a Buchhandlung F̲ librería
Buchmacher M̲ corredor de
apuestas
Büchse F̲ caja; (Blechbüchse) lata; (Gewehr) rifle m Büchsen-
milch F̲ leche condensada
Büchsenöffner M̲ abrelatas
Buchstabe M̲ letra f buchstabieren deletrear
Buchstütze F̲ sujetalibros m
Bucht F̲ bahía; kleine cala
Buchung F̲ reserva; HANDEL
asiento m Buchungsbestä-
tigung F̲ confirmación f de
(la) reserva
Buckel M̲ corcova f, joroba f
bücken: sich ~ agacharse
bucklig jorobado
Bude F̲ caseta; umg (Zimmer)
cuartucho m
Büfett N̲ Möbel aparador m;
kaltes ~ buffet m frío
Büffel M̲ búfalo büffeln umg
empollar
Bug¹ M̲ SCHIFF proa f
Bug² M̲ IT error
Bügel M̲ (Kleiderbügel) percha f,
colgador Bügelbrett N̲ tabla
f de planchar Bügeleisen N̲
plancha f Bügelfalte F̲ raya
del pantalón bügelfrei no ne-
cesita plancha bügeln planchar
Buggy M̲ (Kinderwagen) cochecito plegable
Bühne F̲ escenario m
Bühnenbild N̲ escenografía f

Bulgare M̲, Bulgarin F̲ búlgaro,-a Bulgarien N̲ Bulgaria f
bulgarisch búlgaro
Bullauge N̲ ojo m de buey
Bulle M̲ toro; umg fig polizonte
Bummel M̲ vuelta f, paseo
bummeln in der Stadt callejear; (trödeln) remolonear; (faulenzen) gandulear Bummel-
streik M̲ huelga f de celo
Bummelzug M̲ umg tren bu-
rra
bumsen vulg joder, follar
Bund 1 N̲ manojo m 2 M̲
unión f, alianza f; Rock, Hose
cintura f
Bündchen N̲ am Ärmel: puño
m Bündel N̲ lío m; haz m
Bundes... IN ZSSGN federal
Bundesagentur F̲ BRD ~ für
Arbeit Instituto m alemán de
empleo Bundeskanzler(in)
M̲F̲ canciller m/f federal Bun-
desland N̲ estado m federal;
in der BRD a. land m Bundesli-
ga F̲ liga alemana
Bundesrepublik F̲ die ~
Deutschland la República Federal de Alemania
Bundesstaat M̲ Estado federal
Bundesstraße F̲ carretera
federal Bundestag M̲ parla-
mento federal Bundeswehr
F̲ fuerzas fpl armadas de la Re-
pública Federal de Alemania
Bundfaltenhose F̲ pantalón
m de pinzas
Bündnis N̲ alianza f
Bungalow M̲ bungaló

Bunker M refugio; búnker **bunt** multicolor **Buntstift** M lápiz de color **Buntwäsche** F ropa de color
Bürde F carga, peso m
Burg F castillo m
Bürge M fiador, garante
bürgen: ~ **für** responder por; garantizar, avalar (a/c)
Burger M umg hamburguesa f
Bürger(in) MF ciudadano,-a **Bürgerinitiative** F iniciativa ciudadana **Bürgerkrieg** M guerra f civil **Bürgerkriegsflüchtling** M refugiado/a m/f de (la) guerra civil **bürgerlich** civil; burgués **Bürgermeister(in)** MF alcalde(sa) **Bürgersteig** M acera f **Bürgertum** N burguesía f
Bürgin F fiadora, garante
Bürgschaft F fianza; aval m
Burka F burka m
Burnout M desgaste m profesional, síndrome del burn-out
Büro N oficina f **Büroangestellte(r)** M/F(M) oficinista **Büroklammer** F clip m
Bürokratie F burocracia **bürokratisch** burocrático
Bürste F cepillo m **bürsten** cepillar
Bus M bus; → **Autobus**
Busch M arbusto **Büschel** N manojo m; Haare mechón m **Buschmesser** N machete m
Busen M pecho m, fig seno **Busenfreund(in)** MF amigo íntimo, amiga íntima

Busfahrer(in) MF conductor(a) de autobús **Bushaltestelle** F parada de autobús
Businessklasse F FLUG clase ejecutiva, business class
Buslinie F línea de autobús **Busreise** F viaje m en autobús
Bussard M ratonero
Buße F penitencia; (Geldbuße) multa **büßen** expiar; fig pagar **Bußgeld** N multa f
Büste F busto m **Büstenhalter** M sostén, sujetador, Am a. brasier **Bustier** N Mode: bustier m
Butangas N (gas m) butano m
Butter F mantequilla, Am manteca **Butterbrot** N pan m con mantequilla **Butterdose** F mantequera **Buttermilch** F suero m de mantequilla
Button M Mode insignia f; Internet botón m
Bypass M MED bypass, puente
bzw. (beziehungsweise) respectivamente

C

C N mus do m
Cabrio(let) N descapotable m, Am convertible m
Café N cafetería f; café m
Callcenter N centro m de llamadas

Camcorder M̄ camcorder m

campen acampar, hacer camping **Camper(in)** M̄/F̄ campista

Camping N̄ camping m **Campingausrüstung** F̄ equipo m de camping **Campingbus** M̄ autocaravana f **Campingplatz** M̄ camping

Cape N̄ capa f

Cappuccino M̄ (café) capuchino

Caravan M̄ AUTO caravana f

Carport M̄ cochera f

Carvingski M̄ carving

Casino N̄ → Kasino

Castingshow F̄ TV programa m de talentos

CD F̄ (Compact Disc) CD m, disco compacto m **CD-Brenner** M̄ grabadora f de CD **CD-Player** M̄ (reproductor de) CD **CD-ROM** F̄ CD-ROM m, cederrón m

CDU F̄ (Christlich-Demokratische Union) Unión Cristiano-Demócrata

CD-Wechsler M̄ cambiador m de CD

Cellist(in) M̄/F̄ violonc(h)elista

Cello N̄ violonc(h)elo m

Celsius N̄ **3 Grad ~** 3 grados centígrados

Cent M̄ (Eurocent) céntimo (de euro)

Chalet N̄ chalet m

Champagner M̄ champán, champaña

Champignon M̄ champiñón

Chance F̄ oportunidad

Chaos N̄ caos m

chaotisch caótico

Charakter M̄ carácter **charakteristisch** característico

charmant encantador

Charme M̄ encanto

Charterflug M̄ vuelo chárter **Chartermaschine** F̄ avión m chárter **chartern** fletar

Charts PL lista f de éxitos

Chat M̄ IT charla f (por internet); chat **Chatroom** M̄ sala f de chat **chatten** IT charlar, chatear

Chauvi M̄ umg pej machista

checken (kontrollieren) revisar, chequear; umg (begreifen) captar, coger **Check-in** N̄ bes FLUG check-in m; v. Gepäck: facturación f **Check-in-Automat** M̄ FLUG máquina f de facturación (automática) **Checkliste** F̄ lista f de control; FLUG lista de embarque

Chef M̄ jefe **Chef...** IN ZSSGN ... jefe **Chefarzt** M̄, **Chefärztin** F̄ médico,-a jefe **Chefin** F̄ jefa **Chefsekretärin** F̄ secretaria de dirección

Chemie F̄ química **Chemiefaser** F̄ fibra sintética

Chemiker(in) M̄/F̄ químico,-a **chemisch** químico **Chemotherapie** F̄, **Chemo** F̄ fam quimioterapia

Chiasamen PL semillas fpl de chía

Chicorée F̄ endibia

Chiffre F̱ *in Anzeigen* cifra

Chile Ṉ Chile *m* **Chilene** M̱, **Chilenin** F̱ chileno,-a **chilenisch** chileno

chillen *umg* relajarse; *umg* estar de relax

China Ṉ China *f* **Chinese** M̱, **Chinesin** F̱ chino,-a **chinesisch** chino **Chinin** Ṉ quinina *f*

Chip M̱ IT chip **Chipkarte** F̱ tarjeta chip

Chips MPL patatas *fpl* fritas

Chirurg M̱, **Chirurgin** F̱ cirujano,-a **Chirurgie** F̱ cirugía **chirurgisch** quirúrgico

Chlor Ṉ cloro *m*

Cholera F̱ cólera *m*

Cholesterin Ṉ colesterol *m* **cholesterinfrei** sin colesterol

Chor M̱ coro

Christ M̱ cristiano; *(Christus)* Cristo **Christbaum** M̱ árbol de navidad **Christentum** Ṉ cristianismo *m* **Christin** F̱ cristiana **Christkind** Ṉ Niño *m* Jesús **christlich** cristiano **Christus** M̱ Cristo

Chrom Ṉ cromo *m*

chronisch crónico **chronologisch** cronológico

circa aproximadamente; *vor Zahlen* unos

City F̱ centro *m* urbano **Citymaut** F̱ peaje *m* urbano **Citytrip** M̱ → *Städtereise*

clever *umg* listo, astuto

Clown M̱ payaso

Club M̱ club **Cluburlaub** M̱ vacaciones *fpl* en un complejo turístico

Cockpit Ṉ carlinga *f*

Cocktail M̱ cóctel, combinado **Cocktailbar** F̱ coctelería *f* **Cocktail-Shaker** M̱ coctelera *f*

Comic M̱ cómic, tebeo

Compact Disc F̱ → CD

Computer M̱ ordenador, *bes Am* computadora *f) m* **Computerarbeitsplatz** M̱ puesto *m* de trabajo con ordenador **computergesteuert** dirigido por ordenador **computergestützt** asistido por ordenador **Computerprogramm** Ṉ programa *m* informático **Computerspiel** Ṉ juego *m* de ordenador **Computertisch** M̱ mesa *f* para el ordenador **Computertomografie** F̱ tomografía axial computerizada **Computervirus** M̱ virus informático

Container M̱ contenedor

cool *umg (prima)* **(echt)** ~ genial; *(ruhig)* tranquilo

Copyshop M̱ copistería *f*

Cord(samt) M̱ pana *f*

Cornflakes PL corn flakes, cereales

Costa Rica Ṉ Costa Rica *f*

Costa-Ricaner(in) M(F) costarricense **costa-ricanisch** costarricense

Côte d'Azur F̱ Costa Azul

Couch F̱ sofá *m* **Couchtisch**

M̲ mesa f de centro
Count-down M̲ cuenta f atrás
Coupon M̲ cupón
Cousin M̲ primo Cousine F̲ prima
Cowboy M̲ vaquero
Creme F̲ crema cremig cremoso
Crew F̲ MAR tripulación f
Croissant N̲/M̲ cruasán m
CSU F̲ (Christlich-Soziale Union) Unión Social-Cristiana
Cup M̲ SPORT copa f
Curry M̲/N̲ curry m
Cursor M̲ IT cursor Cursortaste F̲ IT tecla f del cursor

D

D N̲ MUS re m
da **1** A̲D̲V̲ örtlich ahí; allí; aquí; zeitlich entonces; ~ drüben allí; von ~ an desde entonces; ~ kommt sie (ja)! ¡ahí viene! **2** K̲O̲N̲J̲ puesto que, como **3** ~ sein estar presente; existir; ich bin gleich wieder ~! ¡enseguida vuelvo!
dabei además; con todo eso, sin embargo; ~ sein (mitmachen) estar presente; ~ sein etw zu tun estar haciendo a/c dableiben quedarse
Dach N̲ tejado m Dachboden M̲ desván m Dachdecker M̲ te-

jador Dachgepäckträger M̲ baca f Dachgeschoss N̲ ático m Dachkammer F̲ buhardilla Dachrinne F̲ canalón m
dachte → denken
Dachziegel M̲ teja f
Dackel M̲ (perro) pachón
dadurch así, de este modo; ~ dass dado que
dafür por eso; ~ sein estar en (od a) favor de; ich kann nichts ~ no es culpa mía
dagegen comparado con eso; ~ sein estar en contra (de); nichts ~ haben no tener inconveniente (zu en)
daheim en casa daher **1** A̲D̲V̲ de allí; de ahí **2** K̲O̲N̲J̲ por eso
dahin (hacia) allí; bis ~ hasta entonces dahinten allí detrás dahinter detrás
damals entonces
Dame F̲ señora; Karte caballo m; Schach reina; ~ spielen jugar a las damas
Damenbinde F̲ compresa Damenfriseur M̲ Geschäft peluquería f de señoras Damenmode F̲ moda de mujer Damenschuhe P̲L̲ zapatos mpl de mujer Damentoilette F̲ servicio m de señoras
damit con es(t)o (od ello) K̲O̲N̲J̲ para que
Damm M̲ dique
dämmern morgens amanecer; abends anochecer Dämmerung F̲ alba; crepúsculo m
Dampf M̲ vapor Dampfbad

$\overline{\text{N}}$ baño m de vapor, baño m turco **Dampfbügeleisen** $\overline{\text{N}}$ plancha f de vapor **dampfen** echar vapor; (*E-Zig. rauchen*) vapear

dämpfen amortiguar; *Stimme* bajar; *Licht* atenuar; GASTR cocer al vapor

Dampfer $\overline{\text{M}}$ vapor m **Dampfkochtopf** $\overline{\text{M}}$ olla f a presión

danach después (de esto), luego

Däne $\overline{\text{M}}$ danés

daneben junto, al lado; (*außerdem*) además

Dänemark $\overline{\text{N}}$ Dinamarca f **Dänin** $\overline{\text{F}}$ danesa **dänisch** danés **Dänisch** $\overline{\text{N}}$ danés m

dank PRÄP (*gen, dat*) gracias a

Dank $\overline{\text{M}}$ gracias fpl; agradecimiento; **vielen ~!** ¡muchas gracias!

dankbar agradecido **Dankbarkeit** $\overline{\text{F}}$ gratitud

danke: ~ (schön)! ¡gracias!

danken dar las gracias (**für** por); agradecer (*a/c*)

dann luego, entonces; **~ und wann** de cuando en cuando

daran de, en, por (*eso*); **nahe ~ (zu)** por poco ...

darauf encima, sobre ello; **am Tag ~** al día siguiente

daraus de eso; de ahí; **mach dir nichts ~!** ¡no hagas caso!

darf, darfst → **dürfen**

darin en esto; dentro

Darlehen $\overline{\text{N}}$ préstamo m

Darm $\overline{\text{M}}$ intestino **Darmflora** $\overline{\text{F}}$ flora f intestinal **Darmgrip-**

pe $\overline{\text{F}}$ gripe intestinal **Darmkrebs** $\overline{\text{M}}$ cáncer del intestino **Darmspiegelung** $\overline{\text{F}}$ MED *Dickdarm*: colonoscopia f *Dünndarm*: enteroscopia f

darstellen representar; describir; THEAT interpretar **Darsteller(in)** $\overline{\text{M/F}}$ actor m, actriz f; *e-r Rolle* intérprete m/f

darüber sobre esto; **~ hinaus** fig además

darum por esto

darunter (por) debajo; (*zwischen*) entre ello(s)

das ART el, la, lo; PRON esto, eso

Dasein $\overline{\text{N}}$ existencia f

dass que

dasselbe lo mismo

Date $\overline{\text{F}}$ umg cita f; **ein ~ haben** tener una cita

Datei $\overline{\text{F}}$ fichero m; archivo m

Daten PL datos mpl **Datenbank** $\overline{\text{F}}$ banco m (*od* base) de datos **Datenschutz** $\overline{\text{M}}$ protección f de datos **Datenträger** $\overline{\text{M}}$ soporte (de datos) **Datenverarbeitung** $\overline{\text{F}}$ tratamiento m de datos

datieren fechar

Dativ $\overline{\text{M}}$ dativo

Dattel $\overline{\text{F}}$ dátil m **Dattelpalme** $\overline{\text{F}}$ palmera datilera

Datum $\overline{\text{N}}$ fecha f

Dauer $\overline{\text{F}}$ duración; **auf die ~** a la larga **Dauerauftrag** $\overline{\text{M}}$ *Bank* orden f de pago permanente **dauerhaft** duradero **Dauerkarte** $\overline{\text{F}}$ abono m; pase m **dauern** durar **dauernd**

continuo **Dauerwelle** F̲ permanente

Daumen M̲ pulgar

Daunendecke F̲ edredón m
Daunenjacke F̲ plumífero m

davon de ello (od esto) **davonlaufen** echar(se) a correr

davor delante (de)

dazu a esto, con esto; para es(t)o; **(noch)** ~ además **dazugehören** ser parte de **dazurechnen** añadir, tener en cuenta **dazutun** añadir

dazwischen entre (od en medio de) ellos **dazwischenkommen** sobrevenir, ocurrir

DB F̲ (Deutsche Bahn) Ferrocarriles mpl Alemanes

Debatte F̲ debate m

Deck N̲ SCHIFF cubierta f **Decke** F̲ manta; (Zimmerdecke) techo m **Deckel** M̲ tapa f, tapadera f **decken** cubrir; Tisch ~ poner **Deckenlampe** F̲ lámpara de techo **Deckung** F̲ HANDEL cobertura; (Schutz) defensa

Decoder M̲ de(s)codificador

defekt defectuoso; deteriorado **Defekt** M̲ defecto

Defibrillator M̲ MED desfibrilador

Definition F̲ definición

Defizit N̲ déficit m

deformieren deformar

Defroster M̲ descongelador

Degen M̲ espada f

dehnbar extensible, elástico **dehnen** extender, dilatar

Deich M̲ dique

Deichsel F̲ pértigo m

dein(e) tu, pl tus **deinetwegen** por ti

Deklination F̲ declinación

Dekolleté N̲ escote m

Dekorateur(in) M(F) decorador(a) **Dekoration** F̲ decoración **dekorieren** decorar, adornar

Delegation F̲ delegación **Delegierte(r)** M/F(M) delegado,-a f

Delfin M̲ delfín

delikat delicado; Speise delicioso **Delikatesse** F̲ plato m exquisito

Delikt N̲ delito m

Delle F̲ abolladura, umg bollo m

dementieren desmentir **dementsprechend** en consecuencia **demnächst** dentro de poco

Demo F̲ umg manifestación f

Demokrat(in) M(F) demócrata **Demokratie** F̲ democracia **demokratisch** demócrata; democrático

demolieren demoler

Demonstrant(in) M(F) manifestante **Demonstration** F̲ manifestación **demonstrieren** demostrar; POL manifestarse

demütig humilde **demütigen** humillar **Demütigung** F̲ humillación

Den Haag N̲ La Haya f

denkbar imaginable **denken**

dich | 321

pensar (**an** *akk* en) **Denkmal** N̄ monumento *m* **denkwürdig** memorable

denn pues; porque; **mehr ~ je** más que nunca

denunzieren delatar

Deo(dorant) N̄ desodorante *m* **Deoroller** M̄ desodorante *m* de bola

Deponie F̄ vertedero *m* de basuras, basurero *m* **deponieren** depositar

Depot N̄ depósito *m*

Depression F̄ depresión **deprimiert** deprimido

der ART el; (*welcher*) que, quien **derart** tanto, de tal modo **derartig** tal, semejante

derb recio; grosero

deren cuyo, cuya **derjenige** el ... (que) **dermaßen** tanto; *vor adj u. adv* tan **derselbe** el mismo

desertieren desertar

deshalb por es(t)o

Design N̄ diseño *m* **Designer(in)** M̄F̄ diseñador(a) **Designermöbel** PL muebles de diseño **Designermode** F̄ moda de diseño

Desinfektionsmittel N̄ desinfectante *m* **desinfizieren** desinfectar

dessen cuyo

Dessert N̄ postre *m*

Dessous N̄ ropa f interior *m*

destillieren destilar **destilliert:** ~**es Wasser** agua f destilada

desto tanto; ~ **mehr** tanto más

deswegen por es(t)o

Detail N̄ detalle *m*

Detektei F̄ agencia de detectives **Detektiv(in)** M̄F̄ detective

deuten interpretar; ~ **auf** (*akk*) señalar, indicar **deutlich** claro **Deutlichkeit** F̄ claridad

deutsch alemán; **auf Deutsch** en alemán **Deutsche** F̄ alemana **Deutsche(r)** M̄ alemán **Deutschland** N̄ Alemania *f* **deutschsprachig** de habla alemana

Devise F̄ divisa **Devisen** PL divisas

Dezember M̄ diciembre; **im ~** en diciembre

dezent decente; discreto

DGB M̄ (Deutscher Gewerkschaftsbund) Confederación *f* de Sindicatos Alemanes

d. h. (das heißt) es decir; o sea

Dia N̄ diapositiva *f*

Diabetes M̄ diabetes *f* **Diabetiker(in)** M̄F̄ diabético,-a

Diafilm M̄ película f para diapositivas **Diagnose** F̄ diagnóstico *m* **Dialekt** M̄ dialecto **Dialog** M̄ diálogo **Diamant** M̄ diamante **Diapositiv** N̄ diapositiva *f* **Diaprojektor** M̄ proyector de diapositivas

Diät F̄ dieta, régimen *m*; ~ **halten** estar a régimen **diätetisch** *Lebensmittel* dietético

dich te; *betont* (a) ti

dicht denso (*a. Verkehr*); espeso;

~ an *od* **bei** (muy) cerca de, junto a **dichten** hacer versos **Dichter(in)** M̲F̲ poeta **Dichtung** F̲ poesía; TECH junta, *Am* empaque m

dick grueso, gordo; (*geschwollen*) hinchado; ~ **machen**, ~ **werden** engordar **Dickdarm** M̲ intestino grueso **Dickicht** M̲ espesura f **Dickkopf** M̲ testarudo **dickköpfig** cabezudo, terco **Dickmilch** F̲ cuajada

die A̲R̲T̲ la; F̲P̲L̲ las, *mpl* los **Dieb(in)** M̲F̲ ladrón(-ona) **Diebstahl** M̲ robo **Diebstahlversicherung** F̲ seguro m contra el robo

Diele F̲ (*Gang*) zaguán m; *Holzbrett* tablón m

dienen servir (**als** de; **zu** para, a) **Diener(in)** M̲F̲ criado,-a

Dienst M̲ servicio; **außer ~** jubilado, MIL retirado; **im ~ sein** estar de servicio

Dienstag M̲ martes **dienstags** los martes

dienstbereit *Apotheke* de guardia **dienstfrei** libre (de servicio) **Dienstgrad** M̲ MIL grado **Dienstleistung** F̲ (prestación de) servicio m **dienstlich** oficial **Dienstreise** F̲ viaje m oficial **Dienststelle** F̲ servicio m; oficina **diese(r, -s)** este, esta, esto; **~** *pl* estos, estas

Diesel(motor) M̲ (motor) Diesel **Dieselöl** N̲ gasóleo m, gasoil m

diesig calimoso, brumoso **diesjährig** de este año **diesmal** esta vez **diesseits** de este lado

Dietrich M̲ ganzúa f

Differenz F̲ diferencia

digital digital **Digitalkamera** F̲ cámara digital **Digitaluhr** F̲ reloj m digital

Diktat N̲ dictado m **Diktator** M̲ dictador **Diktatur** F̲ dictadura **diktieren** dictar **Diktiergerät** N̲ dictáfono m

Dill M̲ eneldo

Dimmer M̲ interruptor con regulador

Ding N̲ cosa f; objeto m; *umg* chisme m; **vor allem ~en** ante todo

Dings(da) *umg* **1** N̲ cosa f; *umg* chisme **2** M̲F̲ fulano,-a

Dinosaurier M̲, *umg* **Dino** M̲ dinosaurio m

Dioptrie F̲ dioptría

Diözese F̲ diócesis

Dip GASTR salsa f; *Am a.* dip

Diplom N̲ diploma m **Diplomat(in)** M̲F̲ diplomático,-a **diplomatisch** diplomático

dir te; a ti; **mit ~** contigo

direkt directo **Direktflug** M̲ vuelo directo **Direktion** F̲ dirección **Direktor(in)** M̲F̲ director(a) **Direktübertragung** F̲ transmisión en directo **Direktverbindung** F̲ línea directa

Dirigent(in) M̲F̲ director(a) de orquesta **dirigieren** dirigir

Discounter M̲ supermercado de descuento

Diskjockey M̲ pinchadiscos, disk-jockey

Disko(thek) F̲ disco(teca)

diskret discreto

diskriminieren discriminar Diskriminierung F̲ discriminación f

Diskus M̲ disco

Diskussion F̲ discusión diskutieren discutir

Display N̲ IT display m

disqualifizieren descalificar

Distanz F̲ distancia distanzieren: sich ~ distanciarse

Distel F̲ cardo m

Disziplin F̲ disciplina

Dividende F̲ dividendo m dividieren dividir (durch por)

DJ M̲ → Diskjockey

DM A̲B̲K̲, D-Mark F̲ hist marco m alemán

doch pues; pero; ~! ¡que sí!

Docht M̲ mecha f, pábilo

Dock N̲ dársena f, dique m

Dogge F̲ dogo m

Doktor(in) M̲F̲ doctor a

Doku F̲ Dokumentarfilm Dokument N̲ documento m Dokumentarfilm M̲ documental m Dokusoap F̲ TV docusoap m, docudrama m

Dolch M̲ puñal

Dollar M̲ dólar

dolmetschen interpretar, hacer de intérprete Dolmetscher(in) M̲F̲ intérprete

Dom M̲ catedral f

Domain F̲ IT dominio m

Dominikanische Republik F̲ República Dominicana

Domino N̲ dominó m

Donau F̲ Danubio m

Döner M̲ kebab

Donner M̲ trueno donnern tronar; es donnert está tronando

Donnerstag M̲ jueves donnerstags los jueves

doof umg tonto

dopen drogar; dopar; gedopt sein estar dopado

Doping N̲ doping m Dopingtest M̲ control m antidoping

Doppel N̲ duplicado m; SPORT doble m Doppelbett N̲ cama f de matrimonio Doppelfenster N̲ doble ventana f Doppelgänger(in) M̲F̲ doble, sosia Doppelhaushälfte F̲ casa adosada doppelklicken IT hacer doble clic (auf akk en) Doppelpunkt M̲ dos puntos mpl doppelt doble Doppelzimmer N̲ habitación f doble

Dorade F̲ Fisch dorada f

Dorf N̲ pueblo m, aldea f Dorfbewohner(in) M̲F̲ aldeano,-a

Dorn M̲ espina f

Dorsch M̲ bacalao

dort ahí, allí dorthin (hacia) allí

Dose F̲ caja; (Konserve) lata

Dosenbier N̲ cerveza f de lata Dosenmilch F̲ leche condensada Dosenöffner M̲ abrelatas dosieren dosificar **Dosierer** M̲ dosificador **Dosis** F̲ dosis

Dotter M̲/N̲ yema f

downloaden I̲T̲ bajar (**aus dem Internet** de la red)

Dozent(in) M̲/F̲ profesor(a)

Drache M̲ dragón **Drachen** M̲ (*Papierdrachen*) cometa f

Drachenfliegen N̲ vuelo m en ala-delta

Dragee N̲ gragea f

Draht M̲ alambre **drahtlos** inalámbrico, sin hilo **Drahtseilbahn** F̲ teleférico m

Drama N̲ drama m **Dramatiker(in)** M̲/F̲ dramaturgo,-a **dramatisch** dramático

dran → **daran; jetzt bin ich ~** me toca a mí

drängen empujar; *fig* atosigar; **die Zeit drängt** el tiempo apremia; **sich ~** agolparse

drankommen *umg* **wer kommt dran?** ¿a quién le toca?

draußen fuera; al aire libre; **nach ~** afuera

Dreck M̲ suciedad f **dreckig** sucio

Drehbank F̲ torno m **drehbar** giratorio **Drehbuch** N̲ guión m **drehen** volver; hacer girar; *Film* rodar; *Zigarette* liar; **sich ~** girar; *fig* tratarse (**um** de) **Drehkreuz** N̲ torniquete m **Drehtür** F̲ puerta giratoria **Drehung** F̲ vuelta, giro m; rotación **Drehzahlmesser** M̲ A̲U̲T̲O̲ cuentarrevoluciones

drei tres; **~ Viertel** tres cuartos **Drei** F̲ tres m **Dreibettzimmer** N̲ habitación f de tres camas **Dreieck** N̲ triángulo m

dreieckig triangular **dreifach** triple **dreihundert** trescientos

dreimal tres veces **dreispurig** de tres carriles

dreißig treinta

dreist atrevido

Dreisternehotel N̲ hotel m de tres estrellas **dreistöckig** de tres pisos **dreistündig** de tres horas **dreitägig** de tres días **Dreiviertelstunde** F̲ tres cuartos mpl de hora **dreizehn** trece

Dresscode M̲ código m de indumentaria **dressieren** amaestrar, adiestrar **Dressur** F̲ doma, adiestramiento m

dringen penetrar (**durch, in** *akk* por, en); **~ aus** venir de; **~ bis** llegar hasta **dringend** urgente

drinnen dentro

dritte tercero; **Dritte Welt** Tercer Mundo **Drittel** N̲ tercio m **drittens** tercero, en tercer lugar

DRK N̲ (Deutsches Rotes Kreuz) Cruz f Roja Alemana

Droge F̲ droga

drogenabhängig drogadicto **Drogenhandel** M̲ narcotráfico **Drogenhändler(in)** M̲/F̲ narcotraficante **Drogensucht** F̲ drogadicción **drogensüchtig** drogadicto

Drogerie E droguería

drohen amenazar drohend amenazante; Gefahr inminente

Drohne E MIL dron m, avión m teledirigido

dröhnen retumbar, resonar

Drohung E amenaza

drollig chusco; gracioso

Dromedar N dromedario m

Drossel E tordo m

drüben al otro lado

drüber → drüber

Druck M presión f; (Buchdruck) imprenta f; Bild estampa f drucken imprimir

drücken apretar; Taste etc a. pulsar; Hand estrechar; (schieben) empujar; sich ~ zafarse (vor dat de) drückend abrumador; Hitze sofocante

Drucker M Person impresor; Gerät impresora f Druckerei E imprenta Druckfehler M errata f Druckknopf M pulsador, botón; Kleidung botón de presión Druckluft E aire m comprimido

drunter → darunter; ~ und drüber gehen umg estar todo patas arriba

Drüse E glándula

Dschungel M jungla f

du tú

Dübel M taco, tarugo

ducken: sich ~ agazaparse

Dudelsack M gaita f

Duell N duelo m

Duett N dúo m

Duft M perfume, fragancia f

duften oler (nach a) Duftkerze E vela f aromática

dulden tolerar

dumm tonto, estúpido Dummheit E estupidez; tontería Dummkopf M imbécil

dumpf sordo; Luft pesado

Düne E duna

Dünger M abono

dunkel oscuro; fig vago; ~ werden oscurecer; im Dunkeln a oscuras dunkelblau azul oscuro dunkelgrün verde oscuro Dunkelheit E oscuridad dunkelrot rojo oscuro

dünn delgado; (fein) fino; Kaffee flojo; Kleid ligero Dünndarm M intestino delgado

Dunst M neblina f; (Dampf) vapor, vaho Dunstabzug M extractor de humos dünsten estofar; rehogar dunstig brumoso

Duplikat N duplicado m

Dur N modo m mayor; C-~ do mayor

durch por; a través de; (mittels) mediante, por medio de; zeitlich durante; MATH entre; ~ und ~ completamente durchaus absolutamente; ~ nicht de ningún modo durchblättern hojear durchblicken: ~ lassen hacer entrever

Durchblutung E riego m sanguíneo Durchblutungsstörung E trastorno m circulatorio

durchbohren perforar

durchbrechen v/t romper; v/i romperse **durchbrennen** ELEK fundirse; *fig* fugarse
durchdenken pensar bien
durchdrehen *umg fig* enloquecer **durchdringen** penetrar

durcheinander revuelto; *fig* confuso **Durcheinander** N̲ jaleo m, caos m **durcheinanderbringen** desordenar; *fig* confundir

durchfahren *durch etw* pasar por

Durchfahrt F̲ paso m; puerta
Durchfall M̲ MED diarrea f
durchfallen ser suspendido; THEAT fracasar

durchführen realizar **Durchführung** F̲ realización

Durchgang M̲ paso; **kein ~!** prohibido el paso **Durchgangs...** IN ZSSGN de tránsito **Durchgangsverkehr** M̲ tránsito

durchgebraten bien hecho
durchgehen pasar; **~ lassen** hacer la vista gorda **durchgehend** *Zug* directo; **~ geöffnet** abierto a mediodía; **~e Arbeitszeit** jornada f intensiva

durchgeknallt *sl* loco, chiflado

durchhalten resistir **durchkommen** pasar; *Examen* aprobar; *fig* arreglárselas **durchkreuzen** *Pläne* estorbar, contrariar **durchlassen** dejar pasar **durchlässig** permeable,

translúcido

durchlaufen pasar; recorrer
Durchlauferhitzer M̲ calentador continuo

durchlesen recorrer, leer
durchlöchern perforar; agujerear **durchmachen** soportar, sufrir **Durchmesser** M̲ diámetro **durchnässt** mojado, calado **durchqueren** atravesar

Durchreise F̲ **auf der ~** de paso

durchreißen rasgar, romper
Durchsage F̲ RADIO mensaje m personal **durchschauen** mirar (a través de); *fig j-n* verle el juego *a. a.* **durchscheinend** transparente

Durchschlag M̲ (*Sieb*) colador; HANDEL copia f **durchschlagen: sich ~** defenderse
durchschneiden cortar

Durchschnitt M̲ término medio, promedio; **im ~** por término medio **durchschnittlich** por término medio **Durchschnittsgeschwindigkeit** F̲ velocidad media

durchsehen v/i mirar por; v/t examinar, revisar **durchsetzen** conseguir; **s-n Willen ~** *umg* salirse con la suya; **sich ~** imponerse

Durchsicht F̲ revisión, repaso m **durchsichtig** transparente **durchsickern** filtrarse (*a. fig*) **durchsprechen** discutir **durchstreichen** borrar, tachar

durchsuchen registrar; *j-n* cachear **Durchsuchung** F̲ registro *m*; cacheo *m*

durchtrieben taimado

durchwachsen *Speck* entreverado, *umg fig* regular

Durchwahl F̲ extensión

durchwandern atravesar a pie **durchweg** sin excepción

durchwühlen revolver

durchzählen recontar

Durchzug M̲ *von Luft* corriente *f* (de aire)

dürfen poder; deber; **darf ich?** ¿puedo?, ¿me permite?; *im Geschäft* **was darf es sein?** ¿qué desea? **durfte** → **dürfen**

dürftig escaso; (*ärmlich*) pobre

dürr árido; seco; *Person* flaco

Dürre F̲ sequedad; sequía

Durst M̲ sed *f*; **ich habe ~** tengo sed **durstig** sediento

Dusche F̲ ducha **duschen** duchar(se) **Duschgel** N̲ gel *m* de ducha **Duschkabine** F̲ cabina *f* de ducha **Duschvorhang** M̲ cortina *f* de la ducha

Düse F̲ tobera

Dusel M̲ *umg* suerte *f* loca

Düsenflugzeug N̲ avión *m* a reacción, reactor *m*

düster tenebroso; *fig* sombrío

Duty-free-Shop M̲ tienda *f* libre de impuestos

Dutzend N̲ docena *f*

duzen tutear

DVD F̲ (Digital Versatile Disk) DVD *m* **DVD-Brenner** M̲ gra-

bador(a) *m(f)* de DVD **DVD-Player** M̲ (reproductor de) DVD **DVD-Rekorder** M̲ grabador(a) *m(f)* de DVD **Dynamit** N̲ dinamita *f* **Dynamo** M̲ dínamo *f*

E

E N̲ MUS mi *n*

Ebbe F̲ marea baja

eben[1] ADJ plano; llano

eben[2] ADV justamente; *zeitlich* ahora mismo

Ebene F̲ llanura; TECH plano *m*; POL, *fig* nivel *m*

ebenfalls igualmente

ebenso lo mismo (**wie** que); **~ ... wie** tan ... como; **~ viel** tanto (**wie** como); **~ wenig** tan poco (**wie** como)

E-Bike N̲ bicicleta *f* eléctrica

ebnen aplanar; allanar (*a. fig*)

E-Book N̲ libro *m* electrónico **E-Book-Reader** M̲ lector *m* de libros digitales

Echo N̲ eco *m*

echt verdadero, auténtico **Echtheit** F̲ autenticidad

Eckball M̲ córner, saque de esquina **Ecke** F̲ esquina; *innen* rincón *m*; **gleich um die ~** a la vuelta de la esquina **eckig** angular, anguloso **Eckzahn** M̲ colmillo

Economyklasse F̲ FLUG clase
económica

edel noble **Edelmetall** N̲ metal m precioso **Edelpilzkäse**
M̲ queso azul **Edelstahl** M̲
acero inoxidable **Edelstein**
M̲ piedra f preciosa

EDV F̲ (elektronische Datenverarbeitung) informática

Efeu M̲ yedra f, hiedra f

Effekt M̲ efecto **effektvoll** de
gran efecto

EG N̲ ABK → Erdgeschoss

egal igual; **das ist mir ~** me da
lo mismo

Egoist(in) M̲[F̲] egoísta **egoistisch** egoísta

ehe antes de (que)

Ehe F̲ matrimonio m **Ehebett**
N̲ lecho m conyugal **Ehebruch** M̲ adulterio **Ehefrau**
F̲ esposa **ehelich** conyugal;
Kind legítimo

ehemalig antiguo; ex...

Ehemann M̲ esposo, marido
Ehepaar N̲ matrimonio m

eher más bien; *zeitlich* antes; **je
~, desto besser** cuanto antes
mejor

Ehering M̲ alianza f **Eheschließung** F̲ enlace m (matrimonial)

Ehre F̲ honor m; honra **ehren**
honrar; respetar

ehrenamtlich a título honorífico **Ehrenbürger(in)** M̲[F̲] hijo m predilecto, hija f predilecta **Ehrendoktor** M̲ doctor honoris causa **Ehrengast** M̲ invi-

tado de honor **Ehrenwort** N̲
palabra f de honor

Ehrfurcht F̲ respeto m **ehrfürchtig** respetuoso **Ehrgefühl** N̲ pundonor m **Ehrgeiz**
M̲ ambición f **ehrgeizig** ambicioso

ehrlich sincero; honrado **Ehrlichkeit** F̲ sinceridad

Ehrung F̲ homenaje m **ehrwürdig** respetable, venerable

Ei N̲ huevo m; **hartes/weiches
~** huevo duro/pasado por agua

Eibe F̲ tejo m

Eiche F̲ roble m **Eichel** F̲ bellota **Eichhörnchen** N̲ ardilla f

Eid M̲ juramento

Eidechse F̲ lagartija

eidesstattlich: ~e Erklärung
F̲ declaración jurada

Eidotter → Eigelb

Eierbecher M̲ huevera f **Eierkuchen** M̲ tortilla f **Eierlikör**
M̲ licor de huevos **Eierschale**
F̲ cáscara de huevo **Eierstock**
M̲ ovario

Eifer M̲ celo, afán **Eifersucht**
F̲ celos *mpl* **eifersüchtig** celoso **(auf** *akk* **de)**

eifrig celoso, activo

Eigelb N̲ yema f (de huevo)

eigen propio; *(eigentümlich)* peculiar, singular **Eigenart** F̲ peculiaridad **eigenartig** raro,
extraño

Eigenbedarf M̲ consumo propio, necesidades *fpl* propias **eigenhändig** *geschrieben* de mi
(tu, *etc*) puño y letra **Eigen-

heim N̲ casa f propia **eigenmächtig** arbitrario **Eigenname** M̲ nombre propio **eigennützig** interesado, egoísta
Eigenschaft F̲ cualidad; característica **eigensinnig** obstinado, terco
eigentlich A̲D̲J̲ verdadero; A̲D̲V̲ en el fondo; a decir verdad
Eigentum N̲ propiedad f **Eigentümer(in)** M̲F̲ propietario,-a, dueño,-a **Eigentumswohnung** F̲ piso m de propiedad
eigenwillig voluntarioso
eignen: sich ~ für ser apropiado (o̲d̲ adecuado) para **Eignung** F̲ aptitud
Eilbote M̲ **durch ~n** por expreso **Eilbrief** M̲ carta f urgente **Eile** F̲ prisa; **ich bin in ~** tengo prisa **eilen** correr; **etw** correr prisa, ser urgente **eilig** apresurado; (dringend) urgente; **es ~ haben** tener prisa, Am a. estar apurado **Eilzug** M̲ rápido
Eimer M̲ cubo, Am balde
ein, einer, eine un, uno, una; **~ für allemal** una vez para siempre; **~ Uhr** la una
einander uno(s) a otro(s)
einarbeiten: sich ~ familiarizarse (**in** a̲k̲k̲ con)
Einäscherung F̲ incineración
einatmen aspirar, inspirar
Einbahnstraße F̲ calle de dirección única **Einband** M̲ encuadernación f, tapa f
einbauen montar, instalar; **in**

die Wand empotrar **Einbauküche** F̲ cocina funcional **Einbauschrank** M̲ armario empotrado
einbehalten retener
einberufen Sitzung convocar
einbeziehen incluir **einbiegen** torcer, Am a. girar, voltear (**nach** a)
einbilden: sich etw **~** imaginarse; fig presumir (**auf** a̲k̲k̲ de)
Einbildung F̲ imaginación; fig presunción
einbrechen robar; escalar **Einbrecher** M̲F̲ ladrón
einbringen Nutzen producir, rendir; P̲O̲L̲ Antrag presentar; **sich ~** (**in** a̲k̲k̲) participar (en), contribuir (a, en)
Einbruch M̲ robo con fractura; **bei ~ der Nacht** al anochecer
einbürgern naturalizar **einbüßen** perder **einchecken** Gepäck facturar; Person embarcar **eindecken: sich ~ mit** abastecerse de **eindeutig** inequívoco, claro
eindringen penetrar (en) **eindringlich** insistente **Eindringling** M̲ intruso
Eindruck M̲ impresión f **eindrücken** Scheibe romper; Tür forzar **eindrucksvoll** impresionante
eine → ein
eineiig Zwillinge idénticos **eineinhalb** uno y medio
einerlei: es ist ~ es lo mismo **einerseits** por un lado

einfach sencillo; simple; fácil; *Fahrkarte* de ida

einfahren V/I entrar (**in** *akk* en); V/T AUTO rodar **Einfahrt** F entrada

Einfall M idea f; MIL invasión f **einfallen** *Haus etc* derrumbarse; MIL invadir (**in** *akk*); fig ocurrirse; **es fällt mir ein** se me ocurre; **was fällt dir ein!** ¡cómo te atreves!

Einfamilienhaus N casa f unifamiliar

einfarbig unicolor; *Stoff* liso **einfetten** engrasar **einfinden: sich ~** personarse, acudir **einflößen** infundir

Einfluss M influencia f, influjo **einflussreich** influyente **einförmig** uniforme; monótono **einfrieren** congelar

Einfuhr F importación f **einführen** introducir; *Mode etc a.* lanzar; *j-n* iniciar (**in** *akk* en); HANDEL importar

Einfuhrgenehmigung F permiso m de importación **Einführung** F introducción **Einfuhrverbot** N prohibición f de importar **Einfuhrzoll** M derechos *mpl* de importación

Eingabe F instancia f, solicitud; IT entrada **Eingang** M entrada f; *neol;* HANDEL llegada f **Eingangstür** F entrada **eingeben** IT introducir **eingebildet** imaginario; *Person* presumido

Eingebung F inspiración

eingehen V/T *Verpflichtung* contraer; *Wette* hacer; V/I *Brief* llegar; *Geld* ingresar; *Pflanze, Tier* morirse; *Kleidung* encogerse **eingehend** detallado; ADV a fondo

Eingemachte(s) N conservas *fpl*

eingeschnappt *umg* picado **eingeschneit: ~ sein** quedar aislado por la nieve **eingeschrieben** *Brief* certificado, Am registrado **eingeschweißt** *Bücher etc* envuelto en plástico; en blíster **eingestehen** confesar, reconocer **eingewöhnen: sich ~** aclimatarse

eingießen echar; verter **eingliedern** incorporar, integrar **eingreifen** intervenir **Eingriff** M intervención f (a. MED) **einhalten** *Regel* cumplir con; *Frist* observar

einheimisch nacional, del país **Einheimische(r)** M/F(M) nativo,-a

Einheit F unidad; *(Ganzes)* conjunto m; TEL paso m **einheitlich** uniforme **Einheitspreis** M precio único

einholen alcanzar; *Versäumtes* recuperar **einhüllen** envolver

einig unido; **sich ~ sein** estar de acuerdo

einige unos, algunos; **~ Mal** algunas veces; **~ Zeit** algún tiempo

einigen: sich ~ ponerse de

acuerdo (**über** *akk* sobre)
einigermaßen más o menos
einiges algo
Einigkeit F̲ unión **Einigung**
F̲ acuerdo *m*
einjährig de un año
einkalkulieren tener en
cuenta
Einkauf M̲ compra *f* **einkaufen** comprar; **~ gehen** ir de
compras
Einkaufsbummel ~ **machen** ir de tiendas **Einkaufspassage** F̲ galería comercial,
pasaje *m* comercial **Einkaufswagen** M̲ carrito de compra
Einkaufszentrum N̲ centro
m comercial
einkehren entrar **einklammern** poner entre paréntesis
einklemmen apretar; *Finger*
coger(se)
Einkommen N̲ ingresos *mpl*
Einkommensteuer F̲ impuesto *m* sobre la renta
einladen invitar; *Güter* cargar
Einladung F̲ invitación
Einlage F̲ FIN imposición; *im*
Schuh plantilla (ortopédica)
Einlass M̲ entrada *f*; admisión *f*
einlassen dejar entrar; **sich ~**
auf (*akk*) meterse en
einlaufen llegar, entrar; *Stoff,*
Hose encogerse
einleben: sich ~ aclimatarse
einlegen poner (*a. Gang*);
GASTR adobar; escabechar;
Haare marcar **Einlegesohle**
F̲ plantilla

einleiten iniciar, entablar; introducir **einleitend** preliminar **Einleitung** F̲ introducción
einleuchtend obvio, evidente
einliefern MED ingresar (en el
hospital), hospitalizar **Einlieferung** F̲ ingreso *m*, hospitalización
einloggen IT (*a. sich ~*) conectarse (**in** *akk* a)
einlösen *Bon, Scheck* cobrar; *fig*
cumplir
einmal una vez; (*künftig*) un
día; **auf ~** de una vez; (*plötzlich*)
de repente; **nicht ~** ni siquiera;
noch ~ otra vez **Einmaleins**
N̲ tabla *f* de multiplicar **einmalig** único (*a. fig*)
einmischen: sich ~ meterse,
mezclarse (**in** *akk* en) **Einmischung** F̲ injerencia
einmünden desembocar
Einnahme F̲ ingreso *m*; recaudación; MED, MIL toma
einnehmen *Stelle, Platz* ocupar; MED, MIL tomar; *Geld* cobrar; recaudar
einölen engrasar **einordnen**
clasificar; AUTO **sich ~** tomar
su fila **einpacken** empaquetar,
embalar, *Am* empacar **einparken** aparcar **einpflanzen** plantar **einplanen** prever **einprägen** estampar; grabar (*a. fig*); **sich etw ~** grabarse
a/c en la memoria **einquartieren** alojar **einrahmen** enmarcar **einräumen** colocar

(en su sitio); (*zugeben*) admitir **einreden** hacer creer **einreiben** friccionar, frotar

Einreise F entrada **Einreiseformalitäten** PL requisitos *mpl* de entrada **einreisen** entrar **Einreisevisum** N visado *m*, *Am* visa *f* de entrada

einreißen rasgar; *fig* extenderse **einrenken** MED reducir

einrichten establecer, instalar; organizar; *Wohnung* decorar; amueblar; **es so ~, dass** hacer de modo que **Einrichtung** F organización; institución; instalación; (*Wohnungseinrichtung*) mobiliario *m*

eins uno **Eins** F uno *m*

einsam solo; solitario; *Ort* aislado **Einsamkeit** F soledad

einsammeln recoger

Einsatz M empleo; misión *f*; *Spiel* puesta *f*; MUS entrada *f*

einscannen IT escanear

einschalten ELEK poner, encender; TECH conectar; poner en marcha; *j-n* acudir a; **sich ~** intervenir **Einschaltquote** F TV índice *m* de audiencia

einschätzen valorar; apreciar

einschicken enviar, mandar **einschieben** interponer; intercalar

Einschiffung F embarque *m*

einschlafen dormirse; *Glied* entumecerse; **nicht ~ können** no poder conciliar el sueño **einschläfern** adormecer; MED dormir a *alg*; *Tier* matar

(con narcótico) **einschlagen** V/T romper; *Nagel* clavar; *Weg* tomar; seguir; V/I *Blitz* caer; *Geschoss* hacer impacto, *a. fig* impactar **einschleppen** *Krankheit* introducir (**in** *akk* en)

einschließen encerrar; *fig* comprender, incluir **einschließlich** inclusive, incluido

einschmuggeln introducir de contrabando; **sich ~** colarse **einschneidend** *fig* radical, drástico **Einschnitt** M corte; (*Kerbe*) muesca *f*; *fig* momento crucial

einschränken limitar, restringir; **sich ~** *finanziell* reducir los gastos **Einschränkung** F limitación, restricción; **ohne ~** sin reservas

einschreiben: sich ~ inscribirse; *Kurs a.* matricularse **Einschreiben** N carta *f* certificada (*Am* registrada) **Einschreibung** F inscripción; matrícula

einschreiten intervenir **einschüchtern** intimidar **einsehen** comprender; *Irrtum* reconocer; *Akten* ver, examinar **einseitig** parcial; POL unilateral

einsenden remitir, enviar **Einsendeschluss** M cierre de admisión

einsetzen V/T instituir; constituir; *j-n* instalar, designar; (*verwenden*) emplear; V/I empezar; MUS entrar; **sich ~ für** abogar por

Einsicht F fig comprensión **einsichtig** razonable
Einsiedler M ermitaño **einsparen** ahorrar **einsperren** encerrar; *ins Gefängnis* encarcelar **einspringen** sustituir (**für** j-n a alg)
Einspruch M protesta f; reclamación f; ~ **erheben** protestar
einspurig *Straße* de un (solo) carril
einstecken poner, meter **einstehen** responder (**für** de) **einsteigen** subir
einstellen TECH regular, ajustar; *Arbeiter* contratar; (*aufhören*) suspender (*a. Zahlung*) cesar, parar; **sich ~ auf** (*akk*) prepararse para **Einstellung** F *e-s Geräts* regulación, ajuste m; *von Personal* contratación; (*Beendigung*) suspensión; fig (*Ansichten*) actitud
Einstieg M entrada f
einstimmig fig unánime **einstöckig** de un piso **einstufen** clasificar **Einsturz** M derrumbamiento **einstürzen** derrumbarse, hundirse
einstweilen por lo pronto **einstweilig** provisional; JUR interino
eintägig de un día
eintauchen remojar; sumergir **eintauschen** cambiar, trocar (**gegen** por) **einteilen** dividir; clasificar; *Zeit* disponer
einteilig de una pieza
Einteilung F división; clasifi-

cación; organización
eintönig monótono **Eintopf** M cocido **eintragen** inscribir, registrar **einträglich** lucrativo **Eintragung** F inscripción; registro m **eintreffen** llegar; fig cumplirse **eintreten** entrar; fig ingresar; (*passieren*) suceder; ~ **für** abogar por
Eintritt M entrada f; ~ **frei** entrada gratuita **Eintrittskarte** F entrada **Eintrittspreis** M precio de entrada
einverstanden: ~ **sein mit** estar conforme (*od* de acuerdo) con **Einverständnis** N conformidad f; consentimiento m **einwählen: sich ~ (in** *akk*) conectarse (a)
Einwand M objeción f
Einwanderer(in) M(F) inmigrante **einwandern** inmigrar **Einwanderung** F inmigración
einwandfrei impecable
Einwegflasche F botella no retornable **Einwegspritze** F jeringuilla de un solo uso **Einwegverpackung** F embalaje m de un solo uso
einweichen remojar **einweihen** inaugurar; iniciar (**in** *etw akk* en) **Einweihung** F inauguración **einwenden** objetar (**gegen** a) **einwerfen** *Brief* echar; *Münze* introducir
einwickeln envolver **Einwickelpapier** N papel m de embalar

einwilligen consentir **Einwilligung** F̱ consentimiento m
einwirken influir **(auf** akk en)
Einwohner(in) M̱F̱ habitante
Einwohnermeldeamt Ṉ oficina f de empadronamiento
Einwurf M̱ objeción f; SPORT saque de banda
Einzahl F̱ GRAM singular m
einzahlen pagar, ingresar
Einzahlung F̱ pago m, ingreso m **Einzahlungsschein** M̱ resguardo de ingreso
einzäunen cercar, vallar **Einzäunung** F̱ cerca, vallado m
Einzel Ṉ SPORT individual m
Einzelbett Ṉ cama f individual **Einzelfall** M̱ caso aislado
Einzelgänger(in) M̱F̱ solitario,-a **Einzelhandel** M̱ comercio al por menor **Einzelheit** F̱ detalle m **Einzelkabine** F̱ camarote m individual
Einzelkind Ṉ hijo m único
einzeln solo, singular; suelto; **im Einzelnen** en detalle; **jeder Einzelne** cada uno
Einzelzimmer Ṉ habitación f individual
einziehen V̱Ṯ Gelder cobrar; Steuer recaudar; MIL llamar a filas; V̱I̱ instalarse
einzig único, solo; ~ **und allein** únicamente **einzigartig** único, singular
Einzimmerwohnung F̱ estudio m **Einzug** M̱ entrada f; Wohnung instalación f (en)
Eis Ṉ hielo m; (Speiseeis) helado

m **Eisbahn** F̱ pista de hielo **Eisbär** M̱ oso blanco **Eisbecher** M̱ copa f de helado **Eisberg** M̱ iceberg **Eisbergsalat** M̱ lechuga f iceberg **Eiscafé** Ṉ, **Eisdiele** F̱ heladería f
Eisen Ṉ hierro m
Eisenbahn F̱ ferrocarril m **Eisenbahnlinie** F̱ vía férrea
eisern de hierro, (a. fig) férreo
eisgekühlt helado **Eishockey** Ṉ hockey m sobre hielo
eisig glacial (a. fig) **Eiskaffee** M̱ café con helado, blanco y negro **eiskalt** helado, glacial **Eis(kunst)lauf** M̱ patinaje (artístico) sobre hielo **eislaufen** patinar sobre hielo **Eisläufer(in)** M̱F̱ patinador(a) **Eisschnelllauf** M̱ patinaje de velocidad **Eisschrank** M̱ nevera f **Eistee** M̱ té frío **Eisverkäufer(in)** M̱F̱ heladero,-a **Eiswürfel** M̱ cubito de hielo **Eiszapfen** M̱ canelón, carámbano **Eiszeit** F̱ período m glacial
eitel vanidoso **Eitelkeit** F̱ vanidad
Eiter M̱ pus **eitern** supurar **eitrig** purulento
Eiweiß Ṉ clara f de huevo; CHEM proteína f
Ekel M̱ asco **ekelhaft** asqueroso **ekeln** dar asco, repugnar
EKG Ṉ (Elektrokardiogramm) E.C.G. m
Ekzem Ṉ eczema m
elastisch elástico
Elbe F̱ Elba m

Elch M̲ alce
Elefant M̲ elefante
elegant elegante Eleganz F̲ elegancia
Elektriker(in) M̲F̲ electricista
elektrisch eléctrico Elektrizität F̲ electricidad
Elektroauto N̲ coche m eléctrico Elektrogerät N̲ electrodoméstico m Elektrogeschäft N̲ tienda f de electrodomésticos Elektroherd M̲ cocina f eléctrica Elektrokardiogramm N̲ electrocardiograma m
Elektronik F̲ electrónica elektronisch electrónico Elektrotechnik F̲ electrotecnia
Element N̲ elemento m elementar elemental
elend miserable, mísero Elend N̲ miseria f Elendsviertel N̲ barrio m pobre
elf once
Elf F̲ once m (a. SPORT)
Elfenbein N̲ marfil m Elfenbeinküste F̲ Costa de Marfil Elfmeter M̲ penalty
Ell(en)bogen M̲ codo
Elsass N̲ Alsacia f
Elster F̲ urraca, picaza
Eltern PL̲ padres mpl Elterngeld N̲ subsidio por maternidad bzw paternidad elternlos huérfano Elternzeit F̲ permiso m parental
Email N̲ esmalte m
E-Mail F̲ correo m electrónico; correo‑e m; per ~ por correo

electrónico E-Mail-Account M̲ cuenta f de correo electrónico E-Mail-Adresse F̲ dirección f de correo electrónico
Emaille F̲ esmalte m emaillieren esmaltar
Emanzipation F̲ emancipación emanzipiert emancipado
Embargo N̲ embargo m
Empfang M̲ recepción f (a. RADIO, Hotel); HANDEL recibo; (Aufnahme) acogida f empfangen recibir; acoger
Empfänger(in) M̲F̲ destinatario,‑a; TECH receptor empfänglich sensible, susceptible (für a) empfängnisverhütend: ~es Mittel N̲ anticonceptivo m Empfängnisverhütung F̲ anticoncepción
Empfangsbestätigung F̲ acuse m de recibo Empfangschef(in) M̲F̲ jefe (jefa) de recepción
empfehlen recomendar empfehlenswert recomendable Empfehlung F̲ recomendación
empfinden sentir; considerar (als como) empfindlich sensible; susceptible Empfindlichkeit F̲ sensibilidad Empfindung F̲ sentimiento m; sensación
empörend escandaloso empört indignado, escandalizado Empörung F̲ indignación
emsig asiduo

Ende N̄ _zeitlich_ fin m; final m; _örtlich_ extremo m; cabo m; **~ April** a fines de abril; **am ~** al final; **zu ~ gehen** acabar(se), tocar a su fin **enden** acabar(se); terminar(se)

Endergebnis N̄ resultado m final **endgültig** definitivo

Endivie(nsalat) F̱M̱ escarola f

Endlagerung F̱ almacenamiento m final **endlich** ADV finalmente, por (_od_ al) fin **endlos** infinito; inacabable **Endspiel** N̄ final f **Endspurt** M̱ SPORT recta f final **Endstand** M̱ SPORT resultado **Endstation** F̱ final **Endung** F̱ GRAM terminación

Energie F̱ energía **Energie...** IN ZSSGN energético **Energiesparr...** IN ZSSGN ... de bajo consumo **Energieversorgung** F̱ abastecimiento m energético **energisch** enérgico

Energydrink M̱ bebida f energética, bebida f energizante

eng estrecho; _Freund_ íntimo; **~ anliegend** _Kleid_ ceñido, ajustado; **~er machen** estrechar

Enge F̱ estrechez; **in die ~ treiben** poner entre la espada y la pared

Engel M̱ ángel

England N̄ Inglaterra f **Engländer(in)** F̱M̱ inglés(-esa) **englisch** inglés

Engpass M̱ desfiladero; _fig_ cuello de botella **engstirnig** estrecho de miras

Enkel(in) F̱M̱ nieto,-a

enorm enorme

Ensemble N̄ THEAT compañía f; _Kleid, a. fig_ conjunto m

entbehren carecer de; (_vermissen_) echar de menos; **nicht ~ können** no poder pasar sin **entbehrlich** prescindible

Entbindung F̱ alumbramiento m, parto m

entdecken descubrir **Entdecker** M̱ descubridor **Entdeckung** F̱ descubrimiento m; _fig_ revelación

Ente F̱ pato m; _fig_ bulo

enteignen expropiar **Enteignung** F̱ expropiación

enterben desheredar **entfallen** _fig_ olvidarse; _Anteil_ recaer (**auf** _akk_ en) **entfalten** desplegar; **fig sich ~** desarrollarse

entfernen: (sich) ~ alejar(se), apartar(se) **entfernt** apartado; lejano **Entfernung** F̱ distancia

entfremden: sich ~ distanciarse

entführen raptar; secuestrar **Entführer(in)** F̱M̱ secuestrador(a) **Entführung** F̱ secuestro m

entgegen en contra de **entgegengehen** _j-m_ ir al encuentro de **entgegengesetzt** (_dat_) opuesto, contrario **entgegentreten** _j-m_ hacer frente a

entgehen escapar de; **fig sich** (_dat_) **etw (nicht) ~ lassen** (no) perderse a/c

Entgelt N̲ remuneración f

entgleisen *Zug* descarrilar

Enthaarungscreme F̲ depilatorio m

enthalten contener; **sich ~** abstenerse de **enthaltsam** abstinente, abstemio

enthüllen revelar; *Denkmal* descubrir **Enthüllung** F̲ revelación

Enthusiasmus N̲ entusiasmo **enthusiastisch** entusiasta

entkalken descalcificar **entkoffeiniert** descafeinado **entkommen** escaparse **entkorken** descorchar **entladen** descargar

entlang a lo largo de **entlanggehen**: **(an dat) etw ~** pasar por a/c, caminar a lo largo de a/c

entlarven desenmascarar

entlassen despedir; *Häftling* poner en libertad; MED dar de alta **Entlassung** F̲ despido m; MED alta

entlasten descargar; *Verkehr* descongestionar **Entlastung** F̲ descargo m; descongestión

entlegen remoto

entlüften ventilar **entmündigen** poner bajo tutela **entmutigen** desanimar, desalentar **entnehmen** sacar, tomar (**aus** de); *fig* concluir **entrahmt** descremada, desnatada

entrüsten: **sich ~** indignarse

Entrüstung F̲ indignación

Entsafter M̲ licuadora f

entschädigen indemnizar; compensar **Entschädigung** F̲ indemnización; compensación

entscheiden: **(sich) ~** decidir(se) **entscheidend** decisivo **Entscheidung** F̲ decisión

entschlacken *den Organismus* desintoxicar

entschließen: **sich ~** decidirse, resolverse (**zu a**)

entschlossen resuelto, decidido **Entschlossenheit** F̲ resolución

Entschluss M̲ decisión f, resolución f; **e-n ~ fassen** tomar una decisión

entschuldigen disculpar, excusar; perdonar; **sich ~** excusarse; **~ Sie!** ¡perdone! **Entschuldigung** F̲ excusa; disculpa; **~!** ¡perdón!

Entsetzen N̲ horror m, espanto m **entsetzlich** horrible, espantoso **entsetzt** horrorizado

entsorgen eliminar **Entsorgung** F̲ eliminación de desechos

entspannen: **sich ~** relajarse **Entspannung** F̲ relajación; POL distensión

entsprechen corresponder a **entsprechend** correspondiente **Entsprechung** F̲ correspondencia, equivalente m

entstehen originarse, formarse **Entstehung** F̲ formación;

origen m

entstellen desfigurar

enttäuschen desilusionar, decepcionar, desengañar Enttäuschung F̲ desengaño m, decepción; desilusión

entwaffnen desarmar

Entwässerung F̲ drenaje m

entweder : ~ ... oder o ..., o

entweihen profanar entwerfen esbozar; diseñar; Plan trazar

entwerten depreciar; Briefmarke inutilizar; Fahrschein cancelar Entwerter M̲ canceladora f de billetes

entwickeln desarrollar; FOTO revelar, Am desarrollar; sich ~ desarrollarse Entwickeln N̲ FOTO revelado m Entwicklung F̲ desarrollo m; evolución Entwicklungshelfer(in) M̲F̲ cooperante Entwicklungsland N̲ país m en vías de desarrollo

entwirren desembrollar; desenredar entwischen umg escabullirse Entwurf M̲ proyecto; bosquejo; borrador

entziehen quitar, retirar; sich ~ (gen) sustraerse de (od a) Entziehungskur F̲ cura de desintoxicación

entziffern descifrar

entzückend encantador entzückt encantado (von de)

Entzug M̲ retirada f Entzugserscheinungen F̲P̲L̲ síndrome m de abstinencia

entzünden inflamar; a. fig encender; sich ~ a. MED inflamarse Entzündung F̲ MED inflamación

entzwei roto entzweigehen romperse

Enzian M̲ genciana f

Enzym N̲ enzima m od f

Epidemie F̲ epidemia

Epilepsie F̲ epilepsia Epileptiker(in) M̲F̲ epiléptico,-a

Episode F̲ episodio m

Epoche F̲ época

Epos N̲ epopeya f

er él; ~ selbst él mismo

Erachten N̲ meines ~s a mi parecer

erbarmen : sich ~ (gen) compadecerse de Erbarmen N̲ compasión f erbärmlich miserable; deplorable erbarmungslos despiadado

Erbe 1 N̲ herencia f 2 M̲ heredero erben heredar

erbeuten capturar

Erbfolge F̲ sucesión Erbin F̲ heredera

erbitten solicitar, pedir

erbittert Person exasperado; Kampf encarnizado

erblassen palidecer

erblich hereditario

erblicken divisar, ver erblinden quedar ciego erbost furioso

erbrechen : (sich) ~ vomitar; Erbrechen n vómito m

Erbschaft F̲ herencia Erbschaftssteuer F̲ impuesto m

sobre sucesiones

Erbse F guisante m, Am arveja

Erdapfel M österr patata, Am papa **Erdball** M globo terráqueo **Erdbeben** N terremoto m, seísmo m **Erdbeere** F fresa, fresón m; Am frutilla **Erdboden** M suelo, tierra f

Erde F tierra **erden** ELEK conectar a tierra

Erdgas N gas m natural **Erdgeschoss** N piso m bajo; planta f baja **Erdkunde** F geografía f **Erdnuss** F cacahuete m, Am a. maní m **Erdöl** N petróleo m

erdrücken aplastar **erdrückend** abrumador, aplastante **Erdrutsch** M desprendimiento de tierras **Erdteil** M continente

erdulden sufrir, soportar

E-Reader M lector m de libros electrónicos, e-reader m

ereifern: **sich ~** acalorarse

ereignen: **sich ~** suceder, ocurrir **Ereignis** N suceso m, acontecimiento m, evento m

Erektion F erección

erfahren **1** V/T saber, enterarse de **2** ADJ experimentado, versado **Erfahrung** F experiencia (**aus** por)

erfassen registrar; (verstehen) comprender

erfinden inventar **Erfinder(in)** M(F) inventor(a) **erfinderisch** ingenioso **Erfindung** F invención; invento m

Erfolg M éxito; resultado; **viel ~!** ¡mucha suerte! **erfolgen** suceder; efectuarse **erfolglos** sin éxito **erfolgreich** exitoso; ADV con éxito

erforderlich necesario, preciso **erfordern** requerir, exigir **erforschen** explorar, investigar

erfreuen alegrar **erfreulich** agradable **erfreut** encantado; **sehr ~!** ¡mucho gusto! od ¡encantado,-a!

erfrieren morir de frío **erfrischen**: (**sich**) ~ refrescar(se) **erfrischend** refrescante **Erfrischung** F refresco m **Erfrischungs...** ɪN ZSSGN ... refrescante

erfüllen cumplir; corresponder a; fig llenar (**mit** de); **sich ~** realizarse, cumplirse **Erfüllung** F cumplimiento m, realización

ergänzen completar **Ergänzung** F complemento m

ergeben dar (por resultado); arrojar; **sich ~** resultar (**aus** de); MIL rendirse **Ergebnis** N resultado m **ergebnislos** sin resultado; infructuoso

ergreifen coger; Am agarrar; fig tomar; (rühren) emocionar **ergreifend** emocionante **ergriffen** conmovido

erhaben sublime

erhalten obtener, recibir; (bewahren) mantener, conservar; **gut ~** en buen estado **erhält-**

lich en venta
erhängen: sich ~ ahorcarse
erheben levantar; *Steuern* recaudar; **sich ~** levantarse; POL sublevarse **erheblich** considerable **Erhebung** F̲ GEOG elevación; POL insurrección; *von Gebühren* cobro *m*
erheitern divertir **erhellen** iluminar **erhitzen** calentar
erhöhen elevar, aumentar **Erhöhung** F̲ subida, aumento *m*
erholen: sich ~ descansar, reposar; MED recuperarse; **~ Sie sich gut!** ¡que se recupere! **Erholung** F̲ recreo *m*, descanso *m*; MED recuperación
erinnern: j-n an etw ~ recordar a/c a alg; **sich ~** acordarse (**an** *akk* de) **Erinnerung** F̲ recuerdo *m*; **zur ~ an** (*akk*) en memoria de
erkälten: sich ~ resfriarse, constiparse **Erkältung** F̲ resfriado *m*, constipado *m*
erkennen reconocer (**an** *dat* por) **Erkenntnis** F̲ (re)conocimiento *m* **Erkennungszeichen** N̲ distintivo *m*
Erker M̲ mirador
erklären explicar; (*äußern*) declarar, manifestar **erklärlich** explicable **Erklärung** F̲ explicación; declaración
erklingen (re)sonar
erkranken enfermar, caer enfermo **Erkrankung** F̲ enfermedad
erkunden explorar **erkundi-**

gen: sich ~ informarse (**nach** de, sobre) **Erkundigung** F̲ información
Erlass M̲ decreto **erlassen** *Gesetz* emitir; promulgar; *j-m etw* dispensar de; *Strafe* condonar
erlauben permitir **Erlaubnis** F̲ permiso *m*, autorización
erläutern explicar **Erläuterung** F̲ aclaración, explicación
Erle F̲ aliso *m*
erleben vivir, ver; experimentar **Erlebnis** N̲ aventura *f*; experiencia *f*; vivencia *f* **Erlebnispark** M̲ parque de atracciones
erledigen arreglar; despachar; ejecutar **erledigt** *umg fig* hecho polvo **Erledigung** F̲ tramitación; (*Besorgung*) compra
erleichtern facilitar; aliviar **Erleichterung** F̲ alivio *m*; **~en** *pl* facilidades
Erlös M̲ producto, beneficio
erlöschen apagarse; *fig* expirar, extinguirse
erlösen salvar **Erlöser** M̲ REL Redentor **Erlösung** F̲ liberación; REL redención
ermächtigen autorizar **Ermächtigung** F̲ autorización
ermahnen amonestar, exhortar **Ermahnung** F̲ amonestación, advertencia
ermäßigen reducir, rebajar **Ermäßigung** F̲ reducción, rebaja
ermitteln averiguar; JUR indagar **Ermittlung** F̲ averigua-

ción; **~en** *pl* indagaciones

ermöglichen posibilitar

ermorden asesinar **Ermordung** F̲ asesinato *m*

ermüden V̲/T̲ cansar; V̲/I̲ fatigarse **Ermüdung** F̲ cansancio *m*

ermuntern, ermutigen animar, alentar **ermutigend** alentador

ernähren alimentar **Ernährung** F̲ alimentación

ernennen nombrar **Ernennung** F̲ nombramiento *m*

erneuerbar renovable, recuperable **erneuern** renovar **Erneuerung** F̲ renovación **erneut** de nuevo

erniedrigen envilecer; degradar

ernst serio; grave; **~ nehmen** tomar en serio **Ernst** M̲ seriedad *f*; **im ~** en serio **Ernstfall** M̲ **im ~** en caso de urgencia **ernsthaft, ernstlich** serio, grave

Ernte F̲ cosecha **ernten** cosechar *(a. fig)*, recolectar

ernüchtern desencantar **Ernüchterung** F̲ desencanto *m*

Eroberer M̲ conquistador **erobern** conquistar; tomar **Eroberung** F̲ conquista; toma

eröffnen abrir **Eröffnung** F̲ apertura; inauguración

erörtern discutir

Erotik F̲ erotismo *m* **erotisch** erótico

erpressen extorsionar; hacer chantaje (a) **Erpresser(in)**

M̲(F̲) chantajista **Erpressung** F̲ chantaje *m*; extorsión

erproben probar, ensayar

erraten acertar, adivinar

erregen excitar; irritar **Erreger** M̲ MED agente patógeno **erregt** excitado; irritado **Erregung** F̲ excitación; emoción

erreichbar asequible; realizable **erreichen** alcanzar; lograr, conseguir; *Ort* llegar a

errichten levantar, erigir

Ersatz M̲ re(e)mplazo, sustitución *f*; *Geld* compensación *f* **Ersatz...** I̲N̲ Z̲S̲S̲G̲N̲ de recambio, de repuesto **Ersatzmann** M̲ suplente **Ersatzrad** N̲ rueda *f* de repuesto **Ersatzspieler(in)** M̲(F̲) suplente **Ersatzteil** N̲ (pieza *f* de) recambio *m*

erscheinen aparecer; JUR comparecer; *Buch etc* publicarse **Erscheinung** F̲ aparición *(a. Geist)*; fenómeno *m*

erschießen fusilar

erschlagen matar (a golpes) **erschließen** *Markt* abrir; *Gelände* urbanizar

erschöpfen cansar; agotar **erschöpfend** agotador; *fig* exhaustivo **erschöpft** agotado **Erschöpfung** F̲ agotamiento *m*; extenuación

erschrecken V̲/T̲ (v/i) asustar(se), espantar(se) **erschreckend** espantoso, alarmante **erschrocken** asustado

erschüttern sacudir; *fig* conmover **Erschütterung** F̲ sacudida; conmoción

erschweren dificultar

ersetzen re(e)mplazar, substituir; *Kosten* re(e)mbolsar; *Schaden* reparar

ersparen ahorrar *(a. fig)* **Ersparnisse** FPL ahorros mpl, economías

erst primero; *(vorher)* antes; ~ **gestern** sólo ayer

erstarrt *fig* estupefacto; *vor Kälte* transido

erstatten *Auslagen* re(e)mbolsar; **Anzeige** ~ poner una denuncia **(gegen** contra); **Bericht** ~ informar

Erstaufführung F estreno m

Erstaunen N asombro m **erstaunlich** sorprendente, asombroso **erstaunt** asombrado

erste(r, -s) primer(o), primera; **am ~n Juni** el primero de junio; **fürs Erste** de momento; **zum ~n Mal** por primera vez

erstechen acuchillar

erstens en primer lugar

ersticken asfixiar(se); *fig* sofocar

erstklassig de primera clase *(od* categoría) **erstmals** por primera vez

erstreben aspirar a, ambicionar **erstrebenswert** deseable

ertappen sorprender

erteilen dar; conferir

ertönen (re)sonar

Ertrag M rendimiento extra-

gen soportar; **nicht zu** ~ insoportable, inaguantable **erträglich** soportable

ertränken ahogar **ertrinken** ahogarse **erübrigen : sich** ~ no ser necesario

erwachen despertarse

erwachsen adulto, mayor (de edad) **Erwachsene(r)** M/F(M) adulto,-a

erwähnen mencionar **Erwähnung** F mención

erwarten esperar **Erwartung** F espera, esperanza

erweitern ensanchar; *fig* ampliar, extender

Erwerb M adquisición f **erwerben** adquirir; *fig* ganar **erwerbstätig** activo **erwerbsunfähig** incapacitado para el trabajo **Erwerbsunfähigkeit** F incapacidad para el trabajo

erwidern replicar; *Gruß etc* devolver **Erwiderung** F réplica

erwischen atrapar, *umg* pillar **erwünscht** deseable; oportuno **erwürgen** estrangular

Erz N mineral m

erzählen contar **Erzählung** F narración; cuento m

Erzbischof M arzobispo

erzeugen producir **Erzeuger** M productor **Erzeugnis** N producto m

erziehen educar **Erzieher(in)** M(F) educador(a) **Erziehung** F educación **Erziehungsurlaub** M hist → Elternzeit erzielen obtener, conseguir

erzwingen forzar

es ello; esto; lo; ich bin ~ soy yo; ~ regnet llueve; ich weiß ~ lo sé; ohne ~ sin ello

Escapetaste F IT tecla f Escape

Esche F fresno m

Esel M burro, asno Eseltrekking N excursión f en burro

Eskimo M esquimal

Espresso M café exprés

Essay M ensayo

essbar comestible

essen comer; zu Mittag ~ almorzar, comer; zu Abend ~ cenar Essen N comida f

Essenszeit F hora de comer

Essig M vinagre; ~- und Ölständer m vinagreras fpl/Essiggurke F pepinillo m en vinagre

Esslöffel M cuchara f Esszimmer N comedor m

Estland N Estonia f

Estragon M estragón

Estremadura F Extremadura

Etage F piso m, planta Etagenbett N litera f

Etappe F etapa

Etat M presupuesto

Ethik F ética f

E-Ticket N billete m electrónico; Am boleto m electrónico

Etikett N rótulo m, etiqueta f

etliche algunos, unos

Etui N estuche m

etwa aproximadamente, ~ 10 unos diez etwaig eventual

etwas algo; un poco (de)

EU F (Europäische Union) U.E.

(Unión Europea)

euch (a) vosotros, -as; unbetont os; Am a. (a) ustedes euer vuestro, -a; Am a. de ustedes

EU-Kommission F Comisión f Europea EU--Land N, EU-Mitgliedsstaat M POL país m miembro de la UE

Eule F lechuza

eure PL vuestros, -as euretwegen por vosotros; Am a. por ustedes

Euro M euro; IN ZSSGN euro...

Eurocent M céntimo de euro

Euronorm F norma europea

Europa N Europa f Europäer(in) M(F) europeo,-a europäisch: ~e Kommission f Comisión Europea; ~es Parlament n Parlamento m Europeo; ~e Union f Unión Europea

Europameisterschaft F Campeonato m de Europa Europaparlament N POL Parlamento m Europeo Europapolitik F política europea Europarat M Consejo de Europa Europastraße F eurovía Europawahlen FPL elecciones europeas

Eurozone F POL Eurozona, Zona f Euro

Euter N ubre f

EU-weit ADJ de ámbito europeo, de alcance europeo

e. V. M (eingetragener Verein) asociación f registrada

evakuieren evacuar

evangelisch protestante
Evangelium N̄ evangelio *m*
Event M̄ evento *m*
eventuell eventual
ewig eterno **Ewigkeit** F̄ eternidad
exakt exacto
Examen N̄ examen *m*
Exemplar N̄ ejemplar *m*
Exil F̄ destierro *m*, exilio *m*
Existenz F̄ existencia **Existenzminimum** N̄ mínimo *m* vital **existieren** existir
Exkursion F̄ excursión
Exotik F̄ exotismo *m* **exotisch** exótico
Expedition F̄ expedición
Experiment N̄ experimento *m* **experimentieren** experimentar **Experte** M̄, **Expertin** F̄ experto,-a
explodieren estallar, hacer explosión; explotar **Explosion** F̄ explosión
Export M̄ exportación *f* **exportieren** exportar
extern externo
extra extra; por separado, aparte; *umg* (*absichtlich*) expresamente; **die Extras** los extras
Extrakt M̄ extracto
extrem extremo **Extremist(in)** M̄/F̄ extremista
Eyeliner M̄ delineador *m* (de ojos)
EZB F̄ (Europäische Zentralbank) BCE *m* (Banco Central Europeo)
E-Zigarette F̄ cigarrillo *m*

electrónico

F

F N̄ MUS fa *m*
Fa. F̄ (Firma) casa; empresa
Fabel F̄ fábula **fabelhaft** estupendo, fabuloso
Fabrik F̄ fábrica **Fabrikant(in)** M̄/F̄ fabricante **Fabrikarbeiter(in)** M̄/F̄ obrero,-a industrial **Fabrikat** N̄ producto *m*
Facebook® N̄ Facebook® *n*
Fach N̄ casilla *f*; *fig* ramo *m*; (*Lehrfach*) asignatura *f* **Facharbeiter(in)** M̄/F̄ obrero,-a especializado,-a **Facharzt** M̄, **Fachärztin** F̄ especialista **Fachausdruck** M̄ término técnico
Fächer M̄ abanico
Fachfrau F̄ experta, especialista **Fachgeschäft** N̄ tienda *f* especializada **Fachhochschule** F̄ *etwa* escuela técnica superior **Fachkenntnisse** F̄PL conocimientos *mpl* especiales **Fachmann** M̄ experto, especialista **Fachwerkhaus** N̄ casa *f* de paredes entramadas
Fackel F̄ antorcha
fad(e) insípido; soso
Faden M̄ hilo **Fadennudeln**

PL fideos *mpl*

Fagott N fagot *m*

fähig capaz (**zu de**); apto (**zu para**) **Fähigkeit** F capacidad; aptitud

fahnden buscar (**nach j-m** a alg) **Fahndung** F búsqueda

Fahne F bandera

Fahrbahn F calzada

Fähre F transbordador *m*

fahren Vi ir; Vt conducir; *j-n* llevar; **wann fährt ...?** ¿a qué hora sale ...? **Fahrer(in)** M/F conductor(a) **Fahrerflucht** F fuga del conductor

Fahrgast M pasajero **Fahrgeld** N precio *m* del billete **Fahrgestell** N chasis *m*; FLUG tren *m* de aterrizaje **Fahrkarte** F billete *m*, *Am* a boleto *m*

Fahrkartenautomat M máquina *f* expendedora de billetes **Fahrkartenschalter** M despacho de billetes, taquilla *f*

fahrlässig negligente; imprudente **Fahrlässigkeit** F negligencia; imprudencia

Fahrlehrer(in) M/F profesor(a) de autoescuela

Fahrplan M horario **Fahrplanauskunft** F información *f* sobre horarios **fahrplanmäßig** *Zug, Bus* regular; *Ankunft, Abfahrt* según el horario

Fahrpreis M precio del billete **Fahrrad** N bicicleta *f* **Fahrradtaxi** N, **Fahrradriksha** F bicitaxi *m*, velotaxi *m* **Fahrradweg** M pista *f* para ciclis-

tas **Fahrschein** M billete, *Am* a. boleto

Fährschiff N → **Fähre**

Fahrschule F autoescuela **Fahrspur** F carril *m* **Fahrstuhl** M ascensor **Fahrstunde** F clase de conducción

Fahrt F viaje *m*; **freie** ~ vía libre

Fährte F pista, huella

Fahrtrichtung F dirección; **gegen die** ~ en contradirección

Fahrzeit F duración del trayecto

Fahrzeug N vehículo *m* **Fahrzeughalter** M titular del vehículo **Fahrzeugpapiere** PL, **Fahrzeugschein** M a. documentación *f* del vehículo

fair correcto; SPORT limpio; **~er Handel** comercio justo

Faktor M factor

Fakultät F facultad

Falke M halcón (*a. fig* POL)

Fall M caída *f*; (*a.* JUR, GRAM) caso; **auf jeden** ~ en todo caso; **auf keinen** ~ de ningún modo; **für alle Fälle** por si acaso

Falle F trampa

fallen caer; bajar **fällen** *Baum* cortar, talar; *Urteil* dictar **fällig** vencido; ~ **werden** vencer **Fälligkeit** F vencimiento

falls si; en caso de que

Fallschirm M paracaídas **Fallschirmspringer(in)** M/F paracaidista

falsch falso; incorrecto; *Haar etc* postizo **fälschen** falsificar

Falschgeld N̲ moneda f falsa

Falschparken N̲ estacionamiento m indebido

Fälschung F̲ falsificacion

Faltboot N̲ bote m plegable

Falte F̲ pliegue m; arruga (a. Haut) **falten** doblar, plegar; *Hände* juntar **Faltenrock** M̲ falda f de pliegues

Falter M̲ mariposa f

familiär familiar

Familie F̲ familia

Familienangehörige(r) M̲/F̲ M̲ familiar **Familienanschluss** M̲ acogida f en una familia **Familienmitglied** N̲ miembro m de la familia **Familienname** M̲ apellido **Familienstand** M̲ estado civil

Fan M̲ fan; SPORT *umg* hincha

Fanartikel M̲ artículo de fans *od* aficionados **Fanatiker(in)** M̲/F̲ fanático,-a **fanatisch** fanático

Fang M̲ presa f; *(Fischfang)* captura f **fangen** coger; *Am* agarrar; *j-n* capturar

Fantasie F̲ imaginación f, fantasía **fantastisch** fantástico

Farbdrucker M̲ impresora f de color **Farbe** F̲ color m; *(Malfarbe)* pintura **farbecht** de color inalterable

färben teñir; colorear

farbenblind daltoniano

Farbfoto N̲ foto f en color

farbig de color **Farbige(r)** M̲/F̲(M̲) mujer f (hombre m) de color **farblos** incoloro

Farbstift M̲ lápiz de color

Farbstoff M̲ colorante **Farbton** M̲ matiz

Färbung F̲ colorido m, coloración

Farm F̲ granja, *Am* hacienda **Farmer(in)** M̲/F̲ granjero,-a, *Am* hacendero,-a

Farn(kraut) M̲/N̲ helecho m

Fasan M̲ faisán

Fasching M̲ carnaval

Faschismus M̲ fascismo

Faser F̲ fibra **faserig** fibroso

Fass N̲ tonel m; barril m

Fassade F̲ fachada

Fassbier N̲ cerveza f de barril

fassen coger; *Am* agarrar; *Raum* caber; *fig* comprender; *Plan* concebir, **sich ~** calmarse; **sich kurz ~** ser breve

Fassung F̲ *Brille* montura f; ELEK portalámparas m; *Text* versión; *fig* serenidad; **aus der ~ bringen** desconcertar **fassungslos** consternado **Fassungsvermögen** N̲ capacidad f

fast casi

fasten ayunar **Fasten** N̲ ayuno m **Fastenzeit** F̲ cuaresma

Fastnacht F̲ carnaval m

faszinierend fascinante

fatal fatal

faul podrido; *Person* perezoso, vago **faulen** pudrirse

faulenzen gandulear **Faulenzer(in)** M̲/F̲ holgazán (-ana)

Faulheit F̲ pereza

faulig podrido **Fäulnis** F̲ putrefacción

Faust F̲ puño m **Faustschlag** M̲ puñetazo

Favorit(in) M̲F̲ favorito,-a

Fax N̲ fax m; **j-m ein ~ schicken** mandar un fax a alg **faxen** enviar un fax **Faxgerät** N̲ fax m **Faxnummer** F̲ número m de fax

Fazit N̲ resultado m

FCKW P̲L̲ (Fluorchlorkohlenwasserstoffe) CFC mpl **FCKW-frei** sin CFC

FDP F̲ (Freie Demokratische Partei) Partido Liberal Demócrata

Februar M̲ febrero; **im ~** en febrero

Fechten N̲ esgrima f

Feder F̲ pluma; TECH resorte m, muelle m **Federball** M̲ volante; Spiel a. bádminton **Federbett** N̲ edredón m **Federkernmatratze** F̲ colchón m de muelles **federn** ser elástico **Federung** F̲ suspensión f

Fee F̲ hada

Feedback N̲ feed-back m

fegen barrer

Fehlbetrag M̲ déficit **fehlen** faltar; Person estar ausente; **was fehlt Ihnen?** ¿qué le pasa? **Fehler** M̲ falta f, error; TECH defecto **fehlerfrei** sin falta; impecable **fehlerhaft** defectuoso

Fehlgeburt F̲ aborto m (espontáneo) **Fehlschlag** M̲ fallo, fracaso **fehlschlagen** fracasar, fallar **Fehlstart** M̲ sali-

da f nula

Feier F̲ fiesta **Feierabend** M̲ fin del trabajo **~ machen** terminar la jornada **feierlich** solemne **feiern** celebrar **Feiertag** M̲ día m de fiesta f; **schöne ~e!** ¡felices fiestas!

feige cobarde

Feige F̲ higo m

Feigheit F̲ cobardía **Feigling** M̲ cobarde

Feile F̲ lima **feilen** limar

feilschen regatear

fein fino; delgado; delicado

Feind M̲ enemigo **feindlich** hostil; enemigo **Feindschaft** F̲ enemistad **feindselig** hostil

feinfühlig sensible **Feingefühl** N̲ delicadeza f **Feinheit** F̲ fineza; sutileza **Feinschmecker(in)** M̲F̲ gastrónomo,-a

Feinstaub M̲ partículas fpl de polvo

Feld N̲ campo m; (Spielfeld) casilla f **Feldbett** N̲ catre m **Feldsalat** M̲ (hierba f de) canónigos mpl **Feldweg** M̲ camino rural

Felge F̲ llanta

Fell N̲ piel f

Fels(en) M̲ roca **Felsenküste** F̲ acantilado m **felsig** rocoso **Felswand** F̲ pared (de una roca)

feminin femenino **Feminismus** M̲ feminismo **Feministin** F̲ feminista **feministisch** feminista

Fenchel M̲ hinojo

Fenster N̄ ventana f; AUTO ventanilla f **Fensterbrett** N̄ alféizar m **Fensterheber** m AUTO elevalunas **Fensterladen** M̄ contraventana f **Fensterplatz** M̄ asiento de ventanilla **Fensterscheibe** F̄ cristal m

Ferien PL vacaciones fpl; **schöne ~!** ¡buenas vacaciones! **Feriendorf** N̄ urbanización f turística **Ferienhaus** N̄ chalet m; casa f de verano **Ferienjob** M̄ umg trabajo m de vacaciones **Ferienkurs** M̄ curs(ill)o de verano **Ferienlager** N̄ campamento m de vacaciones **Ferienwohnung** F̄ apartamento m de vacaciones

Ferkel N̄ cochinillo m

fern lejano; ADV lejos **Fernbedienung** F̄ mando m a distancia **Fernbeziehung** F̄ relación f a distancia **Fernbus** M̄ autobús m interurbano

Ferne F̄ distancia f; **in der ~ a lo** lejos

Fernfahrer(in) M̄F̄ camionero,-a **Ferngespräch** N̄ llamada f interurbana **ferngesteuert** teledirigido **Fernglas** N̄ gemelos mpl, prismáticos mpl **Fernheizung** F̄ calefacción f a distancia **Fernlicht** N̄ AUTO luz f de carretera **Fernreise** F̄ viaje m de larga distancia **Fernrohr** N̄ telescopio m **Fernseh...** IN ZSSGN oft televisivo **fernsehen** ver la televisión

Fernsehen N̄ televisión f, umg tele f **Fernseher** M̄ televisor **Fernsehfilm** m telefilm **Fernsehprogramm** N̄ Kanal canal m de televisión **Fernsehsendung** F̄ emisión (de televisión)

Fernsicht F̄ vista (panorámica)

Fernsprech... → Telefon etc

Fernsteuerung F̄ control m remoto **Fernstudium** N̄ estudio m por correspondencia (od a distancia) **Fernverkehr** M̄ transporte m a larga distancia

Ferse F̄ talón m

fertig acabado, hecho; (bereit) listo, preparado; **~ machen** acabar; **sich ~ machen** prepararse (**zu, für** para) **Fertiggericht** N̄ plato m preparado (od precocinado) **Fertighaus** N̄ casa f prefabricada

Fessel F̄ traba **fesseln** trabar, atar; fig cautivar **fesselnd** fascinante, cautivador

fest firme; fijo; sólido

Fest N̄ fiesta f; **(ein) frohes ~!** ¡felices fiestas!

festbinden atar

Festessen N̄ banquete m

festhalten sujetar; sostener; **sich ~** agarrarse (**an** dat a) **Festiger** M̄ fijador **Festigkeit** F̄ firmeza **Festland** N̄ tierra f firme **festlegen** fijar; **sich ~** comprometerse (**auf** akk a) **festlich** solemne **festmachen** fijar; SCHIFF amarrar

Festnahme F̄ detención **fest-**

nehmen detener
Festnetz N̲ TEL red f fija **Festnetzanschluss** M̲ TEL conexión f a la red fija **Festnetznummer** F̲ número m de teléfono fijo **Festnetztelefon** F̲ teléfono m fijo
Festplatte F̲ IT disco m duro; Am disco m rígido **Festpreis** M̲ precio fijo **festsetzen** fijar, establecer **festsitzen** (klemmen) estar atrancado; **wir sitzen fest** no podemos avanzar
Festspiele NPL festival m
feststehen ser seguro **feststellen** comprobar, averiguar; (bemerken) constatar
Festtag M̲ día (de) fiesta f **Festung** F̲ fortaleza **Festzug** M̲ cortejo
Fete umg F̲ fiesta
fett graso; Person gordo **Fett** N̲ grasa f **fettarm** pobre en grasa(s); Milch semidesnatado
Fettfleck M̲ mancha f de grasa **fettig** grasiento, pringoso **Fettnäpfchen** N̲ umg **ins ~ treten** meter la pata
Fetzen M̲ (Lumpen) harapo; (Gesprächsfetzen) retazo
feucht húmedo **Feuchtigkeit** F̲ humedad **Feuchtigkeitscreme** F̲ crema hidratante
Feuer N̲ fuego m; (Brand) incendio m; fig ardor m **Feueralarm** M̲ alarma f de incendio **Feuerbestattung** F̲ incineración **feuerfest** refractario **feuergefährlich** inflamable

Feuerland N̲ Tierra f del Fuego **Feuerleiter** F̲ escalera de incendios **Feuerlöscher** M̲ extintor **Feuermelder** M̲ avisador de incendios **feuern** (schießen) disparar; umg fig echar **Feuerring** N̲ bomberos mpl **Feuerwerk** N̲ fuegos mpl artificiales **Feuerwerkskörper** M̲ petardo **Feuerzeug** N̲ mechero m, encendedor m
feurig ardiente, fogoso
Fewo F̲ → Ferienwohnung
Fichte F̲ abeto m rojo
ficken vulg joder
Fieber N̲ fiebre f; **hohes ~** fiebre f alta; **~ haben** tener fiebre **fieberhaft** febril (a. fig) **fiebern** tener fiebre **fiebersenkend** antipirético **Fieberthermometer** N̲ termómetro m
fiebrig febril
fies umg asqueroso; Person antipático
Figur F̲ figura; fig tipo m; (Spielfigur) pieza
Filet N̲ solomillo m; (Fischfilet) filete m **Filetsteak** N̲ bistec m de solomillo
Filiale F̲ sucursal
Film M̲ película f, film(e); FOTO carrete **Filmaufnahmen** FPL rodaje m **filmen** rodar, filmar **Filmfestspiele** NPL festival m cinematográfico **Filmstar** M̲ estrella f de cine **Filmvorführung** F̲ función de cine

Filter M̲ filtro **Filterkaffee** M̲
café (de filtro) **filtern** filtrar
Filterpapier N̲ papel m filtro
Filterzigarette F̲ cigarrillo
m con filtro
Filz M̲ fieltro **Filzschreiber**
M̲, **Filzstift** M̲ rotulador
Finale N̲ final m (SPORT f)
Finanzamt N̲ delegación f de
Hacienda **Finanzen** PL̲ finan-
zas fpl **finanziell** financiero
finanzieren financiar **Finanzierung** F̲ financiación
Finanzkrise F̲ crisis f financiera **Finanzministerium** N̲
ministerio m de Hacienda
finden encontrar, hallar; fig estimar, considerar; **wie ~ Sie ...?**
¿qué le parece ...?; **das wird
sich ~** ya veremos
Finderlohn M̲ gratificación f
Finger M̲ dedo **Fingerab-
druck** M̲ huella f dactilar **Fingerhut** M̲ dedal **Fingerna-
gel** M̲ uña f **Fingerring** M̲
anillo f (del dedo) **Fingerspitze** F̲ punta
del dedo **Fingerspitzenge-
fühl** N̲ tacto m
Fink M̲ pinzón
Finne M̲, **Finnin** F̲ finlandés,
-esa **finnisch** finlandés **Finnland** N̲ Finlandia f
finster oscuro; sombrío **Finsternis** F̲ oscuridad
Firma F̲ casa, empresa
Firmung F̲ REL confirmación f
Fisch M̲ pez; GASTR pescado;
~e pl ASTROL Piscis **fischen**
pescar **Fischer** M̲ pescador

Fischerboot N̲ barco m pesquero **Fischerdorf** N̲ pueblo
pesquero **Fischerei** F̲, **Fischfang** M̲ pesca f **Fischfilet** N̲
filete m de pescado **Fischgeschäft** N̲ pescadería f **Fisch-
händler(in)** M̲ pescadero,-a
Fischotter M̲ nutria f **Fisch-
stäbchen** PL̲ barritas fpl de
pescado **Fischsuppe** F̲ sopa
de pescado **Fischzucht** F̲ pis-
cicultura
fit: **~ sein** estar en (buena) forma
Fitness F̲ buena forma, fitness
m **Fitness-Center** N̲, **Fit-
nessstudio** N̲ gimnasio m
fix rápido, vivo; **~ und fertig**
umg fig hecho polvo **fixen** sl
pincharse **fixieren** fijar; j-n
mirar fijamente
FKK F̲ (des)nudismo m, naturis-
mo m **FKK-Strand** M̲ playa f
nudista
flach plano; GEOG llano **Flachbildschirm** M̲ IT, TV pantalla f
plana
Fläche F̲ superficie; área f
Flachland N̲ llanura f
Flachs M̲ lino
Flachzange F̲ alicates mpl
flackern titilar
Flagge F̲ bandera
Flair N̲ ambiente m; angeneh-
mes: encanto m
flambiert flam(b)eado
Flamingo M̲ flamenco
flämisch flamenco
Flamme F̲ llama

Flandern N̄ Flandes m
Flanell M̄ franela f
flanieren pasear (por las calles de una ciudad)
Flanke F̄ flanco m
Fläschchen N̄ frasco m; (*Babyflasche*) biberón m **Flasche** F̄ botella; (*Babyflasche*) biberón m
Flaschenbier N̄ cerveza f embotellada **Flaschenöffner** M̄ abridor, abrebotellas **Flaschenpfand** N̄ depósito m **Flaschenzug** M̄ polea f
Flashmob M̄ flashmob m
Flatrate F̄ INTERNET, TEL tarifa f plana
flattern aletear; *Fahne* ondear
flau flojo
Flaute F̄ SCHIFF calma chicha; HANDEL desanimación
Flechte F̄ BOT liquen m **flechten** trenzar
Fleck M̄ mancha f; *Stelle* punto, sitio **Fleck(en)entferner** M̄ quitamanchas **fleckig** manchado
Fledermaus F̄ murciélago m
flehen suplicar
Fleisch N̄ carne f **Fleischbällchen** N̄ albóndiga f **Fleischbrühe** F̄ consomé m, caldo m **Fleischer** M̄ carnicero **Fleischerei** F̄ carnicería f **fleischig** carnoso **Fleischkloß** M̄ albóndiga f **Fleischwolf** M̄ picadora f de carne **Fleischwunde** F̄ herida profunda
Fleiß M̄ diligencia f, aplicación f **fleißig** aplicado, estudioso;

trabajador
flexibel flexible (*a. fig*)
flicken remendar; *Reifen* poner un parche (a) **Flicken** M̄ remiendo; parche
Flieder M̄ lila f
Fliege F̄ mosca; *Mode* pajarita
fliegen volar; ir en avión
Fliegengewicht N̄ SPORT peso m mosca **Fliegenklatsche** F̄ matamoscas m **Fliegenpilz** M̄ oronja f falsa
Flieger M̄ aviador, piloto; *umg* avión
fliehen huir (**vor** *dat* de)
Fliese F̄ baldosa; (*Wandfliese*) azulejo m
Fließband N̄ cadena f de montaje **fließen** correr, fluir **fließend** corriente; *Verkehr* fluido
flimmern titilar
flink ágil, vivo
Flinte F̄ escopeta
Flip-Flops® P̱L̄ chanclas, chancletas
Flirt M̄ flirteo **flirten** flirtear
Flitterwochen F̱P̱L̄ luna f de miel
Flocke F̄ copo m
Floh M̄ pulga f **Flohmarkt** M̄ mercadillo
Florenz N̄ Florencia f
florieren florecer, prosperar
Floß N̄ balsa f
Flosse F̄ aleta
Flöte F̄ flauta **Flötist(in)** M̄(F̄) flautista
flott alegre; ágil; elegante **Flotte** F̄ flota; MIL armada

flottmachen sacar a flote (a. fig)

Fluch M̄ maldición f **fluchen** jurar, maldecir

Flucht F̄ fuga; huida **flüchten** huir, escaparse **flüchtig** fugitivo; (*oberflächlich*) superficial

Flüchtling M̄ refugiado **Flüchtlingskrise** F̄ crisis f de (los) refugiados **Flüchtlingsunterkunft** F̄ alojamiento m para refugiados **Fluchtursachen** FPL causas fpl de la huida

Flug M̄ vuelo **Flugblatt** N̄ octavilla f **Flugdauer** F̄ duración del vuelo

Flügel M̄ ala f; MUS piano de cola

Fluggast M̄ pasajero **Fluggesellschaft** F̄ compañía aérea **Flughafen** M̄ aeropuerto **Fluginformationen** FPL información f sobre vuelos **Fluglinie** F̄ línea aérea **Fluglotse** M̄ controlador aéreo **Flugplan** M̄ horario de vuelos **Flugplatz** M̄ aeródromo **Flugreise** F̄ viaje m en avión **Flugschreiber** M̄ caja f negra **Flugsicherung** F̄ control m aéreo **Flugticket** N̄ billete m de avión **Flugverbindung** F̄ comunicación f aérea **Flugverkehr** M̄ tráfico aéreo

Flugzeug N̄ avión m **Flugzeugabsturz** M̄ accidente de aviación **Flugzeugentführung** F̄ secuestro m aéreo

Flugzeugträger M̄ porta(a)-viones

Flunder F̄ platija

Fluor N̄ flúor m

Flur M̄ pasillo; zaguán

Fluss M̄ río; fig flujo **flussabwärts** río abajo **flussaufwärts** río arriba **Flussbett** N̄ lecho m, cauce m

flüssig líquido, (a. fig) fluido **Flüssigkeit** F̄ líquido m

flüstern cuchichear

Flut F̄ marea alta; fig torrente m **Flutlicht** N̄ luz f difusa **Flutwelle** F̄ ola de la marea

Flyer M̄ folleto

Fohlen N̄ potro m

Föhn M̄ secador (de pelo) **föhnen** secar (con secador)

Folge F̄ consecuencia; (*Reihe*) serie; **zur ~ haben** tener por consecuencia; **~ leisten** obedecer a

folgen seguir; (*gehorchen*) obedecer a; **daraus folgt** de ello se deduce **folgend** siguiente **folgendermaßen** como sigue

folgern deducir **Folgerung** F̄ deducción; conclusión

Folie F̄ lámina

Folklore F̄ folklore m

Folter F̄ tortura; fig **auf die ~ spannen** tener en vilo **foltern** torturar, atormentar

Fonds M̄ FIN fondo

Fontäne F̄ fuente, surtidor m

fordern exigir

fördern j-n favorecer; etw fo-

mentar, promover; *Erz* extraer
Förderschule F̲ centro *m* de educación especial
Forderung F̲ exigencia
Förderung F̲ *fig* fomento *m*
Forelle F̲ trucha
Form F̲ forma; TECH molde *m*; **in ~ sein** estar en forma
formal formal **Formalitäten** F̲P̲L̲ formalidades, trámites *mpl*
Format N̲ tamaño *m*; *Buch*, IT formato *m* **formatieren** IT formatear **Formel** F̲ fórmula
formell formal **formen** formar
förmlich formal; ceremonioso
formlos *fig* informal
Formular N̲ formulario *m*, impreso *m* **formulieren** formular
forschen investigar **forschend** *Blick* escrutador **Forscher(in)** M̲(F̲) investigador(a); *(Entdecker, -in)* explorador(a) **Forschung** F̲ investigación
Forst M̲ bosque, monte **Förster** M̲ inspector de montes; guarda forestal **Forstwirtschaft** F̲ silvicultura
fort ido, marchado; **... ist ~** ha desaparecido; **in einem ~** sin cesar; **und so ~** etcétera **fortbewegen: sich ~** moverse
Fortbildung F̲ perfeccionamiento *m* **fortfahren** salir; *fig* continuar **fortgeschritten** adelantado; avanzado
Fortpflanzung F̲ reproducción

Fortschritt M̲ progreso, avance **fortschrittlich** progresista
fortsetzen continuar **Fortsetzung** F̲ continuación; **~ folgt** continuará
Forum N̲ foro *m* (*a.* INTERNET)
Foto N̲ foto *f* **Fotoapparat** M̲ máquina *f* fotográfica **Fotogalerie** F̲ INTERNET fotogalería **Fotogeschäft** N̲ tienda *f* fotográfica
Fotograf M̲ fotógrafo **Fotografie** F̲ fotografía **fotografieren** fotografiar **Fotografin** F̲ fotógrafa
Fotokopie F̲ fotocopia **fotokopieren** fotocopiar **Fotoshooting** N̲ sesión *f* de fotos
Foyer N̲ vestíbulo *m*, *Hotel*: hall *m*
Fr. A̲B̲K̲ (Frau) Sra. (*señora*)
Fracht F̲ carga; SCHIFF, FLUG flete *m*; *(Frachtgebühr)* porte *m*, flete *m* **Frachtbrief** M̲ carta *f* de porte **Frachter** M̲, **Frachtschiff** N̲ buque *m* de carga, carguero *m*
Frack M̲ frac
Frage F̲ pregunta (**stellen** hacer); *fig* cuestión; **das kommt nicht in ~** *umg* de eso nada; **in ~ stellen** poner en duda; **ohne ~** sin duda **Fragebogen** M̲ cuestionario **fragen** preguntar (**nach** por) **Fragezeichen** N̲ signo *m* de interrogación
fraglich dudoso; *(betreffend)* en

cuestión

Fraktion F̲ POL grupo m parlamentario

Franken ① M̲ Schweizer ~ franco suizo ② N̲ *Region* Franconia f **Frankfurt** N̲ Francfort m (am Main del Meno)

frankieren franquear **Frankierung** F̲ franqueo m

Frankreich N̲ Francia f

Franse F̲ fleco m

Franzose M̲, **Französin** F̲ francés, -esa m,f **Französisch** francés

fräsen fresar

Fratze F̲ mueca

Frau F̲ mujer; *bes Anrede*: señora; (*Ehefrau*) esposa

Frauenarzt M̲, **Frauenärztin** F̲ ginecólogo,-a **Frauenbewegung** F̲ feminismo m **frauenfeindlich** misógino **Frauenklinik** F̲ clínica ginecológica

Fräulein N̲ *hist* señorita f

frech fresco, descarado **Frechheit** F̲ insolencia; *umg* frescura

frei libre; (*gratis*) gratuito; *Stelle* vacante; ~ **haben** tener libre; ~ **halten** dejar libre; *Platz* reservar; **im Freien** al aire libre

Freibad N̲ piscina f al aire libre **Freiberufler(in)** M̲/F̲ profesional liberal **Freiburg** N̲ *Ort* Friburgo m **freigeben** *fig* desbloquear **freigebig** generoso **Freigepäck** N̲ equipaje m libre **Freihandel** M̲ libre co-

---

mercio, librecambio

Freiheit F̲ libertad **Freiheitsstrafe** F̲ pena privativa de libertad

Freikarte F̲ entrada gratuita **Freikörperkultur** F̲ nudismo m **freilassen** soltar, poner en libertad **Freilassung** F̲ puesta en libertad

freilich ¡claro!, *bes Am* ¡cómo no!

Freilichtbühne F̲ teatro m al aire libre **freimachen** *Briefe etc* franquear; *Platz* desocupar; *Weg* despejar **freimütig** franco **freisprechen** absolver **Freisprechset** N̲ TEL kit m (de) manos libres **Freispruch** M̲ absolución f **Freistoß** M̲ SPORT tiro libre

Freitag M̲ viernes **freitags** los viernes **Freitagsgebet** N̲ oración n del viernes

freiwillig voluntario **Freiwillige(r)** M̲/F̲(M̲) voluntario,-a m(f) **Freizeichen** N̲ TEL señal f de libre

Freizeit F̲ tiempo m libre, ocio m **Freizeitkleidung** F̲ ropa para el tiempo libre **Freizeitpark** M̲ parque de atracciones

fremd extraño; (*ausländisch*) extranjero; (*von auswärts*) forastero; *e-s anderen*: ajeno **fremdartig** extraño, exótico **Fremde(r)** M̲/F̲(M̲) extranjero,-a **Fremdenführer(in)** M̲/F̲ guía **Fremdenverkehr** M̲ turismo **Fremdenverkehrsamt**

oficina f de turismo **Fremden-zimmer** N habitación f (para huéspedes)
Fremdsprache F idioma m extranjero **Fremdsprachen-sekretärin** F secretaria con idiomas **Fremdwort** N extranjerismo m
Frequenz F frecuencia f
Fresko N fresco m
fressen Tiere comer
Freude F alegría; placer m; **mit ~** con mucho gusto freudig alegre, gozoso
freuen: sich ~ über (akk) alegrarse de; **sich ~ auf** (akk) esperar con ilusión; **es freut mich** me alegro
Freund M amigo; fig aficionado (**von** a) **Freundin** F amiga **freundlich** amable **Freundlichkeit** F amabilidad **Freundschaft** F amistad **freundschaftlich** amistoso
Frieden M paz f **Friedhof** M cementerio **friedlich** pacífico; (ruhig) apacible, tranquilo
frieren tener frío; **es friert** está helando, hiela
Fries M ARCH friso **Friesland** N Frisia f
Frikadelle F hamburguesa
Frikassee N fricasé m
frisch (neu) nuevo; (neu) Wäsche limpio; fig vivo; **~ gestrichen** recién pintado; **auf ~er Tat** en flagrante **Frische** F frescura **Frischhaltefolie** F film m transparente (para ali-

mentos)
Friseur(in) MF peluquero,-a **Friseursalon** M peluquería f **frisieren** peinar
Frist F plazo m **fristlos** sin (pre)aviso
Frisur F peinado m
Fritten FPL umg patatas fritas **Fritteuse** F freidora **frittieren** frei frittiert frito
froh contento (**über** akk de); alegre **fröhlich** alegre; feliz **fromm** piadoso, religioso
Fronleichnam M (día del) Corpus
Front F ARCH fachada; MIL, POL frente m **frontal** frontal **Frontantrieb** M tracción f delantera
Frosch M rana f **Froschmann** M hombre rana
Frost M helada f **frösteln** tiritar
frostig fig frío **Frostschutzmittel** N anticongelante m
Frottee N/M rizo m **frottieren** frotar **Frottiertuch** N toalla f de rizo
Frucht F fruto m; fruta f **Fruchtaufstrich** M fruta f para untar, ≈ mermelada f **fruchtbar** fértil; fecundo **Fruchteis** N sorbete m **Fruchtfleisch** N pulpa f **fruchtlos** fig infructuoso **Fruchtsaft** M zumo de fruta
früh temprano; **heute ~** esta mañana
Frühaufsteher(in) MF ma-

drugador(a) **Frühbucherra-batt** $\overline{M}$ descuento por compra anticipada **Frühchen** $\overline{N}$ MED prematuro, -a *m*, *f* **früher** antiguo; anterior; ADV antes **frühestens** no antes de **Frühgeburt** $\overline{F}$ *Kind* prematuro *m* **Frühjahr** $\overline{N}$, **Frühling** $\overline{M}$ primavera *f* **frühmorgens** de madrugada **frühreif** precoz **Frühstück** $\overline{N}$ desayuno *m* **frühstücken** desayunar **Frühstücksbüfett** $\overline{N}$ buffet *m* desayuno
Fruktose $\overline{F}$ fructosa
Frust $\overline{M}$ *umg* frustre **frustriert** frustrado
Fuchs $\overline{M}$ zorro; *Pferd* alazán *m*
Fuchsschwanz $\overline{M}$ *Säge* serrucho
Fuge $\overline{F}$ juntura; MUS fuga
fügen : sich ~ someterse **fügsam** dócil
fühlbar palpable; perceptible **fühlen** sentir; *(tasten)* palpar; **sich ~** sentirse
führen ◼ V/T conducir, guiar; *Ware* tener; *Namen* llevar; *Betrieb* dirigir ◼ V/I conducir, llevar; SPORT estar en cabeza
Führer $\overline{M}$ *Buch* guía *f* **Führer(in)** M/F Person guía; POL, SPORT líder **Führerschein** $\overline{M}$ carnet *(od* permiso) de conducir
Führung $\overline{F}$ dirección; gestión; POL, SPORT liderato *m*; *(Besichtigung)* visita guiada; *fig* conducta; **in ~ liegen** estar en cabeza **Führungskraft** $\overline{F}$ ejecu-

tivo *m*, directivo *m*
Fülle $\overline{F}$ abundancia **füllen** llenar **(mit** de, con); GASTR rellenar **Füll(feder)halter** $\overline{M}$ pluma *f* (estilográfica) **Füllung** $\overline{F}$ relleno *m* (a. GASTR); *im Zahn* empaste *m*
fummeln *umg* manosear
Fund $\overline{M}$ hallazgo
Fundament $\overline{N}$ fundamento *m* **Fundbüro** $\overline{N}$ oficina *f* de objetos perdidos **Fundsache** $\overline{F}$ objeto *m* hallado
fünf cinco **fünfhundert** quinientos **Fünfsternehotel** $\overline{N}$ hotel *m* de cinco estrellas **fünfte** quinto **Fünftel** $\overline{N}$ quinto *m* **fünfzehn** quince **fünfzig** cincuenta
Funk $\overline{M}$ radio *f*
Funke(n) $\overline{M}$ chispa *f*
funkeln brillar, centellear **funkelnagelneu** flamante
funken radiografiar **Funkgerät** $\overline{N}$ aparato *m* de radio **Funkloch** $\overline{N}$ TEL lugar *m* sin cobertura; **ich bin in einem ~** estoy sin cobertura **Funkspruch** $\overline{M}$ radiomensaje **Funkstille** $\overline{F}$ silencio (de radio)
Funktion $\overline{F}$ función **funktionieren** funcionar **Funktionstaste** $\overline{F}$ tecla de función **Funkturm** $\overline{M}$ torre *f* de comunicaciones **Funkuhr** $\overline{F}$ reloj *m* por radio **Funkwecker** $\overline{M}$ radiodespertador *m*
für para; por; **~ dich** para ti;

zehn Euro por diez euros
Furche F̱ surco m
Furcht F̱ miedo m, temor m
furchtbar terrible, horrible
fürchten: sich ~ (vor dat) tener
miedo (a); temer a/c; **ich fürch-
te, dass ...** (me) temo que ...
fürchterlich horrible, tremendo
füreinander el uno para el
otro; unos para otros
Fürsorge F̱ asistencia **Fürsor-
ger(in)** M̱F̱ asistente social
Fürsprache F̱ intercesión
Fürst M̱ príncipe **Fürstentum**
Ṉ principado m **Fürstin** F̱
princesa **fürstlich** ◼ ADJ a.
fig principesco ◻ ADV como
un rey
Furunkel M̱ MED forúnculo
Fürwort Ṉ pronombre m
Furz M̱ umg pedo **furzen** umg
tirar un pedo
Fusion F̱ fusión **fusionieren**
fusionar
Fuß M̱ pie; **zu ~** a pie **Fußab-
treter** M̱ felpudo
Fußball M̱ balón; Spiel fútbol;
~ spielen jugar al fútbol **Fuß-
ballplatz** M̱ campo de fútbol
Fußballspiel Ṉ partido de
fútbol **Fußballspieler(in)**
M̱F̱ futbolista **Fußballwelt-
meisterschaft** F̱ campeonato m mundial de fútbol
Fußboden M̱ suelo **Fußbodenheizung** F̱ suelo m radiante
Fussel F̱ pelus(ill)a

Fußgänger(in) M̱F̱ peatón
(-ona) **Fußgängerbrücke** F̱,
Fußgängerüberweg M̱ paso de peatones **Fußgängerzone** F̱ zona peatonal
Fußgelenk Ṉ articulación f del
pie
Füßlinge MPL calcetines invisibles
Fußmatte F̱ felpudo m **Fuß-
note** F̱ nota (al pie de la página) **Fußpflege** F̱ pedicura
Fußsohle F̱ planta del pie
Fußspitze F̱ **auf ~n** de punti-
llas **Fußspur** F̱ huella, pisada
Fußtritt M̱ puntapié, patada
f **Fußweg** M̱ camino para peatones
Futter Ṉ comida f; (Trockenfut-
ter) pienso m; (Grünfutter) forraje m; Kleidung forro m **füttern**
dar de comer; Vieh echar de comer (a); Kleid forrar **Fütterung**
F̱ alimentación
Futur Ṉ futuro m

G

G Ṉ MUS sol m
gab → geben
Gabe F̱ donativo m; (Begabung)
don m, talento m
Gabel F̱ tenedor m; Fahrrad
horquilla **Gabelflug** M̱ viaje
angular, vuelo multitrayecto

gabeln: **sich ~** bifurcarse

gackern cacarear

gaffen *umg* papar moscas Gaffer M̲ *umg* mirón

gähnen bostezar

Galerie F̲ galería

Galgen M̲ horca *f*, patíbulo Galgenhumor M̲ humor patibulario

Galicien N̲ Galicia *f* Galicier(in) M̲(F̲) gallego,-a galicisch gallego

Galle F̲ bilis; hiel Gallenblase F̲ vesícula biliar Gallenkolik F̲ cólico *m* biliar Gallenstein M̲ cálculo biliar

Galopp M̲ galope galoppieren galopar

Gämse F̲ gamuza

Gang M̲ marcha *f*; AUTO a. velocidad *f*; (*Gangart*) modo de andar; (*Flur*) *a.* BAHN pasillo; GASTR plato Gangschaltung F̲ cambio *m* de marchas

Gangster M̲ gángster

Gangway F̲ escalerilla

Gans F̲ ganso *m*, oca

Gänseblümchen N̲ margarita *f* Gänsebraten M̲ ganso asado Gänsehaut F̲ *fig* carne de gallina Gänseleberpastete F̲ paté *m* de foie-gras Gänsemarsch M̲ **im ~** en fila india

ganz todo; entero; completo; **nicht ~** no del todo; **~ gut** bastante bien; **~e Note** MUS redonda

Ganztagsarbeit F̲ trabajo *m* de jornada entera

gar **1** GASTR a punto **2** ~ **nicht** en absoluto; ~ **nicht leicht** nada fácil; ~ **nichts** absolutamente nada

Garage F̲ garaje *m*

Garantie F̲ garantía garantieren garantizar Garantieschein M̲ certificado de garantía

Garderobe F̲ guardarropa *m*; (*Flurgarderobe*) recibidor *m* Garderobenfrau F̲ encargada del guardarropa Garderobenmarke F̲ ficha de guardarropa

Gardine F̲ cortina

gären fermentar

Garn N̲ hilo *m*

Garnele F̲ gamba; camarón *m* garnieren guarnecer

Garnison F̲ guarnición Garnitur F̲ (*Satz*) juego *m*; ~ **Bettwäsche** juego *m* de cama

Garten M̲ jardín Gartenbau M̲ horticultura *f* Gartenfest N̲ fiesta *f* en el jardín Gartenzaun M̲ cerca *f*, seto

Gärtner M̲ jardinero Gärtnerei F̲ jardinería Gärtnerin F̲ jardinera

Gas N̲ gas *m*; ~ **geben/wegnehmen** acelerar/quitar el gas Gasanschluss M̲ toma *f* de gas Gasanzünder M̲ encendedor de gas Gasflasche F̲ bombona de gas Gashahn M̲ llave *f* de gas Gasheizung F̲ calefacción de gas Gasherd M̲ cocina *f* de gas Gasleitung F̲

F̲ tubería de gas **Gasmaske** F̲ máscara antigás **Gaspedal** N̲ acelerador m

Gasse F̲ calleja, callejón m

Gast M̲ huésped; invitado **Gastarbeiter** M̲ neg! trabajador extranjero

Gästebuch N̲ álbum m de visitantes **Gästezimmer** N̲ cuarto m de huéspedes

Gastfamilie F̲ familia anfitriona **gastfreundlich** hospitalario, acogedor **Gastfreundschaft** F̲ hospitalidad **Gastgeber(in)** M̲F̲ anfitrión, -ona **Gasthaus** N̲, **Gasthof** M̲ fonda f; hostería f **Gastronomie** F̲ gastronomía **Gaststätte** F̲ restaurante m **Gastwirt** M̲ hostelero

Gasvergiftung F̲ intoxicación por gas **Gaszähler** M̲ contador de gas

Gate N̲ FLUG puerta f de embarque

Gatte M̲ esposo **Gattin** F̲ esposa

Gattung F̲ género m

GAU M̲ ABK (größter anzunehmender Unfall) máximo accidente m previsible

Gaumen M̲ paladar

Gauner M̲ pícaro, pillo **Gaunerei** F̲ bribonada, estafa

Gazelle F̲ gacela

Gebäck N̲ pastas fpl **gebacken** in der Pfanne frito; im Ofen asado

Gebärde F̲ ademán m

gebären dar a luz; Tier parir **Gebärmutter** F̲ matriz, útero m

Gebäude N̲ edificio m

geben dar; **es gibt** hay; **was gibt es?** ¿qué pasa?

Gebet N̲ oración f **gebeten** → bitten

Gebiet N̲ región f, territorio m; fig campo m, terreno m

gebildet instruido, culto

Gebirge N̲ montaña f; sierra f **gebirgig** montañoso **Gebirgsbach** M̲ torrente **Gebirgskette** F̲, **Gebirgszug** M̲ cordillera f

Gebiss N̲ dentadura f (**künstliches** postiza)

Gebläse N̲ soplete m; AUTO ventilador m

geblieben → bleiben

geblümt floreado, de flores

geboren nacido; fig nato; **~ in** (dat) natural de; **~ werden** nacer

Gebot N̲ a. REL mandamiento m

gebracht → bringen

gebrannt → brennen

gebraten im Ofen asado; in der Pfanne frito

Gebrauch M̲ uso, empleo; **~ machen von** hacer uso de gebrauchen usar, utilizar **gebräuchlich** usual; habitual, corriente

Gebrauchsanweisung F̲ modo m de empleo

gebraucht usado; de segunda

mano; **gebrauchtes Auto** coche m de segunda mano
gebrochen roto; *Arm etc* fracturado
Gebrüll N̄ rugido m; *fig* griterío m
Gebühr F̄ tasa, tarifa; derecho m **gebührend** ADJ debido; ADV debidamente, como es debido **gebührenfrei** exento de derechos **gebührenpflichtig** sujeto a derechos; *Autobahn* de peaje
gebunden → binden
Geburt F̄ parto m; nacimiento m **gebürtig** ... de nacimiento; **~ aus** natural de
Geburtsdatum N̄ fecha f de nacimiento **Geburtshaus** N̄ casa f natal **Geburtsjahr** N̄ año m de nacimiento **Geburtsort** M̄ lugar m de nacimiento
Geburtstag M̄ cumpleaños; **~ haben** cumplir años; **alles Gute zum ~!** ¡feliz cumpleaños! **Geburtstagsgruß** M̄ mensaje m de cumpleaños, felicitación f **Geburtsurkunde** F̄ partida f de nacimiento
Gebüsch N̄ arbustos mpl, matorral m
gedacht → denken
Gedächtnis N̄ memoria f
Gedanke M̄ pensamiento; idea f; **sich ~n machen** (über akk) preocuparse (por); **in ~n sein** estar ensimismado
gedankenlos distraído, irreflexivo **Gedankenstrich** M̄ raya f **Gedankenübertragung** F̄ telepatía
Gedeck N̄ cubierto m
gedeihen prosperar
gedenken (gen) acordarse de; **~ zu** pensar inf **Gedenkstätte** F̄ lugar m conmemorativo **Gedenktafel** F̄ placa conmemorativa **Gedenktag** M̄ aniversario
Gedicht N̄ poesía f
gediegen sólido
Gedränge N̄ apretura f, gentío m
Geduld F̄ paciencia **gedulden: sich ~** tener paciencia, aguantar **geduldig** paciente
geehrt: Sehr ~er Herr ... Estimado Señor ...
geeignet apropiado, adecuado (**für** para); *Person* apto
Gefahr F̄ peligro m; **~ laufen zu** correr el riesgo de; **auf eigene ~** a propio riesgo; **bei ~** en caso de peligro
gefährden poner en peligro; comprometer; arriesgar **gefährlich** peligroso, arriesgado **gefahrlos** sin peligro
Gefährte M̄ compañero **Gefährtin** F̄ compañera
Gefälle N̄ declive m, pendiente f; a. fig desnivel m
gefallen gustar, agradar; **sich etw ~ lassen** tolerar a/c **Gefallen** ◆1◆ M̄ favor; **j-m e-n ~ tun** hacer un favor a alg ◆2◆ N̄ **~ finden an** (dat) tomar gusto a

gefällig complaciente Gefälligkeit F̱ complacencia; favor m

gefangen prisionero Gefangene(r) M̱/F(M̱) prisionero,-a; ~ nehmen MIL hacer prisionero Gefangenschaft F̱ cautividad, cautiverio m

Gefängnis Ṉ cárcel f, prisión f Gefängnisstrafe F̱ (pena de) prisión Gefängniswärter(in) M̱(F) carcelero,-a

Gefäß Ṉ recipiente m; ANAT vaso m

gefasst fig sereno; auf alles ~ preparado para todo

Gefecht Ṉ combate m

Gefieder Ṉ plumaje m

geflogen → fliegen

Geflügel Ṉ aves fpl (de corral) Geflügelzucht F̱ avicultura

Geflüster Ṉ cuchicheo m

Gefolge Ṉ séquito m

gefragt solicitado

gefräßig voraz, comilón

gefrieren helar(se), congelarse Gefrierfach Ṉ congelador m Gefrierpunkt M̱ punto de congelación Gefrierschrank M̱, Gefriertruhe F̱ congelador m

gefroren helado; Lebensmittel congelado Gefrorene(s) Ṉ österr helado m

gefügig dúctil, dócil

Gefühl Ṉ sentimiento m; sensación f gefühllos insensible gefühlvoll sensible, sentimental

gefüllt GASTR relleno

gefunden → finden

gegangen → gehen

gegebenenfalls eventualmente

gegen contra; Zeit, Ort hacia Gegenangriff M̱ contraataque

Gegend F̱ región; comarca

Gegendienst M̱ e-n ~ erweisen devolver un favor gegeneinander uno(s) contra otro(s) Gegenfahrbahn F̱ carril m contrario Gegengewicht Ṉ contrapeso m Gegengift Ṉ contraveneno m, antídoto m Gegenlicht Ṉ contraluz f Gegenmittel Ṉ remedio m, antídoto m Gegenpartei F̱ JUR parte contraria Gegenrichtung F̱ dirección contraria Gegensatz M̱ contraste; im ~ zu contrariamente a

Gegenseite F̱ lado m opuesto gegenseitig mutuo, recíproco Gegensprechanlage F̱ intercomunicador m

Gegenstand M̱ objeto; fig tema gegenständlich Kunst figurativo

Gegenstück Ṉ (Entsprechung) pareja f; (Gegenteil) contraste m Gegenteil Ṉ das ~ lo contrario; im ~ al contrario

gegenüber enfrente (de); frente a; Person (para) con gegenüberstehen: j-m ~ estar enfrente de alg; sich ~ estar fren-

te a frente **gegenüberstel-
len** poner enfrente, *fig* confrontar **Gegenüberstellung**
F̲ confrontación; JUR careo m
Gegenverkehr M̲ circulación
f en sentido contrario **Gegenwart** F̲ actualidad; *von Personen* presencia; GRAM presente
m **gegenwärtig** ADJ actual,
del momento; ADV actualmente
Gegenwehr F̲ resistencia
Gegenwert M̲ contravalor;
equivalente **Gegenwind** M̲
viento contrario
gegessen → essen
Gegner(in) M(F) adversario,-a
gegoren GASTR fermentado
gegrillt a la parrilla
Gehackte(s) N̲ carne f picada
Gehalt 1️⃣ M̲ contenido (**an** *dat*
de) 2️⃣ N̲ sueldo m
Gehaltsabrechnung F̲ nómina **Gehaltserhöhung** F̲ aumento m de sueldo
gehaltvoll rico, sustancioso
gehässig odioso
Gehäuse N̲ caja f, estuche m
gehbehindert con movilidad
reducida
Gehege N̲ vedado m
geheim secreto **Geheimdienst** M̲ servicio secreto **Geheimnis** N̲ secreto m; misterio m **geheimnisvoll** misterioso **Geheimnummer** F̲,
Geheimzahl F̲ número m secreto; *Bank* clave bancaria
gehemmt cohibido
gehen ir, andar (*a. Uhr*), cami-

nar, marchar; TECH funcionar;
wie geht's ¿qué tal?; **wie geht
es Ihnen?** ¿cómo está usted?;
es geht mir gut estoy bien;
das geht nicht no puede ser;
fig ~ **um** tratarse de; ~ **lassen:
sich** ~ **lassen** dejarse
Geheul N̲ aullido m
Gehilfe M̲ ayudante, asistente
Gehirn N̲ cerebro m; encéfalo
m **Gehirnblutung** F̲ derrame
m cerebral **Gehirnerschütterung** F̲ conmoción cerebral
Gehirnschlag M̲ apoplejía f
geholfen → helfen
Gehör N̲ oído m
gehorchen obedecer
gehören pertenecer a, ser de;
~ **zu** formar parte de; **das gehört sich nicht** eso no se hace
gehörig perteneciente (**zu** a);
umg fuerte **gehörlos** sordo
gehorsam obediente **Gehorsam** M̲ obediencia f
Gehsteig M̲, **Gehweg** M̲ acera f
Geier M̲ buitre
Geige F̲ violín m **Geiger(in)**
M(F) violinista **Geigerzähler**
M̲ contador m Geiger
geil *umg (toll)* genial, cachondo
Geisel rehén m **Geiselnahme**
F̲ toma de rehenes **Geiselnehmer(in)** M(F) secuestrador(a)
Geist M̲ espíritu; mente f; *(Witz)*
ingenio; *(Spuk)* espectro **Geisterbahn** F̲ túnel m de los sustos **Geisterfahrer(in)** M(F)

conductor(a) suicida

geistesabwesend distraído, ausente **Geistesgegenwart** F̲ presencia de ánimo **geistesgestört** perturbado (mental) **Geisteswissenschaften** PL̲ humanidades *fpl*, letras *fpl* **Geisteszustand** M̲ estado mental

geistig mental, intelectual

geistlich espiritual; clerical **Geistliche(r)** M̲ clérigo

geistreich ingenioso

Geiz M̲ avaricia f **Geizhals** M̲ avaro, tacaño **geizig** avaro

Gejammer N̲ lamentaciones *fpl*

gekachelt embaldosado

gekannt → kennen

Geklapper N̲ tableteo *m* **Geknatter** N̲ traqueteo *m*

gekonnt logrado, bien hecho

Gekritzel N̲ garrapatos *mpl*

gekünstelt afectado

Gelächter N̲ risa f, carcajada f

gelähmt MED paralítico, paralizado

Gelände N̲ terreno m **Geländefahrzeug** N̲, **Geländewagen** M̲ (vehículo *m*) todoterreno *m*

Geländer N̲ barandilla f; *e-r Treppe a.* pasamano *m*

gelangen llegar (**zu** a)

gelassen sereno, sosegado **Gelassenheit** F̲ serenidad f

Gelatine F̲ gelatina f

geläufig corriente, usual; (*vertraut*) familiar

gelaunt: gut/schlecht ~ **de** buen/mal humor

gelb amarillo **Gelbfieber** N̲ fiebre f amarilla **gelblich** amarillento **Gelbsucht** F̲ ictericia

Geld N̲ dinero m; *Am* plata f **Geldanlage** F̲ inversión **Geldautomat** M̲ cajero automático **Geldbeutel** M̲ monedero **Geldbuße** F̲ multa **Geldkarte** F̲ tarjeta monedero **Geldmenge** F̲ masa monetaria **Geldmittel** NPL̲ recursos *mpl*, medios *mpl* **Geldschein** M̲ billete *m* de banco **Geldschrank** M̲ caja f fuerte (*od* de caudales) **Geldstrafe** F̲ multa **Geldstück** N̲ moneda f **Geldwechsel** M̲ cambio

Gelee N̲ jalea f

gelegen situado; *fig* oportuno; **mir ist daran** ~ me importa (, **dass** que); **das kommt mir sehr** ~ me viene de perlas

Gelegenheit F̲ ocasión **Gelegenheitsarbeit** F̲ trabajo *m* eventual

gelegentlich **1** ADJ̲ ocasional **2** ADV̲ en ocasiones

gelehrig dócil **gelehrt** sabio, erudito **Gelehrte(r)** M/F(M)̲ sabio,-a, erudito,-a

Geleit N̲ escolta f

Gelenk N̲ articulación f; TECH juntura f **gelenkig** ágil

gelernt cualificado

Geliebte(r) M/F(M)̲ amante

gelingen salir bien; **es gelingt**

mir zu ... logro ..., consigo ...
gelogen → lügen
gelten ser válido; valer; **das gilt nicht** esto no vale; **~ als** pasar por; **~ lassen** admitir **geltend vigente Geltung** F validez; (Ansehen) prestigio m; **zur ~ kommen** resaltar; **zur ~ bringen** hacer valer
gelungen logrado
gemächlich cómodo, lento
Gemälde N cuadro m Gemäldegalerie F galería de pinturas
gemäß conforme a, según gemäßigt moderado; Klima templado
gemein común; vulgar; (niedrig) infame; Soldat raso
Gemeinde F municipio m; REL parroquia Gemeinde... ZSSGN oft municipal Gemeinderat M concejo municipal
Gemeinheit F bajeza; infamia gemeinnützig de utilidad pública Gemeinplatz M tópico gemeinsam común; ADV en común
Gemeinschaft F comunidad gemeinschaftlich ADV en común
Gemetzel N carnicería f, masacre f
Gemisch N mezcla f gemischt mezclado; mixto
Gemurmel M murmullo m
Gemüse N verduras fpl, hortalizas fpl Gemüsegarten M huerto Gemüsehändler(in)

M(F) verdulero,-a Gemüsesuppe F sopa de verduras
gemütlich cómodo; acogedor; íntimo Gemütlichkeit F ambiente m acogedor (od íntimo)
Gen N BIOL gen(e) m
genannt → nennen
genau exacto; preciso; justo; **es ist ~ zwei Uhr** son las dos en punto; **~ genommen** bien mirado Genauigkeit F exactitud; precisión
genauso → ebenso; genauso ... wie tan ... como
genehmigen permitir, autorizar Genehmigung F autorización, permiso m
geneigt inclinado; fig a. dispuesto (zu a)
General M general Generaldirektor(in) M(F) director(a) general Generalkonsulat N consulado m general Generalprobe F ensayo m general Generalstreik M huelga f general
Generation F generación Generator M generador generell general; ADV en general
genesen convalecer, restablecerse Genesung F convalecencia
Genetik F genética genetisch genético
Genf N Ginebra f; **~er See** m Lago Lemán od de Ginebra
Genforschung F investigación genética

genial genial
Genick N̲ nuca f, cerviz f
Genie N̲ ingenio m; genio m
genieren: sich ~ avergonzarse
genießbar essbar comestible;
trinkbar potable **genießen** saborear; fig gozar, disfrutar de
Genießer(in) M̲F̲ sibarita
Genitiv M̲ genitivo
genmanipuliert transgénico;
genéticamente manipulado
genommen → **nehmen**
genormt estandarizado, normalizado
Genosse M̲ compañero, camarada **Genossenschaft** F̲ cooperativa **Genossin** F̲ compañera, camarada
Gentechnik F̲, **Gentechnologie** F̲ ingeniería f genética **gentechnikfrei** no transgénico **Gentest** M̲ MED test genético, prueba f genética
Genua N̲ Génova f
genug bastante; suficiente **genügen** bastar; ser suficiente **genügend** suficiente, bastante
Genugtuung F̲ satisfacción
Genuss M̲ goce, placer; von Alkohol etc consumo
geöffnet abierto
Geografie F̲ geografía **Geologie** F̲ geología **Geometrie** F̲ geometría
Gepäck N̲ equipaje m **Gepäckabfertigung** F̲ facturación de equipajes **Gepäckanhänger** M̲ etiqueta f para

equipaje, etiqueta f de identificación **Gepäckannahme** F̲ recepción de equipajes **Gepäckaufbewahrung** F̲ consigna **Gepäckausgabe** F̲ entrega de equipajes **Gepäckband** N̲ cinta f de equipajes **Gepäckgurt** M̲ correa f para equipaje **Gepäckkontrolle** F̲ control m de equipaje **Gepäcknetz** N̲ rejilla f **Gepäckschein** M̲ talón de equipaje **Gepäckstück** N̲ bulto m **Gepäckträger** M̲ mozo; am Rad, Auto portaequipajes **Gepäckwaage** F̲ báscula f de equipaje
gepanzert blindado **gepeffert** Rechnung, Preis exorbitante **gepflegt** bien cuidado
Gepolter N̲ estrépito m
gerade recto, derecho; A̲D̲V̲ precisamente, justamente; zeitlich ahora mismo; **~ sein** estar a punto de **Gerade** F̲ recta
geradeaus todo derecho **geradeheraus** francamente, sin rodeos **geradestehen** responder (für de); dar la cara **geradewegs** directamente **geradezu** verdaderamente
Geranie F̲ geranio m
gerannt → **rennen**
Gerät N̲ utensilio m, (Haushaltsgerät) aparato m; (Werkzeug) herramienta f
geraten llegar (in akk, nach a); ir a parar (a); caer (en); (gelingen) salir bien; **in Schwierigkei-**

ten ~ encontrar dificultades
Geratewohl N̄ **aufs** ~ al azar, a la buena de Dios
geräuchert ahumado
geräumig espacioso, amplio
Geräusch N̄ ruido m geräuschlos silencioso geräuschvoll ruidoso
gerben curtir
gerecht justo; *Strafe* merecido **gerechtfertigt** justificado **Gerechtigkeit** F̄ justicia
Gerede N̄ habladurías fpl, chismes mpl
gereizt irritado
Gericht N̄ plato m, comida f; JUR tribunal m; *Am* corte f **gerichtlich** judicial; forense
Gerichtsbarkeit F̄ jurisdicción **Gerichtshof** M̄ tribunal, *Am* corte (de justicia) **Gerichtskosten** PL costas fpl **Gerichtssaal** M̄ sala f de audiencia **Gerichtsverfahren** N̄ procedimiento m judicial **Gerichtsverhandlung** F̄ vista **Gerichtsvollzieher** M̄ alguacil
gering pequeño; poco; escaso; ~**er** menor; inferior (**als** a); **nicht im Geringsten** de ninguna manera **geringfügig** insignificante **geringschätzig** despectivo; ADV con menosprecio
gerinnen *Blut* coagular(se); *Milch* cuajar
gerissen *fig* astuto, taimado
Germanistik F̄ filología germánica

gern con mucho gusto; ~ **geschehen** de nada; no hay de qué; **ich möchte** ~ ... quisiera ...; **ich lese** ~ me gusta leer **gernhaben: j-n** ~ querer a alg
Geröll N̄ cantos mpl rodados
geröstet tostado; *Kaffee* torrefacto
Gerste F̄ cebada **Gerstenkorn** N̄ MED orzuelo m
Gerte F̄ vara
Geruch M̄ olor **geruchlos** inodoro **Geruchsinn** M̄ olfato
Gerücht N̄ rumor m **gerührt** emocionado **Gerümpel** N̄ trastos mpl viejos
Gerundium N̄ gerundio m
Gerüst N̄ andamio m
gesalzen salado; *fig* exorbitante
gesamt total, entero; global **Gesamtbetrag** M̄ importe total **Gesamtgewicht** N̄ peso m bruto *od* total **Gesamtschule** F̄ escuela integrada
Gesandte(r) M̄ ministro plenipotenciario
Gesang M̄ canto
Geschäft N̄ negocio m (a. fig); (*Laden*) tienda f, comercio m **geschäftig** activo **geschäftlich** ADJ comercial; ADV por asunto de negocios
Geschäftsbrief M̄ carta f comercial **Geschäftsfrau** F̄ mujer de negocios **Geschäfts-**

führer(in) M̲F̲ gerente **Geschäftsmann** M̲ hombre de negocios **Geschäftsordnung** F̲ reglamento m (interior) **Geschäftsstelle** F̲ oficina

geschehen suceder, ocurrir; pasar **Geschehen** N̲ suceso m, acontecimiento m

gescheit inteligente; sensato

Geschenk N̲ regalo m **Geschenkpapier** N̲ papel m regalo

Geschichte F̲ historia; LIT cuento m **geschichtlich** histórico

Geschicklichkeit F̲ habilidad, maña **geschickt** hábil, mañoso

geschieden divorciado

Geschirr N̲ vajilla f **Geschirrspüler** M̲, **Geschirrspülmaschine** lavaplatos, lavavajillas **Geschirrtuch** N̲ paño m de cocina

Geschlecht N̲ sexo m; (Familie) estirpe f; casta f; GRAM género m

Geschlechtskrankheit F̲ enfermedad venérea **Geschlechtsorgan** N̲ órgano m sexual **Geschlechtsverkehr** M̲ relaciones fpl sexuales

geschlossen cerrado

Geschmack M̲ sabor; gusto **geschmacklos** soso, insípido; fig de mal gusto **Geschmack(s)sache** F̲ das ist ~ eso es cuestión de gustos

Geschmackssinn M̲ gusto **geschmackvoll** de buen gusto

geschmeidig flexible; ágil

geschmort estofado

geschnitten → schneiden

Geschöpf N̲ criatura f

Geschoss N̲, österr **Geschoß** N̲ piso m, planta f; Waffe proyectil m

Geschrei N̲ gritos mpl

geschrieben → schreiben

Geschwätz N̲ parloteo m

Geschwindigkeit F̲ velocidad **Geschwindigkeitsbegrenzung** F̲ limitación de velocidad **Geschwindigkeitsüberschreitung** F̲ exceso m de velocidad

Geschwister PL̲ hermanos mpl

geschwollen hinchado; fig ampuloso

Geschworene(r) M̲F̲(M̲) jurado,-a

Geschwulst F̲ tumor m

Geschwür N̲ úlcera f

Geselchte(s) N̲ österr carne f ahumada

Geselle M̲ oficial **gesellig** sociable

Gesellschaft F̲ sociedad; HANDEL a. compañía; **j-m ~ leisten** hacer compañía a alg **Gesellschafter(in)** M̲F̲ HANDEL socio,-a **gesellschaftlich** social **Gesellschaftsschicht** F̲ capa social **Gesellschaftsspiel** N̲ juego m de sociedad (od de mesa) gesessen → sitzen

Gesetz N̅ ley f Gesetzbuch N̅ código m Gesetzgebung F̅ legislación gesetzlich legal; legítimo gesetzwidrig ilegal; contrario a la ley

Gesicht N̅ cara f; ins ~ sagen fig echar en cara; sein wahres ~ zeigen quitarse la máscara

Gesichtsausdruck M̅ expresión f facial Gesichtsfarbe F̅ tez Gesichtsmaske F̅ mascarilla Gesichtspunkt M̅ aspecto, punto de vista Gesichtswasser N̅ loción f facial Gesichtszüge MPL facciones fpl

Gesindel N̅ chusma f, gentuza f

gesittet civilizado, decente

gesondert separado; aparte

Gespann N̅ tiro m gespannt tenso, tirante; ~ auf (akk) ansioso de

Gespenst N̅ fantasma m gespenstisch fantasmal

gesperrt Straße cortado

Gespött N̅ zum ~ machen poner en ridículo

Gespräch N̅ conversación f; TEL llamada f gesprächig comunicativo Gesprächigkeit F̅ locuacidad

Gesprächspartner(in) MF̅ interlocutor(a) Gesprächsstoff M̅, Gesprächsthema N̅ tema m de conversación

gesprochen → sprechen

gesprungen → springen

Gestalt F̅ forma, figura;

(Wuchs) estatura gestalten formar; crear; organizar Gestaltung F̅ formación; configuración

Gestammel N̅ balbuceo m

gestanden → stehen, gestehen geständig confeso

Geständnis N̅ confesión f; ein ~ ablegen confesar

Gestank M̅ hedor, mal olor

gestatten permitir; ~ Sie? con su permiso

Geste F̅ gesto m; fig detalle m

gestehen confesar

Gestein N̅ roca f

Gestell N̅ soporte m; Regal estante m; Brille montura f

gestern ayer; ~ Abend anoche; ~ Morgen ayer por la mañana

gestikulieren gesticular

Gestirn N̅ astro m

gestohlen → stehlen

gestorben muerto

gestreift rayado, a rayas

gestresst ADJ estresado

gestrig de ayer

Gestrüpp N̅ matorral m

Gestüt N̅ criadero m de caballos

Gesuch N̅ solicitud f; instancia f gesucht fig solicitado

gesund sano; saludable; ~ werden sanar, curarse Gesundheit F̅ salud; ~! ¡Jesús!

Gesundheitsamt N̅ delegación f de Sanidad gesundheitsschädlich perjudicial para la salud Gesundheitswesen N̅ sanidad f Gesund-

heitszustand M̲ estado de salud

gesundschreiben dar de alta

getan → tun

Getöse N̲ estrépito m, estruendo m

Getränk N̲ bebida f **Getränkeautomat** M̲ máquina f expendedora de bebidas **Getränkekarte** F̲ carta de bebidas

Getreide N̲ cereales mpl

getrennt separado; aparte; A̲D̲V̲ por separado

Getriebe N̲ T̲E̲C̲H̲ engranaje m; A̲U̲T̲O̲ caja f de cambios

getrocknet secado

getroffen → treffen

getrost con toda confianza

getrüffelt trufado

getrunken → trinken

Getue N̲ afectación f, melindres mpl **Getuschel** N̲ cuchicheos mpl

Gewächs N̲ planta f

gewachsen e-r Sache od j-m ~ **sein** estar a la altura de

Gewächshaus N̲ invernadero m, estufa f

gewagt atrevido, arriesgado

Gewähr F̲ garantía **gewähren** conceder, otorgar **gewährleisten** garantizar

Gewahrsam M̲ custodia f

Gewalt F̲ violencia; (Macht) poder m; autoridad; **höhere ~** fuerza mayor; **mit ~** a la fuerza; **die ~ verlieren über** (akk) perder el control de **gewaltig** potente; enorme **gewaltsam** violento; A̲D̲V̲ a la fuerza **gewalttätig** violento, brutal

gewandt ágil; hábil

Gewässer N̲ agua(s) f(pl)

Gewebe N̲ tejido m

Gewehr N̲ fusil m; escopeta f

Geweih N̲ cornamenta f

geweiht sagrado; bendito

Gewerbe N̲ industria f; oficio m **gewerblich** industrial, comercial

Gewerkschaft F̲ sindicato m **Gewerkschafter(in)** M̲(F̲) sindicalista

gewesen → sein

Gewicht N̲ peso m; fig a. importancia f; **~ legen auf** (akk) dar importancia a **Gewichtheben** N̲ levantamiento m de pesos, halterofilia f

gewieft astuto, taimado

Gewimmel N̲ hervidero m, hormigueo m

Gewinde N̲ T̲E̲C̲H̲ rosca f

Gewinn M̲ ganancia f; H̲A̲N̲D̲E̲L̲ beneficio; Lotterie premio **gewinnen** ganar **Gewinner(in)** M̲(F̲) ganador(a); im Lotto etc acertante **Gewinnung** F̲ v. Erz extracción; C̲H̲E̲M̲ obtención f **Gewinnzahl** F̲ número m premiado

Gewirr N̲ enredo m; von Straßen laberinto m

gewiss cierto, seguro; A̲D̲V̲ seguramente; **aber ~!** claro que sí; **ein gewisser (Herr)** ... un tal ...

Gewissen N̄ conciencia f **gewissenhaft** concienzudo, escrupuloso **Gewissensbisse** MPL remordimientos

gewissermaßen en cierto modo

Gewissheit F̄ certeza; **sich ~ verschaffen** cerciorarse

Gewitter N̄ tormenta f **Gewitterregen** M chubasco gewittrig tormentoso

gewitzt escarmentado

gewöhnen (**sich**) ~ acostumbrar(se), habituar(se) (**an** akk a)

Gewohnheit F̄ costumbre

gewöhnlich habitual; común, ordinario; (unfein) vulgar; ADV normalmente; **wie ~** como de costumbre

gewohnt habituado, acostumbrado (**an** akk, **zu** inf a)

Gewölbe N̄ bóveda f

gewollt intencionado

gewonnen → gewinnen

geworden → werden

Gewühl N̄ gentío m

gewunden sinuoso, tortuoso

Gewürz N̄ especia f, condimento m **Gewürzgurke** F̄ pepinillo m en vinagre **Gewürznelke** F̄ clavo m (de olor), clavillo m

gewusst → wissen

gezackt dentado

Gezeiten PL marea f

geziert afectado

gezogen → ziehen

Gezwitscher N̄ gorjeo m

gezwungen a. fig forzado

gib, gibt → geben

Gicht F̄ MED gota

Giebel M frontón

Gier F̄ avidez f **gierig** ávido

gießen verter; Blumen regar; TECH fundir; Form moldear; **es gießt** llueve a cántaros **Gießkanne** F̄ regadera

Gift N̄ veneno m; tóxico m **Giftgas** N̄ gas m tóxico (od asfixiante) **giftig** venenoso; tóxico **Giftmüll** MPL residuos mpl tóxicos **Giftpilz** M hongo venenoso **Giftschlange** F̄ serpiente venenosa **Giftwolke** F̄ nube tóxica

gigantisch gigantesco

gilt → gelten

Gin M ginebra f

ging → gehen

Ginster M retama f

Gipfel M cumbre f, cima f; fig apogeo; **das ist der ~!** ¡es el colmo!

Gips M Gestein yeso; MED escayola f **gipsen** MED escayolar

Giraffe F̄ jirafa

Girlande F̄ guirnalda

Giro M giro f **Girokonto** N̄ cuenta f corriente

Gitarre F̄ guitarra **Gitarrist(in)** M(F) guitarrista

Gitter N̄ reja f; verja f **Gitterfenster** N̄ ventana f de reja

Gladiole F̄ gladiolo m

Glanz M brillo, lustre; fig esplendor

glänzen brillar, resplandecer **glänzend** brillante (a. fig)

Glas N̄ cristal m; vidrio m; (Trinkglas) vaso m; (Stielglas) copa f Glascontainer M̄ contenedor para la recogida selectiva de vidrio Glaser M̄ vidriero gläsern de vidrio (od cristal)

Glasfaser F̄ fibra óptica glasieren vidriar; esmaltar; Kuchen glasear Glaskeramikkochfeld M̄ placa f de vitrocerámica Glasscheibe F̄ vidrio m, cristal m Glasscherbe F̄ casco m de vidrio Glastür F̄ puerta vidriera Glasur F̄ esmalte m; (Kuchenglasur) baño m de azúcar

glatt liso; Haut a. terso; (rutschig) resbaladizo; ADV sin dificultad Glätte F̄ lisura; auf der Straße estado m resbaladizo Glatteis N̄ hielo m (resbaladizo) glätten alisar, desarrugar Glatze F̄ calva; e-e ~ haben ser calvo

Glaube M̄ fe f; creencia f; ~n schenken dar crédito glauben creer (an akk en); es ist kaum zu ~ parece mentira Glaubensbekenntnis N̄ credo m glaubhaft creíble; digno de crédito gläubig creyente

Gläubiger(in) M̄(F̄) HANDEL acreedor(a)

glaubwürdig → glaubhaft

gleich igual; (sofort) en seguida; ahora mismo; das ist mir ~ me da igual (od lo mismo); bis ~ hasta luego; ~ groß del

mismo tamaño gleichaltrig de la misma edad gleichartig similar

gleichberechtigt: ~ sein tener los mismos derechos Gleichberechtigung F̄ igualdad de derechos gleichen parecerse a gleichfalls igualmente, asimismo Gleichgewicht N̄ equilibrio m gleichgültig indiferente Gleichgültigkeit F̄ indiferencia Gleichheit F̄ igualdad gleichmäßig regular Gleichmut M̄ ecuanimidad f gleichnamig del mismo nombre Gleichnis N̄ REL parábola f gleichstellen equiparar a Gleichstrom M̄ corriente f continua Gleichung F̄ MATH ecuación f gleichwertig equivalente gleichzeitig simultáneo; ADV al mismo tiempo

Gleis N̄ vía f

Gleitcreme F̄ crema lubricante gleiten deslizarse; FLUG planear; ~de Arbeitszeit horario m flexible

Gleitflug M̄ vuelo planeado Gleitschirm(fliegen) M̄(N̄) parapente m Gleitschutz M̄ antideslizante Gleitzeit F̄ horario m flexible

Gletscher M̄ glaciar Gletscherspalte F̄ grieta (de glaciar)

Glied N̄ miembro m; e-r Kette eslabón m gliedern dividir,

clasificar **Gliederung** F$ división; _e-r Rede etc_ estructura f

glimmen arder (sin llama)

glitschig resbaladizo

glitzern centellear

global global; _(weltweit) a._ universal **globalisiert** F$ globalizado **Globalisierung** F$ globalización

Globetrotter M$ trotamundos

Globus M$ globo

Glocke F$ campana

Glockenblume F$ campánula **Glockengeläut** N$ toque _m_ de campanas **Glockenspiel** N$ carillón _m_ **Glockenturm** M$ campanario

Glück N$ felicidad f; fortuna f, suerte f; **zum ~** por suerte; **viel ~!** ¡(mucha) suerte!; **~ haben** tener suerte

glücken salir bien **glücklich** feliz; afortunado **glücklicherweise** afortunadamente **Glücksspiel** N$ juego _m_ de azar **Glückwunsch** M$ felicitación f; **herzlichen ~!** ¡enhorabuena!; _zum Geburtstag_ ¡feliz cumpleaños!

Glühbirne F$ bombilla **glühen** arder **glühend** ardiente _(a. fig)_; _Hitze_ abrasador **Glühwein** M$ vino caliente **Glühwürmchen** N$ luciérnaga f

Glut F$ brasa, ascua

Gluten N$ BIOL gluten _m_ **glutenfrei** sin gluten **Glutenunverträglichkeit** F$ celiaquía f

Glyzerin N$ glicerina f

GmbH F$ (Gesellschaft mit beschränkter Haftung) S.R.L. (sociedad de responsabilidad limitada)

Gnade F$ gracia **Gnadenfrist** F$ plazo _m_ de gracia **gnadenlos** sin piedad

gnädig clemente

Gold N$ oro _m_ **Goldbarren** M$ lingote de oro **golden** de oro; dorado **Goldfisch** M$ pez dorado **goldig** mono, encantador **Goldmedaille** F$ medalla de oro **Goldmünze** F$ moneda de oro **Goldschmied** M$ orfebre

Golf 1 M$ golfo 2 N$ SPORT golf _m_ **Golfplatz** M$ campo de golf **Golfschläger** M$ palo (de golf) **Golfspieler(in)** M/F$ golfista **Golfstrom** M$ Corriente f del Golfo

Gondel F$ góndola

gönnen no envidiar (a); **sich etw ~** permitirse _a._ **Gönner(in)** M/F$ protector(a)

googeln® buscar en Google®; _umg_ guglear®

Gorilla M$ gorila _(a. fig)_

Gotik F$ gótico _m_ **gotisch** gótico

Gott M$ Dios; **~ sei Dank!** gracias a Dios; **um ~es willen!** ¡por Dios! **Gottesdienst** M$ oficio, culto **Gotteslästerung** F$ blasfemia

Göttin F$ diosa **göttlich** divino

Götze M$, **Götzenbild** N$ ídolo _m_

Gouverneur M̲ gobernador
GPS N̲ (Global Positioning System) GPS *m*
Grab N̲ tumba *f*, sepulcro *m* **graben** cavar **Graben** M̲ foso **Grabmal** N̲ monumento *m* fúnebre **Grabstein** M̲ lápida *f* (sepulcral)
Grad M̲ grado
Graf M̲ conde
Graffiti P̲L̲ grafiti *m*
Grafik F̲ artes *fpl* gráficas; (*Zeichnung*) grabado *m* **Grafiker(in)** M̲F̲ grafista **Grafikkarte** F̲ tarjeta de gráficos
Gräfin F̲ condesa
grafisch gráfico
Gramm N̲ gramo *m*
Grammatik F̲ gramática **grammatisch** gramatical
Granatapfel M̲ granada *f* **Granate** F̲ granada
Granit M̲ granito
Grapefruit F̲ pomelo *m*
Gras N̲ hierba *f* (*a. umg Marihuana*) **grasen** pacer **Grashalm** M̲ brizna *f*
grässlich atroz, horrible
Grat M̲ cresta *f*
Gräte F̲ espina (de pescado)
gratinieren G̲A̲S̲T̲R̲ gratinar
gratis gratuitamente, gratis
Gratulation F̲ felicitación **gratulieren** felicitar (**j-m etw zu** etw a alg por a/c)
grau gris **Graubrot** N̲ pan *m* moreno **Graubünden** N̲ los Grisones *mpl*
Gräuel M̲ horror **Gräueltat** F̲

atrocidad
grauen: mir graut vor (*dat*) tengo horror a **Grauen** N̲ horror *m* **grauenhaft**, **grauenvoll** horrible, espantoso; *iron* horripilante
grauhaarig cano
Graupeln P̲L̲ granizo *m* fino **Graupelschauer** M̲ granizada *f*
grausam cruel **Grausamkeit** F̲ crueldad
gravieren grabar **gravierend** grave
Grazie F̲ gracia **graziös** gracioso
greifbar al alcance de la mano; *a. fig* tangible **greifen** asir, tomar; **~ zu** recurrir a; **um sich ~** propagarse **Greifvogel** M̲ (*ave f*) rapaz
grell *Licht* deslumbrante; *Ton* estridente; *Farbe* llamativo, chillón
Grenze F̲ límite *m*; P̲O̲L̲ frontera **grenzen** confinar, lindar (**an** *akk* con); *fig* rayar (**en**) **grenzenlos** ilimitado; inmenso **Grenzgänger** M̲ trabajador fronterizo **Grenzgebiet** N̲ región *f* fronteriza **Grenzkontrolle** F̲ control *m* de aduana **Grenzstein** M̲ mojón, hito **Grenzübergang** M̲ paso fronterizo **Grenzverkehr** M̲ tráfico fronterizo
Grieben F̲P̲L̲ chicharrones *mpl*
Grieche M̲, **Griechin** F̲ griego,-a **Griechenland** N̲ Grecia

f griechisch griego

Grieß M sémola *f*

Griff M asa *f*; puño; (*Messergriff*) mango; (*Türgriff*) tirador; **im ~ haben** dominar **griffbereit** al alcance de la mano

Grill M parrilla *f*; barbacoa *f*; **vom ~** a la parrilla

Grille F grillo *m*; cigarra

grillen asar a la parrilla **Grillfest** N, **Grillparty** F barbacoa *f* **Grillhähnchen** N pollo *m* asado

Grimasse F mueca

grinsen (son)reír irónicamente

Grippe F gripe, *Am a.* gripa; **saisonale ~** gripe estacional; **~ haben** tener (la) gripe

grob grueso; *Stoff* burdo; *Person* grosero, rudo; *Fehler* grave **Grobheit** F grosería

grölen berrear

Groll M rencor

Grönland N Groenlandia *f*

groß gran(de); *Statur* alto **großartig** grandioso, imponente **Großbritannien** N Gran Bretaña *f* **Großbuchstabe** M mayúscula *f*

Größe F tamaño *m*; *Körper, Kleidung* talla; (*Ausdehnung*) extensión, dimensión; *fig* grandeza

Großeltern PL abuelos *mpl* **Großhandel** M comercio al por mayor **Großhändler(in)** M(F) mayorista **großmütig** generoso **Großmutter** F abuela **Großonkel** M tío abuelo **großspurig** arrogante

Großstadt F gran ciudad **Großtante** F tía abuela **größtenteils** por (*od* en) la mayor parte; en general **Großvater** M abuelo **großziehen** criar **großzügig** generoso

grotesk grotesco

Grotte F gruta

Grübchen N hoyuelo *m* Grube F fosa, hoyo *m*; (*Bergwerk*) mina **grübeln** cavilar **Gruft** F cripta

grün verde; **~e Welle** onda verde; **die Grünen** POL los verdes **Grünanlage** F zona verde Grund M fondo; *fig* causa *f*, razón *f*; motivo; **im ~e** (**genommen**) en el fondo; **ohne ~** sin motivo; **aus diesem ~** por esta razón; **auf ~ von** en razón de **Grundbesitz** M terreno **Grundbuch** N registro *m* de la propiedad

gründen fundar **Gründer(in)** M(F) fundador(a)

Grundfläche F base **Grundgebühr** F tarifa básica **Grundgehalt** N sueldo *m* base **Grundgesetz** N ley *f* fundamental **Grundlage** F base, fundamento *m* **grundlegend** fundamental

gründlich profundo; ADV a fondo

grundlos ADJ infundado; ADV sin motivo

Gründonnerstag M Jueves Santo

Grundriss M̲ planta f, plano
Grundsatz M̲ principio
grundsätzlich por (od en) principio **Grundschule** F̲ escuela primaria **Grundsteuer** F̲ impuesto m sobre bienes inmuebles **Grundstück** N̲ finca f; terreno f; solar m
Gründung F̲ fundación
Grundwasser N̲ agua f subterránea
Grünfläche F̲ espacio m verde
Grünkohl M̲ col f verde
Grünstreifen M̲ mediana f
grunzen gruñir
Gruppe F̲ grupo m **Gruppenreise** F̲ viaje m colectivo
gruppieren agrupar
gruselig escalofriante
Gruß M̲ saludo, recuerdo; *Brief* **mit freundlichen Grüßen** (con) un cordial saludo *förmlich* atentamente; **viele Grüße an** ... muchos recuerdos a ...
grüßen saludar
gucken umg mirar
Gulasch N̲ estofado m a la húngara
gültig válido; vigente **Gültigkeit** F̲ validez; vigencia
Gummi N̲ goma f; (*Naturkautschuk*) caucho m; (*Gummiband*) cinta f elástica **Gummiball** M̲ pelota f (de goma) **Gummiband** N̲ cinta f elástica **Gummibärchen** N̲ osito m de gominola **Gummistiefel** MPL̲ botas fpl de goma
günstig favorable, ventajoso

Gurgel F̲ garganta **gurgeln** hacer gárgaras
Gurke F̲ pepino m; **saure ~n** pepinillos mpl en vinagre
Gurt M̲ correa f, faja f; AUTO, FLUG cinturón
Gürtel M̲ cinturón **Gürtelrose** F̲ (*herpes m*) zoster m **Gürteltasche** F̲ riñonera
Guss M̲ (*Regenguss*) chaparrón; GASTR baño de azúcar **Gusseisen** N̲ hierro m colado
gut bueno; ADV̲ bien; **~ aussehend** de buena presencia; **~ gehen** etw salir bien; **es geht mir gut** estoy bien; **~ gelaunt** de buen humor; **schon ~!** ya está bien; **mir ist nicht ~** no me siento bien
Gut N̲ finca f; granja f
Gutachten N̲ dictamen m, peritaje m **Gutachter(in)** MF̲ perito,-a gutartig MED benigno **Gute** N̲ **das ~** lo bueno; **alles ~!** ¡que te vaya bien!
Güte F̲ bondad; HANDEL calidad; **du meine ~!** ¡Dios mío!
Güter NPL̲ mercancías fpl **Güterwagen** M̲ vagón de mercancías **Güterzug** M̲ tren de mercancías (Am de carga)
Gütesiegel N̲ sello m de calidad
gutgläubig de buena fe
Guthaben N̲ haber m, saldo m activo
gutmachen: (**wieder**) **~** reparar **gutmütig** bondadoso
Gutsbesitzer(in) MF̲ propie-

tario,-a de una finca
Gutschein M̄ vale, bono **gutschreiben** abonar en cuenta
Gutschrift F̄ abono m (en cuenta)
Gutshof M̄ finca f, Am hacienda
Gymnasium N̄ instituto m de educación secundaria **Gymnastik** F̄ gimnasia
Gynäkologe M̄, **Gynäkologin** F̄ ginecólogo,-a

H

H N̄ MUS si m
Haar N̄ pelo m; (Kopfhaar) cabello m; **um ein ~** por un pelo **Haarausfall** M̄ caída f del pelo **Haarbürste** F̄ cepillo m para el pelo **Haarfarbe** F̄ color m de pelo; (Färbemittel) tinte m (para el pelo) **Haarfestiger** M̄ fijador **Haargel** N̄ gel m fijador **Haarnadel** F̄ horquilla **Haarnadelkurve** F̄ curva en herradura **Haarschnitt** M̄ corte de pelo **Haarspange** F̄ pasador m **Haarspray** N̄ laca f **haarsträubend** espeluznante **Haartrockner** M̄ secador de pelo **Haarwasser** N̄ loción f capilar
Habe F̄ bienes mpl
haben V̄/T̄ tener; Hilfsverb haber; **wir ~ den 3. Mai** estamos a tres de mayo; **was hast du?** ¿qué te pasa?; **bei sich ~** llevar (consigo)
Haben N̄ HANDEL haber m
Habicht M̄ azor
Hackbraten M̄ asado de carne picada **Hacke** F̄ azada; (Ferse) talón m **hacken** picar; Holz cortar
Hacker(in) M̄(F̄) IT hacker m/f, pirata m/f informático, -a
Hackfleisch N̄ carne f picada
Hafen M̄ puerto **Hafenbecken** N̄ dársena f **Hafenrundfahrt** F̄ paseo m por el puerto **Hafenstadt** F̄ ciudad portuaria **Hafenviertel** N̄ barrio m portuario
Hafer M̄ avena f **Haferflocken** F̄PL copos mpl de avena **Hafermilch** F̄ leche f de avena
Haft F̄ detención, arresto m **haftbar** responsable (**für** de) **Haftbefehl** M̄ auto de prisión **haften**: **~ für** responder de **Häftling** M̄ detenido,-a m,f **Haftnotiz** F̄ nota adhesiva **Haftpflicht(versicherung)** F̄ (seguro m de) responsabilidad civil **Haftung** F̄ responsabilidad
Hagebutte F̄ escaramujo m
Hagel M̄ granizo **hageln** granizar **Hagelschauer** M̄ granizada f
hager flaco, enjuto
Hahn M̄ gallo; (Wasserhahn) gri-

fo; TECH llave f **Hähnchen** N̄
GASTR pollo m; **gebratenes
Hähnchen** pollo asado
Hai(fisch) M̄ tiburón
häkeln hacer ganchillo **Häkelnadel** F̄ ganchillo m
Haken M̄ gancho; corchete
Hakenkreuz N̄ cruz f gama-
da
halb medio; ADV a medias; IN
ZSSGN oft semi...; -e **e Stunde**
media hora; **zum ~en Preis** a
mitad de precio; **~ leer/voll**
medio vacío/lleno; **~ offen** en-
treabierto; **~ zwölf** las once y
media; **~ so groß** la mitad de
grande
Halbdunkel N̄ penumbra f
Halbfinale N̄ SPORT semifinal f **halbieren** partir en dos
Halbinsel F̄ península **Halbjahr** N̄ semestre m **Halbkreis**
M̄ semicírculo **Halbkugel** F̄
hemisferio m **halblaut** a media voz **Halbmast** M̄ **auf ~** a
media asta **Halbmond** M̄ media luna f **Halbpension** F̄ media pensión **Halbschlaf** M̄ **im
~** medio dormido **Halbschuh**
M̄ zapato (bajo) **Halbstar-
ke(r)** M̄ gamberro **halbtägig**
de medio día **Halbtagsar-
beit** F̄ trabajo m de media jornada **Halbwüchsige(r)**
M/F(M) adolescente
Halbzeit F̄ **erste/zweite ~** pri-
mer/segundo tiempo m
Hälfte F̄ mitad f; **zur ~** a mitad
Halle F̄ vestíbulo m **hallen** re-

sonar **Hallenbad** N̄ piscina f
cubierta
hallo! ¡hola!; ¡oiga!; TEL ¡diga!
Halm M̄ tallo
Halogenlampe F̄ lámpara ha-
lógena **Halogenscheinwer-
fer** M̄ faro halógeno
Hals M̄ cuello; (*Kehle*) garganta
f; **~ über Kopf** atropellada-
mente **Halsband** N̄ gargani-
lla f; collar m **Halskette** F̄ collar m, cadena **Hals-Nasen-
Ohren-Arzt** M̄ otorrinolaringólogo **Halsschmerzen** MPL
dolor m de garganta **Halstuch** N̄ pañuelo m (de cuello)
Halswirbel M̄ vértebra f cer-
vical
Halt M̄ alto, parada f; *fig* apoyo,
sostén; **halt!** ¡alto!
haltbar resistente; *Lebensmittel*
conservable **Haltbarkeits-
datum** N̄ fecha f de caducidad
halten V⁄I parar(se), detenerse;
(*festsitzen*) estar fijo; V/T tener;
Wort cumplir; *Rede* pronunciar,
dictar; **~ für** tomar por, creer;
~ von pensar (*od* opinar) de;
was ~ Sie davon? ¿qué le parece?; **sich ~** mantenerse; *Essen*
conservarse; **sich ~ an** (*akk*)
atenerse a
Haltestelle F̄ parada **Halte-
verbot** N̄ parada f prohibida
haltmachen pararse, detenerse
Haltung F̄ actitud; (*Körperhal-
tung*) postura

Halunke F̲ pillo, bribón

Hamburg N̲ Hamburgo m
Hamburger M̲ GASTR hamburguesa f

hämisch A̲D̲J̲ malicioso; A̲D̲V̲ con sorna

Hammel M̲ carnero

Hammer M̲ martillo **hämmern** martillear, fig golpear

Hämorr(ho)iden P̲L̲ hemorroides fpl, almorranas fpl

Hamster M̲ hámster

Hand F̲ mano; **zu Händen von** a la atención de; **zur ~, mit der ~** a mano **Handarbeit** F̲ trabajo m manual; Werk artesanía f; Schulfach manualidades fpl **Handball** M̲ balonmano **Handbewegung** F̲ movimiento m de la mano **Handbremse** F̲ freno m de mano **Handbuch** N̲ manual m **Händedruck** M̲ apretón de manos

Handel M̲ comercio **handeln** obrar, actuar; comerciar (**mit** con); (feilschen) regatear; **~ von** tratar de (od sobre); **sich ~ um** tratarse de **Handelskammer** F̲ Cámara de Comercio **Handfeger** M̲ escobón **Handfläche** F̲ palma de la mano **Handgelenk** N̲ muñeca f **handgemacht** hecho a mano **Handgemenge** N̲ riña f, pelea f **Handgepäck** N̲ equipaje m de mano **Handgriff** M̲ maniobra f; am Koffer mango

handhaben manejar **Handkoffer** M̲ maletín

Händler(in) M̲(F̲) comerciante **handlich** manejable

Handlung F̲ acto m; acción **Handschellen** F̲P̲L̲ esposas **Handschrift** F̲ letra, escritura **handschriftlich** escrito a mano

Handschuh M̲ guante **Handschuhfach** N̲ guantera f

Handstand M̲ SPORT vertical f **Handtasche** F̲ bolso m, a. cartera **Handteller** M̲ palma f **Handtuch** N̲ toalla f **Handvoll** F̲ **eine ~** un puñado (de)

Handwerk N̲ oficio m **Handwerker(in)** M̲(F̲) artesano,-a **Handwerkszeug** N̲ útiles mpl

Handy N̲ (teléfono m) móvil m **Handyhülle** F̲ funda de(l) móvil **Handynummer** F̲ número m de(l) móvil

Hanf M̲ cáñamo

Hang M̲ cuesta f, pendiente f; fig inclinación f (**zu** a)

Hängebrücke F̲ puente m colgante **Hängelampe** F̲ lámpara colgante **Hängematte** F̲ hamaca

hängen V̲I̲ colgar, pender; V̲T̲ colgar, suspender; fig **~ an** (dat) tener apego a; **~ bleiben** quedar enganchado; **~ lassen** Mantel dejar colgado

Hantel F̲ pesa **hantieren** manejar, manipular (**mit etw** a/c)

Happen M̅ bocado

Happy Hour F̲ hora feliz, happy hour

Hardware F̲ hardware *m*

Harfe F̲ harpa

harmlos inofensivo (*a.* MED)

Harmonie F̲ armonía **harmonisch** armonioso

Harn M̅ orina *f* **Harnblase** F̲ vejiga **Harnleiter** M̅ uréter **Harnröhre** F̲ uretra

Harpune F̲ arpón *m*

hart duro; (*streng*) severo

Härte F̲ dureza

Hartgeld N̲ moneda *f* metálica **hartherzig** duro (de corazón) **hartnäckig** obstinado; pertinaz (*a.* MED)

Harz N̲ resina *f*

Haschisch N̲ hachís *m*

Hase M̅ liebre *f*

Haselnuss F̲ avellana **Haselstrauch** M̅ avellano

Hasenfuß M̅ cobarde **Hasenscharte** F̲ labio *m* leporino

Hashtag M/N hashtag *m,* etiqueta *f*

Hass M̅ odio **hassen** odiar **hässlich** feo **Hässlichkeit** F̲ fealdad

hast → haben

Hast F̲ prisa **hastig** precipitado

hat, hatte, hätte → haben

Haube F̲ cofia *f;* AUTO capó *m*

Hauch M̅ soplo, aliento **hauchdünn** delgadísimo **hauchen** soplar; *fig* susurrar

hauen pegar (**j-n** a alg); **übers**

Ohr ~ timar

Haufen M̅ montón (*a. fig*) **häufen** apilar, acumular **haufenweise** a montones **häufig** ADJ frecuente; ADV a menudo **Häufigkeit** F̲ frecuencia

Haupt N̲ cabeza *f*; ~... *in Zssgn* *oft* principal **Hauptbahnhof** M̅ estación *f* central **Hauptdarsteller(in)** M/F protagonista **Haupteingang** M̅ entrada *f* principal **Hauptfach** N̲ *Schule* asignatura *f*; *Studium* especialidad *f* **Hauptgang** M̅, **Hauptgericht** N̲ plato *m* fuerte **Hauptgewinn** M̅ gordo

Häuptling M̅ jefe de tribu; *Am* cacique

Hauptmahlzeit F̲ comida principal **Hauptperson** F̲ protagonista *m/f* **Hauptpostamt** N̲ Central *f* de Correos **Hauptquartier** N̲ cuartel *m* general **Hauptrolle** F̲ papel *m* principal **Hauptsache** F̲ lo principal **hauptsächlich** principal, esencial; ADV sobre todo **Hauptsaison** F̲ temporada alta **Hauptstadt** F̲ capital **Hauptstraße** F̲ calle principal

Hauptverkehrsstraße F̲ carretera general **Hauptverkehrszeit** F̲ horas *fpl* punta **Hauptwäsche** F̲ fase principal de lavado

Haus N̲ casa *f*; **nach/zu** ~**e** a/en

casa **Hausangestellte** F̲ empleada de hogar **Hausapotheke** F̲ botiquín m **Hausarbeit** F̲ tareas fpl domésticas **Hausarzt** M̲, **Hausärztin** F̲ médico m, médica f de cabecera **Hausaufgaben** FPL deberes mpl **Hausbesitzer(in)** M̲F̲ propietario,-a **Hausbewohner(in)** M̲F̲ inquilino,-a **Häuserblock** M̲ manzana f (de casas), Am cuadra f **Hausflur** M̲ zaguán **Hausfrau** F̲ ama de casa **Hausfriedensbruch** M̲ allanamiento de morada **hausgemacht** casero **Haushalt** M̲ casa f; POL presupuesto **Haushälterin** F̲ ama de llaves **Haushaltsgerät** N̲ aparato m doméstico **Hausherr** M̲ amo de la casa **Hausherrin** F̲ señora de la casa **Hausierer** M̲ vendedor ambulante

häuslich casero; doméstico **Hausmannskost** F̲ comida casera **Hausmeister(in)** M̲F̲ portero,-a, conserje **Hausmittel** N̲ remedio m casero **Hausnummer** F̲ número m de la casa **Hausordnung** F̲ reglamento m **Hausrat** M̲ menaje m **Hausratversicherung** F̲ seguro m del hogar **Hausschlüssel** M̲ llave f de (la) casa **Hausschuhe** MPL zapatillas fpl **Haustelefon** N̲ teléfono m interior **Haustier** N̲ animal m doméstico **Haustür** F̲ puerta de la calle **Hauswirt** M̲ casero **Hauswirtschaft** F̲ economía doméstica **Hauszelt** N̲ tienda f familiar

Haut F̲ piel; bes Gesicht cutis m **Hautabschürfung** F̲ desolladura **Hautarzt** M̲, **Hautärztin** F̲ dermatólogo,-a **Hautausschlag** M̲ erupción f cutánea; exantema **Hautcreme** F̲ crema cutánea **hauteng** muy ceñido **Hautfarbe** F̲ color m de la piel **Hautkrankheit** F̲ enfermedad cutánea **Hautpflege** F̲ cuidado m de la piel **Havanna** N̲ La Habana **Hbf.** → Hauptbahnhof **Headset** N̲ TEL auriculares mpl, cascos mpl **Hebamme** F̲ partera **Hebel** M̲ palanca f **heben** levantar; alzar, elevar **hebräisch** hebreo **Hecht** M̲ lucio **Hechtsprung** M̲ salto de carpa **Heck** N̲ SCHIFF popa f; FLUG cola f; AUTO parte f trasera **Heckantrieb** M̲ tracción f trasera **Hecke** F̲ seto m (vivo) **Heckenrose** F̲ rosa silvestre **Heckklappe** F̲ portón m trasero **Heckmotor** M̲ motor f trasero **Heckscheibe** F̲ luneta trasera **Heer** N̲ ejército m **Hefe** F̲ levadura **Heft** N̲ cuaderno m; folleto m; Zeitschrift número m **heften**

Naht hilvanar; *Blick* clavar, fijar **Hefter** M̄ *Gerät* grapadora f **heftig** vehemente, violento; *Gewitter* fuerte **Heftigkeit** F̄ vehemencia, violencia **Heftklammer** F̄ grapa **Heftmaschine** F̄ grapadora, cosedora **Heftpflaster** N̄ esparadrapo m **Heftzwecke** F̄ chincheta

Hehler(in) M̄(F̄) encubridor(a) **Hehlerei** F̄ encubrimiento m **Heide** 1 M̄ pagano 2 F̄ brezal m **Heidekraut** N̄ brezo m **Heidelbeere** F̄ arándano m **heidnisch** pagano **heikel** delicado **heil** intacto; *(gesund)* sano y salvo **Heil** N̄ REL salvación f; **sein ~ versuchen** probar fortuna **Heiland** M̄ Salvador **Heilanstalt** F̄ sanatorio m **heilbar** curable **Heilbutt** M̄ fletán m **heilen** curar, sanar **heilig** santo, sagrado **Heiligabend** M̄ Nochebuena f **Heilige(r)** M̄(F̄)M̄ santo,-a m(f) **heiligsprechen** canonizar **Heiligtum** N̄ santuario m **Heilkräuter** PL hierbas fpl medicinales **Heilmittel** N̄ remedio m **Heilpflanze** F̄ planta medicinal **Heilpraktiker(in)** M̄(F̄) naturoterapeuta **Heilquelle** F̄ aguas fpl medicinales **heilsam** a. fig saludable **Heilung** F̄ curación **heim** a casa

Heim N̄ asilo m; residencia f; fig hogar m **Heimarbeit** F̄ trabajo m a domicilio **Heimat** F̄ patria **heimatlos** sin domicilio *(od patria)* **Heimatort** M̄ pueblo natal **Heimfahrt** F̄ regreso m, vuelta **heimisch** local; fig familiar; **sich ~ fühlen** sentirse como en casa **Heimkehr** F̄ regreso m (a casa) **heimkehren** volver a casa **heimlich** secreto; ADV en secreto, a escondidas **Heimreise** F̄ viaje m de vuelta **Heimservice** M̄ servicio a domicilio **Heimspiel** N̄ SPORT partido m de casa **heimtückisch** JUR alevoso **Heimweg** M̄ vuelta f **Heimweh** N̄ nostalgia f **Heimwerken** N̄ bricolaje m **Heimwerker** M̄ bricolador

Heirat F̄ casamiento m **heiraten** casarse *(j-n con)* **Heiratsantrag** M̄ petición f de mano **Heiratsanzeige** F̄ participación de boda **Heiratsurkunde** F̄ partida de matrimonio **Heiratsvermittlung** F̄ agencia matrimonial

heiser ronco **Heiserkeit** F̄ ronquera

heiß caliente; *Klima* cálido; caluroso; **es /mir ist ~** hace/tengo calor

heißen llamarse; *(bedeuten)* significar; **das heißt** es decir; **es heißt, dass** se dice que **heiter** sereno, alegre; *Himmel* despejado **Heiterkeit** F̱ sere-nidad; hilaridad

heizbar con calefacción **hei-zen** calentar; *Ofen* encender **Heizgerät** Ṉ calefactor **Heizkissen** Ṉ almohadilla f eléctrica **Heizkörper** M̱ ra-diador **Heizmaterial** Ṉ com-bustible m **Heizöl** Ṉ fuel m **Heizung** F̱ calefacción

Hektar Ṉ hectárea f

Hektik F̱ ajetreo m, agitación **hektisch** inquieto; febril

Held M̱ héroe **heldenhaft** he-roico **Heldentat** F̱ hazaña **Heldin** F̱ heroína

helfen: j-m ~ ayudar a alg; **kann ich Ihnen ~?** ¿le ayudo? **Helfer(in)** M̱F̱ asistente, ayu-dante

hell claro (*a. Farbe*); **es wird ~** amanece **hellblau, hellgelb** *etc* azul, amarillo *etc* claro **Hel-ligkeit** F̱ claridad; luminosi-dad **Hellseher(in)** M̱F̱ viden-te

Helm M̱ casco

Hemd M̱ camisa f **Hemdblu-se** F̱ blusa camisera **Hemd-blusenkleid** Ṉ camisero m

hemmen detener; impedir, *seelisch* cohibir, inhibir

Hemmung F̱ fig escrúpulo m **hemmungslos** desenfrena-do; sin escrúpulos

Hengst M̱ semental, caballo padre

Henkel M̱ asa f

Henker M̱ verdugo

Henne F̱ gallina

Hepatitis F̱ hepatitis

her (hacia) aquí; **von ... ~ desde ...; es ist ... ~** hace ...

herab hacia abajo **herablas-sen** bajar **herablassend** condescendiente **herabset-zen** j-n desacreditar; *Preis* ba-jar, reducir **herabsteigen** descender

heran por aquí **herankom-men** acercarse **heranwach-sen** crecer

herauf hacia arriba **herauf-beschwören** evocar **he-raufkommen** subir **herauf-setzen** *Preis* aumentar, subir **heraufziehen** *Gewitter* ame-nazar

heraus fuera; afuera; **von in-nen ~** desde dentro **heraus-bekommen** resolver; *Geld* re-cibir la vuelta; (*entdecken*) des-cubrir **herausbringen** LIT publicar; HANDEL lanzar; *fig* averiguar

herausfordern provocar, de-safiar **Herausforderung** F̱ reto m, desafío m

herausgeben devolver; LIT editar, publicar **Herausge-ber(in)** M̱F̱ editor(a)

herausholen sacar **heraus-kommen** salir; LIT publicarse **herauslassen** dejar salir **he-rausnehmen** sacar, quitar; *fig* **sich etw ~** permitirse a/c **herausragen** sobresalir (*a. fig*) **herausstellen: sich ~**

als resultar **herausstrecken** *Zunge* sacar **herausziehen** sacar

herb acerbo; áspero; *Wein* seco **herbei** → her

Herberge F albergue m **herbringen** traer

Herbst M otoño **herbstlich** otoñal

Herd M cocina f, fogón; MED foco

Herde F rebaño m, manada **herein** adentro; **~!** ¡adelante! **hereinbitten: j-n ~** rogar(le) a alg que entre **hereinfallen** fig llevarse un chasco **hereinkommen** entrar **hereinlassen** dejar entrar **hereinlegen** *umg* fig tomar el pelo a alg

Herfahrt F viaje m de ida **Hergang** M lo ocurrido **hergeben** (reichen) dar; **(wieder) ~** devolver

Hering M arenque m; (*Zelthaken*) piquete

herkommen venir; fig proceder (**von** de); **wo kommt er/ sie her?** ¿de dónde viene?; **komm her!** ¡ven acá! **Herkunft** F procedencia, origen m **Herkunftsbezeichnung** F denominación de origen

Heroin N heroína f **heroinsüchtig** heroinómano

Herpes M herpes

Herr M señor; caballero **Herren...** IN ZSSGN de (od para) caballero(s); masculino **Herrenanzug** M traje de caballe-

ro **Herrenfriseur** M *Geschäft* peluquería f de caballeros **herrenlos** *Tier* abandonado; sin dueño **Herrenmode** F moda de hombre **Herrentoilette** F servicio m de caballeros

herrichten preparar; arreglar

Herrin F señora; dueña **herrisch** imperioso; autoritario **herrlich** magnífico

Herrschaft F dominación; dominio m; **die ~ verlieren über** (akk) perder el control de **herrschaftlich** señorial

herrschen dominar; gobernar; *a.* fig reinar **Herrscher(in)** M(F) soberano,-a

herstellen fabricar, producir **Hersteller(in)** M(F) fabricante, productor(a) **Herstellung** F fabricación, producción

herüber a este lado; hacia aquí **herüberreichen: j-m etw ~** pasar a/c a alg

herum alrededor (de); **im Kreis ~** a la redonda **herumdrehen** dar la vuelta a; *Kopf* volver **herumfahren** dar la vuelta (**um etw** a a/c); *ziellos* dar una vuelta **herumführen** servir de guía a; dar la vuelta (**um** *etw* alrededor de) **herumgehen** pasearse (por); *Zeit* pasar **herumirren** andar errante **herumkriegen** *Person umg* ganarse **herumliegen** estar esparcido **herumlungern** *umg* holgazanear, gandulear **herumtreiben: sich ~** vaga-

bundear
herunter (hacia) abajo **herunterfallen** caer (al suelo) **heruntergekommen** *Mensch* debilitado; *Haus* deteriorado **herunterklappen** bajar **herunterkommen** bajar **herunterladen** IT **aus dem Internet ~** bajar de la red **herunterlassen** bajar
hervor adelante **hervorbringen** producir; *Worte* proferir **hervorgehen** resultar (**aus** de) **hervorheben** poner de relieve; destacar **hervorragend** sobresaliente, destacado; excelente **hervorrufen** *fig* causar, provocar
Herz N̄ corazón *m*; *Kartenfarbe* copas *fpl*; **sich zu ~ nehmen** tomar a pecho **Herzanfall** M̄ ataque cardíaco **Herzbeschwerden** P̄L̄ trastornos *mpl* cardíacos **Herzenslust** F̄ **nach ~** a pedir de boca **Herzfehler** M̄ lesión *f* cardíaca **herzhaft** *nahrhaft* consistente; *würzig* sabroso **Herzinfarkt** M̄ infarto de miocardio, Am infarto cardíaco **Herzklopfen** N̄ palpitaciones *fpl* **herzkrank** cardíaco **herzlich** cordial; afectuoso **Herzlichkeit** F̄ cordialidad **herzlos** insensible, sin corazón **Herzog** M̄ duque **Herzogin** F̄ duquesa **Herzogtum** N̄ ducado *m* **Herzschlag** M̄ latido; MED

apoplejía *f* **Herzschrittmacher** M̄ MED marcapasos **Herzspezialist(in)** M̄(F̄) cardiólogo,-a **Herzversagen** N̄ fallo *m* cardíaco
Hessen N̄ Hesse *f*
Hetze F̄ prisa; ajetreo *m*; POL agitación **hetzen** V̄/T̄ acosar; V̄/Ī apresurarse
Heu N̄ heno *m*
Heuchelei F̄ hipocresía **heucheln** fingir **Heuchler(in)** M̄(F̄) hipócrita
heulen aullar; *umg (weinen)* llorar
Heuschnupfen M̄ fiebre *f* del heno **Heuschrecke** F̄ langosta, saltamontes *m*
heute hoy; **~ Morgen** esta mañana; **~ Abend, Nacht** esta noche; **~ in ...** de hoy en ... **heutig** de hoy; actual **heutzutage** hoy (en) día
Hexe F̄ bruja **Hexenschuss** M̄ lumbago **Hexerei** F̄ brujería
Hieb M̄ golpe
hielt → halten
hier aquí; **~ (nimm)!** ¡toma! **hierbei** en (od haciendo) esto **hierbleiben** quedarse (aquí) **hierfür** para esto **hierher** (para) acá; **bis ~** hasta aquí **hierhin** aquí **hiermit** con esto
hiesig de aquí
hieß → heißen
Hi-Fi-Anlage F̄ equipo *m* de alta fidelidad

high *umg v. Drogen* colocado
Highlight N (*Höhepunkt*) punto *m* culminante
Hilfe F ayuda; socorro *m*; asistencia; (**zu**) **~!** ¡socorro!; **mit ~ von** mediante, con la ayuda de; **Erste ~** cura de urgencia, primeros auxilios *mpl* **Hilferuf** M grito de socorro
hilflos desamparado
Hilfsarbeiter(in) M(F) peón (-ona) **hilfsbedürftig** necesitado **hilfsbereit** servicial **Hilfskraft** F auxiliar **Hilfsmittel** N (re)medio *m* **Hilfsmotor** M motor auxiliar **Hilfsverb** N verbo *m* auxiliar
hilft → helfen
Himbeere F frambuesa
Himmel M cielo; unter freiem **~** al aire libre **himmelblau** (azul) celeste **Himmelfahrt** F Ascensión; **Mariä ~** Asunción **Himmelsrichtung** F punto *m* cardinal
himmlisch celeste, celestial; *fig* divino
hin hacia allí (*od* allá); **~ und wieder** de vez en cuando; **~ und zurück** ida y vuelta
hinab (hacia) abajo **hinabfahren, hinabgehen, hinabsteigen** bajar
hinauf (hacia) arriba **hinauffahren, hinaufgehen, hinaufsteigen** subir
hinaus (hacia) afuera **hinausgehen** salir; *Fenster* dar a **hinauslaufen** *fig* acabar (**auf etw**

akk en a/c) **hinauslehnen**: **sich ~** asomarse **hinausschieben** *fig* aplazar **hinauswerfen** echar (**aus** por, a) **hinauszögern** retardar
Hinblick M **im ~ auf** (*akk*) en vista de, con miras a
hinderlich embarazoso; impeditivo **hindern** impedir, estorbar **Hindernis** N obstáculo *m* **Hindernisrennen** N SPORT carrera *f* de obstáculos
hindurch a través de; *zeitlich* durante; **die ganze Nacht ~** toda la noche
hinein (a)dentro; en **hineingehen** entrar **hineinlassen** dejar entrar **hineinpassen** caber **hineintun** meter
hinfahren 1 Vᵢ (*hingehen*) ir 2 Vᵢ *j-n* llevar; *Lasten* transportar **Hinfahrt** F viaje *m* de ida
hinfallen caerse **hinfällig** caduco; nulo **Hinflug** M vuelo de ida
hing → hängen
Hingabe F (*Aufopferung*) entrega; (*Leidenschaft*) devoción
hingehen ir (**a**) **hinhalten** tender; *fig* hacer esperar a *alg*
hinken cojear
hinlegen poner, colocar; **sich ~** tenderse; *ins, aufs Bett* acostarse **hinnehmen** aceptar, tolerar **Hinreise** F viaje *m* de ida **hinreißend** fascinante **hinrichten** ejecutar **Hinrichtung** F ejecución **hinschicken** enviar (**zu a**) **hin-**

setzen: **sich** ~ sentarse

Hinsicht F̄ **in dieser** ~ a este respecto; **in gewisser** ~ en cierto modo **hinsichtlich** respecto a

Hinspiel N̄ SPORT partido m de ida **hinstellen** poner, colocar **hinten** detrás; en el fondo; al final; **von** ~ por detrás

hinter (*dat; Richtung: akk*) detrás de, tras **Hinterachse** F̄ eje m trasero **Hinterbliebene(n)** MPL deudos

hintere(r, -s) posterior; trasero **hintereinander** uno tras otro **Hintergrund** M̄ fondo **hinterhältig** insidioso **hinterher** detrás de; *zeitlich* después **Hinterkopf** M̄ occipucio **Hinterland** N̄ interior m **hinterlassen** dejar; JUR legar **hinterlegen** depositar **hinterlistig** alevoso

Hintern M̄ *umg* trasero

Hinterrad N̄ rueda f trasera **Hinterradantrieb** M̄ tracción f trasera **Hintertreppe** F̄ escalera de servicio **Hintertür** F̄ puerta trasera **hinterziehen** defraudar

hintun *umg* poner, meter **hinüber** al otro lado **hinübergehen** atravesar (**über etw** *akk a/c*) **hinüberreichen** pasar

Hin- und Rückfahrt F̄ ida y vuelta m

hinunter abajo **hinunterbringen**: **j-n** ~ acompañar a *alg* hasta abajo **hinunterfal-**

len caer (al suelo) **hinuntergehen** bajar (a pie) **hinunterschlucken** tragar

hinweg: **über ...** ~ por encima de

Hinweg M̄ **auf dem** ~ a la ida **hinwegsehen**: ~ **über** (*akk*) mirar por encima de; *fig* no hacer caso de **hinwegsetzen**: **sich** ~ **über** (*akk*) no hacer caso de

Hinweis M̄ indicación f **hinweisen** indicar (**auf** *akk a/c*) **Hinweisschild** N̄ letrero m indicador **Hinweistafel** F̄ tablón m de anuncios

hinziehen dar largas a; **sich** ~ extenderse; *zeitlich* prolongarse

hinzu a eso; además **hinzufügen** añadir **hinzukommen** añadirse, sumarse (a) **hinzurechnen, hinzuzählen** añadir, incluir **hinzuziehen** consultar

Hirn N̄ cerebro m; GASTR sesos mpl **Hirngespinst** N̄ quimera f **Hirnhautentzündung** F̄ meningitis

Hirsch M̄ ciervo **Hirschkuh** F̄ cierva

Hirse F̄ mijo m

Hirt(in) M|F pastor(a)

Hispanist(in) M|F hispanista **Hispanistik** F̄ filología hispánica

hissen izar

Historiker(in) M|F histórico **historisch** histórico

Hit M̄ éxito

Hitze F̄ calor m hitzebeständig refractario Hitzewelle F̄ ola de calor

hitzig acalorado, fogoso Hitzschlag M̄ golpe de calor

HIV-negativ seronegativo HIV-positiv seropositivo

HNO-Arzt M̄, HNO-Ärztin F̄ otorrinolaringólogo, -a m,f

Hobby N̄ afición f, hobby m

Hobel M̄ cepillo

hobeln (a)cepillar

hoch alto; elevado; Ton agudo; **auf hoher See** en alta mar; **~!** ¡viva!

Hoch N̄ Wetter anticiclón m Hochachtung F̄ (gran) estima Hochbetrieb M̄ actividad f intensa hochdeutsch alto alemán

Hochdruck M̄ alta presión f; **mit ~ arbeiten** trabajar a toda marcha Hochdruckgebiet N̄ zona f de alta presión

Hochebene F̄ meseta, altiplanicie, Am altiplano m Hochform F̄ **in ~** en plena forma Hochgebirge N̄ alta montaña f hochgeschlossen Kleid cerrado Hochgeschwindigkeitszug M̄ tren de alta velocidad Hochhaus N̄ edificio m da varios pisos

hochheben alzar, levantar hochklappen doblar hacia arriba hochladen ins Internet colgar (en Internet), subir Hochland N̄ tierra f alta Hochmut M̄ orgullo hoch-

mütig orgulloso, altanero Hochsaison F̄ temporada alta Hochschule F̄ escuela superior; universidad Hochsommer M̄ canícula f Hochspannung F̄ alta tensión Hochsprung M̄ salto de altura

höchst ADV sumamente Hochstapler(in) M(F) estafador(a)

Höchstbetrag M̄ importe máximo höchste(r, -s) ADJ más alto (od elevado); fig máximo höchstens a lo sumo, a lo más Höchstgeschwindigkeit F̄ velocidad máxima Höchstleistung F̄ rendimiento m máximo Höchstpreis M̄ precio máximo (od tope) höchstwahrscheinlich muy probablemente

hochtrabend grandilocuente Hochwasser N̄ inundación f; crecida f hochwertig de gran valor; Ware de gran calidad

Hochzeit F̄ boda Hochzeitsgeschenk N̄ regalo m de boda Hochzeitsreise F̄ viaje m de novios

hocken estar en cuclillas; estar agachado

Hocker M̄ taburete

Höcker M̄ corcova f, giba f

Hoden M̄ testículo

Hof M̄ patio; (Bauernhof) granja f; (Fürstenhof) corte f

hoffen esperar (**auf** akk a/c)

hoffentlich espero que; ojalá

Hoffnung F̲ esperanza hoffnungslos desesperado hoffnungsvoll esperanzado

höflich cortés Höflichkeit F̲ cortesía

hohe(r, -s) → hoch

Höhe F̲ altura; *fig* das ist die ~! ¡es el colmo!

Höhenangst F̲ vértigo *m* Höhenkrankheit F̲ mal *m* de las alturas, *Am* soroche *m* Höhenlage F̲ altitud Höhenunterschied M̲ desnivel höhenverstellbar regulable en altura

Höhepunkt M̲ punto culminante, apogeo

höher más alto; superior

hohl hueco; vacío; cóncavo

Höhle F̲ cueva, caverna; *von Bären etc* guarida

Hohlmaß N̲ medida *f* de capacidad Hohlraum M̲ hueco

Hohn M̲ escarnio

höhnisch sarcástico

Hokkaidokürbis M̲ calabaza *f* potimarrón

holen ir a buscar; MED sich ~ pescar; ~ lassen mandar por

Holland N̲ Holanda *f* Holländer(in) M̲I̲F̲ holandés, -esa holländisch holandés

Hölle F̲ infierno *m* höllisch infernal; *fig* enorme

holp(e)rig escabroso; áspero

Holunder M̲ saúco

Holz N̲ madera *f*; (*Brennholz*) leña *f* hölzern de madera

Holzfäller M̲ leñador holzig leñoso Holzkohle F̲ carbón *m* vegetal Holzschnitt M̲ grabado en madera Holzschnitzerei F̲ talla(do *m*) Holzwolle F̲ virutas *fpl* Holzwurm M̲ carcoma

Homepage F̲ IT página principal; *individuelle:* página personal

Homöopath(in) M̲I̲F̲ homeópata homöopathisch *Mittel* homeopático

homosexuell homosexual Homosexuelle(r) M̲/F̲I̲M̲ homosexual

Honig M̲ miel *f* Honigkuchen M̲ pan de especias

Honorar N̲ honorarios *mpl*

Hopfen M̲ lúpulo

hörbar oíble, audible

horchen escuchar

Horde F̲ horda

hören oír; (*zuhören*) escuchar; ~ Sie mal! ¡oiga! Hörer(in) M̲I̲F̲ oyente; TEL auricular Hörfunk M̲ radio *f* Hörgerät N̲ audífono *m*

Horizont M̲ horizonte horizontal horizontal

Hormon N̲ hormona *f* hormonell hormonal

Horn N̲ cuerno *m*, asta *f*; MUS trompa *f* Hörnchen N̲ GASTR cruasán *m* Hornhaut F̲ callo *m*, callosidad *f*; *am Auge* córnea

Hornisse F̲ avispón *m*

Horoskop N̲ horóscopo *m*

Hörsaal M̲ aula *f* Hörspiel

pieza f radiofónica **Hörweite** F in ~ al alcance del oído
Hose F pantalón m
Hosenanzug M traje pantalón
Hosenbein N pernera f **Hosenrock** M falda f pantalón
Hosenschlitz M bragueta f
Hosentasche F bolsillo m (del pantalón) **Hosenträger** MPL tirantes
Hostess F azafata (de congreso etc)
Hostie F hostia
Hotel N hotel m **Hotelbar** F bar m del hotel **Hotelführer** guía f de hoteles **Hotelgast** M huésped del hotel **Hotelhalle** F hall m, vestíbulo m **Hotelzimmer** N habitación f de (un) hotel
Hotline F línea directa
HP ABK (Halbpension) MP (media pensión)
Hr. (Herr) Sr. (Señor)
Hubraum M cilindrada f
hübsch guapo, mono; lindo
Hubschrauber M helicóptero **Hubschrauberlandeplatz** M helipuerto
huckepack a cuestas
Huf M Pferd casco **Hufeisen** N herradura f
Hüfte F cadera **Hüftgelenk** N articulación f de la cadera
Hügel M colina f **hügelig** o colinas
Huhn N gallina f
Hühnchen N pollo m
Hühnerauge N callo m **Hühnerbrühe** F caldo m de galli-

na **Hühnerbrust** F GASTR pechuga de pollo **Hühnerstall** M gallinero
Hülle F envoltura, funda
Hülsenfrüchte FPL legumbres (secas)
human humano **humanitär** humanitario
Hummel F abejarrón m
Hummer M bogavante
Humor M humor **Humorist(in)** M(F) humorista **humorvoll** humorístico
humpeln cojear
Hund M perro
Hundefutter N comida f para perros **Hundehütte** F perrera **Hundeleine** F correa para el perro
hundert ciento; cien **Hunderter** M Geldschein billete de cien **Hundertjahrfeier** F centenario m **hunderttausend** cien mil
Hündin F perra
Hunger M hambre f **hungern** pasar hambre **Hungersnot** F hambre **Hungerstreik** M huelga f de hambre
hungrig hambriento
Hupe F bocina, claxon m **hupen** tocar la bocina
hüpfen brincar
Hürde F SPORT valla; fig obstáculo m **Hürdenlauf** M carrera f de vallas
Hure F sl pej puta
hüsteln toser ligeramente
husten toser

Husten M̲ tos f Hustenbonbon M̲ caramelo m para la tos Hustensaft M̲ jarabe (contra la tos)

Hut **1** M̲ sombrero **2** F̲ auf der ~ sein estar sobre aviso

hüten guardar; sich ~ vor (dat) guardarse de

Hütte F̲ cabaña, choza; (Schutzhütte) refugio m

Hyäne F̲ ZOOL hiena

Hyazinthe F̲ jacinto

hybrid híbrido Hybridauto N̲ coche m híbrido

Hydrant M̲ boca f de riego

hydraulisch hidráulico

Hygiene F̲ higiene hygienisch higiénico

Hymne F̲ himno m

Hype M̲ umg bombo publicitario hyperaktiv hiperactivo

Hyperlink M̲N̲ Internet hipervínculo m, hiperenlace m

Hypnose F̲ hipnosis hypnotisieren hipnotizar

Hypothek F̲ hipoteca

Hysterie F̲ histerismo m, histeria hysterisch histérico

i. A. (im Auftrag) p. o. (por orden)

IBAN F̲ABK (International Bank Account Number) IBAN m

iberisch ibérico; Iberische Halbinsel f Península Ibérica

IC M̲ (Intercity) tren Intercity ICE M̲ (Intercity Express) tren de alta velocidad alemán

ich yo; ~ bins soy yo

ideal ideal Ideal N̲ ideal m Idealismus M̲ idealismo

Idee F̲ idea

identifizieren identificar identisch idéntico (mit a) Identität F̲ identidad

Idiot(in) M̲F̲ idiota idiotisch idiota

Idol N̲ ídolo m

idyllisch idílico

Igel M̲ erizo

ignorieren no hacer caso a

IHK F̲ (Industrie- und Handelskammer) Cámara de Industria y Comercio

ihm a él; le

ihn a él; le, lo

ihnen a ellos, a ellas; les

Ihnen (a) usted; le; P̲L̲ (a) ustedes; les

ihr **1** F̲SG̲ a ella; le **2** 2. PERSON P̲L̲ vosotros,-as

ihr(e) su, pl sus

Ihr su; de usted; P̲L̲ sus; de ustedes

illegal ilegal

Illusion F̲ ilusión

Illustrierte F̲ revista (ilustrada)

im → in; ~ Mai en mayo

Image N̲ imagen f (pública)

Imbiss M̲ refrigerio; umg piscolabis Imbissbude F̲, Imbiss-

stand $\overline{M}$ chiringuito *m*
Imitation $\overline{F}$ imitación
Imker $\overline{M}$ apicultor
Immatrikulation $\overline{F}$ matrícula
immer siempre; **~ besser** cada vez mejor; **~ noch** todavía, aun; **für ~** para siempre im**merhin** así y todo; *(wenigstens)* al menos
Immobilien $\overline{PL}$ bienes *mpl* inmuebles **Immobilienmakler(in)** $\overline{MF}$ agente de la propiedad inmobiliaria
immun inmune **Immunität** $\overline{F}$ inmunidad **Immunschwäche** $\overline{F}$ MED deficiencia inmunitaria **Immunsystem** $\overline{N}$ sistema *m* inmunológico
Imperativ $\overline{M}$ imperativo
impfen vacunar **Impfpass** $\overline{M}$ certificado de vacunación **Impfstoff** $\overline{M}$ vacuna *f* **Impfung** $\overline{F}$ vacunación
Implantat $\overline{N}$ ZAHNMED implante *m*; MED injerto *m*
imponieren impresionar im**ponierend** imponente
Import $\overline{M}$ importación *f* **Importeur** $\overline{M}$ importador im**portieren** importar
imposant imponente
impotent impotente
improvisieren improvisar
impulsiv impulsivo
imstande: (nicht) ~ sein (no) ser capaz **(zu de)**
in *(Zeit: dat; Richtung: akk; Lage: dat)* en; a; *zeitlich* en; dentro de; **~ die Schule gehen** ir a la

escuela; **~ Madrid** en Madrid in**begriffen** incluido, inclusive
indem *(während)* mientras que; **~ man etw tut** *bei gleichem Subjekt* haciendo a/c
Inder(in) $\overline{MF}$ indio,-a
Index $\overline{M}$ índice
Indianer(in) $\overline{MF}$ indio,-a in**dianisch** indio
Indien $\overline{N}$ India *f*
Indikativ $\overline{M}$ indicativo
indirekt indirecto
indisch indio; **Indischer Ozean** *m* Océano Índico
indiskret indiscreto
individuell individual **Individuum** $\overline{N}$ individuo *m*
Indiz(ien) $\overline{N|PL}$ indicio(s) *m(pl)*
Indonesien $\overline{N}$ Indonesia *f*
Induktionsherd $\overline{M}$ cocina *f* de inducción
Industrie $\overline{F}$ industria **Industriegebiet** $\overline{N}$ zona *f* industrial in**dustriell** industrial
ineinander uno(s) en *od* dentro de otro(s)
Infarkt $\overline{M}$ infarto
Infektion $\overline{F}$ infección **Infektionskrankheit** $\overline{F}$ enfermedad infecciosa
infizieren: (sich) ~ infectar(se)
Inflation $\overline{F}$ inflación **Inflationsrate** $\overline{F}$ tasa de inflación
Info *umg* $\overline{F}$ información
infolge a consecuencia de in**folgedessen** por consiguiente
Informatik $\overline{F}$ informática **In-**

formatiker(in) M̲F̲ informático,-a

Information F̲ información **Informationstechnik** F̲, **Informationstechnologie** F̲ tecnología de la información **Informationszentrum** N̲ centro m de información

informieren: (sich) ~ informar(se) **(über** akk de, sobre)

Infostand M̲ umg información f

infrage: ~ stellen poner en duda

Infrarotstrahler M̲ radiador infrarrojo **Infrastruktur** F̲ infraestructura

Ingenieur(in) M̲F̲ ingeniero,-a **Ingwer** M̲ jengibre

Inhaber(in) M̲F̲ propietario,-a; HANDEL portador(a); tenedor(a); titular

Inhalator M̲ inhalador **inhalieren** inhalar

Inhalt M̲ contenido **Inhaltsverzeichnis** N̲ índice f (de materias)

Initiative F̲ iniciativa **(ergreifen** tomar)

Injektion F̲ inyección

inklusive A̲D̲V̲, P̲R̲Ä̲P̲ (gen) inclusive, incluido

Inland N̲ interior m (del país) **Inlandsflug** M̲ vuelo nacional

Inliner M̲P̲L̲, **Inlineskates** M̲P̲L̲ patines (en línea)

inmitten en medio de

innen dentro; **nach ~** adentro

Innenarchitekt(in) M̲F̲ decorador(a); interiorista **Innenminister(in)** M̲F̲ Ministro,-a del Interior **Innenpolitik** F̲ política interior **Innenstadt** F̲ centro m urbano

innere interior, interno **Innere(s)** N̲ interior m **Innereien** F̲P̲L̲ menudillos mpl **innerhalb** dentro de **innerlich** interior, interno; A̲D̲V̲ por dentro

inoffiziell oficioso; no oficial

Insasse M̲, **Insassin** F̲ ocupante

insbesondere particularmente

Inschrift F̲ inscripción

Insekt N̲ insecto m **Insektenspray** N̲ spray m insecticida **Insektenstich** M̲ picadura f de insecto **Insektizid** N̲ insecticida m

Insel F̲ isla **Inselbewohner(in)** M̲F̲ isleño,-a **Inselgruppe** F̲ archipiélago m **Inselhopping, Inselhüpfen** N̲ **~ machen** viajar de isla en isla

insgesamt en total

insofern en esto; **insofern(, als)** en tanto que

Inspektion F̲ inspección; AUTO, TECH revisión

Installateur M̲ instalador; für Gas, Wasser fontanero, Am plomero; ELEK lampista, electricista **installieren** instalar

instand: ~ halten mantener; **~ setzen** arreglar, componer

Instanz F̲ instancia
Instinkt M̲ instinto
Institut N̲ instituto m **Institution** F̲ institución
Instrument N̲ instrumento m
Instrumentalist(in) M̲F̲ MUS instrumentista
Insulin N̲ insulina f
Inszenierung F̲ puesta en escena
intakt intacto
Integration F̲ integración **Integrationskurs** M̲ curso m de integración
intellektuell intelectual **Intellektuelle(r)** M̲F̲(M̲) intelectual
intelligent inteligente **Intelligenz** F̲ inteligencia
intensiv intenso; intensivo **Intensivkurs** M̲ curso intensivo **Intensivstation** F̲ unidad de cuidados intensivos (od de vigilancia intensiva); **auf der ~ liegen** estar en la UCI (od UVI)
interaktiv interactivo
interessant interesante **Interesse** N̲ interés m **interessieren: (sich) ~** interesar(se) **(für** por)
interkulturell intercultural
intern interno
Internat N̲ internado m
international internacional
Internet N̲ Internet (ohne Artikel), red f; **im ~ surfen** navegar por Internet (od la red)
Internetadresse F̲ dirección en Internet **Internetan-**

schluss M̲ acceso a Internet **Internetbanking** F̲ banca f en línea od online **Internetcafé** N̲ cibercafé m; ciberbar m **internetfähig** apto para Internet **Internetprovider** M̲ proveedor de servicios de Internet **Internetseite** F̲ página de Internet **Internetserver** M̲ servidor Internet **internetsüchtig** adicto a Internet, ciberadicto **Internetsurfer(in)** M̲F̲ internauta **Internetzugang** M̲ acceso a Internet
Internist(in) M̲ (médico, -a) internista **Interpret(in)** M̲F̲ intérprete **Interview** N̲ entrevista f, interviú f **interviewen** entrevistar
intim íntimo **Intimität** F̲ intimidad
intolerant intolerante
Intranet N̲ intranet f (meist ohne art)
intransitiv intransitivo
intravenös intravenoso
Intrige F̲ intriga
Invalide M̲, **Invalidin** F̲ inválido,-a
Invasion F̲ invasión
Inventur F̲ inventario m
investieren invertir **Investition** F̲ inversión **Investmentfonds** M̲ fondo de inversión
inzwischen entretanto
Irak M̲ Irak
Iran M̲ Irán

irdisch terrenal, terrestre
Ire M,**irisch** irlandés
irgendein algún **irgendei-**
ner alguien **irgendetwas** algo **irgendjemand** alguno; alguien **irgendwann** algún día
irgendwie de cualquier manera **irgendwo** en alguna
parte **irgendwohin** a algún
lugar; (*egal wohin*) a donde sea
Irin F irlandesa **Irland** N Irlanda f
Ironie F ironía **ironisch** irónico
irre loco, demente **Irre(r)**
M/F(M) loco m, loca f **irreführ-**
ren desorientar **irremachen**
desconcertar **irren** andar
errante; *fig* estar equivocado;
(**sich**) ~ equivocarse
irrig erróneo, equivocado
Irrsinn M locura f **irrsinnig** ◘
ADJ demente, loco; *fig* tremendo ◙ ADV *fig* terriblemente **Irr-**
tum M error, equivocación f
irrtümlich ADV equivocada-
mente
Ischias F ciática f
ISDN N ABK RDSI f **ISDN-An-**
schluss M conexión f RDSI
Islam M islam(ismo) **isla-**
misch islámico **islamistisch**
islamista
Island N Islandia f **Islän-**
der(in) M/F(M) islandés, -esa f **is-**
ländisch islandés
Isolierband N cinta f aislante
isolieren aislar **Isolierung**
F aislamiento m

Israel N Israel m **Israeli** M/F israelí **israelisch** israelí
iss, isst → **essen**
ist → **sein**
Istanbul N Estambul f
IT F ABK (Informationstechnologie) TIC fpl (Tecnologías de la
Información y Comunicación)
Italien N Italia f **Italiener(in)**
M/F(M) italiano,-a **italienisch** italiano

J

ja sí
Jacht F yate m
Jacke F chaqueta; *längere* chaquetón m **Jackett** N chaqueta
f, *americana* f, *Am* saco m
Jagd F caza, *bes Am* cacería
Jagdgewehr N escopeta f
Jagdrevier N coto m (de caza) **Jagdschein** M licencia f
de caza **Jagdzeit** F temporada
de caza
jagen cazar; *fig* perseguir
Jäger M cazador; *FLUG* caza **Jä-**
gerin F cazadora
jäh súbito
Jahr N año m; *letztes/nächstes*
~ el año pasado/que viene; *mit*
zwölf ~**en** a los doce años; (*ein*)
gutes neues ~! ¡feliz año nuevo! **jahrelang** ◘ ADJ de muchos años ◙ ADV (*durante*) mu-

chos años; (seit Jahren) desde hace años

Jahres... IN ZSSGN anual Jahreskarte F̲ abono m anual

Jahrestag M̲ aniversarioJahresurlaub M̲ vacaciones fpl del año Jahreszeit F̲ estación

Jahrgang M̲ año Jahrhundert N̲ siglo m jährlich ADJ anual; ADV cada año

Jahrmarkt M̲ feria fJahrtausend N̲ milenio mJahrzehnt N̲ decenio

jähzornig iracundo

Jalousie F̲ persiana, celosía

Jamaika N̲ Jamaica f

Jammer M̲ miseria f; es ist ein ~ es una lástima jämmerlich lastimoso; lamentable jammern lamentarse

Januar M̲ enero; im ~ en enero

Japan N̲ Japón mJapaner(in) M|F̲ japonés, -esa japanisch japonés

Jasmin M̲ jazmín

jäten escardar

jauchzen dar gritos de júbilo

jaulen aullar

Jause F̲ österr merienda

jawohl ~! ¡sí, claro!

Jazz M̲ jazz Jazzband F̲ orquesta de jazz

je jamás, nunca; cada; ~ zwei dos de cada uno; ~ ein sendos; ~ ..., desto cuanto ... (tanto)...; ~ nachdem según (el caso); ~ nachdem ob según que, depende de

Jeans PL tejanos mpl, vaqueros

mpl, pantalón m vaquero

Jeansjacke F̲ chaqueta vaquera

jede(r, -s) cada (uno, una)

jedenfalls en todo caso jederzeit en cualquier momento jedesmal → Mal

jedoch pero, sin embargo

jein umg ni sí ni no

jemals jamás jemand alguien; alguno, alguna

Jemen N̲ Yemén

jene(r, -s) aquel, aquella, aquello jenseits al otro lado de

Jerusalem N̲ Jerusalén m

Jesuit M̲ jesuita

Jesus M̲ Jesús

Jet M̲ avión f a reacción

jetzig actualjetzt ahora; von ~ an (de ahora) en adelante

jeweils respectivamente

Jh. (Jahrhundert) s. (siglo)

Job M̲ trabajo, empleo; IT tarea f

Jod N̲ yodo m Jodtinktur F̲ tintura de yodo

Joga N̲ yoga m

joggen hacer footingJogging N̲ footing m Jogginganzug M̲ chándal

Jog(h)urt M̲ yogur

Johannisbeere F̲ grosella Johannisbrot N̲ algarroba f

Joint M̲ umg porro

jonglieren hacer juegos malabares

Jordanien N̲ Jordania f

Journalist(in) M|F̲ periodista

Jubel M̲ júbilo jubeln dar gri-

tos de alegría
Jubiläum N̄ aniversario m
jucken picar **Juckreiz** M̄ picor
Jude M̄ judío **Jüdin** F̄ judía **jüdisch** judío, hebreo
Jugend F̄ juventud **jugendfrei** apto para menores **Jugendgruppe** F̄ grupo m de jóvenes **Jugendherberge** F̄ albergue m juvenil **Jugendherbergsausweis** M̄ carné de alberguista **jugendlich** joven; juvenil **Jugendliche(r)** M/F(M) joven; adolescente **Jugendstil** M̄ ARCH Modernismo
Juli M̄ julio; **im ~** en julio
jung joven **Junge** M̄ muchacho, chico **Junge(s)** N̄ ZOOL cría f
jünger más joven; menor
Jungfrau F̄ virgen; ASTROL Virgo m **Junggeselle** M̄ soltero
jüngste(r, -s) el/la más joven; el/la menor
Juni M̄ junio; **im ~** en junio
Jura ~ studieren estudiar derecho **Jurist(in)** M(F) jurista **juristisch** jurídico
Jury F̄ jurado m
Justiz F̄ justicia
Juwelen NPL joyas fpl **Juwelier(in)** M(F) joyero,-a
Jux M̄ broma f; umg cachondeo

K

Kabarett N̄ cabaret m
Kabel N̄ cable m **Kabelanschluss** conexión f por cable **Kabelfernsehen** N̄ televisión f por cable
Kabeljau M̄ bacalao
kabellos inalámbrico
Kabine F̄ cabina; SCHIFF camarote m **Kabinenbahn** F̄ telecabina
Kabinett N̄ a. POL gabinete m
Kabrio(lett) N̄ descapotable m, Am convertible m
Kachel F̄ azulejo
Kacke F̄ umg caca **kacken** umg cagar
Käfer M̄ escarabajo
Kaff N̄ umg poblacho m, pueblo m de mala muerte
Kaffee M̄ café; **schwarzer ~** café solo; **~ mit Milch** café con leche; *mit wenig Milch* cortado **Kaffeekanne** F̄ cafetera **Kaffeekapsel** F̄ cápsula f de café **Kaffeelöffel** M̄ cucharilla f de café **Kaffeemaschine** F̄ cafetera (eléctrica) **Kaffeepads** PL monodosis fpl de café **Kaffeetasse** F̄ taza de café
Käfig M̄ jaula f
kahl calvo; *Baum* deshojado; *Raum etc* desnudo
Kahn M̄ barca f

Kai M̅ muelle

Kairo N̅ El Cairo m

Kaiser M̅ emperador Kaiserin F̅ emperatriz Kaiserschnitt M̅ cesárea f

Kajak N̅ kayak m; ~ fahren ir en kayak

Kajüte F̅ camarote m

Kakao M̅ cacao; Getränk chocolate

Kakerlak(e) M̅F̅ cucaracha f

Kaktee F̅, Kaktus M̅ cacto m, cactus m Kaktusfeige F̅ higo m chumbo

Kalb N̅ ternero m Kalbfleisch N̅ ternera f

Kalbsbraten M̅ asado (de ternera) Kalbsschnitzel N̅ escalope m de ternera

Kalender M̅ calendario

Kalifornien N̅ California f

Kalium N̅ potasio m

Kalk M̅ cal f Kalkstein M̅ caliza f

kalkulieren calcular

Kalorie F̅ caloría f kalorienarm bajo en calorías

kalt frío; es ist ~ hace frío; mir ist ~ tengo frío; ~ werden enfriarse kaltblütig ADV a sangre fría

Kälte F̅ frío m Kältewelle F̅ ola de frío

Kalzium N̅ calcio m

kam, käme → kommen

Kamel N̅ camello m

Kamera F̅ cámara

Kamerad M̅ camarada, compañero Kameradschaft F̅

compañerismo m

Kameraüberwachung F̅ videovigilancia f

Kamerun N̅ Camerún m

Kamille F̅ manzanilla Kamillentee M̅ (infusión f de) manzanilla

Kamin M̅ chimenea f

Kamm M̅ peine

kämmen: (sich) ~ peinar(se)

Kammer F̅ cámara Kammermusik F̅ música de cámara

Kampagne F̅ campaña

Kampf M̅ combate; lucha f

kämpfen combatir, luchar Kämpfer(in) M̅F̅ combatiente; fig luchador(a)

kampieren acampar

Kanada N̅ Canadá m Kanadier(in) M̅F̅ canadiense kanadisch canadiense

Kanal M̅ canal (a. TV) Kanalisation F̅ alcantarillado m; canalización f

Kanarienvogel M̅ canario Kanarische Inseln PL (Islas) Canarias

Kandidat(in) M̅F̅ candidato,-a kandiert: ~e Früchte FPL frutas escarchadas

Känguru(h) N̅ canguro m

Kaninchen N̅ conejo m

Kanister M̅ bidón, lata f

kann → können

Kännchen N̅ Kaffee, Tee jarrita f Kanne F̅ jarro m, jarra

kannst → können

kannte → kennen

Kanone F̅ cañón m

Kante F̲ canto m; borde m

Kantine F̲ cantina

Kanton M̲ *Schweiz* cantón

Kanu N̲ canoa f, piragua f **Kanute** M̲ piragüista

Kanzel F̲ púlpito m **Kanzlei** F̲ cancillería **Kanzler(in)** M̲F̲ canciller m/f

Kap N̲ cabo m; **~ der Guten Hoffnung** Cabo m de la Buena Esperanza

Kapazität F̲ capacidad

Kapelle F̲ capilla; MUS banda, orquesta

Kaper F̲ GASTR alcaparra

kapern V̲T̲ SCHIFF apresar, capturar; *a.* IT secuestrar

kapieren *umg* entender

Kapital N̲ capital m **Kapitalist(in)** M̲F̲ capitalista **kapitalistisch** capitalista

Kapitän M̲ capitán; FLUG comandante

Kapitel N̲ capítulo m **kapitulieren** capitular

Kaplan M̲ capellán

Kappe F̲ gorra; TECH capucha

Kapsel F̲ cápsula

Kapstadt N̲ Ciudad f del Cabo

kaputt *umg* roto, estropeado; *Person* rendido; **~ machen** romper, estropear **kaputtgehen** romperse

Kapuze F̲ capucha

Karabiner(haken) M̲ mosquetón

Karaffe F̲ garrafa

Karambolage F̲ colisión

Karamell M̲ caramelo

Karat N̲ quilate m

Karawane F̲ caravana

Kardinal M̲ cardenal

Karfiol M̲ *österr* coliflor f

Karfreitag M̲ Viernes Santo

Karibik F̲ Caribe m

kariert de cuadros; *Papier* cuadriculado

Karies F̲ caries

Karikatur F̲ caricatura

Karneval M̲ carnaval

Kärnten N̲ Carintia f

Karo N̲ cuadrado m; *Kartenfarbe* oros mpl

Karosserie F̲ carrocería

Karotte F̲ zanahoria

Karpfen M̲ carpa f

Karre(n) F̲(M̲) carro m, carretilla f **Karriere** F̲ carrera

Karte F̲ **1** tarjeta; *(Spielkarte)* carta, naipe m; *(Eintrittskarte)* entrada; **~n spielen** jugar a las cartas **2** *(Speisekarte)* carta, menú m **3** GEOG mapa m

Kartei F̲ fichero m **Karteikarte** F̲ ficha

Kartenspiel N̲ juego m de cartas (*od* naipes); *(Satz Karten)* baraja f **Kartenzahlung** F̲ pago m con tarjeta

Kartoffel F̲ patata, *Am* papa f **Kartoffelbrei** M̲, **Kartoffelpüree** N̲ puré m de patatas **Kartoffelpuffer** M̲ tortita f de patata **Kartoffelsalat** M̲ ensalada f de patatas

Karton M̲ cartón; caja f

Karussell N̲ tiovivo m

Karwoche F̲ Semana Santa

Käse M̲ queso Käsekuchen M̲ tarta f de queso

Kaserne F̲ cuartel m

Kasino N̲ casino m

Kaskoversicherung F̲ AUTO seguro m a todo riesgo

Kasperletheater N̲ teatro m de títeres, guiñol m

kaspisch: **Kaspisches Meer** N̲ Mar m Caspio

Kasse F̲ caja

Kassenarzt M̲, Kassenärztin F̲ médico,-a del seguro

Kassenwart M̲ tesorero Kassenzettel M̲ ticket

Kassette F̲ estuche m; FOTO chasis m; (Tonkassette) cassette m/f, casete m/f

kassieren cobrar Kassierer(in) M̲F̲ cajero,-a

Kastagnetten F̲P̲L̲ castañuelas

Kastanie F̲ castaña; Baum castaño m

Kasten M̲ caja f; SPORT plinto

Kastilien N̲ Castilla f Kastilier(in) M̲F̲ castellano,-a y kastilisch castellano

Kat umg → Katalysator

Katalane M̲, Katalanin F̲ catalán, -ana katalanisch catalán

Katalog M̲ catálogo

Katalonien N̲ Cataluña f

Katalysator M̲ catalizador

Katarr(h) M̲ catarro

Katastrophe F̲ catástrofe Katastrophengebiet N̲ zona f catastrófica

Kategorie F̲ categoría

Kater M̲ gato; umg fig resaca f

Kathedrale F̲ catedral

Katholik(in) M̲F̲ católico,-a katholisch católico

Katze F̲ gato m, gata f

kauen mascar, masticar

Kauf M̲ compra f kaufen comprar

Käufer(in) M̲F̲ comprador(a)

Kauffrau F̲ comerciante, Angestellte empleada de comercio Kaufhaus N̲ grandes almacenes m̲p̲l̲ Kaufmann M̲ comerciante; Angestellter empleado de comercio kaufmännisch comercial, mercantil Kaufpreis M̲ precio de compra Kaufvertrag M̲ contrato de compraventa

Kaugummi M̲ chicle

Kaukasus M̲ Cáucaso

kaum apenas

Kaution F̲ fianza

Kautschuk M̲ caucho

Kavalier M̲ caballero

Kaviar M̲ caviar

Kegel M̲ MATH cono Kegelbahn F̲ bolera kegeln jugar a los bolos

Kehle F̲ garganta Kehlkopf M̲ laringe f

Kehre F̲ (Kurve) curva

kehren barrer Kehrschaufel F̲ recogedor m Kehrseite F̲ revés m

Keil M̲ cuña f

Keilriemen M̲ AUTO correa f trapezoidal

Keim M̲ germen keimen ger-

minar **keimfrei** esterilizado
kein ningún, ninguna; no … alguno, alguna; *vor Verb* no…
keine(r, -s) ninguno, ninguna; nadie **keinerlei** ningún, de ningún tipo **keinesfalls, keineswegs** de ningún modo
Keks M̲ galleta f
Kelle F̲ für Suppe cucharón m; *e-s Maurers* paleta
Keller M̲ sótano
Kellner M̲, **Kellnerin** F̲ camarero,-a
Kenia N̲ Kenia f
kennen conocer **kennenlernen** conocer **Kenner(in)** M̲F̲ conocedor(a); experto,-a
Kenntnis F̲ conocimiento m
Kennung F̲, **Kennwort** N̲ contraseña f, clave f **Kennzeichen** N̲ característica f; AUTO matrícula f **kennzeichnen** marcar; caracterizar
kentern zozobrar
Keramik F̲ cerámica
Kerbe F̲ muesca
Kerl M̲ tipo; tío
Kern M̲ núcleo; fig fondo; *(Obstkern)* hueso; *(Apfelkern etc)* pepita f **Kernenergie** F̲ energía nuclear **kerngesund** rebosante de salud
Kernkraft F̲ energía nuclear **Kernkraftgegner(in)** M̲(F̲) antinuclear **Kernkraftwerk** N̲ central f nuclear
kernlos Frucht sin pepitas
Kerze F̲ vela; AUTO bujía **Kerzenhalter** M̲ candelero

Kessel M̲ marmita f, olla f; a. TECH caldera f
Ket(s)chup N̲ catsup m, Am salsa f de tomate
Kette F̲ cadena; *(Halskette)* collar m
Ketzer(in) M̲F̲ hereje
keuchen jadear **Keuchhusten** M̲ tos f ferina
Keule F̲ maza; GASTR pierna
Keyboard N̲ teclado m
Kfz N̲ (Kraftfahrzeug) automóvil **Kfz-Steuer** F̲ impuesto m sobre los vehículos de motor **Kfz-Versicherung** F̲ seguro m de automóviles **Kfz-Werkstatt** F̲ taller m
KG F̲ (Kommanditgesellschaft) sociedad en comandita
Kichererbsen F̲P̲L̲ garbanzos mpl **kichern** hacer risitas
Kiefer 1 M̲ mandíbula f 2 F̲ pino m **Kieferhöhle** F̲ seno m maxilar
Kiel M̲ SCHIFF quilla f
Kiemen F̲P̲L̲ branquias, agallas
Kies M̲ grava f, gravilla f **Kiesel(-stein)** M̲ guijarro, canto
Killer umg M̲ asesino; *bezahlter a.* sicario
Kilo(gramm) N̲ kilo(gramo) m **Kilometer** M̲ kilómetro **Kilometerstand** M̲ kilometraje **Kilometerzähler** M̲ cuentakilómetros
Kilowatt N̲ kilovatio m **Kilowattstunde** F̲ kilovatio-hora m
Kind N̲ niño m

Kinderarzt M̲, Kinderärztin F̲ pediatra Kinderbett N̲ cuna f Kindergarten M̲ jardín de infancia Kindergärtnerin F̲ educadora f infantil Kindergeld N̲ subsidio m por hijos Kinderheim N̲ hogar m infantil Kinderhort M̲ guardería f infantil Kinderkrankheit F̲ enfermedad infantil Kinderkrippe F̲ guardería infantil Kinderlähmung F̲ poliomielitis kinderlos sin hijos Kindermädchen N̲ niñera f Kindersitz M̲ AUTO asiento (de seguridad) para niños Kinderspielecke F̲ rincón m de juegos para niños Kinderspielplatz M̲ parque infantil Kinderwagen M̲ cochecito de niño Kinderzimmer N̲ habitación f de niños

Kindheit F̲ infancia kindisch pueril kindlich infantil

Kinn N̲ barbilla f Kinnhaken M̲ gancho a la mandíbula

Kino N̲ cine m Kinofilm M̲ película f Kinoprogramm N̲ cartelera f (de cine)

Kiosk M̲ quiosco

Kippe F̲ colilla kippen V̲/T̲ volcar; V̲/I̲ perder el equilibrio

Kirche F̲ iglesia Kirchenchor M̲ coro de iglesia Kirchenfenster N̲ vitral m Kirchenmusik F̲ música sacra Kirchenschiff N̲ nave f kirchlich eclesiástico Kirch-

turm M̲ campanario Kirchweih F̲ fiesta mayor

Kirschbaum M̲ cerezo Kirsche F̲ cereza Kirschwasser N̲ kirsch m

Kissen N̲ cojín m; (Kopfkissen) almohada f Kissenbezug M̲ funda f

Kiste F̲ caja

Kitsch M̲ cursilería f kitschig cursi

Kitt M̲ masilla f

kitten enmasillar; pegar

kitzeln hacer cosquillas kitzlig cosquilloso

Kiwi F̲ kiwi m

Klage F̲ queja; lamentación; JUR demanda, querella klagen quejarse (über akk de); JUR poner pleito (gegen a; auf akk por)

Kläger(in) M̲/F̲ demandante kläglich lastimoso

Klammer F̲ grapa; im Text paréntesis m, eckige corchete m Klammeraffe M̲ IT umg arroba f klammern: sich ~ an (akk) agarrarse a alg, alg

Klamotten P̲L̲ umg trapos mpl

Klang M̲ sonido

Klappbett N̲ cama f plegable Klappe F̲ tapa; válvula (a. MED) klappen fig ir (od marchar) bien klappern tabletear

Klapprad N̲ bicicleta f plegable Klappsitz M̲ asiento plegable Klappstuhl M̲ silla f plegable

Klaps M̲ palmadita f; cachete

klar claro (a. fig); Himmel despejado

Kläranlage F̲ planta depuradora **klären** fig aclarar

Klarheit F̲ claridad

Klarinette F̲ clarinete m

Klasse F̲ clase **Klassenzimmer** N̲ aula f **klassisch** clásico

Klatsch M̲ chismes mpl **klatschen** chismorrear; **(Beifall)** ~ aplaudir

Klaue F̲ Kralle uña; Greifvögel garra **klauen** umg mangar, birlar

Klausel F̲ cláusula

Klavier N̲ piano m

Klebeband N̲ cinta f adhesiva (Am pegante) **kleben** pegar (an a, en) **klebrig** pegajoso **Klebstoff** M̲ pegamento, cola f

Klecks M̲ mancha f

Klee M̲ trébol **Kleeblatt** N̲ BOT hoja f de trébol; fig trío m

Kleid N̲ vestido m, traje m **Kleiderbügel** M̲ percha f, colgador **Kleiderhaken** M̲ colgador **Kleiderschrank** M̲ (armario) ropero **Kleiderständer** M̲ perchero

Kleidung F̲ vestidos mpl, ropa **Kleidungsstück** N̲ prenda f (de vestir)

klein pequeño **Kleinasien** N̲ Asia f Menor **Kleingeld** N̲ suelto m, cambio m **Kleinigkeit** F̲ menudencia; bagatela **Kleinkind** N̲ niño m de corta

edad **kleinlaut** apocado **kleinlich** mezquino **Kleinstadt** F̲ ciudad pequeña

Kleister M̲ engrudo

Klemme F̲ TECH borne m; fig in der ~ sitzen estar en un aprieto (od apuro) **klemmen** V̲T̲ Finger cogerse; V̲I̲ Tür encajar mal

Klempner M̲ hojalatero; (Installateur) fontanero, Am plomero

Klette F̲ bardana; fig lapa

klettern trepar (auf akk a), escalar (a/c) **Kletterpflanze** F̲ planta trepadora **Kletterschuh** M̲ zapato m de escalada **Klettertour** F̲ escalada **Klettverschluss®** M̲ cierre adhesivo

Klick M̲ Laut clic m; (≈ Mausklick) clic m (en el ratón) **klicken** IT hacer clic (auf akk en)

Klima N̲ clima m **Klimaanlage** F̲ aire m acondicionado **Klimaschutz** M̲ ÖKOL protección f del clima **Klimawandel** M̲ cambio climático

Klinge F̲ hoja, cuchilla

Klingel F̲ timbre m **klingeln** tocar el timbre; TEL sonar; es klingelt llaman **Klingelton** M̲ TEL tono **klingen** sonar

Klinik F̲ clínica

Klinke F̲ picaporte m

Klippe F̲ escollo m, roca

klirren tintinear

Klischee N̲ cliché m, fig tópico m

Klo umg N̲ retrete m; wáter m

knurren || 403

Klobrille F̱ asiento m del wáter **Klodeckel** M̱ tapa f de retrete **Klopapier** Ṉ papel m higiénico

klopfen V̱/Ṯ golpear; V̱/I̱ *Herz* palpitar; **es klopft** llaman (a la puerta)

Klops M̱ albóndiga f

Kloß M̱ albóndiga f

Kloster Ṉ monasterio m; convento m

Klotz M̱ bloque; *(Hackklotz)* tajo

Klub M̱ club

klug inteligente; sensato **Klugheit** F̱ inteligencia

Klumpen M̱ grumo

knabbern mordiscar **(an** *etw* dat a/c)

Knäckebrot Ṉ pan m crujiente **knacken** V̱/Ṯ *Nüsse* cascar; V̱/I̱ crujir

Knall M̱ estallido, estampido **knallen** estallar; detonar **Knaller** M̱, **Knallfrosch** M̱ petardo

knapp escaso

knarren rechinar, crujir

Knast M̱ *umg* chirona f

knattern crepitar

Knäuel M̱ ovillo

knautschen arrugarse **Knautschzone** F̱ zona deformable

kneifen pellizcar **Kneifzange** F̱ tenazas fpl

Kneipe F̱ tasca

kneten amasar

Knick M̱ codo; *im Papier* dobladura f **knicken** doblar

Knie Ṉ rodilla f; TECH codo m **Kniebeuge** F̱ genuflexión **Kniebundhose** F̱ bombacho m **Kniekehle** F̱ corva **knien** estar de rodillas; **sich ~** arrodillarse **Kniescheibe** F̱ rótula **Kniestrümpfe** MPL medias fpl cortas

Kniff M̱ pliegue; *fig* truco

knipsen *Fahrkarte* picar; FOTO sacar una foto

knirschen crujir; **mit den Zähnen ~** rechinar los dientes

knistern crepitar

knitterfrei inarrugable **knittern** arrugarse

Knoblauch M̱ ajo **Knoblauchbutter** F̱ mantequilla de ajo **Knoblauchpresse** F̱ picador m de ajos **Knoblauchzehe** F̱ diente m de ajo

Knöchel M̱ *am Fuß* tobillo; *der Hand* nudillo

Knochen M̱ hueso **Knochenbruch** M̱ fractura f **Knochenmark** Ṉ médula f ósea

Knödel M̱ albóndiga f

Knolle F̱ bulbo m, tubérculo m

Knopf M̱ botón **Knopfloch** Ṉ ojal m **Knopfzelle** F̱ ELEK pila botón

Knorpel M̱ cartílago

Knospe F̱ botón m, capullo m

knoten anudar **Knoten** M̱ nudo **Knotenpunkt** M̱ nudo; BAHN empalme

knüpfen anudar, atar

Knüppel M̱ palo, garrote

knurren gruñir

knusprig crujiente
knutschen umg besuquearse
Koalition F̲ coalición
Koch M̲ cocinero **Kochbuch**
N̲ libro m de cocina **kochen**
V̲/T u. V̲/I cocer, guisar; cocinar;
Kaffee hacer; V̲/I Wasser hervir
Kocher M̲ hornillo (eléctrico)
Kochgelegenheit F̲ posibilidad para cocinar
Köchin F̲ cocinera
Kochlöffel M̲ cucharón
Kochnische F̲ cocina americana, Am cocineta **Kochplatte** F̲ Herd fuego; (Kocher) hornillo **Kochrezept** N̲ → Rezept
Kochsalz N̲ sal f común
Kochtopf M̲ olla f, marmita f
Köder M̲ cebo; fig gancho
koffeinfrei descafeinado
Koffer M̲ maleta f, Am a. valija f; **Koffer...** in Zssgn a. → Gepäckband etc **Kofferanhänger** M̲ portaetiqueta para maleta **Kofferkuli** M̲ carrito **Kofferradio** N̲ radio f portátil **Kofferraum** M̲ AUTO maletero
Kognak M̲ coñac
Kohl M̲ col f, berza f
Kohle F̲ carbón m **Kohlendioxid** N̲ dióxido m de carbono **Kohle(n)hydrat** N̲ hidrato m de carbono; carbohidrato m **Kohlensäure** F̲ ácido m carbónico **Kohlenstoff** M̲ carbono
Kohlrabi M̲ colinabo
Koje F̲ camarote

Kokain N̲ cocaína f **kokainsüchtig** cocainómano
kokett coqueta **kokettieren** coquetear
Kokosnuss F̲ coco m
Koks M̲ coque; umg (Kokain) nieve f
Kolben M̲ TECH émbolo, pistón; am Gewehr culata f
Kolik F̲ cólico m
Kollaps M̲ colapso
Kollege M̲, **Kollegin** F̲ colega
Köln N̲ Colonia f **Kölnischwasser** N̲ (agua f de) colonia f
Kolonie F̲ colonia **Kolonne** F̲ columna; (Autokolonne) caravana
Kolumbien N̲ Colombia f
Koma N̲ MED coma m; **im ~ liegen** estar en coma
Kombi M̲ AUTO combi, monovolumen; (Lieferwagen) camioneta f **Kombination** F̲ combinación **kombinieren** combinar
Komfort M̲ confort, comodidades fpl **komfortabel** cómodo, confortable
Komiker(in) M̲F̲ cómico,-a; humorista **komisch** cómico; fig raro
Komitee N̲ comité m
Komma N̲ coma f
kommandieren mandar
Kommando N̲ mando m
kommen (herkommen) venir; (hinkommen) ir a (a); **~ durch** pasar por

Kommentar M̄ comentario
Kommissar M̄ comisario
Kommission F̄ POL, HANDEL comisión
Kommode F̄ cómoda
kommunal comunal; municipal **Kommune** F̄ comuna, municipio m **Kommunion** F̄ REL comunión
Kommunismus M̄ comunismo **Kommunist(in)** M(F) comunista **kommunistisch** comunista
Komödie F̄ comedia
kompakt compacto **Kompaktanlage** F̄ MUS minicadena
Kompanie F̄ compañía
Kompass M̄ brújula f
kompatibel bes IT compatible (**mit** con)
kompetent competente **Kompetenz** F̄ competencia
komplett completo
komplex, Komplex M̄ complejo
Komplikation F̄ complicación
Kompliment N̄ cumplido m
Komplize M̄, **Komplizin** F̄ cómplice **kompliziert** complicado
Komponist(in) M(F) compositor(a) **Kompott** N̄ compota f
Kompresse F̄ compresa
Kompromiss M̄ compromiso
Kondensmilch F̄ leche condensada
Kondition F̄ condición (a. SPORT)

Konditorei F̄ pastelería
kondolieren dar el pésame
Kondom N̄ condón m
Konfekt M̄ confites mpl **Konfektion** F̄ confección
Konferenz F̄ conferencia
Konfession F̄ REL confesión
Konfirmation F̄ REL confirmación **Konfitüre** F̄ confitura
Konflikt M̄ conflicto
Kongo M̄ Congo
Kongress M̄ congreso **Kongressteilnehmer(in)** M(F) congresista
König M̄ rey **Königin** F̄ reina **königlich** real **Königreich** N̄ reino m
Konjunktur F̄ coyuntura
konkret concreto
Konkurrenz F̄ competencia **konkurrenzfähig** competitivo **konkurrieren** competir
Konkurs M̄ WIRTSCH quiebra f
können poder; (gelernt haben) saber; (es) **kann sein** puede ser, es posible
konnte → **können**
konservativ conservador
Konserve F̄ conserva **Konservendose** F̄ lata (de conservas) **konservieren** conservar **Konservierungsmittel** N̄ conservante m
Konsonant M̄ consonante f
konstruieren construir **Konstruktion** F̄ construcción
Konsul M̄ cónsul **Konsulat** N̄ consulado m
Konsum M̄ consumo **Kon-**

sumgüter NPL bienes mpl de consumo

Kontakt M̲ contacto Kontaktlinsen FPL lentes de contacto Kontaktlinsenmittel N̲ solución f para lentes de contacto

Kontinent M̲ continente

Konto N̲ cuenta f Kontoauszug M̲ extracto de cuenta Kontonummer F̲ número m de cuenta Kontostand M̲ estado de cuenta

Kontrast M̲ contraste

Kontrolle F̲ control m; revisión Kontrolleur M̲ inspector; revisor kontrollieren controlar, revisar Kontrolllampe F̲ (lámpara) piloto m

konventionell convencional

Konversation F̲ conversación

Konzentration F̲ concentración Konzentrationslager N̲ campo m de concentración konzentrieren: (sich) ~ concentrar(se)

Konzern M̲ consorcio m

Konzert N̲ concierto m Konzertsaal M̲ auditorio

Kopenhagen N̲ Copenhague f

Kopf M̲ cabeza f Kopfhörer M̲ auricular Kopfkissen N̲ almohada f Kopfsalat M̲ lechuga f Kopfschmerzen MPL dolor m de cabeza Kopfsprung M̲ zambullida f Kopfstütze F̲ AUTO reposacabezas m Kopftuch N̲ pañuelo m

Kopie F̲ copia kopieren copiar Kopierer M̲ copiadora f Kopierschutz M̲ protección anticopia

Kopilot(in) MF copiloto

Koralle F̲ coral m

Korb M̲ cesta f Korbball M̲ baloncesto, Am básquetbol Korbsessel M̲ sillón de mimbre

Kordhose F̲ pantalón m de pana

Korea N̲ Corea f

Kork M̲, Korken M̲ corcho Korkenzieher M̲ sacacorchos

Korn 1 N̲ grano m; (Getreide) cereales mpl 2 M̲ Schnaps aguardiente de trigo Kornblume F̲ aciano m

Körper M̲ cuerpo Körperbehinderte(r) minusválido,-a Körpergröße F̲ estatura, talla körperlich corporal; físico Körperpflege F̲ higiene corporal Körperteil M̲ parte m del cuerpo

korrekt correcto Korrektur F̲ corrección Korrekturtaste F̲ tecla de corrección

Korridor M̲ corredor, pasillo

korrigieren corregir

Korsett N̲ corsé m

Korsika N̲ Córcega f

Kortison N̲ cortisona f

Kosmetik F̲ cosmética Kosmetika NPL cosméticos mpl Kosmetikerin F̲ esteticista Kosmetiktasche F̲ neceser m Kosmetikum N̲ cosmético

Kost F̄ alimentación; comida
kostbar precioso **kosten** V̄T̄ probar; V̄Ī costar, valer; **was kostet ...?** ¿cuánto vale (*od* cuesta) ...? **Kosten** P̄L̄ gastos *mpl* **kostenlos** gratuito; Ā̄DV̄ gratis **Kostenvoranschlag** M̄ presupuesto
köstlich delicioso
kostspielig costoso
Kostüm N̄ traje *m* chaqueta; (*Verkleidung*) disfraz *m*
Kot M̄ excrementos *mpl*
Kotelett N̄ chuleta f
Kotflügel M̄ guardabarros
kotzen *sl* arrojar, vomitar **Kotztüte** S̄L̄ bolsa f de papel (para caso de mareo)
Krabbe F̄ gamba, camarón *m*
Krach M̄ ruido, estrépito; (*Streit*) bronca f
Kraft F̄ fuerza; vigor *m*; potencia **Kraftbrühe** F̄ consomé *m* **Kraftfahrer(in)** M̄(F̄) automovilista **Kraftfahrzeug** N̄ automóvil *m*; Ī̄N̄ Z̄S̄S̄ḠN̄ Ā̄. → *Kfz etc*
Kraftfahrzeugschein M̄ permiso de circulación
kräftig fuerte; robusto
kraftlos débil, flojo **Kraftstoff** M̄ carburante **Kraftwerk** N̄ central f eléctrica
Kragen M̄ cuello **Kragenweite** F̄ ancho *m* del cuello
Krähe F̄ corneja **krähen** *Hahn* cantar
Kralle F̄ uña, garra
Kram M̄ *umg* trastos *mpl*
Krampf M̄ espasmo, calambre

Krampfadern F̄P̄L̄ varices
Kran M̄ grúa f
Kranich M̄ grulla f
krank enfermo **Kranke(r)** M̄/F̄(M̄) enfermo,-a *m(f)*
kränken ofender, herir
Krankengymnastik F̄ fisioterapia **Krankenhaus** N̄ hospital *m* **Krankenkasse** F̄ caja de enfermedad **Krankenpfleger** M̄ enfermero **Krankenschwester** F̄ enfermera **Krankenversicherung** F̄ seguro *m* médico; **private** ~ seguro *m* médico privado **Krankenwagen** M̄ ambulancia f
krankhaft patológico **Krankheit** F̄ enfermedad **krankmelden: sich** ~ darse de baja (como enfermo)
Kranz M̄ corona f
Krapfen M̄ buñuelo
krass *Fehler* craso; *Irrtum, Widerspruch* flagrante; *sl* **voll** ~ increíble, fuerte
Krater M̄ cráter
kratzen rascar **Kratzer** M̄ arañazo; raya f
kraulen V̄T̄ acariciar; V̄Ī (*schwimmen*) nadar a crol
kraus crespo; rizado
Kraut N̄ hierba f; (*Kohl*) col f **Kräuter** P̄L̄ hierbas *fpl* **Kräutertee** M̄ tisana f, infusión f
Krawall M̄ alboroto
Krawatte F̄ corbata
Krebs M̄ cangrejo; M̄Ē̄D̄ cáncer; Ā̄S̄T̄R̄ŌL̄ Cáncer
Kredit M̄ crédito **Kreditkarte**

F tarjeta de crédito
Kreide F tiza
Kreis M círculo; POL distrito
Kreisel M peonza f **kreisen**
girar **kreisförmig** circular
Kreislauf M circulación f
Kreislaufstörungen FPL
trastornos mpl circulatorios
Kreissäge F sierra circular
Kreisverkehr M rotonda f
Krematorium N crematorio
m
Kren M österr rábano m picante
krepieren umg estirar la pata
Krepp M crespón f
Kresse F berro m
Kreta N Creta f
Kreuz N cruz f; ANAT riñones
mpl; MUS sostenido m; Karten-
farbe bastos mpl; **kreuz und
quer** en todas las direcciones
kreuzen cruzar **Kreuzer** M
crucero **Kreuzfahrt** F crucero
m **Kreuzgang** M claustro
Kreuzigung F crucifixión
Kreuzkümmel M comino
Kreuzotter F ZOOL víbora
(común) **Kreuzschmerzen**
FPL dolor m de riñones **Kreuzung** F cruce m **Kreuzworträtsel** N crucigrama m
kriechen reptar, arrastrarse
Kriechspur F Verkehr carril
m para vehículos lentos
Krieg M guerra f
kriegen umg → bekommen
Kriegsgefangene(r) M/F(M)
prisionero,-a de guerra
Kriegsschiff N buque m de

guerra **Kriegsverbrecher** M
criminal de guerra
Krimi M umg Film película f po-
licíaca; Buch novela f policíaca
Kriminalität F delincuencia
Kriminalpolizei F policía judi-
cial **Kriminalroman** M no-
vela f policíaca
kriminell criminal
Kripo F ABK → Kriminalpolizei
Krippe F pesebre m; an Weih-
nachten a. belén m; (Kinderhort)
guardería
Krise F crisis **Krisengebiet** N
región f en crisis **Krisenstab**
M estado mayor de crisis
Kristall M/N cristal m
Kritik F crítica **Kritiker(in)**
M(F) crítico,-a **kritisch** crítico
kritisieren criticar
Kroate, **Kroatin** F croata
Kroatien N Croacia f **kroa-
tisch** croata
Kroketten FPL croquetas
Krokodil N cocodrilo m
Krokus M croco
Krone F corona (a. Währung);
Zahn funda **Kronleuchter** M
araña f
Kropf M MED bocio
Kröte F sapo m
Krücke F muleta
Krug M jarro, jarra f
Krümel M miga f
krumm corvo; torcido
Kruste F costra; corteza
Kruzifix N crucifijo m
Krypta F cripta
Kuba N Cuba f **Kubaner(in)**

M(F) cubano,-a **kubanisch** cubano

Kübel M̲ cuba; (*Eimer*) cubo

Kubik... IN ZSSGN cúbico **Kubikmeter** M̲ metro cúbico

Küche F̲ cocina

Kuchen M̲ pastel **Kuchenform** F̲ molde m

Küchengeschirr N̲ batería f de cocina **Küchenschrank** M̲ armario de cocina **Küchenzeile** F̲ línea de cocina, cocina integral

Kuckuck M̲ cuco, cucú

Kugel F̲ bola; MIL bala **Kugellager** N̲ rodamiento de bolas **Kugelschreiber** M̲ bolígrafo **Kugelstoßen** N̲ lanzamiento m de peso

Kuh F̲ vaca

kühl fresco **Kühlbox** F̲ nevera portátil **kühlen** refrescar, enfriar

Kühler M̲ AUTO radiador **Kühlerhaube** F̲ capó m

Kühlschrank M̲ frigorífico, nevera f **Kühltasche** F̲ bolsa nevera (*od* isotérmica) **Kühltruhe** F̲ congelador m **Kühlwasser** N̲ agua f de refrigeración

Kuhmilch F̲ leche de vaca

kühn atrevido, osado **Kühnheit** F̲ audacia, intrepidez

Küken N̲ polluelo m

Kuli M̲ umg boli

kultig umg (*in Mode*) de moda, in

Kultur F̲ cultura, civilización;

BIOL, MED cultivo m **Kulturbeutel** M̲, **Kulturtasche** F̲ bolsa f de aseo **kulturell** cultural

Kümmel M̲ carvi

Kummer M̲ pena f

kümmern: sich ~ um (pre)ocuparse de, cuidar (*akk*)

Kunde M̲ cliente **Kundendienst** M̲ servicio posventa **kundenfreundlich** adaptado al cliente **Kundenkarte** F̲ *e-s Geschäfts:* tarjeta de cliente **Kundgebung** F̲ manifestación **kündigen** *j-m* despedir **Kündigung** F̲ despido m **Kündigungsfrist** F̲ plazo m de despido

Kundin F̲ clienta **Kundschaft** F̲ clientela

Kunst F̲ arte m (*pl f*) **Kunstfaser** F̲ fibra sintética **Kunstgewerbe** N̲ artesanía f **Kunsthändler(in)** M(F) marchante (de arte) **Kunstleder** N̲ cuero m artificial

Künstler(in) M(F) artista **künstlerisch 1** ADJ artístico **2** ADV artísticamente **künstlich** artificial; *Haar, Gebiss* postizo

Kunstsammlung F̲ colección de arte **Kunststoff** M̲ plástico **Kunststück** N̲ artificio m **Kunstwerk** N̲ obra f de arte **Kupfer** N̲ cobre m **Kupferstich** M̲ grabado (en cobre)

Kuppel F̲ cúpula

kuppeln *Anhänger, etc* acoplar

(an *akk* a); AUTO (*einkuppeln*) embragar; (*auskuppeln*) desembragar

Kupplung F̲ AUTO embrague m **Kupplungspedal** N̲ pedal m de embrague

Kur F̲ cura, tratamiento m

Kür F̲ *Turnen* ejercicios *mpl* libres; *Eiskunstlauf* figuras *fpl* libres

Kurbel F̲ manivela **Kurbelwelle** F̲ cigüeñal m

Kürbis M̲ calabaza f

Kurgast M̲ bañista

Kurier M̲ correo; **per ~** por correo, por servicio de mensajería

kurieren curar **Kurort** M̲ balneario

Kurs M̲ curso, cursillo; SCHIFF rumbo; HANDEL cambio **Kursbuch** N̲ guía f de ferrocarriles **Kurswagen** M̲ coche directo

Kurtaxe F̲ tasa (de balneario)

Kurve F̲ curva **kurvenreich** *Straße* de muchas curvas; *umg Person* de formas marcadas

kurz corto; breve; **vor ~em** hace poco **Kurzarbeit** F̲ jornada reducida **kurzärmelig** de manga corta

Kürze F̲ **in ~** en breve, dentro de poco **kürzen** acortar; *fig* recortar, reducir

Kurzfilm M̲ corto(metraje) **kurzfristig** a corto plazo **Kurzgeschichte** F̲ relato m corto

kürzlich hace poco

Kurzparkzone F̲ zona azul

Kurzschluss M̲ cortocircuito **kurzsichtig** miope **Kurzurlaub** M̲ vacaciones *fpl* cortas, escapada f **Kurzwahl** F̲ TEL marcado m directo **Kurzwahltaste** F̲ TEL tecla de marcado directo

Kuscheldecke F̲ manta f suave **kuschelig** ADJ suave **kuscheln** *miteinander* hacerse mimos

Kusine F̲ prima

Kuss M̲ beso **küssen** besar

Küste F̲ costa; litoral m **Küstenstraße** F̲ carretera costera

Küster M̲ sacristán

Kutsche F̲ coche m **Kutscher** M̲ cochero

Kutte F̲ hábito m

Kutteln FPL callos *mpl*

Kuvert N̲ sobre m

L

Label N̲ label m, marca f

labil inestable, lábil

Labor(atorium) N̲ laboratorio m

lächeln sonreír **Lächeln** N̲ sonrisa f

lachen reír (**über** *akk* de) **Lachen** risa f

lächerlich ridículo; **sich ~ machen** hacer el ridículo

Lachs M̲ salmón

Lack M̲ laca f; barniz lackieren barnizar

Ladegerät N̲ cargador m Ladekabel N̲ cable m de carga, cargador m

laden ELEK, TEL, Waffe cargar

Laden M̲ tienda f Ladenschluss M̲ cierre de los comercios Ladentisch M̲ mostrador

Ladestation F̲ cargador m; AUTO punto m de carga

Ladung F̲ carga (a. ELEK)

Lage F̲ situación; posición; (Schicht) capa; in der ~ sein zu ser capaz de

Lager N̲ HANDEL almacén m, depósito m; TECH cojinete m; MIL, POL etc campo m Lagerfeuer N̲ hoguera f lagern V̲T̲ almacenar; V̲I̲ acampar Lagerraum M̲ almacén Lagerung F̲ almacenamiento m

Lagune F̲ laguna

lahm cojo lähmen paralizar (a. fig)Lähmung F̲ MED parálisis

Laie M̲ profano; REL laico, lego

Laken N̲ sábana f

Lakritze F̲ regaliz m

Laktose F̲ lactosa laktosefrei A̲D̲J̲ sin lactosa Laktoseunverträglichkeit F̲, Laktoseintoleranz F̲ intolerancia a la lactosa

Lamm(fleisch) N̲ cordero m

Lampe F̲ lámpara Lampenschirm M̲ pantalla f

Land N̲ campo m; POL país m;

GEOG tierra f; auf dem ~ en el campo Landebahn F̲ pista de aterrizaje landen V̲I̲ aterrizar; SCHIFF desembarcar

Länderspiel N̲ Fußball etc partido m internacional

Landesgrenze F̲ frontera Landessprache F̲ lengua vernácula

Landgut N̲ finca f, Am hacienda f Landhaus N̲ casa f de campo Landkarte F̲ mapa m

ländlich rural, campesino

Landschaft F̲ paisaje m Landsmann M̲ compatriota, paisano Landstraße F̲ carretera Landstreicher(in) M̲F̲ vagabundo,-a

Landung F̲ FLUG aterrizaje m; SCHIFF desembarco m Landungsbrücke F̲ desembarcadero mLandungssteg M̲ pasarela f

Landwein M̲ vino del país

Landwirt M̲ agricultor Landwirtschaft F̲ agricultura landwirtschaftlich agrícola

lang largo; zwei Wochen ~ durante quince días

lange A̲D̲V̲ mucho tiempo; wie ~? ¿cuánto tiempo?; seit ~m desde hace mucho tiempo

Länge F̲ longitud; (Dauer) duración Längengrad M̲ grado de longitud länger A̲D̲V̲ más (tiempo)

Langeweile F̲ aburrimiento m

langfristig a largo plazo

Langlauf M̲ (Skifahren) esquí

de fondo

länglich alargado

längs a lo largo de

langsam lento; ADV despacio

Langschläfer(in) M(F) dormilón(-ona)

längst hace mucho tiempo

Languste F langosta

langweilen: (sich) ~ aburrir(se) **langweilig** aburrido

langwierig largo; lento

Lappen M trapo

Lappland N Laponia f

Laptop M ordenador portátil

Lärche F alerce m

Lärm M ruido, barullo **lärmen** hacer ruido

las → lesen

Laser M láser **Laserchirurgie** F cirugía con rayos láser **Laserdrucker** M impresora f láser de rayos láser **Lasershow** F espectáculo m de rayos láser **Lasertechnik** F técnica láser

lassen dejar; (veranlassen) hacer; **lass das (sein)!** ¡déjalo!

lässig indiferente; Kleidung desenfadado; ADV con indiferencia; (mühelos) sin esfuerzo; gekleidet con desenfado

Last F carga **Lastenaufzug** M montacargas

Laster **1** N vicio m **2** M umg (Lkw) camión

lästern hablar mal (**über** akk de)

lästig molesto, engorroso

Last-Minute-Angebot N oferta f de última hora **Last-**

Minute-Flug M vuelo de última hora **Last-Minute-Urlaub** M vacaciones fpl de última hora

Lastwagen M camión **Lastwagenfahrer(in)** M(F) camionero,-a

Latein N latín m **Lateinamerika** N América f latina, Latinoamérica **lateinamerikanisch** latinoamericano **lateinisch** latino

Laterne F linterna; (Straßenlaterne) farol m

Latte F ripia, listón m

Latz M, **Lätzchen** N für Kinder: babero **Latzhose** F pantalón m de peto

lau tibio

Laub N follaje m **Laubbaum** M árbol de hoja caduca

Lauch M puerro

lauern acechar (**auf** akk)

Lauf M carrera f (a. SPORT); **im ~e** (gen) od **von** en el curso de **Laufbahn** F fig carrera

laufen correr; (gehen) andar; TECH marchar **laufend** corriente; **auf dem Laufenden sein** estar al corriente

Läufer M corredor; Teppich alfombra f; Schach alfil **Läuferin** F SPORT corredora

Laufmasche F carrera **Laufrad** N für Kinder bicicleta f sin pedales **Laufschuh** M zapatilla f para correr **Laufstall** M für Kleinkinder parque **Laufsteg** M Mode pasarela f

Laune F̲ humor m; capricho m; **gute/schlechte ~ haben** estar de buen/mal humor **launisch** caprichoso

Laus F̲ piojo m

lauschen escuchar

laut ruidoso; *Stimme* alto; PRÄP (*gen*) según **Laut** M̲ sonido

lauten decir, rezar

läuten sonar (*a.* TEL); (*klingeln*) llamar; *Glocken* tocar

lautlos silencioso **Lautsprecher** M̲ altavoz, *Am* altoparlante **Lautstärke** F̲ volumen m; *der Stimme* potencia

lauwarm tibio, templado

Lava F̲ lava

Lavendel M̲ espliego, lavanda f

Lawine F̲ alud m, avalancha

Leasing N̲ leasing m **Leasingvertrag** M̲ contrato de leasing **leben** vivir **Leben** N̲ vida f **lebendig** viviente; vivo

Lebensgefahr F̲ peligro m de muerte **Lebensgefährte** M̲, **Lebensgefährtin** F̲ compañero,-a (*de vida*) **Lebenshaltungskosten** PL coste m de la vida **lebenslänglich** vitalicio; JUR perpetuo **Lebenslauf** M̲ curriculum vitae

Lebensmittel NPL víveres mpl, comestibles mpl **Lebensmittelgeschäft** N̲ tienda f de comestibles **Lebensmittelvergiftung** F̲ intoxicación alimenticia

Lebenspartner(in) M̲F̲ pareja

f **Lebenspartnerschaft** F̲ eingetragene ~ pareja f de hecho **Lebensstandard** M̲ nivel de vida **Lebensunterhalt** M̲ subsistencia f **Lebensversicherung** F̲ seguro m de vida **lebenswichtig** (de importancia) vital

Leber F̲ hígado m **Leberfleck** M̲ lunar **Leberpastete** F̲ foie-gras m

Lebewesen N̲ ser m vivo

lebhaft vivo, animado; *Verkehr* intenso **Lebkuchen** M̲ pan de especias

leck: ~ sein hacer agua **Leck** N̲ vía f de agua **lecken** V̲T̲ lamer **lecker** apetitoso, sabroso **Leckerbissen** M̲ golosina f

Leder N̲ cuero m; piel f **Lederjacke** F̲ chaqueta de cuero **Lederwaren** FPL marroquinería f

ledig soltero

LED-Leuchte F̲ lámpara LED

leer vacío; *Batterie* descargado **leeren** vaciar **Leerlauf** M̲ AUTO punto muerto **Leerung** F̲ *Briefkasten* recogida

legal legal

Legasthenie F̲ dislexia

legen poner, meter; colocar; *Haare* marcar; *Karten* echar; **sich ~** echarse; *fig* calmarse

Legende F̲ leyenda

Leggings PL leggings mpl, mallas fpl

Legierung F̲ aleación

Lehm M̲ barro

Lehne F̲ apoyo m; (Rückenlehne) respaldo m **lehnen: (sich) ~ apoyar(se) (an** akk **contra)**

Lehnstuhl M̲ sillón

Lehrbuch M̲ manual m; Schule: libro m de texto **Lehre** F̲ aprendizaje m; fig lección; REL, POL doctrina **lehren** enseñar **Lehrer(in)** M̲F̲ profesor(a) **Lehrling** M̲ aprendiz m **lehrreich** instructivo **Lehrstuhl** M̲ cátedra f

Leib M̲ vientre; cuerpo **Leibgericht** N̲ plato m favorito **Leibwächter** M̲ guardaespaldas

Leiche F̲ cadáver m **Leichenhalle** F̲ depósito m de cadáveres **Leichenwagen** M̲ coche fúnebre

leicht ligero; (einfach) fácil **Leichtathletik** F̲ atletismo m **leichtgläubig** crédulo **Leichtmetall** N̲ metal m ligero **Leichtsinn** M̲ ligereza f **leichtsinnig** imprudente

leid: ich bin es ~ zu ... estoy harto de ...; → leidtun **Leid** N̲ pena f; dolor m

leiden sufrir **(an** dat de), padecer; j-n **nicht ~ können** no poder tragar a alg **Leiden** N̲ sufrimiento m; MED dolencia f **Leidenschaft** F̲ pasión **leidenschaftlich** apasionado

leider desgraciadamente

leidtun: es tut mir leid lo siento; **er tut mir leid** me da pena

Leierkasten M̲ organillo

leihen j-m prestar; dejar; sich etw tomar a/c prestado **Leihgebühr** F̲ alquiler m **Leihwagen** M̲ coche de alquiler **leihweise** prestado

Leim M̲ cola f

Leine F̲ cuerda **Leinen** N̲ lino m, tela f **Leinsamen** M̲ linaza f **Leinwand** F̲ lienzo m (a. MAL); im Kino: pantalla

leise silencioso; ADV sprechen en voz baja; **~r stellen** bajar

Leiste F̲ listón m; ANAT ingle

leisten hacer; Dienst, Hilfe prestar; **sich etw ~** permitirse a/c **Leistenbruch** M̲ hernia f inguinal

Leistung F̲ rendimiento m (a. TECH); prestación **leistungsfähig** productivo; Mensch efectivo; Motor potente

Leitartikel M̲ artículo de fondo **leiten** dirigir, guiar; conducir **Leiter** 1 M̲ director; gerente; PHYS conductor 2 F̲ escalera **Leiterin** F̲ directora **Leitplanke** F̲ valla protectora **Leitung** F̲ dirección; TECH conducción; ELEK, TEL línea **Leitungswasser** N̲ agua f del grifo

Lektion F̲ lección

Lektüre F̲ lectura

Lende F̲ lomo m

lenken dirigir, guiar; AUTO conducir **Lenker** M̲ manillar, guía f **Lenkrad** N̲ volante m **Lenkradschloss** N̲ cierre m

antirrobo **Lenkung** F̲ AUTO dirección
Lepra F̲ lepra
Lerche F̲ alondra
lernen aprender
Lesbe F̲ _umg_ lesbiana **lesbisch** lesbiano
Lesebrille F̲ gafas _fpl_ de leer
lesen leer **Leser(in)** M̲/F̲ lector(a) **leserlich** legible **Lesezeichen** N̲ señal f
Lettland N̲ Letonia f
letzte(r, -s) último, última; ~ **Woche** la semana pasada
Leuchte F̲ lámpara **leuchten** lucir, brillar **leuchtend** luminoso; _Farbe_ vivo **Leuchter** M̲ candelabro **Leuchtmarker** M̲ rotulador fluorescente **Leuchtreklame** F̲ anuncio m luminoso **Leuchtstoffröhre** F̲ (tubo m) fluorescente m **Leuchtturm** M̲ faro
leugnen negar
Leukämie F̲ leucemia
Leute P̲L̲ gente f
Lexikon N̲ enciclopedia f; (_Wörterbuch_) diccionario m
Libanon N̲ Líbano
Libelle F̲ libélula
liberal liberal **Liberalisierung** F̲ liberalización
Libyen N̲ Libia f
Licht N̲ luz f; ~ **machen** dar la luz **Lichthupe** F̲ claxon m luminoso **Lichtschalter** M̲ interruptor
Lichtung F̲ claro m
Lid N̲ párpado m **Lidschatten**

M̲ sombra f de ojos
lieb amable; querido **Liebe** F̲ amor m **lieben** querer; amar **liebenswürdig** amable **Liebenswürdigkeit** F̲ amabilidad
lieber A̲D̲V̲ más bien; ~ **tun** _etc_ preferir, gustar más ...
Liebesbrief M̲ carta f de amor **Liebeskummer** M̲ mal de amores **Liebespaar** N̲ amantes _mpl_, enamorados _mpl_ **Liebesschloss** N̲ candado m de(l) amor
liebevoll cariñoso **Liebhaber** M̲ amante; _fig_ aficionado **lieblich** _Wein_ dulce **Liebling** M̲ favorito; _Anrede_ cariño
Lied N̲ canción f **Liedermacher(in)** M̲/F̲ cantautor(a)
Lieferant M̲ proveedor **lieferbar** disponible **Lieferbedingungen** F̲P̲L̲ condiciones de entrega **liefern** entregar, suministrar **Lieferschein** M̲ talón de entrega, albarán **Lieferung** F̲ entrega; suministro m **Lieferwagen** M̲ camioneta f (de reparto)
Liege F̲ tumbona **liegen** estar echado; (_sich befinden_) hallarse; estar situado; ~ **lassen** dejar; olvidar **Liegeplatz** M̲ SCHIFF amarre; BAHN litera f **Liegesitz** M̲ asiento abatible (_od_ reclinable) **Liegestuhl** M̲ tumbona f **Liegewagen** M̲ coche-literas
liest → lesen

Lift $\underline{M}$ ascensor **Liftboy** $\underline{M}$ ascensorista

Liga $\underline{F}$ liga; SPORT división

light light, ligero

Likör $\underline{M}$ licor

lila lila

Lilie $\underline{F}$ lirio *m*

Limonade $\underline{F}$ limonada

Limousine $\underline{F}$ limusina

Linde $\underline{F}$ tilo *m* **Lindenblütentee** $\underline{M}$ (infusión *f* de) tila *f*

lindern aliviar, mitigar

Lineal $\underline{N}$ regla *f*

Linie $\underline{F}$ línea **Linienflug** $\underline{M}$ vuelo regular **Linienflugzeug** $\underline{N}$ avión *m* de línea

Link $\underline{M/N}$ IT enlace *m*; vínculo *m*

linke(r, -s) izquierdo,-a **Linke** $\underline{F}$ izquierda (*a.* POL)

links a la izquierda **Linksabbieger** $\underline{M}$ vehículo que gira a la izquierda **Linkshänder(in)** $\underline{M/F}$ zurdo,-a

Linse $\underline{F}$ Optik: lente; BOT lenteja

Lipgloss $\underline{N}$ gloss, brillo de labios

Lippe $\underline{F}$ labio *m* **Lippenbalsam** $\underline{M}$ protector labial, bálsamo labial **Lippenstift** $\underline{M}$ lápiz de labios (*od* labial)

lispeln cecear

Lissabon $\underline{N}$ Lisboa *f*

List $\underline{F}$ astucia

Liste $\underline{F}$ lista, relación

listig astuto

Litauen $\underline{N}$ Lituania *f*

Liter $\underline{M}$ litro *m*

literarisch literario **Literatur** $\underline{F}$ literatura

Litfaßsäule $\underline{F}$ columna anunciadora

Litschi $\underline{F}$ BOT lichi *m*

live TV en directo **Livesendung** $\underline{F}$ transmisión en directo **Livestream** $\underline{M}$ transmisión *f* en vivo

Lizenz $\underline{F}$ licencia; concesión

LKW, Lkw $\underline{M}$ camión **LKW-Fahrer(in)** $\underline{M/F}$ camionero,-a

Lob $\underline{N}$ alabanza *f*, elogio *m* **loben** alabar **lobenswert** laudable

Loch $\underline{N}$ agujero *m*; abertura *f* **lochen** agujerear; *Fahrkarte* picar **Locher** $\underline{M}$ perforador

Locke $\underline{F}$ rizo *m*

locken atraer

Lockenstab $\underline{M}$ rizador (de pelo)

locker flojo **lockern**: **(sich)** ~ aflojar(se); *fig* relajar(se)

lockig rizado

Lodge $\underline{F}$ alojamiento *m* turístico

Löffel $\underline{M}$ cuchara *f*

Loge $\underline{F}$ THEAT palco *m*

Logik $\underline{F}$ lógica

Log-in $\underline{M}$ inicio de sesión

logisch lógico

Logo $\underline{N}$ emblema *f*; (*Firmenlogo*) logotipo *m*

Log-out $\underline{N/M}$ cierre *m* de sesión, desconexión *f*

Lohn $\underline{M}$ salario **lohnen**: **es lohnt sich (nicht)** (no) vale la pena **lohnend** ventajoso; rentable **Lohnerhöhung** $\underline{F}$ au-

mento m salarial **Lohnkürzung** F recorte m salarial
Lohnsteuer F impuesto m sobre el salario **Lohnstopp** M congelación f salarial
Loipe F pista de fondo
Lok → Lokomotive
Lokal N local m; (Gaststätte) restaurante m **Lokal...** mst local
Lokomotive F locomotora **Lokomotivführer(in)** M(F) maquinista
London N Londres m
Lorbeer M laurel **Lorbeerblatt** N hoja f de laurel
los suelto; ~! ¡vamos!; **was ist ~?** ¿qué pasa?
Los N billete m de lotería; fig suerte f, destino m; **das große ~** el gordo
losbinden desatar
löschen Durst, Licht apagar; Feuer extinguir; Schrift, Tonaufnahme borrar; SCHIFF descargar
lose flojo; suelto; HANDEL a granel
Lösegeld N rescate m
losen echar a suertes (**um etw** a/c)
lösen soltar; Fahrkarte sacar; Vertrag anular; Aufgabe resolver
losfahren, losgehen salir, partir **loslassen** soltar
löslich soluble **Lösung** F solución **Lösungsmittel** N disolvente m
loswerden deshacerse de; Geld gastarse

Lot N plomada f; SCHIFF sonda f **löten** soldar
Lotion F loción
Lotse M SCHIFF práctico **lotsen** pilotar
Lotterie F, **Lotto** N lotería f **Lottoschein** M billete de lotería
Lounge F im Hotel salón m
Löwe M león; ASTROL Leo **Löwenzahn** M diente de león
Löwin F leona
Luchs M lince
Lücke F vacío m; hueco m; fig laguna
Luft F aire m **Luft...** IN ZSSGN aéreo **Luftballon** M globo **Luftbild** N fotografía f aérea **luftdicht** hermético **Luftdruck** M presión f atmosférica
lüften ventilar, airear
Luftfahrt F aviación **Luftfracht** F flete m aéreo **Luftgewehr** N escopeta f de aire comprimido **Luftkissenboot** N aerodeslizador m **Luftkurort** M estación f climática **Luftloch** N FLUG bache m **Luftmatratze** F colchón m neumático **Luftpirat** M pirata aéreo **Luftpost** F correo m aéreo; **mit ~** por avión **Luftpumpe** F bomba de inflar **Luftröhre** F tráquea **Lüftung** F ventilación
Luftverschmutzung F contaminación atmosférica **Luftwaffe** F fuerzas fpl aéreas **Luftzug** M corriente f de aire

Lüge F̲ mentira **lügen** mentir **Lügner(in)** M̲F̲ mentiroso,-a

Luke F̲ tragaluz m; SCHIFF escotilla

Lump M̲ canalla **Lumpen** M̲P̲L̲ harapos

Lunch M̲ almuerzo m **Lunchpaket** N̲ bolsa f de merienda

Lunge F̲ pulmón m **Lungenentzündung** F̲ pulmonía, neumonía **Lungenkrebs** M̲ cáncer del pulmón

Lupe F̲ lupa

Lust F̲ ganas fpl; placer m; **(keine) ~ haben zu** (no) tener ganas de

lüstern lascivo

lustig alegre; divertido; **sich ~ machen über** (akk) burlarse de **lustlos** desanimado

Lustspiel N̲ comedia f

lutschen chupar **Lutscher** M̲ pirulí, piruleta f

Luxemburg N̲ Luxemburgo m **luxemburgisch** luxemburgués

luxuriös lujoso

Luxus M̲ lujo **Luxushotel** N̲ hotel m de lujo

Luzern N̲ Lucerna f

Lymphe F̲ linfa **Lymphknoten** M̲ ganglio linfático

lynchen linchar

Lyrik F̲ lírica **lyrisch** lírico

M

Maas F̲ Mosa f

machbar factible **machen** hacer; **wie viel macht das?** ¿cuánto es?; **das macht nichts** no importa

Macho M̲ umg machista

Macht F̲ poder m; Staat potencia

mächtig poderoso; umg fig enorme, imponente

machtlos impotente

Mädchen N̲ muchacha f, chica f **Mädchenname** M̲ apellido de soltera

Made F̲ cresa, gusano **madig** lleno de cresas; Obst agusanado

mag → **mögen**

Magazin N̲ magazine m; (Lager) almacén m

Magen M̲ estómago **Magenbitter** M̲ estomacal **Magengeschwür** N̲ úlcera f del estómago **Magenschmerzen** M̲P̲L̲ dolores de estómago **Magenverstimmung** F̲ indigestión

mager flaco; Fleisch magro **Magermilch** F̲ leche descremada **Magersucht** F̲ anorexia (nerviosa) **magersüchtig** anoréxico

Magie F̲ magia **magisch** mágico

Magnet M̲ imán

magst → mögen

Mahagoni N̲ caoba f

mähen segar

mahlen moler Mahlzeit F̲ comida

Mähne F̲ melena

mahnen reclamar Mahnung F̲ HANDEL reclamación

Mai M̲ mayo; **im ~** en mayo Maiglöckchen N̲ muguete m Maikäfer M̲ abejorro

Mail F̲ correo electrónico; e-mail m; **(j-m) eine ~ schicken** enviar od mandar un e-mail (a alg)

Mailand N̲ Milán m

Mailbox F̲ buzón m (electrónico); TEL buzón m de voz mailen: **j-m ~** enviar od mandar un e-mail a alg

Mainz N̲ Maguncia f

Mais M̲ maíz Maisfladen M̲ tortilla f Maiskolben M̲ mazorca f

Majestät F̲ majestad

Majonäse F̲ mayonesa

Majoran M̲ mejorana f

makellos intachable

Make-up N̲ maquillaje m

Makkaroni PL̲ macarrones mpl

Makler(in) M̲F̲ corredor(-a), agente

Makrele F̲ caballa

Makro N̲ IT macro m

Makrone F̲ macarrón m

mal umg (einmal) una vez; MATH **zwei ~ zwei** dos por dos

Mal N̲ vez f; (Zeichen) marca f;

jedes ~ cada vez (**wenn** que)

Malaria F̲ malaria

Malaysia N̲ Malasia f

malen pintar Maler(in) M̲F̲ pintor(a) Malerei F̲ pintura malerisch pintoresco

Mali N̲ Malí m

Malz N̲ malta f

Mama F̲, Mami F̲ umg mamá

man: **~ sagt** se dice, dicen; **~ muss** hay que

Manager(in) M̲F̲ manager m/f, ejecutivo,-a

manch alguno manche PL̲ algunos, varios manchmal a veces

Mandarine F̲ mandarina

Mandel F̲ almendra; ANAT amígdala Mandelentzündung F̲ amigdalitis, angina(s) f(pl)

Manege F̲ pista de circo

Mangel M̲ falta f, carencia f (**an** dat de); (Fehler) defecto mangelhaft defectuoso mangels por falta de

Mango F̲ mango m

Mangold M̲ acelgas fpl

Manie F̲ manía Manieren F̲PL̲ maneras, modales mpl

Maniküre F̲ manicura (a. Person)

manipulieren manipular

Mann M̲ hombre; (Ehemann) marido Männchen N̲ ZOOL macho m männlich masculino (a. GRAM); ZOOL macho

Mannschaft F̲ equipo m; FLUG, SCHIFF tripulación

Manöver N̄ maniobra f
Mansarde F̄ buhardilla
Manschette F̄ puño m **Manschettenknopf** M̄ gemelo
Mantel M̄ abrigo; _(Reifenmantel)_ cubierta f
Manuskript N̄ manuscrito m
Mappe F̄ cartera; carpeta
Maracuja F̄ fruta de la pasión, maracuyá m
Märchen N̄ cuento m **Märchenbuch** N̄ libro m de cuentos **märchenhaft** fabuloso **Märchenprinz** M̄ príncipe azul _(a. fig)_
Marder M̄ marta f
Margarine F̄ margarina
Marienkäfer M̄ mariquita f
Marille F̄ _österr_ albaricoque m
Marinade F̄ escabeche m
Marine F̄ marina; _(Kriegsmarine)_ armada
marinieren en escabeche
Marionette F̄ títere m, marioneta
Mark 1 F̄ _früher_ marco m 2 N̄ médula f, tuétano m
Marke F̄ HANDEL marca; _(Spielmarke)_ ficha; _(Briefmarke)_ sello m **Markenartikel** M̄ artículo de marca
Marketing N̄ marketing m
markieren marcar, señalar **Markierung** F̄ señalización; _(Kennzeichen)_ marca
Markise F̄ toldo m; marquesina
Markt M̄ mercado; **auf dem ~** en el mercado **Markthalle** F̄ mercado m cubierto **Markt-**

platz M̄ mercado, plaza f **Marktstand** M̄ puesto en el mercado
Marmelade F̄ mermelada
Marmor M̄ mármol
Marokkaner(in) M̄/F̄ marroquí **marokkanisch** marroquí
Marokko N̄ Marruecos m
Marone F̄ _(Esskastanie)_ castaña
Marsch M̄ marcha f **marschieren** marchar
Märtyrer(in) M̄/F̄ mártir
Marxist(in) M̄/F̄ marxista **marxistisch** marxista
März M̄ marzo; **im ~** en marzo
Marzipan N̄ mazapán m
Masche F̄ malla **Maschendraht** M̄ tela f metálica
Maschine F̄ máquina; FLUG avión m **maschinell** mecánico
Maschinenbau M̄ construcción f de máquinas; _Lehrfach_ ingeniería f mecánica **Maschinengewehr** N̄ ametralladora f **Maschinenpistole** F̄ metralleta **Maschinenschaden** M̄ avería f
Masern PL sarampión m
Maske F̄ máscara; _Kosmetik_ mascarilla **maskieren: sich ~** disfrazar(se) (**als** de)
Maß N̄ medida f; **nach ~** a medida; **e-e ~ Bier** un litro de cerveza
Massage F̄ masaje m
Massaker N̄ masacre f
Maßanzug M̄ traje a medida
Masse F̄ masa; **e-e ~ ...** gran

cantidad de
Massenartikel M̲ artículo de
gran consumo **massenhaft**
en masa **Massenkarambo-
lage** F̲ colisión f en cadena
Massenmedien N̲P̲L̲ medios
mpl de masas **Massentouris-
mus** M̲ turismo de masas
Masseur(in) M̲F̲ masajista
maßgeblich (entscheidend) decisivo; A̲D̲V̲ de manera decisiva
massieren dar un masaje (a)
mäßig modesto; (mittelmäßig) regular **mäßigen: (sich)
~ moderar(se)
massiv macizo; fig masivo
maßlos desmesurado; enorme
Maßnahme F̲ medida **Maß-
stab** M̲ escala f; fig norma f
maßvoll moderado
Mast M̲ poste; SCHIFF mástil
Mastdarm M̲ recto
mästen cebar, engordar
Master M̲ máster m, ≈ licencia-
tura f **Masterstudiengang**
M̲ curso m o programa m de
máster
Material N̲ material m **Materie** F̲ materia **materiell** material
Mathematik F̲ matemáticas
fpl **Mathematiker(in)** M̲F̲
matemático,-a
Matratze F̲ colchón m
Matrose M̲ marinero
matt mate (a. Schach, FOTO);
Glas opaco; Person débil
Matte F̲ estera
Matterhorn N̲ Cervino m

Mauer F̲ muro m; (Stadtmauer)
muralla
Maul N̲ boca f **Maulesel** M̲
macho **Maulkorb** M̲ bozal
Maultier N̲ mulo m **Maulwurf** M̲ topo
Maurer M̲ albañil
Mauretanien N̲ Mauritania f
Maus F̲ ratón m (a. IT) **Mausefalle** F̲ ratonera
Mausklick M̲ IT click en el ratón **Mauspad** N̲ IT almohadilla f **Maustaste** F̲ tecla del ratón
Maut F̲, **Mautgebühr** F̲ peaje
m **Mautstelle** F̲ peaje m
Mautstraße F̲ carretera de
peaje
maximal máximo; A̲D̲V̲ como
máximo
Mayonnaise F̲ mayonesa
Mazedonien N̲ Macedonia f
Mechanik F̲ mecánica **Me-
chaniker(in)** M̲F̲ mecánico,-
-a **mechanisch** mecánico
Mechanismus M̲ mecanis-
mo
meckern fig umg quejarse
(**über** akk de)
**Mecklenburg-Vorpom-
mern** N̲ Mecklemburgo-Po-
merania m Occidental
Medaille F̲ medalla
Mediathek F̲ mediateca f **Me-
dien** N̲P̲L̲ medios mpl de comunicación
Medikament N̲ medicamento
m, medicina f **Medizin** F̲ medicina **medizinisch** médico;

medicinal

Meer N mar m; **ans Meer fahren** ir a la costa Meerblick
M **mit ~** con vista(s) al mar
Meerenge F estrecho m
Meeresfrüchte FPL mariscos
mpl Meeresspiegel M **über
dem ~** encima del nivel del
mar Meerrettich M rábano
picante Meerschweinchen
N conejillo m de Indias

Mehl N harina f

mehr más (**als que**; *vor Zahl* de);
um so ~ tanto más mehrdeu-
tig ambiguo mehrere varios
mehrfach múltiple; **~e** repe-
tidas veces Mehrfahrten-
karte F **für Bus** bonobús m;
für U-Bahn bonometro m
Mehrheit F mayoría Mehr-
kosten PL gastos mpl adicionales *od* suplementarios mehrmals varias veces mehrtägig
de varios días Mehrwegfla-
sche F botella retornable
Mehrwertsteuer F impuesto
m sobre el valor añadido, IVA
Mehrzahl F plural m Mehr-
zweck... IN ZSSGN multiuso

meiden evitar

Meile F legua; SCHIFF milla
mein(e) mi, *pl* mis
Meineid M perjurio
meinen pensar, opinar; (*sagen
wollen*) querer decir
meinetwegen por mí; ¡sea!
Meinung F opinión; **meiner ~
nach** en mi opinión Mei-
nungsumfrage F sondeo m

(de opinión)

Meise F paro m

Meißel M cincel

meist: **der/die/das ~e** la mayor
parte (de); **am ~en** más meis-
tens generalmente

Meister(in) M(F) maestro,-a;
SPORT campeón(-ona) Meis-
terschaft F maestría; SPORT
campeonato m Meisterwerk
N obra f maestra

Mekka N La Meca f

melden avisar, anunciar; **sich
~** presentarse; TEL contestar
Meldeschluss M cierre de
inscripciones Meldung F aviso m; noticia

melken ordeñar

Melodie F melodía

Melone F melón m; (*Wassermelone*) sandía

Menge F cantidad; multitud;
fig muchedumbre; **e-e ~ ...**
gran número de ...

Meniskus M menisco

Mensa F comedor m universitario

Mensch M hombre; **kein ~** nadie

Menschenleben N vida f hu-
mana menschenleer despo-
blado, desierto Menschen-
menge F muchedumbre
Menschenrechte NPL dere-
chos mpl humanos men-
schenscheu huraño Men-
schenverstand M **gesunder
~** sentido común

Menschheit F humanidad

menschlich humano

Menschlichkeit F̅ humanidad

Menstruation F̅ menstruación

Menü N̅ menú m (a. IT) Menüleiste F̅ IT barra de menús

Merkblatt N̅ hoja f informativa merken notar, percibir; sich ~ no olvidar Merkmal N̅ característica f merkwürdig curioso

Messband N̅ cinta f métrica

Messe F̅ REL misa; HANDEL feria Messegelände N̅ recinto m ferial Messehalle F̅ pabellón m

messen medir

Messer N̅ cuchillo m

Messing N̅ latón m

Metall N̅ metal m metallisch metálico

Metastase F̅ MED metástasis

Meteor M̅ meteoro meteorologisch meteorológico

Meter M̅ metro m Metermaß N̅ metro m; (Maßband) cinta f métrica

Methode F̅ método m

Metro F̅ metro m

Metzger M̅ carnicero Metzgerei F̅ carnicería

Meuterei F̅ motín m

Mexikaner(in) MF̅ mejicano, -a, Am méxicano,-a mexikanisch mejicano, méxicano Mexiko N̅ Méjico m, Am México m

mich me; betont a mí

Miene F̅ cara

Miesmuschel F̅ mejillón m

Miete F̅ alquiler m mieten alquilar Mieter(in) MF̅ inquilino,-a Mietvertrag M̅ contrato m de alquiler (od de arrendamiento) Mietwagen M̅ coche de alquiler Mietwohnung F̅ piso m de alquiler

Migräne F̅ jaqueca

Migrant(in) MF̅ migrante Migration F̅ migración

Mikrofaser F̅ microfibra

Mikrofon N̅ micrófono m Mikroskop N̅ microscopio m Mikrowelle F̅, Mikrowellenherd M̅ (horno) microondas m

Milbe F̅ ácaro m

Milch F̅ leche Milchflasche F̅ fürs Baby biberón m Milchkaffee M̅ café con leche Milchpulver N̅ leche f en polvo Milchreis M̅ arroz con leche Milchshake M̅ batido m de leche Milchzahn M̅ diente de leche

mild suave mildern suavizar; mitigar; atenuar

Milieu N̅ ambiente m

Militär N̅ militares mpl; ejército m Militärdienst M̅ servicio militar militärisch militar

Milliarde F̅ mil millones mpl Millimeter M/N̅ milímetro m Million F̅ millón m Millionär M̅ millonario

Milz F̅ bazo m

Minarett N̅ alminar m

Minderheit F̲ minoría **minderjährig** menor (de edad)
minderwertig (de calidad)
inferior
Mindest... IN ZSSGN mínimo
mindeste(r, -s) 1 ADJ mínimo, menor **2** das Mindeste el
mínimo **mindestens** al (od
por lo) menos **Mindesthaltbarkeitsdatum** N̲ fecha f de
duración mínima od de consumo preferente **Mindestlohn**
M̲ salario mínimo
Mine F̲ mina
Mineral N̲ mineral m **Mineralwasser** N̲ agua f mineral
(**mit/ohne Kohlensäure** con,
sin gas)
Minigolf M̲ minigolf m **Minijob** M̲ BRD, etwa trabajillo Mi-
nikleid N̲ minivestido m **mi-
nimal** mínimo **Minimum** N̲
mínimo m, al (**an**
dat de) **Minirock** M̲ minifalda
f
Minister(in) M̲F̲ ministro,-a
Ministerium N̲ ministerio m
minus menos; **10 Grad ~** 10 grados bajo cero
Minute F̲ minuto m
mir me; betont: a mí; **mit ~** conmigo
Mischbrot N̲ pan m de trigo y
centeno **mischen** mezclar;
Karten barajar **Mischung** F̲
mezcla
miserabel pésimo
Mispel F̲ níspero m
missachten despreciar; no

respetar **Missbildung** F̲ malformación **missbilligen** desaprobar
Missbrauch M̲ abuso **missbrauchen** abusar de
Misserfolg M̲ fracaso **Missfallen** N̲ desagrado m **Missgeschick** N̲ adversidad f, percance m
misshandeln maltratar **Misshandlung** F̲ malos tratos mpl
Mission F̲ misión f **Missio-
nar(in)** M̲F̲ misionero,-a
misslingen fracasar **misstrauen** desconfiar de **Misstrauen** N̲ desconfianza f
misstrauisch desconfiado
Missverständnis N̲ malentendido m **missverstehen**
entender mal
Mist M̲ estiércol
Mistel F̲ muérdago m
Misthaufen M̲ estercolero
mit PRÄP (dat) con; **~ dem Auto/
Zug** en coche/tren
Mitarbeit F̲ colaboración **Mit-
arbeiter(in)** M̲F̲ colabora-
dor(a)
mitbenutzen compartir **mitbringen** traer **miteinander**
uno(s) con otro(s) **mitfahren:
bei j-m ~** ir con alg **mitgeben**
dar (**j-m etw** a/c a alg) **Mitge-
fühl** N̲ simpatía f **mitgehen**
acompañar a
Mitglied N̲ miembro m, socio
m **Mitgliedsbeitrag** M̲ cuota
f (de socio) **Mitgliedskarte** F̲
carné m de socio

mithilfe: ~ von mediante, con la ayuda de mitkommen ir (mit con)

Mitleid N̲ compasión f mitleidig compasivo

mitmachen participar (bei en) mitnehmen llevar (consigo) Mitreisende(r) M̲/F̲(M̲) compañero,-a de viaje mitschreiben tomar apuntes mitschuldig cómplice (an dat de) Mitschüler(in) M̲(F̲) condiscípulo,-a mitspielen tomar parte (bei etw en a/c)

Mittag M̲ mediodía; zu ~ essen almorzar, comer Mittagessen N̲ almuerzo m, comida f

mittags a mediodía Mittagspause F̲ descanso m de mediodía Mittagsruhe F̲, Mittagsschlaf M̲ siesta f

Mitte F̲ medio m; centro m; in der ~ en el (od al) centro

mitteilen comunicar, participar Mitteilung F̲ comunicación

Mittel N̲ medio m; (Heilmittel) remedio m Mittelalter N̲ Edad f Media mittelalterlich medieval Mittelamerika N̲ Centroamérica f, América f Central Mittelfinger M̲ dedo del corazón mittelfristig a medio plazo mittelmäßig mediano; mediocre Mittelmeer N̲ (Mar m) Mediterráneo m Mittelohrentzündung F̲ otitis media Mittelpunkt M̲ centro Mittelstreifen M̲ Ver-

kehr mediana f

mitten: ~ in (dat) en medio de Mitternacht F̲ medianoche

mittlere(r, -s) medio; fig mediano

Mittwoch M̲ miércoles mittwochs los miércoles

mitwirken cooperar Mitwirkung F̲ cooperación

mixen mezclar Mixer M̲ Gerät batidora f

mobben j-n acosar a; gemobbt werden sufrir acoso moral Mobbing N̲ acoso m moral Möbel N̲P̲L̲ muebles mpl Möbelwagen M̲ camión de mudanzas

mobil móvil; movible; ~ telefonieren hablar por teléfono móvil Mobilfunk M̲ telefonía f móvil Mobilfunknetz N̲ red f de telefonía móvil mobilisieren, mobil machen movilizar Mobiltelefon N̲ teléfono m móvil

möbliert amueblado

Mode F̲ moda Model N̲ modelo f Modell N̲ modelo m

Modem N̲ módem m

Modenschau F̲ desfile m de modelos

Moderator(in) M̲(F̲) TV moderador(a), presentador(a) moderieren presentar

modern moderno modernisieren modernizar

Modeschmuck M̲ bisutería f Modeschöpfer M̲ modisto Modezeitschrift F̲ revista

de moda
modisch a la moda, de moda
Mofa N̄ velomotor *m*
mogeln *umg* hacer trampa
mögen *querer*; **ich möchte ...**
quisiera, desearía ...
möglich posible **Möglichkeit** F̄ posibilidad
Mohn M̄ amapola *f*; (*Schlafmohn*) adormidera *f*
Möhre F̄, **Mohrrübe** F̄ zana-
horia
Mole F̄ muelle *m*
Molkerei F̄ lechería
Moll N̄ MUS modo *m* menor; **c-
-Moll** do menor
Moment M̄ momento; instante
momentan ADV de momento
Monaco N̄ Mónaco *m*
Monarchie F̄ monarquía
Monat M̄ mes **monatlich**
mensual **Monatskarte** F̄ abo-
no *m* mensual **Monatsrate** F̄
mensualidad
Mönch M̄ monje
Mond M̄ luna *f* **Mondfinster-
nis** F̄ eclipse *m* lunar **Mond-
landung** F̄ alunizaje *m*
Mondschein M̄ claro *m* de luna
Monitor M̄ monitor
Montag M̄ lunes
Montage F̄ montaje *m*
montags los lunes
Monteur M̄ montador; mecá-
nico **montieren** montar
Moor N̄ pantano *m*
Moos N̄ musgo *m*
Moped N̄ ciclomotor *m*
Mops M̄ doguillo

Moral F̄ moral **moralisch** moral
Morchel F̄ colmenilla
Mord M̄ asesinato **morden**
asesinar **Mörder(in)** M̄F̄ asesi-
no,-a
morgen mañana; **~ früh** maña-
na por la mañana
Morgen M̄ mañana *f*; **guten ~!**
¡buenos días! **Morgendäm-
merung** F̄, **Morgengrauen**
N̄ amanecer *m*; **im ~** al amane-
cer **Morgenmantel** M̄ bata *f*
Morgenrot F̄ aurora
morgens de (*od* por la) mañana
morgig de mañana
Morphium N̄ morfina *f*
morsch podrido
Mörtel M̄ mortero
Mosaik N̄ mosaico *m*
Moschee F̄ mezquita
Mosel F̄ Mosela *m*
Moskau N̄ Moscú *m*
Moskito M̄ mosquito **Moski-
tonetz** N̄ mosquitero *m*
Moslem(in) M̄F̄ musulmán,
-mana
Most M̄ mosto
Motel N̄ motel *m*
Motiv N̄ motivo *m* **motivie-
ren** motivar
Motor M̄ motor **Motorboot**
N̄ (lancha *f*) motora *f* **Motor-
haube** F̄ capó *m* **Motorrad**
N̄ motocicleta *f* **Motorrad-
fahrer** M̄ motociclista **Mo-
torroller** M̄ escúter **Motor-
schaden** M̄ avería *f* del motor
Motte F̄ polilla

Mountainbike N̄ bicicleta f de montaña

Mouse-Pad N̄ → Mauspad

Möwe F̄ gaviota

MP3 N̄ MP3 m **MP3-Player** M̄ (reproductor de) MP3

Mücke F̄ mosquito m **Mückenstich** M̄ picadura f de mosquito

müde cansado, fatigado **Müdigkeit** F̄ cansancio m; fatiga

muffig: ~ **riechen** schlecht gelüftet oler a cerrado; nach Fäulnis oler a moho

Mühe F̄ esfuerzo m; molestia; **sich** ~ **geben** esforzarse mühelos sin esfuerzo

Mühle F̄ molino m; Spiel tres m en raya

mühsam penoso; fatigoso

Mulatte M̄, **Mulattin** F̄ mulato,-a

Mulde F̄ depresión

Müll M̄ basura f **Müllabfuhr** F̄ recogida de basuras **Müllbeutel** M̄ bolsa f de basura **Mullbinde** F̄ venda de gasa **Müllcontainer** M̄ contenedor de basuras **Mülldeponie** F̄ basurero m **Mülleimer** M̄ cubo de (la) basura **Müllkippe** F̄ vertedero m de basuras **Müllschlucker** M̄ tragabasuras **Mülltonne** F̄ → Mülleimer **Mülltrennung** F̄ recogida selectiva de basuras **Mülltüte** F̄ umg bolsa de la basura

Multi... in ZSSGN multi... **multifunktional** multifuncional

multikulturell multicultural **Multimedia...,** multimedial multimedia **Multimillionär(in)** M̄(F̄) multimillonario,-a **multiplizieren** multiplicar

Mumps M̄ paperas fpl

München F̄ Múnich f

Mund M̄ boca f **Mundart** F̄ dialecto m

münden desembocar (**in** akk en)

Mundharmonika F̄ armónica **mündlich** verbal; oral **Mundspülung** F̄ enjuague m bucal **Mundstück** N̄ boquilla f

Mündung F̄ desembocadura; TECH boca

Mundwasser N̄ agua f dentífrica **Mund-zu-Mund-Beatmung** F̄ (respiración f) boca-a-boca m

Munition F̄ munición

munter alegre; despierto

Münze F̄ moneda **Münztelefon** N̄ teléfono público de monedas **Münzwechsler** M̄ máquina f automática de cambio

murmeln murmurar

murren gruñir, refunfuñar

mürrisch huraño; gruñón

Mus N̄ aus Obst: compota f; aus Gemüse: puré m

Muschel F̄ concha; (Miesmuschel) mejillón m; (Venusmuschel) almeja

Museum N̄ museo m

Musik F̄ música **musikalisch** musical; músico **Musikbox** F̄ máquina tocadiscos **Musiker(in)** M̲F̲ músico,-a **Musikhochschule** F̲ conservatorio m **Musikinstrument** N̲ instrumento m de música

musizieren hacer música

Muskat N̲, **Muskatnuss** F̲ nuez moscada

Muskel M̲ músculo **Muskelkater** M̲ agujetas fpl **Muskelzerrung** F̲ distensión muscular

muskulös musculoso

Müsli N̲ mu(e)sli m

Muslim M̲, -a → **Moslem muslimisch** A̲D̲J̲ musulmán

Muße F̲ ocio m

müssen deber, tener que

Muster N̲ modelo m; HANDEL muestra f.; (Stoffmuster) dibujo m **mustern** examinar

Mut M̲ ánimo, valor **mutig** valiente **mutlos** desanimado

Mutter F̲ madre; TECH tuerca **mütterlich** maternal

Muttermal N̲ lunar m **Muttersprache** F̲ lengua materna **Muttertag** M̲ día de la madre

mutwillig intencionado

Mütze F̲ gorro m; gorra

MwSt. F̲ (Mehrwertsteuer) IVA m (impuesto sobre el valor añadido)

mysteriös misterioso

Mythologie F̲ mitología **Mythos** M̲ mito

N

Nabe F̲ cubo m

Nabel M̲ ombligo

nach örtlich a, para; hacia; zeitlich después de, tras; al cabo de; fig según; ~ **und** ~ poco a poco; **fünf ~ drei** las tres y cinco

nachahmen imitar **Nachahmung** F̲ imitación

Nachbar(in) M̲F̲ vecino,-a **Nachbarschaft** F̲ vecindad

nachbestellen volver a pedir

nachdem después de (que)

nachdenken reflexionar, meditar **nachdenklich** pensativo

Nachdruck M̲ reproducción f; fig énfasis **nacheifern** (dat) emular ~ **nacheinander** uno(s) tras otro(s) **Nachfolger(in)** M̲F̲ sucesor(a) **Nachfrage** F̲ HANDEL demanda

nachfüllen rellenar **Nachfüllpack** M̲, **Nachfüllpackung** F̲ (paquete m de) recambio m

nachgeben ceder **nachgehen** j-m seguir a; Uhr retrasar **Nachgeschmack** M̲ gustillo **nachgiebig** indulgente

nachhaltig duradero; ÖKOL sostenible **Nachhaltigkeit** F̲ ÖKOL sostenibilidad f nachher después

Nachhilfe F ayuda; *Schule* clases fpl particulares **Nachhilfestunde** F clase particular *od* de repaso

nachholen recuperar

Nachkriegszeit F posguerra

nachlassen ceder; disminuir; *Wind* amainar **nachlässig** negligente, dejado

nachmachen imitar

Nachmittag M tarde f; **am ~** por la tarde **nachmittags** por la tarde

Nachnahme F **gegen ~** contra re(e)mbolso **Nachname** M apellido **nachprüfen** comprobar, verificar **nachrechnen** repasar (una cuenta)

Nachricht F noticia; **e-e ~ hinterlassen** dejar un recado; TEL dejar un mensaje

Nachrichten PL TEL *U.* RADIO noticias fpl **Nachrichtenagentur** F agencia de noticias

Nachruf M necrología f **Nachsaison** F temporada baja **nachschenken** reenviar **nachsehen** revisar; ver (**ob** si); *in e-m Buch* consultar **nachsenden** reenviar **nachsichtig** indulgente

Nachspeise F postre m

nächste(r, -s) próximo; siguiente; **~e Woche** la semana que viene; **am ~en** más cercano

nachstellen *Uhr* retrasar

Nacht F noche **Nacht...** IN

ZSSGN *oft* nocturno; **gute ~!** ¡buenas noches! **Nachtcreme** F crema de noche **Nachtdienst** M servicio nocturno

Nachteil M desventaja f, inconveniente

Nachtflug M vuelo nocturno **Nachtfrost** M helada f nocturna **Nachthemd** N camisón m

Nachtigall F ruiseñor m

Nachtisch M postre

Nachtklub M, **Nachtlokal** N club m nocturno **Nachtportier** M portero de noche

Nachtrag M suplemento **nachtragen: j-m etw ~** guardar rencor a alg por a/c **nachtragend** rencoroso **nachträglich** posterior

nachts de noche

Nachtschicht F turno m de noche **Nachttisch** M mesita f de noche **Nachttischlampe** F lámpara de cabecera **Nachtwächter** M vigilante nocturno

Nachweis M prueba f **nachweisen** (com)probar, demostrar **Nachwirkung** F repercusión **Nachwuchs** M nueva f generación; *Kinder umg* prole **nachzahlen** pagar un suplemento **nachzählen** recontar **Nachzahlung** F pago m adicional **Nachzügler(in)** M(F) rezagado,-a

Nacken M nuca f **Nackenkis-**

sen $\overline{N}$ im Auto, Flugzeug cojín m reposacabeza(s)

nackt desnudo **Nacktbadestrand** $\overline{M}$ playa f nudista

Nadel $\overline{F}$ aguja; (Stecknadel) alfiler m **Nadelbaum** $\overline{M}$ conífera f **Nadelwald** $\overline{M}$ bosque de coníferas

Nagel $\overline{M}$ clavo; ANAT uña f **Nagelbürste** $\overline{F}$ cepillo m de uñas **Nagelfeile** $\overline{F}$ lima de uñas **Nagellack** $\overline{M}$ laca f de uñas **Nagellackentferner** $\overline{M}$ quitaesmalte **nageln** clavar **nagelneu** flamante **Nagelschere** $\overline{F}$ tijeras fpl de uñas **Nagelstudio** $\overline{N}$ salón m de manicura **Nagelzange** $\overline{F}$ cortaúñas m

nagen roer (**an** akk) **Nagetier** $\overline{N}$ roedor m

nah(e) cercano; próximo; $\overline{ADV}$ cerca (**bei, an** de) **Nähe** $\overline{F}$ proximidad, cercanía **nähen** coser

näher más cerca(no) **nähern**: **sich** ~ aproximarse, acercarse **Nähgarn** $\overline{N}$ hilo m **Nähkasten** $\overline{M}$, **Nähkästchen** $\overline{N}$ costurero m **Nähmaschine** $\overline{F}$ máquina de coser **Nähnadel** $\overline{F}$ aguja

nahrhaft nutritivo **Nahrung** $\overline{F}$ alimentación **Nahrungsergänzungsmittel** $\overline{N}$ aditivo m alimentario **Nahrungsmittel** $\overline{N}$ alimento m

Naht $\overline{F}$ costura; MED sutura **nahtlos** sin costura; fig sin fi-

sura

Nahverkehr $\overline{M}$ BAHN tráfico de cercanías **Nahverkehrszug** $\overline{M}$ tren de cercanías

Nähzeug $\overline{N}$ útiles mpl de costura

naiv ingenuo **Naivität** $\overline{F}$ ingenuidad, candidez

Name $\overline{M}$ nombre **Namenstag** $\overline{M}$ (día del) santo **namentlich** nominal; fig particularmente

nämlich $\overline{ADV}$ a saber; es que **Napf** $\overline{M}$ escudilla f; (Fressnapf) comedero

Narbe $\overline{F}$ cicatriz

Narkose $\overline{F}$ narcosis, anestesia

Narr $\overline{M}$ loco

Narzisse $\overline{F}$ narciso m

naschen comer (golosinas) **naschhaft** goloso

Nase $\overline{F}$ nariz **Nasenbluten** $\overline{N}$ hemorragia f nasal **Nasenloch** $\overline{N}$ ventana f de la nariz **Nasenspray** $\overline{N}$ spray m nasal **Nasentropfen** $\overline{PL}$ gotas fpl nasales

Nashorn $\overline{N}$ rinoceronte m

nass mojado; ~ **machen** mojar; ~ **werden** mojarse **Nässe** $\overline{F}$ humedad **nasskalt** frío y húmedo

Nation $\overline{F}$ nación **national** nacional **Nationalelf** $\overline{F}$ selección (nacional) **Nationalfeiertag** $\overline{M}$ fiesta f nacional **Nationalgericht** $\overline{N}$ plato m nacional **Nationalhymne** $\overline{F}$ himno m nacional

Nationalität F̲ nacionalidad
Nationalmannschaft F̲ selección nacional **Nationalpark** M̲ parque nacional
NATO F̲ (Nordatlantikpakt-Organisation) OTAN f
Natron N̲ sosa f
Natur F̲ naturaleza **naturbelassen** *Lebensmittel* natural, no tratado **Naturheilkunde** F̲ naturopatía **Naturkatastrophe** F̲ cataclismo *m* **Naturkosmetik** F̲ (productos *mpl* de) cosmética *f* natural
natürlich natural; **~!** ¡por supuesto!
Naturpark M̲ parque natural **Naturschutz** M̲ protección *f* de la naturaleza **Naturschutzgebiet** N̲ reserva *f* natural **Naturwissenschaften** F̲PL ciencias naturales
Navigationsgerät N̲, *umg* **Navi** N̲ navegador *m* de coche; *umg* GPS *m* **Navigationssystem** N̲ IT sistema *m* de navegación; AUTO sistema *m* de asistencia al conductor
Nebel M̲ niebla *f* **Nebelscheinwerfer** M̲ faro antiniebla **Nebelschlussleuchte** F̲ luz antiniebla trasera
neben (*dat; Richtung: akk*) al lado de; *fig* además de **nebenan** al lado **Nebenanschluss** M̲ TEL extensión *f* **nebenbei** de paso **nebeneinander** uno(s) al lado de otro(s) **Nebenfach** N̲ asignatura *f* secundaria **Ne-**

benfluss M̲ afluente **Nebengebäude** N̲ dependencia *f* **Nebenjob** *umg* M̲ trabajillo *m* **Nebenkosten** PL gastos *mpl* accesorios **Nebensache** F̲ cosa de poca importancia **Nebenstraße** F̲ calle lateral **Nebenwirkung** F̲ efecto *m* secundario
neblig: es ist ~ hace niebla
necken j-n **~** tomar el pelo a alg; **sich ~** bromear
Neffe M̲ sobrino
negativ negativo
Negativ N̲ negativo *m*
nehmen tomar
Neid M̲ envidia *f* **neidisch** envidioso
neigen: (sich) ~ inclinar(se); *fig* tender (**zu** a) **Neigung** F̲ inclinación; *fig* propensión
nein no
Nelke F̲ BOT clavel *m*; *Gewürz* clavo *m*
nennen llamar; nombrar **nennenswert** notable
Neonröhre F̲ tubo *m* de neón
Nepp *umg* M̲ estafa *f*, timo *m*
Nerv M̲ nervio **nerven** *umg* poner nervioso, -a *od* de los nervios; **das nervt!** ¡qué lata! **Nervenarzt** M̲ → **Neurologe Nervenzusammenbruch** M̲ crisis *f* nerviosa
nervös nervioso **Nervosität** F̲ nerviosismo *m*
Nerz M̲ visón
Nesselfieber N̲ urticaria *f*
Nest N̲ nido *m*

nett amable; bonito
netto, Netto... IN ZSSGN neto
Nettopreis M̅ precio neto
Netz N̅ red f; it **ins ~ stellen** poner en la red; TEL **ich habe kein ~** no tengo cobertura
Netzanschluss M̅ conexión f a la red **Netzhaut** F̅ retina
Netzkarte F̅ abono m **Netzwerk** N̅ IT red f

neu nuevo; (kürzlich) recién
neuartig nuevo
Neubau M̅ edificio nuevo
Neuerung F̅ innovación
Neugeborene(s) N̅ recién nacido,-a m(f)
Neugier F̅ curiosidad **neugierig** curioso
Neuheit F̅ novedad **Neuigkeit** F̅ novedad **Neujahr** N̅ año m nuevo **neulich** el otro día **Neuling** M̅ novato,-a m,f
Neumond M̅ luna f nueva
neun nueve **neunhundert** novecientos **neunte** noveno **Neuntel** N̅ noveno m **neunzehn** diecinueve **neunzig** noventa
Neuralgie F̅ neuralgia **Neurodermitis** F̅ neurodermitis f **Neurologe** M̅, **Neurologin** F̅ neurólogo,-a
Neuschnee M̅ nieve f recién caída **Neuseeland** N̅ Nueva Zelanda f
neutral neutral **Neutralität** F̅ neutralidad
New York N̅ Nueva York f
NGO F̅ ONG f (organización no

gubernamental)
nicht no; **~ mehr** ya no; **~ wahr?** ¿verdad?
Nichte F̅ sobrina
Nichtraucher(in) M̅F̅ no fumador(a) **Nichtraucherschutz** M̅ protección f de los no fumadores **Nichtraucherzone** F̅ zona para no fumadores
nichts nada; **~ da!** umg ¡nada de eso!
Nichtschwimmer(in) M̅F̅ no nadador(a)
nicken inclinar la cabeza
nie nunca, jamás; **~ mehr, ~ wieder** nunca más
nieder bajo; ADV abajo **niedergeschlagen** abatido, deprimido **niederknien** ponerse de rodillas **Niederlage** F̅ derrota
Niederlande PL Países mpl Bajos **niederländisch** neerlandés
niederlassen: sich ~ establecerse **Niederlassung** F̅ establecimiento m; (Filiale) sucursal **niederlegen** Amt dimitir de **Niedersachsen** N̅ Baja Sajonia f **Niederschlag** M̅ precipitaciones fpl; fig reflejo **niederschlagen** abatir **niederträchtig** infame
niedlich bonito, mono
niedrig bajo
niemals nunca, jamás **niemand** nadie; ninguno
Niere F̅ riñón m

Nierenentzündung F̲ nefritis **Nierenstein** M̲ cálculo renal

nieseln lloviznar **Nieselregen** M̲ llovizna f

niesen estornudar

Niete F̲ *Lotterie*: billete m de lotería no premiado; *umg* (*Versager*) inútil

Niger N̲ Níger m **Nigeria** N̲ Nigeria f

Nikaragua N̲ Nicaragua f

Nikotin N̲ nicotina f **nikotinarm** bajo en nicotina

Nil N̲ Nilo **Nilpferd** N̲ hipopótamo m

nimm, nimmt → nehmen

nirgends en ninguna parte

Nische F̲ nicho m; hornacina

nisten anidar

Niveau N̲ nivel m

Nobelpreis M̲ premio Nobel

noch todavía, aún; ~ **ein** otro; ~ **etwas?** ¿algo más? **nochmals** una vez más, otra vez

Nomade M̲ **Nomadin** F̲ nómada

Nominativ N̲ nominativo

Nonne F̲ monja, religiosa

Nonstop-Flug M̲ vuelo sin escala

Nordamerika N̲ América f del Norte **norddeutsch** del norte de Alemania

Norden M̲ norte

nördlich del norte, septentrional; ~ **von** al norte de

Nordosten M̲ nordeste **Nordpol** M̲ Polo Norte **Nord-**

rhein-Westfalen N̲ Renania f del Norte-Westfalia **Nordsee** F̲ Mar m del Norte **Nordwesten** M̲ noroeste **Nordwind** M̲ viento del norte

nörgeln refunfuñar

Norm F̲ norma

normal normal **Normalbenzin** N̲ gasolina f normal **normalerweise** normalmente

Normandie F̲ Normandía

Norwegen N̲ Noruega f **Norweger(in)** M̲F̲ noruego,-a **norwegisch** noruego

Not F̲ miseria; necesidad

Notar(in) M̲F̲ notario,-a

Notarzt M̲ médico de urgencia **Notaufnahme** F̲ urgencias fpl **Notausgang** M̲ salida f de emergencia **Notbremse** F̲ freno m de alarma **Notdienst** M̲ servicio de urgencia **Note** F̲ nota; MUS **halbe** ~ blanca **Notebook** N̲ (ordenador m) portátil m **Notenständer** M̲ atril

Notfall M̲ caso de emergencia, urgencia f **notfalls** en caso de necesidad

notieren apuntar, anotar

nötig necesario; ~ **haben** necesitar

Notiz F̲ nota, apunte m **Notizblock** M̲ bloc de notas **Notizbuch** N̲ agenda f, libreta f

Notlage F̲ aprieto m, apuro m **Notlandung** F̲ aterrizaje m forzoso **Notlösung** F̲ solución de emergencia **Notruf**

$\overline{M}$ TEL llamada f de urgencia
Notrufsäule $\overline{F}$ teléfono m
SOS Notverband $\overline{M}$ vendaje
provisional Notwehr $\overline{F}$ legítima defensa notwendig necesario, indispensable

November $\overline{M}$ noviembre; im
~ en noviembre
Nuance $\overline{F}$ matiz m
nüchtern en ayunas; fig sobrio,
prosaico
Nudeln $\overline{FPL}$ pasta f, pastas fpl
alimenticias
null cero Null $\overline{F}$ cero m
Nummer $\overline{F}$ número m nummerieren numerar Nummernschild $\overline{N}$ placa f de matrícula
nun ahora; pues (bien); von ~
an de ahora en adelante; was
~? ¿y ahora qué?
nur sólo, solamente
Nürnberg $\overline{N}$ Nuremberg m
Nuss $\overline{F}$ nuez f Nussbaum $\overline{M}$
nogal Nussknacker $\overline{M}$ cascanueces
Nutte $\overline{F}$ sl fulana
nutzen, nützen $\overline{V/T}$ utilizar;
Gelegenheit aprovechar; $\overline{V/I}$ ser
útil, servir (zu para)
Nutzen $\overline{M}$ utilidad f; provecho
Nutzer $\overline{M}$ a. IT usuario m
Nutzfahrzeug $\overline{N}$ vehículo m
utilitario od industrial
nützlich útil
nutzlos inútil
Nutzungsbedingungen $\overline{FPL}$
condiciones de uso
Nylon $\overline{N}$ nilón m

O

Oase $\overline{F}$ oasis m
ob si; als ~ como si
obdachlos sin hogar Obdachlose(r) $\overline{M/F(M)}$ persona f
sin hogar
Obduktion $\overline{F}$ autopsia
oben arriba; ~ auf (por) encima
(de); von ~ bis unten de arriba
abajo obenhin fig por encima
Ober $\overline{M}$ camarero
Oberarm $\overline{M}$ brazo Oberdeck
$\overline{N}$ SCHIFF cubierta f (superior)
obere(r, -s) superior
Oberfläche $\overline{F}$ superficie
oberflächlich superficial;
$\overline{ADV}$ por encima Obergeschoss $\overline{N}$ piso m alto od superrior oberhalb por encima de
Oberkiefer $\overline{M}$ maxilar superior Oberkörper $\overline{M}$ busto
Oberlippe $\overline{F}$ labio m superior
Obers $\overline{N}$ österr nata f
Oberschenkel $\overline{M}$ muslo
oberste(r, -s) superior; supremo Oberteil $\overline{N}$ parte f superior Oberweite $\overline{F}$ contorno
m de pecho
Objekt $\overline{N}$ objeto m objektiv
objetivo Objektiv $\overline{N}$ objetivo
m
Oboe $\overline{F}$ oboe m
Obst $\overline{N}$ fruta f Obstbaum $\overline{M}$
árbol frutal Obstgarten $\overline{M}$

huerto Obsthändler(in) M(F)
frutero,-a Obstkuchen M̅
tarta f de frutas Obstsalat M̅
macedonia f (de frutas)

obszön obsceno

obwohl aunque, bien que

Ochse M̅ buey

öde desierto; *fig* aburrido

Ödem N̅ MED edema m

oder o (*vor o od* ho: u); **~ aber** o bien

Ofen M̅ estufa f; (*Backofen*) horno

offen abierto; *fig* franco; *Stelle* vacante; **~ gesagt** a decir verdad offenbar evidente; ADV por lo visto Offenheit F̅ franqueza offenkundig manifiesto offenlassen dejar abierto; *fig* dejar pendiente offensichtlich manifiesto, evidente

Offensive F̅ ofensiva

öffentlich público Öffentlichkeit F̅ público m

offiziell oficial

Offizier M̅ oficial

offline IT desconectado

öffnen abrir Öffner M̅ (*Flaschenöffner*) abrebotellas; (*Dosenöffner*) abrelatas Öffnung F̅ abertura Öffnungszeiten FPL horas de apertura

oft a menudo, con frecuencia; **wie ~?** ¿cuántas veces? öfter(s) con más frecuencia, muy a menudo

OG N̅ ABK → Obergeschoss

OHG F̅ ABK (Offene Handelsgesellschaft) sociedad colectiva

ohne sin ohnehin de todos modos

Ohnmacht F̅ desmayo m ohnmächtig desmayado; **~ werden** desmayarse

Ohr N̅ oreja f; *innen:* oído m

Ohrenarzt M̅, Ohrenärztin F̅ otólogo,-a ohrenbetäubend ensordecedor Ohrenschmerzen MPL dolor m de oídos

Ohrfeige F̅ bofetada Ohrhörer PL auriculares mpl Ohrläppchen N̅ lóbulo m de la oreja Ohrring N̅ pendiente Ohrstecker M̅ pendiente de botón Ohrstöpsel M̅ tapón para el oído

Ökoladen tienda f naturista Ökologie F̅ ecología ökologisch ecológico Ökosiegel N̅ sello m ecológico Ökosteuer N̅ ecotasa Ökostrom M̅ electricidad f ecológica Ökosystem N̅ ecosistema m Ökotourismus M̅ ecoturismo

Oktober M̅ octubre; **im ~** en octubre

Oktopus M̅ pulpo

Öl N̅ aceite m; MAL óleo m

Oleander M̅ adelfa f

ölen aceitar, engrasar Ölfarbe F̅ pintura al óleo Ölgemälde N̅ óleo m Ölheizung F̅ calefacción de fuel(-oil)

Olive F̅ aceituna Olivenbaum M̅ olivo Olivenöl N̅ aceite m de oliva

Ölkanne F̅ aceitera Ölmess-

stab M̲ varilla f del nivel de aceite **Ölpest** F̲ marea negra
Ölsardinen F̲P̲L̲ sardinas en aceite **Ölstand** M̲ nivel de aceite **Ölwechsel** M̲ cambio de aceite
Olympiade F̲ olimpiada
Olympiasieger(in) M̲(̲F̲)̲ campeón(-ona) olímpico,-a
olympisch: **Olympische Spiele** N̲P̲L̲ Juegos mpl Olímpicos
Oma F̲ umg abuelita
Omelett N̲ tortilla f
Omnibus M̲ → Autobus
Onkel M̲ tío
online IT en línea; **~ bestellen** pedir en línea od on-line **Onlinebanking** N̲ banca f en línea od online **Online-Check-in** M̲ check-in online **Onlinedating** N̲ citas fpl od contactos mpl online **Online-portal** N̲ portal m web **Onlineshop** M̲ tienda f virtual **Onlineshopping** N̲ compra en línea
OP 1 M̲ → Operationssaal 2 F̲ → Operation
Opa M̲ umg abuelito
Open-Air-Konzert N̲ concierto m al aire libre
Oper F̲ ópera
Operation F̲ operación **Operationssaal** M̲ quirófano
Operette F̲ opereta
operieren operar; **sich ~ lassen** operarse
Opernglas N̲ gemelos mpl (de

teatro) **Opernhaus** N̲ ópera f
Opfer N̲ sacrificio m; Person víctima f **opfern** sacrificar
Opium N̲ opio m
Opposition F̲ oposición
Optiker(in) M̲(̲F̲)̲ óptico,-a
Optimist(in) M̲(̲F̲)̲ optimista **optimistisch** optimista
orange naranja
Orange F̲ naranja **Orangenbaum** M̲ naranjo **Orangensaft** M̲ zumo de naranja
Orchester N̲ orquesta f
Orchidee F̲ orquídea
Orden M̲ condecoración f; REL orden f
ordentlich ordenado; Mitglied, Professor numerario; ADV como es debido
ordinär vulgar
ordnen ordenar, arreglar **Ordner** M̲ clasificador **Ordnung** F̲ orden m
Organ N̲ órgano m **Organisation** F̲ organización **organisch** orgánico **organisieren** organizar **Organismus** M̲ organismo
Orgasmus M̲ orgasmo
Orgel F̲ órgano m
Orient M̲ oriente **orientalisch** oriental
orientieren: sich ~ orientarse **Orientierung** F̲ orientación; **sexuelle Orientierung** orientación f sexual
original, Original N̲ original (m)
originell original, raro

Orkan M huracán
Ort M lugar; sitio
orthodox ortodoxo
Orthografie F ortografía
Orthopäde M, **Orthopädin** F ortopedista **orthopädisch** ortopédico
örtlich, **Orts...** local
Ortschaft F población, localidad
Ortsgespräch N llamada *f* urbana **Ortszeit** F hora local
Öse F corchete *m*
ostdeutsch del este de Alemania **Ostdeutschland** N Alemania *f* del Este
Osten M este; **Ferner ~** Extremo Oriente; **Mittlerer ~** Oriente Medio; **Naher ~** Oriente Próximo
Osterei N huevo *m* de Pascua **Ostermontag** M lunes de Pascua **Ostern** N Pascua *f* (de Resurrección); **an ~** por Pascua; **frohe** *od* **fröhliche ~!** ¡felices Pascuas!
Österreich N Austria *f* **Österreicher(in)** M(F) austríaco,-a
österreichisch austríaco
Ostersonntag M domingo de Pascua
Osteuropa N Europa *f* Oriental
östlich oriental; **~ von** al este de
Ostsee F (Mar *m*) Báltico *m* **Ostwind** M viento del este
Otter F *Schlange* víbora
Outdoorjacke F cazadora *f*, anorak *m*
outen: **sich ~** salir del armario; **sich als Raucher** *etc* **~** confesarse fumador *etc*
Outfit N (*Kleidung*) imagen *f*; *umg* look *m*; (*Ausrüstung*) equipamiento *m*
oval oval(ado)
Overall M mono
Oxid, **Oxyd** N óxido *m* **oxidieren** oxidarse
Ozean M océano
Ozon N ozono *m* **Ozonloch** N agujero *m* (en la capa) de ozono **Ozonschicht** F capa de ozono **Ozonwerte** PL nivel *m* de ozono

P

Paar N par *m*; pareja *f*; **ein paar** unos cuantos, algunos; **ein paar Mal** algunas veces
Pacht F arriendo *m*, arrendamiento *m* **pachten** arrendar
Pächter(in) M(F) arrendatario,-a
Päckchen N paquete *m*; *der Post®* pequeño paquete *m*
packen *Koffer* hacer; *j-n* agarrar **packend** cautivador **Packpapier** N papel *m* de embalar **Packung** F paquete *m*
Pad N *Watte* disco *m* de algodón; *für Kaffee* (bolsita *f*) monodosis *f* de café; (*Mauspad*) al-

fombrilla f (de ratón)
Paddel N̲ canalete m **Paddelboot** N̲ canoa f, piragua f **paddeln** ir en piragua
Page M̲ im Hotel botones
Paket N̲ paquete m **Paketkarte** F̲ boletín m de expedición
Pakistan N̲ Pakistán m
Pakt M̲ pacto m
Palast M̲ palacio m
Palästina N̲ Palestina f
Palme F̲ palmera **Palmsonntag** M̲ Domingo de Ramos
Pampelmuse F̲ pomelo m
Panama N̲ Panamá m
Pangasius M̲ panga **Pangasiusfilet** N̲ filete m de panga
Paniermehl N̲ pan m rallado **paniert** empanado, rebozado
Panik F̲ pánico m
Panne F̲ avería **Pannenhilfe** F̲ auxilio m en carretera
Panorama N̲ panorama m
Pant(h)er M̲ pantera f
Pantoffel M̲ zapatilla f
Panzer M̲ MIL tanque; ZOOL caparazón **Panzerschrank** M̲ caja f fuerte
Papa M̲ papá m
Papagei M̲ papagayo, loro
Papier N̲ papel m; **~e** pl documentación f **Papierkorb** M̲ papelera f **Papierserviette** F̲ servilleta de papel **Papierstau** M̲ im Drucker usw. atasco de papel **Papiertaschentuch** N̲ pañuelo m de papel
Pappe F̲ cartón m
Pappel F̲ álamo m

Paprika M̲ pimentón **Paprikaschote** F̲ pimiento m
Papst M̲ papa m
Parabolantenne F̲ antena parabólica
Parade F̲ desfile m, revista
Paradeiser M̲ österr tomate
Paradies N̲ paraíso m **paradox** paradójico **Paragraf** M̲ párrafo; JUR artículo **parallel** paralelo (**zu** a) **Parasit** M̲ parásito
Pärchen N̲ parejita f
Parfüm N̲ perfume m **Parfümerie** F̲ perfumería
Paris N̲ París m
Park M̲ parque **parken** aparcar
Parkett N̲ parqué m; THEAT platea f; patio m de butacas
Parkgebühr F̲ tarifa de aparcamiento **Parkhaus** N̲ parking m **Parklücke** F̲ hueco m para aparcar **Parkplatz** M̲ aparcamiento, parking **Parkscheibe** F̲ disco m de aparcamiento **Parkscheinautomat** M̲ expendedor automático de tíquets de aparcamiento **Parkuhr** F̲ parquímetro m **Parkverbot** N̲ prohibición f de aparcamiento
Parlament N̲ parlamento m
Parmesan M̲ queso parmesano
Parodie F̲ parodia
Partei F̲ partido m; JUR parte **parteiisch** parcial
Parterre N̲ planta f baja; THEAT

platea f
Partie f partida; SPORT partido m
Partizip N participio m
Partner(in) MF compañero,-a; HANDEL socio,-a; (*Tanzpartner*) pareja f **Partnerstadt** F ciudad hermanada **Partnersuche** F búsqueda de pareja
Party F fiesta **Partyservice** M servicio de fiestas
Parzelle F parcela
Pass M pasaporte; GEOG puerto, paso **Passage** F pasaje m **Passagier** M pasajero **Passant(in)** MF transeúnte **Passbild** N foto f de pasaporte
passen sentar, ir (*od* venir) bien; *Kleid* sentar bien **passend** conveniente, adecuado; ~ **zu** a juego con, a tono con
passieren pasar; **was ist passiert?** ¿qué ha pasado?
passiv pasivo
Passiv N GRAM pasivo m
Passkontrolle F control m de pasaportes
Passwort N IT contraseña f
Paste F pasta **Pastell** N pastel m **Pastete** F empanada; pastel m
pasteurisiert pasteurizado
Pastor(in) MF pastor(a)
Patchworkfamilie F familia f ensamblada, familia f reconstituida
Pate M padrino **Patenkind** N ahijado, -a m,f **Patenschaft** F padrinazgo m, apadrina-

miento m
Patent N patente f
Patient(in) MF paciente **Patientenverfügung** F JUR testamento m vital
Patin F madrina
patriotisch patriótico
Patronatsfest N fiesta f mayor
Patrone F cartucho m
Patsche F **in der** ~ **sitzen** estar en un apuro
Pauke F timbal m; bombo m
pauschal global **Pauschale** F importe m global **Pauschalpreis** M precio global **Pauschalreise** F viaje m todo incluido
Pause F pausa; THEAT descanso m; *Schule* recreo m; MUS silencio m **pausenlos** sin cesar
Pavillon M pabellón
Pay-TV N televisión f de pago
Pazifik M Pacífico
pazifisch: der Pazifische Ozean M Océano Pacífico
PC M (Personal Computer) ordenador personal
PDF N ABK (Portable Document Format), **Pdf-Datei** F (fichero m) PDF m, archivo m PDF
Pech N fig mala suerte f **Pechvogel** M umg cenizo
Pedal N pedal m
pedantisch pedante
Pediküre F pedicura
peinlich embarazoso; violento; ~ **genau** escrupuloso
Peitsche F látigo m

Peking N̄ Pekín m

Pelikan M̄ pelícano

Pelle F̄ piel **Pellkartoffeln** F̄PL patatas cocidas con su piel

Pelz M̄ piel y **Pelzgeschäft** N̄ peletería f **Pelzjacke** F̄ chaquetón m de piel **Pelzmantel** M̄ abrigo de piel(es)

pendeln Zug, Person ir y venir **Pendelverkehr** M̄ servicio de lanzadera

Penis M̄ pene

Penizillin N̄ penicilina f

Pension F̄ pensión **Pensionär** M̄ pensionista **pensioniert** jubilado; MIL retirado **Pensionierung** F̄ jubilación

Pep M̄ umg ~ **haben** umg tener gancho

Peperoni F̄ guindilla, pimento m picante

perfekt perfecto **Perfekt** N̄ GRAM perfecto m

Periode F̄ período m (a. MED)

Peripherie F̄ periferia **Peripheriegeräte** N̄PL IT periféricos mpl

Perle F̄ perla **perlen** burbujear **Perlmutt** N̄ nácar m

Persien N̄ Persia f **persisch** pérsico

Person F̄ persona

Personal N̄ personal m **Personalabbau** M̄ reducción f de plantilla **Personalausweis** M̄ carnet de identidad, Am cédula f personal **Personalien** P̄L datos mpl personales

Personenwagen M̄ (automó-

vil de) turismo **Personenzug** M̄ tren de pasajeros

persönlich ADJ personal; ADV en persona **Persönlichkeit** F̄ personalidad; personaje m

Peru N̄ Perú m **peruanisch** peruano

Perücke F̄ peluca

pervers perverso

Pesete F̄ hist peseta

Pessimist(in) M̄(F) pesimista **pessimistisch** pesimista

Pest F̄ peste

Petersilie F̄ perejil m

PET-Flasche F̄ botella (de) PET

Petroleum N̄ petróleo m

Pfad M̄ sendero, senda f **Pfadfinder(in)** M̄(F) explorador(a), scout

Pfahl M̄ palo

Pfalz F̄: **die ~** el Palatinado

Pfand N̄ prenda f **Pfandflasche** F̄ botella retornable **Pfandhaus** N̄ monte m de piedad, casa f de empeños

Pfändung F̄ embargo m

Pfanne F̄ sartén **Pfannkuchen** M̄ etwa tortilla f, crepe f; (Krapfen) buñuelo

Pfarrei F̄ parroquia **Pfarrer** M̄ párroco, cura F̄ evangelisch: pastor(a)

Pfau M̄ pavo real

Pfeffer M̄ pimienta **Pfefferkuchen** M̄ pan de especias **Pfefferminze** F̄ menta **Pfefferminztee** M̄ infusión f de menta **pfeffern** sazonar con pimienta

Pfeife F̲ pipa; (*Trillerpfeife*) silbato *m*, pito *m* **pfeifen** silbar

Pfeil M̲ flecha *f*

Pfeiler M̲ pilar

Pfennig M̲ *hist* pfennig

Pferd N̲ caballo *m*

Pferderennbahn F̲ hipódromo *m* **Pferderennen** N̲ carrera *f* de caballos **Pferdeschwanz** M̲ cola de caballo (*a. Frisur*) **Pferdestall** M̲ cuadra *f* **Pferdestärke** F̲ caballo *m* (de) vapor

Pfiff M̲ pitada *f*, silbido

Pfifferling M̲ cantarela *f*

Pfingsten N̲ Pentecostés *m* **Pfingstmontag** M̲ lunes de Pentecostés

Pfirsich M̲ melocotón, *Am* durazno

Pflanze F̲ planta **pflanzen** plantar **Pflanzenschutzmittel** N̲ pesticida **pflanzlich** vegetal **Pflanzung** F̲ plantación

Pflaster N̲ (*Straßenpflaster*) pavimento *m*; (*Heftpflaster*) esparadrapo *m* **Pflasterstein** M̲ adoquín

Pflaume F̲ ciruela

Pflege F̲ cuidado *m* **pflegen** cuidar, atender a **Pfleger** M̲ cuidador; *MED* enfermero

Pflicht F̲ deber *m*, obligación **pflichtbewusst** cumplidor **Pflichtversicherung** F̲ seguro *m* obligatorio

Pflock M̲ estaquilla *f*, taco *m*

pflücken coger

Pflug M̲ arado

pflügen arar

Pförtner(in) M̲F̲ portero,-a

Pfosten M̲ poste

Pfote F̲ pata

Pfropfen M̲ tapón

pfui! *umg* ¡qué asco!

Pfund N̲ medio kilo *m*; *Währung* libra *f*

pfuschen chapucear **Pfuscher** M̲ chapucero **Pfuscherei** F̲ chapuza

Pfütze F̲ charco *m*

Phantasie *etc* → Fantasie *etc*

Phase F̲ fase

Philologe(in) M̲F̲ filólogo,-a **Philologie** F̲ filología **Philosoph(in)** M̲F̲ filósofo,-a **Philosophie** F̲ filosofía

Photo *etc* → Foto *etc*

Physik F̲ física **phys(ikal)isch** físico **Physiker(in)** M̲F̲ físico,-a

Pianist(in) M̲F̲ pianista

Pickel M̲ pico; *MED* grano

picken picotear

Pickerl N̲ *österr AUTO* pegatina *f* del peaje

Picknick N̲ picnic *m*

Piercing N̲ piercing *m*

Pik N̲ espadas *fpl*

pikant picante

Pilger(in) M̲F̲ peregrino,-a **Pilgerfahrt** F̲, **Pilgerreise** F̲ peregrinación, romería

Pille F̲ píldora; **die ~ danach** la píldora del día después

Pilot(in) M̲F̲ piloto *m/f*

Pils N̲, **Pils(e)ner** N̲ Pils *f*

Pilz M̲ hongo (a. MED), seta f

PIN F̲ pin m, número m de identificación personal

Pinguin M̲ pingüino

Pinie F̲ pino m Pinienkern M̲ piñón

pinkeln umg mear

PIN-Nummer F̲ IT, TEL número m de identificación personal

Pinsel M̲ pincel; grober brocha f

Pinzette F̲ pinzas fpl

Pionier(in) M̲F̲ pionero,-a

Pipifax umg pej M̲ mandanga f

Pirat(in) M̲F̲ pirata

Pistazie F̲ pistacho m

Piste F̲ pista

Pistole F̲ pistola

Pizza F̲ pizza Pizzabrot N̲ pizza f en (pan) baguette Pizzaservice M̲ pizzería f con reparto a domicilio Pizzeria F̲ pizzería

Pkw M̲ (Personenkraftwagen) (automóvil) de turismo Pkw-Maut F̲ peaje m para turismos

Plage F̲ molestia f plagen atormentar; sich ~ afanarse

Plakat N̲ cartel m Plakette F̲ placa; pegatina

Plan M̲ plan, proyecto; ARCH, (Stadtplan) plano

Plane F̲ lona

planen proyectar

Planet M̲ planeta

planieren aplanar

Planke F̲ tablón m, tabla

planmäßig metódico; BAHN, FLUG regular

Plantage F̲ plantación

Plantschbecken N̲ piscina f infantil plantschen chapotear

Planung F̲ planificación

Plaque F̲ ZAHNMED placa dental

Plastik 1 F̲ escultura 2 N̲ plástico m Plastikbeutel M̲ bolsa f de plástico Plastikflasche F̲ botella de plástico Plastiktüte F̲ bolsa f de plástico

Platane F̲ plátano m

Platin N̲ platino m

plätschern Bach murmurar; Wellen chapalear

platt plano, llano; Reifen pinchado; umg fig ~ sein estar perplejo; e-n Platten haben tener un reventón

Platte F̲ plancha, placa; MUS disco m; Schüssel fuente; kalte ~ (plato m de) fiambres mpl

Plattform F̲ plataforma

Platz M̲ plaza f; sitio; (Sitzplatz) asiento; ~ nehmen tomar asiento Platzanweiser(in) M̲F̲ acomodador(a)

Plätzchen N̲ pasta f

platzen reventar, estallar Platzkarte F̲ reserva de asiento Platzregen M̲ chubasco

plaudern charlar

Pleite F̲ quiebra; ~ machen quebrar; pleite sein umg estar sin blanca

Plombe F̲ precinto m; MED empaste m plombieren precintar; MED empastar plötzlich súbito, repentino; <u>ADV</u> de repente

plump torpe, grosero

plündern saquear

Plural <u>N</u> plural

plus más; **5 Grad ~** 5 grados sobre cero

PLZ <u>F</u> (Postleitzahl) CP (*código postal*)

Po <u>M</u> *umg* pompis, *Am* cola *f*

Pöbel <u>M</u> populacho

Pocken <u>FPL</u> viruela *f*

Podium <u>N</u> estrado *m*, podio *m*

Poet <u>M</u>, Poetin <u>F</u> poeta poetisch poético

Pokal <u>M</u> copa *f*

Poker <u>N</u> póquer *m*

Pol <u>M</u> polo Polarstern <u>M</u> estrella *f* polar

Pole <u>M</u> polaco Polen <u>N</u> Polonia *f*

Police <u>F</u> póliza

polieren pulir; lustrar

Polin <u>F</u> polaca

Politesse <u>F</u> auxiliar de policía

Politik <u>F</u> política Politiker(in) <u>M(F)</u> político,-a politisch político

Politur <u>F</u> pulimento *m*

Polizei <u>F</u> policía Polizeirevier <u>N</u> comisaría *f*

Polizist(in) <u>M(F)</u> (agente de) policía, guardia

polnisch polaco

Polohemd <u>N</u>, Poloshirt <u>N</u> *Kleidung* polo *m*

Polster <u>N</u> acolchado *m* polstern tapizar Polstersessel <u>M</u> sillón tapizado

Polynesien <u>N</u> Polinesia *f*

Pommern <u>N</u> Pomerania *f*

Pommes frites <u>PL</u>, *umg* Pommes <u>PL</u> patatas *fpl* fritas

Pony **1** <u>N</u> poney *m*, poni *m* **2** <u>M</u> *Frisur* flequillo

Pool <u>M</u> piscina *f*

Popcorn <u>N</u> palomitas *fpl*

Popmusik <u>F</u> música pop

Popo <u>M</u> *umg* pompis, *Am* cola *f*

Popsänger(in) <u>M(F)</u> cantante pop Popstar <u>M</u> estrella *f* del pop

populär popular

Pop-up-Menü <u>N</u> IT menú *m* pop-up

Pore <u>F</u> poro *m*

Pornografie <u>F</u> pornografía porös poroso

Porree <u>M</u> puerro

Portemonnaie <u>N</u> portamonedas *m*, monedero *m*

Portier <u>M</u> portero

Portion <u>F</u> ración, porción

Porto <u>N</u> porte *m*, franqueo *m* portofrei franco de porte

Porträt <u>N</u> retrato *m*

Portugal <u>N</u> Portugal *m* Portugiese <u>M</u>, Portugiesin <u>F</u> portugués, -esa portugiesisch portugués

Portwein <u>M</u> oporto

Porzellan <u>N</u> porcelana *f*

Posaune <u>F</u> trombón *m*

Position <u>F</u> posición

positiv positivo

Post¹ <u>F</u> *Briefe, Pakete etc* correo *m*

Post®² <u>F</u> *Firma* correo *m* ale-

mán; **per ~** por correo
Postamt N̄ oficina f de correos
Postbote M̄ cartero
posten INTERNET postear
Posten N̄ puesto, empleo, cargo; HANDEL partida f, lote; MIL centinela
Postfach N̄ apartado m (de correos), Am casilla f **Postkarte** F̄ (tarjeta) postal **Postleitzahl** F̄ código m postal **Poststempel** M̄ matasellos **postwendend** a vuelta de correo
Power umg F̄ (Energie, Elan) energía, empuje m; **~ haben** tener empuje **Powerfrau** umg F̄ mujer de ímpetu
PR PLABK (Public Relations) relaciones fpl públicas
Pracht F̄ esplendor m **prächtig** magnífico
Prag N̄ Praga f
prahlen jactarse (**mit** a)
Praktikant(in) M̄F̄ persona f en periodo de prácticas **Praktikum** N̄ prácticas fpl; **ein ~ machen** hacer unas prácticas **praktisch** práctico; **~er Arzt** m médico general **praktizieren** practicar; MED ejercer
Praline F̄ bombón m
prall tenso; **in der ~en Sonne** a pleno sol
Prämie F̄ prima; premio m
Präparat N̄ preparado m **Präposition** F̄ preposición f **Präsens** N̄ GRAM presente m **Präservativ** N̄ preservativo m **Präsident(in)** M̄F̄ presidente

Praxis F̄ práctica; (Arztpraxis) consulta, consultorio m; (Anwaltspraxis) bufete m **Praxisgebühr** F̄ MED tasas fpl de consulta
predigen predicar **Predigt** F̄ sermón m
Preis M̄ precio; fig premio **Preisausschreiben** N̄ concurso m
Preiselbeere F̄ arándano m encarnado
Preiserhöhung F̄ aumento m (od subida) de precio **preisgekrönt** premiado **preisgünstig** barato, a buen precio **Preisliste** F̄ lista de precios **Preissenkung** F̄ reducción de precios **Preisträger(in)** M̄F̄ premiado,-a **preiswert** barato, a buen precio
Prellung F̄ contusión f
Premiere F̄ estreno m
Prepaid-Handy N̄ TEL móvil m de prepago **Prepaid-Karte** F̄ TEL tarjeta prepago
Presse F̄ prensa (a. TECH)
pressen prensar, apretar
Preußen N̄ Prusia f **preußisch** prusiano
prickeln picar; (Getränk) burbujear
Priester M̄ sacerdote **Priesterin** F̄ sacerdotisa
prima umg estupendo
Primel F̄ prímula, primavera
primitiv primitivo
Prinz M̄ príncipe **Prinzessin** F̄ princesa

Prinzip N principio m **prinzipiell** en principio

Prise F GASTR pizca

privat privado; particular; ~ **versichert sein** tener un seguro (médico) privado

Privat... IN ZSSGN privado; particular **Privatadresse** F dirección particular **Privateigentum** N propiedad f privada **Privatsender** M TV televisión f privada **Privatsphäre** F esfera privada, privacidad **Privatunterricht** M clases fpl particulares

Privileg N privilegio m

pro PRÄP (akk): ~ **Kopf** por cabeza

Probe F prueba; a. THEAT ensayo m; HANDEL muestra **Probefahrt** F viaje m de prueba **proben** ensayar **probeweise** como (od a título de) prueba **Probezeit** F periodo m de prueba

probieren probar

Problem N problema m; **kein** ~ no pasa nada, no hay problema

Produkt N producto m **Produktion** F producción **produktiv** productivo **produzieren** producir

Professor(in) MF UNIV catedrático,-a, Titel a. profesor(a) **Professur** F cátedra

Profi M umg profesional

Profil N perfil m **Profilfoto** N INTERNET foto f de(l) perfil

Profit M provecho, beneficio **profitieren: von etw** ~ aprovecharse de a/c

Prognose F pronóstico m

Programm N programa m (a. IT); TV cadena f, canal m **programmieren** programar **Programmierer(in)** MF programador(a)

Projekt N proyecto m **Projektor** M proyector

Promenade F paseo m

Promi umg M celebridad f; **die** ~s pl a. los notables

Promille N tanto m por mil **Promillegrenze** F grado m máximo de alcoholemia

prominent prominente

Promotion F doctorado m **promovieren** doctorarse

Pronomen N pronombre m

Propaganda F propaganda

Propan(gas) N propano m

Propeller M hélice f

prophezeien pronosticar

Prospekt M prospecto, folleto

prost! ¡salud!

Prostituierte F prostituta **Prostitution** F prostitución

Protest M protesta f **Protestant(in)** MF protestante **protestantisch** protestante **protestieren** protestar

Prothese F prótesis f

Protokoll N acta f; POL protocolo m

Provence F Provenza

Proviant M víveres mpl

Provider M IT proveedor

Provinz F̲ provincia
Provision F̲ comisión provisorisch provisional **Provisorium** N̲ ZAHNMED obturación f provisional
provozieren provocar
Prozent N̲ (tanto m) por ciento **Prozentsatz** M̲ porcentaje
Prozess M̲ proceso; JUR a. pleito **Prozession** F̲ procesión
prüde pudibundo
prüfen examinar; (nachprüfen) revisar; comprobar **Prüfung** F̲ examen m; prueba
Prügel PL paliza f **Prügelei** F̲ pelea **prügeln: (sich) ~** pegar(se)
Prunk M̲ fasto, boato
PS F̲ (Pferdestärke) CV m (caballo de vapor)
Psychiater(in) M̲F̲ (p)siquiatra **psychisch** (p)síquico **Psychoanalyse** F̲ (p)sicoanálisis m **Psychologe** M̲, **Psychologin** F̲ (p)sicólogo,-a **psychologisch** (p)sicológico
Pubertät F̲ pubertad
Publikum N̲ público m
Pudding M̲ pudin
Pudel M̲ (perro) caniche
Puder M̲ polvos mpl **Puderdose** F̲ polvera **Puderzucker** M̲ azúcar glas (od lustre)
Puff M̲ sl (Bordell) burdel
Pulli M̲, **Pullover** M̲ jersey, suéter, Am pulóver
Puls M̲ pulso
Pult N̲ pupitre m
Pulver N̲ polvo m **Pulver-**

schnee M̲ nieve f polvo
Pumpe F̲ bomba **pumpen** bombear; umg fig prestar
Punk M̲ a. Person punk
Punkt M̲ punto; **~ zwei Uhr** a las dos en punto
pünktlich puntual; a la hora **Pünktlichkeit** F̲ puntualidad
Punsch M̲ ponche
Pupille F̲ pupila
Puppe F̲ muñeca
pur puro
Püree N̲ puré m
Pustel F̲ pústula
pusten soplar
Pute F̲ pava; Fleisch pavo m
Putsch M̲ POL golpe de Estado
Putz M̲ ARCH enlucido **putzen** limpiar; Zähne lavar; **sich die Nase ~** sonarse **Putzfrau** F̲ neg! señora de (la) limpieza, asistenta **Putzmittel** N̲ producto m de limpieza
Puzzle N̲ rompecabezas m, puzzle m
Pyjama M̲ pijama, Am piyama f od m
Pyramide F̲ pirámide
Pyrenäen PL **die ~** los Pirineos mpl

Q

Quacksalber(in) M̲F̲ curandero,-a

Quad N̄ AUTO quad *m*, cuatriciclo *m*
Quadrat N̄ cuadrado *m* **quadratisch** cuadrado **Quadratmeter** M̄ metro cuadrado
quaken croar
Qual F̄ pena, tormento *m*
quälen atormentar
Qualifikation F̄ calificación
qualifizieren: sich ~ calificarse (**für** para)
Qualität F̄ calidad **Qualitäts...** IN ZSSGN de alta calidad
Qualle F̄ medusa
Qualm M̄ humo espeso
Quark M̄ requesón
Quartal N̄ trimestre *m* **Quartett** N̄ cuarteto *m* **Quartier** N̄ alojamiento *m*
Quarz M̄ cuarzo
quasseln *umg* charlar, parlotear
Quatsch M̄ *umg* tontería *f*
Quecksilber N̄ mercurio *m*
Quelle F̄ fuente, manantial *m*
quellen *Erbsen* hincharse
quer transversal; ADV a través (de) **Querflöte** F̄ flauta travesera **Querschiff** N̄ ARCH nave *f* transversal **Querschnitt** M̄ MATH sección *f* transversal **querschnitt(s)gelähmt** parapléjico **Querstraße** F̄ travesía
quetschen aplastar; magullar **Quetschung** F̄ contusión
quietschen rechinar
Quirl M̄ batidor **quirlen** batir
quitt: ~ sein estar en paz

Quitte F̄ membrillo *m*
quittieren dar recibo de **Quittung** F̄ recibo *m*
Quiz N̄ concurso *m*
Quote F̄ cuota

R

Rabatt M̄ descuento, rebaja *f*
Rabbi(ner) M̄ rabino
Rabe M̄ cuervo
Rache F̄ venganza
Rachen M̄ faringe *f*
rächen vengar
Rad N̄ rueda *f*; (*Fahrrad*) bicicleta *f*; **~ fahren** ir en bicicleta
Radar N̄ radar *m* **Radarkontrolle** F̄ control *m* por radar
Radfahrer(in) M(F) ciclista
Radhose F̄ pantalón *m* de ciclista
radieren borrar **Radierer** M̄, **Radiergummi** M̄ goma *f* (de borrar) **Radierung** F̄ aguafuerte *m*
Radieschen N̄ rabanito *m*
radikal radical; POL extremista
Radio N̄ radio *f*; → Rundfunk **radioaktiv** radiactivo **Radiogerät** N̄ aparato *m* de radio **Radiosender** M̄ emisora *f* de radio **Radiosendung** F̄ programa *m* de radio **Radiowecker** M̄ radiodespertador *m*
Radius M̄ radio

Radkappe F̲ tapacubos m

Radrennen N̲ carrera f ciclista **Radsport** M̲ ciclismo **Radtour** F̲ excursión en bicicleta

Radwechsel M̲ cambio de neumático(s) **Radweg** M̲ pista f para ciclistas, *umg* carril-bici

raffiniert *fig Person* astuto; *etw* sofisticado

Rahm M̲ crema f

Rahmen M̲ marco; *Fahrrad* cuadro

Rakete F̲ cohete m

Rallye F̲ rally(e) m

Ramadan M̲ REL ramadán

Rampe F̲ rampa

Ramsch M̲ pacotilla f

Rand M̲ borde; margen

randalieren alborotar

Randstreifen M̲ *Verkehr* arcén

Rang M̲ grado; rango; THEAT anfiteatro

rangieren BAHN maniobrar

Ranke F̲ zarcillo m

ranken (*bewerten*) valorar, posicionar

ranzig rancio

Rap M̲ MUS rap **Rapper(in)** M̲(F̲) rapero,-a, cantante de rap

rar raro **Rarität** F̲ rareza

rasch rápido

rascheln crujir

rasen correr a toda velocidad

Rasen M̲ césped

rasend furioso; *Schmerz* atroz

Rasenmäher M̲ cortacésped

Rasierapparat M̲ máquina f de afeitar **Rasiercreme** F̲ crema de afeitar **rasieren:**

(sich) ~ afeitar(se) **Rasierklinge** F̲ hoja de afeitar **Rasierpinsel** M̲ brocha f de afeitar **Rasierseife** F̲ jabón m de afeitar **Rasierwasser** N̲ loción f para (después d)el afeitado

Rasse F̲ raza **Rassismus** M̲ racismo **Rassist(in)** M̲(F̲) racista **rassistisch** racista

Rast F̲ descanso m; alto m **rasten** descansar **rastlos** incansable **Rastplatz** M̲ *Autobahn* área f de descanso **Raststätte** F̲ restaurante m de carretera; *Autobahn* área de servicio

Rasur F̲ afeitado m

Rat M̲ consejo; *Person* consejero; **ein guter** ~ un buen consejo

Rate F̲ plazo m; **in ~n** a plazos **raten** aconsejar (j-m etw a/c a alg); (*erraten*) adivinar

Ratenzahlung F̲ pago m a plazos

Rathaus N̲ ayuntamiento m

Ration F̲ ración **rationalisieren** racionalizar **rationell** racional, económico **rationieren** racionar

ratlos perplejo

Rätsel N̲ acertijo m, adivinanza f; *fig* enigma m **rätselhaft** enigmático

Ratte F̲ rata

rau áspero; *Klima* duro, rudo; *Stimme* ronco

Raub M̲ robo **rauben** robar **Räuber** M̲ ladrón

Raubkopie F̲ copia pirata
Raubtier N̲ animal *m* de presa **Raubüberfall** M̲ atraco
Raubvogel M̲ (ave) rapaz *f*
Rauch M̲ humo **rauchen** V̲/I̲
echar humo; V̲/T̲ *u.* V̲/I̲ fumar;
Rauchen verboten! prohibido
fumar **Rauch er(in)** M̲/F̲ fumador(a)
Räucherlachs salmón ahumado **räuchern** ahumar
Rauchfleisch N̲ carne *f* ahumada **rauchig** lleno de humo
Rauchmelder M̲ detector
de humos **Rauchverbot** N̲
prohibición *f* de fumar **Rauchwolke** F̲ humareda
raufen: sich ~ pelearse **Rauferei** F̲ pelea, riña
Raum M̲ espacio; local; (*Zimmer*) habitación *f*
räumen desocupar; desalojar;
Straße despejar
Raumfähre F̲ transbordador
m espacial **Raumfahrt** F̲ astronáutica **Raumflug** M̲ vuelo espacial
räumlich espacial
Raumpflegerin F̲ mujer de la
limpieza **Raumschiff** N̲ astronave *f*, nave *f* espacial
Raumstation F̲ estación espacial
Räumung F̲ evacuación; desalojamiento *m* **Räumungsverkauf** M̲ liquidación *f* total
Raupe F̲ oruga
Raureif M̲ escarcha *f*
raus *umg* ¡fuera de aquí!; → he-

raus *u.* hinaus
Rausch M̲ borrachera *f* **rauschen** susurrar; murmurar
Rauschgift N̲ estupefaciente
m, droga *f*; IN ZSSGN A. → **Droge**
etc **rauschgiftsüchtig** toxicómano
räuspern: sich ~ carraspear
Razzia F̲ redada
reagieren reaccionar (**auf** *akk*
a)
real real; efectivo **realistisch**
realista **Realität** F̲ realidad
Rebe F̲ vid
Rebell M̲ rebelde **rebellieren**
rebelarse
Rechen M̲ rastro, rastrillo
Rechenaufgabe F̲ problema
m (de aritmética) **Rechenfehler** M̲ error de cálculo **Rechenschaft** F̲ ~ **ablegen**
über (*akk*) dar cuentas de; **zur**
~ **ziehen** pedir cuentas (**für**
por)
rechnen calcular; contar (**mit**
con) **Rechner** M̲ *Gerät* calculadora *f*; (*Computer*) ordenador
m, *Am* computadora *f* **Rechnung** F̲ cálculo *m*; HANDEL,
Lokal cuenta; HANDEL *a.* factura
recht derecho; *fig* justo; ~ **haben** tener razón
Recht N̲ derecho *m*; **im** ~ **sein**
tener razón
rechte(r, -s) derecho **Rechte**
F̲ *Hand*, *a.* POL derecha
Rechteck N̲ rectángulo *m*
rechteckig rectangular

rechtfertigen (sich) ~ justificar(se) **Rechtfertigung** F̲ justificación

rechtlich jurídico; legal **rechtmäßig** legítimo, legal **rechts** a la derecha

Rechtsabbieger M̲ vehículo que gira a la derecha **Rechtsanwalt** M̲, **-anwältin** F̲ abogado,-a _m(f)_ **Rechtsberater(in)** M̲F̲ asesor(a) jurídico,-a

Rechtschreibung F̲ ortografía

rechtsextrem de la extrema derecha **Rechtsextremist(in)** M̲F̲ ultraderechista **rechtswidrig** ilegal **rechtwinklig** rectangular **rechtzeitig** A̲D̲V̲ a tiempo **Reck** N̲ barra f fija

recyceln Ö̲K̲O̲L̲ reciclar **Recycling** N̲ reciclaje _m_; reciclado _m_ **Recyclingpapier** N̲ papel _m_ reciclado

Redakteur(in) M̲F̲ redactor(a) **Redaktion** F̲ redacción

Rede F̲ discurso _m_ **reden** hablar _(über akk de)_ **Redensart** F̲ dicho _m_ **Redewendung** F̲ expresión **Redner(in)** M̲F̲ orador(a)

reduzieren reducir

Reede F̲ rada **Reeder** M̲ armador **Reederei** F̲ compañía naviera

reell real; H̲A̲N̲D̲E̲L̲ sólido

Referat N̲ ponencia f

reflektieren reflejar **Reflektor** M̲ reflector **Reflex** M̲ reflejo **reflexiv** reflexivo

Reform F̲ reforma **Reformhaus** N̲ tienda f de productos dietéticos

Regal N̲ estante _m_, estantería f

Regatta F̲ regata

rege activo; vivo, animado

Regel F̲ regla _(a. MED)_; norma **regelmäßig** regular **regeln** arreglar; _a. Verkehr_ regular **Regelung** F̲ arreglo _m_; regulación

regen: sich ~ moverse

Regen M̲ lluvia f **Regenbogen** M̲ arco iris **Regenmantel** M̲ impermeable

Regensburg N̲ Ratisbona f

Regenschauer M̲ chubasco **Regenschirm** M̲ paraguas **Regenwasser** N̲ agua f pluvial **Regenwurm** M̲ lombriz f de tierra **Regenzeit** F̲ estación de lluvias

Regie F̲ dirección **regieren** gobernar **Regierung** F̲ gobierno _m_

Regime N̲ régimen _m_ **Regiment** N̲ M̲I̲L̲ regimiento _m_

Region F̲ región **regional** regional

Regisseur M̲ director; T̲H̲E̲A̲T̲ director de escena

Register N̲ registro _m_; _Buch_ índice _m_ **registrieren** registrar

regnen llover **regnerisch** lluvioso

regulieren regular

regungslos inmóvil

Reh N̲ corzo _m_

Rehabilitation $\overline{F}$ rehabilitación (a. MED) **Reha-Klinik** $\overline{F}$ MED unidad de rehabilitación

Reibe $\overline{F}$ rallador m **reiben** frotar, fregar; GASTR rallar **Reibung** $\overline{F}$ fricción **reibungslos** sin dificultades

reich rico

Reich $\overline{N}$ imperio m; reino m

reichen $\overline{V/T}$ pasar; $\overline{V/I}$ alcanzar, llegar (**bis** hasta); **das reicht** basta, es suficiente **reichhaltig** abundante **reichlich** $\overline{ADV}$ abundante; $\overline{ADV}$ bastante

Reichtum $\overline{M}$ riqueza f **Reichweite** $\overline{F}$ alcance m

reif maduro

Reif $\overline{M}$ escarcha f

Reife $\overline{F}$ madurez f **reifen** madurar

Reifen $\overline{M}$ aro m; AUTO neumático m **Reifendruck** $\overline{M}$ presión f del neumático **Reifenpanne** $\overline{F}$ pinchazo m, reventón m **Reifenwechsel** $\overline{M}$ cambio del neumático

Reihe $\overline{F}$ fila; serie; **der ~ nach** por turno; **ich bin an der ~** me toca a mí **Reihenfolge** $\overline{F}$ orden m; turno m **Reihenhaus** $\overline{N}$ chalet m adosado

Reiher $\overline{M}$ garza f

Reim $\overline{M}$ rima f **reimen**: (**sich**) **~** (**auf** akk) rimar (con)

rein limpio; fig puro

Reinfall $\overline{M}$ umg fracaso; chasco

Reinheit $\overline{F}$ pureza **reinigen** limpiar **Reiniger** $\overline{M}$ Mittel:

producto de limpieza; detergente **Reinigung** $\overline{F}$ chemische: limpieza en seco; Geschäft: tintorería

Reinigungsmilch $\overline{F}$ leche limpiadora **Reinigungsmittel** $\overline{N}$ detergente m

Reis $\overline{M}$ arroz

Reise $\overline{F}$ viaje m **Reiseapotheke** $\overline{F}$ botiquín m **Reisebüro** $\overline{N}$ agencia f de viajes **Reisebus** $\overline{M}$ autocar **Reiseführer(in)** $\overline{M/F}$ **1** Person guía m(f) turístico,-a **2** nur m Buch guía f **Reisegepäck** $\overline{N}$ equipaje m **Reisegruppe** $\overline{F}$ grupo m de turistas **Reisekosten** $\overline{PL}$ gastos mpl de viaje **Reiseleiter(in)** $\overline{M/F}$ acompañante, guía **reisen** viajar **Reisende(r)** $\overline{M/F(M)}$ viajero,-a m(f); HANDEL viajante **Reisepass** $\overline{M}$ pasaporte **Reiseroute** $\overline{F}$ itinerario m **Reiserücktrittsversicherung** $\overline{F}$ seguro m (de anulación) de viaje **Reiseschutz** $\overline{M}$ seguro de viaje **Reisetasche** $\overline{F}$ bolsa de viaje **Reiseveranstalter** $\overline{M}$ operador turístico **Reisewarnung** $\overline{F}$ des Auswärtigen Amtes: recomendación de no viajar; **eine ~ herausgeben** recomendar no viajar a un país **Reisewecker** $\overline{M}$ despertador de viaje **Reisezeit** $\overline{F}$ temporada turística **Reiseziel** $\overline{N}$ destino m (del viaje)

reißen romperse **Reißver-**

schluss M cremallera f Reißzwecke F, Reißnagel M chincheta f

reiten montar a caballo; als Sport hacer equitación Reiter M jinete Reiterin F amazona Reitpferd N caballo m de silla Reitsport M equitación f; hípica f Reitstiefel MPL botas fpl de montar Reitweg M camino de herradura

Reiz M estímulo; fig atractivo reizen estimular; (ärgern) irritar (a. MED) reizend encantador Reizung F MED irritación

Reklamation F reclamación Reklame F propaganda, publicidad reklamieren reclamar

Rekord M (plus)marca f, récord (aufstellen establecer; brechen batir) Rekordzeit F tiempo m récord

Rekrut(in) MF recluta f

relativ relativo

Relief N relieve m

Religion F religión religiös religioso

Reling F borda

Renaissance F Renacimiento m

Rendezvous N cita f

Rennauto N coche m de carreras Rennbahn F pista rennen correr Rennen N carrera f Rennfahrer M corredor, piloto (de carreras) Rennpferd N caballo m de carreras Rennrad N bicicleta f de carreras

Rennwagen M coche de carreras

renovieren renovar

rentabel rentable, lucrativo Rente F pensión; HANDEL renta rentieren: sich ~ ser rentable Rentner(in) MF jubilado,-a, pensionista

Reparatur F reparación Reparaturkosten PL gastos mpl de reparación Reparaturwerkstatt F taller m de reparaciones

reparieren reparar

Reportage F reportaje m Reporter(in) MF reportero,-a

Reproduktion F reproducción

Republik F república

Reserve F reserva Reserverad N rueda f de recambio Reservetank M depósito de reserva

reservieren reservar reserviert reservado Reservierung F reserva

resignieren resignar(se)

Respekt M respeto (vor dat a) respektieren respetar Respektlosigkeit F falta de respeto

Rest M resto

Restaurant N restaurante m restaurieren restaurar

restlich restante restlos entero, total Restmüll M residuos mpl restantes

Retoure F HANDEL devolución f

retro *Stil, Mode* nostálgico, retro

retten salvar **Retter(in)** M̲F̲ salvador(a)

Rettich M̲ rábano

Rettung F̲ salvación, salvamento m

Rettungsaktion F̲ operación de rescate **Rettungsboot** N̲ bote m salvavidas **Rettungsdienst** M̲ servicio de salvamento **Rettungsmannschaft** F̲ equipo m de rescate (*od* salvamento) **Rettungsring** M̲ salvavidas **Rettungswagen** M̲ ambulancia f

Returntaste F̲ IT tecla Intro, tecla Enter

Reue F̲ arrepentimiento m

Revanche F̲ desquite m, revancha **revanchieren: sich ~** desquitarse

Revier N̲ territorio m; *Jags* coto m de caza; *Polizei* comisaría f

Revolution F̲ revolución

Revolver M̲ revólver

Revue F̲ revista

Rezension F̲ reseña

Rezept N̲ receta f **rezeptfrei** sin receta **Rezeption** F̲ recepción **Rezeptionist(in)** M̲F̲ recepcionista m/f **rezeptpflichtig** con receta médica

Rhabarber M̲ ruibarbo

Rhein M̲ Rin **Rheinland** N̲ Renania f **Rheinland-Pfalz** N̲ Renania-Palatinado f

Rheuma N̲ reuma(tismo) m

Rhythmus M̲ ritmo

Ribisel F̲ *österr rote*: grosella; *schwarze*: casis m

richten dirigir (**auf, an** *akk* a); *Waffe* apuntar; TECH arreglar; **sich ~ nach** ajustarse a **Richter(in)** M̲F̲ juez m, juez(a) f

richtig justo; correcto **richtigstellen** rectificar **Richtlinie** F̲ directiva **Richtung** F̲ dirección

riechen oler (**nach** a)

Riegel M̲ cerrojo

Riemen M̲ correa f

Riese M̲ gigante

rieseln *Wasser* gotear; *Schnee* caer lentamente

Riesenrad N̲ noria f **Riesenslalom** M̲ SPORT eslalon gigante

riesig gigantesco **Riesin** F̲ giganta

Riff N̲ SCHIFF arrecife m

rigoros riguroso

Rille F̲ ranura; *Platte* surco m

Rind N̲ vacuno m

Rinde F̲ corteza

Rinderbraten M̲ asado de vaca *od* de buey **Rindfleisch** N̲ carne f de vacuno

Ring M̲ anillo; *Schmuck* sortija f; **~e** *pl* SPORT anillas fpl **ringen** luchar **Ringen** N̲, **Ringkampf** M̲ lucha f **Ringer** M̲ luchador **Ringfinger** M̲ anular

rings(her)um alrededor (de)

Rinne F̲ canal m **rinnen** correr **Rinnstein** M̲ arroyo (*a. fig*)

Rippe F̲ costilla **Rippenfell-**

entzündung F̲ pleuresía

Risiko N̲ riesgo m (eingehen correr) riskant arriesgado riskieren arriesgar

Riss M̲ grieta f; im Stoff roto rissig agrietado (a. Haut)

Ritt M̲ paseo a caballo; cabalgata f Ritter M̲ caballero

Ritze F̲ grieta ritzen arañar

Rivale M̲, Rivalin F̲ rival rivalisieren rivalizar (mit con)

Roaming N̲ TEL itinerancia f, roaming m Roaming-Gebühren FPL costos mpl de roaming

Roastbeef N̲ rosbif m

Robbe F̲ foca

Roboter M̲ robot

robust robusto

Rochen M̲ ZOOL raya f

Rock M̲ ❶ falda f ❷ M̲ MUS rock Rockband F̲ grupo m de rock Rocker(in) M|F rockero,-a Rockmusik F̲ música rock

Rodelbahn F̲ pista de trineos rodeln ir en trineo Rodelschlitten M̲ tobogán

roden desmontar

Rogen M̲ huevas fpl

Roggen M̲ centeno

roh crudo; fig rudo Rohkost F̲ régimen m crudo Rohöl N̲ (petróleo m) crudo m

Rohr N̲ tubo m; BOT caña f Rohrbruch M̲ reventón de tubería Röhre F̲ tubo m; ELEK válvula Röhrenjeans F|PL vaqueros mpl (de) pitillo

Rohrleitung F̲ cañería, tube-

ría

Rohstoff M̲ materia f prima

Rollbahn F̲ FLUG pista de (rodadura) Rolle F̲ rollo m; THEAT u. fig papel m rollen rodar Roller M̲ Spielzeug: patinete Rollkoffer M̲ maleta f con ruedas

Rollkragen M̲ cuello cisne (od alto) Rollkragenpulli M̲ jersey de cuello cisne

Rollladen M̲ persiana f Rollschuh M̲ patín de ruedas Rollstuhl M̲ silla f de ruedas Rolltreppe F̲ escalera mecánica

Rom N̲ Roma f

Roman M̲ novela f romanisch románico Romanist(in) M|F romanista Romantik F̲ romanticismo m romantisch romántico

römisch romano

röntgen hacer una radiografía Röntgenarzt M̲, -ärztin F̲ radiólogo,-a Röntgenaufnahme F̲ radiografía Röntgenstrahlen MPL rayos X

rosa rosa(do)

Rose F̲ rosa

Rosé M̲ Wein (vino) rosado Roségold N̲ oro m rosa od rosado

Rosenkohl M̲ col f de Bruselas Rosenkranz M̲ REL rosario rosig rosa; Zukunft risueño

Rosine F̲ (uva) pasa

Rosmarin M̲ romero

Rost M̲ herrumbre f, orín; (Brat-

rost) parrilla *f*; **vom ~** a la parrilla **rosten** oxidarse

rösten tostar

rostfrei inoxidable

Rösti PL *schweiz* GASTR *tipo de patatas salteadas*

rostig oxidado **Rostschutzmittel** N̄ anticorrosivo *m*

rot rojo; **~ werden** ponerse colorado, ruborizarse; **Rotes Kreuz** Cruz *f* Roja; **Rotes Meer** *n* Mar *m* Rojo

Röteln PL rubéola *f*

rothaarig pelirrojo **Rotkohl** M̄ (col *f*) lombarda *f*

rötlich rojizo

Rotlicht N̄ luz *f* roja **Rotstift** M̄ lápiz rojo **Rotwein** M̄ vino tinto **Rotwild** N̄ venado *m*

Roulade F̄ rollo *m* (de carne)

Route F̄ ruta, itinerario *m* **Routenplaner** M̄ *Auto, Internet* navegador de coche

Routine F̄ rutina

Rowdy M̄ camorrista

Rübe F̄ nabo *m*; **Rote ~** remolacha roja

Rubin M̄ rubí

Ruck M̄ sacudida *f*; tirón

Rückbank F̄ asiento *m* trasero **Rückblick** M̄ retrospectiva *f* **rücken** V̄/T̄ mover; V̄/Ī correrse **Rücken** M̄ espalda *f*; **auf dem ~** *liegen* boca arriba **Rückenlehne** F̄ respaldo *m* **Rückenmark** N̄ médula *f* espinal **Rückenschmerzen** PL dolor *m* de espaldas **Rückenschwimmen** N̄ natación *f* de espalda

Rückenwind M̄ viento de cola

Rückerstattung F̄ devolución; reintegro *m* **Rückfahrkarte** F̄ billete *m* de ida y vuelta **Rückfahrt** F̄ vuelta **Rückfall** M̄ MED recaída *f* **rückfällig** JUR reincidente **Rückflug** M̄ vuelo de regreso **Rückgabe** F̄ devolución **Rückgang** M̄ descenso, HANDEL *a.* baja *f* **rückgängig: ~ machen** anular, cancelar

Rückgrat N̄ espina *f* dorsal **Rückkehr** F̄ vuelta, regreso *m* **Rücklicht** N̄ luz *f* trasera **Rückreise** F̄ viaje *m* de regreso **Rückruf** M̄ TEL llamada *f* de contestación

Rucksack M̄ mochila *f* **Rucksacktourist(in)** M̄/F̄ *umg* mochilero,-a

Rückschlag M̄ fig revés **Rückschritt** M̄ retroceso **Rückseite** F̄ dorso *m*; reverso *m* **Rücksendung** F̄ devolución

Rücksicht F̄ consideración **rücksichtslos** desconsiderado **rücksichtsvoll** atento; considerado

Rücksitz M̄ asiento trasero **Rückspiegel** M̄ retrovisor **Rückstand** M̄ **im ~ sein** mit estar atrasado en **rückständig** atrasado **Rückstau** M̄ *Verkehr* retenciones *fpl* **Rücktritt** M̄ dimisión *f* **Rücktrittbremse** F̄ freno *m* de contrapedal rückwärts hacia atrás; ~ **einparken** aparcar en marcha atrás rückwärtsfahren conducir marcha atrás **Rückwärtsgang** M̱ marcha f atrás

Rückweg M̱ vuelta f **rückwirkend** retroactivo **Rückzahlung** F̱ re(e)mbolso m **Rückzug** M̱ retirada f

Rucola(salat) M̱ rúcula f, ruqueta f

Rudel Ṉ manada f

Ruder Ṉ remo m; (Steuerruder) timón m **Ruderboot** Ṉ barco m de remos rudern remar **Rudersport** M̱ remo

Ruf M̱ grito; llamada f; fig reputación f rufen llamar; gritar **Rufname** M̱ nombre de pila **Rufnummer** F̱ número m de teléfono

Ruhe F̱ silencio m; calma; (Ausruhen) descanso m; in ~ lassen dejar en paz ruhelos agitado ruhen descansar

Ruhepause F̱ descanso m **Ruhestand** M̱ jubilación f; retiro m **Ruhestörung** F̱ pertubación del orden público **Ruhetag** M̱ día de descanso

ruhig tranquilo

Ruhm M̱ gloria f, fama f rühmen elogiar, alabar

Ruhr F̱ MED disentería

Rühreier ṈP̱Ḻ huevos mpl revueltos **rühren** mover; fig conmover **rührend** conmovedor **Rührung** F̱ emoción f

Ruin M̱, Ruine F̱ ruina f ruinieren arruinar

rülpsen eructar

Rum M̱ ron

Rumäne M̱, Rumänin F̱ rumano,-a m(f) **Rumänien** Ṉ Rumania f **rumänisch** rumano

Rummel M̱ jaleo **Rummelplatz** M̱ feria f; ständiger parque de atracciones

Rumpelkammer F̱ trastero m **Rumpf** M̱ tronco

Rumpsteak Ṉ filete m de culata

rund redondo **Rundblick** M̱ panorama **Runde** F̱ ronda; SPORT vuelta; Boxen asalto m **Rundfahrt** F̱ vuelta

Rundfunk M̱ radio f; in Zssgn a. ̍ Radio **Rundfunkgebühr(en)** F̱P̱Ḻ etwa impuesto m de radidifusión

Rundgang M̱ vuelta f **rundherum** en redondo **Rundreise** F̱ gira, viaje m circular **Rundschreiben** Ṉ circular f

Runzel F̱ arruga

Ruß M̱ hollín, tizne

Russe M̱, Russin F̱ ruso,-a **Rüssel** M̱ trompa f

russisch ruso

Russland Ṉ Rusia f

rüsten armar **Rüstung** F̱ MIL armamento m; e-s Ritters armadura

Rute F̱ vara

Rutsch umg M̱ guten ~ (ins neue Jahr)! ¡feliz entrada (en el año nuevo)! Rutschbahn

F̱ tobogán m **rutschen** deslizarse; *(ausrutschen)* resbalar
rutschig resbaladizo
rütteln agitar; sacudir

S

s. *(siehe)* véase
Saal M̱ sala f
Saar F̱, **Saarland** Ṉ Sarre m
Saat F̱ siembra
Sabbat M̱ sabbath m, sábado m judío
Säbel M̱ sable
Sabotage F̱ sabotaje m
Sache F̱ cosa; *(Angelegenheit)* asunto m **Sachkenntnis** F̱ conocimiento m de causa
sachkundig perito **sachlich** objetivo
sächlich GRAM neutro
Sachschaden M̱ daño material
Sachsen(-Anhalt) Ṉ Sajonia (-Anhalt) f
Sachverständige(r) M̱/F̱(M̱) perito,-a
Sack M̱ saco **Sackgasse** F̱ callejón m sin salida *(a. fig)*
säen sembrar
Safari F̱ safari m
Safe M̱ caja f fuerte; *(Banksafe)* caja f de seguridad
Safran M̱ azafrán
Saft M̱ jugo; *(Fruchtsaft)* zumo

saftig jugoso
Sage F̱ leyenda
Säge F̱ sierra
sagen decir
sägen serrar
sagenhaft 1 ADJ legendario; *umg fig* fabuloso 2 ADV terriblemente
sah → sehen
Sahara F̱ Sahara m
Sahne F̱ nata, crema
Saison F̱ temporada **saisonbedingt** estacional
Saite F̱ cuerda **Saiteninstrument** Ṉ instrumento m de cuerda
Sakko M̱ americana f, *Am* saco
Sakristei F̱ sacristía
Salami F̱ salami m
Salat M̱ ensalada f; *(Kopfsalat)* lechuga f **Salatbar** F̱ bufé m de ensaladas **Salatschüssel** F̱ ensaladera
Salbe F̱ ungüento m, pomada
Salbei M̱ salvia f
Salmonellen F̱PL salmonelas
Salon M̱ salón
salopp informal
Salsa F̱/M̱ MUS salsa f; **~ tanzen** bailar salsa
Salz Ṉ sal f **Salzburg** Ṉ Salzburgo m **salzen** salar **salzig** salado **Salzkartoffeln** F̱PL patatas cocidas **Salzstange** F̱ palillo m salado **Salzstreuer** M̱ salero **Salzwasser** Ṉ agua f salada
Samen M̱ semilla f; BIOL esperma

sammeln coleccionar; recoger
Sammler(in) M̲F̲ coleccionista Sammlung F̲ colección; (Geldsammlung) colecta, cuestación

Samstag M̲ sábado samstags los sábados

Samt M̲ terciopelo

sämtliche todos, -as

Sanatorium N̲ sanatorio m

Sand M̲ arena f

Sandale F̲ sandalia

Sandbank F̲ banco m de arena sandig arenoso Sandpapier N̲ papel m de lija Sandstein M̲ gres Sandstrand M̲ playa f de arena Sandwich N̲/M̲ sandwich m; bocadillo m

sanft suave, dulce

Sänger(in) M̲F̲ cantante

Sanierung F̲ saneamiento m

sanitär: ~e Anlagen F̲P̲L̲ instalaciones sanitarias Sanitäter M̲ enfermero; MIL sanitario

Saphir M̲ zafiro

Saragossa N̲ Zaragoza f

Sardelle F̲ anchoa, boquerón m Sardine F̲ sardina Sardinien N̲ Cerdeña f

Sarg M̲ ataúd

saß → sitzen

Satellit M̲ satélite Satellitenfernsehen N̲ televisión f vía satélite Satellitenschüssel F̲ antena parabólica

Satire F̲ sátira

satt satisfecho; harto; ich bin ~ estoy lleno; fig es ~ haben estar harto (de)

Sattel M̲ silla f satteln ensillar

satthaben umg: es ~ estar harto (de) sättigend Essen sustancioso

Satz M̲ GRAM frase f; (Sprung) salto; (Garnitur) juego; HANDEL tarifa f; tipo; MUS movimiento; Tennis set Satzung F̲ estatuto m Satzzeichen N̲ signo m de puntuación

Sau F̲ puerca, cerda

sauber limpio Sauberkeit F̲ limpieza

säubern limpiar

Saudi-Arabien N̲ Arabia f Saudí saudisch saudí

sauer agrio; ácido (a. Regen); umg fig enfadado Sauerkraut N̲ chucrut m Sauerstoff M̲ oxígeno

saufen Tier beber; sl Mensch beber con exceso

Säufer umg M̲ borracho

saugen chupar

säugen amamantar

Sauger M̲ an Flasche tetina f Säugetier N̲ mamífero m Säugling M̲ lactante

Säule F̲ columna

Saum M̲ dobladillo

Sauna F̲ sauna

Säure F̲ ácido m

sausen zumbar; umg correr

Saxofon N̲ saxofón m, saxófono m

S-Bahn F̲ tren m suburbano

scannen escanear Scanner M̲ escáner

Schabe F̲ cucaracha schaben

raer

schäbig raído; *fig* mezquino

Schablone F̲ patrón m

Schach N̲ ~ **spielen** jugar al ajedrez **Schachbrett** N̲ tablero m de ajedrez **Schachfigur** F̲ pieza de ajedrez **schachmatt** jaque mate **Schachpartie** F̲ partida f de ajedrez **Schachspiel** N̲ juego m de ajedrez

Schacht M̲ pozo

Schachtel F̲ caja

schade: (wie) ~! ¡qué lástima!; **es ist ~, dass** ... es una lástima que ...

Schädel M̲ cráneo **Schädelbruch** M̲ fractura f del cráneo

schaden dañar, hacer daño **Schaden** M̲ daño; perjuicio **Schadenersatz** M̲ indemnización f **Schadenfreude** F̲ alegría f por el mal ajeno **schadenfroh** malicioso

schadhaft defectuoso

schädigen perjudicar **schädlich** perjudicial; nocivo **Schädling** M̲ animal nocivo **Schadstoff** M̲ sustancia f nociva; contaminante **schadstofffrei** no contaminante

Schaf N̲ oveja f

Schäfer(in) M̲(F̲) pastor(a) **Schäferhund** M̲ perro pastor

schaffen (*erschaffen*) crear; *umg* **es ~** conseguir

Schaffner(in) M̲(F̲) BAHN revisor(a); *im Bus*: cobrador(a)

schal soso, insípido

Schal M̲ bufanda f

Schale F̲ cáscara; *von Obst* piel; *Gefäß* bandeja

schälen mondar, pelar

Schall M̲ sonido **Schalldämmung** F̲ insonorización **Schalldämpfer** M̲ silenciador **schalldicht** insonorizado **Schallmauer** F̲ barrera del sonido

schalten ELEK conmutar; conectar; AUTO cambiar de velocidad **Schalter** M̲ interruptor; (*Bank-, Postschalter*) ventanilla f; BAHN taquilla f **Schalthebel** M̲ AUTO palanca f de cambio **Schaltjahr** N̲ año m bisiesto

Scham F̲ pudor m; vergüenza **schämen: sich ~** tener vergüenza (**wegen** de), avergonzarse (de)

schamhaft pudoroso **schamlos** impúdico; desvergonzado

Schande F̲ vergüenza **schändlich** infame

Schar F̲ grupo m, banda

scharf agudo (*a. fig*); cortante; *Messer* afilado; *Speise* picante; FOTO nítido **Scharfblick** M̲ perspicacia f

Schärfe F̲ agudeza **schärfen** afilar

Scharfsinn M̲ sagacidad f

Scharlach M̲ MED escarlatina f

Scharnier N̲ bisagra f, charnela f

Schatten M̲ sombra f **schattig** sombrío; sombroso

Schatz M̱ tesoro (a. fig)
schätzen apreciar, estimar
Schatzmeister(in) M̱F̱ tesorero,-a
Schätzung F̱ evaluación, estimación **schätzungsweise** aproximadamente
Schau F̱ exhibición; **zur ~ stellen** exhibir
schauderhaft horrible
schauen mirar, ver
Schauer M̱ (Regenschauer) chubasco **schauerlich** horripilante
Schaufel F̱ pala
Schaufenster Ṉ escaparate m, Am vidriera f **Schaufensterbummel** M̱ paseo para ver escaparates
Schaukel F̱ columpio m **schaukeln** columpiar(se) **Schaukelpferd** Ṉ caballito m balancín **Schaukelstuhl** M̱ mecedora f
Schaulustige(r) M̱F̱M̱ curioso,-a m(f)
Schaum M̱ espuma f **Schaumbad** Ṉ baño m de espuma
schäumen hacer espuma
Schaumfestiger M̱ espuma f fijadora **Schaumgummi** M̱ goma f espuma **Schaumstoff** M̱ espuma f
Schauplatz M̱ escenario
Schauspiel Ṉ espectáculo m **Schauspieler(in)** M̱F̱ actor m, actriz f **Schauspielhaus** Ṉ teatro m

Scheck M̱ cheque **Scheckkarte** F̱ tarjeta de cheques
Scheibe F̱ disco m; (Glasscheibe) vidrio m, cristal m; (Brotscheibe) rebanada; (Wurstscheibe) loncha
Scheibenbremse F̱ freno m de disco **Scheibenwaschanlage** F̱ AUTO lavaparabrisas m **Scheibenwischer** M̱ limpiaparabrisas
Scheide F̱ vaina; ANAT vagina
scheiden: sich ~ lassen divorciarse **Scheidung** F̱ divorcio m
Schein M̱ luz f; brillo; (Geldschein) billete; fig apariencia f **scheinbar** aparente **scheinen** lucir; fig parecer; **die Sonne scheint** hace sol **Scheinwerfer** M̱ foco; AUTO faro
Scheiße F̱ sl mierda
Scheitel M̱ raya f
scheitern naufragar; fig fracasar
Schema Ṉ esquema m **schematisch** esquemático
Schemel M̱ taburete
Schenkel M̱ muslo
schenken regalar
Scherbe F̱ casco m
Schere F̱ tijeras fpl
Scherereien P̱Ḻ disgustos mpl
Scherz M̱ broma f **scherzen** bromear **scherzhaft** chistoso
scheu tímido
Scheuerlappen M̱ bayeta f **Scheuermittel** Ṉ polvo m limpiador **scheuern** fregar

Scheune F granero m
Scheusal N monstruo m
scheußlich horrible
Schicht F capa; a. fig estrato m; (Arbeitsschicht) turno m
Schichtarbeit F trabajo m por turnos
schick elegante, chic **schicken** enviar; mandar **Schickeria** F la gente guapa **Schicksal** N destino m
Schiebedach N techo m corredizo **Schiebefenster** N ventana f corrediza **schieben** empujar **Schiebetür** F puerta corrediza
Schiedsrichter(in) M(F) árbitro
schief oblicuo; inclinado **schiefgehen** salir mal **schielen** bizcar
Schienbein N tibia f **Schiene** F a. BAHN carril m, raíl m; Am riel m; MED tablilla f **schienen** entablillar
schießen disparar, tirar; Tor marcar **Schießerei** F tiroteo m
Schiff N buque m, barco m; ARCH nave f **schiffbar** navegable **Schiffbruch** M naufragio **Schiffbrüchige(r)** M/F(M) náufrago,-a m(f) **Schifffahrt** F navegación **Schifffahrtslinie** F compañía naviera
Schiffsarzt M médico de a bordo **Schiffsjunge** M grumete **Schiffsreise** F viaje m en barco

Schikane F vejación **schikanieren** vejar
Schild 1 N letrero m, rótulo m 2 M escudo **Schilddrüse** F tiroides m
schildern describir **Schilderung** F descripción **Schildkröte** F tortuga
Schilf(rohr) N caña f
schillern irisar
Schilling M früher chelín
Schimmel M ZOOL caballo blanco; BOT moho **schimmelig** mohoso **Schimmelkäse** M queso azul **schimmeln** enmohecer(se)
schimmern brillar
Schimpanse M chimpancé
schimpfen regañar, reprender **Schimpfwort** N palabrota f
Schinken M jamón (roher serrano, Am crudo; gekocher dulce od cocido)
Schirm M (Lampen-, Bildschirm) pantalla f; (Regenschirm) paraguas; (Sonnenschirm) sombrilla f
Schlacht F batalla **schlachten** matar **Schlachter** M carnicero
Schlaf M sueño **Schlafanzug** M pijama, Am piyama f od m **Schlafcouch** F sofá-cama m **Schläfe** F sien
schlafen dormir; ~ gehen acostarse
schlaff flojo; Haut flác(c)ido
schlaflos insomne; ADV sin dormir **Schlaflosigkeit** F insomnio m **Schlafmaske** F bes

FLUG antifaz m para dormir **Schlafmittel** N̄ somnífero m

schläfrig soñoliento

Schlafsack M̄ saco de dormir **Schlafsofa** N̄ sofá-cama f **Schlaftablette** F̄ pastilla para dormir **Schlafwagen** M̄ coche-cama **Schlafzimmer** N̄ dormitorio m

Schlag M̄ golpe **Schlagader** F̄ arteria **Schlaganfall** M̄ apoplejía f

schlagen V̄T̄ golpear, pegar; MIL, GASTR batir; V̄ī Herz latir; Uhr dar la hora **Schlager** M̄ MUS canción f de moda

Schläger M̄ SPORT raqueta f; pala f; Person matón **Schlägerei** F̄ pelea

Schlagersänger(in) M̄F̄ intérprete de canciones de moda

schlagfertig que sabe replicar **Schlagloch** N̄ bache m **Schlagsahne** F̄, **Schlagobers** N̄ österr nata montada **Schlagzeile** F̄ titular m **Schlagzeug** N̄ MUS batería f

Schlamm M̄ fango, barro **schlampig** desaseado, desordenado; Arbeit chapucero

Schlange F̄ serpiente f; ~ **stehen** hacer cola **Schlangenlinie** F̄ línea sinuosa

schlank delgado, esbelto **Schlankheitskur** F̄ cura de adelgazamiento

schlapp flojo **Schlappe** umg F̄ fracaso m **schlappmachen** flaquear, flojear

schlau listo, astuto

Schlauch M̄ manguera f; tubo (flexible); AUTO cámara f de aire **Schlauchboot** N̄ bote m neumático **Schlauchschal** M̄ (braga f de) cuello m

schlecht mal(o); ADV mal; ~ **werden** (verderben) echarse a perder; **mir ist ~** me siento mal

Schleier M̄ velo **schleierhaft** umg **das ist mir ~** no me lo explico

Schleife F̄ lazo m **schleifen** afilar; Edelstein tallar; (ziehen) arrastrar **Schleifstein** M̄ muela f

Schleim M̄ mucosidad f, moco **Schleimhaut** F̄ mucosa **schleimig** mucoso

schlemmen regalarse

schlendern: durch die Straßen ~ callejear

schleppen cargar (con); SCHIFF remolcar **Schlepper** M̄ tractor; SCHIFF remolcador **Schlepplift** M̄ telearrastre

Schlesien N̄ Silesia f

Schleswig-Holstein N̄ Slesvig-Holstein m

Schleuder F̄ honda **schleudern** V̄T̄ arrojar; Wäsche centrifugar; V̄ī AUTO patinar, derrapar

Schleuse F̄ esclusa

schlicht sencillo

schlichten Streit zanjar **Schlichter(in)** M̄F̄ mediador(a)

schlief → schlafen

schließen cerrar; *Vertrag* concluir; *fig* deducir (**aus** de)
Schließfach N̄ consigna f automática; *Bank*: caja f de seguridad **schließlich** finalmente
Schließung F̄ cierre m
schlimm mal(o) **schlimmer** peor
Schlinge F̄ lazo m; MED cabestrillo m **Schlingpflanze** F̄ enredadera
Schlips M̄ corbata f
Schlitten M̄ trineo; *(Rodelschlitten)* tobogán
Schlittschuh M̄ patín; **~ laufen** patinar (sobre hielo)
Schlittschuhläufer(in) M̄F̄ patinador(a)
Schlitz M̄ ranura f, raja f
Schloss N̄ *(Türschloss)* cerradura f; ARCH castillo m, palacio m
Schlosser M̄ cerrajero
Schlucht F̄ barranco m
schluchzen sollozar
Schluck M̄ trago, sorbo **Schluckauf** M̄ hipo **schlucken** tragar **Schluckimpfung** F̄ vacunación oral
schlüpfrig resbaladizo; *fig* escabroso
Schlupfwinkel M̄ escondrijo f
schlürfen sorber
Schluss M̄ fin, final; **zum ~** al final
Schlüssel M̄ llave f; MUS clave f **Schlüsselbein** N̄ clavícula f **Schlüsselbund** M̄N̄ manojo m de llaves **Schlüsselloch** N̄ ojo m de la cerradura **Schlüs-**

selring M̄ llavero
Schlussfolgerung F̄ conclusión **Schlusslicht** N̄ luz f trasera **Schlussverkauf** M̄ rebajas fpl (de fin de temporada)
schmächtig delgado, enjuto
schmackhaft sabroso
schmal estrecho **Schmalspurbahn** F̄ ferrocarril m de vía estrecha
Schmarotzer(in) M̄F̄ parásito **schmecken** saber (**nach** a); **~ tener buen gusto**; **es schmeckt mir (gut)** me gusta
Schmeichelei F̄ halago m **schmeichelhaft** lisonjero **schmeicheln** adular, halagar
schmeißen *umg* lanzar, tirar
schmelzen fundir(se), derretirse **Schmelzkäse** M̄ queso fundido
Schmerz M̄ dolor **schmerzen** doler **schmerzhaft** doloroso **schmerzlos** indoloro **Schmerzmittel** N̄ analgésico m, calmante m **schmerzstillend** analgésico **Schmerztablette** F̄ MED analgésico m
Schmetterling M̄ mariposa f
Schmied M̄ herrero **Schmiede** F̄ herrería; forja **Schmiedeeisen** N̄ hierro m forjado **schmieden** forjar (*a. fig*)
schmieren lubri(fi)car, engrasar; *umg fig* untar, sobornar **Schmiergeld** N̄ *umg* unto m, soborno m **schmierig** grasiento; *fig* sucio **Schmiermittel** N̄ lubri(fi)cante m

Schminke F̲ maquillaje m
schminken: (sich) ~ maquillar(se)

schmollen estar de morros

Schmorbraten M̲ estofado
schmoren estofar **Schmortopf** M̲ cazuela f

Schmuck M̲ adorno; (*Schmuckstücke*) joyas fpl

schmücken adornar

Schmuckkasten M̲ joyero

schmuddelig mugriento

Schmuggel M̲ contrabando
schmuggeln hacer contrabando **Schmuggler(in)** M(F̲)
contrabandista

schmunzeln mostrar satisfacción

Schmutz M̲ suciedad f; barro
schmutzig sucio

Schnabel M̲ pico

Schnalle F̲ hebilla

Schnäppchen N̲ *umg* ganga f,
chollo m

schnappen atrapar, coger
Schnappschuss M̲ FOTO instantánea f

Schnaps M̲ aguardiente;
GASTR *a.* licor m

schnarchen roncar

schnaufen jadear

Schnauze F̲ hocico m

Schnecke F̲ caracol m

Schnee M̲ nieve f **Schneeball**
M̲ bola f de nieve **schneebedeckt** cubierto de nieve
Schneebesen M̲ GASTR batidor **Schneefall** M̲ nevada f
Schneeflocke F̲ copo m de

nieve **schneefrei** *Straße etc*
sin nieve **Schneegestöber**
N̲ torbellino m de nieve
Schneeglöckchen N̲ campanilla f de las nieves **Schneekanone** F̲ cañon m de nieve
(artificial) **Schneeketten** FPL
cadenas (de nieve) **Schneemann** M̲ muñeco de nieve
Schneepflug M̲ quitanieves
Schneeregen M̲ aguanieve f
Schneesturm M̲ ventisca f
Schneeverhältnisse PL condiciones fpl de la nieve
Schneewehe F̲ montón de
nieve **Schneewittchen** N̲
Blancanieves f

Schneide F̲ filo m **schneiden**
cortar; **sich in den Finger ~**
cortarse el dedo **schneidend**
Kälte cortante **Schneider** M̲
sastre **Schneiderin** F̲ modista
Schneidezahn M̲ (diente) incisivo

schneien nevar

Schneise F̲ vereda

schnell rápido, veloz; ADV de
prisa **Schnellhefter** M̲ clasificador **Schnelligkeit** F̲ rapidez **Schnellstraße** F̲ autovía
Schnellzug M̲ (tren) expreso

schnitt → schneiden

Schnitt M̲ corte **Schnitte** F̲
rebanada **Schnittlauch** M̲
cebollino **Schnittstelle** F̲ IT
interface m, interfaz m
Schnittwunde F̲ corte m

Schnitzel N̲ escalope m, escalopa f (**Wiener** a la vienesa *od* milanesa) **schnitzen** tallar (en madera) **Schnitzerei** F̲ talla

Schnorchel M̲ esnórquel

schnüffeln husmear; *fig* curiosear

Schnuller M̲ chupete

Schnulze F̲ canción dulzona

Schnupfen M̲ constipado, resfriado

schnuppern olfatear

Schnur F̲ cordel *m*, cuerda

schnüren atar

Schnurrbart M̲ bigote

schnurren ronronear

Schnürschuh M̲ zapato de cordones **Schnürsenkel** M̲ cordón

Schock M̲ choque, shock **schockieren** chocar, escandalizar

Schoko... IN ZSSGN de chocolate **Schokolade** F̲ chocolate *m* (*a. Getränk*); **dunkle/weiße** ~ chocolate *m* negro/blanco **Schokoriegel** M̲ chocolatina *f*

Scholle F̲ ZOOL solla

schon ya; ~ **wieder** otra vez

schön hermoso; bello

Schonbezug M̲ funda *f* (protectora) **schonen** tratar con cuidado; **sich** ~ cuidarse

Schönheit F̲ belleza

Schönheitschirurgie F̲ cirugía estética **Schönheitsfehler** M̲ imperfección *f* **Schönheitspflege** F̲ cosmética

Schonkost F̲ régimen *m* (*od* dieta) suave **Schonzeit** F̲

ZOOL veda

schöpfen sacar **Schöpfer** M̲ creador **schöpferisch** creativo **Schöpfkelle** F̲ cucharón *m* **Schöpfung** F̲ creación

Schoppen M̲ cuartillo

Schorf M̲ costra *f*, escara *f*

Schornstein M̲ chimenea *f* **Schornsteinfeger** M̲ deshollinador

schoss → **schießen**

Schoß M̲ regazo; *fig* seno

Schote F̲ vaina

Schotte M̲, **Schottin** F̲ escocés, -esa

Schotter M̲ grava *f*; BAHN balasto

schottisch escocés

Schottland N̲ Escocia *f*

schräg oblicuo; *fig* extraño, estrafalario

Schramme F̲ arañazo *m*, rasguño *m*

Schrank M̲ armario

Schranke F̲ barrera

Schraube F̲ tornillo *m*; SCHIFF hélice **schrauben** atornillar **Schraubenmutter** F̲ tuerca **Schraubenschlüssel** M̲ llave *f* de tuercas **Schraubenzieher** M̲ destornillador **Schraubstock** M̲ torno **Schraubverschluss** M̲ tapón de rosca

Schreck M̲, **Schrecken** M̲ susto **schrecklich** terrible

Schrei M̲ grito

schreiben escribir **Schreiben** N̲ carta *f* **Schreibpapier** N̲ papel m de escribir **Schreibtisch** M̲ escritorio **Schreibwarengeschäft** N̲ papelería f

schreien gritar

Schreiner(in) M̲F̲ carpintero,-a

Schrift F̲ escritura **schriftlich** (por) escrito **Schriftsteller(in)** M̲F̲ escritor(a) **Schriftstück** N̲ escrito m; documento m

schrill estridente

Schritt M̲ paso

schroff (steil) escarpado; fig brusco, áspero

Schrot N̲ trigo m triturado; Jagd perdigones mpl **Schrotflinte** F̲ escopeta de postas

Schrott M̲ chatarra f **schrottreif** para el desguace, fig para el arrastre

schrubben fregar **Schrubber** M̲ escobillón

schrumpfen encogerse

Schubfach N̲, **Schublade** F̲ cajón m, bes Am gaveta f **Schubkarre** F̲ carretilla

schüchtern tímido **Schüchternheit** F̲ timidez

Schuft M̲ canalla **schuften** matarse trabajando, bregar

Schuh M̲ zapato **Schuhbeutel** M̲ bolsa f (de viaje) para zapatos **Schuhbürste** F̲ cepillo m para zapatos **Schuhcreme** F̲ betún m **Schuhgeschäft** N̲ zapatería f **Schuhgröße** F̲ número m (de zapato) **Schuh-**

löffel M̲ calzador **Schuhmacher** M̲ zapatero **Schuhputzer** M̲ limpiabotas **Schuhsohle** F̲ suela

Schularbeiten F̲P̲L̲ deberes mpl, Am tareas **Schulbildung** F̲ formación escolar **Schulbuch** N̲ libro m de texto

Schuld F̲ culpa; JUR culpabilidad; **schuld sein** an (dat) tener la culpa de; **j-m die ~ geben** echar la culpa a alg **schulden** deber **Schulden** F̲P̲L̲ deudas **schuldig** culpable **schuldlos** inocente **Schuldner(in)** M̲F̲ deudor(a)

Schule F̲ escuela **schulen** instruir; formar

Schüler(in) M̲F̲ alumno,-a **Schüleraustausch** M̲ intercambio de alumnos

Schulferien P̲L̲ vacaciones fpl escolares **schulfrei:** ~ **haben** no tener clase **Schulfreund(in)** M̲F̲ compañero,-a de clase **Schulhof** M̲ patio de recreo **Schuljahr** N̲ curso m (escolar) **Schulleiter(in)** M̲F̲ director(a) **Schulstunde** F̲ clase **Schultasche** F̲ cartera

Schulter F̲ hombro m **Schulterblatt** N̲ omóplato m

Schulung F̲ instrucción, formación **Schulzeit** F̲ años mpl escolares

Schund M̲ baratijas fpl

Schuppe F̲ (Fischschuppe) escama; (Kopfschuppe) caspa

Schuppen M cobertizo

Schurke M canalla

Schurwolle F lana virgen

Schürze F delantal m

Schuss M tiro

Schüssel F fuente

Schusswaffe F arma de fuego

Schuster M zapatero

Schutt M escombros mpl

Schüttelfrost M escalofríos mpl schütteln sacudir; agitar

schütten echar; verter

Schutz M protección f; abrigo Schutzblech N guardabarros m Schutzbrille F gafas fpl protectoras

Schütze M tirador; ASTROL Sagitario schützen proteger; defender (vor dat de, contra)

Schutzengel M ángel custodio Schutzheilige(r) M/F(M) patrón, patrona Schutzhütte F refugio m Schutzimpfung F vacunación preventiva schutzlos desamparado

schwach débil Schwäche F debilidad schwächen debilitar schwachsinnig imbécil Schwachstrom M corriente f de baja tensión

Schwager M cuñado

Schwägerin F cuñada

Schwalbe F golondrina

Schwamm M esponja f

Schwan M cisne

schwanger embarazada Schwangerschaft F embarazo m Schwangerschaftsabbruch M aborto

schwanken vacilar

Schwanz M cola f

Schwarm M (Vogelschwarm) bandada f; (Bienenschwarm) enjambre; fig ídolo

schwärmen fig entusiasmarse (für por)

Schwarte F corteza

schwarz negro; das Schwarze Meer n el Mar m Negro Schwarzarbeit F trabajo m negro Schwarzbrot N pan m negro Schwarze(r) M/F(M) negro,-a Schwarzfahrer(in) M(F) viajero,-a sin billete Schwarzmarkt M mercado negro Schwarzwald M Selva f Negra Schwarzweißfilm M película f en blanco y negro

schwatzen charlar, parlotear

Schwebe: in der ~ en suspenso, pendiente Schwebebahn F teleférico m schweben flotar; in Gefahr ~ estar en peligro

Schwede M sueco Schweden N Suecia f Schwedin F sueca schwedisch sueco

Schwefel M azufre

schweigen callar Schweigen N silencio m schweigsam taciturno

Schwein N cerdo m

Schweinebraten M asado de cerdo Schweinefleisch N carne f de cerdo Schweinegrippe F MED gripe porcina Schweinerei F fig porquería Schweinestall M pocilga f (a. fig)

Schweiß M̱ sudor **schweißen** soldar

Schweiz F̱ Suiza; **in der ~** en Suiza **Schweizer(in)** M̱(F̱) suizo,-a **schweizerisch** suizo

Schwelle F̱ umbral m; BAHN traviesa; *Am* durmiente m **schwellen** hincharse **Schwellung** F̱ hinchazón

schwenken V̱/Ṯ agitar; V̱/I̱ virar

schwer pesado; *fig* difícil; *a.* MED grave, serio; **~ krank** gravemente enfermo; **~ verdaulich** indigesto **Schwerarbeit** F̱ trabajo m duro **schwerbehindert** **~ sein** estar gravemente impedido **Schwerbehinderte(r)** M̱(F̱) minusválido,-a profundo,-a f(m)

schwerfallen costar (mucho) **schwerfällig** torpe **schwerhörig** duro de oído **Schwerkraft** F̱ gravitación **schwermütig** melancólico **Schwerpunkt** M̱ centro de gravedad; *fig* punto esencial

Schwert Ṉ espada f **Schwertfisch** M̱ pez espada, emperador

Schwerverletzte(r) M̱(F̱) herido,-a m(f) grave **schwerwiegend** serio, grave

Schwester F̱ hermana; (*Krankenschwester*) enfermera

Schwiegereltern P̱Ḻ suegros mpl **Schwiegermutter** F̱ suegra **Schwiegersohn** M̱ yerno **Schwiegertochter** F̱ nuera **Schwiegervater** M̱

suegro

Schwiele F̱ callo m

schwierig difícil **Schwierigkeit** F̱ dificultad

Schwimmbad Ṉ, **-becken** Ṉ piscina f **schwimmen** nadar **Schwimmer** M̱ nadador; TECH flotador **Schwimmerin** F̱ nadadora **Schwimmflossen** P̱Ḻ aletas **Schwimmflügel** M̱P̱Ḻ flotadores (de brazos) **Schwimmhalle** F̱ piscina cubierta **Schwimmweste** F̱ (chaleco m) salvavidas m

Schwindel M̱ MED vértigo; *fig* estafa f; patraña f **schwindeln** mentir **Schwindler(in)** M̱(F̱) estafador(a) **schwindlig** mareado; **mir wird ~** se me va la cabeza

schwingen V̱/Ṯ agitar; V̱/I̱ oscilar **Schwingung** F̱ vibración

Schwips *umg* M̱ **e-n ~ haben** estar achispado

schwitzen sudar, transpirar

schwören jurar

schwul *umg* homosexual, *umg* gay

schwül sofocante, bochornoso

Schwule(r) M̱ *umg* gay

Schwüle F̱ bochorno m

Schwung F̱ impulso (*a. fig*) **schwungvoll** dinámico

Schwur M̱ juramento **Schwurgericht** Ṉ jurado m

sechs seis **sechshundert** seiscientos **sechste(r, -s)** sexto **Sechstel** Ṉ sexto m

sechzehn dieciséis **sechzig**

sesenta

See **1** M̲ lago **2** F̲ mar m/f; **an der ~** en la playa Seeblick M̲ **mit ~ am Meer** con vistas al mar; un **e-m** See con vistas al lago Seegang M̲ oleaje; **hoher ~** marejada f Seehecht M̲ merluza f Seehund M̲ foca f Seeigel M̲ erizo de mar

seekrank mareado Seekrankheit F̲ mareo m; mal m de mar

Seele F̲ alma seelisch (p)síquico Seelsorge F̲ cura de almas Seeluft F̲ aire m de mar Seemann M̲ marinero; marino Seemeile F̲ milla marina Seenot F̲ peligro m marítimo Seereise F̲ viaje m por mar Seestern M̲ estrella f de mar Seetang M̲ algas fpl marinas Seeteufel M̲ ZOOL rape Seeweg M̲ vía f marítima Seezunge F̲ lenguado m

Segel N̲ vela f Segelboot N̲ barco m de vela Segelfliegen N̲, Segelflug M̲ vuelo m sin motor Segelflieger(in) M̲(F̲) volovelista Segelflugzeug N̲ planeador m Segeljacht F̲ yate m de vela segeln navegar a vela Segelschiff N̲ velero m Segelsport M̲ deporte m de vela Segeltuch N̲ lona f

Segen M̲ bendición f segnen bendecir

sehbehindert con discapacidad visual

sehen ver sehenswert digno

de ver se Sehenswürdigkeit F̲ curiosidad; lugar m de interés

Sehne F̲ ANAT tendón m

sehnen: **sich ~ nach** etw anhelar, ansiar a/c

Sehnenscheidenentzündung F̲ tendinitis Sehnenzerrung F̲ distensión de un tendón

Sehnsucht F̲ añoranza; nostalgia sehnsüchtig ansioso

sehr mucho; (vor adj u. adv) muy; **zu ~** demasiado

Sehstörung F̲ trastorno m de la vista Sehtest M̲ test visual

seicht poco profundo

seid → sein

Seide F̲ seda

Seife F̲ jabón m Seifendose F̲ jabonera

Seil N̲ cuerda f Seilbahn F̲ teleférico m, funicular m

sein dauernd ser; vorübergehend estar

sein(e) su, pl sus

seinerseits por su parte

seit PRÄP (dat) desde (hace) **seitdem** KONJ desde que; ADV desde entonces

Seite F̲ lado m; costado m; im Buch página

Seitenairbag M̲ Auto airbag lateral Seiteneingang M̲ entrada f lateral Seitensprung M̲ escapada f Seitenstechen N̲ dolor m de costado Seitenstraße F̲ calle lateral Seitenstreifen M̲ arcén Seitenwind M̲ viento de costado

Sekretariat N̲ secretaría f **Sekretärin** F̲ secretaria

Sekt M̲ vino espumoso; *spanischer* cava

Sekte F̲ secta **Sektor** M̲ sector

Sekunde F̲ segundo *m* **Sekundenkleber** M̲ pegamento rápido

selbst mismo; A̲D̲V̲ hasta; **von ~** por sí mismo

Selbstauslöser M̲ FOTO autodisparador **Selbstbedienung** F̲ autoservicio *m* **Selbstbeherrschung** F̲ autodominio *m*

selbstbewusst seguro de sí mismo **selbstklebend** autoadhesivo

Selbstmord M̲ suicidio **Selbstmordanschlag** M̲ atentado *m* suicida **Selbstmordattentäter(in)** M̲F̲ terrorista suicida

selbstsicher seguro de sí mismo **selbstständig** independiente **Selbstständigkeit** F̲ independencia **selbstsüchtig** egoísta

selbstverständlich natural; A̲D̲V̲ por supuesto, claro (que sí) **Selbstvertrauen** N̲ confianza *f* en sí mismo **Selbstverwaltung** F̲ autonomía

Selfie N̲ FOTO selfie *m* **Selfiestick** M̲ palo *m* para selfies

Sellerie M̲ apio *m*

selten raro; A̲D̲V̲ raras veces **Seltenheit** F̲ rareza

seltsam raro, extraño

Semester N̲ semestre *m* **Semesterferien** P̲L̲ vacaciones *fpl* (de la universidad)

Semikolon N̲ punto *m* y coma

Semmel F̲ panecillo *m*

Senat M̲ senado

senden enviar, mandar; RADIO emitir **Sender** M̲ emisora f **Sendung** F̲ envío *m*; RADIO emisión

Senf M̲ mostaza f

Senioren P̲L̲ **die ~** la tercera edad **Seniorenheim** N̲ residencia f para la tercera edad

senken bajar **senkrecht** vertical

Sensation F̲ sensación

Sense F̲ guadaña

sensibel sensible

sentimental sentimental

September M̲ se(p)tiembre; **im ~** en se(p)tiembre

Serbe M̲, **Serbin** F̲ serbio,-a **Serbien** N̲ Serbia **serbisch** serbio

Serie F̲ serie

seriös serio, formal

Serpentine F̲ camino *m* en serpentina

Serum N̲ suero *m*

Server M̲ IT servidor

Service N̲ servicio *m* **Servicecenter** N̲ centro *m* de servicio **Serviceportal** N̲ portal *m* de servicios **Servicewerkstatt** F̲ taller *m* de servicio técnico **servieren** servir **Serviererin** F̲ camarera **Serviette** F̲ servilleta

Servolenkung F̄ AUTO dirección asistida
Sessel M̄ butaca f **Sessellift** M̄ telesilla f
sesshaft sedentario
setzen colocar; poner; *Spiel* apostar (**auf** *akk* por); **sich ~** sentarse
Seuche F̄ epidemia
seufzen suspirar **Seufzer** M̄ suspiro
Sex M̄ sexo **sexuell** sexual **sexy** sexy
Shampoo N̄ champú m
Sherry M̄ jerez
shoppen ir de compras **Shoppingcenter** N̄ centro m comercial **Shoppingtour** N̄ tour m de compras
Shorts PL pantalones mpl cortos
Show F̄ show m; espectáculo m **Showmaster** M̄ presentador
Shuttlebus M̄ lanzadera f
Sibirien N̄ Siberia f **sibirisch** siberiano
sich si; *unbetont* se
Sichel F̄ hoz
sicher seguro; cierto **Sicherheit** F̄ seguridad; HANDEL garantía
Sicherheitsdienst M̄ **privater ~** servicio privado de seguridad **Sicherheitsgurt** M̄ cinturón de seguridad **sicherheitshalber** para mayor seguridad **Sicherheitskräfte** FPL fuerzas de seguridad **Sicherheitslücke** F̄ fallo m de

seguridad **Sicherheitsnadel** F̄ imperdible m **Sicherheitsschloss** N̄ cerradura f de seguridad
sicherlich ADV seguramente, seguro **sichern** asegurar **Sicherung** F̄ ELEK fusible m; *Waffe* seguro m
Sicht F̄ visibilidad; (*Aussicht*) vista **sichtbar** visible **sichtlich** ADV visiblemente **Sichtweite** F̄ **in ~** al alcance de la vista
sie ella; la; PL ellos, ellas; los, las
Sie nom usted(es pl); akk le(s) m(pl); la(s) f(pl)n
Sieb N̄ colador m; tamiz m **sieben** tamizar; a. fig cribar
sieben *Zahl* siete **siebenhundert** setecientos
siebte séptimo **Siebtel** N̄ séptimo m **siebzehn** diecisiete **siebzig** setenta
sieden hervir
Siedler(in) M̄F̄ colono,-a **Siedlung** F̄ colonia; urbanización
Sieg M̄ victoria f
Siegel N̄ sello m
siegen vencer (**über** akk a) **Sieger(in)** M̄F̄ vencedor(a)
sieh, sieht → sehen siehe véase; **~ oben/unten** véase más arriba/más abajo
siezen: j-n ~ tratar od hablar de usted a alg
Signal N̄ señal f
Silbe F̄ sílaba
Silber N̄ plata f **Silberhochzeit** F̄ bodas fpl de plata **Sil-**

bermedaille F̲ medalla de plata

silbern de plata

Silvester M̲ Nochevieja f

SIM-Karte F̲ TEL tarjeta f SIM

simulieren simular

sind → **sein**

Sinfonie F̲ sinfonía

singen cantar

Single 1 M̲ persona f sola 2 F̲ Platte single m

Singular M̲ singular

sinken bajar; Schiff hundirse

Sinn M̲ sentido; significado **Sinnbild** N̲ símbolo m **sinnlich** sensual **sinnlos** absurdo; inútil **sinnvoll** (vernünftig) razonable

Sintflut F̲ diluvio m

Sirup M̲ jarabe

Sitcom F̲ comedia f de situación, sitcom f

Sitte F̲ costumbre **sittlich** moral

Situation F̲ situación

Sit-ups M̲ ~ **machen** hacer abdominales

Sitz M̲ asiento; HANDEL sede f **sitzen** estar sentado; Kleid (**gut**) ~ sentar bien; ~ **bleiben** Schule suspender un curso **Sitzkissen** N̲ Auflage cojín m para asiento **Sitzplatz** M̲ asiento **Sitzung** F̲ sesión, reunión

Sizilien N̲ Sicilia f

Skala F̲ escala

Skandal M̲ escándalo

Skandinavien N̲ Escandinavia

f **Skandinavier(in)** M̲F̲ escandinavo,-a **skandinavisch** escandinavo

Skateboard N̲ monopatín m **skaten** V̲I̲ patinar, montar en monopatín

Skelett N̲ esqueleto m

skeptisch escéptico

Ski M̲ esquí; ~ **laufen** esquiar **Skianzug** M̲ traje del esquí **Skifahrer(in)** M̲F̲ → **Skiläufer(in) Skigebiet** N̲ zona f de esquí **Skikurs** M̲ curso de esquí **Skiläufer(in)** M̲F̲ esquiador(a) **Skilehrer(in)** M̲F̲ profesor(a) de esquí **Skilift** M̲ telesquí **Skipass** M̲ carné de remontes **Skisport** M̲ esquí **Skispringen** N̲ saltos mpl de esquí **Skistiefel** M̲P̲L̲ botas fpl de esquí **Skitour** F̲ travesía de esquí de montaña **Skiträger** M̲ AUTO portaesquís **Skiurlaub** M̲ vacaciones fpl de esquí **Skiwachs** N̲ cera f para esquíes

Skizze F̲ esbozo m, croquis m

Sklave M̲ esclavo

Skorpion M̲ escorpión; ASTROL Escorpio

skrupellos sin escrúpulos

Skulptur F̲ escultura

skypen hablar por Skype®; umg skypear

Slalom M̲ slalom, eslalon

Slip M̲ slip **Slipeinlage** F̲ salvaslip m

Slowake M̲, **Slowakin** F̲ eslovaco,-a **Slowakei** F̲ Eslovaquia **slowakisch** eslovaco

Slowene M̲, **Slowenin** F̲ esloveno,-a **Slowenien** F̲ Eslovenia **slowenisch** esloveno

Slum M̲ barriada f de chabolas

Smalltalk M̲ conversación f (trivial); charloteo,

Smaragd M̲ esmeralda f

Smartphone N̲ TEL smartphone m

Smoking M̲ smoking, esmoquin

Smoothie M̲ batido de fruta

SMS F̲ TEL **e-e SMS schicken** mandar un mensaje (SMS) (**an** akk a alg)

Snack M̲ snack m

Sneaker M̲ sneaker f **Sneakersocken** PL̲ calcetines mpl tobilleros

Snob M̲ (e)snob

Snowboard N̲ Brett tabla f de snowboard, als Sport snowboard m

so así; vor adj u. adv tan; **~ viel** tanto; **wir sind ~ weit** ya estamos

s. o. (siehe oben) véase más arriba

sobald tan pronto como, en cuanto (+Konjkt)

Socke F̲ calcetín m

Sockel M̲ zócalo

sodass de modo que

Sodawasser N̲ soda f

Sodbrennen N̲ ardor m de estómago

soeben ahora mismo

Sofa N̲ sofá m

sofort en seguida

Softdrink M̲ refresco bebida f refrescante **Software** F̲ software m

sogar hasta, incluso

sogenannt llamado

Sohle F̲ planta; Schuh) suela

Sohn M̲ hijo

Soja(bohne) F̲ soja, Am soya **Sojamilch** F̲ leche de soja

solange KONJ mientras

Solaranlage F̲ instalación f solar **Solarenergie** F̲ energía solar **Solarium** N̲ solárium m **Solarzelle** F̲ célula solar

solch ~ (ein, eine) tal

Soldat(in) M|F̲ soldado,-a

Söldner M̲ mercenario

Solidarität F̲ solidaridad

solide sólido; serio

Solist(in) M|F̲ solista

Soll N̲ debe m **sollen** deber; (müssen) haber de

Sommer M̲ verano; **im ~** en verano **Sommerferien** PL̲ vacaciones fpl de verano **Sommergast** M̲ veraneante **sommerlich** de verano, veraniego **Sommerschlussverkauf** M̲ rebajas fpl de verano **Sommersprosse** F̲ peca **Sommerzeit** F̲ horario m de verano

Sonde F̲ sonda (a. MED)

Sonder... IN ZSSGN oft especial **Sonderangebot** N̲ oferta f especial **sonderbar** extraño, singular **Sonderfahrt** F̲ viaje m discrecional **Sonderfall** M̲ caso particular **Sondermüll** M̅ desechos *mpl* peligrosos

sondern sino; **nicht nur ..., ~ auch** no sólo ... sino también

Sonnabend M̅ sábado

Sonne F̅ sol *m*; **in der ~** al sol

sonnen: sich ~ tomar el sol

Sonnenaufgang M̅ salida *f* del sol **Sonnenbad** N̅ baño *m* de sol **Sonnenblende** F̅ AUTO parasol *m* **Sonnenblume** F̅ girasol *m* **Sonnenbrand** M̅ quemadura *f* de sol **Sonnenbrille** F̅ gafas *fpl* de sol **Sonnencreme** F̅ bronceador *m* **Sonnendach** N̅ toldo *m* **Sonnenenergie** F̅ energía solar **Sonnenfinsternis** F̅ eclipse *m* solar **sonnengebräunt** bronceado **Sonnenhut** M̅ sombrero; *für Frauen* pamela *f* **Sonnenkollektor** M̅ panel (*od* colector) solar **Sonnenöl** N̅ aceite *m* bronceador **Sonnenschein** M̅ (luz *f* del) sol **Sonnenschirm** M̅ sombrilla *f* **Sonnenschutzmittel** N̅ protección *f* solar **Sonnenstich** M̅ insolación *f* **Sonnenstudio** N̅ centro *m* de rayos U.V.A. **Sonnenuhr** F̅ reloj *m* de sol **Sonnenuntergang** M̅ puesta *f* del sol

sonnig soleado

Sonntag M̅ domingo **sonntags** los domingos

sonst de lo contrario, si no; (*noch*) además; **~ jemand?** ¿alguien más?; **~ noch etwas?** ¿al-

guna otra cosa?; **~ nichts** nada más

sooft cada vez que, siempre que

Sopran M̅, **Sopranistin** F̅ soprano

Sorge F̅ preocupación; **sich ~n machen** preocuparse

sorgen: ~ für cuidar de; **sich ~** inquietarse (**um** por)

Sorgerecht N̅ JUR custodia *f* **gemeinsames ~** custodia compartida **sorgfältig** cuidadoso **sorglos** despreocupado

Sorte F̅ clase, especie **sortieren** clasificar **Sortiment** N̅ surtido *m*

Soße F̅ salsa

Sound M̅ sonido **Soundkarte** F̅ IT tarjeta de sonido **Soundtrack** M̅ *Kino:* banda *f* sonora

Souvenir N̅ recuerdo *m*

soviel KONJ que; → **so soweit** KONJ en cuanto; → **so sowie** (*así*) como; en cuanto **sowieso** de todos modos **sowohl: ~ ... als auch** tanto ... como

sozial social **Sozialarbeiter(in)** M̅F̅ asistente social **sozialdemokratisch** socialdemócrata **Sozialhilfe** F̅ asistencia social **Sozialist(in)** M̅F̅ socialista **sozialistisch** socialista **Sozialversicherung** F̅ seguridad social **Sozialwohnung** F̅ vivienda de protección oficial

sozusagen por decirlo así

Spa N̅ (*Wellnessbereich*) spa *m*

Spaghetti PL espagueti *m*

Spalte F grieta; fisura; *Zeitung* columna **spalten** *a.* fig dividir, partir

Spam M IT correo basura; spam

Span M astilla *f* **Spanferkel** N lechón *m*, cochinillo *m*

Spange F pasador *m*

Spanien N España *f* **Spanier(in)** MF español(a) **spanisch** español

Spann M empeine **Spannbetttuch** N sábana *f* ajustable **Spanne** F lapso *m*; HANDEL margen *m* **spannen** tender; estirar **spannend** emocionante **Spannlaken** N sábana *f* ajustable **Spannung** F tensión (*a.* fig); ELEK *a.* voltaje *m*

Sparbuch N libreta *f* de ahorros **Sparbüchse** F hucha **sparen** ahorrar **Sparer(in)** MF ahorrador(a)

Spargel M espárragos *mpl*

Sparkasse F caja de ahorros **sparsam** ahorrador, económico

Spaß M broma *f*; **zum ~** en broma; **das macht ~** es divertido; **viel ~!** ¡que se divierta(n)!

spät tardío; ADV tarde; **wie ~ ist es?** ¿qué hora es?; **zu ~ kommen** venir tarde

Spaten M pala *f*

später posterior; ADV más tarde **spätestens** lo más tarde

Spätnachrichten PL TV noticias *fpl* de la noche

Spatz M gorrión

spazieren: **~ gehen** pasear(se); **dar un paseo Spaziergang** M paseo **Spazierstock** M bastón

SPD F (Sozialdemokratische Partei Deutschlands) Partido *m* Socialdemócrata de Alemania

Specht M pico, pájaro carpintero

Speck M tocino

Spediteur M agente de transportes **Spedition** F agencia de transportes

Speer M jabalina *f* **Speerwerfen** N lanzamiento *m* de jabalina

Speiche F rayo *m*

Speichel M saliva *f*

Speicher M almacén; (*Dachstuhl*) desván; IT memoria *f* **Speicherkarte** F IT, TEL tarjeta *f* de memoria **speichern** almacenar; IT *a.* memorizar **Speicherplatz** M IT espacio de memoria

Speise F comida; plato *m* **Speiseeis** N helado *m* **Speisekammer** F despensa **Speisekarte** F lista de platos, minuta, carta **Speiseröhre** F esófago *m* **Speisesaal** M comedor **Speisewagen** M vagón restaurante

Spekulation F especulación

Spende F donativo *m* **spenden** dar; donar (*a. Blut*) **Spender(in)** MF donador(a) **spendieren** *umg* pagar (**j-m etw**

a/c a alg)

Sperling M̲ gorrión
Sperma N̲ esperma m
Sperre F̲ barrera **sperren** cerrar; bloquear; *Strom, Straße etc* cortar **Sperrgebiet** N̲ zona f prohibida **Sperrholz** N̲ madera f contrachapada **sperrig** voluminoso **Sperrmüll** M̲ trastos mpl y muebles mpl viejos **Sperrstunde** F̲ hora de cierre
Spesen P̲L̲ gastos mpl
Spezialist(in) M̲F̲ especialista
Spezialität F̲ especialidad
speziell especial
Spiegel M̲ espejo **Spiegelei** N̲ huevo m frito **spiegelglatt** *Straße* muy resbaladizo **spiegeln** reflejar
Spiel N̲ juego m; SPORT partido m **Spielautomat** M̲ tragaperras **Spielbank** F̲ casino m **spielen** jugar (a); MUS tocar **Spieler(in)** M̲F̲ jugador(a) **Spielfeld** N̲ campo m **Spielfilm** M̲ largometraje **Spielhalle** F̲ salón m recreativo **Spielkarte** F̲ naipe m **Spielmarke** F̲ ficha **Spielplan** M̲ programa **Spielplatz** M̲ parque infantil **Spielregel** F̲ regla del juego **Spielverderber(in)** M̲F̲ aguafiestas **Spielzeit** F̲ *Theater* temporada **Spielzeug** N̲ juguete(s) m(pl)
Spieß M̲ asador
Spinat M̲ espinacas fpl
Spinne F̲ araña **spinnen** hilar;

umg fig estar chiflado **Spinnennetz** N̲, **Spinnwebe** F̲ telaraña f
Spion M̲ espía; (*Türspion*) mirilla f **Spionage** F̲ espionaje m **spionieren** espiar **Spionin** F̲ espía
Spirale F̲ espiral; (*Pessar*) diu m
Spirituosen P̲L̲ bebidas fpl alcohólicas
Spiritus M̲ alcohol **Spirituskocher** M̲ hornillo (de alcohol)
spitz agudo **Spitze** F̲ punta; *Gewebe* encaje m; **an der ~ in** (*od* a la) cabeza **Spitzel** M̲ confidente **spitzen** afilar; aguzar **Spitzengeschwindigkeit** F̲ velocidad punta **Spitzenleistung** F̲ SPORT récord m **Spitzenreiter** M̲ SPORT *etc* líder, número uno
spitzfindig sutil **Spitzname** M̲ apodo
Splitter M̲ casco; *Holz* astilla f **splittern** astillarse
Spoiler M̲ AUTO alerón m; TV spoiler m
Sponsor M̲ patrocinador
spontan espontáneo
Sport M̲ deporte; **~ treiben** practicar un deporte **Sportartikel** M̲P̲L̲ artículos de deporte **Sportflugzeug** N̲ avioneta f **Sporthalle** F̲ gimnasio m **Sportkleidung** F̲ ropa deportiva
Sportler(in) M̲F̲ deportista
sportlich deportivo

Sportplatz M̅ campo de deportes **Sporttasche** F̅ bolsa de deporte **Sporttauchen** N̅ submarinismo m **Sportunfall** M̅ accidente deportivo **Sportveranstaltung** F̅ encuentro m deportivo **Sportverein** M̅ club deportivo **Sportwagen** M̅ AUTO (coche) deportivo

Spott M̅ burla f **spottbillig** regalado, tirado **spotten** burlarse (**über** akk de)

spöttisch burlón

Sprache F̅ lengua; idioma m **Sprachenschule** F̅ escuela de idiomas **Sprachfehler** M̅ defecto del habla **Sprachführer** M̅ guía de conversación **Sprachkurs** M̅ curso de idiomas **sprachlos** fig atónito

Spray N̅ spray m; aerosol m **Spraydose** F̅ lata f de spray; aerosol m

Sprechanlage F̅ intercomunicador m **sprechen** hablar **Sprecher(in)** M̅/F̅ RADIO, TV presentador(a); (Wortführer, -in) portavoz m/f **Sprechstunde** F̅ (horas fpl de) consulta; ~ **haben** tener consulta **Sprechzimmer** N̅ sala f de consulta

sprengen hacer saltar; volar; Rasen regar **Sprengstoff** M̅ explosivo **Sprengung** F̅ voladura

sprich, spricht → sprechen **Sprichwort** N̅ refrán m

Springbrunnen M̅ surtidor **springen** saltar **Springer** M̅

Schach caballo

Sprit M̅ umg gasolina f **Spritze** F̅ jering(uill)a; **e-e ~ geben** poner una inyección **spritzen** V̅/̅T regar; MED inyectar; V̅/̅I salir a chorro

spröde frágil; Haut áspero; fig esquivo

Spross M̅ retoño, vástago **Sprosse** F̅ escalón m

Spruch M̅ dicho; sentencia f; JUR fallo

Sprudel M̅ agua f mineral con gas **sprudeln** surtir; Getränk burbujear

Sprühdose F̅ spray m **sprühen** chisporrotear **Sprühregen** M̅ llovizna f

Sprung M̅ salto; (Riss) grieta f, raja f **Sprungbrett** N̅ trampolín m **Sprungschanze** F̅ trampolín m **Sprungtuch** N̅ lona f de salvamento

Spucke F̅ saliva **spucken** escupir

Spülbecken N̅ fregadero m, pila f

Spule F̅ carrete m; ELEK bobina f

Spüle F̅ fregadero m, pila f **spülen** lavar; Wäsche aclarar **Spülmaschine** F̅ lavavajillas m **Spülmittel** N̅ detergente m **Spülung** F̅ WC cisterna

Spur F̅ huella; Verkehr carril m **spürbar** perceptible **spüren** sentir; (wahrnehmen) percibir **spurlos** sin dejar rastro

Squash N̅ squash m

Staat M̅ Estado **staatlich** estatal

Staatsangehörigkeit F nacionalidad **Staatsanwalt** M̲, **-anwältin** F fiscal **Staatsbürger(in)** M̲F̲ ciudadano,-a

Stab M̲ bastón **Stabhochsprung** N̲ salto con pértiga **stabil** estable

Stachel M̲ ZOOL púa, aguijón; BOT espina F **Stachelbeere** F grosella espinosa **Stacheldraht** M̲ alambre de púas

Stadion N̲ estadio m **Stadium** N̲ fase f, estad(i)o m

Stadt F ciudad **Stadtbummel** M̲ umg **e-n ~ machen** recorrer las calles

Städtepartnerschaft F̲ hermanamiento m de ciudades **Städtereise** F, **Städtetrip** M̲ visita f turística de (una) ciudad **städtisch** urbano; municipal

Stadtmitte F̲ centro m urbano **Stadtplan** M̲ plano de la ciudad **Stadtrand** M̲ periferia f, afueras fpl **Stadtrundfahrt** F̲ vuelta por la ciudad **Stadtteil** M̲, **Stadtviertel** N̲ barrio m

Staffelei F̲ caballete m **Staffellauf** M̲ carrera f de relevos **staffeln** escalonar

Stahl M̲ acero **stalken** V̲/t̲ j-n acosar a alg, perseguir a alg **Stalking** N̲ ~ acoso m

Stall M̲ establo; (Pferdestall) cuadra f

Stamm M̲ tribu f; BOT tronco **Stammbaum** M̲ árbol genealógico; ZOOL pedigrí **stammen provenir (aus, von** de); Person ~ **aus** ser natural de **Stammgast** M̲, **Stammkunde** M̲ cliente habitual (od fijo) **Stammzelle** F̲ célula madre

Stand M̲ situación f; HANDEL stand, puesto; → **außerstande, imstande, instand** etc **Standbild** N̲ estatua f

Ständer M̲ Gestell soporte **Standesamt** N̲ registro m civil **standhaft** constante **standhalten** resistir (a)

ständig permanente, continuo **Standlicht** N̲ luz f de población **Standort** M̲ lugar, posición f **Standpunkt** M̲ punto de vista **Standspur** F̲ carril m de emergencia

Stange F̲ percha; vara; barra; Zigaretten cartón m

Stängel M̲ tallo **Stapel** M̲ pila f **Stapellauf** M̲ botadura f **stapeln** apilar

Star M̲ ZOOL estornino; THEAT estrella f; MED **grauer ~** catarata f; **grüner ~** glaucoma **starb** → **sterben**

stark fuerte; Verkehr intenso **Stärke** F̲ fuerza; TECH potencia; Wäsche almidón m **stärken** fortalecer; Wäsche almidonar **Starkstrom** M̲ corriente f de alta tensión **Stärkung** F̲ Imbiss refrigerio m

Stärkungsmittel N̄ MED tónico m

starr rígido; fijo **starren** mirar fijamente (**auf** akk)

Start M̄ salida f; FLUG despegue **Startautomatik** F̄ encendido automático **Startbahn** F̄ pista de despegue **starten** V̄I salir; despegar; V̄T poner en marcha **Starter** M̄ AUTO arranque **Starthilfekabel** N̄ AUTO cable m de empalme **Startzeichen** N̄ SPORT señal f de salida

Station F̄ estación; MED sección; unidad; (Halt) parada **stationär** ADV **~ behandeln** someter a tratamiento clínico

Statist(in) M(F) comparsa **Statistik** F̄ estadística

Stativ N̄ trípode m

statt PRÄP (gen) en lugar de **stattfinden** tener lugar; celebrarse **stattlich** imponente

Statue F̄ estatua **Statuten** NPL estatutos mpl

Stau M̄ Verkehr atasco, retenciones fpl

Staub M̄ polvo **staubig** polvoriento **staubsaugen** pasar la aspiradora (por) **Staubsauger** M̄ aspirador(a) f **Staubtuch** N̄ trapo m quitapolvo

Staudamm M̄ presa f

stauen: sich ~ congestionarse

staunen asombrarse (**über** akk de) **Staunen** N̄ asombro m

Stausee M̄ pantano, embalse

Steak N̄ bistec m, biftec m

stechen pinchar; Insekt, Sonne picar; **in See ~** hacerse a la mar **stechend** punzante **Stechmücke** F̄ mosquito m

Steckbrief M̄ orden f de búsqueda y captura **Steckdose** F̄ enchufe m **stecken** V̄T meter, poner; V̄I estar; encontrarse; **~ bleiben** atascarse; fig a. cortarse; **~ lassen** dejar puesto **Stecker** M̄ clavija f, enchufe **Stecknadel** F̄ alfiler m

Steg M̄ pasarela f; e-r Gitarre etc puente

stehen estar de pie; (sich befinden) estar; Uhr estar parado; Kleidung **j-m ~** sentar a alg; **~ bleiben** detenerse, pararse; **~ lassen** dejar **stehend** de pie **Stehlampe** F̄ lámpara de pie **stehlen** hurtar, robar **Stehplatz** M̄ THEAT localidad f de pie; im Bus plaza f de pie

Steiermark F̄ Estiria

steif tieso; rígido

steigen subir (**auf**, **in** akk a) **steigern** acrecentar, aumentar **Steigerung** F̄ aumento m, subida **Steigung** F̄ subida; AUTO cuesta

steil escarpado

Stein M̄ piedra f; MED cálculo; (Spielstein) pieza f; (Obstkern) hueso **Steinbock** M̄ ASTROL Capricornio **Steinbruch** M̄ cantera f **Steinbutt** M̄ rodaballo **Steingut** N̄ loza f **steinig** pedregoso **Steinkohle** F̄ hulla **Steinschlag** M̄ caída f de piedras

Stelle F̲ sitio m, lugar m; (*Arbeitsstelle*) empleo m; **auf der ~** en el acto stellen colocar, poner; *Uhr* poner en hora; *Frage* hacer

Stellenabbau M̲ recorte de empleo, reducción f de puestos de trabajo **Stellenangebot** N̲ oferta f de empleo **Stellengesuch** N̲ demanda f de empleo

Stellplatz M̲ AUTO plaza f de parking **Stellung** F̲ posición f; (*Anstellung*) puesto m, empleo m **Stellvertreter(in)** M̲/F̲ sustituto,-a

Stemmeisen N̲ formón m **stemmen** *Gewichte* levantar; **sich ~ gegen** apoyarse contra

Stempel M̲ sello **Stempelkissen** N̲ almohadilla f (de tinta) **stempeln** sellar; timbrar; *Paket etc* matasellar

Steppdecke F̲ colcha (pespunteada)

Sterbehilfe F̲ eutanasia **sterben** morir **Sterbeurkunde** F̲ partida f de defunción **sterblich** mortal

stereo estéreo **Stereoanlage** F̲ equipo m estéreo

steril estéril **sterilisieren** esterilizar

Stern M̲ estrella f **Sternbild** N̲ constelación f **Sternfahrt** F̲ rally(e) m **Sternschnuppe** F̲ estrella fugaz **Sternwarte** F̲ observatorio m **Sternzei-**

-chen N̲ signo m (del zodiaco) **stetig** constante **stets** siempre

Steuer 1 F̲ impuesto m **2** N̲ timón m; AUTO volante m **Steuerberater(in)** M̲/F̲ asesor(a) fiscal **Steuerbord** N̲ estribor m **Steuererklärung** F̲ declaración de impuestos **steuerfrei** libre de impuestos **Steuerknüppel** M̲ palanca f de mando **Steuermann** M̲ timonel **steuern** FLUG pilotar; AUTO a. conducir **steuerpflichtig** sujeto a impuestos **Steuerung** F̲ AUTO dirección **Steuerzahler(in)** M̲/F̲ contribuyente

Steward M̲ SCHIFF camarero; FLUG auxiliar de vuelo **Stewardess** F̲ azafata; *Am* aeromoza

Stich M̲ pinchazo; *Nähen*: punto; (*Insektenstich*) picadura f; *Kartenspiel*: baza f; **im ~ lassen** abandonar **Stichprobe** F̲ prueba (hecha) al azar **Stichtag** M̲ día fijado **Stichwort** N̲ apunte m; THEAT pie m; im *Wörterbuch* entrada f **Stichwunde** F̲ cuchillada

Stick M̲ (*USB-Stick*) memoria m USB, pendrive m; **auf Stick speichern** guardar en la memoria USB

sticken bordar **Stickerei** F̲ bordado m

stickig sofocante **Stickstoff** M̲ nitrógeno

Stiefel M̲ bota f

Stiefmutter F̄ madrastra
Stiefmütterchen N̄ BOT pensamiento m Stiefsohn m hijastro Stieftochter F̄ hijastra Stiefvater M̄ padrastro
stiehlt → stehlen
Stiel M̄ mango; BOT tallo
Stier M̄ toro Stierkampf M̄ corrida f de toros Stierkämpfer M̄ torero
Stift M̄ clavija f; perno; (Bleistift) lápiz stiften fundar; (spenden) donar Stiftung F̄ fundación; donación
Stil M̄ estilo
still tranquilo, quieto; silencioso stillen Hunger matar; Kind dar de mamar; Blut cortar; Schmerz calmar stillhalten quedarse quieto Stillleben N̄ MAL naturaleza f muerta, bodegón m Stillstand M̄ parada f
Stimmband N̄ cuerda f vocal Stimmbruch M̄ muda f Stimme F̄ voz; POL voto m stimmen MUS afinar; ~ für/ gegen votar por/contra; das stimmt (ist wahr) eso (no) es verdad (od cierto) Stimmrecht N̄ derecho m de voto Stimmung F̄ estado m de ánimo
stinken oler mal, apestar
Stipendium N̄ beca f
stirbt → sterben
Stirn F̄ frente Stirnhöhle F̄ seno m frontal
Stock M̄ bastón; → Stockwerk stocken pararse; paralizarse

Stockfisch M̄ bacalao
Stockholm N̄ Estocolmo m
Stockwerk N̄ piso m, planta f
Stoff M̄ materia f; (Tuch) tela f, tejido Stoffwechsel M̄ metabolismo
stöhnen gemir
stolpern tropezar (über akk con)
stolz orgulloso (auf akk de)
Stolz M̄ orgullo
stopfen zurcir; Loch tapar Stopfgarn N̄ hilo m de zurcir Stopfnadel F̄ aguja de zurcir stoppen VIT cronometrar; VI parar(se) Stoppschild N̄ señal m de stop Stopptaste F̄ CD-Player, Rekorder tecla stop, botón m de parada Stoppuhr F̄ cronómetro m
Stöpsel M̄ tapón f
Storch M̄ cigüeña f
stören estorbar; molestar Störung F̄ molestia; TECH avería
Stoß M̄ golpe; choque; (Haufen) pila f Stoßdämpfer M̄ amortiguador stoßen empujar; chocar (an, gegen akk contra); fig ~ auf (akk) dar con Stoßstange F̄ parachoques m Stoßzeit F̄ horas fpl punta
stottern tartamudear
Str. (Straße) C/, c/ (calle)
Strafanstalt F̄ penal m; centro m penitenciario Strafanzeige F̄ denuncia strafbar punible Strafe F̄ castigo m; JUR pena; (Geldstrafe) multa strafen castigar

straff tieso; tirante

straffrei impune Strafgefangene(r) M/F(M) preso,-a Strafgesetzbuch N código m penal Strafraum M SPORT zona f de penalty Strafrecht N derecho m penal Strafstoß M SPORT penalty Straftat F delito m Strafzettel M AUTO multa f

Strahl M rayo; (Wasserstrahl) chorro strahlen radiar; relucir strahlend radiante; brillante Strahlung F radiación

Strähnchen NPL Frisur: balayage m Strähne F (Haarsträhne) mechón m

Strampelanzug M, Strampler M pelele m strampeln patalear

Strand M playa f; am ~ en la playa Strandbad N playa f stranden encallar Strandgut N restos mpl arrojados por el mar Strandmuschel F Wind-, Sonnenschutz refugio portátil para playa Strandpromenade F paseo m marítimo

Strapaze F fatiga strapazierfähig resistente strapaziös fatigoso

Straßburg N Estrasburgo m Straße F in Ort calle; (Landstraße) carretera

Straßenarbeiten PL obras fpl carreteras Straßenbahn F tranvía m Straßenbeleuchtung F alumbrado m público

Straßenglätte F piso m deslizante Straßenhändler M vendedor ambulante Straßenkarte F mapa m de carreteras Straßenkehrer M barrendero Straßennetz N red f de carreteras Straßenrand M borde de la calle od carretera Straßenschild N letrero m Straßensperre F barrera Straßenverkehr M tráfico Straßenverkehrsordnung F código m de la circulación Straßenverzeichnis N callejero m Straßenzustand M estado de la carretera

sträuben: sich ~ gegen oponerse a

Strauch M arbusto Strauchtomate F tomate m en rama Strauß¹ M Blumen: ramo Strauß² M ZOOL avestruz streben aspirar (nach a) strebsam ambicioso Strecke F recorrido m, trayecto m; BAHN línea strecken estirar; extender

Streich M fig travesura f streicheln acariciar streichen pintar; (ausstreichen) tachar; fig cancelar; ~ über (akk) pasar por Streichholz N cerilla f Streichinstrument N MUS instrumento m de cuerda Streichkäse M queso para extender (od untar)

Streife F patrulla streifen rozar Streifen M tira f; Muster raya f Streifenwagen M coche patrulla

Streik M̲ huelga f streiken estar en huelga

Streit M̲ riña f; pelea f streiten reñir; **sich ~** pelearse Streitkräfte FPL fuerzas armadas

streng severo; riguroso

Stress M̲ estrés stressen estresar stressig estresante

Stresstest M̲ FIN test de resistencia

Stretch M̲ TEXT stretch

Stretchhose F̲ pantalón m elástico (od stretch)

streuen esparcir

Strich M̲ raya f; línea f Strichkode M̲ código de barras

Strick M̲ cuerda f stricken hacer punto (od calceta) Strickjacke F̲ chaqueta de punto Stricknadel F̲ aguja para hacer punto

strikt estricto

String(tanga) M̲ g-string m

Striptease M̲ strip-tease

Stroh N̲ paja f Strohhalm M̲ paja f Strohhut M̲ sombrero de paja

Strom M̲ río; ELEK corriente f Stromanschluss M̲ toma f de corriente Stromausfall M̲ apagón

strömen correr; fig afluir

Stromstärke F̲ intensidad f de la corriente

Strömung F̲ corriente

Stromverbrauch M̲ consumo de corriente Stromversorgung F̲ suministro m de elec-

tricidad

Strophe F̲ estrofa

Strudel M̲ remolino

Struktur F̲ estructura

Strumpf M̲ media f Strumpfhose F̲ panty m

Stück N̲ pieza f (a. THEAT); (Teil) pedazo m, trozo m; Seife pastilla f

Student(in) M̲F̲ estudiante Studentenausweis M̲ carné de estudiante Studenten(wohn)heim N̲ residencia f de estudiantes

Studie F̲ estudio m Studiengebühren PL tasas fpl académicas Studienplatz M̲ plaza f universitaria od en la universidad Studienreise F̲ viaje m de estudios

studieren estudiar

Studio N̲ estudio m

Studium N̲ estudios mpl

Stufe F̲ escalón m

Stuhl M̲ silla f Stuhlgang M̲ evacuación f del vientre

stumm mudo

Stummel M̲ colilla f

Stummfilm M̲ película f muda

Stümper(in) M̲F̲ chapucero,-a

stumpf romo; sin filo stumpfsinnig estúpido

Stunde F̲ hora; (Schulstunde) lección, clase

Stundenkilometer M̲P̲L̲ kilómetros por hora stundenlang ADV horas y horas Stundenlohn M̲ salario por hora Stundenplan M̲ horario

stündlich cada hora

stur testarudo, terco

Sturm M̲ tempestad f

stürmen asaltar **Stürmer(in)** M̲F̲ SPORT delantero,-a **stürmisch** tempestuoso; *Beifall* frenético; *fig* impetuoso

Sturmwarnung F̲ aviso m de tempestad

Sturz M̲ caída f

stürzen V̲T̲ POL derrocar; V̲I̲ caer(se); *(eilen)* precipitarse; **sich ~ auf** *(akk)* abalanzarse sobre

Sturzflug M̲ vuelo en picado **Sturzhelm** M̲ casco protector

Stute F̲ yegua

Stütze F̲ soporte m, sostén m, *fig a.* apoyo m

stutzen V̲T̲ (re)cortar; V̲I̲ sorprenderse

stützen apoyar; **sich ~ auf** *(akk)* apoyarse en *(a. fig)* **Stützpunkt** M̲ MIL base f **Stützstrumpf** M̲ MED media f de compresión

Styling N̲ *Mode* estilo, estilismo

s. u. (siehe unten) véase más abajo

Subjekt N̲ *a.* GRAM sujeto m **subjektiv** subjetivo

Substantiv N̲ sustantivo m **Substanz** F̲ sustancia **Subvention** F̲ subvención

Suche F̲ busca, búsqueda **suchen** buscar **Sucher** M̲ FOTO visor **Suchmaschine** F̲ *Internet* buscador m

Sucht F̲ manía; MED adicción

süchtig adicto

Südafrika N̲ Africa f del Sur, Sudáfrica f **Südamerika** N̲ América f del Sur, Sudamérica f **südamerikanisch** sudamericano

Sudan M̲ Sudán

Süddeutschland N̲ Alemania f del Sur **Süden** M̲ sur **südlich** meridional; **~ von** al sur de **Südosten** M̲ sudeste **Südpol** M̲ Polo Sur **Südwesten** M̲ sudoeste

Suite F̲ *Hotel* suite

Sülze F̲ carne en gelatina

Summe F̲ suma; total m

summen zumbar

Sumpf M̲ pantano

Sünde F̲ pecado m **Sünder** M̲ pecador

super *umg* estupendo **Super(benzin)** N̲ (gasolina f) super m **Supermarkt** M̲ supermercado **Superstar** *umg* superestrella f

Suppe F̲ sopa **Suppenlöffel** M̲ cuchara f sopera **Suppenschüssel** F̲ sopera **Suppenteller** M̲ plato sopero *(od* hondo)

Surfbrett N̲ tabla f de surf **surfen** practicar el surf; **im Netz ~** navegar por la red **Surfer(in)** M̲F̲ surfista

süß dulce; *umg Kind* mono **süßen** endulzar **Süßigkeiten** F̲P̲L̲ dulces mpl **Süßspeise** F̲ dulce m **Süßstoff** M̲ edulcorante **Süßwasser** N̲ agua f

dulce
Sweatshirt N̄ sudadera f
Swimmingpool M̄ piscina f
Symbol N̄ símbolo m **symbolisch** simbólico
sympathisch simpático
Symptom N̄ síntoma m
Synagoge F̄ sinagoga f
synchronisiert Film doblado
Syndrom N̄ síndrome m
synthetisch sintético
Syrien N̄ Siria f
System N̄ sistema m **systematisch** sistemático
Szene F̄ THEAT escena; umg fig **die ~** la movida

T

Tabak M̄ tabaco **Tabakladen** M̄ estanco; Am tabaquería f
Tabelle F̄ tabla, cuadro m
Tablet N̄, **Tablet-PC** M̄ tableta f
Tablett N̄ bandeja f **Tablette** F̄ comprimido m
Tachometer M̄ taquímetro
Tadel M̄ reprensión f **tadellos** irreprochable **tadeln** reprender; censurar
Tafel F̄ tabla, tablero m; (Wandtafel) pizarra; Schokolade tableta
Tag M̄ día; **guten ~!** ¡buenos días!; ¡buenas tardes!; umg **sie hat ihre ~e** tiene la regla

Tagebuch N̄ diario m **tagelang** días y días
Tagesanbruch M̄ amanecer
Tagesgericht N̄ GASTR plato m del día **Tageskarte** F̄ Bus etc billete m para un día; GASTR menú m del día **Tageslicht** N̄ luz f del día **Tagesmutter** F̄ niñera **Tagesordnung** F̄ orden m del día **Tagesschau** F̄ TV telediario m **Tageszeitung** F̄ diario m
täglich diario, cotidiano; ADV cada día; todos los días
tagsüber durante el día
Tagung F̄ sesión; congreso m
Taille F̄ talle m; cintura
Takt M̄ MUS compás; TECH tiempo; (Taktgefühl) tacto **Taktik** F̄ táctica **taktlos** indiscreto **Taktstock** M̄ batuta f **taktvoll** discreto, delicado
Tal N̄ valle m
Talent N̄ talento m
Talg M̄ sebo
Talisman M̄ talismán
Talkshow F̄ programa m de entrevistas
Talsperre F̄ presa
Tamburin N̄ pandereta f
Tampon M̄ tampón
Tang M̄ alga f marina
Tanga M̄ tanga
Tanger N̄ Tánger m
Tank M̄ depósito **tanken** echar gasolina **Tanker** M̄ SCHIFF petrolero **Tankstelle** F̄ gasolinera, estación de servicio **Tankwart** M̄ empleado de

gasolinera

Tanne F̲ abeto m

Tansania N̲ Tanzanía f

Tante F̲ tía

Tanz M̲ baile **tanzen** bailar

Tänzer(in) M̲F̲ bailador(a); *beruflich:* bailarín m, bailarina f

Tanzfläche F̲ pista de baile

Tanzmusik F̲ música de baile

Tapas F̲P̲L̲ tapas *fpl* **Tapasbar** F̲ bar m de tapas

Tape N̲/M̲, **Tapeverband** M̲ vendaje m adhesivo

Tapete F̲ papel m pintado **tapezieren** empapelar

tapfer valiente

Tarif M̲ tarifa f **Tarifvertrag** M̲ convenio colectivo

tarnen camuflar, enmascarar **Tarnung** F̲ camuflaje m

Tasche F̲ bolsillo m; bolsa; (*Handtasche*) bolso m, *Am* cartera

Taschenbuch N̲ libro m de bolsillo **Taschendieb** M̲ ratero **Taschengeld** N̲ dinero m de bolsillo **Taschenlampe** F̲ linterna **Taschenmesser** N̲ navaja f **Taschentuch** N̲ pañuelo m

Tasse F̲ taza

Tastatur F̲ teclado m **Taste** F̲ tecla **tasten** palpar **Tastenkombination** F̲ combinación de teclas

tat → **tun**

Tat F̲ hecho m; acción f, acto m; J̲U̲R̲ crimen m; **in der ~** en efecto **Tatbestand** M̲ hechos *mpl*

Täter(in) M̲F̲ autor(a) **tätig** activo **Tätigkeit** F̲ actividad

Tatort M̲ lugar del suceso

tätowieren tatuar **Tätowierung** F̲ tatuaje m

Tatsache F̲ hecho m **tatsächlich** real; efectivo; A̲D̲V̲ en efecto

Tattoo N̲ tatuaje m

Tatze F̲ zarpa

Tau 1̲ N̲ cuerda f 2̲ M̲ rocío

taub sordo

Taube F̲ paloma

taubstumm *neg!* sordomudo

tauchen sumergir(se); bucear **Taucher(in)** M̲F̲ buceador(a) **Taucherbrille** F̲ gafas *fpl* de buzo **Tauchsport** M̲ submarinismo

tauen deshelarse; **es taut** hay deshielo

Taufe F̲ bautizo m, bautismo m **taufen** bautizar **Taufpate** M̲ padrino **Taufpatin** F̲ madrina **Taufschein** M̲ partida f de bautismo

taugen servir (**zu** para); **nichts ~** no valer nada **tauglich** útil; apto

taumeln tambalearse

Tausch M̲ cambio **tauschen** cambiar (**gegen** por)

täuschen engañar; **sich ~** equivocarse **Täuschung** F̲ engaño m

tausend mil **Tausender** M̲ *umg* billete de mil (euros, *etc*) **Tausendstel** N̲ milésimo m

Tauwetter N̲ deshielo m

Taxi N̲ taxi m Taxifahrer M̲F̲
taxista Taxistand M̲ parada f
de taxis

Team N̲ equipo m Teamar-
beit F̲, Teamwork N̲ trabajo
m en equipo

Technik F̲ técnica Techni-
ker(in) M̲F̲ técnico,-a technisch técnico Technologie
F̲ tecnología

Tee M̲ té Teebeutel M̲ bolsita
f de té Teekanne F̲ tetera
Teelöffel M̲ cucharilla f, cucharita f

Teer M̲ alquitrán

Teesieb N̲ colador m de té
Teetasse F̲ taza de té

Teich M̲ estanque

Teig M̲ masa f; pasta f Teigwa-
ren F̲P̲L̲ pastas alimenticias

Teil M̲N̲ parte f; TECH pieza f;
zum ~ en parte teilen dividir,
partir Teilhaber(in) M̲F̲ socio,-a Teilnahme F̲ participación teilnehmen tomar parte, participar (an dat en) Teil-
nehmer(in) M̲F̲ participante
teils en parte

Teilung F̲ división teilweise
parcial; A̲D̲V̲ en parte Teilzah-
lung F̲ pago m parcial Teil-
zeit F̲: ~ arbeiten trabajar a
tiempo parcial Teilzeitjob M̲
trabajo m a tiempo parcial

Telearbeit F̲ teletrabajo m Telefax N̲ telefax m

Telefon N̲ teléfono m; schnur-
loses ~ teléfono m inalámbrico
Telefonanbieter M̲ (compa-

ñía) telefónica f Telefonan-
ruf M̲ llamada f (de teléfono)
Telefonbanking N̲ telebanca f, banca telefónica f Telefonbuch N̲ guía f de teléfo-
nos Telefongespräch N̲
conversación f telefónica telefonieren telefonear; llamar
por teléfono telefonisch telefónico; por teléfono Telefonistin F̲ telefonista, operadora Telefonkarte F̲ tarjeta telefónica Telefonnummer F̲
número m de teléfono Telefonzelle F̲ cabina telefónica
Telefonzentrale F̲ central
telefónica, Am conmutador m

Telegramm N̲ telegrama m
Teleobjektiv N̲ teleobjetivo m
Teller M̲ plato

Tempel M̲ templo

Temperament N̲ temperamento m temperamentvoll
brioso, vivo Temperatur F̲
temperatura

Tempo N̲ velocidad f; MUS
tiempo m Tempolimit N̲ límite m de velocidad

Tendenz F̲ tendencia

Teneriffa F̲ Tenerife m

Tennis N̲ tenis m; ~ spielen jugar al tenis Tennisball M̲ pelota f de tenis Tennisplatz
M̲ pista f de tenis Tennis-
schläger M̲ raqueta f

Tenor M̲ MUS tenor

Teppich M̲ alfombra f Teppichboden m moqueta f,
Am alfombrado

Termin M̱ término; plazo; **sich e-n ~ geben lassen** *beim Arzt etc* pedir hora

Terminal M̱/Ṉ FLUG, IT terminal *f*

Terminkalender M̱ agenda *f*

Terrasse F̱ terraza

Terrine F̱ sopera

Terroranschlag M̱ atentado terrorista **Terrorismus** M̱ terrorismo **Terrorist(in)** M̱(F̱) terrorista

Tesafilm M̱ celo

Test M̱ prueba *f*; test

Testament Ṉ testamento *m* **testen** probar

Tetanus M̱ tétanos **Tetanusimpfung** F̱ vacunación antitetánica

teuer caro; **wie ~ ist das?** ¿cuánto vale (*od* cuesta)?

Teufel M̱ diablo

Text M̱ texto **Textilien** P̱Ḻ tejidos *mpl*, textiles *mpl* **Textverarbeitung** F̱ tratamiento *m* de textos

Thailand Ṉ Tailandia *f*

Theater Ṉ teatro *m* **Theaterkasse** F̱ taquilla **Theaterstück** Ṉ obra *f* de teatro

Theke F̱ barra; mostrador *m*

Thema Ṉ tema *m* (*a.* MUS)

Theologe M̱, **Theologin** F̱ teólogo,-a **Theologie** F̱ teología

theoretisch teórico **Theorie** F̱ teoría

Therapie F̱ terapia

Thermalbad Ṉ, **Therme** F̱

estación *f* termal **Thermometer** Ṉ termómetro *m* **Thermosflasche** F̱ termo *m* **Thermostat** M̱ termostato

These F̱ tesis

Thriller M̱ película *f bzw* novela *f* de suspense

Thrombose F̱ trombosis

Thunfisch M̱ atún

Thüringen Ṉ Turingia *f*

Thymian M̱ tomillo

tief profundo, hondo; *Ton* bajo; *Stimme* grave

Tief Ṉ, **Tiefdruckgebiet** Ṉ zona *f* de baja presión **Tiefe** F̱ profundidad **Tiefgarage** F̱ garaje *m* (*od* aparcamiento *m*) subterráneo **tiefgekühlt** congelado **Tiefkühlfach** Ṉ congelador *m* **Tiefkühltruhe** F̱ congelador *m*

Tier Ṉ animal *m* **Tierarzt** M̱, **Tierärztin** F̱ veterinario,-a **Tiergarten** M̱ (jardín) zoológico **Tierkreis** M̱ zodíaco **Tierkreiszeichen** Ṉ signo *m* del zodíaco

Tierpark M̱ → **Tiergarten** **Tierschutz** M̱ protección *f* de los animales **Tierschutzverein** M̱ sociedad *f* protectora de animales **Tierversuche** P̱Ḻ experimentos *mpl* con animales

Tiger M̱ tigre **Tigerin** F̱ tigresa

tilgen borrar; *Schuld, Kredit* amortizar

Timing Ṉ cálculo *m* del tiempo; **perfektes ~ coordinación** f perfecta

Tinnitus M̲ MED tinnitus, acúfenos mpl

Tinte F̲ tinta **Tintenfisch** M̲ calamar

Tipp M̲ consejo; umg soplo; SPORT pronóstico

tippen umg escribir (a máquina); *Toto* umg jugar a las quinielas **Tippzettel** M̲ boleto

Tisch M̲ mesa f; **bei ~** a la mesa **Tischlampe** F̲ lámpara de sobremesa **Tischler(in)** M̲|F̲ carpintero,-a; ebanista **Tischtennis** N̲ tenis m de mesa, pingpong m **Tischtuch** N̲ mantel m **Tischwein** M̲ vino de mesa

Titel M̲ título

Toast M̲ tostada f, pan tostado; fig brindis **Toaster** M̲ tostador de pan

toben rabiar; *Kind* retozar

Tochter F̲ hija

Tod M̲ muerte f

Todesanzeige F̲ esquela (de defunción) **Todesopfer** N̲ víctima f (mortal) **Todesstrafe** F̲ pena capital (od de muerte)

tödlich mortal

todmüde muerto de sueño

Toilette F̲ lavabo m, servicio m, Am baño; **wo ist die ~?** ¿dónde están los servicios? **Toilettenpapier** N̲ papel m higiénico

tolerant tolerante

toll loco; umg estupendo **Toll-**

wut F̲ rabia

Tomate F̲ tomate m **Tomatensaft** M̲ zumo de tomate

Tombola F̲ rifa, tómbola

Ton M̲ sonido; MUS, fig tono; *(Tonerde)* arcilla f **Tonart** F̲ tonalidad

tönen V̲I̲ *(ertönen)* sonar; V̲T̲ *Haar* colorear

Toner M̲ *Druckerfarbe* tóner

Tonleiter F̲ escala

Tonne F̲ barril m, tonel m; *Maß* tonelada

Tönung F̲ matiz m; *Haare* tinte m

Topf M̲ marmita f; olla f

Topfen M̲ österr requesón **Töpfer(in)** M̲|F̲ alfarero,-a **Töpferei** F̲, **Töpferwaren** F̲P̲L̲ alfarería f

Tor N̲ puerta f; SPORT portería f; *Treffer* gol m

torkeln tambalearse

Torschütze M̲ autor del gol **Törtchen** N̲ tartaleta f

Torte F̲ tarta

Torwart M̲ portero, guardameta

tot muerto

total total **Totalausverkauf** M̲ liquidación f total **Totalschaden** M̲ siniestro total

Tote(r) M̲|F̲M̲ muerto,-a **töten** matar **Totenschein** M̲ certificado de defunción **Totes Meer** N̲ Mar m Muerto

Totschlag M̲ homicidio

Touchpad N̲, **Touchscreen** M̲ IT pantalla f táctil

Tour F̲ excursión Tourenrad N̲ bicicleta f de carretera

Tourismus M̲ turismo; **sanfter** *od* **nachhaltiger ~** turismo *m* verde Tourist(in) M̲F̲ turista

Tournee F̲ gira

Trab M̲ trote traben trotar

Tracht F̲ traje *m* regional

Tradition F̲ tradición traditionell tradicional

Tragbahre F̲ camilla tragbar portátil

träge lento, perezoso

tragen llevar

Träger M̲ portador; *am Kleid* tirante; ARCH viga f, soporte

Tragetasche F̲ bolsa Tragfläche F̲ ala

tragisch trágico Tragödie F̲ tragedia

Tragweite F̲ alcance *m*

Trainer(in) M̲F̲ entrenador(a) trainieren entrenar(se) Training N̲ entrenamiento *m* Trainingsanzug M̲ chándal

Traktor M̲ tractor

trampeln pat(al)ear

trampen viajar por autostop Tramper(in) M̲F̲ autostopista

Trampolin N̲ cama f elástica

Träne F̲ lágrima Tränengas N̲ gas *m* lacrimógeno

Transfer M̲ transferencia f; *von Personen* traslado Transformator M̲ transformador

Transit M̲ tránsito Transitbereich M̲ área f de tránsito Transitverkehr M̲ tráfico de tránsito

transparent transparente

Transplantation F̲ MED trasplante *m*

Transport M̲ transporte transportfähig transportable transportieren transportar Transportkosten PL̲ gastos *mpl* de transporte Transportunternehmen N̲ agencia f de transporte

Transvestit M̲ travesti(do)

Traube F̲ racimo *m*; *(Weintraube)* uva Traubensaft M̲ zumo de uva Traubenzucker M̲ glucosa f

trauen 🛈 V̲I̲ *(dat)* confiar en; **sich (nicht) ~** (no) atreverse 🛈 V̲T̲ casar; *Brautpaar* **sich ~ lassen** casarse

Trauer F̲ duelo *m*, luto *m* Trauerfeier F̲ funerales *mpl* Trauerkleidung F̲ luto *m* trauern estar de luto **(um** por**)**

Traum M̲ sueño

träumen soñar **(von** con**)**

traurig triste Traurigkeit F̲ tristeza

Trauring M̲ alianza f Trauschein M̲ partida f de matrimonio Trauung F̲ **standesamtliche/kirchliche ~** matrimonio *m* civil/religioso Trauzeuge M̲ padrino de boda Trauzeugin F̲ madrina de boda

treffen alcanzar; acertar; *j-n* encontrar; **~ wir uns morgen?** ¿nos encontramos mañana? Treffen N̲ encuentro *m* tref-

fend acertado **Treffer** M̄
acierto **Treffpunkt** M̄ punto
de reunión

treiben V/T empujar; *Sport* practicar; V/I flotar **Treibgas** N̄ gas
m propulsor *od* propelente
Treibhaus N̄ invernadero m
Treibhauseffekt M̄ efecto
invernadero **Treibstoff** M̄
carburante

Trekking N̄ trekking n **Trek-
kingrad** N̄ bicicleta f de trekking **Trekkingschuhe** MPL
zapatillas fpl de trekking **Trek-
kingtour** F̄ excursión f de
trekking

Trend M̄ tendencia f (**zu** a)

trennen: (**sich**) ~ separar(se)
Trennung F̄ separación
Trennwand F̄ tabique m

Treppe F̄ escalera; **auf der ~**
en la escalera

Treppenabsatz M̄ rellano
Treppengeländer N̄ pasa-
mano(s) m **Treppenhaus** N̄
caja f de la escalera

Tresor M̄ caja f fuerte (*od* de
caudales)

Tretboot N̄ patín m acuático
treten pisar (**auf** akk a|c); ~
in e-n Raum entrar en

treu fiel, leal **Treue** F̄ fidelidad
treulos infiel, desleal

Triathlon M̄ SPORT triatlón

Tribüne F̄ tribuna

Trichter M̄ embudo

Trick M̄ truco **Trickfilm** M̄ dibujos mpl animados **tricksen**
V/T umg hacer trucos, engañar

Trieb M̄ instinto; (*Antrieb*) impulso **Triebkraft** F̄ fuerza motriz **Triebwagen** M̄ automo-
tor **Triebwerk** N̄ FLUG propulsor m

Trier N̄ Tréveris m

triff, trifft → treffen

Trikot N̄ malla f

trinkbar potable **trinken** beber **Trinker(in)** M(F) bebe-
dor(a)

Trinkflasche F̄ botella; (*Feldflasche*) cantimplora **Trinkgeld** N̄ propina f **Trinkhalm**
M̄ paja f **Trinkspruch** M̄ brindis **Trinkwasser** N̄ agua f potable

tritt → treten

Tritt M̄ paso; (*Fußtritt*) puntapié
Trittbrett N̄ estribo m

Triumph M̄ triunfo **triumphieren** triunfar

trocken seco (*a. Wein*) **Trockenheit** F̄ sequedad; sequía
trocknen V/T secar; V/I secarse
Trockner M̄ secadora f

Trödel M̄ trastos mpl viejos
Trödelmarkt M̄ mercadillo
trödeln rezagarse; *bei der Arbeit:* perder el tiempo

Troll M̄ MYTH, IT trol m

Trolley M̄ maleta f con ruedas

Trommel F̄ tambor m **Trommelfell** N̄ ANAT tímpano m
trommeln tocar el tambor

Trompete F̄ trompeta

Tropen PL trópicos mpl **Tropensturm** M̄ tormenta f tropical

Tropf M̲ MED gota a gota **tropfen** gotear **Tropfen** M̲ gota f
tropisch tropical
Trost M̲ consuelo **trösten** consolar **trostlos** desconsolado
Trostpreis M̲ premio de consolación
Trottel M̲ idiota
trotz PRÄP (gen) a pesar de **trotzdem** no obstante **trotzig** obstinado, terco
trüb(e) Flüssigkeit turbio; Glas empañado; Wetter nuboso Licht mortecino
Trubel M̲ jaleo
trübsinnig melancólico
Trüffel F̲ trufa
trügerisch engañoso
Truhe F̲ arca
Trümmer PL escombros mpl; ruinas fpl
Trumpf M̲ triunfo
Trunkenheit F̲ embriaguez
Trupp M̲ cuadrilla f; grupo **Truppe** F̲ MIL tropa; THEAT compañía
Truthahn M̲ pavo
Tschad M̲ Chad
Tscheche M̲ checo **Tschechien** N̲ Chequia f **Tschechin** F̲ checa **tschechisch** checo; **~e Republik** f República Checa
tschüs(s)! umg ¡hasta luego!, ¡adiós!
T-Shirt N̲ camiseta f
Tsunami M̲ tsunami m
TU F̲ (Technische Universität) Universidad Técnica
Tube F̲ tubo m

Tuberkulose F̲ tuberculosis
Tuch N̲ trapo m; pañuelo m; (Stoff) paño m
tüchtig eficiente, capaz
tückisch pérfido, traidor
Tugend F̲ virtud
Tülle F̲ pico m
Tulpe F̲ tulipán m
Tumor M̲ tumor
Tümpel M̲ charco
Tumult M̲ tumulto
tun hacer; **~ als ob** hacer como si; **zu ~ haben** tener que hacer
tünchen blanquear
Tunesien N̲ Tunicia f **Tunesier(in)** M̲F̲ tunecino,-a **tunesisch** tunecino
Tunfisch M̲ atún
Tunis N̲ Túnez m
Tunke F̲ salsa
Tunnel M̲ túnel
Tür F̲ puerta
Turban M̲ turbante
Turbine F̲ turbina
turbulent turbulento
Türke M̲ turco **Türkei** F̲ Turquía **Türkin** F̲ turca **Türkis** M̲ turquesa f **türkisch** turco
Türklinke F̲ picaporte m **Türknauf** M̲ pomo
Turm M̲ torre f
turnen hacer gimnasia
Turnen N̲ gimnasia f **Turner(in)** M̲F̲ gimnasta **Turnhalle** F̲ gimnasio m **Turnier** N̲ torneo m **Turnschuh** M̲ zapatilla f
Türöffner M̲ Anlage portero automático

Tusche F̱ tinta china
Tussi F̱ umg pej (Frau) tía; **dumme ~** a. tonta
Tüte F̱ bolsa
TÜV M̱ (Technischer Überwachungsverein) etwa ITV (Inspección f Técnica de Vehículos)
twittern V̱I̱ (Twitter® benutzen) usar Twitter®, tuitear
Typ M̱ tipo; umg (Kerl) tío; **komischer ~** tipo raro
Typhus M̱ tifus
typisch típico
Tyrann M̱ tirano **tyrannisch** tiránico

U

u. a. (unter anderem) entre otras cosas
U-Bahn F̱ metro m; Am subterráneo m **U-Bahnhof** M̱, **U-Bahn-Station** F̱ estación f de metro
übel mal(o); A̱ḎV̱ mal; **~ nehmen** tomar a mal; **mir ist ~** me siento mal **Übelkeit** F̱ náuseas fpl
üben ejercitar, practicar; MUS estudiar
über ❶ P̱ṞÄ̱P̱ (dat; Richtung: akk) sobre, encima de ❷ A̱ḎV̱ (mehr als) más de **überall** por todas partes **überbacken** A̱ḎJ̱ gratinado **überbelichtet** sobreex-

puesto **Überbleibsel** Ṉ resto m
Überblick M̱ vista f de conjunto **überblicken** abarcar con la vista
überbringen entregar; transmitir **Überbringer(in)** M̱F̱ (e-s Schecks) portador(a)
überdacht cubierto con techo **Überdosis** F̱ sobredosis **Überdruss** M̱ tedio; saciedad f **übereinander** uno(s) sobre otro(s)
übereinkommen ponerse de acuerdo **übereinstimmen** coincidir; concordar (**mit** con)
überempfindlich hipersensible **überfahren** AUTO atropellar **Überfahrt** F̱ travesía
Überfall M̱ atraco; bes MIL asalto **überfallen** atracar
überfliegen sobrevolar; Text recorrer
überfließen desbordarse **Überfluss** M̱ abundancia f **überflüssig** superfluo **überfluten** inundar
überfordern exigir demasiado **überführen** Leiche conducir; Verbrecher probar la culpabilidad de **Überführung** F̱ für Fußgänger paso m superior
überfüllt repleto
Übergabe F̱ entrega **Übergang** M̱ paso; fig transición f **Übergangszeit** F̱ período m transitorio **übergeben** entregar; **sich ~** vomitar **übergehen** pasar por alto

Übergepäck N̄ FLUG exceso m de equipaje **Übergewicht** N̄ sobrepeso m; fig preponderancia f **übergewichtig ~ sein** tener sobrepeso **Übergröße** F̄ talla especial

überhäufen colmar (**mit** de) **überhaupt** generalmente; **~ nicht** de ningún modo; en absoluto

überheblich presumido, arrogante

überholen TECH revisar, repasar; AUTO adelantar **überholt** fig anticuado **Überholverbot** N̄ prohibición f de adelantar

überladen sobrecargar; fig recargar **überlassen** dejar; ceder **überlasten** sobrecargar **überlaufen** derramarse; ADJ muy concurrido

überleben sobrevivir (a) **Überlebende(r)** M/F(M) superviviente

überlegen 1 V/t pensar, reflexionar 2 ADJ superior **Überlegung** F̄ reflexión

übermäßig excesivo **übermorgen** pasado mañana **übermüdet** agotado **übermütig** loco de alegría; Kind travieso

übernachten pasar la noche, pernoctar **Übernachtung** F̄ pernoctación

Übernahme F̄ toma; aceptación **übernehmen** tomar, aceptar **überprüfen** examinar, revisar **überqueren** atra-

vesar

überraschen sorprender **überraschend** sorprendente **Überraschung** F̄ sorpresa **überreden** persuadir (**zu a**) **überreichen** entregar **überrumpeln** coger desprevenido **Überschallgeschwindigkeit** F̄ velocidad supersónica **überschätzen** sobr(e)estimar **überschlagen sich ~** volcar(se), dar una vuelta de campana **überschneiden: sich ~** cruzarse; zeitlich coincidir **überschreiten** exceder, traspasar

Überschrift F̄ título m **Überschuss** M̄ excedente **Überschwemmung** F̄ inundación **übersehen** fig no hacer caso de; pasar por alto

übersetzen Text traducir **Übersetzer(in)** M(F) traductor(a) **Übersetzung** F̄ traducción

Übersicht F̄ vista general; resumen m **übersichtlich** claro **überspringen** saltar (a. fig) **überstehen** pasar; vencer **übersteigen** sobrepasar, exceder **Überstunden** F̄PL horas extraordinarias **überstürzt** precipitado

übertragbar transferible **übertragen** transferir; RADIO, TV transmitir **Übertragung** F̄ transmisión

übertreffen superar **übertreiben** exagerar **Übertrei-**

bung F̲ exageración **über-treten** *Gesetz* infringir **über-völkert** superpoblado

überwachen vigilar **Über-wachung** F̲ vigilancia **Über-wachungskamera** F̲ cámara de vigilancia

überwältigen *Gegner* vencer; *Gefühl* j-n ~ sobrecoger a alg **überwältigend** *Anblick* imponente; *Erfolg* grandioso

überweisen transferir, girar **Überweisung** F̲ transferencia, giro m

überwiegen predominar **überwiegend** ADV principalmente **überwinden** superar, vencer **überwinden** convencer (von de) **Überzeugung** F̲ convicción f **überziehen** revestir (mit de); *Konto* dejar en descubierto **überzogen** *Konto* en descubierto **Überzug** M̲ (*Hülle*) funda f

üblich usual, habitual

U-Boot N̲ submarino m

übrig sobrante, restante; **die Übrigen** los demás; ~ **bleiben** quedar, sobrar; ~ **lassen** dejar **übrigens** por lo demás, por otra parte

Übung F̲ ejercicio m; *fig* práctica

Ufer N̲ orilla f

UFO N̲ ABK (*Unbekanntes Flugobjekt*) OVNI m (objeto volante no identificado)

UG N̲ ABK → *Untergeschoss*

Uhr F̲ reloj m; *Zeit* hora; **wie viel**

~ **ist es?** ¿qué hora es?; **es ist drei** ~ son las tres **Uhrmacher** M̲ relojero **Uhrzeiger** M̲ aguja f, manecilla f **Uhrzeit** F̲ hora

Uhu M̲ *Vogel* búho

UKW F̲ (*Ultrakurzwelle*) FM (frecuencia modulada)

Ulme F̲ olmo m

Ultraschall M̲ ultrasonido; *Untersuchung*: ecografía f

um ❶ PRÄP (*akk*) zeitlich a; ~ **zwei Uhr** a las dos ❷ ADV *ungefähr* alrededor de ❸ KONJ ~ **zu** para inf

umarmen abrazar **Umbau** M̲ transformación f **umbauen** reformar; remodelar **umbinden** ponerse **umblättern** volver la hoja **umbringen** matar **umbuchen** *Reise* cambiar la reserva de

umdrehen volver **Umdrehung** F̲ vuelta; TECH revolución

umfallen caerse **Umfang** M̲ volumen **umfangreich** voluminoso **umfassen** *fig* comprender; abarcar **Umfrage** F̲ encuesta

Umgang M̲ trato **Umgangsformen** FPL modales mpl **Umgangssprache** F̲ lenguaje m familiar

umgeben rodear (mit de) **Umgebung** F̲ alrededores mpl; (*Milieu*) entorno m

umgehen VT̲ eludir **umgehend** inmediatamente **Um-**

gehungsstraße F̲ carretera de circunvalación

umgekehrt contrario; inverso; A̲D̲V̲ al revés **Umhang** M̲ capa f **Umhängetasche** F̲ bolso m en bandolera

Umkehr F̲ vuelta **umkehren** volver, dar media vuelta

umkippen volcar; _umg fig_ desmayarse **umklammern** agarrar **Umkleideraum** M̲ vestuario **umkommen** perecer **Umkreis** M̲ ámbito; redonda f **umleiten** desviar **Umleitung** F̲ desviación

umorganisieren reorganizar **umpflanzen** trasplantar **umquartieren** _j-n_ cambiar de alojamiento

umrechnen convertir **Umrechnungskurs** M̲ tipo de cambio

umringen rodear **Umriss** M̲ contorno **umrühren** remover **Umsatz** M̲ H̲A̲N̲D̲E̲L̲ ventas fpl **Umschlag** M̲ (_Briefumschlag_) sobre; M̲E̲D̲ compresa f; (_Buchumschlag_) cubierta f **umschlagen** cambiar bruscamente **umschulen** _Beruf_ reciclar **Umschwung** M̲ cambio repentino (_od_ brusco)

umsehen: sich ~ mirar (alrededor); (_besichtigen_) dar una vuelta; **sich ~ nach** buscar **umsonst** gratis; _fig_ en vano **Umstand** M̲ circunstancia f **Umstände** M̲P̲L̲ **unter ~n** eventualmente; **unter diesen**

~n en estas condiciones; **unter keinen ~n** de ningún modo **umständlich** complicado; _Person_ ceremonioso **Umstandskleid** N̲ vestido m de futura mamá

umsteigen cambiar (de tren _etc_), hacer transbordo **umstellen** _fig_ reorganizar; **sich ~** adaptarse (**auf** _akk_ a) **umstritten** controvertido **Umsturz** M̲ subversión f **umstürzen** volcar

Umtausch M̲ cambio **umtauschen** cambiar

umwandeln transformar **umwechseln** cambiar **Umweg** M̲ rodeo

Umwelt F̲ medio m ambiente **Umwelt...** I̲N̲ Z̲S̲S̲G̲N̲ ambiental; ecológico **Umweltbelastung** F̲ contaminación ambiental **umweltbewusst** con conciencia ecológica **umweltfreundlich** no contaminante, ecológico **umweltschädlich** contaminante **Umweltschutz** M̲ protección f del medio ambiente **Umweltschützer(in)** M̲(̲F̲)̲ ecologista **Umweltverschmutzung** F̲ contaminación ambiental

umwenden volver **umwerfen** derribar, volcar **umziehen** mudarse (de casa); **sich ~** mudarse, cambiarse **Umzug** M̲ mudanza f (de casa); (_Festzug_) desfile; cabalgata f

unabhängig independiente
Unabhängigkeit F̲ independencia
unabsichtlich involuntario; A̲D̲V̲ sin querer
unangebracht inoportuno
unangenehm desagradable
unannehmbar inaceptable
Unannehmlichkeit F̲ molestia
unanständig indecente **unappetitlich** poco apetitoso **unartig** travieso, malo
unauffällig discreto **unaufhaltsam** imparable **unaufhörlich** incesante **unaufmerksam** distraído, desatento
unausstehlich insoportable
unbarmherzig despiadado
unbeabsichtigt involuntario; A̲D̲V̲ sin querer **unbeachtet** inadvertido **unbedeutend** insignificante **unbedingt** A̲D̲V̲ a toda costa **unbefahrbar** intransitable **unbefangen** imparcial; (natürlich) natural **unbefriedigend** poco satisfactorio **unbefristet** ilimitado **unbefugt** no autorizado **unbegabt** sin talento **unbegreiflich** incomprensible **unbegrenzt** ilimitado **unbegründet** infundado
Unbehagen N̲ malestar m **unbehaglich** desagradable, incómodo
unbeholfen torpe **unbekannt** desconocido **unbe-**

kümmert despreocupado
unbeliebt impopular **unbemannt** no tripulado **unbemerkt** inadvertido
unbequem incómodo, molesto **Unbequemlichkeit** F̲ incomodidad
(unberechenbar incalculable; (sprunghaft) caprichoso **unberührt**, unbeschädigt intacto **unbeschränkt** ilimitado **unbeschreiblich** indescriptible **unbeständig** inestable, instable **unbestechlich** incorruptible **unbestimmt** indeterminado, inseguro **unbestritten** incontestado **unbeteiligt** desinteresado **unbewacht** no vigilado **unbeweglich** inmóvil **unbewohnt** despoblado; Haus deshabitado **unbewusst** inconsciente **unbezahlbar** impagable (a. fig)
unbrauchbar inservible
uncool umg ~ **sein** umg ser un rollo o̲d̲ rollazo
und y, vor i und hi: e; **na ~?** ¿y qué?
undankbar desagradecido; ingrato **undenkbar** impensable **undeutlich** poco claro **undicht** permeable
undurchlässig impermeable **undurchsichtig** opaco
uneben desigual **unecht** falso **unehelich** ilegítimo **unehrlich** insincero **uneigennützig** desinteresado **uneinig**

498 | unempfindlich

desunido **unempfindlich** insensible **unendlich** infinito **unentbehrlich** indispensable **unentschieden** indeciso; *Spiel, Wahl etc* empatado **Unentschieden** N̄ SPORT empate *m*

unerbittlich inexorable **unerfahren** inexperto **unerfreulich** desagradable **unerhört** inaudito; **~!** ¡qué barbaridad! **unerklärlich** inexplicable **unerledigt** pendiente **unermüdlich** infatigable **unerreichbar** inaccesible **unerschütterlich** impávido **unersetzlich** insustituible; *Verlust* irreparable **unerträglich** insoportable **unerwartet** inesperado **unerwünscht** indeseable **unfähig** incapaz (**zu de**) **Unfähigkeit** F̄ incapacidad **unfair** injusto; SPORT sucio **Unfall** M̄ accidente **Unfallflucht** F̄ fuga del conductor **Unfallort** M̄ lugar del accidente **Unfallstation** F̄ puesto *m* de socorro **Unfallversicherung** F̄ seguro *m* de accidentes **Unfallwagen** M̄ coche accidentado **unfassbar** incomprensible, increíble **unfehlbar** infalible **unförmig** informe **unfreiwillig** involuntario **unfreundlich** poco amable; *Wetter* desapacible **unfruchtbar** estéril

Unfug M̄ travesura *f* **Ungar(in)** M̄F̄ húngaro,-a **ungarisch** húngaro **Ungarn** N̄ Hungría *f* **ungebildet** inculto **Ungeduld** F̄ impaciencia **ungeduldig** impaciente **ungeeignet** inadecuado **ungefähr** ADV aproximadamente **ungefährlich** inofensivo **ungeheuer** enorme **Ungeheuer** N̄ monstruo *m* **ungehorsam** desobediente **ungelegen** inoportuno **ungelernt** no cualificado **ungemütlich** poco confortable **ungenau** inexacto **ungeniert** desenfadado **ungenießbar** imbebible; incomible **ungenügend** insuficiente **ungepflegt** descuidado

ungerade *Zahl* impar **ungerecht** injusto **Ungerechtigkeit** F̄ injusticia **ungern** de mala gana **ungeschickt** torpe **ungestört** tranquilo **ungesund** malsano; insalubre **ungewiss** incierto **ungewöhnlich** insólito **ungewohnt** desacostumbrado **Ungeziefer** N̄ bichos *mpl* **ungezogen** mal educado; *Kind* travieso **ungezwungen** desenvuelto, informal **unglaublich** increíble **Unglück** N̄ desgracia *f*; (*Unfall*) accidente *m* **unglücklich** desgraciado, infeliz **unglück-**

licherweise por desgracia
ungültig nulo; inválido **ungünstig** desfavorable **Unheil**
N̄ desgracia *f*, desastre *m* **unheilbar** incurable **unheim-
lich** inquietante; ADV enorme-
mente **unhöflich** descortés
unhygienisch antihigiénico
Uniform F̄ uniforme *m*
uninteressant sin interés
Union F̄ unión; **Europäische ~**
Unión Europea
Universität F̄ universidad
unklar poco claro **unklug** imprudente **Unkosten** PL gastos
mpl **Unkraut** N̄ mala hierba *f*
unleserlich ilegible **unlös-
bar** insoluble **unmäßig** in-
moderado **Unmenge** F̄ cantidad enorme **unmenschlich**
inhumano **unmerklich** imperceptible **unmittelbar** inmediato **unmöbliert** sin
amueblar **unmodern** pasado
de moda, anticuado **unmöglich** imposible **unmoralisch**
inmoral **unnatürlich** artificial; *(gekünstelt)* afectado; ADV
poco natural **unnötig** innecesario **unnütz** inútil
UNO F̄ **die ~** la ONU
unordentlich desordenado
Unordnung F̄ desorden *m*
unparteiisch imparcial **unpassend** inconveniente **unpässlich** indispuesto **unper-
sönlich** impersonal **unprak-
tisch** poco práctico **un-
pünktlich** impuntual **unra-**

siert sin afeitar
unrecht: ~ haben no tener razón **Unrecht** N̄ injusticia *f*
unrechtmäßig ilegítimo; ilegal
unregelmäßig irregular
unreif inmaduro; *Obst* verde
Unruhe F̄ inquietud; intranqui-
lidad; **~n** *pl* POL disturbios *mpl*
unruhig inquieto, intranquilo
uns nos; *betont* a nosotros, -as;
ein Freund von ~ un amigo
nuestro
unsauber sucio **unschädlich**
inofensivo **unscharf** FOTO borroso **unscheinbar** poco vistoso **unschlagbar** imbatible
unschlüssig indeciso
Unschuld F̄ inocencia **unschuldig** inocente
unser nuestro, -a **unsere** PL
nuestros, -as
unsicher inseguro **Unsicherheit** F̄ inseguridad
unsichtbar invisible **Unsinn**
M̄ disparate, absurdo **unsinnig** absurdo **unsittlich** inmoral **unsterblich** inmortal **unsympathisch** antipático **untätig** inactivo
unten abajo; **von ~** de abajo;
nach ~ hacia abajo
unter 1 PRÄP *(dat; Richtung: akk)*
debajo de; bajo; *(zwischen)* entre **2** ADV *(weniger als)* menos
de **Unterarm** M̄ antebrazo
unterbelichtet subexpuesto
Unterbewusstsein N̄ sub-
consciente *m*

unterbrechen interrumpir; suspender **Unterbrechung** F interrupción

unterbringen colocar; *Gast* alojar **Unterbringung** F alojamiento *m*

unterdessen entretanto **unterdrücken** suprimir, reprimir

untere(r, -s) inferior

untereinander entre sí **unterentwickelt** subdesarrollado **unterernährt** desnutrido **Unterführung** F paso *m* subterráneo (*od inferior*) **Untergang** M *es Schiffs:* hundimiento; *fig* ruina *f*; *der Sonne etc* puesta *f* **Untergebene(r)** M(F)M subordinado,-a **untergehen** *Schiff* hundirse; *Sonne* ponerse **Untergeschoss** N piso *m* bajo, sótano *m*

unterhalb (*gen*) debajo de **Unterhalt** M sustento; manutención *f*; JUR pensión *f* alimenticia; **~ zahlen** pasar una pensión **unterhalten** sustentar; *fig* distraer; **sich ~** conversar; *fig* divertirse **Unterhaltung** F conversación; *fig* diversión **Unterhemd** N camiseta *f* **Unterhose** F *Herren:* calzoncillos *mpl*; *Damen* bragas *fpl* **Unterkiefer** M maxilar inferior **Unterkunft** F alojamiento *m* **Unterlage** F base; ~*n pl* documentación *f* **unterlassen** dejar, abstenerse de *a/c* **unterlegen** ADJ inferior (a) **Un-**

terleib M abdomen **Unterlippe** F labio *m* inferior **Untermiete** F **in ~ wohnen** ser subinquilino de alg **Untermieter(in)** M(F) subinquilino,-a

unternehmen emprender **Unternehmen** N empresa *f* **Unternehmer(in)** M(F) empresario,-a **unternehmungslustig** emprendedor

Unteroffizier M suboficial **Unterricht** M enseñanza *f*; clases *fpl* **unterrichten** enseñar; (*informieren*) informar **Unterrock** M combinación *f* **unterschätzen** subestimar

unterscheiden distinguir **Unterscheidung** F distinción **Unterschenkel** M pierna *f* **Unterschied** M diferencia *f* **unterschiedlich** distinto, diferente **Unterschlagung** F defraudación **unterschreiben** firmar **Unterschrift** F firma **Unterseeboot** N submarino *m* **Untersetzer** M *für Gläser* posavasos

unterste(r, -s) el más bajo/la más baja **unterstreichen** subrayar

unterstützen apoyar **Unterstützung** F apoyo *m*; (*Geld*) subsidio *m*

untersuchen examinar; investigar **Untersuchung** F examen *m*; JUR indagación **Untersuchungshaft** F prisión preventiva

Untertasse F platillo *m* **un-**

tertauchen sumergir **Unterteil** M̲/N parte f inferior **Untertitel** M̲ subtítulo (a. Film) **Unterwäsche** F̲ ropa interior **unterwegs** en (el) camino; durante el viaje **unterwerfen** someter **unterwürfig** sumiso **unterzeichnen** firmar **Unterzucker** M̲ hipoglucemia f aguda; *umg* bajón m de azúcar **Untiefe** F̲ bajo fondo m **untragbar** insoportable **untrennbar** inseparable **untreu** infiel **Untreue** F̲ infidelidad **untypisch** poco típico, atípico **unüberlegt** irreflexivo **unübersichtlich** poco claro; complejo **ununterbrochen** continuo; ADV sin interrupción **unveränderlich** invariable **unverändert** inalterado **unverantwortlich** irresponsable **unverbesserlich** incorregible **unverbindlich** sin compromiso **unverdaulich** indigesto **unvereinbar** incompatible **unvergesslich** inolvidable **unverheiratet** soltero **unverletzt** ileso **unvermeidlich** inevitable **unvernünftig** imprudente **unverschämt** descarado, insolente **Unverschämtheit** F̲ descaro m, insolencia f **unversehrt** incólume; intacto **unverständlich** incomprensible **unverwüstlich** indes-

tructible **unverzüglich** inmediato **unvollendet** inacabado **unvollkommen** imperfecto **unvollständig** incompleto **unvorbereitet** desprevenido **unvorhergesehen** imprevisto **unvorsichtig** imprudente **unvorstellbar** inimaginable **unwahr** falso **Unwahrheit** F̲ falsedad **unwahrscheinlich** improbable **unwesentlich** insignificante **Unwetter** N̲ temporal m **unwichtig** sin importancia **unwiderstehlich** irresistible **unwillkürlich** involuntario **unwirksam** ineficaz **unwissend** ignorante **unwohl** indispuesto **Unwohlsein** N̲ indisposición f **unzählige** innumerables **unzerbrechlich** irrompible **unzertrennlich** inseparable **unzufrieden** descontento **Unzufriedenheit** F̲ descontento m **unzugänglich** inaccesible **unzulänglich** insuficiente **unzulässig** inadmisible **unzuverlässig** inseguro, informal **Update** N̲ IT actualización f **Upgrade** N̲ Hotel, Flugzeug cambio m a la categoría superior **üppig** exuberante; Mahl opulento

ups INT *umg* ups! ¡uy!

Uran N uranio *m*

Uraufführung F estreno *m* absoluto

urban urbano

Ureinwohner(in) M|F indígena **Urenkel(in)** M|F bisnieto,- -a **Urgroßmutter** F bisabuela **Urgroßvater** M bisabuelo **Urheber(in)** M|F autor(a)

Urin M orina *f* **urinieren** orinar

Urkunde F documento *m*

Urlaub M vacaciones *fpl*; MIL permiso; **~ machen/haben** estar de vacaciones; **in ~ fahren** ir de vacaciones; **schönen ~!** ¡buenas vacaciones! **Urlauber(in)** M|F turista

Urlaubsanschrift F dirección de vacaciones **Urlaubsort** *m* lugar de vacaciones **Urlaubsreise** F viaje *m* de vacaciones **Urlaubszeit** F (tiempo *m* de) vacaciones *fpl*

Urne F urna

Urologe M urólogo

Ursache F causa, motivo *m*; **keine ~!** ¡de nada!

Ursprung M origen **ursprünglich** primitivo, original; ADV al principio

Urteil N juicio *m*; JUR sentencia *f* **urteilen** juzgar (**über** *akk* de)

Urwald M selva *f* virgen

USA PL **die ~** los EE.UU. *mpl* (*Estados Unidos de América*)

USB-Anschluss M IT conexión *f* USB **USB-Kabel** N IT cable *m*

USB USB-Stick M IT memoria *f* USB

User(in) M|F IT usuario,-a

usw. (*und so weiter*) etc. (etcétera)

Utensilien PL utensilios *mpl*

utopisch utópico

UV-Filter M filtro ultravioleta **UV-Strahlen** PL rayos *mpl* ultravioletas

V

Vagabund M vagabundo

vage vago, poco seguro

Vakuum N vacío *m* **vakuumverpackt** envasado al vacío

Vanille F vainilla **Vanilleeis** N helado *m* de vainilla

Varieté, Varietee N teatro *m* de variedades

Vase F florero *m*

Vaseline F vaselina

Vater M padre **Vaterland** N patria *f*

väterlich paterno, paternal

Vatikan M Vaticano **Vatikanstadt** F Ciudad del Vaticano

vegan vegano **Veganer(in)** M|F vegano,-a

Vegetarier(in) M|F vegetariano,-a **vegetarisch** vegetariano

Vegetation F vegetación

Veggieburger M hamburguesa f vegetariana

Veilchen N̄ violeta f

Vene F̄ vena

Venedig N̄ Venecia f

Venenentzündung F̄ flebitis

Ventil N̄ válvula f **Ventilator** M̄ ventilador

verabreden convenir; **sich ~** citarse, quedar (**mit** con) **Verabredung** F̄ cita **verabschieden: sich ~** despedirse (**von** de)

verachten despreciar **verächtlich** despectivo **Verachtung** F̄ desprecio m

verallgemeinern generalizar

veraltet anticuado

veränderlich variable **verändern: (sich) ~** cambiar **Veränderung** F̄ cambio m

Veranlagung F̄ (pre)disposición **veranlassen** motivar; (anordnen) disponer **Veranlassung** F̄ motivo m

veranstalten organizar **Veranstalter(in)** M̄/F̄ organizador(a) **Veranstaltung** F̄ organización; espectáculo m

verantworten responder de; **sich ~** justificarse **verantwortlich** responsable **Verantwortung** F̄ responsabilidad **verantwortungslos** irresponsable

verarbeiten elaborar; tratar **Verarbeitung** F̄ elaboración

verärgert enfadado, enojado

Verb N̄ verbo m

Verband M̄ asociación f; MED

Vendaje Verband(s)kasten M̄ botiquín (de urgencia) **Verband(s)zeug** N̄ vendajes mpl

verbergen esconder, ocultar

verbessern mejorar; Fehler corregir **Verbesserung** F̄ mejora(miento) m; corrección

verbeugen: sich ~ inclinarse **Verbeugung** F̄ inclinación

verbiegen torcer, deformar

verbieten prohibir **verbilligen** abaratar, rebajar

verbinden unir, juntar; MED vendar **verbindlich** obligatorio; Person amable **Verbindung** F̄ unión; relación; TEL Verkehr comunicación; BAHN enlace m; CHEM combinación

verbleit con plomo **verblüfft** perplejo, atónito **verblühen** marchitarse **verblüht** marchito **verbluten** desangrarse

verborgen ADJ escondido

Verbot N̄ prohibición f **verboten** prohibido **Verbotsschild** N̄ señal m de prohibido

Verbrauch M̄ consumo **verbrauchen** consumir; Geld gastar **Verbraucher(in)** M̄/F̄ consumidor(a) **Verbraucherschutz** M̄ protección f al consumidor

Verbrechen N̄ crimen m **Verbrecher(in)** M̄/F̄ criminal **verbrecherisch** criminal **verbreiten** difundir **verbreitern** ensanchar **Verbreitung** F̄ difusión

verbrennen quemar(se) **Verbrennung** F̲ combustión; MED quemadura; *von Leichen, Müll* incineración

verbringen pasar

verbünden: sich ~ aliarse **Verbündete(r)** M̲/F̲(M̲) aliado,-a **verbürgen: sich ~ für** responder de

Verdacht M̲ sospecha f **verdächtig** sospechoso **verdächtigen** sospechar de

verdammen condenar **verdammt** maldito; *umg* **~!** ¡maldita sea!

verdanken deber (**j-m etw** a/c a alg)

verdauen digerir **verdaulich** digestible **Verdauung** F̲ digestión **Verdauungsbeschwerden** P̲L̲ trastornos mpl digestivos **Verdauungsstörung(en)** F̲(P̲L̲) indigestión

Verdeck N̲ AUTO capota f **verdecken** cubrir, tapar **verderben** V̲/T̲ estropear, deteriorar; V̲/I̲ echarse a perder; **sich den Magen ~** coger una indigestión **verderblich** perecedero

verdienen ganar; *fig* merecer **Verdienst** ① N̲ mérito m ② M̲ ganancia f; sueldo

verdoppeln doblar **verdorben** pasado, podrido **verdrängen** desplazar; *fig* reprimir **verdrehen** torcer **verdunkeln** oscurecer **verdünnen** diluir **verdunsten** evaporarse **verdursten** morir de

sed **verdutzt** atónito

verehren venerar, adorar **Verehrer(in)** M̲(F̲) admirador(a) **Verehrung** F̲ veneración

vereidigen tomar juramento a **vereidigt** jurado

Verein M̲ asociación f; SPORT club **vereinbaren** convenir, acordar **Vereinbarung** F̲ acuerdo m **vereinfachen** simplificar **vereinigen** unir **Vereinigung** F̲ unión

vereinzelt aislado **vereiteln** frustrar **vereitert** purulento **vererben** legar **verfahren** proceder; **sich ~** extraviarse **Verfahren** N̲ proceso m; JUR procedimiento m

Verfall M̲ decadencia f **verfallen** ① caducar; *Haus* desmoronarse; *fig* decaer ② A̲D̲J̲ caduco **do Verfallsdatum** N̲ fecha f de caducidad **Verfallstag** M̲ HANDEL día de vencimiento

verfassen componer; redactar **Verfasser(in)** M̲(F̲) autor(a) **Verfassung** F̲ estado m; POL constitución

verfaulen pudrirse

verfehlen *Ziel, Weg* errar; *Zug* perder; **j-n no** encontrar **verfehlt** equivocado

verfilmen filmar **verfliegen** *Zeit* pasar volando **verflixt** *umg* maldito **verfluchen** maldecir **verflucht** maldito

verfolgen perseguir (a. *fig*) **Verfolger(in)** M̲(F̲) perseguidor(a) **Verfolgung** F̲ persecu-

ción
verformen: sich ~ deformarse
verfrüht prematuro
verfügbar disponible verfügen disponer, ordenar; ~ über (akk) disponer de Verfügung F disposición
verführen seducir Verführer(in) M(F) seductor(a) verführerisch seductor Verführung F seducción
vergammelt umg podrido
vergangen pasado Vergangenheit F pasado m
Vergaser M carburador
vergeben dar; fig perdonar vergebens en vano vergeblich vano, inútil
vergehen Zeit pasar
Vergehen N JUR delito m
vergelten j-m etw devolver, pagar Vergeltung F desquite m, venganza
vergessen olvidar vergesslich olvidadizo vergeuden dilapidar, despilfarrar
vergewaltigen violar Vergewaltigung F violación
vergewissern: sich ~ asegurarse, cerciorarse
vergießen derramar, verter
vergiften envenenar; intoxicar Vergiftung F intoxicación
vergiss, vergisst ~> vergessen Vergissmeinnicht N BOT nomeolvides m
Vergleich M comparación f; JUR arreglo vergleichbar comparable (con mit) verglei-

chen comparar
vergnügen: sich ~ divertirse Vergnügen N placer m; viel ~! ¡que se divierta(n)!; es ist mir ein ~ es un placer para mí vergnügt alegre Vergnügungspark M parque de atracciones
vergoldet dorado vergraben enterrar vergriffen agotado vergrößern aumentar (a. Optik); ampliar (a. FOTO) Vergrößerung F aumento; a. FOTO ampliación Vergünstigung F privilegio m; ventaja Vergütung F remuneración
verhaften detener, arrestar Verhaftung F detención, arresto m
verhalten: sich ~ (com)portarse Verhalten N conducta f, comportamiento m
Verhältnis N relación f; proporción f verhältnismäßig relativo Verhältnisse PL condiciones fpl; circunstancias fpl
verhandeln tratar (über akk de), negociar Verhandlung F negociación; JUR vista
verhängnisvoll fatal verhasst odiado verheerend desastroso verheimlichen ocultar
verheiraten: sich ~ casarse verheiratet casado
verhindern impedir verhindert: ~ sein no poder asistir
Verhör N interrogatorio m verhören interrogar; sich ~

entender mal
verhungern morir de hambre
verhüten prevenir **Verhütung** $\overline{F}$ prevención **Verhütungsmittel** $\overline{N}$ anticonceptivo *m*
verirren: sich ~ extraviarse **Verjährung** $\overline{F}$ JUR prescripción **verjüngen** rejuvenecer **Verkauf** $\overline{M}$ venta *f* **verkaufen** vender; **zu ~** en venta
Verkäufer(in) $\overline{M(F)}$ vendedor(a)
Verkehr $\overline{M}$ circulación *f*; tráfico **verkehren** circular; **mit j-m ~** tener trato con alg **Verkehrsanbindung** $\overline{F}$ conexión (con medios de transporte); **eine gute ~ haben** estar bien conectado (con medios de transporte) **verkehrsberuhigt** de tráfico reducido **Verkehrschaos** $\overline{N}$ caos *m* circulatorio **Verkehrsinsel** $\overline{F}$ refugio *m* **Verkehrsmittel** $\overline{N}$ medio *m* de transporte **Verkehrspolizei** $\overline{F}$ policía de tráfico **Verkehrspolizist(in)** $\overline{M(F)}$ agente (*od* policía) de tráfico **Verkehrsstau** $\overline{M}$ embotellamiento *m*, atasco *m* **Verkehrsunfall** $\overline{M}$ accidente de tráfico **Verkehrszeichen** $\overline{N}$ señal *f* de tráfico
verkehrt invertido; (*falsch*) falso **verklagen** demandar **verkleiden** TECH revestir; **sich ~** disfrazarse **verkleinern** reducir; disminuir **verknacksen** *umg* **sich den Knöchel** *etc* **~**

torcerse el tobillo *etc* **verkörpern** personificar, encarnar **verkrachen** *umg* **sich ~** reñir **(mit con)**
verkraften resistir **verkrampft** crispado **verkrüppelt** lisiado **verkünden** anunciar **verkürzen** acortar **verladen** cargar; SCHIFF embarcar
Verlag $\overline{M}$ editorial *f*
verlangen pedir, exigir **verlängern** alargar; *zeitlich* prolongar **Verlängerung** $\overline{F}$ alargamiento *m*; prolongación *f*; prórroga (*a.* SPORT) **Verlängerungsschnur** $\overline{F}$ prolongador *m*
verlangsamen *Geschwindigkeit* reducir(se) **verlassen** dejar, abandonar; **sich ~ auf** (*akk*) fiarse de **verlässlich** fiable, seguro
Verlauf $\overline{M}$ curso **verlaufen** pasar; **sich ~** perderse **verlegen** **1** extraviar; *Wohnsitz* trasladar; *Termin* aplazar; *Buch* editar **2** $\overline{ADJ}$ cortado **Verlegenheit** $\overline{F}$ apuro *m*
Verleger(in) $\overline{M(F)}$ editor(a)
Verleih $\overline{M}$ alquiler **verleihen** prestar; *für Geld* alquilar; *Preis* conceder
verleiten inducir (**zu a**) **verlernen** olvidar
verletzen herir, lesionar **Verletzte(r)** $\overline{M/F(M)}$ herido,-a **Verletzung** $\overline{F}$ herida, lesión
verleumden calumniar **Ver-**

leumdung F calumnia
verlieben: sich ~ enamorarse (**in** *akk* **de**) **verliebt** enamorado
verlieren perder **Verlierer(in)** M/F/M perdedor(a)
verlinken INTERNET enlazar, vincular
verloben: sich ~ (com)prometerse **Verlobte(r)** M/F/M prometido,-a **Verlobung** F compromiso m(matrimonial)
verlockend tentador, seductor **verlogen** mentiroso **verloren** perdido; **~ gehen** perderse
verlosen sortear **Verlosung** F sorteo m
Verlust M pérdida f
vermachen legar **vermehren** aumentar; **sich ~** BIOL multiplicarse **vermeiden** evitar
Vermerk M nota f
vermieten alquilar; **zu ~** se alquila **Vermieter(in)** M/F alquilador(a) **Vermietung** F alquiler m
vermindern disminuir; reducir **vermissen** echar de menos **vermisst** desaparecido
vermitteln VI intervenir; mediar; VT proporcionar **Vermittler(in)** M/F mediario,-a; mediador(a) **Vermittlung** F intervención; (*Schlichtung*) mediación; TEL central
Vermögen N fortuna f; patrimonio m

vermüllt lleno de basura
vermuten suponer **vermutlich** presunto **Vermutung** F suposición
vernachlässigen descuidar
vernehmen percibir, oír; JUR interrogar **Vernehmung** F interrogatorio m **verneinen** negar **vernetzt** interconectado **vernichten** destruir **Vernichtung** F destrucción
Vernissage F inauguración de una exposición de arte, vernissage m
Vernunft F razón **vernünftig** razonable; *Person* sensato **veröffentlichen** publicar
verordnen MED prescribir **Verordnung** F MED prescripción; POL decreto m
verpachten arrendar **Verpächter(in)** M/F arrendador(a) **verpacken** embalar; envasar; *Am* empacar **Verpackung** F embalaje m; envase m **verpartnern** V/R formar una pareja de hecho, ≈ casarse **verpassen** *j-n, Zug etc* perder **verpfänden** empeñar **verpflanzen** MED trasplantar
verpflegen alimentar **Verpflegung** F alimentación, comida
verpflichten obligar; **sich ~ zu** comprometerse a **Verpflichtung** F obligación, compromiso m
verpfuschen *Arbeit* echar a perder; *fig* destrozar **verprü-**

geln dar una paliza a Verputz M enlucido Verrat M traición f verraten traicionar Verräter(in) M|F| traidor(a)

verrechnen poner en cuenta; sich ~ equivocarse Verrechnungsscheck M cheque cruzado

verreisen irse de viaje verrenken dislocar Verrenkung F dislocación verriegeln echar el cerrojo a verringern disminuir; reducir verrosten oxidarse

verrückt loco Verrücktheit F locura

verrufen ADJ de mala fama

Vers M verso

versagen fallar; Person fracasar Versagen N fallo m Versager(in) M|F| fracasado,-a

versalzen ADJ demasiado salado

versammeln reunir Versammlung F reunión, asamblea, junta

Versand M expedición f; envío Versandhaus N casa f de venta(s) por correo (od catálogo)

versäumen omitir; Gelegenheit desaprovechar; (verpassen) perder verschaffen procurar verschärfen agravar verschenken regalar verscheuchen ahuyentar verschicken enviar, expedir verschieben zeitlich aplazar verschieden diferente; diverso; distinto verschiedenartig variado Verschiedenheit F diferencia, diversidad verschiedentlich más de una vez

verschiffen embarcar verschimmeln enmohecerse verschimmelt enmohecido verschlafen ¹ despertarse demasiado tarde ² ADJ soñoliento

verschlechtern empeorar Verschlechterung F empeoramiento m

Verschleiß M desgaste verschleppen Person secuestrar verschließen cerrar (con llave) verschlimmern agravar verschlossen cerrado; Person reservado verschlucken tragar; sich ~ atragantarse

Verschluss M cierre; e-r Flasche tapón; FOTO obturador verschlüsselt codificado verschmähen despreciar, desdeñar verschmutzen ensuciar; Umwelt contaminar verschneit nevado verschollen desaparecido verschonen respetar; ahorrar verschönern embellecer verschreiben MED prescribir; recetar; sich ~ equivocarse (al escribir) verschrotten desguazar verschulden causar; sich ~ endeudarse verschuldet endeudado verschütten derramar verschweigen callar verschwenden derrochar; desperdiciar (*a. Zeit*) verschwenderisch pródigo Verschwendung F̱ derroche *m*, despilfarro *m*

verschwiegen callado; discreto verschwinden desaparecer verschwommen vago; FOTO *etc* borroso

Verschwör(in) M̲(F̲) conspirador(a) Verschwörung F̱ conspiración

versehen proveer, dotar (mit de); sich ~ equivocarse Versehen N̲ equivocación *f*, error *m*; aus ~ por error, por descuido versehentlich por error, por descuido

versenden enviar versenken hundir, sumergir versetzen trasladar; *Schlag* asestar; *als Pfand* empeñar; *umg j-n* dar un plantón

verseucht infestado, contaminado Verseuchung F̱ contaminación

versichern asegurar Versicherte(r) M̲(F̲/M̲) asegurado,-a *m(f)* Versicherung F̱ seguro *m*

Versicherungsbeitrag M̲ cuota *f* (del seguro) Versicherungsfall M̲ siniestro; im ~ en caso de siniestro Versicherungsgesellschaft F̱ compañía de seguros, aseguradora Versicherungspolice F̱, -schein M̲ póliza *f* de seguro versinken hundirse

versöhnen reconciliar Versöhnung F̱ reconciliación

versorgen proveer (mit de); (*betreuen*) cuidar (de)

verspäten: sich ~ retrasarse; llegar tarde Verspätung F̱ retraso *m* (haben llevar)

versperren obstruir; bloquear verspielen perder en el juego; *fig* perder verspotten burlarse de

versprechen prometer; sich ~ equivocarse (al hablar) Versprechen N̲, Versprechung F̱ promesa *f*

verstaatlichen nacionalizar Verstand M̲ entendimiento, razón *f*

verständigen informar; sich ~ entenderse Verständigung F̱ comunicación verständlich inteligible; comprensible Verständnis N̲ comprensión *f* verständnisvoll comprensivo

verstärken reforzar; *Ton* amplificar Verstärker M̲ amplificador Verstärkung F̱ refuerzo *m*; *Ton* amplificación

verstauchen sich (*dat*) etw ~ torcerse a/c Verstauchung F̱ torcedura

Versteck N̲ escondite *m* verstecken esconder

verstehen entender; comprender; sich ~ entenderse Versteigerung F̱ subasta verstellbar regulable, ajustable verstellen ajustar, regu

lar; **sich ~** disimular
versteuern pagar impuestos
por **verstimmt** de mal humor; MUS desafinado **verstohlen** furtivo
verstopfen atascar (a. Straße)
verstopft atascado; obstruido; Nase tapado **Verstopfung** F̲ MED estreñimiento m
verstorben difunto **verstört**
trastornado, alterado
Verstoß M̲ falta f **verstoßen**:
~ gegen faltar a
verstreichen Frist vencer; Zeit
pasar **verstreuen** dispersar
verstümmeln mutilar **verstummen** enmudecer
Versuch M̲ intento; (Probe) ensayo, prueba f; PHYS etc experimento **versuchen** intentar
(zu inf); probar; ensayar **Versuchskaninchen** N̲ cobaya f
vertagen aplazar **vertauschen** cambiar
verteidigen defender **Verteidiger(in)** M̲/F̲ defensor(a);
SPORT defensa **Verteidigung**
F̲ defensa
verteilen distribuir, repartir
Verteilung F̲ distribución, reparto m
vertiefen ahondar
Vertrag M̲ contrato; POL tratado **vertragen** aguantar, soportar; **sich gut/nicht ~** llevarse bien/mal **Vertragswerkstatt** F̲ taller m concertado
vertrauen confiar en **Vertrauen** N̲ confianza f **vertrauensvoll** confiado **vertraulich** confidencial **vertraut** íntimo; familiar
vertreiben expulsar; HANDEL vender; **sich die Zeit ~** pasar el tiempo **(mit** con)
vertreten representar; j-n sustituir **Vertreter(in)** M̲/F̲ sustituto,-a, suplente; HANDEL representante **Vertretung** F̲ representación
Vertrieb M̲ venta f **Vertriebene(r)** M̲/F/M defensor(a), expulsado,-a
vertrocknen secarse **vertuschen** ocultar, echar tierra a
verüben Tat cometer
verunglücken sufrir un accidente, accidentarse **verunreinigen** ensuciar **veruntreuen** malversar
verursachen causar, ocasionar **verurteilen** condenar (a. fig) **Verurteilung** F̲ condena
vervollständigen completar
verwackelt FOTO movido
verwählen: TEL **sich ~** marcar mal **verwahrlost** descuidado **verwaist** huérfano
verwalten administrar **Verwalter(in)** M̲/F̲ administrador(a) **Verwaltung** F̲ administración
verwandeln transformar (**in** akk en)
verwandt pariente (**mit** de) **Verwandte(r)** M̲/F/M pariente, familiar **Verwandtschaft** F̲ parentesco m; Personen parentela

Verwarnung F̲ amonestación

verwechseln confundir Verwechslung F̲ confusión

verwegen temerario verweigern denegar Verweis M̲ (Tadel) reprensión f; (Hinweis) remisión f

verwelken marchitarse verwelkt marchito

verwenden utilizar, emplear Verwendung F̲ empleo m, uso m

verwerten utilizar, aprovechar verwickeln enredar (in akk en) verwirklichen realizar

verwirren confundir verwirrt confuso Verwirrung F̲ embrollo m, confusión

verwischen borrar verwitwet viudo verwöhnen mimar verwunden herir Verwunderung F̲ asombro m Verwundete(r) M̲/F̲(M̲) herido,-a Verwundung F̲ herida verwünschen maldecir verwüsten devastar verzaubern encantar

Verzehr M̲ consumición f verzehren consumir

Verzeichnis N̲ lista f, relación f; IT directorio m

verzeihen perdonar Verzeihung F̲ perdón m

verzerrt desfigurado

Verzicht M̲ renuncia f verzichten renunciar (auf akk a)

verzieren adornar Verzierung F̲ adorno m, ornamento m verzinsen: sich ~ devengar

interés(es)

verzögern retardar; sich ~ retrasarse Verzögerung F̲ retraso m, demora

verzollen pagar aduana por verzweifeln desesperar Verzweiflung F̲ desesperación

vgl. (vergleiche) compárese

VHS F̲ (Volkshochschule) Universidad Popular

Viadukt M̲ viaducto

Vibrationsalarm M̲ TEL vibración f vibrieren vibrar

Video N̲ vídeo m Videogerät N̲, Videorekorder vídeo, magnetoscopio Videokamera F̲ videocámara Videospiel N̲ videojuego m Videoübertragung F̲ transmisión f por vídeo videoüberwacht vigilado por cámaras de vídeo Videoüberwachung F̲ videovigilancia

Vieh N̲ ganado m Viehzucht F̲ cría de ganado; ganadería

viel mucho; nicht ~ poco; sehr ~ muchísimo; so ~ tanto; zu ~, ~ zu ... demasiado ... Vielfalt F̲ diversidad

vielleicht quizá(s)

vielmehr más bien vielseitig versátil; Person polifacético vielversprechend prometedor

vier cuatro Viereck N̲ cuadrángulo m; cuadrado m vereckig cuadrangular vierfach cuádruplo vierhundert cuatrocientos **vierspurig** *Straße de cuatro carriles* **Viertaktmotor** M̄ *motor de cuatro tiempos*

vierte *cuarto*

Viertel N̄ *cuarto m;* **~ vor drei** *las tres menos cuarto;* **~ nach drei** *las tres y cuarto* **Vierteljahr** N̄ *trimestre m* **Viertelnote** F̄ MUS *negra* **Viertelstunde** F̄ *cuarto m de hora*

Vierwaldstätter See M̄ *Lago de los Cuatro Cantones*

vierzehn *catorce;* **~ Tage** *quince días* **vierzig** *cuarenta*

Vignette F̄ AUTO *pegatina del peaje*

Villa F̄ *chalet m*

Viola F̄ MUS *viola*

violett *violeta*

Violine F̄ *violín m*

Virenscanner M̄ *escáner m de virus* **Virenschutz** NM̄, **Virenschutzprogramm** N̄ *(programa m) antivirus m*

virtuell IT *virtual*

Virus NM̄/M̄ *virus m*

Visitenkarte F̄ *tarjeta de visita*

Visum N̄ *visado m, Am visa f*

Vitamin N̄ *vitamina f*

Vogel M̄ *pájaro, ave f* **Vogelfutter** N̄ *alpiste m* **Vogelkäfig** M̄ *jaula f* **Vogelscheuche** F̄ *espantapájaros m*

Vokabel F̄ *vocablo m*

Vokal M̄ *vocal f*

Volk N̄ *pueblo m*

Volksfest N̄ *fiesta f popular*

Volkshochschule F̄ *universidad popular* **Volkslied** N̄ *canción f popular* **Volksrepublik** F̄ *república popular* **Volksschule** F̄ *österr* → **Grundschule** **Volkstanz** M̄ *danza f popular* **volkstümlich** *popular*

Volkswirt(in) M̄F̄ *economista* **Volkswirtschaft** F̄ *economía nacional* **Volkswirtschaftslehre** F̄ *economía política*

voll *lleno; (ganz) entero; (besetzt) completo; fig pleno;* **~ tanken** *llenar el depósito* **vollautomatisch** *completamente automático* **Vollbad** N̄ *baño m entero* **Vollbart** M̄ *barba f cerrada* **vollenden** *acabar, terminar*

Volleyball M̄ *voleibol*

Vollgas N̄ **~ geben** *pisar a fondo;* **mit ~** *a toda marcha* **völlig** *completo, entero* **volljährig** *mayor de edad* **Vollkaskoversicherung** F̄ *seguro m a todo riesgo* **vollkommen** *perfecto;* ADV *completamente* **Vollkornbrot** N̄ *pan m integral* **Vollmacht** F̄ *poder m* **Vollmilch** F̄ *leche entera* **Vollmond** M̄ *luna f llena* **Vollnarkose** F̄ *anestesia general* **Vollpension** F̄ *pensión completa* **vollständig** *completo, entero, total* **Vollwaise** F̄ *huérfano,-a de padre y madre* **vollzählig** *completo* **Vollzeit** F̄: **~ arbeiten** *trabajar* a tiempo completo

Volt N̄ voltio m

Volumen N̄ volumen m

von PRÄP (dat) de; örtlich u. zeitlich a. desde; Passiv por; **von ... ab** a partir de; **ein Freund ~ mir** un amigo mío **voneinander** uno(s) de otro(s)

vor (dat; Richtung: akk) örtlich delante de; zeitlich antes de; fig de, por; **~ drei Tagen** hace tres días; **zehn ~ zwei** las dos menos diez; **~ Freude** de alegría

Vorabend M̄ víspera f

voran de antemano **vorangehen** ir delante **vorankommen** adelantar, avanzar (a. fig) **voranmelden** V̄R̄ preinscribirse (**für** para), pedir cita (**bei** con)

Voranschlag M̄ presupuesto

voraus: im Voraus de antemano; zahlen por adelantado **vorausgehen** fig preceder **vorausgesetzt: ~ dass ...** suponiendo que ... **voraussagen** predecir **voraussehen** prever **Voraussetzung** F̄ condición (previa) **voraussichtlich** probable(mente) **Vorauszahlung** F̄ pago m anticipado

Vorbehalt M̄ reserva f

vorbei por delante (**an** dat de); zeitlich pasado **vorbeifahren**, **vorbeigehen** pasar **vorbeilassen** dejar pasar **vorbereiten** preparar (**auf** akk

para) **Vorbereitung** F̄ preparación

vorbestellen reservar **Vorbestellung** F̄ reserva

vorbestraft con antecedentes penales

vorbeugen e-r Sache prevenir; **sich ~** inclinarse hacia adelante **Vorbeugung** F̄ prevención **Vorbeugungsmaßnahme** F̄ medida preventiva

Vorbild N̄ modelo m **vorbildlich** ejemplar

Vorder... delantero **Vorderachse** F̄ eje m delantero **vordere(r, -s)** delantero **Vordergrund** M̄ primer plano (a. fig) **Vorderrad** N̄ rueda f delantera **Vorderseite** F̄ parte f anterior; Münze cara; ARCH fachada **Vordersitz** M̄ asiento delantero

vordrängen: sich ~ umg colarse **Vordruck** M̄ impreso

voreilig precipitado **voreingenommen** prevenido **vorerst** por lo pronto **Vorfahr(in)** M̄F̄ antepasado,-a

Vorfahrt F̄ prioridad, preferencia (de paso); **~ beachten!** ¡ceda el paso! **Vorfahrtsstraße** F̄ calle con prioridad

Vorfall M̄ suceso, acontecimiento **vorfinden** encontrar

vorführen demostrar; exhibir, presentar **Vorführung** F̄ exhibición, presentación, demostración

Vorgang M̄ proceso **Vorgän-**

ger(in) M̲F̲ predecesor(a) **vorgehen** proceder; *Uhr* adelantar; *fig Sache* tener preferencia

Vorgesetzte(r) M̲F̲M̲ superior **vorgestern** anteayer

vorhaben proponerse; pensar (+inf)

Vorhaben N̲ intención f; proyecto m

vorhanden existente; HANDEL disponible; **~ sein** existir

Vorhang M̲ cortina f; THEAT telón **Vorhängeschloss** N̲ candado m

vorher antes **vorhergehend** precedente, anterior **Vorhersage** F̲ predicción **vorhersehen** prever

vorhin hace un momento

vorig pasado; anterior **vorinstalliert** preinstalado

Vorkenntnisse P̲L̲ conocimientos mpl (previos)

vorkommen existir, encontrarse; *(geschehen)* suceder, ocurrir; *(scheinen)* **j-m ~** parecer a alg **Vorkommnis** N̲ acontecimiento m, incidente m **vorladen** convocar; *als Zeuge* citar **Vorladung** F̲ citación **Vorlage** F̲ presentación; *(Muster)* modelo **vorlassen** dejar pasar **vorläufig** provisional; A̲D̲V̲ por ahora **vorlegen** presentar

vorlesen leer **Vorlesung** F̲ clase

vorletzte(r, -s) penúltimo

Vorliebe F̲ predilección **(für** por)

vorliegen existir **Vormarsch** M̲ avance **vormerken** apuntar; tomar nota de

Vormittag M̲ mañana f; **am ~** por la mañana **vormittags** por la mañana

Vormund M̲ tutor

vorn delante; **nach ~** hacia delante; **von ~** por delante; *zeitlich* de nuevo

Vorname M̲ nombre (de pila)

vornehm distinguido **vornehmen: sich etw ~** proponerse a/c

vornherein: von ~ desde un principio

Vorort M̲ barrio periférico, suburbio

Vorrang M̲ prioridad f **Vorrat** M̲ provisión f; HANDEL existencias fpl **vorrätig** disponible **Vorrecht** N̲ privilegio m **Vorrichtung** F̲ dispositivo m **Vorruhestand** M̲ prejubilación f **Vorrunde** F̲ SPORT eliminatoria **Vorsaison** F̲ temporada baja **Vorsatz** M̲ propósito **vorsätzlich** premeditado **Vorschau** F̲ TV avance m de programa

Vorschlag M̲ propuesta f **vorschlagen** proponer **vorschreiben** prescribir **Vorschrift** F̲ prescripción; reglamento m **vorschriftsmäßig** reglamentario **Vorschuss** M̲ anticipo **vorsehen** prever; **sich ~** tener cuidado

Vorsicht F̲ precaución; **~!** ¡cuidado! **vorsichtig** prudente, cauto; A̲D̲V̲ con cuidado **vorsichtshalber** por si acaso **Vorsichtsmaßnahme** F̲ medida de precaución
Vorsilbe F̲ prefijo m **Vorsitz** M̲ presidencia f **Vorsitzende(r)** M̲/F̲M̲ presidente **Vorsorgeuntersuchung** F̲ chequeo m (preventivo) **vorsorglich** previsor **Vorspeise** F̲ entrada, entremés m, entrante m **Vorspiel** N̲ preludio m **Vorsprung** M̲ fig ventaja f **Vorstadt** F̲ arrabal m **Vorstand** M̲ junta f directiva
vorstellen j-n presentar; Uhr adelantar; **sich etw ~** figurarse a/c **Vorstellung** F̲ presentación; fig idea; T̲H̲E̲A̲T̲ representación; Kino sesión **Vorstellungsgespräch** N̲ entrevista f personal
Vorstrafen F̲P̲L̲ antecedentes mpl penales **vorstrecken** Geld adelantar **Vorteil** M̲ ventaja f **vorteilhaft** ventajoso **Vortrag** M̲ conferencia f **vortragen** recitar; M̲U̲S̲ interpretar **vortrefflich** excelente
vorüber pasado **vorübergehen** pasar **vorübergehend** pasajero
Vorurteil N̲ prejuicio m **Vorverkauf** M̲ venta f anticipada **Vorwahl(nummer)** F̲ T̲E̲L̲ prefijo m **Vorwand** M̲ pretexto

vorwärts adelante **Vorwäsche** F̲ prelavado m **vorweisen** presentar **vorwerfen** reprochar **vorwiegend** principalmente
Vorwort N̲ prefacio m **Vorwurf** M̲ reproche **Vorzeichen** N̲ augurio m **vorzeigen** presentar
vorziehen preferir; Vorhang correr **Vorzug** M̲ (Vorrang) preferencia f; (gute Eigenschaft) mérito; (Vorteil) ventaja f **vorzüglich** excelente **Vorzugspreis** M̲ precio de favor
vulgär vulgar
Vulkan M̲ volcán
VW (Volkswagen) marca de automóvil alemana

W

Waage F̲ balanza; A̲S̲T̲R̲O̲L̲ Libra **waagerecht** horizontal
wach despierto; **~ werden** despertarse **Wache** F̲ guardia **wachen** velar (**über** akk por)
Wacholder M̲ enebro
Wachs N̲ cera f
wachsam vigilante; alerta **Wachsamkeit** F̲ vigilancia **wachsen** V̲/I̲ crecer; V̲/T̲ encerar **Wachstuch** N̲ hule m **Wachstum** N̲ crecimiento m **Wachtel** F̲ codorniz

Wächter(in) M(F) guarda

Wackelkontakt M contacto intermitente *od* flojo **wackeln** tambalear(se); moverse

Wade F pantorrilla

Waffe F arma

Waffel F barquillo m

Waffenschein M licencia f de armas

wagen atreverse (a), osar

Wagen M (*Auto*) coche, BAHN *a.* vagón **Wagenheber** M gato

Wag(g)on M vagón

Wagnis N riesgo m

Wahl F elección

wählen escoger, elegir; POL votar; TEL marcar **Wähler(in)** M(F) votante **wählerisch** difícil de contentar

Wahlfach N asignatura f optativa **Wahlheimat** F patria adoptiva **Wahlkampf** M campaña f electoral **Wahllokal** N colegio m electoral **wahllos** al azar **Wahlplakat** N cartel m electoral

Wählton M TEL tono de llamada

Wahnsinn M locura f, demencia f **wahnsinnig** loco

wahr verdadero, verídico; **das ist (nicht) ~** (no) es verdad; **nicht ~?** ¿verdad?

während PRÄP (*gen*) durante; KONJ mientras (que)

Wahrheit F verdad **wahrnehmen** percibir **Wahrsager(in)** M(F) adivino,-a

wahrscheinlich probable **Wahrscheinlichkeit** F probabilidad

Währung F moneda

Wahrzeichen N símbolo m

Waise F huérfano,-a **Waisenhaus** N orfanato m

Wal M ballena f

Wald M bosque **Waldbrand** M incendio forestal **waldig** boscoso **Waldsterben** N muerte f lenta de los bosques **Waldweg** M camino forestal

Wall M terraplén **Wallfahrt** F peregrinación, romería

Walnuss F nuez **Walross** N morsa f

Walze F rodillo m **Walzer** M vals

Wand F pared; muro m

Wandel M cambio **wandeln: sich ~** cambiar

Wanderausstellung F exposición itinerante **Wanderkarte** F mapa m para excursiones **wandern** caminar, hacer excursiones a pie **Wanderung** F excursión a (pie) **Wanderurlaub** M viaje m de senderismo **Wanderweg** M camino para excursiones, senda f

Wandgemälde N (pintura f) mural m **Wandschirm** M biombo **Wandschrank** M armario empotrado **Wandteppich** M tapiz

Wange F mejilla

wann cuando; **seit ~?** ¿desde cuándo?

Wanne F̲ tina; (*Badewanne*) bañera

Wanze F̲ chinche; *umg fig* micro-espía *m*

Wappen N̲ escudo *m* de armas

war, wäre → sein

Ware F̲ mercancía, *Am a* mercadería Warenhaus N̲ grandes almacenes *mpl* Warenkorb M̲ *für Internetbestellung* cesta *f* de la compra Warenzeichen N̲ marca *f* (comercial)

warf → werfen

warm caliente; caluroso; *Klima* cálido (*a. fig*); **es/mir ist ~** hace/tengo calor Wärme F̲ calor *m* Wärmedämmung F̲ aislamiento *m* térmico wärmen calentar Wärmflasche F̲ bolsa de agua caliente

Warnblinkanlage F̲ sistema *m* de alarma intermitente Warndreieck N̲ triángulo *m* de peligro warnen advertir; prevenir (**vor** *dat* contra) Warnstreik M̲ huelga *f* de advertencia, aviso *m* Warnweste F̲ chaleco *m* reflectante

Warschau N̲ Varsovia *f* Warteliste F̲ lista de espera warten esperar (**auf** *akk* a) Warten N̲ espera *f* Wärter(in) M̲F̲ guardián, -ana *m,f*

Warteraum M̲, Wartesaal M̲ sala *f* de espera Warteschlange F̲ cola (de espera)

Warteschleife F̲ FLUG círculo *m* Wartezimmer N̲ sala *f* de espera

Wartung F̲ mantenimiento *m*

warum por qué; **~?** ¿por qué?

Warze F̲ verruga

was que; *umg* (*etwas*) algo; **~?** ¿qué?; **~ für (ein)** qué

Waschanlage F̲ AUTO tren *m* de lavado waschbar lavable Waschbecken N̲ lavabo *m* Wäsche F̲ ropa; (*das Waschen*) lavado *m* Wäschegeschäft N̲ lencería *f* Wäscheklammer F̲ pinza para la ropa Wäschekorb M̲, Wäschebox F̲ cesto *m od* cubo *m* de (la) ropa (sucia)

waschen: (**sich**) ~ lavar(se) Waschen N̲ lavado *m* Wäscherei F̲ lavandería Wäscheständer M̲ tendedero Wäschetrockner M̲ secadora *f*

Waschlappen M̲ manopla *f* para baño; *fig Person* calzonazos *m* Waschmaschine F̲ lavadora Waschmittel N̲ detergente *m* Waschprogramm N̲ programa de lavado Waschpulver N̲ detergente *m* Waschraum M̲ lavabo *m* Waschsalon M̲ lavandería *f*

Wasser N̲ agua *f* Wasserbad N̲ GASTR baño *m* María Wasserball M̲ *Ball* pelota *f* de playa; SPORT waterpolo wasserdicht impermeable Wasser-

518 | Wasserfall

fall M̄ cascada f; catarata f
Wasserflugzeug N̄ hidroavión m **Wasserhahn** M̄ grifo
Wasserkocher M̄ hervidor
m de agua **Wasserkraftwerk**
N̄ central f hidroeléctrica
Wasserleitung F̄ tubería (od
cañería) de agua **Wassermann** M̄ ASTROL Acuario
Wassermelone F̄ sandía
Wasserpistole F̄ pistola de
agua **Wasserrutsche** F̄ tobogán m acuático **wasserscheu**
que tiene miedo al agua **Wasserski** M̄ esquí m náutico (od
acuático) **Wassersport** M̄ deporte acuático **Wasserstand**
M̄ nivel de agua **Wasserstoff**
M̄ hidrógeno **Wasserverschmutzung** F̄ contaminación del agua **Wasserwaage**
F̄ nivel m (de agua) **Wasserzähler** M̄ contador de(l) agua
waten vadear
Watte F̄ algodón m **Wattebausch** M̄ tapón de algodón
Wattepad N̄ disco m de algodón **Wattestäbchen** N̄ bastoncillo m de algodón
Waveboard N̄ SPORT waveboard m, (Brett) tabla f de waveboard, monopatín m de dos
ruedas
WC N̄ WC m, retrete f
Web N̄ IT Web f
weben tejer
Webportal N̄ portal m web
Webseite F̄ IT página web
Website F̄ IT sitio m web

Webstuhl M̄ telar
Wechsel M̄ cambio; HANDEL
letra f de cambio **Wechselgeld** N̄ cambio m; vuelta f
wechselhaft Wetter variable
Wechseljahre NPL menopausia f **Wechselkurs** M̄ tipo de
cambio **wechseln** cambiar
Wechselstrom M̄ corriente
f alterna **Wechselstube** F̄
Am oficina de cambio
Weckdienst M̄ TEL servicio de
despertador **wecken** despertar **Wecker** M̄ despertador
wedeln: **mit dem Schwanz ~**
menear la cola
weder: **~ ... noch** ni ... ni
weg: **~ sein** etw estar perdido;
Person estar salido
Weg M̄ camino; **sich auf den ~**
machen ponerse en camino
Wegbeschreibung F̄ ubicación, indicaciones fpl del camino
wegbleiben faltar, no venir
wegbringen llevar
wegen PRÄP (gen) por, a causa
de
wegfahren salir; irse **Wegfahrsperre** F̄ **(elektronische)**
~ inmovilizador m antirrobo
wegfallen quedar suprimido
weggehen irse, marcharse
wegjagen ahuyentar **wegklicken** umg IT cerrar (con un
clic de ratón) **weglassen** suprimir **weglaufen** irse corriendo **wegnehmen** quitar
wegräumen recoger; quitar

wegschicken enviar, mandar
Wegweiser M̲ indicador (de camino)
Wegwerf... IN ZSSGN desechable wegwerfen tirar Wegwerfgesellschaft F̲ sociedad consumista
wegziehen V̲T̲ retirar; V̲I̲ mudarse de casa
wehen soplar; *Fahne* ondear
Wehen F̲P̲L̲ MED dolores mpl del parto wehleidig quejica wehmütig melancólico
Wehr N̲ presa f
Wehrdienst M̲ servicio militar Wehrdienstverweigerer M̲ objetor de conciencia
wehren: sich ~ defenderse wehrlos indefenso Wehrpflicht F̲ servicio m militar obligatorio
wehtun doler, a. j-m hacer daño
Weibchen N̲ ZOOL hembra f weiblich femenino
weich blando; (zart) tierno; ~ gekocht *Ei* pasado por agua; ~ werden ablandarse
Weiche F̲ BAHN aguja
weichen hacer sitio, ceder Weichspüler M̲ suavizante m
Weide F̲ pasto m; BOT sauce m weiden pastar, pacer
weigern: sich ~ negarse (zu a) Weigerung F̲ negativa
weihen bendecir
Weihnachten N̲ Navidad f; fröhliche ~! ¡feliz Navidad!, ¡felices Pascuas!

Weihnachtsabend M̲ Nochebuena f Weihnachtsbaum M̲ árbol de Navidad Weihnachtsgeschenk N̲ regalo m de Navidad Weihnachtslied N̲ villancico m Weihnachtsmann M̲ Papá Noel Weihnachtsstern M̲ BOT flor f de Pascua
Weihrauch M̲ incienso Weihwasser N̲ agua f bendita
weil porque
Weile F̲ eine (ganze) ~ un (buen) rato
Wein M̲ vino; BOT vid f Weinbau M̲ viticultura f Weinberg M̲ viña f, viñedo Weinbergpfirsich M̲ BOT paraguayo Weinbrand M̲ brandy
weinen llorar
Weinessig M̲ vinagre de vino Weinglas N̲ copa f de vino Weingut N̲ explotación f vinícola Weinhandlung F̲ bodega Weinkarte F̲ carta de vinos Weinkeller M̲ bodega f Weinlese F̲ vendimia Weinlokal N̲ taberna f Weinprobe F̲ degustación (od cata) de vinos Weintrauben F̲P̲L̲ uvas
weise sabio
Weise F̲ manera, modo m; MUS melodía, aire m; auf diese ~ de este modo
Weisheit F̲ sabiduría Weisheitszahn M̲ muela f del juicio
weiß¹ blanco
weiß² → wissen

Weißbrot N̄ pan m blanco
Weißkohl M̄, **Weißkraut** N̄ repollo m **Weißrussland** N̄ Bielorrusia f
weißt → wissen
Weißwein M̄ vino blanco
weit ancho, amplio; Weg largo; (entfernt) lejano; ADV lejos; ~ **verbreitet** muy frecuente; **wie ~ ist es bis …?** ¿cuánto falta para…?; **bei ~em (nicht)** (ni) con mucho; **von ~em** de(sde) lejos; **zu ~ gehen** fig (pro)pasarse
weiter fig además; ~ **nichts** nada más; **und so ~** etcétera
Weiterbildung F̄ beruflich formación (continua), perfeccionamiento m
weitere(r, -s) otro; ~ pl otros; **bis auf ~s** hasta nueva orden; **ohne ~s** sin más (ni más)
weiterfahren continuar el viaje **weitergehen** seguir su camino; fig continuar **weiterkommen** continuar **weitermachen** continuar **weiterreisen** continuar el viaje
weitgehend ADV en gran parte **weitsichtig** présbita; fig perspicaz **Weitsprung** M̄ salto de longitud
Weizen M̄ trigo
welche(r, -s) relativ: que, el (la, lo) cual; fragend: ¿qué?
welk marchito **welken** marchitarse
Wellblech N̄ chapa f ondulada
Welle F̄ onda, (a. fig) ola

Wellenbad N̄ piscina f de olas **Wellengang** M̄ oleaje **Wellenlänge** F̄ longitud de onda **Wellenlinie** F̄ línea ondulada **Wellenreiten** N̄ surf m **Wellensittich** M̄ periquito
Wellness F̄ bienestar m **Wellnessbereich** M̄ (zona f) spa m **Wellnesshotel** N̄ hotel m spa **Wellnessurlaub** M̄ ≈ vacaciones fpl spa
Welt F̄ mundo m **Weltall** N̄ universo m **weltberühmt** de fama mundial **Weltcup** M̄ Copa f Mundial od del Mundo **Weltkarte** F̄ mapamundi m **Weltkrieg** M̄ guerra f mundial **Weltkulturerbe** N̄ patrimonio m mundial (cultural) **weltlich** mundano
Weltmeister(in) M̄(F̄) campeón, -ona f mundial **Weltmeisterschaft** F̄ campeonato m mundial
Weltraum M̄ espacio sideral **Weltreise** F̄ vuelta al mundo **Weltrekord** M̄ marca f (od récord) mundial **Weltstadt** F̄ metrópoli **weltweit** universal
wem a quién; ~? ¿a quién?; **mit ~?** ¿con quién?
wen: (an) ~? ¿a quién?
Wende F̄ vuelta; (Änderung) cambio m **Wendekreis** M̄ GEOG trópico **Wendeltreppe** F̄ escalera de caracol **wenden** volver; AUTO virar; **sich ~ an** (akk) dirigirse a
wenig poco; **ein ~** un poco; **~er**

menos; **am ~sten** lo menos
wenigstens al (od por lo) menos

wenn si; zeitlich cuando; **selbst
~ aun cuando**

wer el que, quien; **~?** ¿quién?

Werbeagentur F agencia de publicidad **Werbefernsehen**
N televisión f comercial **werben** hacer publicidad (**für**
por) **Werbespot** M spot publicitario

Werbung F publicidad

werden ponerse; hacerse, llegar a ser; Passiv ser

werfen echar, tirar; lanzar

Werft F astillero m

Werk N obra f; (Fabrik) fábrica f
Werkstatt F taller m **Werktag** M día laborable **werktags** en los días de la semana
Werkzeug N herramienta f

Wermut M Getränk vermut

wert digno; **~ sein** valer; **es ist
nichts ~** no vale nada **Wert**
M valor; **~ legen auf** (akk) dar importancia a **wertlos** sin valor **Wertpapiere** NPL efectos mpl, valores mpl **Wertsachen**
FPL objetos mpl de valor **wertvoll** precioso; valioso

Wesen N ser m; (Natur) naturaleza f; (Kern) esencia f **wesentlich** esencial

weshalb por lo que; **~?** ¿por qué?

Wespe F avispa

wessen cuyo; **~?** ¿de quién?

westdeutsch del oeste de Ale-

mania **Westdeutschland** N
Alemania f del Oeste

Weste F chaleco m

Westen M oeste **Western** M
Film western **Westeuropa** N
Europa f Occidental **Westfalen** N Westfalia f **westlich** occidental; **~ von** al oeste de

Wettbewerb M concurso;
SPORT competición f; HANDEL
competencia f **Wette** F apuesta; **um die ~** a cuál más **wetten** apostar (**um**)

Wetter N tiempo m **Wetterbericht** M parte meteorológico **Wetterlage** F estado m
del tiempo **Wettervorhersage** F previsión od pronóstico
del tiempo

Wettkampf M SPORT competición f **Wettlauf** M, **Wettrennen** N carrera f

WG F ABK → Wohngemeinschaft

Whirlpool M bañera f de hidromasaje

Whisky M whisky

wichtig importante **Wichtigkeit** F importancia

wickeln Baby cambiar los pañales

Widder M morueco; ASTROL
Aries

wider contra **widerlegen** refutar **widerlich** repugnante
widerrechtlich ilegal; ilícito
widerrufen revocar **widersetzen: sich ~** oponerse (a)
widerspenstig rebelde **wi-**

dersprechen contradecir
Widerspruch M̲ contradicción f **widersprüchlich** contradictorio **Widerstand** M̲ resistencia f **Widerwille** M̲ aversión f **widerwillig** de mala gana

widmen: (sich) ~ dedicar(se) **Widmung** F̲ dedicatoria
wie como; ~? ¿cómo?; ~ **geht es Ihnen?** ¿cómo está usted?; ~ **viel** ¿cuánto?; **und** ~! ¡y tanto!

wieder de nuevo; otra vez; ~ **tun** volver a hacer
Wiederaufbau M̲ reconstrucción f **Wiederaufbereitung** F̲ reciclaje m **wiederbekommen** recuperar; recobrar **Wiederbelebungsversuche** PL̲ intentos mpl de reanimación
wiederbringen devolver **wiedererkennen** reconocer **wiederfinden** hallar **Wiedergabe** F̲ reproducción **wiedergeben** reproducir
wiedergutmachen reparar **Wiedergutmachung** F̲ reparación
wiederholen repetir **Wiederholung** F̲ repetición **wiederkommen** volver **wiedersehen** volver a ver **Wiedersehen** N̲ reencuentro m; **auf** ~ adiós
Wiedervereinigung F̲ reunificación **Wiederverwertung** F̲ reciclaje m **Wiederwahl** F̲ reelección

Wiege F̲ cuna **wiegen** pesar; *Kind* mecer
Wien N̲ Viena f
Wiese F̲ prado m, pradera
wieso: ~? ¿cómo?
wie viel → **wie**
wild salvaje; BOT silvestre; *Kind* travieso
Wild N̲ caza f **Wilderer** M̲ M̲ cazador furtivo **Wildleder** N̲ ante m **Wildnis** F̲ desierto m **Wildschwein** N̲ jabalí m
will → **wollen**
Wille M̲ voluntad f
willkommen *Person* bienvenido; *etw* oportuno **willkürlich** arbitrario
willst → **wollen**
wimmeln hormiguear; ~ **von** estar plagado de
Wimper F̲ pestaña **Wimperntusche** F̲ rímel m, máscara
Wind M̲ viento **Windbeutel** M̲ buñuelo de viento
Windel F̲ pañal m
winden: sich ~ retorcerse
Windenergie F̲ energía eólica **windgeschützt** al abrigo del viento **windig** ventoso; **es ist** ~ hace viento
Windjacke F̲ cazadora **Windkraft** F̲ energía eólica **Windmühle** F̲ molino m de viento **Windpark** M̲ parque m eólico **Windpocken** PL̲ varicela f **Windrad** N̲ *kleines* molinillo m; *zur Stromerzeugung* aerogenerador m **Windrichtung** F̲ dirección del viento **Wind-**

schutzscheibe F̲ parabrisas m **Windstärke** F̲ fuerza del viento **Windstille** F̲ calma **Windstoß** M̲ ráfaga f, racha f **Windsurfen** N̲ windsurf(ing) m

Windung F̲ recodo m; *im Fluss* meandro m

Wink M̲ seña f; *fig* aviso **Winkel** M̲ ángulo; *(Ecke)* rincón **winken** hacer señas

Winter M̲ invierno; **im ~** en invierno **Winterfahrplan** M̲ horario de invierno **Winterjacke** F̲ chaquetón m (de invierno) **winterlich** invernal **Wintermantel** M̲ abrigo de invierno **Winterreifen** M̲ neumático de invierno **Winterschlussverkauf** M̲ rebajas fpl de invierno **Wintersport** M̲ deporte de invierno **Winterzeit** F̲ *Uhrzeit* hora de invierno

Winzer(in) M̲F̲ viticultor(a) **winzig** diminuto, minúsculo **wir** nosotros(-as)

Wirbel M̲ remolino, torbellino; ANAT vértebra f; *umg fig* jaleo **Wirbelsäule** F̲ columna vertebral **Wirbelsturm** M̲ ciclón m **wirbt** → werben **wird** → werden **wirft** → werfen **wirken** actuar, producir efecto **wirklich** real; efectivo; ADV de veras **Wirklichkeit** F̲ realidad **wirksam** eficaz **Wirkung** F̲ efecto m **wirkungs-**

los ineficaz **wirkungsvoll** eficaz

wirr confuso

Wirsing(kohl) M̲ col f rizada **wirst** → **werden**

Wirt M̲ dueño **Wirtin** F̲ dueña **Wirtschaft** F̲ economía; *(Gasthaus)* fonda, mesón m **wirtschaftlich** económico; rentable **Wirtschaftskrise** F̲ crisis económica

Wirtshaus N̲ fonda f, mesón m **wischen** fregar **Wischlappen** M̲ trapo

wissen saber **Wissen** N̲ saber m; conocimientos mpl

Wissenschaft F̲ ciencia **Wissenschaftler(in)** M̲F̲ científico,-a **wissenschaftlich** científico

Witterung F̲ tiempo m

Witwe F̲ viuda **Witwenrente** F̲ pensión de viudedad **Witwer** M̲ viudo

Witz M̲ chiste, broma f **Witzbold** M̲ gracioso **witzig** gracioso, chistoso

WLAN N̲ A̲B̲K̲ red f inalámbrica, WLAN m

WM F̲ A̲B̲K̲ → Weltmeisterschaft **wo** donde; **~?** ¿dónde? **woanders** en otro sitio

Woche F̲ semana; **in zwei ~n** en quince días

Wochenende N̲ fin m de semana; **am ~** el fin de semana; **schönes ~!** ¡buen fin de semana! **wochenlang** (durante) semanas enteras **Wochentag**

M̄ día de (la) semana
wöchentlich semanal; **einmal**
~ una vez a la semana
Wodka M̄ vodka
wodurch por donde wofür
¿para qué? **woher** ¿de dónde?
wohin ¿adónde?
wohl bien; (vermutlich) tal vez,
acaso
Wohl N̄ bien m; **zum** ~! ¡(a su)
salud! **Wohlbefinden** N̄ bienestar m **Wohlbehalten** sano
y salvo **wohlfühlen: sich** ~
estar (odsentirse) bien **wohlhabend** adinerado, acomodado **Wohlstand** M̄ prosperidad f; bienestar **Wohltat** F̄
fig alivio m **Wohltätig-
keits...** IN ZSSGN benéfico
wohltuend agradable; benéfico **Wohlwollen** N̄ benevo-
lencia f

Wohnblock M̄ bloque de vi-
viendas **wohnen** vivir, habitar
Wohngebiet N̄ zona f resi-
dencial **Wohngemein-
schaft** F̄ piso m compartido
Wohnhaus N̄ casa f **Wohnmobil** N̄ autocaravana f
Wohnort, **Wohnsitz** M̄ domicilio **Wohnung** F̄ vivienda,
piso m **Wohnwagen** M̄ caravana f **Wohnzimmer** N̄ cuarto m (od sala f) de estar, salón m
Wok M̄ GASTR wok
Wolf M̄ lobo
Wolke F̄ nube **Wolkenbruch**
M̄ aguacero; lluvia f torrencial
Wolkenkratzer M̄ rascacie-

los **wolkenlos** despejado
wolkig nublado, nuboso
Wolldecke F̄ manta de lana
Wolle F̄ lana
wollen querer; **lieber** ~ preferir
womit con que; Frage ¿con
qué? **womöglich** si es posible; umg a lo mejor
wonach ❶ Frage ~ **schmeckt
das?** ¿a qué sabe esto? ❷ KONJ
(gemäß) según lo cual
woran a que; Frage ¿a qué?
worauf sobre que; Frage ¿sobre qué? **woraus** de que; Frage ¿de qué? **worin** en que; Frage ¿en qué?
Workshop M̄ taller
Wort N̄ palabra f; término m; **in
~en** en letras
Wörterbuch N̄ diccionario m
wörtlich literal; textual
wortlos sin decir nada **Wortschatz** M̄ vocabulario, léxico
Wortwechsel M̄ altercado
worüber sobre (od de) que; Frage ¿sobre (od de) qué? **worum**
de que; Frage ¿de qué? **wo-
von**, **wovor** de que; Frage
¿de qué?
wow INT ¡hala!, ¡wow!
wozu para que; Frage ¿para
qué?
Wrack N̄ buque m naufragado;
pecio m; fig pilltrafa f
wringen retorcer
Wucher M̄ usura f **wuchern**
proliferar; pulular **Wucher-
preis** M̄ precio abusivo
Wuchs M̄ crecimiento; (Gestalt)

estatura f
Wucht F empuje m **wuchtig** macizo; (*heftig*) violento
wühlen revolver (**in** *akk*)
Wulst M abombamiento
wund excoriado **Wunde** F herida
Wunder N milagro m **wunderbar** milagroso, maravilloso **wundern: sich ~** asombrarse, extrañarse (**über** *akk* de)
Wundstarrkrampf M tétanos
Wunsch M deseo; **auf ~** a petición
wünschen desear **wünschenswert** deseable
wurde → werden
Würde F dignidad **würdig** digno (*gen* de) **würdigen** apreciar
Wurf M tiro; ZOOL camada f
Würfel M dado; MATH cubo **Würfelbecher** M cubilete **würfeln** jugar a los dados **Würfelzucker** M azúcar en terrones
würgen *j-n* estrangular; **~ (müssen)** tener arcadas
Wurm M gusano **wurmig** *Obst* agusanado **wurmstichig** *Holz* carcomido
Wurst F embutido m; (*Hartwurst*) salchichón m **Würstchen** N salchicha f
Würze F condimento m
Wurzel F raíz (*a.* MATH)
würzen condimentar, sazonar **würzig** aromático
wusste → weiß

wüst desierto; *fig* desordenado **Wüste** F desierto m
Wut F rabia, furia
wütend furioso; **~ werden** enfurecerse

x-mal *umg* mil veces **x-te(r, -s)** *umg* enésimo

Yoga N/M yoga m
youtuben VI hacer vídeos en *od* para YouTube®

Zacke F punta; diente m
zaghaft temeroso, tímido
zäh resistente, tenaz; *Fleisch* duro
Zahl F número m **zahlbar** pagadero **zahlen** pagar; **bitte ~!** la cuenta, por favor
zählen contar

Zähler M̲ MATH numerador; ELEK, TECH contador

zahllos innumerable **zahlreich** numeroso **Zahlung** F̲ pago m

Zählung F̲ numeración; (Auszählung) recuento m

Zahlungsanweisung F̲ orden de pago **Zahlungsbedingungen** F̲PL condiciones de pago **Zahlungsfrist** F̲ plazo m de pago

zahm manso **zähmen** amansar, domesticar

Zahn M̲ diente **Zahnarzt** M̲, **Zahnärztin** F̲ dentista **Zahnbürste** F̲ cepillo m de dientes **Zahncreme** F̲ pasta dentífrica; dentífrico m **Zahnersatz** M̲ prótesis f dental **Zahnfleisch** N̲ encías fpl **Zahnpasta** F̲ pasta dentífrica; dentífrico m

Zahnrad N̲ rueda f dentada; kleines piñón **Zahnradbahn** F̲ (ferrocarril m de) cremallera **Zahnschmerzen** M̲PL dolor m de muelas **Zahnseide** F̲ seda dental **Zahnstein** M̲ sarro **Zahnstocher** M̲ palillo

Zander M̲ lucioperca f

Zange F̲ tenazas fpl

zanken: sich ~ pelearse, reñir

Zäpfchen N̲ ANAT úvula f; MED supositorio m

Zapfen M̲ TECH espiga f; BOT cono **Zapfsäule** F̲ surtidor m (de gasolina)

zappen TV hacer zapping

zart tierno; delicado; (sanft) suave **zartbltter** Schokolade semiamargo **Zartgefühl** N̲ delicadeza f

zärtlich cariñoso **Zärtlichkeit** F̲ caricia

Zauber M̲ encanto (a. fig) **Zauberei** F̲ magia **Zauberer** M̲ mago **zauberhaft** encantador **Zauberkünstler** M̲ prestidigitador; mago **zaubern** hechizar; hacer juegos de manos **Zauberspruch** M̲ fórmula f mágica

zaudern vacilar

Zaum M̲ brida f, freno

Zaun M̲ cercado, valla f

z.B. (zum Beispiel) p. ej. (por ejemplo)

ZDF N̲ (Zweites Deutsches Fernsehen) segundo canal de la televisión alemana

Zebra N̲ cebra f **Zebrastreifen** M̲ paso cebra

Zeche F̲ mina (de carbón); (Rechnung) cuenta

Zecke F̲ garrapata **Zeckenbiss** M̲ picadura de garrapata

Zeder F̲ cedro m

Zeh M̲, **Zehe** F̲ dedo m del pie; **große(r) ~** dedo m gordo

zehn diez **Zehneuroschein** M̲ billete m de diez euros **Zehnkampf** M̲ decatlón **zehnte** décimo **Zehntel** N̲ décimo m

Zeichen N̲ signo m; señal f **Zeichenblock** M̲ bloc de dibujo **Zeichenpapier** N̲ papel

m para dibujar **Zeichensetzung** F̄ GRAM puntuación **Zeichentrickfilm** M̄ (película f de) dibujos *mpl* animados **zeichnen** dibujar **Zeichner(in)** M̄F̄ dibujante; delineante **Zeichnung** F̄ dibujo *m*
Zeigefinger M̄ índice **zeigen** enseñar, mostrar; **~ auf** *(akk)* señalar *a/c* **Zeiger** M̄ aguja f
Zeile F̄ renglón *m*, línea
Zeit F̄ tiempo *m*; *(Uhrzeit)* hora; **eine ~ lang** algún tiempo; **das hat ~** no corre prisa; **in letzter ~** últimamente; → **zurzeit**
Zeitarbeit F̄ trabajo *m* temporal **Zeitarbeitsfirma** F̄ empresa de trabajo temporal
Zeitbombe F̄ *a. fig* bomba de relojería
zeitgemäß moderno **zeitgenössisch** contemporáneo **zeitig** temprano **Zeitkarte** F̄ abono *m* **zeitlich** temporal **zeitlos** intemporal **Zeitlupe** F̄ **in ~** a cámara lenta **zeitnah** actual, de actualidad **Zeitplan** M̄ horario **Zeitpunkt** M̄ momento **Zeitraum** M̄ período **Zeitschrift** F̄ revista
Zeitung F̄ periódico *m*; diario *m*
Zeitungsanzeige F̄ anuncio *m* del periódico **Zeitungsartikel** M̄ artículo del periódico **Zeitungskiosk** M̄ quiosco de periódicos
Zeitverlust M̄ pérdida f de tiempo **Zeitverschwen-**

dung F̄ desperdicio *m* de tiempo **Zeitvertreib** M̄ pasatiempo **zeitweise** de vez en cuando **Zeitwort** N̄ verbo *m*
Zelle F̄ célula; *(Gefängniszelle)* celda **Zellstoff** M̄ celulosa f
Zelt N̄ tienda f, *Am* carpa f **zelten** acampar, hacer camping **Zeltlager** N̄ campamento *m* **Zeltplatz** M̄ camping *m*
Zement M̄ cemento
Zensur F̄ censura; *Schule* nota **Zentimeter** M̄ centímetro *m* **Zentimetermaß** N̄ cinta f métrica
Zentner M̄ cincuenta kilos *mpl* **zentral** central **Zentrale** F̄ central **Zentralheizung** F̄ calefacción central **Zentralverriegelung** F̄ AUTO cierre *m* centralizado
Zentrum N̄ centro *m*
zerbrechen V̄/T̄ romper; V̄/Ī romperse **zerbrechlich** frágil **zerdrücken** aplastar
Zeremonie F̄ ceremonia **zerfallen** desmoronarse **zerfetzen** desgarrar **zerkleinern** desmenuzar **zerknittern** arrugar **zerknittert** arrugado **zerkratzen** rasgar, arañar **zerlegbar** desmontable **zerlegen** desmontar **zerlumpt** andrajoso **zerquetschen** machacar
zerreißen **1** V̄/T̄ romper **2** V̄/Ī romperse **zerren** tirar (**an** *dat* de) **zerrissen** roto **Zerrung** F̄ MED distensión

zerschlagen romper; *fig Plan, Hoffnung* **sich ~** frustrarse
zerschneiden cortar, partir
zersetzen descomponer
Zerstäuber M̅ vaporizador, atomizador
zerstören destruir, destrozar **Zerstörung** F̅ destrucción
zerstreuen dispersar; *fig* distraer **zerstreut** *fig* distraído, *umg* despistado **Zerstreuung** F̅ *fig* distracción
zerstückeln desmenuzar **zertreten** pisotear, aplastar **zertrümmern** destruir, demoler
Zettel M̅ papel
Zeug N̅ cosas *fpl*; *umg* chismes *mpl*; **dummes ~** tonterías *fpl*
Zeuge M̅, **Zeugin** F̅ testigo *m/f* **zeugen** demostrar (**von** a/c) **Zeugnis** N̅ certificado *m*; JUR testimonio *m*; *Schule* notas *fpl*
Zickzack M̅ zigzag
Ziege F̅ cabra
Ziegel M̅ ladrillo; (*Dachziegel*) teja *f*
Ziegenbock M̅ macho cabrío, cabrón **Ziegenkäse** M̅ queso de cabra
ziehen V̅/̅T̅ tirar; *Zahn* extraer; *Strich* trazar; V̅/̅I̅ tirar (**an** *dat* de); **es zieht** hay corriente **Ziehharmonika** F̅ acordeón *m* **Ziehung** F̅ sorteo *m*
Ziel N̅ fin *m*; objeto *m*; SPORT meta *f*; (*Reiseziel*) destino *m* **zielen** apuntar (**auf** *akk* a) **Zielgerade** F̅ SPORT recta final **Zielgruppe** F̅ *Werbung* grupo *m* de destino **ziellos** sin rumbo fijo **Zielscheibe** F̅ blanco *m* (*a. fig*) **zielstrebig** voluntarioso
ziemlich bastante
zierlich grácil
Ziffer F̅ cifra **Zifferblatt** N̅ esfera *f*
Zigarette F̅ cigarrillo *m* **Zigarettenautomat** M̅ máquina *f* de tabaco **Zigarettenspitze** F̅ boquilla
Zigarre F̅ puro *m*, cigarro *m*
Zigeuner(in) M̅/̅F̅ *neg!* gitano,-a
Zikavirus N̅ virus *m* (del) zika
Zimmer N̅ habitación *f*, cuarto *m* **Zimmermädchen** N̅ camarera *f* (de habitación) **Zimmermann** M̅ carpintero **Zimmernummer** F̅ número *m* de la habitación **Zimmerpflanze** F̅ planta de interior **Zimmerschlüssel** M̅ llave *f* de la habitación
zimperlich melindroso
Zimt M̅ canela *f*
Zink N̅ cinc *m*
Zinn N̅ estaño *m*
Zinsen M̅P̅L̅ intereses **Zinssatz** M̅ tipo de interés
Zipfel M̅ punta *f*
Zippverschluss M̅ *österr* cremallera *f*
zirka cerca *cv*
Zirkel M̅ compás; *fig* círculo *m*
Zirkus M̅ circo
zischen silbar

Zisterne F̄ cisterna, aljibe m

Zitat N̄ cita f **zitieren** citar

Zitrone F̄ limón m

Zitronengras N̄ hierba f limón, caña f de limón **Zitronenlimonade** F̄ limonada **Zitronenpresse** F̄ exprimidor m **Zitronensaft** M̄ zumo de limón

Zitrusfrüchte F̄PL agrios mpl, cítricos mpl

zittern temblar (**vor** dat de) **Zittern** N̄ temblor m

zivil civil; **in Zivil** de paisano **Zivildienst** M̄ prestación f social sustitutoria **Zivilisation** F̄ civilización **Zivilist(in)** M̄(F̄) paisano,-a, civil

zog → ziehen

zögern tardar, titubear

Zoll M̄ aduana f; Maß pulgada f **Zollamt** N̄ aduana f **Zollbeamte(r)** M̄, **Zollbeamtin** F̄ aduanero,-a **Zollerklärung** F̄ declaración de aduana **zollfrei** exento de aduana **Zollkontrolle** F̄ control m aduanero **zollpflichtig** sujeto a aduana **Zollstock** M̄ metro plegable

Zone F̄ zona

Zoo M̄ zoo **Zoologie** F̄ zoología

Zopf M̄ trenza f

Zorn M̄ ira f, cólera f **zornig** airado, furioso

zu 1 KONJ a; **(um)** ~ **para** 2 PRÄP (dat) ~ **Hause** en casa; ~ **Beginn** al principio 3 ADV (ge-

schlossen) cerrado; (allzu) ~ **viel, viel** ~ demasiado; ~ **wenig** demasiado poco

Zubehör N̄ accesorios mpl

zubereiten preparar **Zubereitung** F̄ preparación

zubinden atar

Zubringer M̄ Bus servicio de enlace; Straße carretera de acceso

Zucchini PL calabacines mpl

Zucht F̄ disciplina; ZOOL cría; BOT cultivo m

züchten ZOOL criar; BOT cultivar **Züchter(in)** M̄(F̄) criador(a); cultivador(a) **Zuchtperle** F̄ perla cultivada

zucken palpitar

Zucker M̄ azúcar **Zuckerdose** F̄ azucarero m **Zuckerkrank** diabético **Zuckerkranke(r)** M̄/F̄(N̄) diabético,-a **Zuckerkrankheit** F̄ diabetes **zuckern** azucarar **Zuckerrohr** N̄ caña f de azúcar **Zuckerrübe** F̄ remolacha azucarera **Zuckerwatte** F̄ algodón m dulce

Zuckung F̄ convulsión

zudecken cubrir, tapar

zudrehen cerrar **zudringlich** importuno, pesado **zuerst** primero; ADV en primer lugar

Zufahrt F̄ acceso m **Zufahrtsstraße** F̄ carretera de acceso

Zufall M̄ casualidad f **zufällig** casual; ADV por casualidad **Zuflucht** F̄ refugio m

zufrieden contento, satisfecho **Zufriedenheit** F contento m; satisfacción **zufriedenstellen** satisfacer **zufriedenstellend** satisfactorio
zufrieren helarse **zufügen** Schaden causar
Zufuhr F aprovisionamiento m
Zug M BAHN tren; im Spiel jugada f; (Luftzug) corriente f de aire; Rauchen chupada f; (Schluck) trago; (Charakterzug) rasgo
Zugabe F MUS bis m **Zugang** M acceso **zugänglich** accesible **Zugangsdaten** PL datos mpl de acceso
zugeben añadir; fig admitir
zugehen Tür cerrarse; ~ **auf** (akk) dirigirse a
Zugehörigkeit F pertenencia
Zügel M rienda f **zügellos** desenfrenado **zügeln** refrenar
Zugeständnis N concesión f **zugestehen** conceder
Zugführer(in) M(F) BAHN jefe(-a) del tren
zugig: es ist ~ hay corriente (de aire)
zügig rápido; Verkehr fluido
zugleich a la vez; al mismo tiempo
Zugluft F corriente de aire **zugreifen** b. Essen servirse
zugrunde: ~ gehen perderse; perecer; ~ **richten** arruinar
Zugschaffner(in) M(F) revisor(a)
zugunsten (gen) ~ **von** a (od en) favor de

Zugverbindung F comunicación ferroviaria **Zugverkehr** M servicio de trenes **Zugvogel** M ave f de paso
zuhaben umg estar cerrado
Zuhälter M rufián, proxeneta
zuhause en casa; ~ **sein** estar en casa **Zuhause** N hogar m
zuheilen cerrarse **zuhören** escuchar **Zuhörer(in)** M(F) oyente m/f **zujubeln: j-m** ~ aclamar a alg **zukleben** pegar **zuknöpfen** abotonar
Zukunft F porvenir m; futuro m; **in** ~ en el futuro **zukünftig** futuro
Zulage F suplemento m
zulassen admitir; permitir; Tür dejar cerrado; AUTO matricular **zulässig** admisible **Zulassung** F admisión; AUTO matriculación
zuletzt en último lugar, al final **zuliebe** (dat) por amor de (od a)
zumachen cerrar **zumindest** al (od por lo) menos
zumuten exigir (**j-m** de alg) **Zumutung** F exigencia; **das ist e-e ~!** eso es imposible
zunächst en primer lugar **Zunahme** F aumento m **Zuname** M apellido
zünden encender(se)
Zündholz N cerilla f, fósforo m **Zündkabel** N cable m de encendido **Zündkerze** F bujía **Zündschloss** N contacto m **Zündschlüssel** M llave f

de contacto **Zündschnur** $\overline{F}$ **mecha Zündung** $\overline{F}$ **encendido** m

zunehmen aumentar; crecer; *an Gewicht* engordar

Zuneigung $\overline{F}$ afecto m

Zunge $\overline{F}$ lengua **Zungenreiniger** $\overline{M}$ limpiador m de lengua

zunichtemachen *Plan* desbaratar, echar a perder; *Hoffnung* frustrar **zunutze: sich ~ machen** aprovecharse de

zurechtfinden: sich ~ orientarse **zurechtkommen** llegar a tiempo; *fig* arreglárselas **zurechtmachen** preparar, arreglar; **sich ~** arreglarse

zureden j-m (**gut**) ~ tratar de persuadir a alg **zurichten: übel ~** dejar maltrecho

zurück atrás **zurückbekommen** recuperar **zurückbleiben** quedarse atrás **zurückbringen** devolver **zurückerstatten** devolver; restituir **zurückfahren** volver **zurückgeben** devolver **zurückgeblieben** *geistig* retrasado **zurückgehen** volver; *fig* disminuir

zurückhalten retener; **sich ~** contenerse **zurückhaltend** reservado **Zurückhaltung** $\overline{F}$ reserva

zurückkehren, zurückkommen volver, regresar **zurücklassen** dejar (atrás) **zurücklegen** *Ware* reservar; *Weg* re-

correr **zurücknehmen** recoger; *fig* revocar **zurückrufen** TEL devolver la llamada (de) **zurückschicken** devolver **zurückschlagen** rechazar **zurücksetzen** *fig* j-n *poster*gar **zurückstellen** dejar para más tarde; aplazar; *Uhr* atrasar **zurücktreten** retroceder; *fig* dimitir **zurückweisen** rechazar **zurückzahlen** re(e)mbolsar **zurückziehen: (sich) ~** retirar(se)

zurzeit de momento

Zusage $\overline{F}$ contestación afirmativa; (*Versprechen*) promesa **zusagen** $\overline{V/T}$ prometer; aceptar (una invitación); $\overline{V/I}$ (*gefallen*) gustar

zusammen juntos(-as); juntamente **Zusammenarbeit** $\overline{F}$ cooperación **zusammenbauen** montar **zusammenbinden** atar **zusammenbrechen** derrumbarse, hundirse; *Verkehr* colapsarse; *Person* sufrir un colapso **Zusammenbruch** $\overline{M}$ derrumbamiento (*a. fig*) MED *Verkehr* colapso **zusammenfallen** *zeitlich* coincidir (**mit** con)

zusammenfassen resumir **Zusammenfassung** $\overline{F}$ resumen m

zusammenfügen juntar **zusammengehören** formar un conjunto **Zusammenhang** $\overline{M}$ conexión f; relación f; *im Text* contexto **zusam-**

menhängend coherente

zusammenklappbar plegable **zusammenklappen** plegar

zusammenkommen reunirse **Zusammenkunft** F̲ reunión **zusammenleben** vivir juntos; convivir **zusammennehmen: sich ~** dominarse **zusammenpassen** armonizar; hacer juego **zusammenprallen** chocar (**mit** con) **zusammenrechnen** sumar **zusammenreißen** umg → **zusammennehmen zusammenschließen: sich ~** unirse **Zusammenschluss** M̲ unión f; WIRTSCH fusión

zusammensetzen componer; TECH montar; **sich ~ aus** componerse de **Zusammensetzung** F̲ composición

zusammenstellen combinar; agrupar; reunir

Zusammenstoß M̲ choque, colisión f **zusammenstoßen** chocar, colisionar (**mit** con) **zusammentreffen** encontrarse; zeitlich coincidir **zusammenzählen** sumar **zusammenziehen: (sich) ~** contraer(se)

Zusatz M̲ adición f **zusätzlich** adicional

zuschauen estar mirando **Zuschauer(in)** M̲F̲ espectador(a) **Zuschauerraum** M̲ sala f (de espectadores)

zuschicken enviar, remitir

Zuschlag M̲ suplemento **zuschlagen** Tür cerrar de golpe **zuschlagpflichtig** Zug sujeto a suplemento

zuschließen cerrar con llave **zuschneiden** cortar **zuschnüren** atar, amarrar **zuschrauben** atornillar **Zuschuss** M̲ subsidio, subvención f **zusehen** estar mirando **zusetzen** fig j-m ~ acosar a alg

zusichern asegurar

zuspitzen: sich ~ agravarse, agudizarse

Zustand M̲ estado; (Lage) situación f

zustande: ~ bringen llevar a cabo, realizar; **~ kommen** realizarse

zuständig competente **zustehen** corresponder (j-m a alg) **zusteigen** subir

zustellen entregar; repartir **Zustellung** F̲ entrega; von Briefen etc reparto m; **~ ins Haus** entrega a domicilio

zustimmen consentir **Zustimmung** F̲ consentimiento m

zustoßen j-m suceder, pasar a **Zutaten** F̲P̲L̲ ingredientes mpl **zuteilen** asignar

zutrauen j-m etw creer a. alg capaz de **Zutrauen** N̲ confianza f (**zu** en) **zutraulich** confiado

zutreffen ser exacto (od verdad) **zutreffend** justo, cierto zutrinken *j-m* beber a la salud de

Zutritt M̄ entrada *f*; kein ~! ¡prohibido el paso!

zuverlässig seguro; *Person* formal; TECH fiable Zuverlässigkeit F̄ seguridad; fiabilidad

Zuversicht F̄ confianza zuversichtlich lleno de confianza, confiado

zuviel → zu

zuvor antes zuvorkommen adelantarse a zuvorkommend atento

Zuwachs M̄ aumento, incremento Zuwanderung F̄ inmigración

zuwenden (*dat*) volver hacia

zuwenig → zu

zuwider: j-m ~ sein repugnar a alg zuwiderhandeln (*dat*) contravenir (a)

zuwinken hacer señas (a) zuzahlen pagar un suplemento zuziehen *Vorhang* correr; sich etw ~ MED contraer a/c zuzüglich más

zwang → zwingen Zwang M̄ obligación *f*; (*Gewalt*) fuerza *f* zwanglos desenvuelto, informal

Zwangslage F̄ aprieto *m* zwangsläufig ADV forzosamente zwangsweise por la fuerza

zwanzig veinte

zwar pues; und ~ a saber

Zweck M̄ fin, propósito; keinen ~ haben ser inútil zwecklos inútil

zweckmäßig conveniente zwecks con el fin de

zwei dos Zweibettzimmer N̄ habitación *f* doble zweideutig equívoco, ambiguo zweierlei de dos clases zweifach doble; por duplicado

Zweifel M̄ duda *f* zweifelhaft dudoso zweifellos indudable; ADV sin duda zweifeln dudar (an *dat* de) Zweifelsfall M̄ im ~ en caso de duda

Zweig M̄ ramo (*a. fig*)

zweigleisig *Bahn* de vía doble; *fig* de dos bandas

Zweigstelle F̄ sucursal *f*

zweihändig a dos manos zweihundert doscientos zweijährig de dos años Zweikampf M̄ duelo zweimal dos veces zweimotorig bimotor zweireihig *Jacke* cruzado zweiseitig bilateral Zweisitzer M̄ biplaza zweisprachig bilingüe zweispurig *Verkehr* de dos carriles zweistöckig de dos pisos zweit: zu ~ dos a dos; wir sind zu ~ somos dos

Zweitaktmotor M̄ motor de dos tiempos

zweite segundo zweiteilig *Kleid* de dos piezas

zweitens en segundo lugar zweitrangig secundario Zweitwohnung F̄ segunda residencia

Zwerchfell N̄ diafragma *m*

Zwerg(in) M̲F̲ enano,-a
Zwetsch(g)e F̲ ciruela
zwicken pellizcar
Zwieback M̲ biscote
Zwiebel F̲ cebolla; BOT bulbo *m*
Zwillinge M̲P̲L̲ gemelos, mellizos; ASTROL Géminis *m*
zwingen obligar, forzar (**zu** a) zwingend obligatorio; forzoso
zwinkern guiñar (los ojos)
Zwirn M̲ hilo
zwischen P̲R̲Ä̲P̲ (*dat; Richtung: akk*) entre
Zwischendeck N̲ entrepuente *m* zwischendurch entretanto Zwischenfall M̲ incidente zwischenlanden hacer escala Zwischenlan-

dung F̲ escala Zwischenraum M̲ espacio Zwischensaison F̲ temporada (inter)media Zwischenstecker M̲ ladrón Zwischenwand F̲ tabique *m* Zwischenzeit F̲ **in der ~** entretanto
zwitschern gorjear
zwölf doce Zwölffingerdarm M̲ duodeno
Zyklus M̲ ciclo
Zylinder M̲ cilindro; *Hut* sombrero de copa
zynisch cínico
Zypern N̲ Chipre *f*
Zypresse F̲ ciprés *m*
Zyste F̲ quiste *m*
zz., **zzt.** (*zurzeit*) por el momento, actualmente

Apéndice

536

Numerales

Cardinales

0 *cero* null	50 *cincuenta* fünfzig
1 *uno (un), una* ein(s)	60 *sesenta* sechzig
2 *dos* zwei	70 *setenta* siebzig
3 *tres* drei	80 *ochenta* achtzig
4 *cuatro* vier	90 *noventa* neunzig
5 *cinco* fünf	100 *cien(to)* (ein)hundert
6 *seis* sechs	101 *ciento un(o)* hundertein(s)
7 *siete* sieben	200 *doscientos, -as* zweihundert
8 *ocho* acht	500 *quinientos, -as* fünfhundert
9 *nueve* neun	700 *setecientos, -as* siebenhundert
10 *diez* zehn	900 *novecientos, -as*
11 *once* elf	neunhundert
12 *doce* zwölf	1000 *mil* tausend
13 *trece* dreizehn	1993 *mil novecientos noventa y tres*
14 *catorce* vierzehn	tausendneunhundert-
15 *quince* fünfzehn	*(fecha:* neunzehnhundert-)
16 *dieciséis* sechzehn	dreiundneunzig
17 *diecisiete* siebzehn	2002 *dos mil dos*
18 *dieciocho* achtzehn	zweitausendzwei
19 *diecinueve* neunzehn	*(tb fecha)*
20 *veinte* zwanzig	10000 *diez mil* zehntausend
21 *veintiuno, veintiún*	100000 *cien mil*
einundzwanzig	hunderttausend
22 *veintidós*	500000 *quinientos mil*
zweiundzwanzig	fünfhunderttausend
30 *treinta* dreißig	1000000 *un millón (de)*
31 *treinta y un(o)*	eine Million
einunddreißig	2000000 *dos millones (de)*
40 *cuarenta* vierzig	zwei Millionen

Cardinales

1.° *primer(o)* erste
2.° *segundo* zweite
3.° *tercer(o)* dritte
4.° *cuarto* vierte
5.° *quinto* fünfte
6.° *sexto* sechste
7.° *sép(t)imo* siebte
8.° *octavo* achte
9.° *noveno, nono* neunte
10.° *décimo* zehnte
11.° *undécimo* elfte
12.° *duodécimo* zwölfte
13.° *décimo tercero* dreizehnte
14.° *décimo cuarto* vierzehnte
15.° *décimo quinto* fünfzehnte
16.° *décimo sexto* sechzehnte
17.° *décimo sép(t)imo* siebzehnte
18.° *décimo octavo* achtzehnte
19.° *décimo nono* neunzehnte
20.° *vigésimo* zwanzigste
21.° *vigésimo primero* einundzwanzigste
30.° *trigésimo* dreißigste
31.° *trigésimo primero* einunddreißigste

40.° *cuadragésimo* vierzigste
50.° *quincuagésimo* fünfzigste
60.° *sexagésimo* sechzigste
70.° *septuagésimo* siebzigste
80.° *octogésimo* achtzigste
90.° *nonagésimo* neunzigste
100.° *centésimo* hundertste
101.° *centésimo primero* hunderterste
200.° *ducentésimo* zweihundertste
300.° *tricentésimo* dreihundertste
500.° *quingentésimo* fünfhundertste
700.° siebenhundertste
900.° neunhundertste
1000.° *milésimo* tausendste
1409.° *milésimo cuadringentésimo nono* tausendvierhundertneunte
3000.° *tres milésimo* dreitausendste
100000.° *cien milésimo* hunderttausendste
500000.° *quinientos milésimo* fünfhunderttausendste
1000000.° *millonésimo* millionste

Números quebrados

1/2 *medio, media* ein halb
1 1/2 *uno y medio* eineinhalb
1/3 *un tercio* ein Drittel
2/3 *dos tercios* zwei Drittel
1/4 *un cuarto* ein Viertel

3/4 *tres cuartos* drei Viertel
1/5 *un quinto* ein Fünftel
1/6 *un sexto* ein Sechstel
1/11 *un onceavo/onzavo* ein Elftel
1/12 *un doceavo/dozavo* ein Zwöftel

538

La hora

Die Uhrzeit

Wie spät ist es? *¿Qué hora es?*

en la radio o por escrito:

8⁰⁰ / 8.00 (Uhr)
acht Uhr

o 20⁰⁰ / 20.00 (Uhr)
zwanzig Uhr

acht (Uhr) /
(Es ist) acht.

8³⁰ / 8.30 (Uhr)
acht Uhr dreißig

o 20³⁰ / 20.30 (Uhr)
zwanzig Uhr
dreißig

halb neun /
(Es ist) halb neun.

8¹⁵ / 8.15 (Uhr)
acht Uhr fünfzehn

o 20¹⁵ / 20.15 (Uhr)
zwanzig Uhr
fünfzehn

Viertel nach (acht) /
(Es ist) Viertel nach (acht) /
regional: (Es ist) viertel neun.

7⁴⁵ / 7.45 (Uhr)
sieben Uhr
fünfundvierzig

o 19⁴⁵ / 19.45 (Uhr)
neunzehn Uhr
fünfundvierzig

Viertel vor (acht)
(Es ist) Viertel vor acht
(*regional*: drei viertel acht).

0⁰⁰ / 0.00 (Uhr)
null Uhr
12⁰⁰ / 12.00 (Uhr)

o 24⁰⁰ / 24.00 (Uhr)
vierundzwanzig
Uhr

(Es ist) Mitternacht /
zwölf Uhr (nachts). /
(Es ist) Mittag / zwölf
Uhr (mittags).

8²⁵ / 8.25 (Uhr)
acht Uhr
fünfundzwanzig

o 20²⁵ / 20.25 (Uhr)
zwanzig Uhr
fünfundzwanzig

fünf vor halb neun /
(Es ist) fünf vor halb
neun.

8³⁵ / 8.35 (Uhr)
acht Uhr
fünfunddreißig

o 20³⁵ / 20.35 (Uhr)
zwanzig Uhr
fünfunddreißig

fünf nach halb (neun) /
(Es ist) fünf nach halb (neun).

Geht die Uhr richtig? *¿El reloj va bien?*
Es ist acht (Uhr):

Die Uhr
geht vor.

Die Uhr geht
genau / richtig.

Die Uhr
geht nach.

Declinación de los sustantivos alemanes

Algunos paradigmas frecuentes:

	Bild n		**Blume** f (femenino en „-e")	
	singular	plural	singular	plural
nom.	das Bild	die Bild**er**	die Blume	die Blume**n**
gen.	des Bild**es**	der Bild**er**	der Blume	der Blume**n**
dat.	dem Bild**(e)**	den Bild**ern**	der Blume	den Blume**n**
acus.	das Bild	die Bild**er**	die Blume	die Blume**n**

	Tal n (pl con „Umlaut")		**Zebra** n (extranjerismos)	
	singular	plural	singular	plural
nom.	das Tal	die Täl**er**	das Zebra	die Zebra**s**
gen.	des Tal**(e)s**	der Täl**er**	des Zebra**s**	der Zebra**s**
dat.	dem Tal**(e)**	den Täl**ern**	dem Zebra	den Zebra**s**
acus.	das Tal	die Täl**er**	das Zebra	die Zebra**s**

	Gang m		**Haus** m	
	singular	plural	singular	plural
nom.	der Gang	die G**ä**nge	das Haus	die H**ä**us**er**
gen.	des Gang**s**	der G**ä**nge	des Haus**es**	der H**ä**us**er**
dat.	dem Gang	den G**ä**nge**n**	dem Haus**(e)**	den H**ä**us**ern**
acus.	den Gang	die G**ä**nge	das Haus	die H**ä**us**er**

Maler m (masculino regular) **Bauer** m (radical „-n")

	singular	plural	singular	plural
nom.	der Maler	die Maler	der Bauer	die Bauern
gen.	des Malers	der Maler	des Bauern	der Bauern
dat.	dem Maler	den Malern	dem Bauern	den Bauern
acus.	den Maler	die Maler	den Bauern	die Bauern

Student m (sufijos -ent, -ant y -ist)

	singular	plural
nom.	der Student	die Studenten
gen.	des Studenten	der Studenten
dat.	dem Studenten	den Studenten
acus.	den Studenten	die Studenten

Studentin f (femenino regular, sufijo -in)

	singular	plural
nom.	die Studentin	die Studentinnen
gen.	der Studentin	der Studentinnen
dat.	der Studentin	den Studentinnen
acus.	die Studentin	die Studentinnen

En lo siguiente se indican el genitivo singular y el nominativo plural. Las otras formas pueden deducirse fácilmente de estas dos.

Los sustantivos compuestos se declinan como el último vocablo que lo componen (así, **Erdbeere** se declina como **Beere**, **Ausgang** como **Gang**, etc.); por eso no llevan indicación gramatical.

Las palabras con sufijos muy frecuentes y de declinación regular se encuentran en la lista siguiente. Se indican el genetivo singular y el nominativo plural. Las otras formas pueden deducirse fácilmente de estas dos.

1. Los femeninos en **-anz** ⟨*Gen Sg* ~; *Nom Pl* ~en⟩
   (p. ej. **Brillanz, Dominanz**)

2. Los femeninos terminados en **-e** ⟨*Gen Sg* ~; *Nom Pl* ~n⟩
   Incluye también **-ade, -ee, -euse, -ie, -ive**
   (p. ej. **Beere, Parade, Idee, Fritteuse, Chemie, Direktive**)

3. Los femeninos en **-ei** ⟨*Gen Sg* ~; *Nom Pl* ~en⟩
   (p. ej. **Liebelei, Kinderei**)

4. Los femeninos en **-enz** ⟨*Gen Sg* ~; *Nom Pl* ~en⟩
   (p. ej. **Intelligenz, Differenz**)

5. Los masculinos en **-er** ⟨*Gen Sg* ~s; *Nom Pl* ~⟩
   (p. ej. **Manager, Keller, Schraubenzieher**)

6. Los femeninos en **-heit** ⟨*Gen Sg* ~; *Nom Pl* ~en⟩
   (p. ej. **Schönheit, Verliebtheit**)

7. Los femeninos en **-ion** ⟨*Gen Sg* ~; *Nom Pl* ~en⟩
   (p. ej. **Aggression, Nation**)

8. Los femeninos en **-ik** ⟨*Gen Sg* ~; *Nom Pl* ~en⟩
   (p. ej. **Politik, Tragik**)

9. Los femeninos en -in   ⟨Gen Sg ~; Nom Pl ~nen⟩
   Incluye también -erin, -istin, etc.
   (p. ej. Beamtin, Französin, Managerin, Polizistin)

10. Los masculinos en -ist   ⟨Gen Sg ~en; Nom Pl ~en⟩
    (p. ej. Christ, Marxist, Polizist)

11. Los femeninos en -ität   ⟨Gen Sg ~; Nom Pl ~en⟩
    (p. ej. Normalität, Universität)

12. Los femeninos en -keit   ⟨Gen Sg ~; Nom Pl ~en⟩
    (p. ej. Heiterkeit, Gerechtigkeit)

13. Los femeninos en -schaft   ⟨Gen Sg ~; Nom Pl ~en⟩
    (p. ej. Landschaft, Wissenschaft)

14. Los femeninos en -ur   ⟨Gen Sg ~; Nom Pl ~en⟩
    (p. ej. Statur, Tastatur)

15. Los femeninos en -ung   ⟨Gen Sg ~; Nom Pl ~en⟩
    (p. ej. Änderung, Wertung)

Otras indicaciones

Algunos sustantivos se declinan como adjetivos.

En estos casos tenemos que distinguir dos formas del nominativo masculino o neutro, p. ej.:

| der Beamte | pero | ein Beamter |
| das Böse | pero | nichts Böses |

Verbos irregulares alemanes

Figuran en la lista las formas más importantes de los verbos alemanes llamados „fuertes": la 3ª persona del singular del presente y del pretérito (en modo indicativo y voz activa), seguidas del participio perfecto.

Los verbos compuestos con prefijo, p. ej. erfahren, auftreten, verschweigen, se conjugan de la misma manera que el verbo básicos sin prefijo fahren, treten, schweigen.

Para algunos verbos, como erschrecken, glimmen, hängen, melken, saugen, schleifen, senden, existen también formas regulares.

Infinitivo	Presente, Pretérito, Perfecto
backen	bäckt / backt, backte, hat gebacken
befehlen	befiehlt, befahl, hat befohlen
beginnen	beginnt, begann, hat begonnen
beißen	beißt, biss, hat gebissen
bergen	birgt, barg, hat geborgen
betrügen	betrügt, betrog, hat betrogen
biegen	biegt, bog, hat / ist gebogen
bieten	bietet, bot, hat geboten
binden	bindet, band, hat gebunden
bitten	bittet, bat, hat gebeten
blasen	bläst, blies, hat geblasen
bleiben	bleibt, blieb, ist geblieben
braten	brät, briet, hat gebraten
brechen	bricht, brach, hat / ist gebrochen
brennen	brennt, brannte, hat gebrannt

Infinitivo	Presente, Pretérito, Perfecto
bringen	bringt, brachte, hat gebracht
denken	denkt, dachte, hat gedacht
dreschen	drischt, drosch, hat gedroschen
dringen	dringt, drang, ist gedrungen
dürfen	darf *, durfte, hat gedurft
empfangen	empfängt, empfing, hat empfangen
empfehlen	empfiehlt, empfahl, hat empfohlen
empfinden	empfindet, empfand, hat empfunden
erlöschen	erlischt, erlosch, ist erloschen
erschrecken	erschrickt, erschrak, ist erschrocken
essen	isst (*tb. 2ª persona*), aß, hat gegessen
fahren	fährt, fuhr, hat / ist gefahren
fallen	fällt, fiel, ist gefallen
fangen	fängt, fing, hat gefangen
fechten	ficht, focht, hat gefochten
finden	findet, fand, hat gefunden
flechten	flicht, flocht, hat geflochten
fliegen	fliegt, flog, hat / ist geflogen
fliehen	flieht, floh, ist geflohen
fließen	fließt, floss, ist geflossen
fressen	frisst, fraß, hat gefressen
frieren	friert, fror, hat gefroren
gären	gärt, gärte / gor, hat / ist gegoren
gebären	gebärt, gebar, hat geboren
geben	gibt, gab, hat gegeben
gedeihen	gedeiht, gedieh, ist gediehen
gehen	geht, ging, ist gegangen

* Esta forma se emplea también para la 1ª persona del singular.

Infinitivo	Presente, Pretérito, Perfecto
gelingen	gelingt, gelang, ist gelungen
gelten	gilt, galt, hat gegolten
genesen	genest, genas, ist genesen
genießen	genießt, genoss, hat genossen
geraten	gerät, geriet, ist geraten
geschehen	geschieht, geschah, ist geschehen
gewinnen	gewinnt, gewann, hat gewonnen
gießen	gießt, goss, hat gegossen
gleichen	gleicht, glich, hat geglichen
gleiten	gleitet, glitt, ist geglitten
glimmen	glimmt, glomm, hat geglommen
graben	gräbt, grub, hat gegraben
greifen	greift, griff, hat gegriffen
haben	hat (2ª p. hast), hatte, hat gehabt
halten	hält, hielt, hat gehalten
hängen	hängt, hing, hat gehangen
hauen	haut, haute (hieb), hat gehauen
heben	hebt, hob, hat gehoben
heißen	heißt, hieß, hat geheißen
helfen	hilft, half, hat geholfen
kennen	kennt, kannte, hat gekannt
klingen	klingt, klang, hat geklungen
kneifen	kneift, kniff, hat gekniffen
kommen	kommt, kam, ist gekommen
können	kann*, konnte, hat gekonnt
kriechen	kriecht, kroch, ist gekrochen
laden	lädt, lud, hat geladen

* Esta forma se emplea también para la 1ª persona del singular.

Infinitivo	Presente, Pretérito, Perfecto
lassen	lässt, ließ, hat gelassen
laufen	läuft, lief, ist gelaufen
leiden	leidet, litt, hat gelitten
leihen	leiht, lieh, hat geliehen
lesen	liest, las, hat gelesen
liegen	liegt, lag, hat gelegen
lügen	lügt, log, hat gelogen
mahlen	mahlt, mahlte, hat gemahlen
meiden	meidet, mied, hat gemieden
melken	milkt, molk, hat gemolken
messen	misst, maß, hat gemessen
mögen	mag*, mochte, hat gemocht
müssen	muss*, musste, hat gemusst
nehmen	nimmt, nahm, hat genommen
nennen	nennt, nannte, hat genannt
pfeifen	pfeift, pfiff, hat gepfiffen
preisen	preist, pries, hat gepriesen
quellen	quillt, quoll, ist gequollen
raten	rät, riet, hat geraten
reiben	reibt, rieb, hat gerieben
reißen	reißt, riss, hat / ist gerissen
reiten	reitet, ritt, hat / ist geritten
rennen	rennt, rannte, ist gerannt
riechen	riecht, roch, hat gerochen
ringen	ringt, rang, hat gerungen
rufen	ruft, rief, hat gerufen
salzen	salzt, salzte, hat gesalzen

* Esta forma se emplea también para la 1ª persona del singular.

Infinitivo	Presente, Pretérito, Perfecto
saufen	säuft, soff, hat gesoffen
saugen	saugt, sog, hat gesogen
schaffen	schafft, schuf, hat geschaffen
scheiden	scheidet, schied, hat / ist geschieden
scheinen	scheint, schien, hat geschienen
schelten	schilt, schalt, hat gescholten
schieben	schiebt, schob, hat geschoben
schießen	schießt, schoss, hat / ist geschossen
schinden	schindet, schindete, hat geschunden
schlafen	schläft, schlief, hat geschlafen
schlagen	schlägt, schlug, hat geschlagen
schleichen	schleicht, schlich, ist geschlichen
schleifen	schleift, schliff, hat geschliffen
schließen	schließt, schloss, hat geschlossen
schlingen	schlingt, schlang, hat geschlungen
schmeißen	schmeißt, schmiss, hat geschmissen
schmelzen	schmilzt, schmolz, ist geschmolzen
schneiden	schneidet, schnitt, hat geschnitten
schreiben	schreibt, schrieb, hat geschrieben
schreien	schreit, schrie, hat geschrien
schreiten	schreitet, schritt, ist geschritten
schweigen	schweigt, schwieg, hat geschwiegen
schwellen	schwillt, schwoll, ist geschwollen
schwimmen	schwimmt, schwamm, hat / ist geschwommen
schwinden	schwindet, schwand, ist geschwunden
schwingen	schwingt, schwang, hat geschwungen
schwören	schwört, schwor, hat geschworen
sehen	sieht, sah, hat gesehen

Infinitivo	Presente, Pretérito, Perfecto
sein	bin, bist, ist;
	sind, seid, sind, war, ist gewesen
senden	sendet, sandte, sendete, hat gesandt / gesendet
singen	singt, sang, hat gesungen
sinken	sinkt, sank, ist gesunken
sitzen	sitzt, saß, hat gesessen
sollen	soll*, sollte, hat gesollt
spalten	spaltet, spaltete, hat gespalten
spinnen	spinnt, spann, hat gesponnen
sprechen	spricht, sprach, hat gesprochen
springen	springt, sprang, ist gesprungen
stechen	sticht, stach, hat gestochen
stehen	steht, stand, hat gestanden
stehlen	stiehlt, stahl, hat gestohlen
steigen	steigt, stieg, ist gestiegen
sterben	stirbt, starb, ist gestorben
stinken	stinkt, stank, hat gestunken
stoßen	stößt, stieß, hat / ist gestoßen
streichen	streicht, strich, hat gestrichen
streiten	streitet, stritt, hat gestritten
tragen	trägt, trug, hat getragen
treffen	trifft, traf, hat getroffen
treiben	treibt, trieb, hat getrieben
treten	tritt, trat, hat / ist getreten
trinken	trinkt, trank, hat getrunken
trügen	trügt, trog, hat getrogen
tun	tut, tat, hat getan

* Esta forma se emplea también para la 1ª persona del singular.

Infinitivo	Presente, Pretérito, Perfecto
verderben	verdirbt, verdarb, hat/ist verdorben
vergessen	vergisst, vergaß, hat vergessen
verlieren	verliert, verlor, hat verloren
verlöschen	verlischt, verlosch, ist verloschen
verzeihen	verzeiht, verzieh, hat verziehen
wachsen	wächst, wuchs, ist gewachsen
waschen	wäscht, wusch, hat gewaschen
weben	webt, wob, hat gewoben
weisen	weist, wies, hat gewiesen
wenden	wendet, wandte/wendete, hat gewandt/gewendet
werben	wirbt, warb, hat geworben
werden	wird, wurde, ist geworden
werfen	wirft, warf, hat geworfen
wiegen	wiegt, wog, hat gewogen
winden	windet, wand, hat gewunden
wissen	weiß*, wusste, hat gewusst
wollen	will*, wollte, hat gewollt
ziehen	zieht, zog, hat/ist gezogen
zwingen	zwingt, zwang, hat gezwungen

* Esta forma se emplea también para la 1ª persona del singular.

Uso de las mayúsculas en alemán

En alemán se escriben con mayúscula inicial:

- todos los sustantivos, a diferencia del español
  der Wald, die Karotte, das Zeugnis
  der Abstand, die Theorie, das Wesen

- todas las palabras sustantivadas, como
  - adjetivos y participios
    das Schöne, der/die Abgeordnete, jedes Mal, allerlei Nettes
    Gutes und Böses, im Großen und Ganzen, Jung und Alt
    etwas ins Lächerliche ziehen, alles in seiner Macht Stehende tun
    (*pero:* am besten, am klügsten, etc.)
  - numerales y pronombres
    eine Fünf, viele Hunderte von Menschen
    als Erster durchs Ziel gehen
    ein gewisser Jemand, das höfliche Sie
    (*pero:* ein anderer, die ersten drei, etc.)
  - adverbios, preposiciones, conjunciones
    das Ja, mit Nein stimmen
    das Auf und Ab, ohne Wenn und Aber
  - los infinitivos
    das Lesen und Schreiben, im Sitzen, lautes Schnarchen
    das In-den-Tag-hinein-Leben,
    jemandem zum Verwechseln ähnlich sein

- el pronombre de cortesía Sie y todas sus formas derivadas
  Wie geht es Ihnen?, Kommen Sie herein!,
  Vielen Dank für Ihre Mithilfe!

Días festivos

Alemania

1 de enero	Neujahrstag *Día de Año Nuevo*
6 de enero	Dreikönigstag *Día de Reyes*
marzo/abril	Karfreitag *Viernes Santo*
marzo/abril	Ostersonntag *Domingo de Resurrección*
marzo/abril	Ostermontag *Lunes de Pascua*
1 de mayo	Tag der Arbeit, 1. Mai *Día del Trabajo, 1 de mayo*
mayo/junio	Christi Himmelfahrt* *Ascensión*
mayo/junio	Pfingstsonntag *Domingo de Pentecostés*
mayo/junio	Pfingstmontag *Lunes de Pentecostés*
junio	Fronleichnam** *Corpus Christi*
15 de agosto	Mariä Himmelfahrt** *Asunción* (sólo en Baviera)
3 de octubre	Tag der Deutschen Einheit *Conmemoración de la Reunificación de Alemania*
31 de octubre	Reformationstag*** *Día de la Reforma*
1 de noviembre	Allerheiligen *Todos los Santos*
24 de diciembre	Heiligabend *Nochebuena* (fiesta no oficial)
25 de diciembre	Weihnachten *Navidad*
26 de diciembre	Weihnachten *Navidad*
31 de diciembre	Silvester *Nochevieja* (fiesta no oficial)

*   También es Vatertag *Día del Padre* en Alemania
**   fiesta católica
***   fiesta protestante

Los días festivos en Alemania varían ligeramente de un estado fede-
rado a otro. Los días festivos de tipo religioso dependen de la tradición
(protestante o católica) predominante en cada estado. Por la conmemoración del quinto centenario de la Reforma y de Martín Lutero, el
Día de la Reforma se celebra en 2017 en todos los estados alemanes.

Suiza y Austria

1 de agosto	Nationalfeiertag Schweiz *Fiesta nacional de Suiza*
1 de mayo	Nationalfeiertag Österreich *Fiesta nacional de Austria*

Los estados federados y los cantones | Die Bundesländer und Kantone

Alemania

Baden-Württemberg	Baden Wurtemberg
Bayern	Baviera
Berlin	Berlín
Brandenburg	Brande(m)burgo
Bremen	Bremen/Brema
Hamburg	Hamburgo
Hessen	Hesse
Mecklenburg-Vorpommern	Mecklemburgo-Pomerania Occidental
Niedersachsen	Baja Sajonia
Nordrhein-Westfalen	Renania del Norte-Westfalia
Rheinland-Pfalz	Renania-Palatinado
Saarland	Sarre
Sachsen	Sajonia
Sachsen-Anhalt	Sajonia-Anhalt
Schleswig-Holstein	Schleswig-Holstein
Thüringen	Turingia

Suiza

Aargau	Argovia
Appenzell	Appenzell
Basel	Basilea
Bern	Berna
Freiburg	Friburgo
Genf	Ginebra
Glarus	Glaris
Graubünden	Grisones
Jura	Jura
Luzern	Lucerna
Neuenburg	Neuchatel
Sankt Gallen	Saint-Gall, San Galo
Schaffhausen	Schaffhausen
Schwyz	Schwyz
Solothurn	Solothurn
Tessin	Tesino
Thurgau	Turgovia
Unterwalden	Unterwald
Uri	Uri
Waadt	Vaud
Wallis	Valais
Zug	Zug
Zürich	Zürich

Austria

Burgenland	Burgenland
Kärnten	Carintia
Niederösterreich	Baja Austria
Oberösterreich	Alta Austria
Salzburg	Salzburgo
Steiermark	Estiria
Tirol	Tirol
Vorarlberg	Vorarlberg
Wien	Viena

Mini-guía de conversación*

Lo más importante

¡Buenos días!	**Guten Morgen!** Gúuten Mórguen! *(por la mañana)*
	Guten Tag! Gúuten Taak! *(hasta media tarde)*
¡Buenas tardes!	**Guten Tag!** Gúuten Taak! *(hasta media tarde)*
	Guten Abend! Gúuten Áabent! *(hasta las seis de la tarde)*
¡Buenas noches!	**Guten Abend!** Gúuten Áabent!
	Gute Nacht! Gúute Najt! *(para despedirse o antes de acostarse)*
¡Adiós!	**Auf Wiedersehen!** Auf Víiderseen!
¡Por favor!	**Bitte!** Bíte!
¡Gracias!	**Danke!** Dángke!
Sí.	**Ja.** Yaa.
No.	**Nein.** Nain.

* Para ofrecerle ayuda con la pronunciación del alemán, hemos acompañado todas las palabras y frases de una pronunciación figurada sencilla. Hemos procurado no utilizar para ello signos complicados, sino, en casi todos los casos, las letras habituales del alfabeto, para que Vd. pueda pronunciar inmediatamente las frases y palabras en alemán, sin necesidad de estudiar ni consultar cada vez una explicación.

Perdón.	**Entschuldigung.** Entschúldigung!
¡Vale!	**In Ordnung!** In Órdnung.
¡Socorro!	**Hilfe!** Jílfe!
¡Rápido, llame a un médico!	**Rufen Sie schnell einen Arzt!** Rúufen Sii shnel áinen Aartst!
¡Rápido, llame una ambulancia!	**Rufen Sie schnell einen Krankenwagen!** Rúufen Sie áinen Krángken-váaguen!
¿Dónde están los servicios?	**Wo ist die Toilette?** Voo ist dii Toaléte?
¿Cuándo?	**Wann?** Van?
¿Qué?	**Was?** Vas?
¿Dónde?	**Wo?** Vo?
Aquí.	**Hier.** Jiir.
Allí.	**Dort.** Dort.
A la derecha.	**Rechts.** Rejts.
A la izquierda.	**Links.** Lingks.
Todo recto.	**Geradeaus.** Guerade-áus.
¿Tiene …?	**Haben Sie …?** Jáaben Sii …?
Quisiera …	**Ich möchte …** Ij mœejte …
¿Cuánto cuesta?	**Was kostet das?** Vas kóstet das?
Por favor, escríbamelo.	**Bitte schreiben Sie mir das auf.** Bíte shráiben Sii miir das auf.
¿Dónde está …?	**Wo ist …?** Voo ist …?
¿Dónde hay …?	**Wo gibt es …?** Voo guiipt es …?
Hoy.	**Heute.** Jóite.
Mañana.	**Morgen.** Mórguen.
No quiero.	**Ich will nicht.** Ij vil nijt.
No puedo.	**Ich kann nicht.** Ij kan nijt.

¡Un momento, por favor!	**Einen Moment bitte!**
	Áinen Mománt, bíte!
¡Déjeme en paz!	**Lassen Sie mich in Ruhe!**
	Lásen Sii mij in Rú-e!

Comprensión

Haben Sie / Hast du verstanden?	¿Ha / Has entendido?
Jáaben Sii / Jast duu fershtánden?	
He entendido.	**Ich habe verstanden.**
	Ij jáabe fershtánden.
No lo he entendido.	**Ich habe das nicht verstanden.**
	Ij jáabe das nijt fershtánden.
Por favor, repítalo.	**Sagen Sie es bitte noch einmal?**
	Sáaguen Sii es bíte noj áinmaal?
Por favor, hable un poco más despacio.	**Bitte sprechen Sie etwas langsamer.** Bíte shpréjen Sii étvas lángsamer.

Contactos personales

¿Cómo se llama / te llamas?	**Wie heißen Sie / heißt du?**
	Vii jáisen Sii / jaist duu?
Me llamo ...	**Ich heiße ...** Ij jáise ...
¿De dónde es usted / eres?	**Woher kommen Sie / kommst du?** Vojér komen Sii / komst duu?

Soy de ...	**Ich komme aus ... Ij kóme aus ...**
España.	**Spanien.** Shpáanien.
Chile.	**Chile.** Chíile.
México.	**Mexiko.** Méksikoo.
¿Qué edad tiene / tienes?	**Wie alt sind Sie / bist du?** Vii alt sint Sii / bist duu?
Tengo ... años.	**Ich bin ... Jahre alt.** Ij bin ... Yáare alt.
¿A qué se dedica / te dedicas?	**Was machen Sie / machst du beruflich?** Vas májen Sii / majst duu berúuflij?
Soy ...	**Ich bin ... Ij bin ...**
¿Es la primera vez que viene / vienes aquí?	**Sind Sie / Bist du zum ersten Mal hier?** Sint Sii / Bist duu tsum éersten Maal jiir?
No, he estado ya dos / varias veces en Alemania.	**Nein, ich war schon zweimal / mehrmals in Deutschland.** Nain, ij vaar shoon tsváimaal / méermals in Dóitshlant.
¿Hasta cuándo se queda / te quedas?	**Wie lange sind Sie / bist du noch hier?** Vii lángue sint Sii / bist duu noj jiir?
Una semana / Dos semanas más.	**Noch eine Woche / zwei Wochen.** Noj áine Wóje / tsvai Wójen.
¿Le gusta / Te gusta este lugar?	**Gefällt es Ihnen / dir hier?** Guefélt es Íinen / diir jiir?
Me gusta mucho.	**Es gefällt mir sehr gut.** Es guefélt miir seer guut.

En camino

Perdone, ¿dónde
está ...?
¿Por dónde se va a ...?

¿Cuál es la forma
más rápida / barata
para ir ...
    a la estación de trenes?
    a la estación de
    autobuses?
    al aeropuerto?

    al puerto?
¿Cómo llego a la
autopista?
    Zurück. Tsuriúk.
    Geradeaus.
    Gueradeáus.
    Nach rechts. Naaj rejts.
    Nach links. Naaj lingks.
**Am besten mit dem
Taxi.**
Am bésten mit deem Táksi.

Entschuldigung, wo ist ...?
Enchúldigung, voo ist ...?
Wie komme ich nach / zu ...?
Vii kóme ij naaj / tsu ...?
**Wie komme ich am schnell-
sten / billigsten ...** Vii kóme ij am
shnélsten / bíligsten ...
    zum Bahnhof? tsum Báanjoof?
    zum Busbahnhof?
    tsum Búsbaanjoof?
    zum Flughafen?
    tsum Flúug-jáafen?
    zum Hafen? tsum Jáafen?
Wie komme ich zur Autobahn?
Vii kóme ij tsur Áutobaan?
    Dé la vuelta.
    Todo recto.

    A la derecha.
    A la izquierda.
Lo mejor es ir en taxi.

Alojamiento

Tengo una habitación
reservada aquí.

Me llamo ...

Aquí tiene mi confirmación.

**Dürfte ich bitte Ihren
Gutschein haben?**
Diúrfte ij bite líren
Gúutshain jáaben?

¿Tienen alguna habitación
doble / individual libre ...?

    para un día /
    para ... días?
    con baño / ducha y
    aseos?
    con vista al mar?

**Es tut mir leid, aber
wir sind ausgebucht.**
Es tuut miir lait, áber
viir sint áusguebuujt.

**Für mich ist bei Ihnen ein
Zimmer reserviert.** Fiur mij ist bai
Iínen ain Tsímer reserviirt.

Mein Name ist ...
Main Náame ist ...

Hier ist meine Bestätigung.
Jiir ist máine Beshtéetigung.
Por favor, ¿podría darme
su vale?

**Haben Sie ein Doppelzimmer /
Einzelzimmer frei ...** Jáaben Sii ain
Dópeltsímer / Áintseltsímer frai ...

    für einen Tag / für ... Tage?
    fiur áinen Taak / fiur ... Táague?
    mit Bad / Dusche und WC?
    mit Baat / Dúshe unt VeeTsée?
    mit Blick aufs Meer?
    mit Blik aufs Meer?
Lo siento, pero no nos
queda nada libre.

**Morgen / Am ... wird
ein Zimmer frei.**
Mórguen / Am ... virt ain
Tsímer frai.

¿Cuánto cuesta ...

  con / sin desayuno?

  con media pensión /
  pensión completa?

Mañana / El ... se quedará una
habitación libre.

Wie viel kostet es ...
Vifiil kóstet es ...

  mit / ohne Frühstück?
  mit / óone Friúh-shtiúk?

  **mit Halbpension / Voll-
  pension?** mit Jálbpensjoon / Fól-
  pensjoon?

De compras

¿Dónde puedo
conseguir ...?

Was möchten Sie?
Vas mœjten Sii?

Kann ich Ihnen helfen?
Kan ij Íinen jélfen?

Sólo quería mirar un poco,
gracias.

Ya me atienden, gracias.

Quisiera una botella
de agua.

Wo bekomme ich ...?
Voo bekóme ij ...?

¿Qué desea?

¿Le puedo ayudar en algo?

Danke, ich sehe mich nur um.
Dángke, ij sé-e mij nur um.

**Danke, ich werde schon
bedient.**
Ij vérde shoon bedíint.

**Ich hätte gerne eine Flasche
Wasser.** Ij jéte guérne áine Fláshe
Váser.

Es tut mir leid, wir
haben keine ... mehr.
Es tuut miir lait,
viir jáaben káine ... meer.

Me gusta. Me lo llevo.

Darf es sonst noch
etwas sein?
Daaf es sonst noj étvas
sain?

Eso es todo, gracias.

¿Puedo pagar con
esta tarjeta de crédito?

Lo siento, pero no nos
queda ningún (ninguna) ...

Was kostet (kosten) ...?
Vas kóstet (kósten) ...?

Das gefällt mir. Ich nehme es.
Das guefélt mir. Ij néeme es.
¿Desea alguna otra cosa?

Danke, das ist alles.
Dángke, das ist áles.
Kann ich mit dieser Kreditkarte
bezahlen? Kan ij mit diiser Kreditkarte tsáalen?

En el restaurante

Por favor, la carta.
Was möchten Sie
trinken / essen?
Vas mœjten Sii tríngken /
ésen?
Quiero un cuarto de litro
de tinto.

Die Karte bitte. Dii Kárte, bíte.
¿Qué quiere beber / comer?

Ich möchte ein Viertel Rotwein.
Ij mœjte ain Fírtel Róotvain.

¿Tienen platos vegetarianos?

**Möchten Sie eine Vor-
speise / einen Nach-
tisch?** Mœjten Sii áine
Fóorshpaise / áinen
Náajtish?
**Hat es Ihnen ge-
schmeckt?**
Jat es línen gueshmékt?
Estaba todo muy
bueno, gracias.
La cuenta, por favor.

**Haben Sie vegetarische
Gerichte?** Jáaben Sii veguetáarishe
Guerijte?
Tomará primer plato /
postre?

¿Le ha gustado?

Danke, sehr gut. Dángke, seer
guut.
Die Rechnung, bitte!
Dii Réjnung bite.

Carta de platos y bebidas

Suppen, Salate und Vorspeisen – Sopas, ensaladas y entradas

die Gulaschsuppe dii Gúlashsupe	sopa a la húngara
die Erbsensuppe dii Érpsensupe	sopa de guisantes ⟨*Am.* arvejas⟩
die Gemüsesuppe dii Guemiúhsesupe	sopa de verduras
der Heringstopf der Jéeringstopf	cazuela de arenque
die Hühnerbrühe dii Jiúhnerbriú-e	caldo de pollo
die Kartoffelsuppe dii Kartófelsupe	sopa de patata ⟨*Am.* papa⟩
die Lauchsuppe dii Láujsupe	sopa de puerro
die Leberknödelsuppe dii Léeberknœhdelsúpe	sopa con albóndigas de hígado
die Linsensuppe dii Línsensupe	potaje de lentejas
die Ochsenschwanzsuppe dii Óksenshvantssúpe	sopa de rabo de buey
der Räucherlachs der Róijerlaks	salmón ahumado
der gemischte Salat der guemíshte Saláat	ensalada mixta

der grüne Salat der griúhne Saláat	ensalada verde
die Spargelcremesuppe dii Shpárguelkreemsúpe	crema de espárragos
die Tagessuppe dii Táaguessupe	sopa del día
die Tomatencremesuppe dii Tomáatenkreemsupe	crema de tomate
die Zwiebelsuppe dii Tsvíibelsupe	sopa de cebolla

Frühstück – Desayuno

das Brot das Broot	pan
das Brötchen das Brœhtjen	panecillo
die Butter dii Búter	mantequilla
das Ei das Ai	huevo
der Früchtetee der Friújtetee	infusión de frutas
der Honig der Jóonik	miel
das Hörnchen das Jœrnjen	cruasán
der Joghurt der Yóogurt	yogur
der Kaffee der Káfee	café
der Kakao der Kakáo	chocolate (*bebida*)
der Käse der Kéese	queso
das Knäckebrot das Knékebroot	pan sueco crujiente
die Marmelade dii Marmeláade	mermelada

die Milch dii Milj	leche
das Müsli das Miúhslii	muesli
der Orangensaft	zumo de naranja
der Orángshensaft	
der Quark der Kvark	*producto lácteo similar al requesón*
die Rühreier dii Riúhr-áier	huevos revueltos
der Schinken der Shíngken	jamón
das Spiegelei	huevo frito
das Shpíiguelai	
der Tee der Tee	té
das Vollkornbrot	pan integral
das Fólkornbroot	
das Weißbrot	pan blanco
das Váisbroot	
die Wurst dii Vurst	salchicha, embutido

Fleischgerichte – Carne

die Bratwurst dii Bráatvurst	salchicha asada
die Currywurst	salchicha con salsa de curry
die Kœrivurst	
das Faschierte (*en Austria*)	carne picada
das Fashíirte	
das Filetsteak das Filéesteik	solomillo
die Frikadelle dii Frikadéle	hamburguesa (*sola*)
das Gulasch das Gúlash	estofado a la húngara, gulasch
das Hackfleisch	carne picada
das Jákflaish	
der Hirsch der Jirsh	ciervo

das Kalbsschnitzel das Kálpshnitsel	escalope de ternera
das Kaninchen das Kaníinjen	conejo
das Kotelett das Kótlet	chuleta
das Lammkotelett das Lámkótlet	chuleta de cordero
das Reh das Ree	corzo
die Roulade dii Ruláade	filete relleno
das Rumpsteak der Rúmpsteik	filete de culata, filete de cadera
der Sauerbraten der Sáuerbraaten	carne adobada
der Schweinebraten der Shváinebraaten	asado de cerdo 〈*Am.* de puerco〉
das Schweinekotelett das Shváinekótlet	chuleta de cerdo 〈*Am.* de puerco〉
die Schweinshaxe (*en Baviera, Austria*) dii Shváinsjakse	pierna de cerdo 〈*Am.* de puerco〉
das Wiener Würstchen das Víiner Viúrstjen	salchicha vienesa
das Wiener Schnitzel das Víiner Shnítsel	escalope a la vienesa
das Wild das Vilt	carne de caza
das Würstchen das Viúrstjen	salchicha
der Zwiebelrostbraten der Tsvíibelróstbraaten	asado a la parrilla con cebolla

Geflügel – Ave

die Ente dii Énte	pato
der Gänsebraten der Guénsebraaten	ganso asado
das Hähnchen das Jéenjen	pollo
die Hähnchenbrust dii Jéenjenbrust	pechuga de pollo
die Hähnchenkeule dii Jéenjenkoile	muslo de pollo
das Putenschnitzel das Púutenshnitsel	escalope de pavo
der Truthahn der Trúutjaan	pavo

Fisch und Meeresfrüchte – Pescado y mariscos

der Aal der Aal	anguila
der Barsch der Barsh	perca
die Forelle dii Foréle	trucha
die Garnelen dii Garnéelen	camarones, gambas
der Hering der Jéering	arenque
die Krabben dii Kráben	gambas
der Lachs der Laks	salmón
die Makrele dii Makréele	caballa
die Muscheln dii Músheln	almejas, mejillones
die Scholle dii Shóle	solla
der Seelachs der Séelaks	carbonero

das **Seezungenfilet**	filete de lenguado
das Séetsungenfilée	
der **Steinbutt** der Shtáinbut	rodaballo

Nudelgerichte – Pasta

die **Maultaschen**	especie de raviolis grandes con carne
dii Máultashen	picada y espinacas
die **Ravioli** dii Raviolii	ravioli
die **Semmelknödel**	albóndiga de miga de pan
dii Sémelknœdel	
die **Spätzle**	pasta de huevo típica de Suabia
dii Shpétsle	
die **Spaghetti** dii Shpaguéti	espaguetis

Gemüse und Beilagen – Verduras y guarniciones

der **Blumenkohl**	coliflor
der Blúumenkool	
die **grünen Bohnen**	judías verdes
dii griúhnen Bóonen	⟨*Am.* chauchas⟩
die **Champignons**	champiñones
dii Shámpinyongs	
die **Erbsen** dii Érpsen	guisantes ⟨*Am.* arvejas⟩
der **Grünkohl**	col verde
der Griúhnkool	
die **Gurke** dii Gúrke	pepino

die Karotten dii Karóten	zanahorias
die Kartoffelklöße	albóndiga de patata
dii Kartófelklœhse	⟨Am. papa⟩
das Kartoffelpüree	puré de patatas
das Kartófelpiurée	⟨Am. papas⟩
der Kartoffelsalat	ensalada de patatas
der Kartófelsalaat	⟨Am. papas⟩
der Kohl der Kool	col
das Kraut das Kraut	col, repollo
die Linsen dii Línsen	lentejas
der Paprika der Páprika	pimiento
die Pilze dii Píltse	setas
die Pommes frites	patatas ⟨Am. papas⟩ fritas
dii Pom frít	
der Reis der Rais	arroz
der Rosenkohl	coles de Bruselas
der Róosenkool	
der Rotkohl der Róotkool	col lombarda
die Salzkartoffeln	patatas ⟨Am. papas⟩
dii Sáltskartófeln	hervidas
das Sauerkraut	chucrut
das Sáuerkraut	
der Spargel der Shpárguel	espárragos
der Spinat der Shpináat	espinacas
die Tomate dii Tomáate	tomate
der Wirsing(kohl)	col rizada
der Vírsing(kool)	
die Zwiebel dii Tsvíibel	cebolla

Kräuter und Gewürze – Hierbas y especias

das Basiilikum	albahaca
das Basíilikum	
der Estragon der Éstragon	estragón
der Knoblauch	ajo
der Knóoblauj	
der Kümmel der Kiúmel	comino
der Meerrettich	rábano picante
der Méeretij	
der Muskat der Muskáat	nuez moscada
der Oregano der Oréegano	orégano
der Paprika der Páprika	pimentón
der Pfeffer der Pféfer	pimienta
der Rosmarin	romero
der Róosmariin	
das Salz das Salts	sal
der Schnittlauch	cebollino
der Shnítlauj	
der Senf der Senf	mostaza
der Thymian der Tiúmiaan	tomillo
der Zimt der Tsimt	canela
der Zucker der Tsúker	azúcar

Zubereitungsarten –
Modos de preparación

durch(gebraten)	bien hecha (*carne*)
dúrj(guebráaten)	

eingelegt áinguelegt	en salmuera, en adobo
filetiert filetíirt	en filetes
frittiert fritíirt	frito en freidora
gebacken guebáken	asado al horno
gebraten guebráaten	frito (*en sartén*)
gefüllt guefiúlt	relleno
gegrillt guegrílt	a la plancha, a la parrilla
gekocht guekójt	hervido
geräuchert gueróijert	ahumado
geschmort gueshmóort	estofado
mariniert mariniirt	adobado, marinado
medium méedium	al punto (*carne*)

Käse – Queso

der Edamer der Éedamer	queso edamer
der Emmentaler der Émentaaler	queso emental
der Frischkäse der Fríshkeese	queso fresco
der Gouda der Gáuda	queso gouda
der Hüttenkäse der Jiútenkeese	queso fresco granulado
der Schafskäse der Sháafskeese	queso de oveja
der Ziegenkäse der Tsíiguenkeese	queso de cabra

Nachspeisen – Postres

das Eis das Aís	helado
das Kompott das Kompót	compota
der Obstsalat der Ópstsalaat	macedonia de frutas
die Rote Grütze dii Róote Griútse	jalea hecha de sémola con zumo de frambuesa o de grosella
der Schokoladenpudding der Shokoláadenpúding	crema de chocolate
der Vanillepudding der Vanílepúding	natillas

Obst – Fruta

die Ananas dii Ánanas	piña ⟨Am. ananá⟩
der Apfel der Ápfel	manzana
die Aprikose dii Aprikóose	albaricoque ⟨Am. damasco⟩
die Banane dii Banáane	plátano ⟨Am. banana⟩
die Birne dii Bírne	pera
die Erdbeeren dii Érdbeeren	fresas
die Himbeeren dii Jímbeeren	frambuesas
die Kirschen dii Kírshen	cerezas
die Orange dii Orángshe	naranja
der Pfirsich der Pfírsij	melocotón ⟨Am. durazno⟩
die Pflaume dii Pfláume	ciruela
die Weintrauben dii Váintrauben	uvas

Getränke – Bebidas
Wein, Champagner und Sekt – Vinos y Cavas

der Champagner der Shampányer	champán
der Glühwein der Gliúhvain	vino caliente
halbtrocken jálptroken	semiseco
der Hauswein der Jáusvain	vino de la casa
der Rosé der Roosée	vino rosado
der Rotwein der Róotvain	vino tinto
der Sekt der Sekt	cava
süß siúhs	dulce
trocken tróken	seco
der Wein der Vain	vino
der Weißwein der Váisvain	vino blanco

Biere – Cervezas

das alkoholfreie Bier das alkojóolfraie Biir	cerveza sin alcohol
das Bier vom Fass das Biir fom Fas	cerveza de barril
das helle Bier das jéle Biir	cerveza rubia
das Pils das Pils	cerveza tipo Pilsen
das Weißbier, **das Weizenbier** das Váisbiir, das Váitsenbiir	cerveza de trigo

Andere alkoholische Getränke –
Otras bebidas alcohólicas

der Grog der Grok	grog
der Likör der Likœhr	licor
der Magenbitter	digestivo
der Máaguenbiter	
der Rum der Rum	ron
der Schnaps der Shnaps	aguardiente, licor
der Weinbrand	brandy
der Váinbrant	

Alkoholfreie Getränke –
Bebidas sin alcohol

der Apfelsaft der Ápfelsaft	zumo ⟨*Am.* jugo⟩
	de manzana
die Coca-Cola®	Coca-Cola®
dii Kóka-Kóla	
der Eiskaffee der Áiskafée	café frío con helado y nata montada
die Limonade	limonada
dii Limonáade	
der Milchshake	batido
der Miljsheek	
das Mineralwasser	agua mineral
das Mineráalwasser	
mit / ohne Kohlensäure	con / sin gas
mit / óone Kóolensoire	

der Orangensaft der Oránshensaft	zumo ⟨*Am.* jugo⟩ de naranja
der Smoothie der Smúuthii	licuado (de frutas)

Heiße Getränke – Bebidas calientes

der Kaffee der Káfee	café
mit Milch und / oder Zucker mit Milj unt / óoder Tsúker	café con leche y / o azúcar
schwarz shvarts	café sólo
der Kakao der Kakáo	chocolate
der Kräutertee der Króitertee	infusión de hierbas
der Pfefferminztee der Pfefermíntsee	la infusión de menta
die (heiße) Schokolade dii (jáise) Shokoláade	chocolate caliente
der Tee der Tee	té
der grüne Tee der griúne Tee	el té verde